Ad Agustín
con gli auguri migliori
per il futuro.

Con amicizia.

Giuseppe

09. 05. 2007

ESCRITURAS SILENCIADAS EN LA ÉPOCA DE CERVANTES

Manuel Casado Arboniés
Antonio Castillo Gómez
Paulina Numhauser
Emilio Sola
(Editores)

Alcalá de Henares, 2006

CUBIERTA

Francisco de Chaves escribiéndole al Rey.
Carta de Boán al Conde de Lemos (1610).
Archivio di Stato di Napoli
[Reproducido en *Historia y Vida*, 437 (Agosto, 2004), p. 84]

La edición de esta obra ha sido posible gracias a la ayuda económica del Dipartimento di Paleografia e Medievistica dell'Università di Bologna; de la Fundación General de la Universidad de Alcalá (FGUA); de la Asociación de Amigos de la Universidad de Alcalá; y a una subvención parcial a cargo del proyecto de investigación "Cultura escrita y espacio público en la ciudad hispánica del Siglo de Oro", concedido por el Ministerio de Educación y Ciencia (HUM2005-07069-C05-03/HIST).

ENTIDADES COLABORADORAS

Fundación General de la Universidad de Alcalá (FGUA).
Asociación de Amigos de la Universidad de Alcalá.
Seminario Interdisciplinar de Estudios sobre Cultura Escrita (SIECE).
Asociación Complutense de Investigaciones Socioeconómicas sobre América Latina (ACISAL).
Centro Europeo para la Difusión de las Ciencias Sociales (CEDCS).

1ª edición 2006

© de la edición, Servicio de Publicaciones de la Universidad de Alcalá
© de los textos, los autores y autoras

ISBN: 84-8138-708-8
Diseño y maquetación: los editores
Imprime: Liagrafic, SL
Depósito Legal: M-28982-2006

ÍNDICE

11-15 **INTRODUCCIÓN**
Manuel Casado Arboniés
Paulina Numhauser
(Editores)

17 **PRIMERA PARTE**

19-37 ESPIONAJE, INFORMACIÓN Y CULTURA. LITERATURA DE AVISOS EN LA ÉPOCA DE CERVANTES
Emilio Sola (Universidad de Alcalá)

39-56 DIEGO GALÁN, LA LITERATURA ORAL SILENCIADA POR EL AFÁN DE PRESTIGIO LITERARIO
Miguel Ángel de Bunes Ibarra (IH-CSIC-Madrid)

57-74 "AVISOS DEL TURCO". EL ROL DEL SENATO Y EL EMBAJADOR IMPERIAL EN UN PERIODO DE CRISIS. EL CASO DE RODRIGO NIÑO
Özlem Kumrular (Universidad de Bahçesehir, Estambul)

75-96 LOS TURCOS Y LO TURCO A TRAVÉS DE LOS IMPRESOS Y MANUSCRITOS HISPANOS DEL SIGLO XVI. PROPAGANDA Y SILENCIO
Fernando Fernández Lanza (Universidad de Alcalá)

97-112 EL SECRETO BIEN GUARDADO: RELACIÓN DE ANTONIO DE ECHAVARRI SOBRE EL GRAN TURCO
Rosa López Torrijos (Universidad de Alcalá)

113-131 «POR Y CONTRA LA ESCRITURA»: LAS CAUSAS JUDICIALES DE LA CULTURA ESCRITA
Diego Navarro Bonilla (Universidad Carlos III de Madrid)

133-146 INQUISICIÓN Y CENSURA EN LA ÉPOCA DE CERVANTES
Adolfo García García (IPHE, Madrid)

147-152 ESCLAVOS, CAUTIVOS Y CONVERSOS EN LA TIERRA DE ALCALÁ. FALSIFICACIÓN DE DOCUMENTOS DE LIMPIEZA DE SANGRE
Miguel Mayoral Moraga (Universidad de Alcalá, IES Profesor Domínguez Ortiz)

153 SEGUNDA PARTE

155-163 LA PAROLE SAVANTE ET LE SILENCE DES HISTORIENS
Françoise Waquet (CNRS, París)

165-196 DOS DOCUMENTOS JESUÍTICOS SILENCIADOS: LOS DOCUMENTOS MICCINELLI
Laura Laurencich Minelli (Università di Bologna)

197-217 COMPARACIÓN ENTRE LOS TOCAPUS DEL *CODICE GALVIN* Y DE LA *NUEVA CORONICA Y BUEN GOBIERNO* A LA LUZ DE LOS DOCUMENTOS MICCINELLI: UNA NOTA
Giorgia Ficca (Università di Bologna)

219-247 DE LABERINTOS Y MINOTAUROS. FRANCISCO DE CHAVES Y LOS DOCUMENTOS MICCINELLI: SU PROYECCIÓN HISTORIOGRÁFICA
Paulina Numhauser (Universidad de Alcalá)

249-272 LA IDOLATRÍA INDÍGENA EN LA OBRA DE GERÓNIMO PALLAS, S.J. LIMA, 1620
Antonio Acosta (Universidad de Sevilla)

273-282 MARTÍN DE FUNES (VALLADOLID 1560-COLLE VAL D'ELSA-FIRENZE 1611): JESUITA REBELDE Y SILENCIADO
Giuseppe Piras (Universität des Saarlandes, Saarbrücken)

283-296 DELINQUIR ESCRIBIENDO. ESCRITURAS INFAMANTES Y REPRESIÓN INQUISITORIAL EN LOS SIGLOS DE ORO
Antonio Castillo Gómez (Universidad de Alcalá-SIECE)

297-312 NELLA TIPOGRAFIA DI BOLOGNA FRA LA FINE DEL XVI E GLI INIZI DEL XVII SECOLO: LA LETTERATURA SILENCIADA DEGLI INDICI
Maria Gioia Tavoni (Università di Bologna)

313 TERCERA PARTE

315-331 APROXIMACIÓN A LAS ESCENAS DEL "INCA Y LA COYA BAJO EL ARCO IRIS" DE LAS VASIJAS ANDINAS DE MADERA DE LA ÉPOCA COLONIAL
Luis Ramos Gómez (Universidad Complutense de Madrid)

333-353 ¿BERNAL DÍAZ DEL CASTILLO: TESTIGO DE LA CONQUISTA?
Michel Graulich (Université Libre de Bruxelles)

355-377 LAS FALSIFICACIONES DE CÓDICES MESOAMERICANOS
Juan José Batalla Rosado (Universidad Complutense de Madrid)

379-397 "YA NO HAY MEMORIA DE LOS TEPANECAS". EL REGISTRO DE LA HISTORIA COMO ESTRATEGIA POLÍTICA ENTRE LOS AZTECAS
Carlos Santamarina Novillo (Universidad Complutense de Madrid)

399-409 LA IMPORTANCIA DE LA DOCUMENTACIÓN PRESENTE EN LAS COLECCIONES PRIVADAS: "EL PLEITO ENTRE ISABEL EÇITZIN Y MATEO CHIMALTEUHCTLI", CHOLULA (MÉXICO) SIGLO XVI
Miguel Ángel Ruz Barrio (Universidad Complutense de Madrid)

411-426 LOS APODOS ENTRE CRIOLLOS Y PENINSULARES DURANTE LOS SIGLOS COLONIALES: EJEMPLO DE OSTENSIBLE DIVISIÓN ENTRE CUBANOS Y ESPAÑOLES
Ismael Sarmiento Ramírez (Université Michel de Montaigne, Bordeaux)

427   CUARTA PARTE

429-453 LOS "DEFENSORES DE INDIOS" EN EL PERÚ EN EL SIGLO XVI. ESCRITURAS MARGINADAS EN FAVOR DE LA POBLACIÓN INDÍGENA
Antonino Colajanni (Universidad de Roma "La Sapienza")

455-490 PRAGMATISMO Y EVANGELIZACIÓN EN AMÉRICA: UN *MEMORIAL* A PROPÓSITO DE LOS INTERESES "FRONTERIZOS"
Manuel Casado Arboniés (Universidad de Alcalá, UNED, ACISAL)

491-497 CONCIENCIA HISTÓRICA A PROPÓSITO DEL BIBLIOCIDIO EN EL AÑO CUATRICENTENARIO DEL QUIJOTE
José Pascual Mora-García (Universidad de los Andes, Táchira)

499-510 ARQUEOLOGÍA DE LA MEMORIA ESCRITA. REQUIEM POR UN BECERRO
Yariesa Lugo Marmignon (Universidad de Los Andes, Táchira)

511-518 TRANSFIGURACIONES -LA CREACIÓN DEL QUIJOTE-
Ignacio Gómez de Liaño (Universidad Complutense de Madrid)

519-524 ¿UNA PROFECÍA SILENCIADA DE TERESA DE JESÚS?
Mª de la Concepción Piñero Valverde (Universidade de São Paulo)

525-533 UN EJEMPLO DE CORRUPCIÓN UNIVERSITARIA EN EL SIGLO XVI: LA FALSIFICACIÓN DE DOS TITULOS DE BACHILLER
Ramón González Navarro (Universidad de Alcalá)

535-546 LA ESCRITURA CARNAVALESCA COMO ESCRITURA CIFRADA EN EL QUIJOTE
Aitana Martos García (Universidad de Extremadura)

INTRODUCCIÓN

> *Y el prudentísimo Cide Hamete dijo a su pluma: «Aquí quedarás colgada de esta espetera y de este hilo de alambre, ni sé si bien cortada o mal tajada péñola mía, adonde vivirás luengos siglos, si presuntuosos y malandrines historiadores no te descuelgan para profanarte. Pero antes que a ti lleguen, les puedes advertir y decirles en el mejor modo que pudieres ...»*
>
> CERVANTES, Miguel de: *Don Quijote de la Mancha*. Edición y notas de Francisco Rico. Edición del IV Centenario. Madrid. 2004. Segunda parte. Capítulo LXXIV, p. 1105.

Este libro que hemos titulado "Escrituras silenciadas en la época de Cervantes" compuesto de al menos treinta diferentes miradas a un mismo problema, ha tenido un profundo significado para los "presuntuosos y malandrines historiadores" que comenzaron a empujar esta idea, a comienzos del año 2005. El proyecto iniciado tímidamente, pero no sin un gran empeño y entusiasmo, partió del convencimiento de la urgencia por desempolvar aquellos viejos escritos y escritores de la época de Cervantes, olvidados por haber sido prohibidos, censurados, destruidos, acallados.

El renovado interés por las escrituras prohibidas, coincide con la salida a la luz pública de toda una serie de nuevos testimonios que están siendo descubiertos e incorporados a los análisis historiográficos provocando, apasionados debates, pero a la vez, permitiendo re-estudiar distintos ámbitos socio-políticos desde la perspectiva de lo conflictivo, y poniendo en sus justos términos aquéllas tesis que sustentan que, el consenso social fue el factor que predominó en el amplio periodo que comprende la "época de Cervantes".

Entre estas escrituras acalladas encontramos los documentos Miccinelli o Nápoles. Testimonios que dejan al descubierto una compleja entramada jesuita y que abarcó un amplio espacio político, en que aparecen implicados una serie de personajes y de escritos relacionados con la ciudad de Alcalá de Henares. Los problemas que plantean los documentos Miccinelli los relacionan con varios manuscritos de gran interés para la historiografía peruana e hispana, que hoy entran en el ámbito de las falsificaciones y reescrituras de textos.

Entre estos escritos encontramos el replanteamiento de la autoría de la "Nueva Coronica y Buen Gobierno", escrito por Blas Valera alias el indígena

Guamán Poma, la "Historia General del Perú" del mercedario Martín de Murúa y sus varias copias escritas posiblemente en Alcalá y el re-estudio que se plantea cada vez más urgente de los "Comentarios Reales" del Inca Garcilaso de la Vega. En este volumen reproducimos también la transcripción de la Carta de Chaves al Rey, el documento más antiguo perteneciente a los documentos Miccinelli y poco conocido por el amplio público.

Igualmente incluimos en este libro noticias sobre un joven cronista jesuita, hasta ahora inédito y prácticamente desconocido, Gerónimo Pallas, cuya obra escrita en 1620 fue prohibida de ser publicada por el General de la Compañía de Jesús, el padre Muzio Vitelleschi y que resulta de gran interés. Este libro silenciado, que como una primicia esta "colgado" en una cada vez mas destacada página de Internet, la del Archivo de la Frontera [www.archivodelafrontera.com], y que de esta manera se espera que esté disponible para todo el vasto público, docto y profano.

Así se ha querido reconocer a este frustrado cronista, cuyo entusiasmo juvenil por la vida que desfilaba frente a sus curiosos ojos, le hizo desbordar las barreras de los grandes discursos con que se le había indoctrinado y plasmar en el papel una mirada inédita, fresca y podríamos decir esencial, tanto para el estudio de la frontera mediterránea como americana de su época. Este es el Pallas "incorrectamente político" que fue finalmente condenado al silencio por las cortapisas de los intereses y egoísmos institucionales, tanto de entonces como contemporáneos. Al respecto se puede consultar el artículo de Antonio Acosta en estas mismas páginas.

* * *

La obra que ahora se edita es el resultado de las ponencias presentadas en el marco del Primer Congreso Internacional "Escrituras silenciadas en la época de Cervantes", reunión científica realizada en el edificio del Colegio Mayor de San Ildefonso, en la Sala de Conferencias Internacionales de la Universidad de Alcalá, durante los días 29 y 30 de Noviembre de 2005, y 1 de Diciembre del mismo año de 2005.

No podía dejar de figurar en estas páginas, el interés por un acercamiento al Cervantes más sospechoso para los analistas impregnados de casticismo y deseosos de ortodoxias duras, sobre todo en asuntos tan fronterizos como el Islam, la mujer o la libertad. Se enfatizan así otros aspectos que nos parecen también de sumo interés, trascendiendo el hecho puntual de la fecha de 1605 en torno a la cual se articularon las celebraciones y fastos académicos y lúdicos cuatrocientos años después.

Estamos, por lo tanto, en definitiva ante el tema de las otras escrituras, de las "escrituras silenciadas", y también, como no, de Cervantes y "las fronteras", en la línea de la riqueza de la deriva vital y la maestría expresiva de este gran autor, quien hace que historia y literatura estén entreveradas en su obra y sean un estímulo crítico importante para cada generación de cervantistas, hasta sus últimos perfiles feministas y hasta libertarios.

Siendo Alcalá de Henares el corazón donde se gestaron los principales escritos contestatarios de este período, consideramos que era de gran interés y a la vez urgente y necesaria la edición de unos textos que conforman una obra conjunta, que es el resultado de la labor frente al ordenador de una serie de estudiosos de diversas disciplinas humanistas, decididos a los últimos avances relacionados con el trascendente tema de las "escrituras silenciadas" en múltiples facetas.

Fue así como en un año en el que buena parte de nuestro mundo académico estaba implicado de una u otra forma en la celebración de los importantes congresos, exposiciones y reuniones científicas, con motivo esta vez del IV Centenario del *Quijote*, pudimos acceder a un pequeño espacio para la heterodoxia, dentro de los fastos de la programación a la que tan acostumbrados nos tienen las conmemoraciones de tantos centenarios. Nos atrajo la idea de abordar ese tema "menor" de las otras escrituras, máxime en un momento en el que se festejaba el nacimiento de la obra cumbre de la escritura en castellano.

Salvando escollos e inconvenientes, como organizadores, coordinadores y finalmente responsables de la edición de una obra que recogiera los frutos del congreso, tratamos de dar respuesta a las inquietudes de todas y cada una de las personas e instituciones que depositaron su confianza en nosotros, al tiempo que nos esforzábamos para no defraudar las expectativas de los profesionales de la docencia y de la investigación que nos iban anunciando su intención de participar en este congreso internacional, ya realizado, e incluso en otro que ya esta puesto en marcha, el 52 Congreso Internacional de Americanistas del año 2006 en Sevilla.

Por lo tanto en las páginas que siguen, damos cumplimiento a nuestro último compromiso, al actuar como editores de treinta textos distintos, que tratan de diferentes aspectos de ese amplio mundo de las "escrituras silenciadas", en diferentes etapas históricas, pero siempre bajo la atenta y escudriñadora mirada del *Quijote* cervantino, lo que nos permite comparar momentos y situaciones bien distintas. El conjunto de los trabajos que ahora editamos también nos proporciona un estado de la cuestión y apunta las tendencias historiográficas y las líneas de investigación que se vienen desarrollando en Europa y América en los últimos años. Y como complemento podrán verse en color las ilustraciones-imágenes que acompañan algunos de los trabajos de esta obra colectiva, en la página web ya citada del Archivo de la Frontera [www.archivodelafrontera.com].

Cada uno de estos bloques reúne, señalados en cuatro partes, un grupo de estudios que tienen cierta homogeneidad, y es a partir de ellos como se conforma el índice de la obra, que articula y modula las cuatro grandes temáticas presentes a lo largo de las más de quinientas páginas de la misma, a saber: En las fronteras de Europa y América. Documentos Miccinelli. Falsificaciones y reescrituras. Y Escrituras prohibidas, cifradas y paratextos.

* * *

La celebración del congreso en la Universidad de Alcalá fue posible gracias al apoyo y patrocinio de la propia Universidad de Alcalá a través del Vicerrectorado de Extensión Cultural y Universitaria; de profesores de las Áreas de Historia Moderna y Ciencias y Técnicas Historiográficas de los Departamentos de Historia II e Historia I, respectivamente; y de otras entidades más o menos vinculadas a la misma como el Seminario Interdisciplinar de Estudios sobre Cultura Escrita (SIECE), la asociación de ámbito nacional denominada Asociación Complutense de Investigaciones Socioeconómicas sobre América Latina (ACISAL) y el Centro Europeo para la Difusión de las Ciencias Sociales (CEDCS) y su Archivo de la Frontera. Su apoyo logístico, financiero o moral ha sido fundamental para llevar a buen término nuestro cometido. Esta nómina ha de ir encabezada por las Dras. María Dolores Cabañas y Mercedes Bengoechea, Vicerrectora de Extensión Cultural y Universitaria y Decana de la Facultad de Filosofía y Letras, respectivamente, de la Universidad de Alcalá; a las Dras. Laura Laurencich Minelli y Maria Gioia Tavoni de la Universidad de Bolonia. La edición de esta obra ha contado además con el apoyo de la Fundación General de la Universidad de Alcalá (FGUA) y de la Asociación de Amigos de la Universidad de Alcalá.

Pero además, hemos contado con el respaldo de otras universidades europeas y latinoamericanas como la Universidad de Bolonia o la Universidad de Sao Paulo, sin olvidar la generosidad de la Sociedad Bolivariana del Estado Táchira de Venezuela, cuyo Presidente, el Dr. José Pascual Mora García, hizo entrega, en el marco del Congreso, de la Orden Honor al Mérito Bolivariano al insigne autor del *Quijote* coincidiendo con la Conmemoración del IV Centenario de la primera edición de tan egregia obra, habiéndose cursado dicho reconocimiento por deseo expreso de la República Bolivariana de Venezuela.

Y un agradable recuerdo a la ayuda de los doctorandos y doctorandas vinculados al SIECE, en especial a Jaime Pereda Martín y Verónica Sierra Blas por su labor desde la Secretaría del Congreso, sin olvidar la participación de los estudiantes de los Departamentos de Historia I, Historia II, Filología, etc, de la Universidad de Alcalá, y la presencia de los proveninentes de otras universidades. Sin olvidar a Fernando Fernández Lanza y a Mª Val Blanco, también por su gestión con mayúsculas, y a Laura Massimino. Sirva a todos ellos la contribución editorial que ahora presentamos por la calidad de los trabajos incluidos en la obra, y a nosotros nos cabe la satisfacción de indicar que en buena medida se ha conseguido la colaboración de personas realmente expertas en la materia que da título a la obra. También al Presidente en funciones de la Asociación Complutense de Investigaciones Socioeconómicas sobre América Latina (ACISAL), el Dr. Juan José Batalla Rosado, y a todos los miembros de la citada asociación. Y muy especialmente a los Dres. Emilio Sola y Antonio Castillo, quienes tan dignamente nos acompañan en las labores de edición de la obra que el lector o lectora tiene en sus manos.

Introducción

Quienes firmamos estas breves líneas no podemos por menos que sentirnos orgullosos de haber concluido el trabajo que nos propusimos y que mereció la atención y el respaldo de nuestros colegas y, de esta manera, devolverles el esfuerzo realizado en la presentación de sus ponencias y en la elaboración de los textos que ahora podrán ver finalmente impresos.

Manuel Casado Arboniés
Paulina Numhauser
(Editores)

PRIMERA PARTE

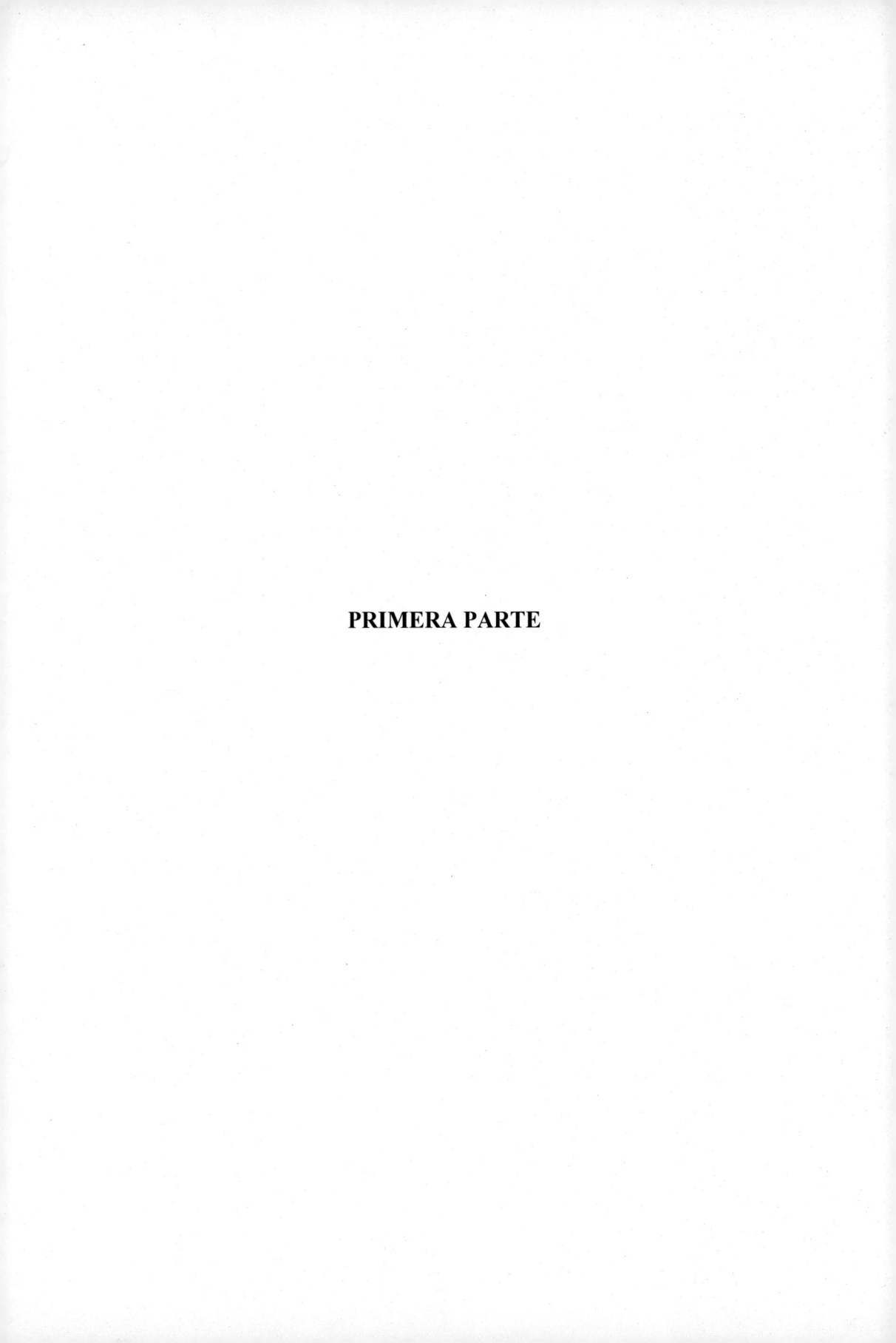

ESPIONAJE, INFORMACIÓN Y CULTURA. LITERATURA DE AVISOS EN LA ÉPOCA DE CERVANTES

EMILIO SOLA
Universidad de Alcalá

El enfrentamiento Habsburgo - Otomano en el Mediterráneo clásico del siglo XVI generó una tipología literaria peculiar estrechamente relacionada con la información objetiva, la que pudiera reconocerse como una "literatura de avisos", y que puede ser seguida y analizada desde el origen oral mismo de esa información y aviso; sólo mínimamente salieron a la luz estos textos en su tiempo en algunas obras cronístico-históricas o literarias mayores o en "relaciones de sucesos", normalmente muy simplificadoras. Pero al analizarlas se descubre en ellas la raíz de la gran literatura clásica hispana del siglo de oro, y sobre todo el mundo literario cervantino. El hecho de que muchos de esos textos relacionados con los avisos o la información sobre el otro permanecieran inéditos hasta el siglo último puede relacionarse con el desinterés cultural, pero también con el silenciamiento o el olvido, más o menos deseado.

1.

Un clásico chino de la época Tang, Liu Xie --466-521, posterior a Agustín de Hipona pero anterior a Isidoro de Sevilla--, tiene un tratado que pudiéramos considerar de teoría literaria con un título extraño: *El corazón de la literatura y el cincelado de dragones*, en la traducción de Alicia Relinque Eleta (Granada, 1995, Guante Blanco / Comares). *Wenxin diaolong*; *Wen*, literatura; *xin*, corazón; *diaolong*, cincelado de dragones. La vaguedad o polisemia del término Wen, con sentido de marca, adorno, escritura, texto literario o literatura, está en la base de la dificultad de traducir desde el título mismo, que también habría podido ser "El corazón de la literatura cincela dragones" o "Esculpiendo dragones en el corazón de la literatura". El "cincelado de dragones" hace también referencia a una técnica de carpintería o del trabajo de la madera muy minuciosa y difícil, para la que se requiere gran maestría, poniendo de alguna manera en paralelo la maestría literaria más espiritual con la maestría artesanal de la carpintería, una forma retórica muy importante en la literatura china estos juegos de paralelismos. Para explicar estas dificultades interpretativas, la propia traductora pone el ejemplo de una frase muy significativa de otro clásico chino de esa cultura política típicamente confuciana, el emperador Cao Pi (187-226) --de su "Ensayo sobre literatura" o *Lunwen*--, que puede traducirse: "La literatura es una tarea tan grande como la del gobierno del estado"; que otro traductor, James J.Y. Liu, matiza como "La literatura es una gran tarea (que se ocupa) de las funciones del estado", y otro "Los trabajos literarios son el logro supremo en los asuntos de estado" (Owen). Como en otras épocas de cambio socio-cultural profundo --y pienso en la Ilustración dieciochesca, por ejemplo, como en hoy mismo-- las paradojas de una gran cultura no europea ni cristiana parecen dar pistas claves para un posible humanismo global, si se pudiera hablar así.

Pero la gran sorpresa que depara el tratado literario de Liu Xie es la peculiar tipificación de los grandes géneros literarios --el *Wen* propiamente dicho, o literatura superior y con ritmo, en la que al lado de la poesía propiamente dicha se recogen las oraciones, las inscripciones, los juramentos o las estelas y elegías, entre otras piezas literarias--; los grandes géneros literarios integran también lo que hoy pudiéramos considerar escritos de la administración del estado, como edictos, solicitudes, notificaciones, agradecimientos o memoriales. Sería parte de la literatura sin ritmo --o *Bi*--, al lado de la historia, o sus comentaristas y las doctrinas de los maestros. El gran arte literario era preciso para el ceremonial clásico de los Han --la época del imperio romano en Europa--, inviable sin el dominio literario del experto, pues "el memorial cubría instigación y denuncia; la solicitud era un escrito de petición; la deliberación servía para mantener una diferencia de opinión", y así sucesivamente. La validez misma de esos textos dependía sin más de que estuvieran bien estructurados, bien expuestos, bien escritos.

2.

Algo similar puede decirse que sucedió, sin duda, un milenio después de la teorización de Liu Xie, cuando con el Humanismo --así, en general-- irrumpe la cultura escrita en la estructuración y administración del estado moderno, las monarquías renacentistas principalmente --pero también el papado y las repúblicas urbanas europeas--, proceso que alcanza un peculiar clasicismo con Felipe II en España.

Fue precisamente el manejo de la muy amplia documentación hispana del siglo de oro, tanto para Extremo Oriente y América como para el Mediterráneo, lo que me convenció del gran valor literario de muy numerosas piezas documentales, más allá de su valor intrínseco de documento histórico, sobre todo la documentación generada desde las fronteras nuevas --geográficas, culturales y religiosas, socio-económicas u otras-- que aparecían con la Modernidad, así en general. De Extremo Oriente, por Filipinas y a través de México o por Macao y Goa, y de la más próxima América no cesaba de llegar información oral o escrita, por misioneros, comerciantes, administradores o militares, que conformaban conjuntos literarios de envergadura; en ocasiones, como algunos memoriales o algunas relaciones, de mucho interés también literario propiamente dicho, de creación. Pero fue el contacto con el mundo mediterráneo, sobre todo a partir de 1530, cuando el enfrentamiento habsburgo-otomano va a hacer estallar una frontera mediterránea, muy próxima a los centros de poder y decisión desde el punto de vista espacio-temporal. En un contexto de gran vitalidad y experiencia en la captación /

recepción de información, es en el Mediterráneo en donde ese mundo literario nuevo relacionado con la necesidad de información va a cuajar en un texto literario primario y expresivo, el aviso, perfectamente captable desde su oralidad misma, el "aviso de plaza", lo que se dice o rumorea en la calle, por la ciudad.

Una vez más el viejo tratado de Liu Xie es expresivo al respecto, pues al lado de *Wen* y *Bi*, la alta literatura propiamente dicha, ya sea ritmada o sin ritmo --en prosa--, añade o considera la literatura sin adorno, *Yan* --equivalente a *dicho*--, que incluiría también los dichos y palabras. Liu Xie no quiere llegar a lo que él considera una postura extrema e incomprensible, que atribuye a otro teórico chino, Yan Yannian, que afirmaba que el *Bi* no era nada más que *Yan* con adornos literarios. Si el aviso oral, de plaza, pudiera considerarse un prototipo básico de esa "literatura sin adorno" o *Yan*, sin llegar al extremo interpretativo de Yan Yannian, sí pudiéramos pensar en la posibilidad de establecer una genealogía que, partiendo del aviso, generara una "literatura del aviso"; partiendo de la relación --como puesta en limpio por escrito de la declaración o deposición de un deponente, o testigo o relator-- y llegando a la crónica o a la historia como "discurso del tiempo" ordenado por un autor en una narración, un trabajo para el que se requiere ya un oficio o un arte. De alguna manera, una genealogía de la información como texto literario, si no como género literario en si mismo.

Por ello, cuando hablo de "literatura del aviso" o "literatura de avisos", utilizo el concepto de "literatura" como los chinos utilizan el término *Yan* o "literatura sin adorno", en la cual se puede integrar el aviso oral o de plaza. Y que un comentarista extremo entre ellos, Yan Yannian, relaciona estrechamente con la literatura más elaborada, *Bi*, entre la que se encuentra el relato histórico, desde la simple "relación" a la "crónica" y el estudio histórico como relato de discurso del tiempo, "discurso". Volveremos sobre ello.

3.

A partir de 1530 se puede decir que comienzan a estructurarse unos servicios de información de Carlos V en el Mediterráneo que alcanzaron especial clasicismo en los años cincuenta del siglo, con la ofensiva franco-turca en los últimos años de reinado del emperador habsburgo, y su plenitud en los años de Felipe II en torno a Lepanto (1571) en esa zona. Es el asunto que he intentado precisar en mi último libro, *Los que van y vienen. Información y fronteras en el Mediterráneo clásico del siglo XVI* (Alcalá, 2005, Universidad), precisamente desde los generadores primeros y transmisores de esa información --en este caso sobre el enemigo por antonomasia del momento, Solimán el Magnífico o el Gran Turco--, a los que en ocasiones se refiere la documentación como "los que van y vienen", expertos en la frontera, hombres de frontera por ello.

Todo lo que estos hombres de frontera tienen que contar, es interesante y pasa a formar parte de los contenidos de eso que pudiéramos ya denominar "literatura de avisos" como primera fase de esa "literatura de la frontera". Es algo que ya abordé, de manera demasiado global o de manera muy fragmentaria, y que está en la base de la página web www.archivodelafrontera.com --que realizan antiguos alumnos a través de hazhistoria.com y del Centro Europeo para la Difusión de las Ciencias Sociales (CEDCS)--, en donde poco a poco --en la medida de las posibilidades presupuestarias-- irán apareciendo pequeñas piezas maestras o muy significativas de eso que dimos en denominar "literatura del aviso" o "literatura de avisos", o también "de la frontera".

Ya desde los años 30 del siglo XVI hay un tipo de texto que va cobrando cada vez más protagonismo, que es la "relación de avisos" o la "relación" sin más. Puede considerarse una primera elaboración literaria de los avisos primarios o básicos llegados por carta u oralmente; en el caso de que sean testimonios orales de alguien que tenga "qué contar", un escribano tomará notas de ese testigo, deponente o relator, y su texto se convertirá en una "deposición", una declaración de un testigo o una "relación", y así indistintamente puede aparecer en la documentación en esos años y en años sucesivos. El aviso oral, la carta de avisos y la relación se convierten, pues, en la primera fase de la obtención de información, y en los momentos de máxima tensión bélica, la red de captación de esa información funciona a pleno rendimiento y mes a mes, e incluso semana a semana o día a día, dejan restos documentales básicos de esa actividad. En los centros intermedios de captación de esa información, para el Mediterráneo las cortes virreinales de Nápoles y Palermo, las embajadas de Venecia, Roma o Génova, o Barcelona, Valencia, Cartagena o Málaga en España, se selecciona y elabora esa información; y en la corte de Madrid, ya con Felipe II, se termina de estructurar todo el material, que pasa a constituir la información de que dispone el rey y su Consejo de Estado; luego se archiva, en ocasiones también los textos originales de las relaciones de avisos y deposiciones de testigos cuando estas son especialmente ricas o significativas. Es la base del fondo del Archivo de Simancas, y en él cobra todo su significado la concepción básica de la información al servicio del poder, la de "disminuir la incertidumbre de una decisión", el informar para gobernar. Es casi un lugar común en la época, que se revela en la emblemática, incluyendo ojos y orejas, el ver y escuchar, tanto en la representación de los espías como en las representaciones de la Razón de Estado o del Imperio[1].

4.

La organización de unos servicios de información surgió de manera natural en el Mediterráneo del enfrentamiento habsburgo-otomano, y alcanza una gran amplitud y cierto clasicismo a mediados de siglo, en los últimos años de reinado de Carlos V y de Solimán (1550-1566), luego en los años sesenta y setenta del siglo, durante los reinados de Felipe II en España y de Selim II y Murad III en Estambul, sobre todo

---

[1] La frase sobre la relación entre gobierno --como toma de decisione-- e información procede de un artículo del sociólogo Jesús Ibáñez de 1993, recogido en *A contracorriente* (Madrid, 1997, ed. Fundamentos), p.423. Para las imágenes de la emblemática evocadas, ver Diego Navarro Bonilla, *los archivos del espionaje. Información, razón de estado y servicios de inteligencia en la monarquía hispánica*, Salamanca, 2004, Caja Duero.

hasta la firma de treguas hispano-turcas en 1581, fruto de la larga negociación en Estambul del milanés Giovani Margliani (1577-1582).

Es un periodo muy bien estudiado por Rodríguez Salgado, últimamente, siempre con el precedente indispensable de F. Braudel. Hassiotis hablaba de cientos de agentes pagados por Felipe II en los años de Lepanto, para lo que empleaba cuantiosos recursos, y es el asunto central de *Los que van y vienen...* , en donde se presenta con amplitud lo que en la época se llegó a denominar por alguno de sus integrantes, "la conjura de los renegados", una de las tramas de la red informativa y saboteadora de Felipe II para Levante y Berbería, estructurada a partir de 1560. También, más recientemente, los trabajos de Martínez Torres y de Carnicer y Marcos Rivas, así como el ya citado de Navarro Bonilla, con interesantes ilustraciones procedentes de la literatura emblemática[2].

La red primaria de captación de información, de avisos, se fue reforzando y ampliando sus actividades con la organización de una Armada turco-berberisca que año a año, cada primavera, a partir del paso a Estambul de Jeredín Barbarroja en 1532 --el corsario que se había convertido en peculiar rey de Argel y su región a partir de 1518, a la muerte de su hermano Aruch--, se había ido convirtiendo en una amenaza real y permanente en todas las marinas italianas e hispanas, controladas por el rey habsburgo hispano.

El virrey de Nápoles, Pedro de Toledo, jugó un papel destacado en la estructuración de esa red informativa, en coordinación con el virrey de Sicilia y con Andrea Doria de Génova; sus gobernadores, de tierras de Otranto y Bari --el marqués de Atripalda en los años treinta del XVI y Ferrante de Lofredo en los años cincuenta-- fue una pieza clave en el envío de información de Levante a la corte imperial y a través de Nápoles, y debió contar con una secretaría especializada en Lecce. A finales de los años 30, Diego Hurtado de Mendoza refuerza desde la embajada imperial en Venecia esos servicios de información. Puede decirse que la incipiente "literatura del aviso" se integra también en la correspondencia diplomática, como siempre lo había estado, por otra parte.

Hasta la muerte de Barbarroja, la literatura conectada con la información sobre la armada turca y su acción debió alcanzar cierta madurez; durante el invierno se vigilaban los preparativos navales en Estambul y eran enviados espías que debían ir comunicando los movimientos de las naves, y con frecuencia los correos de avisos utilizaban las naves de comerciantes --sobre todo de trigo-- y la información militar y económica se solapaba. El paso de las naves por la costa cristiana y sus acciones de corso generaba muchos aviso y relatos de testigos presenciales o protagonistas de los sucesos, algunos de gran viveza expresiva. La tercera y última fase informativa, con la retirada y balance de las acciones, enlazaba de nuevo con los nuevos avisos sobre los preparativos para la nueva campaña. En los años 50,

---

[2] Ver bibliografía final para los trabajos de Rodríguez-Salgado (1992), Martínez Torres (2004) y Marcos Rivas y Carnicer (2001 y 2005).

cuando año a año se venía repitiendo este ritmo, se puede decir que esta información alcanza su madurez y series de avisos contienen ya espléndidas relaciones que pasarán a ser material de trabajos narrativos de más altos vuelos.

5.

Es precisamente en esos años 50 del siglo XVI cuando, de ese caldo de cultivo oral y literario, van a surgir dos piezas literarias de altura, cada una de ellas muy significativa de la incorporación a la cultura mediterránea y global de esa literatura del aviso o de avisos, y ambas obras literarias inéditas por diversas razones hasta más de cuatro siglos después de su escritura. Olvidadas o no difundidas, silenciadas de alguna manera, a pesar de su riqueza informativa.

En primer lugar me referiré brevemente a Gómara. Tanto la *Crónica de los Barbarroja* como las *Guerras de mar del emperador Carlos V*, de Francisco López de Gómara, ambas escritas en los años cuarenta y cincuenta, permanecieron inéditas a la muerte de su autor en 1560, aunque en esos años cincuenta se editaran muchos de sus escritos sobre América, por los que era conocido en Europa. La crónica sobre los Barbarroja se editó en el siglo XIX (1853), pero no trascendió los medios profesionales y eruditos, mientras que la *Guerras de mar...* no se editó hasta el 2000 (Bunes / Jiménez), a pesar de que fue utilizada por otros cronistas / historiadores y casi transcrita por Sandoval para su historia de Carlos V de principios del XVII. Para el caso de la crónica de los Barbarroja, bien se pudiera hablar de escritura silenciada, al no adaptarse aquel héroe peculiar de la frontera a un modelo difundible en su época, sin duda[3].

En segundo lugar, habría que referirse aquí al otro gran texto del momento, el *Viaje de Turquía*, un diálogo al gusto renacentista entre la creación literaria y la literatura de avisos, impregnado de ese verismo especial que da el testimonio personal omnipresente. Fijado el texto hacia 1558, no se editará hasta el siglo XX, y todavía hoy se discute sobre su autoría en los medios del hispanismo internacional que acogió el texto con entusiasmo. Las copias principales del texto proceden de la biblioteca del conde de Gondomar, un hombre de los servicios de información de principios del XVII, sobre todo desde su embajada de Londres. La crítica de perfil erasmista que se trasluce en el *Viaje de Turquía*, en fechas en las que Felipe II iba a comenzar a imponer una ortodoxia católica estricta a la sociedad hispana, lo convierte, a pesar de su valor informativo, en escritura silenciada de manera natural también[4].

---

[3] Francisco López de Gómara, editado por M.A. de Bunes y N.E. Jiménez con el título <u>Guerras del mar del Emperador Carlos V</u>, Madrid, 2000.

[4] La edición crítica más reciente que nos interesa aquí, <u>Viaje de Turquía</u>, edic. de Fernando García Salinero, Cátedra, Madrid, 1986, 3ª edic. Más rigurosa desde el punto de vista filológico parece ser la edición de Marie-Sol Ortola, Madrid, 2000, ed. Castalia.

Gómara y el anónimo autor del *Viaje de Turquía*, el uno desde un punto de vista más profesional, el otro desde una perspectiva más próxima al creador literario, arrancan de ese sustrato primario de la "literatura del aviso" --el *Yan* chino que puede desembocar en el *Bi*-- para elevarse a una literatura elaborada, culta, una verdadera creación literaria. Pudiera decirse que del aviso pasan a la construcción de un discurso, distinción que ya tenían clara en el mismo siglo XVI, la narración del "discurso del tiempo" como forma literaria superadora de la "relación" de hechos o "relación de avisos", en las que tantas veces se basa era racionalización plenamente literaria. Esa historia clásica que necesita --se puede decir así-- para ser considerada "maestra de la vida", convertirse en "discurso"[5].

6.

La garantía del autor, el respaldo que su propia vida o deriva vital presta a su obra literaria, es muy importante en estos textos literarios, desde el aviso oral mismo, en el que siempre se especifica la procedencia; si son espías leales o verdaderas, los confidentes, las buenas fuentes, los avisos frescos o verdaderos, el yo he visto con mis ojos o similares, siempre aparecerán en algún momento o fase de la información recogida. Lo mismo sucede con la fase más literaria o culta, de la que Gómara o el autor del *Viaje de Turquía* pueden servir de ejemplo. El caso de López de Gómara es particularmente significativo, de alguna manera fronterizo él mismo como modelo, pues a su formación universitaria o académica --nada menos que en Alcalá y en Bolonia-- une su vida de acción, pues acompaña a Carlos V --con Hernán Cortés-- a la expedición de Argel de 1541 y contacta en Venecia con los servicios de información de Diego Hurtado de Mendoza. Conoce, pues, el medio físico de esa frontera mediterránea en la que se desarrollan sus obras inéditas sobre los Barbarroja y las guerras de mar del Emperador, lo que no sucede con sus obras sobre la otra gran frontera, la americana, aunque pudiera suplir ese conocimiento directo de alguna manera con su proximidad a uno de sus protagonistas principales, Hernán Cortés.

Es más complejo el asunto en el caso del autor del *Viaje de Turquía*, sólo por el hecho de no conocer con exactitud su nombre; pero todos los analistas coinciden en lo autobiográfico del tronco central del texto, y en las dos atribuciones más contrastadas --la más clásica de Bataillon al médico Andrés Laguna y la más moderna y muy sugestiva de García Salinero a Ulloa Pereira, caballero sanjuanista ex-cautivo en Estambul--, se intentó acoplar el texto literario a la deriva vital del autor, pues sus biografías inquietas y viajeras, como en el caso de Gómara, así lo permitían hacer, por constituir un canon preciso para la época.

Son biografías en todo similares a las de los numerosos relatores evocados en la literatura de avisos primaria, y que para los años cincuenta del siglo, que ahora nos interesa como referencia, se despliegan en el abanico multicolor de "los que van y vienen". Recojo algunos de estos peculiares "autores" de esta peculiar "literatura" -

---

[5] Ver la introducción de mi libro Los que van y vienen... (2005), sobre la distinción entre "aviso" y "discurso".

-*Yan* para los chinos--, algunos de ellos escribanos profesionales ellos mismos cuando hacen de deponentes o relatores ante un escribano que recoge su testimonio, con frecuencia una "relación". El patrón de nave que viene de Quíos, Michele de Paulo, el activo profesional Pedro Lomelino del Campo, los espías que van y vienen por la frontera al servicio de Ferrante de Lofredo, el capitán Florio, el franciscano fray Arcangelo, que viene de Estambul, lo mismo que Antonio Pantaleo, de Otranto, o Juan de Fiore, que viene en una nave florentina, o los espía Antonio Serrano y Baltasar de Carrión; el comisario del maestre de Rodas Joan Domenico de Franchi, un cautivo huído, de Puglia, el Negro de Quíos, el escribano Agustín de la Seta, el capitán Dimas Gutaldo, español de Albarracín, Michaelis de Cauca, Jacobi de Insula, Matei Cumbo, de Siracusa, el cautivo Sarmiento, el capitán Juan Busto, desde Ragusa, Leonardo di Fior, que viene de Estambul, Vicente Adorno desde Quíos, Fabrizio Vizmara, desde Ragusa, Domenico Bona y Minico de Nápoles, un apodado el Griego, en Nápoles, Francisco Galano, un renegado de Zaragoza apresado en Policastro, el rector de Ragusa, Marino Zamaño... Sólo serían el inicio de una muestra, pues sólo se han recogido aquí algunos nombres del movimiento informativo en la frontera en las campañas de 1550 a 1552, especialmente representativas de esa nueva realidad.

7.

Detrás de cada carta de avisos, relación de avisos o relación sin más, uno se topa con un fragmento de biografía ejemplar o modélica --en sentido lato, sin connotaciones morales o religiosas-- que respalda la información misma, le da su credibilidad, si se adapta al canon de deriva de hombre de frontera, de manera que se puede decir que surge una verdadera tipología de valor global. Sólo en contadas ocasiones el texto destaca por sus valores literarios expresivos, pero cuando esto sucede el texto resultante --con frecuencia la "relación"-- es plenamente narrativo o puede considerarse como pre-periodístico para el gusto de hoy. Para no alejarnos de los años 50 del XVI, pienso en las relaciones de Agustín de la Seta, Luis de Mesina, Cezare Fabiano de San Remo, Bartolomé Justiniano de Quíos o el caballero Galazan de Hesse.

Puesto en limpio el texto por un escribano o secretario --con perfiles de corrector o de editor--, y con frecuencia traducidos del italiano al español para enviar a la corte imperial o de Madrid --sobre todo los textos más significativos o con mejor información--, se convierten ellos mismos en fuente de posteriores elaboraciones, hasta la del historiador de entonces y el actual; se puede decir que están en la base de lo que entonces se tipificaba como una "crónica" o una "historia", y hasta la más global "descripción", normalmente un informe sobre una región más o menos amplia y realizada con cierta perspectiva histórica y etnográfico / antropológica. Volveremos sobre ello.

Esos textos generados por la necesidad de información, necesidad ya urgente en los años centrales del siglo XVI --y tanto para España como para América y Asia--, van a alcanzar especial brillantez durante los problemas de sucesión de Solimán, con las muertes violentas de algunos de sus hijos, y la culminación con la campaña de Hungría, hasta el cerco de Sheget de 1566, en donde muere Solimán.

Recientemente, en un simposio en Estambul sobre los turcos y el mar[6], presenté una amplia selección de avisos sobre los problemas sucesorios de Solimán, hasta su muerte y la entronización de Selín II; el abreviado corpus documental resultante de la cata constituyó un pequeño libro que están traduciendo al turco por su interés, y en el que está contenido el mito orientalista europeo sobre la crueldad despótica o la locura del poder, que en nada desmerece al lado del mismo fenómeno en Inglaterra, por ejemplo, con su rey descabezador de esposas y su hija apodada la sanguinaria. La muerte de lo hijos de Solimán --Mustafá, el Gobo o Corcobado y Bayaceto--, así como los problemas vitales de Selín y la muerte del mismo Solimán, cobran especial dramatismo en series de avisos que se complementan y completan unos a otros y permiten el surgimiento de una secuencia, la recreación del discurso de una historia. En no pocas ocasiones, además, se pueden considerar firmadas esas síntesis de avisos, bien por alguien de la familia Prototico, desde sus bases de Zante o Corfú, o por Garci Hernández, secretario en Venecia en los años 60, hasta su muerte allí, o por los que hacían de secretarios --Juan Agostino Gilli o Aurelio Sancta Croce-- en lo que se dio en llamar "la conjura de los renegados", la red informativa creada en Estambul tras el desastre naval de Djerba (los Gelbes, Túnez) en 1560. Son piezas literarias de particular interés y que alcanzan cierto clasicismo en ese género peculiar que está en relación con la información objetiva sobre la realidad, que comparten el periodismo primario y los servicios de información.

8.

En ese estallido informativo, si se puede decir así, de la frontera mediterránea está el contexto adecuado de la redacción de tres de las obras mayores de esa literatura pensada para informar, para el área que nos interesa aquí, que una vez cumplida esa función alcanzaron la gracia de la edición; Mármol Carvajal en 1571, Diego de Torres en 1585 --es ya su viuda quien obtiene el permiso de edición-- y Antonio de Sosa / Diego de Haedo en 1612, aunque el proceso principal de escritura se cierre en 1581[7]. La biografía de estos autores es canónica, se puede decir, respalda la autenticidad de su texto y análisis, es aviso y discurso al mismo tiempo el resultado de su creación literaria, y así lo hacen constar a lo largo de su texto. Tanto Mármol como Torres o Sosa tienen en su biografía estancias largas en el Africa berberisca y se han documentado a la hora de presentar sus propias experiencias vitales, garantía principal de la veracidad de su relato. Se han convertido en hombres de frontera y ofrecen su aviso y discurso a la vez al rey mismo para su información.

---

[6] En el simposio "Turks and the sea" (6-7 de octubre de 2005, Bahcesehir University, Estambul) presenté "Los últimos años de Solimán en la literatura de avisos del siglo de oro hispano", una mínima síntesis del trabajo *Despertar al que dormía. Los últimos años de Solimán en la literatura de avisos del siglo de oro español*, en donde recojo la serie principal de avisos de ese tiempo, entre 1550 y 1566.

[7] Ver bibliografía final con las ediciones actuales de estos autores.

Mármol es el más expresivo al respecto: el motivo principal de su descripción de Africa es la información, hasta sus consecuencia extremas; para que, en el caso límite de que hubiera que hacer la guerra, ésta "se haga con la ventaja que suele dar el tener sabida y reconocida la tierra del enemigo"[8]. La "relación" de Torres, también, pasó su tiempo, antes de la edición por la viuda del autor, en la secretaría regia como información "reservada" diríamos hoy.

Los tres grandes textos publicados en su momento --1571-1612--, no agotan, en absoluto, la producción literaria específica de esta zona, pues una gran cantidad de ella permaneció inédita, no pasó de "información reservada" a "información publicada". Podríamos decir que fue información --fruto de un peculiar "espionaje"-- que no se integró plenamente en la "cultura" del momento, a pesar de que indirectamente fuera utilizada por otros autores que sí vieron publicados sus textos, como es el caso arquetípico del obispo Sandoval reproduciendo casi a la letra al Gómara inédito casi hasta hoy, que es el que nos interesaba aquí[9].

Otra de las obras mayores del momento también quedó inédita prácticamente hasta hoy --ed. de Bunes y Acero, 2005--, aunque ya se habían interesado por ella desde el XIX --edic. parcial de Guillén Robles de 1889--, la obra del soldado asturiano Diego Suárez Corvín, apodado el Montañés; permaneció inédita, además, a pesar de los esfuerzos y gastos del autor, que viajó de Orán a Valencia, Madrid y Alcalá para gestionar su edición, sin éxito. Diego Suárez se lamenta de su inseguridad literaria y se considera sólo un Soldado aficionado a la lectura, pero sin embargo da empaque a su relato y lo denomina "historia" --en este caso, de un gobernador de Orán, el último maestre de Montesa, Galcerán de Borja--, a la vez que consigue ese particular verismo que transmite la literatura del aviso, un valor del que el propio autor es consciente[10]. El tiempo de redacción del texto de Suárez, los años noventa del siglo XVI, los años finales de Felipe II, es el tiempo de estancia en Estambul del último autor de esta serie breve y esencial --para no alejarnos demasiado del marco espacio - temporal--, otra de esas obras mayores gestadas en la frontera mediterránea, esa literatura de avisos como una literatura de la frontera. Es una "relación", en su primera redacción, de un cautiverio y una larga estancia en Estambul, entre 1590 y 1600, de un joven toledano de Consuegra, Diego Galán; a pesar de sus esfuerzos, pues llegó a preparar una segunda redacción más ambiciosa desde el punto de vista literario en su vejez, también quedó inédita, no se incorporó a la cultura de su época plenamente, no se editó. En 1913 Manuel Serrano y Sanz

---

[8] Esta cita procede de mi libro *Argelia entre el desierto y el mar* (Madrid, 1993, Mapfre, p.37), para el que utilicé mucho estas fuentes clásicas.

[9] Me refiero a la *Historia de la vida y hechos del emperador Carlos V*, Valladolid, 1604-1606, editada por Carlos Seco en la Biblioteca de Autores Españoles, Madrid, 1955-1956, tt. LXXX, LXXXI y LXVVVII.

[10] En la excelente edición del texto de Suárez por Bunes y Acero, citada en la bibliografía, se documenta ampliamente los problemas del biografiado con la justicia, por acusaciones de homosexualidad, lo que hacía más problemático el interés por publicarlo en su momento.

preparó una edición de la segunda redacción, sin conocer la existencia de la primera, más fiel al relato oral que el propio autor había hecho muchas veces a su vuelta del cautiverio a España, y, por fin, en 2004 publicada por Matías Barchino y Miguel Angel de Bunes, una vez más[11].

9.

Estas piezas literarias que podemos considerar mayores y que alcanzan cierto clasicismo en el reinado de Felipe II, no son más que la muestra más brillante de un fondo informativo sobre el Mediterráneo clásico, surgido de su hondón fronterizo. Para darse cuenta de ello no hay más que echarle un vistazo a la amplia selección de fuentes, la mayoría impresas y no reeditadas, que recogen M.A. de Bunes y N.E. Jiménez en su edición de las *Guerras de mar...* de Gómara (Madrid, 2000,pp.264-274).

Ya en los años veinte del siglo XVI, a raíz de la conquista de Rodas por los turcos, comenzaron a aparecer algunos textos --Arcos (1526), Fontano (1526), este último traducido-- relacionados con esa nueva frontera generada, algunos de ellos, como el de Arredondo y Alvarado (1528) con una abierta "exhortación para ir contra el turco". Pero son de alcance bastante limitado al lado de la amplia literatura informativa y de espionaje surgida a partir de los años treinta del siglo, en el periodo de gobierno napolitano del virrey Pedro de Toledo y de la actividad informativa desde Puglia del marqués de Atripalda, durante su gobierno en Tierras de Otranto y Bari. La culminación de ese periodo carolino primero serían los comentarios de las cosas de los turcos, de Paulo Giovio, pronto aparecida en español (1543), y en latín la obra de A.Laguna sobre el origen de los turcos (1544), así como la de Díaz Tanco (1547), y culminaría de alguna manera con la aparición en Venecia, en 1550, de la descripción de Africa de León el Africano, a la que iban a recurrir para documentar sus propias experiencias tanto Mármol como Torres, Sosa / Haedo, Suárez o Galán, directa o indirectamente[12].

La toma de África (Túnez) desde Sicilia (1550) abrió un periodo bélico excepcional, con la alianza abierta y operativa franco-turca, y el peligro anual de una gran armada en aguas italianas y españolas. Relaciones o relatos particulares aparecieron --sobre África, Salazar y Murdones (1552), Hierro (1555), Calvete de Estrella (1558) o la más tardías de Fuentes (1562, 1570)--, así como otras más generales --Roca (1556)--, pero todas con un matiz de alguna manera propagandístico, como el relato --muy estrechamente relacionado con la "literatura de avisos" del momento-- de la muerte cruel del "hijo de Solimano" --Cordero, 1556--. Eran los años de fijación del texto del *Viaje de Turquía* y de las *Guerras de mar...*, las dos piezas mayores que hemos resaltado como más definitorias de esa posible literatura de la frontera, pero no publicadas como las anteriores.

---

[11] Ver en la bibliografía las ediciones de Barchino y Bunes.

[12] Para todos estos autores citados, ver la Bibliografía general del libro citado en el texto de M.A. de Bunes y Beatriz Acero, con la edición de las "Guerras de mar..." de Gómara, en la sección de Fuentes.

Los años primeros del reinado de Felipe II, hasta Lepanto, también tuvieron cierta actividad editorial de interés para este área, como en el decenio anterior. Sobre todo, el gran cerco de Malta de 1565, sobre el que se tradujeron los relatos de Gentile (1567) y de Balbi (1568); aunque se publicaron los "comentario" de Collazos (1562-64) sobre el Peñón (Vélez) o el texto de Collantes Maldonado (1568) sobre una acción en Gibraltar en 1540, quedó inédito otro relato espléndido por lo vivaz del soldado Pedro Gaitán sobre el cerco de Orán de 1563 por el hijo de Barbarroja, otra obra con categoría de mayor en este recuento siempre provisional --*Historia de Orán y de su cerco*, edición de E. Bisetti, Schecho ed., Fasano di Puglia, 1985, sobre un manuscrito de un archivo de Milán). La guerra turco-véneta de Chipre también generó su literatura amplia, como Lepanto, pero ya la tipología del autor de vida de acción está más clara con los autores que hemos citado como mayores en esta exposición, a los que habría que añadir también a Pedro Gaitán, por la riqueza de su perspectiva personal y para el detalle significativo.

10.

Dos decenios después de la aparición de la descripción de Africa de León Africano, a la que sigue fielmente, por otra parte, como punto de partida, la de Mármol Carvajal (1572) culminaba un periodo de tiempo e iniciaba esa serie mayor de textos en los que la deriva vital del autor confería al relato ese verismo particular del aviso. Siguieron apareciendo relatos parciale de interés, sobre Chipre, los otomanos y Juan de Austria --Costiol (1572 y 1576)-- o las "recopilaciones" para estructurar una crónica del denso periodo bélico entre 1570 y 1574 --Torres Aguilera (1579)-- o sobre un personaje tan interesante como Abdelmelec de Marruecos --Baptista (1577)--. Particular relación con la información --los avisos-- de Levante tiene un relato sobre la guerra turco-persa entre 1576 y 1585 --Minadoy (1588)--, traducido por el cronista A. Herrera Tordesillas, que en ese tiempo debía estar poniendo en orden el complejo texto que es la Crónica de los turcos, también inédita hasta hoy[13].

En este contexto, y con la categoría de obra mayor también, incluso desde el punto de vista literario más estricto, se puede considerar una traducción de una biografía de Jeredín Barbarroja, firmada la traducción por el secretario Juan Luis Alzamora y fechada en 1578. La traducción se hizo sobre un original turco de Seyyid Murad Çelebi, y el secretario Alzamora se sirvió de un esclavo genízaro de Salónica que sabía turco e italiano; el texto es una verdadera recreación, por ello, y también al ser aligerado de formulismos retóricos destinados a animar al lector a la lucha contra los cristianos, en el texto turco, que en nada perjudican al texto resultante en su expresividad y justeza informativa. También permaneció inédito hasta hace poco tiempo[14]. Su silenciamiento parece natural al no adaptarse para nada al

---

[13] Algunos fragmentos de esta crónica fueron publicados por Fernando Fernández Lanza en la página de Internet <www.archivodelafrontera.com> como "clásicos mínimos", y puede captarse en ellos la belleza de la recreación de Herrera Tordesillas.

[14] La edición de Bunes y Sola (1997) del texto de Seyyid Murad, en la bibliografía lo recojo con su traductor Juan Luis Alzamora como autor, tal vez impropiamente.

modelo de hombre de acción del momento que se pudiera pretender promocionar, y su lectura debió reducirse a los servicios de información; por ello no es extraño que el manuscrito conservado esté en Palermo --el manuscrito se encuentra en la Biblioteca Comunale de esa ciudad--, uno de los centros claves de información en la frontera mediterránea clásica.

11.

El decenio que siguió a Lepanto (1571) fue uno de los más brillantes en cuanto a esta literatura de la frontera o de avisos en este área mediterránea, la red de agentes del rey de España --"pensionados" de Felipe II-- funcionó bien y fue muy operativa, dejando muchas y muy buenas relaciones a lo largo del decenio; al mismo tiempo, esa red ya veterana protagonizó las gestiones en la corte turca de lo que se convertiría en las treguas de hecho a partir de 1578 y en la tregua oficial en 1581, que luego se renovaría a lo largo de los años ochenta. Los rescates de cautivos turcos tras Lepanto en Italia y los rescate de cautivos cristianos en Levante, la toma de Túnez por Juan de Austria en 1573 y al año siguiente por Alí Bajá / Uchalí, con nuevas operaciones amplias de rescates que siguieron, la batalla de los Tres Reyes en Marruecos en 1578 y las gestiones de Giovani Margliani en Estambul hasta 1581, generaron una literatura de avisos muy abundante y con relaciones particulares de valor literario apreciable. Nuevamente, como en los años cincuenta, se pueden identificar "autores" de estas piezas informativas cuya vida o deriva personal se adapta perfectamente a la tipología de un hombre de frontera.

Por citar sólo algunos más notables, la mayoría coordinados en aquella red que conocieran como "la conjura de los renegados", que ya estaba operativa desde los inicios de los años sesenta del siglo, y de la que el genovés Renzo de San Remo había sido enlace principal, hay que citar entre los generadores de esa información al veneciano Aurelio Santa Croce, al dragomán Hurrem Bei u Orambei, que bien podría ser el muladí Juan Agostino Gilli, al médico hebreo Salomón Natham Askenasi, el médico de Candía, a los agentes hispanos Antonio Avellano y Jaime Losada, al muladí Juan de Briones, por otro nombre Aydar, al médico hebreo Benveniste, al albanés Bartolomé Bruti o a Martín de Acuña. Algunos de estos textos, de gran atractivo literario y meta-literario, han ido apareciendo últimamente, en particular en www.archivodelafrontera.com , además de otras relaciones expresivas como la del militar de permiso Baltasar Gago, sobre la captura de dos galeras de Sicilia por los corsarios argelinos en 1578, o la declaración --deposición y relación-- de Juan Calafate Catalán transmitida por el bailo veneciano desde Estambul, a principios de los ochenta ya, sobre la muerte de la viuda de Ramadán Bajá por una acción corsaria del veneciano Guillermo Emo. Textos todos ellos --entre otros muchos-- testimonio del esplendor --también literario-- de una frontera[15].

---

[15] Una selección de estos textos básicos de una posible "literatura de avisos" está apareciendo poco a poco en la página de Internet citada <www.archivodelafrontera.com>, tanto en la sección Mediterráneo, como en Galeatus y en Clásicos mínimos.

12.

Puede pensarse que esta "literatura del aviso" que hemos pretendido tipificar no es más que una muestra de esa rica literatura relacionada con la información que culmina con las obras mayores del periodo filipino y continúa durante un par de decenios del reinado siguiente. Precisamente, de esos años setenta del siglo XVI datan las primeras "gacetas de avisos" que aparecen en los ricos fondos de avisos de la Biblioteca Nacional y del Archivo de Estado Florencia, y los primeros "avisos de Japón" hechos públicos desde los medios jesuíticos procedentes de la correspondencia epistolar de los misioneros del Extremo Oriente asiático, misiones religiosas que a escala planetaria tendrán un especial empuje con la contrarreforma católica post-tridentina[16].

El mundo colonial hispano-americano también tendrá un particular protagonismo en la generación de información y su emisión hacia la corte filipina primero y luego hacia Europa en general; la rica literatura cronística --hasta ese clasicismo de los llamados "hisotiradores de Indias"-- puede ser reabordada desde este perfil tipológico de la "literatura de avisos", y sus obras mayores --hasta esa culminación mestiza que es Garcilaso de la Vega el Inca-- puede comprenderse mejor a la luz de estas obras mayores que reseñamos para la frontera mediterránea y el sustrato global de la "literatura del aviso" que la sustenta. El mundo colonial portugués, tras 1580 centralizado también en la corte filipina como receptora final de esa información, también daría obras mayoress, como las "Peregrinaciones" de Fernao Mendes Pinto, fruto de sus viajes y experiencias por Asia y Africa --de donde regresa en 1558--, escritas a la vuelta en Portugal, ya en los años setenta del siglo, premiadas o reconocidas por el propio Felipe II, nuevo rey de Portugal, poco antes de la muerte del autor, y publicadas por fin en 1614. Pero --como en el caso de la iteratura americana colonial-- no podemos adentrarnos aquí en este otro mar de avisos de la literatura lusitana colonial.

FINAL.

El substrato básico de una "literatura del aviso" o "literatura de avisos", en la que la omnipresente "relación" de un relator / protagonista también de lo narrado se convierte en tesela básica del gran mosaico resultante, puede considerarse la parte oculta --en ocasiones claramente silenciada-- de un gran iceberg: la parte más descuidada y tal vez más rica del legado literario del siglo de oro hispano. Uno de los corazones --motores-- de Europa.

---

[16] Siempre me gusta recordar, a este respecto, el artículo de Jean Pierre Étienvre, "Entre relación y carta: los avisos", en *Las relaciones de sucesos en España (1500-1750)*, Actas del primer coloquio internacional sobre "relaciones de sucesos" (Alcalá, 1995), Alcalá, 1996, Univ. de Alcalá / La Sorbonne.

BIBLIOGRAFÍA.

Una selección indicativa --no exhaustiva por ello, y en ocasiones tangencial-- de títulos de interés para el asunto tratado, relacionado con una posible tipología de literatura de avisos, puede ser la siguiente:

- Juan Luis Alzamora, La vida, y historia de Hayradín, llamado Barbarroja, edic. de M.A. Bunes y E. Sola, Universidad de Granada, Granada, 1997.

- R. Ajello, "La crisi del Mezzogiorno nelle sue origini: la dinamica sociale in Italia ed il governo di Filipp II", en Napoli e Filippo II, Nápoles, 1998.

- B. y L. Bennasar, Los cristianos de Alá. La fascinante aventura de los renegados, Nerea, Madrid, 1989.

- G. Boccadamo, "Schiave e rinnegati capresi fra Barberia e Levante", en Capri e l'Islam, Nápoles, 2000.

- G. Bonaffini, La Sicilia e i barbareschi. Incursione corsare e riscatto degli schiavi (1570-1606), Palermo, 1983.

-- La Sicilia e il mercato degli schiavi alla fine del Cinquecento, Palermo, 1983.

- S. Bono, Corsari nel Mediterraneo. Cristiani e musulmani fra guerra, schiavitù e commercio, Mondadori, Milano, 1993.

- M.A. de Bunes Ibarra, La imagen de los musulmanes y del Norte de Africa en la España de los siglos XVI y XVII, Madrid, 1989, CSIC.

- George Camamis, Estudios sobre el cautiverio en el Siglo de Oro, Gredos, Madrid, 1977.

- Alonso de Contreras, Discurso de mi vida, edic. J.M. de Cossio, en Autobiografías de soldados (s. XVII), Atlas, Madrid, 1956. En este tomo XC de la B.A.E. también se publica la "Vida" de Jerónimo de Pasamonte.

- J. Contreras, "Bandolerismo y fueros: el Pirineo a finales del siglo XVI", en El bandolero y su imagen en el Siglo de Oro, Madrid, 1989, Univ. Autónoma.

- J. Contreras, "Espagne et France au temps d'Henri IV: inquisiteurs, morisques et brigands", en Revue de Pau du Béarn, 17, 1990.

- Jean Delumeau, Rome au XVIe siècle, París, 1975, Hachette.

- J.P. Étienvre, "Entre relación y carta: los avisos", en Actas del I encuentro de Relaciones de Sucesos, Alcalá, 1996.

- G. Galazzo, En la periferia del imperio. La monarquía hispana y el Reino de Nápoles, Península, Barcelona, 2000.

- Diego Galán, Cautiverio y trabajos, edic. M. Serrano y Sanz, Sociedad de Bibliófilos españoles, Madrid, 1913. Edición crítica de *Cautiverio y Trabajos* de Diego Galán, por Matías Barchino, Cuenca, 2001, Universidad Castilla-La Mancha.

- Diego Galán, Relación del cautiverio y libertad de Diego Galán, edic. de Miguel A. de Bunes y Matías Barchino, Toledo, 2001, Diputación Provincial de Toledo.

- Jerónimo Gracián de la Madre de Dios, Crónica de cautiverio, edic. de Luis Rosales, Madrid, 1942.

- Diego de Haedo, Topographia e historia general de Argel, edic. I. Bauer y Landauer, 3 vols., Sociedad de Bibliófilos españoles, Madrid, 1927-1929.

- C.J. Hernando Sancho, Castilla y Nápoles en el siglo XVI. El Virrey Pedro de Toledo, Salamanca, 1994, Junta de Castilla y León.

- A.C. Hess, The forgotten frontier. A history of the Sixteenth Century Ibero-African frontier, Chicago-Londres, 1978.

- E. Hobsbawn, Bandidos, Barcelona, 1976, Ariel.

- Jesús Ibáñez, A contracorriente, Madrid, 1997, Ed. Fundamentos.

- M.P. Iovino, "L'incubo turco", en Napoli e Filippo II, Nápoles, 1998.

- M. Lenci, Lucca, il mare e i corsari barbareschi nel XVI secolo, Lucca, 1987.

- Liu Xie, El corazón de la literatura y el cincelado de dragones, edic. de Alicia Relinque Eleta, Comares, Granada, 1995.

- Francisco López de Gómara, editado por M.A. de Bunes y N.E. Jiménez con el título Guerras del mar del Emperador Carlos V, Madrid, 2000.

- M. Mafrici, Mezzogiorno e pirateria nell'età moderna (secoli XVI-XVIII), 1995, Napoli, Ed. Scientifiche Italiane.

- C. Manca, Il modelo di sviluppo economico della città marittime barbaresche dopo Lepanto, Napoles, 1982.

- P. Mariño, Carlos V, II, Norte de Africa, CSIC, Madrid, 1980.

- Luis del Mármol Carvajal, Descripción general de Africa, edic. facsimil del I tomo, C.S.I.C., Madrid, 1953.

- E. Martín Corrales, Comercio de Cataluña con el Mediterráneo musulmán (siglos XVI-XVIII). El comercio con los enemigos de la fe, Barcelona, 2001, Bellaterra.

- A. Mas, Les Turcs dans la littérature espagnole du Siècle d'Or, 2 vols., París, 1967, Centre de Recherches Hispaniques.

- Giovanna Motta (a cura di), I turchi, il Mediterraneo e l'Europa, Franco Angeli, Milán, 1998.

- I. di Nocera, "Lepanto: la preparazione di un grande evento" en Napoli e Filippo II, Nápoles, 1998.

- M.A. Ochoa Brun, Historia de la diplomacia española. La diplomacia de Carlos V, Ministerio de Asuntos Exteriores, Madrid, 1999.

- A. Redondo, "El mundo turco a través de las 'Relaciones de Sucesos' de finales del S. XVI y de las primeras décadas del S. XVII: la percepción de la alteridad y su puesta en obra narrativa", en Encuentro de civilizaciones (1500-1750). Informar, narrar, celebrar, Alcalá, 2003, Universidad de Alcalá.

- M.J. Rodríguez Salgado, Un imperio en transición. Carlos V, Felipe II y su mundo, 1551-1559, Barcelona, 1992, Crítica.

- F. Sastre Portella "Joan Seguì Alzina, un ciutadellenc a la Cort del Gran Turc", Publicacionjs des Born, Cutadella de Menorca, diciembre 1998.

- Scaraffia, L., Rinnegati. Per una storia dell'identità occidentale, Bari, 1993, Laterza.

- E. Sola, "Moriscos, renegados y agentes secretos españoles en la época de Cervantes", en OTAM, 4, Ankara, 1993, pp. 331-362. "Cervantes Döneminde Magripli, Mürtet ve Ispanyol Gizli Ajanlari" (Çeviren, Paulino Toledo), Ibid., pp. 687-695.

-- "Espías en Estambul", en La novela secreta, Voluptae Libris, Madrid, 1996.

-- Libro de maravillas del oriente lejano, Editora Nacional, Madrid, 1980.

-- Historia de un desencuentro. España y Japón, 1580-1614, Fugaz, Alcalá, 1998.

-- Los que van y vienen. Información y fronteras en el Mediterráneo clásico del siglo XVI, Madrid, 2005, Universidad de Alcalá.

- E. Sola y J.F. de la Peña, Cervantes y la Berbería. Cervantes, mundo turco-berberisco y servicios secretos en la época de Felipe II, Fondo de Cultura Económica, Madrid, 2ª edic., 1996.

- Antonio de Sosa, Diálogos de los mártires de Argel, edic. de E.Sola y J.M.Parreño, Hiperión, Madrid, 1990.

- Diego Suárez, Historia del maestre último que fue de Montesa, Madrid, 1889. Edición completa y estudio de M.A. de Bunes Ibarra y Beatriz Alonso Acero, Valencia, 2005, Institució Alfons el Magnanim.

- Diego de Torres, Relación del origen y suceso de los Xarifes..., edic. de M. García Arenal, Siglo XXI, Madrid, 1980.

- VV.AA. Renegados, viajeros y tránsfugas. Comportamientos heterodoxos y de frontera en el siglo XVI, Fugaz, Alcalá, 2000 (en colaboración, P. García Martín, E. Sola, G. Váquez Chamorro y M.A. de Bunes, y que incluye un epílogo de Alberto Tenenti).

- Viaje de Turquía, edic. de Fernando García Salinero, Cátedra, Madrid, 1986, 3ª edic.

- R. Vilari, Rebeldes y reformadores del siglo XVI al XVIII, Barcelona, 1981, ed. el Serbal.

Omito otros trabajos (Braudel, p.e.) y fuentes impresas que manejé en mis publicaciones principales --y sobre todo en Cervantes y la Berbería..., en colaboración con J.F. de la Peña--, publicaciones a las que me remito. Por otra parte, en el último decenio abordé estos asuntos desde diferentes perfiles y con variantes a veces mínimas, que refiero a continuación, además de los títulos principales recogidos en la bibliografía anterior:

- "La cruz de la Cristiandad. Los renegados y la piratería berberisca", en el informe "Los renegados", con Pedro García Martín y Germán Vázquez Chamorro, en *Historia-16*, nº 238, Madrid, febrero, 1996.

- "Historias mediterráneas de la frontera. Una cristiana cautiva que llega a Gran Sultana", en *Actas del I Coloquio internacional sobre Las relaciones de sucesos en España (1500-1750)*, Alcalá de Henares, 1996.

- "Un mar de avisos", en *Matador*, Madrid, 1996.

- "Los que van y vienen. Marinos, espías y rescatadores de cautivos en la frontera mediterránea", en el informe "Los hombres de frontera en la Edad Moderna", con Pedro García Martín y Germán Vázquez Chamorro, en *Historia 16*, febrero, 1997.

- "Cervantes y la Berbería: clasicismo de una sociedad fronteriza, tolerante y cosmopolita", en "Seminaire d'hispanistes", Revue des Langues, nº special, Orán (Argelia), enero, 1997.

- "Francos o libertos en el mundo turco-berberisco", en el informe sobre "Refugiados, transfugas y desarraigados" dirigido por E. Sola, con Pedro García Martín y Germán Vázquez Chamorro, Historia-16, febrero 1998.

- "Servicios secretos, información y cultura: cautiverio y libertad en el Mediterráneo clásico del siglo XVI", en Publicacions des Borns, Cercle Artistic, Ciutadella de Menorca, diciembre-1999.

- "Carlos V y la Berbería. El contexto de la frontera mediterránea en la época de Carlos V", en Carlos V, los moriscos y el Islam, coord. por M.J.Rubiera, Universidad de Alicante, 2001.

- "Avisos de la frontera", en "Poética / Política: Crítica y Utopías", dirigido por Dr. F. Jarauta. Arteleku, Arteleku, Cuadernos, 15, San Sebastián, 1998 (2002).

- "Avisos de frontera", en Letras y armas en el Renacimiento croata, Catálogo de exposición coord. por F. Fernández Lanza y F.J. Juez Gálvez, Universidad de Alcalá, febrero 2002.

- "Barbarroja, Dragut y Alí Bajá, señores de la frontera mediterránea", II Congreso internacional de estudios históricos, "El Mediterráneo: un mar de piratas y corsarios, Santa Pola (Alicante), 2002.

- "La creación literaria del otro. Literatura y administración", en Lo sguardo sull'altro, coord. por M.G. Profeti, Alinea ed., Firenze, 2003, pp.169-194.

- "Literatura de avisos. Historia y literatura de la frontera", en Encuentro de civilizaciones (1500-1750). Informar, narrar, celebrar, Alcalá, 2003, Universidad de Alcalá, SIERS y Univ. degli Studi di Cagliari. El mismo texto, "Literatura de avisos", en España-Turquía. Del enfrentamiento mutuo al análisis mutuo, ed. Pablo Martín Asuero, Estambul, 2003, Ed. Isis.

- "Cervantes y Turquía", en Cervantes, nº 6, octubre 2003, Instituto Cervantes de Estambul, pp.18-23.

- "La frontera mediterránea y la información; claves para el conocimiento del turco a mediados del siglo XVI", en Alain Servantie, L'Empire orttoman dans l'Europe de la Renaissance. El imperio otomano en la Europa renacentista, Leuven, 2005, Leuven University Press, pp.297-316.

- "El Mediterráneo cervantino, la gran frontera", en catálogo de la exposición La juventud del soldado Cervantes. Un viaje virtual por las tierras de Felipe II, Alcalá de Henares, 2005, Ayuntamiento de Alcalá.

DIEGO GALÁN, LA LITERATURA ORAL SILENCIADA POR EL AFÁN DE PRESTIGIO LITERARIO

Miguel Ángel de Bunes Ibarra
IH-CSIC-Madrid

La literatura española sobre los acontecimientos que ocurren en el Mediterráneo en los siglos XVI y XVII sigue siendo una de las grandes desconocidas de nuestro pasado histórico y filológico[1]. Referir en el presente congreso una obra doblemente silenciada, como es la de Diego Galán, en primer lugar, por la crítica literaria posterior al encuadrarse en el complejo mundo de la literatura de cautivos o sobre el cautiverio[2], y en segundo, al ser su propio autor el que la oculta al intentar convertir en un texto literario una autobiografía sin demasiadas pretensiones estilísticas.

Diego Galán era un hombre del común en la Castilla del siglo XVI que siente la necesidad de salir de su entorno cercano para conocer un mundo que en los años en los vive se ha ensanchado enormemente: "En el año de mil y quinientos y ochenta y nueve salí de la villa de Consuegra, donde nací, siendo de edad de trece o catorce años, sin fundamento ni consideración de dónde iba, mas de ponerme en la cabeza el ir a ver mundo, guiado de mi inclinación que me llevaba por mi bien, y caminando hacia Andalucía encontré en Sierra Morena otro muchacho perdido que dijo ser de Fuensalida y se llamaba Felipe.". Con este sencillo inicio, que recuerda demasiado al relato cervantino de El Quijote, nos encontramos con uno de los libros más sorprendentes que se escriben en los primeros años del siglo XVII. Además de por el argumento de la obra, que se referirá más adelante, el presente texto es realmente una rareza ya que se conservan dos ediciones completamente diferentes del mismo, tanto en extensión como en intencionalidad. La primera de ellas, que lleva como título *Relación del cautiverio y libertad de Diego Galán,*

---

[1] El presente trabajo quiere ser una demostración de gratitud a Emilio Sola, tanto como presente por su cumpleaños, como un profundo agradecimiento por haber dedicado una buena parte de su vida profesional a sacar del injusto olvido a los hombres que fueron y vinieron por las complicadas aguas del Mediterráneo en la Edad Moderna. El texto de Galán ha sido glosado varias veces en ese portal de las maravillas que es la página del Archivo de la frontera.com, equiparando su importancia con otros textos de la época que también serían más ignotos aún sin sus desvelos por recordarnos que existe una literatura menor que debe de comenzar a denominarse mayor.

[2] Este es un género literario que ha tenido escaso estudiosos, y los pocos que se han acercado a ello lo han realizado a través del filtro de la obra de Miguel de Cervantes, Camamis, George, *Estudios sobre el cautiverio en el siglo de Oro*, Madrid, Gredos, 1977; Levisi, Margarita, "Las aventuras de Diego Galán", *Boletín de la Biblioteca Menéndez Pelayo*, 65 (1989), pp. 109-137; y Temprano, Emilio, *El mar maldito. Cautivos y corsarios en el Siglo de Oro*, Madrid, Mondadori, 1989.

natural de la villa de Consuegra y vezino de la ciudad de Toledo es un manuscrito que en la actualidad se conserva en la biblioteca del Real Monasterio de El Escorial con la signatura moderna I.III.27[3], antigua R 8. El ejemplar que conservamos es del año 1742, compilado y copiado por el padre José de San Francisco[4], que tiene una extensión de 42 capítulos en 7 hojas en blanco y 172 hojas foliadas, encuadernadas en piel negra jaspeada con las armas pontificias y las de San Lorenzo en el centro de las tapas. Este manuscrito no fue utilizado por historiadores y filólogos hasta 1991[5]. Aunque el único ejemplar que conservamos es de mediados del siglo XVIII, el texto debió ser escrito en torno a los primeros veinte años del siglo XVII, aunque es muy difícil situarlo en un año concreto por la carencia de noticias y referencias divergentes a las que atañen a su vida. Dado que copia algunas noticias de la *Topographia...* de Diego de Haedo[6], la redacción de estas páginas hay que reseñarlas con posterioridad a 1612.

El segundo de los manuscritos de Diego Galán lleva como título *Relacion del Cautiverio i trabajos de Diego Galán Natural de Consuegra, i uecino de Toledo. Donde se refieren las costumbres y Ceremonias de los Turcos algunas conquistas en que se halló el Autor, con Otras cosas notables, que vio, y le sucedieron en el Asia y otras Prouincias de Europa sujetas al Turco.* En la actualidad se conserva en la Biblioteca Pública de Toledo con la signatura R (Ms) 267, y tiene una extensión de 256 folios. En una encuadernación del siglo XVIII se guarda un original del siglo anterior preparado para mandar a imprenta, pero que nunca llegó a entrar en la prensa. Tampoco conservamos la data en el que se escribió este segundo texto, pero hay que situarla en torno a 1640 por alguna referencia intertextual que realiza al gobierno de Felipe IV. Este manuscrito fue editado por Manuel Serrano y Sanz, realizando una pequeña introducción en la que se habla mucho de las características del cautiverio español en el siglo de Oro y muy poco de la obra que estaba dando a la luz[7]. Este texto debió pertenecer a la biblioteca del cardenal Lorenzana, sin tener más datos de la primitiva procedencia

---

[3] La primera descripción del mismo se encuentra en el catálogo de Zarco Cuevas, Julián, *Catálogo de los manuscritos españoles de la Real Biblioteca de El Escorial*, Madrid, 1924-1929, vol II, p. 49, recogida luego por Simón Díaz, José, *Bibliografía de la literatura hispánica*, Madrid, CSIC, 1962- , tomo X, número 6087.

[4] Este es el monje encargado de la conservación de los fondos del monasterio durante bastantes años del siglo XVIII que realiza la siguiente anotación al final del manuscrito "Murió Diego Galán en 5 de junio de 1648. Enterrase en la Magdalena. Era parrochiano de Santa Justa y, por ser año de pestilencias y no caber los cuerpos en aquella iglesia, le enterraron dicho día, mes y año en la Magdalena de Toledo". Para ampliar noticias sobre este bibliotecario véase Gonzalo Sánchez-Molero, José Luis, *La librería rica de Felipe II. Estudio histórico y catalogación*, San lorenzo de El Escorial, Instituto de Estudios Escurialenses, 1998.

[5] Galán, Diego, *Relación del cautiverio y libertad de Diego Galán*, edición de Miguel Ángel de Bunes y Matías Barchino, Toledo, diputación provincial de Toledo, 2001.

[6] Haedo, Diego de, *Topographia e historia General de Argel*, Valladolid, Diego Fernandez de Cordoua y Oviedo, 1612, ed. de Ignacio Bauer, Madrid, Sociedad de Bibliófilos Españoles, 1927.

[7] Galán, Diego, *Cautiverio y trabajos de Diego Galán, natural de Consuegra y vecino de Toledo. 1589 a 1600*, Madrid, Sociedad de Bibliófilos Españoles, 1913.

del ejemplar[8]. Tampoco es un texto original, ya que las personas que lo han estudiado, comenzando por su primer editor, se han referido a él como una copia un poco desaliñada del original perdido.

La mera descripción de los caracteres de los manuscritos que conservamos de los escritos de Galán no da ninguna pista de la importancia que tiene el presente texto, con independencia de la atención recibida por este texto por la crítica literaria. En alguna manera estamos reseñando una parte de la literatura maldita en castellano del Siglo de Oro. Obras que fueron catalogadas en su día como "Autobiografías", "relatos de hechos particulares", "vidas de soldados" o "memorias"[9]. Todas ellas se fueron agrupando en una misma categoría para buscarles una serie de caracteres comunes. Esta tarea se inicia a mediados del siglo XIX, en la que se intenta fijar una tipología específica y genérica[10], así como la elaboración de un método de estudio apropiado[11]. Gracias a estos esfuerzos se comienzan a editar el mayor número de textos posibles según unos criterios modernos[12], para concluir con una clasificación de las autobiografías más importantes del periodo[13]. El criterio que más éxito tuvo fue la distinción entre las obra que hacían referencia a los acontecimientos exteriores de una vida y los que, por el contrario, narraban la actividad interior de ésta. Esta división marca una distinción evidente entre las autobiografías laicas y las que están marcadas por su sentido espiritual. En la actualidad esta taxonomía es la que ha triunfado en los modernos trabajos de crítica literario, superando las primeras divisiones fijadas por el origen social o la profesión de las personas que redactan este tipo de relatos (autobiografías de aventureros, soldados, cautivos, rescatadores, religiosos, etc.)

La edición del manuscrito que se conserva en el monasterio de El Escorial, analizándola comparadamente con el que editó Manuel Serrano y Sanz, abre una serie de interrogantes y problemas que no existen en las otras obras que se suelen englobar en esta compleja categoría fijada para estudiar este tipo de relatos españoles de los siglos XVI y XVII. El escrito de Diego Galán también se puede se

---

[8] Barchino, Matías, *Edición crítica de Cautiverio y trabajos de Diego Galán*, Cuenca, Universidad de Castilla La Mancha, 2001

[9] Serrano Sanz, Manuel (ed.), *Autobiografías y memorias*, Madrid, Bailliére e Hijos (NBAE, 2) 1905;Cossío, José María de (ed.), *Autobiografías de soldados*, Madrid, Atlas, 1956; Pope, Randolph D., *La autobiografía española hasta Torres Villaroel*, Francfort, Meter Lang, 1974; Levisi, Margarita, *Autobiografías del Siglo de Oro: Jerónimo de Pasamonte, Alonso de Contreras, Miguel de Castro*, Madrid, SGEL, 1984.

[10] Jacobs, Berverly Sue, *Life and Literature in Spain : Representative Autobiographic Narratives from the Middle Ages to 1633*, Ann Arbor, UMI, 1975.

[11] Molino, Jean, "Stratégies de l´autobiographie au Siècle d´Or », en *L´Autobriographie dans le monde hispanique. Actes du Colloque International de la Baume-le-Aix*, Aix-en-Provence, Universitá de Provence, 1980, pp. 115-137.

[12] Duque de Estrada, Diego, *Comentarios del desengañado de sí mismo. Vida del mismo autor*, ed. de Ettinghausen, Madrid, castalia, 1982; Contreras, Alonso de, *Discurso de mi vida*, ed. de Ettinghausen, Barcelona, Bruguera, 1983 y Madrid, Espasa Calpe, 1988.

[13] Gotees, Hans Rainer, *Spanish Goleen Age autobiography in its contex*, Ann Arbor, UMI, 1990.

encuadrar dentro de otro epígrafe, que tampoco ha sido demasiado bien tratado por la crítica literaria, como es la "literatura de cautivos" o sobre "el cautiverio"[14]. Este grupo de obras se estudian a partir del análisis de la novela del *Capitán cautivo*, que se encuentra inserta en *El Quijote* de Miguel de Cervantes. El escritor alcalaíno poco a poco se convierte en la personificación del cautivo, y sus escritos, o por lo manos algunos de ellos como son la pequeña novela referida, *La Gran Sultana, Los Baños de Argel y los tratos de Argel*, en los modelos que deben de seguir este tipo de relatos. Esta taxonomía implica que se dejen fuera relaciones geográficas redactadas por cautivos, como es el caso de Luis del Mármol Carvajal[15], y obras de redentores y rescatadores al estudiarse dentro de la espiritualidad del momento. De otro lado, y como afirmaba el propio Cervantes, el problema que tienen este tipo de obras es que suelen acabar mal, por lo que el público no demanda estos relatos por su monotonía y su reiteración en narrar siempre acontecimientos muy semejantes. La mayor parte de las obras que analizan las relaciones entre cristianos y musulmanes en el Siglo de Oro quedaron inéditas en su época, o tuvieron escaso éxito en los corrales de comedias, lo que es una demostración de la falta de interés que despertaron. Textos como el *Viaje de Turquía* o el propio escrito de Diego Galán, por referir exclusivamente dos de los muchos ejemplos que se pueden anotar, nos han llegado manuscritos o han tenido ediciones muy recientes ya que nunca superaron el filtro de los editores de los siglos XVI y XVII. La sociedad española se cansa rápidamente de los relatos de las desgracias de sus compatriotas que son apresados en el complejo enfrentamiento Mediterráneo en la Edad Moderna. En este conflicto se pueden referir grandes acciones de armas, tales como la conquista de Túnez por Carlos V, la defensa de Castilnovo y la victoria de Lepanto, pero estos acontecimientos son la excepción en una guerra caracteriza por las pequeñas acciones de rapiña. La mayor parte de los cautivos españoles son una consecuencia de la vida cotidiana de los hombres y mujeres que se aproximan a las aguas del mar común entre cristianos y musulmanes. Soldados que son conducidos a su destino, como el caso de Galán, pescadores de las almadrabas, marineros, comerciantes, agricultores que tienen sus posesiones cerca de las costas y simples viajeros que se trasladan por vía marítima de un lado a otro. Es, por lo tanto, la crónica de la cotidianidad, de la vida diaria de miles de personas de los siglos XVI y XVII, argumento que no provoca ensoñaciones, fabulosas aventuras, ni desenlaces que puedan hacer soñar a lectores y espectadores .La épica del cautiverio es el mantenimiento de las señas de identidad creencial y política, un conflicto interior que padece el cristiano apresado, tema que no despierta demasiado entusiasmo en su entorno. La propia pervivencia de los cautivos, número que aumenta paulatinamente cada año al acrecentarse en el peligro de vivir *entre la paz y la guerra* por la rápida expansión del corso islámico, es una

---

[14] Valera, Cipriano, *Tratado para la redención de cautivos*, ed. de M. Á. de Bunes y B. Alonso, Sevilla, Renacimiento, 2005; Gracián de la Madre de Dios, Jerónimo, *Tratado de la redención de cautivos*, ed. de M. Á. de Bunes y B. Alonso, Sevilla, Renacimiento, 2006.

[15] Mármol Carvajal, Luis del, *Descripción general de África,* Tomo I, Granada, Rene Rabat, 1598 y, Tomo II, Málaga, 1601.

demostración que el enfrentamiento entre los dos grandes imperios mediterráneos no está siendo favorable al Occidente. El apresamiento de compatriotas se considera como un hecho habitual de la propia historia del mar común de españoles e otomanos, por lo que reseñar lo cotidiano no es un argumento literario que incita a la asiduidad del espectador y del lector. El corso es un hecho consustancial a la vida Mediterránea, que existe desde siempre y que no puede ser erradicado por conformar la idiosincrasia de este espacio. Su pueden llegar a tratados de paz con los enemigos, acabar con disputas y pendencias, pero no se puede regular una actividad económico y vital que no es contemplada en ninguno de los tratados entre potencias. Los gobernantes piden la libertad de los cautivos cuando alcanzan un tratado de paz con sus adversarios, pero no refieren que cese las acciones de los navegantes de fortuna.[16]

En los primeros años del siglo XVI de las imprentas europeas salieron más obras referidas al mundo islámico que al recién descubierto continente americano[17]. Ello era consecuencia de la importancia de situar al nuevo enemigo nacido en uno de los extremos de Europa dentro de los parámetros de los conocimientos del momento. Los turcos, y con ellos el Imperio Otomano, eran un pueblo ignoto para los conocimientos geográficos y humanos de la época del Renacimiento, por lo que era necesario describirlos para conocer sus caracteres y peculiaridades. De otro lado, ocupan un espacio geográfico que exclusivamente era conocido por las noticias de los tratados geográficos de la antigüedad y por algunos relatos de viajeros medievales, obras que se reeditan en estos años. Este conocimiento del otro se produce en las tres primeras décadas del Quinientos, momento el que se escriben los relatos que tienen más éxito, y después de este momento el tema comienza a ser marginal dentro del interés de los autores europeos[18]. El mundo español, con independencia de que en estos mismos lustros se cree la imagen de la enemistad con los otomanos, está completamente al margen de la mayor parte de los sucesos que acaecen en el otro lado del continente, por lo que las noticias que se tienen de los nuevos dueños de Constantinopla proceden de autores y escritores italianos y alemanes. Estas informaciones, que como acabamos de referir no son originales, sin embargo, crean una serie de estereotipos descriptivos e interpretitos sobre los turcos que pasarán a la literatura española, que colman la curiosidad de la mayor parte de los escritores españoles, así como del público[19]. La llegada de los navegantes otomanos a los cercanos puertos de Berbería, ocupando la ciudad de Argel en 1509, es el verdadero elemento de conocimientos del mundo español y el otomano. La lejana Estambul solo será recorrida por unos pocos desgraciados que tienen la mala suerte de ser conducidos a sus calles para residir como cautivos,

---

[16] Los caracteres de la vida del Mediterráneo en los siglos de la Edad Moderna han sido definidos por Sola, Emilio, *Un Mediterráneo de piratas: corsarios, renegados y cautivos*, Madrid, Tecnos, 1988.

[17] Elliot, John H. *El viejo mundo y el nuevo: 1492-1659*. Madrid, Alianza, 2000, p. 19.

[18] Bunes Ibarra, Miguel Ángel, *La imagen de los musulmanes y del Norte de África en la España de los siglos XVI y XVII. Los caracteres de una hostilidad,* Madrid, CSIC, 1989.

[19] Mas, Arlbert, *Les Turcs dans la littérature espagnoles du Siècle d'Or*, París, 1967.

mientras que la cercana Argel y Túnez será visitada forzadamente por más españoles de los deseados. El mundo otomano que se conoce en la península es el de las ciudades berberiscas, y escasamente el de la segunda Roma. Ello explica que Miguel de Cervantes en los últimos versos de la Gran Sultana se refiera a lugares de la urbe argelina como si fueran enclaves de la antigua Constantinopla, ya que el mundo turco que dominan sus espectadores son los puertos y los fondeaderos donde atracan los corsarios del Norte de África.

Los relatos de cautivos, o sobre el cautiverio, está rememorando situaciones y vidas particulares en una sociedad que cree conocer los fundamentos de los musulmanes y sus caracteres militares y políticos. Un nuevo texto sobre este lado no épico del enfrentamiento mediterráneo tendrá, por lo tanto, una circulación bastante exigua. De otro lado, la pujanza de las órdenes religiosas dedicadas a la redención de cautivos, mercedarios y trinitarios, monopoliza desde la época de Felipe II esta actividad, así como la propaganda que implica la realización de campañas de rescate de estos desgraciados. Este tipo de obras, que también se pueden incluir en el ambiguo epígrafe de la "literatura de cautivos", serán más abundantes a lo largo de toda la Edad Moderna, razón que el tema del cautivo se encuadre más en el apartado de obras de piedad y misericordia que en los argumentos de comedias y dramas. Desde mediados del siglo XVI la simple referencia de que un personaje ha sido cautivado por los corsarios introduce al lector en un marco de referencias perfectamente conocidas. Las huellas de los cautivos eran una constante en la sociedad española del momento, por lo que no era necesario reseñarla demasiado. Bragas y cadenas de hierro se encontraban colgadas de cientos de templos en toda la geografía hispana, los rescatadores venden continuamente bulas para recaudar dinero para las redenciones, las mandas testamentarias para devolver a los desafortunados que son cautivados son frecuentes en las últimas voluntades de las clases adineradas, desde reyes hasta comerciantes de todo tipo, y la simple presencia de monasterios e iglesias de trinitarias y mercedarias emplazadas en lugares céntricos de las ciudades españolas recuerdan constantemente la existencia de esta realidad. La guerra contra el musulmán, en este caso el otomano, forma parte del ideario religioso y político de la sociología del momento, por lo que no es necesario referir constantemente su existencia. Es uno de los caracteres de la nación española, sociedad que se ha conformado históricamente luchando contra los adoradores de Mahoma, idea que se ha convertido en una seña de identidad que unifica a los diferentes reinos que conforman la península. La misma existencia en el suelo peninsular de los moriscos, esos falsos cristianos que siguen siendo en el fondo de su corazón auténticos musulmanes, recuerda constantemente el papel crucial de la nación española en el mundo europeo. Los repartimientos de los miembros de la minoría por el interior peninsular después de la revuelta de las Alpujarras tienen en efecto de extender un problema que con anterioridad estaba limitado a zonas concretas.

En este ambiente el texto de Diego Galán es lógico que pasara completamente desapercibido. Diego de Haedo calcula que el número de cautivos que residen en Argel en la misma época en la que el toledano reside en el mundo islámico asciende a 25.000 personas, lo que resulta una cifra muy elevada. Cada una de ellas arrastra detrás de sí una historia semejante a la que narra nuestro autor, por lo que su biografía es una más de las miles que cada año se cuentan en las tabernas y los hogares peninsulares Junto a los relatos de los soldados de las batallas en las que intervienen, la literatura de cautivos es uno de los mejores referentes que conservamos para acercarnos al mundo de las sobremesas y las historias contadas cuando el sol se convierte en las llamas de la hoguera. Volviendo a referir un símil cervantino, el *Capitán cautivo*, la autobiografía novelada del propio autor de *El Quijote*, cuanto sus talentos a los viajeros que pernoctan en la venta manchega cuando las luces han dado paso a las sombras. La historia de Diego Galán es la plasmación en papel de las innumerables ocasiones en que su autor relató esos mismos acontecimientos a los parroquianos y a cualquiera de los curiosos que deseaban escucharle. Evidentemente, esta narración despierta la misericordia y la compasión de los oyentes por las penalidades que les relata, aunque en su caso la historia acaba bien al poder volver a su solar originario. Diego Galán acaba su narración como si el enorme Mediterráneo fuera un pequeño pañuelo en el cual se dan cita la mayor parte de los protagonistas de su historia, personajes que vuelven a desfilar varias veces por sus páginas a semejanza de una comedia, una novela bizantina. Once años bogando, vagando y penando por la frontera entre cristianos y musulmanes se convierten en los últimos capítulos de su relato en un lugar de encuentros y de alegrías al ver libres a sus compañeros de penalidades en los castillos que defienden Sicilia o el sur de Italia, lo que recuerda el final de las obras que se representan en los corrales de comedias.

La propia vida de un cautivo es un perfecto argumento de una novela, como han sabido apreciar alguno de los historiadores que se han acercado al tema, ya que nada despierta más la piedad y las emociones que escuchar algo que tiene un protagonista real. Las mismas circunstancias en las que Diego Galán inicia el relato de su vida, un adolescente que huye de su solar manchego para ver mundo y correr aventuras, recuerdo demasiado a la *Vida de Guzmán de Alfarache*. Las adiciones y plagios que luego realizará Diego Galán en su segunda redacción para engalanar un manuscrito que desea ver impreso aumentan la sensación de falta de originalidad. El excautivo, tanto en la primera como en la segunda versión de su *vida*, es consciente de que está redactando una obra literaria, como muestra la referencia a Lope de Vega cuando describe la ciudad de Estambul[20]. En la segunda de las ediciones este intento literario resulta más evidente cuando copia de forma sistemática a otras obras publicadas y reconocidas en su época como obras de literatura y ficción. Además de sus vivencias, recogidas íntegramente en su primera versión de su vida, completa sus recuerdos, reales o ficticios, con los datos suministrados por Diego de Haedo, Gonzalo Céspesdes y Meneses[21], Octavio

---

[20] "Vi tantas cosas que quisiera ser otro Lope de Vega para poderlo decir" capítulo XXI.

[21] Céspedes y Meneses, Gonzalo de, *Historias peregrinas y ejemplares*, Zaragoza, Juan Larumbe, 1623

Sapiencia[22] y el Padre Mariana[23], por citar exclusivamente algunos nombres de la pléyade de textos contemporáneos que utiliza para "mejorar" su relato.

La vida de Diego Galán es semejante a la de muchos miles de sus contemporáneos que decidieron abandonar sus tierras de origen para conocer el mundo que supuestamente dominaban sus gobernantes. La grandiosidad de Italia, las riquezas del Nuevo Mundo, el honor perdido en Flandes o el orgullo de luchar para preservar la religión cristiana movieron las voluntades de muchos jóvenes para ir a servir a las órdenes de su rey o de su Dios. Su referente literario es, por supuesto, el *Guzmán de Alfarache*, el adolescente que dejó a sus progenitores para conocer mundo y correr aventuras. Galán, al igual que los otros cautivos, debe aguzar el ingenio para sobrevivir en un mundo adverso y hostil. La picaresca, entendida como la experiencia vital de vivir siempre en los límites de los permitido y permisible, es el elemento que le permite sortear las adversidades y la fortuna adversa. Dado que está tratando con musulmanes, enemigos de la fe cristiana y contrarios a los designios de la monarquía a la que siente orgulloso de servir, las tropelías de los cautivos nunca se han tildado de acciones picarescas ya que los límites de lo permisible y lo lícito se amplían enormemente cuando estamos refiriendo las maneras vitales de este colectivo. La permanencia dentro sus dos fidelidades, la política y la religiosa, les justifica cualquier tipo de acción que realicen con los musulmanes, judíos y cristianos ortodoxos. Los tratos con sus iguales, los cautivos de su propia nación, se deben regir según las normas de su sociedad primigenia, mientras que con el resto de los colectivos con los que tienen que vivir los decálogos de conducta cambian completamente. Diego Galán, lejos de arrepentirse de estas acciones, se muestra completamente orgulloso de sus logros, ya que alcanza el fin deseado, volver a su vieja existencia manteniendo íntegras sus fidelidades y sus creencias. Los once años que padece entre los infieles es lo más importante que le ha ocurrido a lo largo de su vida, acciones de las que se considera profundamente orgulloso. La importancia de su aventura mediterránea será el centro de oda su vida, lo que explica que el relato de estos acontecimientos le acompañen hasta 1648, año en el que muere infectado por una epidemia de peste. Sus recuerdos son escritos y reescritos al ser, según su opinión, que no la de sus coetáneos, importantísimos y cruciales para entender la vida de los hombres y mujeres que, como él, padecen la privación de la libertad formada entre los musulmanes. No tenemos ningún dato de su persona, y solo conocemos lo que el mismo nos relata de la única cosa importante que le ocurre en su existencia, su cautiverio y libertad. Una experiencia sobre la que se pasa el resto de sus días perfilando para crear un discurso coherente. En la primera redacción narrando a sus iguales un relato oral que llega a tener una lógica interna: motivos de su salida de Toledo, apresamiento, vida en cautiverio, descripción de Estambul, huida, llegada a

---

[22] Sapiencia, Octavio, *Nuevo tratado de Turquía, con una descripción del sitio y ciudad de Constantinopla, costumbres del Gran Turco, de su modo de gobierno, de su Palacio, martyrios de algunos Martyres, y otras muchas cosas notables...*Madrid, viuda de Alonso Martín, 1622.

[23] Mariana, Juan de, *Historia General de España*, Madrid, Nuñez de Vargas, 1820.

la cristiandad, desembarco en España. Esta historia, narrada en múltiples ocasiones, se llega a poner por escrito conservando muchas de las formas habladas, no cuidando el lenguaje de forma literaria. La segunda, por el contrario, supone mantener el relato anterior y adornarlo lo máximo posible con frases retóricas y noticias que no proceden de su imaginación sino que son préstamos literarios de las obras publicadas por sus contemporáneos.

La estructura interior del relato se mantiene en las dos redacciones, cambiando los adjetivos que rodean las descripciones, como ha demostrado Matías Barchino. El relato se inicia con un justificación de las razones que le mueven a escribirlo, insistiendo nuevamente en la importancia que ha tenido la narración oral para crear la redacción definitiva: "me persuadieron algunos amigos a quien conté algunas cosas de Turquía que hiciese un libro, y hallándome corto de ingenio por no haber estudiado y gastado el tiempo de mi juventud en poder de infieles de diferentes lenguas y costumbres, no me atreví a escribir cosa que se pudiese imprimir."[24]. Los acontecimientos reiteradamente repetidos se han ido alterando en sus fechas, extremos, grandezas y miserias para constituirse en un relato coherente que resulta más fantástico según se va alejando de lo más conocido por la mayor parte de sus oyentes. Los episodios entre musulmanes, ya sean argelinos o estambuliotas, la vida del remo y las campañas militares se ajustan más a la realidad, ya que resultan cotidianos para los españoles de su tiempo, mientras que para su periplo por el Peloponeso, Chipre e Italia le resulta más sencillo y vistoso relatar "una selva de aventuras" al referir hechos y situaciones singulares y alejadas de la cotidianidad del cautivo y del cautiverio. La transformación que sufre el relato las podemos apreciar perfectamente si comparamos el texto que ahora publicamos con el que editó M. Serrano Sanz, aunque hay que referir que existió una alteración previa realizada oralmente, al irse depurando los pasajes según se iban repitiendo a los oyentes en momentos parecidos a los que describe Miguel de Cervantes en la venta cuando se narra la vida del Capitán cautivo en el *Quijote*.

Galán, como Suárez[25], es engañado por un soldado viejo para enrolarse en el servicio de Orán, ciudad fortificada en el Magreb central que depara más sufrimientos y penalidades que riqueza y glorias a los hombres que se acomodan entre sus murallas, pero no llega a su destino por ser apresada su embarcación por la escuadra de galeotas al mando de Arnaut Mamí. Después de navegar en corso por los límites del "mar español", aunque con un resultado pobre, vuelven a Argel, -la ladronera de la cristiandad-, donde es vendido en pública almoneda. Tiene la suerte de entrar a formar parte del "quinto real" que se queda el bey de la ciudad de todos los apresamientos de la "taifa de los arraeces" sometidos a su gobierno. Después de mantenerse en su fe religiosa ante los requerimientos de su nuevo amo, Heder Pasa, y de los renegados que le sirven se integra plenamente en la vida de los cautivos de la ciudad magrebí. Nos comienza a narrar intentos de fuga, los

---

[24] Capítulo I del manuscrito de la Biblioteca de El Escorial.

[25] Suárez Montañés, Diego, *Historia del maestre último que fue de Montesa, y de su hermano don Felipe de Borja*, ...ed. de M. Á. de Bunes y B. Alonso, Valencia, Alfonso el Magnánimo, 2005.

trabajos que realizan los cristianos apresados y la desventurada suerte que puede deparar para algunos miembros del colectivo realizar una comedia dentro de las cárceles argelinas. Sirve como criado y aposentador del bey argelino en la campaña militar para someter y recoger el tributo del rey del Cuco, aliado en esta época de los monarcas españoles[26], lo que le permite describir las formas de vida de las tierras interiores sometidas desde la ciudad corsaria y, lo que resulta muy novedoso, cómo se organiza el ejército terrestre de la Regencia Berberisca. En la gran Kabilia conoce la forma de guerrear de los beréberes, tiene contactos con morabitos y está presente en las entrevistas con algunos de los jeques de los aduares sublevados.

En estos primeros capítulos demuestra y pone de manifiesto su sentido y celo religioso, así como sus señas de identidad españolas, en especial toledanas, que se mantendrán como una constante a lo largo de toda la obra. Religión y nación le hacen identificarse y sobrevivir al contexto político humano y religioso en el que se siente perdido si no recurre continuamente a sus dos referentes más importantes. Dentro de la consideración de cristiano de origen español adquiere una importancia desmedida su propia tierra de origen, Toledo y las comarcas limítrofes, siendo su continuo punto de referencia paisajístico, geográfico, arquitectónico y humano. El joven, que sólo ha conocido la comarca y la ciudad de Toledo en su mocedad, es lógico que convierta su "solar originario" en el único marco de referencia y de comparación en el que situar lo novedoso o lo semejante que aparece delante de sus ojos. De otra parte también hay que interpretar su tendencia a incluir estas referencias por ser sus oyentes e hipotéticos lectores de esta zona, razón que ameniza y despierta la curiosidad del discurso cuando busca analogías y divergencias respecto al medio cultural y físico que menciona en su azaroso viaje. Pero su mundo próximo también es la seña de identidad y una manera de autoafirmación en su periplo mediterráneo, uno de los elementos que le hacer perseverar en sus ideas y convicciones, un punto de referencia donde se anclan la fortaleza de espíritu y las fuertes convicciones que transmite a lo largo de todo el texto.

Abandona la ciudad magrebí, después de describirla someramente de la misma manera que hace Diego de Haedo, por acabarse los tres años de mandato de su amo y tener que retornar a Estambul, Constantinopla para nuestro cautivo. Después de referir el derrotero de la navegación, a semejanza de lo que hará el capitán Contreras, llega a la ciudad donde se asienta la Sublime Puerta en la época que ocupa el mando de la flota Sinán Cigala y la cabeza del Imperio Otomano Murad III, el sultán que ha firmado la tregua con Felipe II. El cambio de amo -es vendido a Mamí Napolitano- le va a permitir moverse con gran libertad entre los diferentes barrios de la ciudad al ser encargado de la colada de su señor y como paje de sus hijos. Gracias a ello entra en Santa Sofía, se mueve por las atarazanas, ve salir al sultán en sus paseos por el Bósforo, la entrada de los jenízaros y los otros

---

[26] C. RODRÍGUEZ JOULIA SAINT-CYR, *Felipe III y el rey de Cuco*, Madrid, CSIC, 1953.

cuerpos militares por Edirne Kapi, se lava en los *haman*, celebra alguna comida especial en el Ramadán y está presente en el entierro del sultán con todos sus descendientes en 1595 y la subida al poder de Mehmed III "Adlî". Escudado en la protección que le brinda un niño vestido con las galas de las clases elevadas que sirven a la Casa de Osmán sale de los trabajos cotidianos del cautivo en las atarazanas o en las grandes obras públicas que ennoblecen la capital del Imperio para ser un observador de la vida de los habitantes de la ciudad. Su curiosidad y anhelo de conocer novedades se ve satisfecha ampliamente, defendida siempre por el salvoconducto de tener en sus brazos al hijo de su señor.

El deseo de conocer y ver, que no comprender y racionalizar, es uno de los caracteres más destacables de Diego Galán, cuyo fruto son las páginas que vienen a continuación. La desesperanza y la tragedia del cautiverio se trastoca en la posibilidad de alcanzar algo vedado para un hombre cuyo destino estaba marcado y limitado por la llanuras manchegas, como es entrar a describir y vivir en espacios y situaciones impensables, aunque deseadas, en su mocedad. Diego Galán, como otros muchos de sus anónimos y casi inidentificables compatriotas, se siente orgulloso, incluso en su duro trance vital, de ser el hacedor de la grandeza de la Monarquía Hispánica, grandeza a la que contribuye con su esfuerzo, sacrificio, ambición y curiosidad por dominar y llegar a los límites de lo desconocido. La convicción de que durante una década ha realizado algo memorable le lleva a pasar el resto de su vida recordando su gran aventura, como muestra que sus recuerdos sean transcritos en dos ocasiones diferentes a los pliegos de papel. Según se aleja de la fecha en la que vuelve a pisar su Consuegra natal va sintiendo la necesidad de ennoblecer sus recuerdos con reflexiones cultistas, discursos justificatorios y sentencias morales que toma en préstamo de otras obras literarias, lo que nos puede permitir afirmar que deja de interpretar sus recuerdos como una experiencia personal para convertirla en una acción que pertenece a toda la comunidad. Lo vivido está filtrado por lo imaginado y lo soñado, apropiándose de lo descrito por sus contemporáneos, por considerar que todo ello pertenece a un acervo común, tanto individual como colectivo.

Además de narrar los acontecimientos más importantes de los años en los que vive en la ciudad de Oriente, refiere alguna de las costumbres y maneras de los otomanos, desde el baile de los derviches mevlanas hasta como se organiza el ejército de la Sublime Puerta en campaña. Como galeote espalder, el que ocupa el privilegiado último banco de popa en una galera, remonta el Danubio para enfrentarse al Bayboda de Moldavia, llamado por él Miguel de Valaquia, que se ha sublevado aprovechando el interregno motivado por la sustitución del jefe del diván en Estambul. Después de estar presente en la entrevista de Kaptan derya (comandante en jefe de la flota) Sinán Cigala con su madre y hermanos[27], así como

---

[27] Hay un error de datación de este acontecimiento ya que es imposible que este reencuentro familiar se produzca en 1599. Se conoce la entrevista que realiza el renegado a su familia por la documentación del baylo de Florencia y otras cartas mandadas desde Estambul para pedir permiso para desembarcar, correspondencia publicada por Emilio Sola en la revista *Indagación* de la

en otras de la tradicional expedición de la armada oficial a tierras de cristianos, decide poner fin a su cautiverio en tierra de infieles, saciado de vivir aventuras y pasar los rigores del capricho de su amo y de los renegados que le cuidan. Después de nueve años de cautiverio desea vivir entre sus iguales y abrazar a sus deudos, razones que le llevan a planificar la huida, pensamiento siempre peligroso e inquietante. La lejanía de la Corte Otomana de las costas peninsulares tiene como consecuencia que los religiosos rescatadores y el dinero de particulares para redimir cautivos difícilmente alcance las tierras de Levante. Sus únicas posibilidades para salir de su estado es ser capturado por una embarcación cristiana, trance en el que es fácil que los bogadores pierdan la vida por el fuego amigo o por el hundimiento de la embarcación, o intentar escapar cuando se aproximan a las costas cristianas, empresas que suelen realizar algunos renegados en las cercanías de las islas italianas en el relato de Diego Galán. Nuestro protagonista opta por intentar alcanzar a pie alguno de los territorios sublevados o no sometidos íntegramente por los otomanos en la Península Balcánica, plan lógico y menos arriesgado que tirarse al mar para intentar alcanzar la costa a nado.

Una vez elegido el momento y el lugar tiene que pergeñar el tipo de ruta que le lleve hasta las añoradas tierras toledanas, siendo el destino y la misericordia humana y divina sus únicas esperanzas de que su quimera sea una realidad, aunque ayudándose de sus dotes de intuición y picardía. Dado que es una empresa individual, al igual que la mayor parte de los episodios que introduce en un texto simple narrado en primera persona, considera que la vía que le depara más oportunidades es la terrestre, al igual que Pedro Urdemalas en *El Viaje de Turquía*. Un receso de la flota en Negroponte y su cotidiana salida para lavar la ropa de su amo son el momento y la circunstancia, después de haberse mercado un hábito a la turquesca, para salir de la vigilancia de los guardianes que custodian perennemente a los cautivos en tales trances. En su fuga, que decide iniciar acogiéndose a la misericordia de los monjes ortodoxos griegos, se adentra en el complicado mundo balcánico, al cual define como una tierra de mixtura donde "...griegos y turcos están mezclados, aunque los turcos, como señores, administran justicia, con que los tienen muy sujetos".

En su periplo por el sudeste europeo se acerca a las proximidades de Atenas, de donde nos lega una de las mejores descripciones del Partenón de la Edad Moderna, aunque no sabe titular el edificio y comete errores al describir la civilización que lo erige. Esta parte del manuscrito, que en la edición de Serrano Sanz ocupa el segundo libro, cuenta con capítulos claramente novelados donde se pierden referencias concretas sobre el mundo que conoce por realizar un relato de una mayor ritmo descriptivo en el que transmite la angustia de un nuevo

---

Universidad Alcalá de Henares, 0 (1994), pp. 226-229, según ellas este episodio es de 1593. También se equivoca cuando afirma que Barbarroja fue el que cautivó al padre y el hijo, el futuro renegado, ya que el apresamiento fue hecho por Dragut (Turgut Reis) en 1561. El origen musulmán de Lucrecia Cigala también es un dato novedoso de este relato que, como se ve por esta pequeña nota, está contaminado de leyendas y mitos propios del ambiente de los cautivos y marineros del Mediterráneo.

apresamiento cuando es reconocido como un cautivo en fuga disfrazado de monje o el miedo que pasa recorriendo los caminos entre un monasterio y otro. La llegada a las tierras del Peloponeso supone que se inicie su libertad y sus intentos de volver a la Península Ibérica. Sus ansias de reencontrarse con sus padres se dilatan a lo largo de un año por su larga estancia en el golfo de Maina y por su periplo cretense y siciliano. Sus circunstancias de penuria cambian completamente cuando llega a tierras de católicos. Es ayudado en la parte final de su recorrido mediterráneo por soldados y frailes paisanos de los pueblos de Toledo y del sur de la actual provincia de Madrid, del sobrino del obispo de Palermo Diego de Haedo, del conde Alba de Liste, de un espía griego al servicio de la corte española y otros personajes de su vida de cautivo. Durante este año y quince días es tentado a quedarse a vivir en estas tierras por asuntos amorosos o por locas expediciones de corso y piratería, como la que le propone su amigo Pablo o un caballero de la Orden de San Juan, episodios que sí fueron realizados por el capitán Contreras. Llega a España por el grao de Valencia, como otros muchos miles de cautivos rescatados o fugados, al tiempo de las bodas de Felipe III en la ciudad del Turia, aunque esta datación fue puesta en duda desde la edición del segundo manuscrito de Galán. Reside en la urbe durante sus contactos con el conde Alba de Liste, y regresa a su casa paterna cuando el noble parte para Zaragoza y él vuelve a recobrar las ansias de abrazar a los suyos.

El manuscrito termina con la anotación del religioso Francisco de San Miguel, monje encargado de la custodia de los fondos de la Biblioteca de El Escorial y copista del texto en el siglo XVIII, con la siguiente datación: "Murió Diego Galán en 5 de Junio de 1648. Enterróse en la Magdalena. Era parroquiano de Santa Justa y, por ser año de pestilencia y no caber los cuerpos en aquella iglesia, le enterraron dicho día, mes y año en la Magdalena de Toledo".[28]

El relato muestra una cesura muy clara entre la época en la que vive entre los musulmanes como cautivo, con capítulos escuetos y cercanos a los descritos por la documentación y los otros libros de escritores españoles que son cautivados por los argelinos, con los que se escriben al final de este período y los que narran su fuga y el reencuentro con el mundo cristiano, repletos de anécdotas, reflexiones personales, personajes secundarios y episodios con errores claros de cronología, tales como sería la entrevista de Cigala en Sicilia o la fecha de la boda de Felipe III en Valencia[29]. La tendencia mostrada en este manuscrito se acrecienta sobremanera en el redactado en la época de Felipe IV, lo que nos confirma que avivar sus recuerdos es una de las tareas a las que se dedica en su sedentaria existencia a su regreso a Toledo. Esta parte del relato, la más novedosa para sus presumibles

---

[28] José Luis GONZALO SANCHEZ-MOLERO, *La librería rica de Felipe II. Estudio histórico y catalogación*. San Lorenzo de El Escorial, Instituto de estudios escurialenses, 1998.

[29] "Escrita la relación de sus infortunios muchos años después que regresó a España, pues menciona a Felipe IV, hay varias inexactitudes en algunas fechas, como su llegada Girgenti, que no pudo ser en el año 1600, ya que las bodas de Felipe III y Margarita de Austria se verificaron en el año 1599, el mismo en que Galán llegó a Valencia" M. Serrano Sanz, *Op. cit.* p. 94.

oyentes toledanos, es la que tiene una estructura más literaria, como afirma Camamis[30], en la que el autor vierte las sensaciones y los sentimientos que escamotea en los primeros capítulos. Pertenece a la crítica literaria entresacar los préstamos y las formas en las que se articulan estas páginas más cercanas a la reelaboración de lo real, hasta casi llegar a lo ficticio, para centrarnos en este pequeño prólogo a definir la importancia de Galán en relación a la época en la que toca vivir basándonos exclusivamente en el primero de sus manuscritos.

La gran diferencia del cautiverio de Diego Galán con respecto a su homónimo Miguel de Cervantes viene marcada por los años en que padece este doloroso trance. El literato nos lega el relato del cautiverio, tanto sea en los *Baños de Argel* o en la historia del El capitán cautivo inserta en la primera parte del *Quijote*, en los años en los que Argel y, en general, el Mediterráneo está en confrontación abierta[31]. El famoso Ochalí cervantino, el Euldj Alí osmanlí, va a ser el último de los grandes hombres que proyectan su sombra sobre las tierras de Poniente y Levante, el final del ciclo histórico que iniciaron los hermanos Barbarroja que ahora cierra este renegado calabrés que fue capaz de salvar a toda la marina argelina del desastre otomano de Lepanto. Su paso a Estambul como Kaptan derya y su muerte en 1587 significa que el enfrentamiento entre la Monarquía Hispánica y el Imperio Otomano tenga otros caracteres completamente diferentes. Diego Galán, sin quererlo y saberlo, es el cronista de esta fase del agotamiento de los Imperios y del traslado de los frentes bélicos a otros espacios geográficos. El corso es lo único que se mantiene inalterable en este espacio, pero por acciones armadas que tienen más que ver con la "degradación de la gran guerra" que como una demostración del enfrentamiento real entre los dos poderes. El señor del Cuco y Lesbes es el que refleja la nueva guerra en estas tierras, príncipe que está representando y defendiendo una tierra media o intermedia entre los extremos de los límites máximos de dominio de los dos grandes poderes del Mediterráneo. Euldj Alí cuando es llamado a la Sublime Puerta estaba preparando la conquista de la tierras de Marruecos que eran gobernadas por el vencedor de la batalla de Alcazarquivir, Ahmad al-Mansur, proyecto que no se volverá a pretender después de que el renegado abandone los límites de Berbería. La guerra entre los dos grandes Imperios se queda reducida a las tensiones entre sus navegantes y marinos residuales y, sobre todo, a intentar crear zonas de seguridad para prevenir hipotéticos ataques directos entre los supuestos rivales irreconciliables[32]. La tregua

---

[30] "Para introducir este ambiente de novela griega, el autor no tiene que inventar y fantasear episodios ficticios. Es que los españoles del siglo XVI, desde el Mediterráneo hasta las lejanas Indias, vivían de hecho en un mundo no muy distinto del de Teágenes y Cariclea, en que la vida no era sino una larga peregrinación y un viaje purificador por un mar proceloso", George CAMAMIS, *Op. cit.* p. 231.

[31] La mejor demostración de que Miguel de Cervantes sigue pensando en la guerra en el Mediterráneo es que allí sitúa una de sus novelas ejemplares, como es el *Gallardo Español*.

[32] A.C. Hess, *The Forgotten Frontier*, Chicago 1978, defiende la tesis de la lucha política en el Mediterráneo, dejando a un lado el vago concepto de enfrentamiento de civilizaciones, siendo las tierras de Berbería occidental el lugar donde se están dirimiendo los problemas entre españoles y

entre Felipe II y la Sublime Puerta sirve para explicar el diferente ritmo histórico que vive nuestro autor, cuestión a la que nosotros añadiríamos la desaparición de las generaciones de hombres, tanto en el lado cristiano como en musulmán, que fijaron los ritmos del mar durante medio siglo.

Las empresas militares en las que participa Diego Galán como galeote recuerdan más a fuegos de artificio que a las temibles expediciones que encabezó Hayreddin Barbarroja cincuenta años antes. La misma entrevista de Cigala con su familia en Sicilia, después de haber logrado todos los permisos pertinentes, nos trae a la cabeza más la escenografía de *El rapto del Serrallo* de Mozart, que el drama del cautivo de los *Baños de Argel* que se desespera entre la lúgubre humedad de un *baño* magrebí. El argumento de la ópera presenta a personajes españoles, un hijo del gobernador de la plaza de Orán, luchando por liberarse del cautiverio del Sultán Selim, episodio que tiene un punto de realidad en situaciones semejantes en estas décadas[33], aunque en un escenario más ameno y caballeresco que el que se vive en los años del siglo XVI.

El Mediterráneo de Diego Galán ha dejado de ser el lugar de las grandes campañas militares, comandadas por enormes armadas buscando a sus adversarios por todo el perímetro del mar, para ver navegar expediciones más pequeñas y estacionales que pretenden atemorizar a napolitanos y venecianos y mantener en vigor el *statu quo* alcanzado con la paz entre españoles y turcos. Las acciones en las que se puso de manifiesto el esfuerzo cristiano y la valentía hispana son un recuerdo de la época del joven Felipe II o del maduro Carlos V, pero no así para el anciano Rey Prudente o la generación pacifista de Felipe III, reinado durante el que se redacta esta primera versión del *Cautiverio y trabajos*. Las dos grandes campañas en las que está presente tienen un sesgo diferente a las que se han producido en la época de Cervantes. El hidalgo cautivo recuerda a don Juan de Austria como la persona que puede liberar a los españoles apresados cuando decide conquistar La Goleta tunecina, mientras que el Monarca Prudente ha firmado una tregua casi perpetua con la Sublime Puerta que supone que ningún cuerpo de ejército hispano pase a los arenales africanos o a las montañosas tierras balcánicas a realizar nuevas conquistas. El único gesto que hace el enfermo Felipe II en los últimos días de su vida es dejar unas monedas para rescatar cautivos en la lejana Estambul, escaso bagaje y consuelo para los miles de sus súbditos que padecen la "privación de libertad" en la tregua entre los dos Imperios. Diego Galán, por contra, muestra la fidelidad y el amor al monarca ya que al desembarcar en la primera tierra de católicos pregunta rápidamente por la salud y el estado de su rey,

---

otomanos al vencer las tesis de la política de carácter defensivo tendente a contener en unas marcas fijadas las apetencias territoriales del enemigo.

[33] Las relaciones amorosas entre personajes cristianos y otomanos no son infrecuentes en estas décadas, e incluso sirven como argumento para algunas obras de teatro de Miguel de Cervantes, tal es el caso de *La gran sultana*. Para ampliar este tema véase F. de La Peña y E. Sola, *Cervantes y Berbería. Cervantes, mundo turco-berberisco y servicios secretos en la época de Felipe II*, Madrid 1995.

siendo informado de su muerte: "Luego fuimos por tierra hasta el puerto de San Nicolás, que estaba cerca de allí, donde hallamos dos saetias francesas cargadas de trigo para Francia. Yo no me atreví a embarcarme en ellas por las guerras que había entre España y Francia sobre la coronación de Enrique, y no fue de aquí a que al papa dio obediencia. Y preguntando yo por nuestro Phelipe Segundo, me dijeron que era muerto."[34]

Las de Heder Paça en la Kabilia y Sinán Paça en Moldavia, un nuevo error de nuestro cronista al traer al presente el pasado, son simples expediciones para someter a grupos sediciosos de la soberanía y potestad del Gran Señor. La primera es más una empresa militar que pretende recaudar tributos y asegurar fidelidades al mostrar el poder de los jenízaros y otros infantes instalados en Argel, mientras que la navegación por el Danubio es un intento de mantener anexionado un territorio periférico del Imperio Otomano que se encuentra en la frontera entre los intereses turcos y austriacos. La aparición en esta campaña del khan tártaro supone encontrarnos en los límites de las confederaciones y los territorios que aceptan el vasallaje de los ejércitos del sultán sin estar plenamente integrados dentro del Imperio. El príncipe tártaro sirve para introducir un elemento exótico dentro del relato, como muestra su descripción, ya que los otomanos, bien sean soldados, arraeces o sultanes, ya se han transformado en personajes perfectamente asimilados por la mente y los ojos de los españoles, como se pone de manifiesto al mirar la iconografía de cuadros y retablos que se realizan en estas décadas: "Era hombre de buen rostro blanco y rubio y de muy buen talle, no muy grave, vestido de una media sotanilla de brocado aforada de martas muy finas y debajo unos balones largos de damasco carmesí y borceguí de color y zapato a lo turco, y en la cabeza un bonetillo de grana aforado de martas, y en él fijada una pieza de oro con piedras y perlas muy costosas y un penachito de plumas negras"[35]. La derrota de los jenízaros ante los húngaros y los soldados del príncipe Miguel terminan con que Moldavia y Transilvania pasen a depender de este personaje, así como las repetidas victorias del príncipe de Hungría significan el equilibrio de poder entre Otomanos y Habsburgo en el Danubio. Las armas otomanas ya no son esa maquinaria de guerra imparable de la época de Solimán el Magnífico, este cambio en la relación de fuerzas entre los dos contendientes, que en España es especialmente manifiesto después de la victoria de Lepanto, se traduce en la idea de que los enemigos pueden ser vencidos y establecer tratados y paces con los sultanes en condiciones paritarias.

---

[34] Capítulo XXXIX. La referencia a la coronación del monarca francés y el reconocimiento de este monarca por Roma es otra demostración de que el Mediterráneo en el que vive Diego Galán está cambiando con respecto a la época anterior. El signo más claro de este cambio es que los antiguos aliados de los otomanos en la época en la que gobierna Francisco I en Francia y Solimán el Magnífico en Estambul serán los que bombardeen Argel para acabar con el corso en la segunda mitad del siglo XVII.

[35] Capítulo XXVI. Sobre la imagen de los musulmanes sobre los otomanos y el mundo musulmán en general véase M. Á. de BUNES IBARRA, *La imagen de los musulmanes y del norte de África en la España de los siglos XVI y XVII. Los caracteres de una hostilidad*. Madrid, CSIC, 1989.

El Argel que conoce Diego Galán, al igual que el que describe Haedo, se ha convertido en una provincia más del Imperio Otomano. A la muerte de Euldj Alí en 1587 el sultán aprovecha para acabar con esa especie de "principado nuevo", según la definición que podríamos tomar de Maquiavelo, que era la república corsaria fundada por los hermanos Barbarroja. Trípoli, Túnez y Argel serán simples regencias administradas por gobernadores que se renuevan trienalmente. Hasta ese momento las personas que habían ocupado el puesto de *beylerbey* estaban relacionadas sanguíneamente con la familia Barbarroja o habían sido renegados o arraeces formados en contacto directo con los hermanos o con Dragut. Hasán Veneciano, el último de los hombres que practicó la *gaza* (guerra santa) contra los españoles es llamado a Estambul en 1588 para que ocupe en puesto de Kaptan derya, con lo que desaparecen del mar occidental los hombres que lo transformaron. La desaparición de la generación de personajes que forjaron la vida y las circunstancias del Mediterráneo occidental, tanto desde el punto de vista político como desde el humano y el económico, supone que este espacio comience a llevar una vida diferente.

Diego Galán relata en la primera parte de su obra, en el momento en el que está cautivo, el final del proceso que estamos enunciando, al mismo momento que el inicio de un espacio que va a comenzar a regirse por otras reglas. Una simple anécdota referida en el texto, como es el intento de ataque en las proximidades de Malta de la nave ragusea por dos buques ingleses, puede ser una perfecta pista de cómo el escenario mediterráneo comienza a cambiar. Si repasamos la nómina de renegados referida para estos años por el matrimonio Bennassar[36] se aprecia que las víctimas y los responsables del corso comienzan a variar en relación al origen de sus protagonistas en estas fechas. La preponderancia de italianos y españoles, los elementos mayoritarios junto a los turcos en las cubiertas de las fragatas y galeazas en corso, es reemplazada por franceses, holandeses e ingleses. El mundo de la frontera se enriquece con nuevos aportes de los países del norte en el mismo momento que las flotillas de los corsarios musulmanes, o bajo el pabellón de la Sublime Puerta, se empiezan a aventurar al otro lado del Estrecho de Gibraltar. El enfrentamiento en estas aguas ya no es sólo entre los súbditos de la Monarquía Católica y el califato otomano de Estambul, sino que entran en liza otros pabellones, diferentes acentos en las almonedas de granos y cautivos y divergentes intereses cuando un navío es apresado o cuando se desembarca en una costa enemiga.

Todas estas referencias son, como referíamos en las primeras páginas, cuestiones demasiado conocidas para los españoles de estas décadas. Es la historia de un mundo que por demasiado conocido desea ser olvidado por los hombres de

---

[36] Bartolomé y Lucile BENNASSAR, *Los cristianos de Alá. La fascinante aventura de los renegados* Madrid, Nerea, 1989. Según los procesos inquisitoriales europeos estudiados por el matrimono de hispanistas llegan a la conclusión de establecer las diferentes épocas de la vida mediterránea según la importancia del volumen de los renegados de cada una de las naciones en las repúblicas berberiscas de Berbería central.

su época. Estambul, Túnez, Argel, Larache, La Mamora y otras muchas ciudades del Norte de África son frecuentes en las conversaciones de la época, pero son acontecimientos que no desean ser recordados. Aunque la lucha contra los musulmanes sigue siendo el mayor bien que puede realizar cualquier cristiano, reclutar soldados para realizarla, como hemos visto en el caso de Diego Galán cuando es engañado para servir en la ciudad de Orán, resulta muy difícil. El libro de Galán, en cualquiera de sus dos redacciones, fue silenciado por la misma época en la que vive por no ser acontecimientos demasiado agradables. Pocos impresores están dispuestos a publicar unos textos que no van ha ser comprados, por lo que la propia sociedad comienza a silenciar estos libros. El intento de engalanar la obra se volverá otro elemento de ocultación, al realizar un libro de retazos que esconde una historia demasiado repetida y conocida, lo que provoca que estos manuscritos lleguen a nosotros de una manera casi culta y, sobre todo, completamente silenciada

"AVISOS DEL TURCO".
EL ROL DEL SENATO Y EL EMBAJADOR IMPERIAL EN UN PERIODO DE CRISIS. EL CASO DE RODRIGO NIÑO

ÖZLEM KUMRULAR
Universidad de Bahçesehir, Estambul

Los "avisos del turco" o "los avisos de levante" siempre habían sido una tentación para el mundo Occidental, sobre todo en los periódos de crisis. Éstos, en los términos de Emilio Sola Castaño, era un modo singular para *"Despertar al que dormía"*. Estos documentos que se conseguían por "vías exquisitas", según sus autores, constituían un medío crucial para advertir a los estaban a la espera de "el peligro turco" y tenían el cometido de avisar a la población sobre una supuesta amenaza inminente e instarle a tomar medidas contra una avalancha que arrastraba todo lo que le salía al paso. Acompañado con los "avisos", el proceso de la intensa publicación de folletos, libros, relatos sobre los turcos, no sólo era un modo de organizar la defensa, sino también un intento de conocer al enemigo. La vecindad geográfica y la "omnipresencia turca" en la geografía cristiana obligaron a los "vecinos cristianos" a examinar el poder de estos enemigos imbatibles para poder minimizar así la amenaza turca. Tuvieron que interesarse por un enemigo peligroso que ahora resultaba mucho más cercano. Aparte de los otros motivos de este corpus de publicaciones, -como crear una visión consciente antiturca popular, avisar al pueblo de las consecuencias probables de la invasión turca, organizar una defensa a gran escala, hay que citar uno crucial: el de aprender a vivir en la misma geografía, con el menor daño posible. La dedicatoria del enviado Habsburgo a la Sublime Puerta, el famoso Busbequio, nos da un matiz que llamaba la curiosidad del mundo cristiano cuando se trataba de los turcos:

> "Aquí señora, pues, os le presento, tal quales, para que veáis en el como en un pequeño spezo y abbreviado, quién es éste vuestro enemigo, y común de toda la christiandad, el Turco. Quán gran contrario, quán poderoso, quán industrioso, quán vigilante, quán sobrio, y finalmente quán gran soldado, quán exercitado y plático; como se desuela en nuestro daño, como esta alerto y casi sobre puntillos, mirando por dónde nos puede entrar a offender y como días y noches no piensa en otro, que en nuestra perdición"[1].

---

[1] BUSBEQUIO, Augerio Gislenio: *Embaxada e Viages de Constantinopla*. Madrid, 1578. prólogo.

Durante el reinado de Carlos V, la Monarquía Católica dispuso de unos sistemas relativamente estables para recibir información sobre la política, los "movimientos" y los planes militares de los turcos. Las relaciones entre las dos cortes, bastante escasas, por no decir inexistentes, no hacían fácil la comunicación y la circulación de informaciones. Cuando se considera el pánico que causaban los avances amenazadores y los movimientos y ataques inesperados del ejército turco, la necesidad de una fuente de información permanente y de confianza se hizo innegable. Debido al Turco, que avanzaba imparable por mar y por tierra y atacaba las costas y fronteras con frecuencia, nació un género que aparecía muy frecuentemente bajo el título de "avisos del Turco", "relaciones de Constantinopla" o "nuevas del Turco".

La Monarquía Católica usaba diversas vías para obtener información sobre "el Turco" y sus intenciones. La vía más segura y más común era a través de los embajadores que Carlos V tenía en las ciudades más importantes de Europa. Entre ellos, sin duda, el más notable era el embajador de Venecia, debido a sus estrechas relaciones con la corte otomana. La información sobre la Sublime Puerta llegaba al emperador tras una escala en esas embajadas. Aparte de servir como representantes diplomáticos, los embajadores se encargaban de transmitir al emperador la información que les pudiera llegar. De esta manera, el emperador pudo disponer de una información sistemática.

Entre todas las fuentes de información, las más estables y fiables eran las embajadas establecidas en Italia –como las de Roma, Génova, Venecia–, y las de París, Viena y Lisboa. Debido a su situación geográfica, eran las embajadas situadas en las ciudades de Italia las que jugaron el papel más importante y crucial. Las ciudades italianas, abiertas al peligro turco que constantemente las amenazaba por mar, estaban poco menos que obligadas a recibir de forma sistemática las "nuevas" de Constantinopla. Las noticias que llegaban a estos centros fueron enviadas al emperador por varias vías gracias a sus embajadores.

Durante el siglo XVI, sin lugar a dudas, Venecia funcionaba como el más importante centro de inteligencia de toda Europa, y jugaba un papel crucial en las relaciones entre Occidente y Oriente. Venecia, que intentaba mantener una cierta neutralidad en sus relaciones con la Monarquía Católica y evitó las fricciones con la Sublime Puerta haciendo gala de una gran habilidad, fue la fuente que suministraba al emperador la información más actualizada. Tal como decía Enrique VIII, Venecia siempre fue el centro donde se obtenían las noticias más recientes.

Muchas veces se admitió en los documentos que las "nuevas" traídas por Venecia eran "frescas". Para dar un ejemplo, el Cardenal de Sigüenza, en una carta enviada al emperador, le comentaba que las noticias más recientes que el Papa tenía en la mano eran las que vinieron desde Constantinopla vía Venecia[2]. La carta que Juan Dantisco despachaba a Segismundo en 1524 desde Venecia, donde se

---

[2] Heine, Dr. G.: *Briefe an Kaiser Karl geschrieben von seinem Beichtvater in den Jahren 1530-32*, Berlin, 1848, p. 486.

hallaba como embajador de Polonia, le informaba de las noticias que relató el Dux de Venecia y "que aseguraba eran totalmente ciertas"[3]. De la misma manera, un embajador veneciano subrayaba la importancia de Venecia como fuente de información para la Sublime Puerta. En la relazione que hizo a la Señoría decía: "Per le qual ringrazia questa repubblica di avere avvisato continuamente la felice Porta del Signor Turco degli avvenimenti e successi cesarei da queste parti"[4].

La información que el baile veneciano residente en la capital del imperio otomano enviaba, llegaba a Venecia y desde allí se despachaba a los estados europeos. Carlos recibía esta información de mano de su embajador en Venecia. El aumento del número de cartas enviadas por dicho embajador a Carlos V durante los años 1530-32, es una buena muestra de que el peligro turco fue en este periodo más intenso que nunca. Comprensiblemente, las vísperas de la famosa campaña de Alemania emprendida por Solimán coincidían con estos años y cada nueva carta que llegaba desde Constantinopla causaba verdaderos tormentos.

Al finalizar la década de los veinte, tras el fracaso del asedio de Viena, empezó un período de intranquilidad en toda Europa en el cual el papel de los embajadores y cónsules imperiales en varios puntos del continente iban cobrando progresiva importancia. Como ya se ha mencionado, las "nuevas del turco" circulaban e inquietaban la "Cristiandad" que esperaba temerosamente un nuevo ataque, y esta vez mucho más potente. En este periodo particularmente crítico, los ojos se dirigieron al Senato que gracias a su proximidad y buenas relaciones con la corte otomana poseía más noticias y más recientes que ningún otro Estado.

En este contexto las cartas que despachaba Rodrigo Niño desde Venecia al Emperador son de una importancia excepcional para la reconstrucción histórica del desasosiego que reinaba en Europa. Sabemos muy poco de este embajador imperial en la corte veneciana, al cual describe Sandoval como "un caballero llamado don Rodrigo, natural de la ciudad de Toledo".[5] Una información sumamente escasa para una figura que informaba al imperio de todos los pasos que daba el Gran Turco, e incluso en muchos casos forzaba los límites de la diplomacia para tener más información del Senato. La insistencia que muestra este diplomático ante la

---

[3] Dantisco en la misma carta da un mero ejemplo de la información detallada que enviaban los venecianos de Constantinopla: "efectivamente, cuando nos retirábamos, el Dux decía que había recibido una carta en la que se podía leer que al comprobar los gobernantes de Siria que el emperador de los turcos había organizado una flota y que se encaminaba directamente hacia ellos, temiendo que el nuevo sultán no pudiese hacer frente a tal ejército, le habían preparado una asechanza y, al presentarse la ocasión propicia, mientras el Sultán estaba bañándose, unas gentes armadas le cerraron las puertas. Al oír el tumulto, el Sultán buscó su salvación huyendo por el pórtico del balneario, pero aquellos comenzaron a perseguirle rápidamente y por fin, cuando fue cogido, fue decapitado con otros cinco de sus principales cómplices y sus cabezas enviadas enseguida a Constantinopla. Allí fueron vistas por los espías de este gobierno". Fontán, Antonio; Axer, Jerzy (Eds.): *Españoles y polacos en la Corte de Carlos V.* Madrid, 1994. p. 157.

[4] Alberi, E.: *Relazioni degli ambasciatori Veneti al Senato.* Op. cit., Serie II, vol. II, p. 152.

[5] Sandoval, Prudencio de: *Historia de la vida y hechos del emperador Carlos V.* Madrid, 1955, vol. II, p. 374.

puerta del Colegio es mucho más de la que cabía esperar de un embajador de este tipo.

El embajador imperial en su carta fechada el 2 de junio de 1530 informa a Carlos V que llegó un embajador de Solimán al Senato para invitarles a la fiesta de circuncisión de sus hijos. Sin duda, Rodrigo Niño se interesa más por la posibilidad de un ataque por parte de los turcos que por la fiesta de circuncisión de los hijos del Sultán y es informado por el mismo embajador que Solimán no haría la "guerra" este año, que tenía noventa galeras en orden, pero "ni en el ataraçanal de Costantinopoli ni en otro ninguno del señorío del Turco se labra ninguna cosa ni hay memoria de armada"[6].

En la misma carta, le comunica al Emperador de la llegada a la corte veneciana de un romano llamado Micer Pedro Crevellino que ha llegado de Constantinopla y que trabaja al servicio del conde Guido Rengón. Dice que el dicho Crevellino se ha alojado en casa del famoso Alvise Gritti, "de quien supo en mucho secreto que la causa de no hazer este año el Turco empresa es falta de buena gente", y sigue así:

> "Porque averiguadamente la mayor parte de la que perdió en Viena fue la mejor que tenía y que de quantos buenos cavallos truxo en Vngría no bolvió la tercia parte en Turquía. Assí que diz que sin ningún duda esto es la causa destar quieto este año y que ha querido hazer esta circunsión de los hijos por dezir que por hazella dexa de hazer la guerra pero que la verdadera causa es ésta de la falta de la gente y cavallos."

Obviamente Crevellino no se equivocaba. El asedio de Viena había costado caro al imperio turco, con más de 30 mil soldados que perdieron la vida durante el asedio, y la pérdida de una suma enorme de municiones y artillería. Incluso tuvieron que dejar ante las puertas de Viena una gran cantidad de pertrechos de guerra. Y los caballos no constituían ninguna excepción. Y ahora, menos de un año después de la campaña fracasada, sería imposible recuperar todo el equipaje bélico, aunque se tratase del imperio otomano cuyos recursos militares parecían inagotables e infinitos. Sin embargo, el sultán se dedicaba a reunir fuerzas para su próximo destino y esto no era ningún secreto. Niño añade: "Y dize este Romano que si en algún tiempo Vuestra Magestad y los príncipes christianos havían de emprender la destruyción del Turco havía de ser agora y que jamás avrá tal tiempo para ello."

A principios de julio llegó el embajador turco y fue recibido por los diez y seis "más principales"[7]. El motivo de esta visita es la misma que mencionamos antes: la famosa circuncisión. El embajador turco también llevaba noticias de intenciones bélicas: !Dentro de un año el Turco estaría en Roma!

---

[6] Archivo General de Simancas (A.G.S.), Estado, leg. 1308, fol. 44, 2 de Junio de 1530.

[7] A.G.S., Estado, leg. 1308, fol. 49, 10 de Junio de 1530.

> "Que le avían dicho quando segunda vez que fue a palacio", decía Niño, "avía dicho en Colegio que tuviessen por çierto que dentro de un año sería el turco en Roma. Y que el abiendo ydo al Colegio a negocios de particular vinieron a hablar con el embaxador y otra vez el duque le loó mucho su persona y le dixo otras dos cosas que abría propuesto y que no venía a otra ninguna. Y que no podía hazer menos de darle dos galeras que le aconpañasen y que conbernía mucho no ynitar agora al turco sino dexarle estar porque si metía armada en el golfo sería para destruir el mundo y que sobresto pasaron otras rrazones enre las quales le dixo lo que se dezía que el embaxador avía dicho de la venida del turco en Rroma y el duque le hizo grandes juramentos que no avía dicho tal cosa."

Parece poco probable que Solimán hubiese planeado un asalto a Roma tal como se rumoreaba. Estos rumores que tenían su origen en el Senato no parecen tener fundamento. El veneciano como siempre calentaba el ambiente para no salir dañado del negocio: Gracias a estos rumores, se acelerarían los preparativos antiturcos en Roma, como en otros puntos de Europa. El apoyo del Papa en caso de un ataque turco en el Adriático no vendría mal a Venecia. Sin duda alguna, el Doge había pensado tener un apoyo cristiano en caso de que el turco causase un conflicto en el golfo.

Los venecianos se mostraban con la cara de siempre. En este extracto de la carta del embajador imperial dirigida al emperador, leyendo entre líneas podemos deducir que el veneciano no sólo temía las consecuencias catastróficas en caso de que la armada turca entrase en el golfo para lanzar sus ataques contra Italia desde allí, sino que también intentaba legitimar y justificar su relación amistosa con la Puerta con la expresión que usaba, "dexarle estar", que se hace más expresivo en italiano "lasciarlo stare".

Pedro de Cravelluzo se dirige a Roma con la misión de avisar a su Santidad en lo del Turco[8]. Pero antes de salir deja unas noticias interesantes y afirma que en su estancia en Constantinopla "supo cómo el Rey de Francia envió un español que se llama Rincón al Bayboda y al turco para pedir a éste que hiziesse a Vuestra Magestad la guerra". En 1530 es la primera aparición en escena de Antonio Rincón, el antiguo comunero, que se haría todavía más famoso con su misión del año 1532, realizada durante la campaña de Alemania de Solimán. Y así continua:

> "Que para esto él se ofrecía de pagar toda la costa y que para este efecto avía llamado algunos de los foraxidos del Reyno de Nápoles y Sicilia para que viniesen en el reyno de Francia, la qual negociación el dicho Rincón trató por mano de Luys Grito y bolvió con la rrespuesta en Francia donde diz que agora está y que para saberse la realidad de la verdad desto sería cosa muy necessaria que se espiase este traydor y en

---

[8] A.G.S., Estado, leg. 1308, fol. 59, 18 de Junio de 1530

saliendo de Francia fuese preso y esaminado y castigado como su traycíon y maldad lo merece. Este Rincón es de los comuneros de Medina del Campo y çepando otro de los de su lugar será verdadera espía para tomalle en saliendo de Francia."

Las noticias alarmantes no acababan. El mismo Cravelluzo, que proclama haber alojado en la casa de Alvise Gritti al hijo del Doge veneciano, notifica que Gritti vendría a las costas de Sicilia, en calidad de capitán de una "gruessa armada", para pasar a Nápoles desde allí. [9] Carecemos de información sobre este proyecto de Solimán y este cargo que dio a Gritti, al que había sido dado el título de empresario abastecedor del ejército durante la campaña de 1529. Las fuentes otomanas, poco dadas a informar sobre las decisiones tomadas en las sesiones de Diván —aparte de los *Ahkam Defteris*— no arrojan luz sobre esto. Sea como fuere, la decisión final del sultán sería distinta: encargaría a Gritti el cerco de Estrigonia en la campaña de 1532.

Las relaciones turco-venecianas se basaban exclusivamente en intereses mutuos, y sin duda, el Senato debía considerar con posterioridad la indestructible paz en que estaba con el Gran Turco. Por aquellas mismas fechas, el veneciano se vio obligado a intensificar las relaciones con la Puerta, y no provocar la ira del Sultán. No había quien no desconfiase del Veneciano, sin embargo, en cuanto a su notable habilidad de recibir información, Europa se dirigía una vez más a este potentado cristiano del que desconfiaba profundamente. Tenía que filtrar las noticias que venían de él.

> "Ya escreví a Vuestra Magestad cómo heran venidas letras de Costantinopoli", afirma Niño, "y lo que se avía podido alcançar de lo que allá el embaxador dessa Señoria escrevió. Después he sabido que de pocos días acá tienen estos que goviernan grandíssimo cuydado en el secretto de las cosas del Turco y por esto torno a escrevir a Vuestra Magestad que en ninguna manera conviene al servicio de V.M. fiarse de lo que aquí se supiere porque teniendo este cuydado no se podrá saber sino lo que estos querrán que se sepa"[10].

Obviamente los venecianos tenían un gran miedo a tomar una decisión errónea bajo esta tensión. "Con tanta demostración de miedo al Turco que no se

---

[9] Ibídem. "Tanbién dize que quando partió de Costantinopoli estaba platicado de hazer el Turco a Luys Gritti capitán de ventura con una gruessa armada el qual viniesse con ella en Sicilia que con favor de los foraxidos y con infantería italiana empresniesse de tomar aquel reyno y de allí passar en el reyno de Nápoles y que dexo esto está platicado tan adelante que cada día esperava que viniesse aquí el dinero para hazer la infantería ytaliana y que esperando esto se ha detenido aquí y que agora ha rrecibido letras de Costantinapoli de cinco de Mayo en que le dizo por no averse tomado conclusión no se embía el dinero pero que prestos se espera que se tomara la conclusión dello de la qual dize que le escriven que le avisaran y que por esto que le escriven conviene mas trabajar de averse a la mano este traydor de Rincón el qual diz que llevo el dissino de Brindiz y de su castillo al turco quando fue por mandado del rey de Francia."

[10] A.G.S., Estado, leg. 1308, fol. 90, 12 de Septiembre de 1530

podrían decir en hartos pliegos de papel"[11] decía Rodrigo Niño, frustrado por no conseguir los detalles más cruciales de los secretos del turco, que parecía que sólo los venecianos sabían. Así continua:

> "Aquí se tiene grand secretto en estas cosas del Turco por el miedo que le tienen por las mercaderías que en su estado trattan y por el confín que con él tienen y no digo que guarden secretto por otras causas porque después de la paz hecha con Vuestra Magestad creo que no las ay y como los mercaderes que rresiden en Costantinopoli no osan escrevir ni comentar cosa del Turco solamente escriven estas cosas que a él tocan"[12].

El veneciano seguía negándolo todo y jugando su hábil juego de equilibrista, como un acróbata. El Doge, muy versado en el arte de la retórica, siempre encontraba una salida para mantenerse fuera de la polémica. "Para entender entre las dos personas mayores del mundo ellos se harán muy pequeños", decía el embajador de Carlos V refiriéndose a las palabras del Duque[13].

Rodrigo Niño se quejaba de que era imposible conseguir las nuevas del Turco a través del embajador y el baile de Venecia en Constantinopla "con tiempo" y la única manera de recibir estas noticias era "por vías exquisitas" y seguía: "Yo sospecho que no sabemos sino aquellas que quieren que se sepan." Cuenta que vinieron Pedro Zen, el baile y Tomas Moçenigo, el embajador veneciano, a Venecia con los que fue imposible tener un contacto con el pretexto de que acababan de venir de Costantinopla donde la gente moría de "pestilencia". ¡Pero es necesario señalar que en ese momento no existía ninguna pestilencia en la capital turca!

Pero para Niño siempre había una salida, una manera de recibir información. Esta vez consigió hablar con un griego que llamado Theodoro Paleologo, "un ombre honrrado que ha grand tiempo que sirve a este estado de capitán de cavallos ligeros al qual esta señoría embió con el embaxador." Cuando volvió de Constantinopla, Niño consiguió hablar con él "con grand dificultad". Las noticias eran más "bélicas" que nunca: Sigue su carta con un asunto bien serio no sólo para Venecia, sino para toda Italia. Se trata de una posible entrada de la armada del Turco en el Golfo como se ha mencionado anteriormente[14]. La polémica seguiría estando vigente dos años después:

---

[11] A.G.S., Estado, leg. 1308, fol. 26, 27 de Marzo de 1530

[12] A.G.S., Estado, leg. 1308, fol. 115. 20 de Noviembre de 1530.

[13] A.G.S., Estado, leg. 1308, fol. 265. 12 de Deciembre de 1531.

[14] "Por alguna vía he sentido que el Turco pide a esta Señoría que dé entrada libre a su armada en los puertos que tiene en el golfo de que ningúnd contentamiento aquí se tiene esto se ha sentido por vías muy esquisitas pero no tan claro que se pueda tener por cosa muy verificada mas como quiera que se aya sentido he querido dar aviso a V.M. para que por otras vías pueda verificar si ay algo desto y sino si V.M. crea que es con grande terminación de venir el Turco en Italia pero no se hará aquí determinación en este caso tan presto dessi ni de no porque es cosa que destos les toca tanto como a

> "Asímismo hay aquí letras de Ragusa de los XI deste en que escriven que el Turco recibió a los embaxadores del Serenissimo rey de Romanos en misa y que son venidos a Duraço tres mil gastadores y que le haze gran quantidad de cal y se trahe mucha piedra para fortificar aquella tierra y que limpian el puerto en gran diligencia. Lo qual se juzga que es para traher allí el armada del Turco por ser dentro en el golfo y en frente del Brindez aquí les pesa mucho desto porque no querrían que ninguna armada entrasse en este golfo"[15].

Mientras tanto el temor reinaba en Sicilia. Los rumores de que el Turco vendría con una armada a las costas sicilianas habían llegado a oídos de los habitantes de Sicilia. Las costas se encontraban sin fortificar, abiertas al peligro turco.

> "Despues de aver sentido esta cosa que aquí escrivo a V.M. he ablado con el general de los agustinos y ha me hecho agrandes amonestaçiones que suplique a V.M. que tenga en mucho la grandeza del Turco y que mande que estén con grand cuydado y guarda los puertos de Sicilia porque le dizen algunos principales gentiles ombres de este estado que están todos aquellos puertos muy desapercibidos y que desto aquí se tiene experiencia destos años passados que se llama agusta que es tan grande que basta para quanta armada tiene el Turco y si el le tomasse que en pocos días le fortificara de tal manera que no bastasse toda la christiandad a tomárselo. Todo esto escrvio a V.M. para que lo mande ber y proveer como más cumpla a su real servicio porque ahunque la grandeza y riqueza del turco no sea ..... la mytad que aquí dizen y sin hedad la que sabemos basta para estar en grand cuydado pues en su patria ya no le queda cosa que no aya puesto debaxo de su domino".

No sería ninguna exageración expresar que la última carta de 1530 que despacha Rodrigo Niño al embajador era la más interesante de todas Tras pasar la noche de Navidad con el duque, ahora el embajador imperial compartía toda la charla de aquella noche con el emperador. Los maytines de la noche de nabidad por yndispusición del legado del Papa estuve junto con el Duque y todos los passamos hablando sobre el Turco y sobre su poder y manera de vida y estado", dice; y sigue entusiamadamente: "De todo está el Duque tan ynformado que ahunque duraran otro tanto ni a él le faltara qué dezir ni yo me cansaré de oyr." Debería haber escuchado todo lo del Duque como si fuera uno de los cuentos de *Las mil y una noches*. Indudablemente, fue una de las pocas veces que el Doge veneciano

---

V.M. y porque tienen por cierto que en qualquier puerto que dexassen entrar la armada del turco se les ancaría con él y segúnd he entendido ahún en el golfo no puede entrar armada del turco conforme a sus capítulos de paz y si entra diz que visto ser rrota la capitulación assi que si esto es verdad estos ternán bien que pensar antes que hagan la determinación de lo que han de hazer en este caso."

[15] A.G.S., Estado, leg. 1309, fol. 54, 21 de Junio de 1532.

compartía las historias turcas con toda su generosidad. Muy probablemente por primera vez llegaba a oír los atrayentes detalles de ese mundo desconocido y tan misterioso para Occidente, sobre todo para él que lo ve desde lejos, desde la otra parte del continente.

Vividos los últimos días como en un cuento de hadas, empieza un nuevo año no mejor que el anterior. El año 1531 comienza con nuevos misterios para el embajador de Carlos V. Giorgio Gritti, el hermano del Andrea Gritti viene de Constantinopla para pasar a Francia. Este viaje de una de las importantes y problemáticas figuras de la diplomacía europea causa nuevos escándalos. "Vuestra Magestad terná mucha causa de sospecha en ver que biniendo una persona tan calificada como ésta de Constantinopoli que pase luego a Francia a cuya causa se ha propuesto en el que Pregay que se le deve mandar que no vaya" afirma Niño, y añade " y que él dize que su yda es de parte de Luis Grite, su hermano, a pesar del capitán Rincón que es al que inbió el rey de Francia por enbaxador al Boyboda "[16].

No le faltan pretextos a la Señoría y cuando se le pregunta el motivo de este viaje extraño afirman que es "por tomar a los embaxadores desta Señoría en la corte del Rey de Françia para ayudarse dellos". Sin enmbargo, el embajador emperial conserva su escepticismo de siempre y avisa al Emperador: "Pero yo tengo por cierto que sy este va a negoçiación del Turco con el Rey de Françia que estos no se atreberán a impedirle el camino" dice y le aconseja aque avise a su embajador en la corte de Francia, Monseñor de Prat de su ida.

Los Gritti abiertamente juegan sus peones en este triángulo entre el rey francés, el Voivoda y la Puerta, y esto no se le escapa a Rodrigo Niño. Así sigue con su informe sobre estos personajes que levantan una sospecha enorme en el ámbito europeo:

> "Tanbién he procurado de saber quándo enbió el Rey de Francia al bayboda y certificarme que fue luego que Vuestra Magestad le puso en libertad y que este capitán Rincón residió con el Turco hasta que vino a Viena por donde segun lo que el veneciano ha querido dar a entender avunque Christianíssimo no deve estar syn culpa de aquella jornada. Ésto es todo quanto en este caso hasta agora se puede screvir a Vuestra Magestad" [17].

En el mes de Mayo del mismo año escribe al Emperador más decididamente:

> "Que la venida de Jorge Gritti es a espiar lo que se haze en la Christiandad por que el Turco se fía más deste y de su hermano Luis Gritti que de los mismos turcos de Costantinopoli como otras vezes he escrito a Vuestra Magestad. No escrive mercader ninguno cosa de las

---

[16] Rodrigo Niño, A.G.S., Estado, leg. 1308, fol. 172, 15 Abril 1531.
[17] Ibídem.

que el Turco haze, solamente lo escrive al bayloo, embaxador que esta Señoría tiene allí"[18].

Se complicó más el cuadro cuando llegaron las noticias de que Giorgio Gritti llevó consigo al hijo de su hermano, Luis Gritti, que estudiaba en Padua para hacerse obispo en el reino de Hungría. Se rumoreaba que el objetivo de la ida de Giorgio Gritti a Francia era para lograr un acuerdo con el rey de Francia a este respecto.

> "Vuestra Magestad si fuere servido mandará screvir a su alteza que yo lo dexo de hazer por que querría que se verificase primero por esta vía que digo o tanta parte que se le pudiese dar crédito porque el boyboda viese como le trata Luys Griti por medio del qual diz que entró en la gracia en que sí está del Turco y de Abrayn Bassa. Tanbién ha llevado de aquí este Jorge Griti un veneçiano que llama Caça Diaboli honbre de mar y creo que Vuestra Magestad le conozçe porque fue a Bolonia a suplicar a Vuestra Magestad que le confirmase una....... que en Pulla le avía dado franceses en esta guerra pasada estando allí por capitán de galeras desta Señoría asy que destas cosas tales hará mientras bivieren Luis y Jorge Griti porque no son más christianos que yo turco y mereseçían ellos muy mejor que moriesen, ser arastrados y hechos quartos.

Por otra parte, las "nuevas" seguían siendo inciertas e inquietantes. Aunque se afirmaba que aquel año el Turco "no haría empresa" ni por mar ni por tierra, los movimientos bélicos en las ciudades como Constantinopla, Galipoli y Cairo engendraban una inquietud considerable. Las veintidós galeras que partieron para Alejandría iban cargadas de madera para acabar las sesenta galeras que se labraban en El Cairo. Giorgio Gritti traía nuevas más frescas y afirmaba:

> "Que havían traydo al ataraçanal de Costantinopoli cient galeras nuevas las quales se han labrado en diversas partes del mar mayor y que estas cient galeras son mucho mayores que las bastardas de agua y que allende destas cient galeras han readereçado en el dicho atarazanal otras cient galeras sotiles y que queriendo él saber en Costantinopoli para qué fin havían hecho tan grandes galeras le dixeron que para poder llevar en ellas algunos cavallos y también para que llevassen más gente de guerra porque abordando con las galeras que agua se usan fuesse más numero de gente la de sus galeras que la que huviesse en la de agua y que no se entiende en otra cosa agora en el ataraçanal de Costantinopoli syno en hazer artillería y municiones para poner en estas doscientas galeas" [19].

---

[18] A.G.S., Estado, leg. 1308, fol. 186. De Rodrigo Niño

[19] A.G.S., Estado, leg. 1308, fol. 175, de Rodrigo Niño.

Las noticias eran conflictivas. Sin embargo de una cosa no había duda: Durante los años de inquitud en la vísperas de la campaña de 1532 de Solimán, Rodrigo Niño fue el que despachó correos con noticias más detalladas de los rumores y noticias sobre el Turco y de los pasos que tomaba Solimán y sus preparativos bélicos.

APÉNDICE

A.G.S., Estado, leg. 1308, fol. 26
27 Marzo de 1530
De Rodrigo Niño a Carlos V

Del protonotario y del Mussor de Curriera havrá Vuestra Magestad sabido cómo se dio esta Señoría la carta de Vuestra Magestad, y se les dixo todo lo que Vuestra Magestad nos manda sobre la liçençia del duque de Urbino, y cómo tomaron término para responder para oy la respuesta ha sido dezir quanta voluntad tenían de hazer, quanto per Vuestra Magestad les fuera propuesto, y que para venir en hazer lo que agora Vuestra Magestad pide cerca de la licencia del duque de Urbino ellos han buscado todos los medios que se han pedido, y que hallan tantos y tan grandes inconvenientes para darsela, que tienen por cierto que sabidos por Vuestra Magestad no sólo se terná por servido que no la den, pero en caso que la diesse no se lo permitiría, y lo primero que dizen es que esta Señoría nunca estuvo syn capitán genreaal, y otros capitanes y conducteros los quales oy no tienen ni otra persona syno al duque, por donde licenciándole toda su gente darnos quedaría syn cabeça, y sería en la mayor perdición que nunca fue gente speçialmente en esta coyuntura que están para dar forma en despedir alguna parte della y la otra alojalla de tal manera que puedan salir de alguna parte de las necesidades que han tenido, y les queda de las guerras passadas y que están que seríe en daño suyo passarían bien por socorrer Vuestra Magestad quando no hoviessen otros mayores inconvenientes, que son la sospecha que el Turco ternía dellos si diesen liçençia a su capitán general para servir a Vuestra Magestad en tiempo que no le queda otro enemigo sino al Turco, y que Vuestra Magestad y el Papa fueron contentos que en las ligas y confederaciones fechas con ellos no se tratasse cosa contra el Turco por el peligro grandíssimo quel estado desta Señoría tiene cada y quando que hizieren al Turco cosa que sea su desgrado, y que pues este tan grandíssimo inconvenente es tan notorio a Vuestra Magestad, que le suplican humilmente se tenga por servido de havellos por escusados de dar esta licençia al duque de Urbino, porque syn duda ellos tienen muy determinado que bastaría sóla esta causa para que el Turco totalmente destruyesse todo el stado que tienen en sus confines, y que pues Vuestra Magestad tiene tanta información desto que Vuestra Magestad se contente de ver la voluntad que ellos tienen de complacer y servir a Vuestra Magestad en quanto en ellos fuere y sea servido de dexalles su capitán, qual pues la causa es tan justa. Yo les respliqué diciéndoles quanto plazer havía de la voluntad que mostravan de conplazer en todo a Vuestra Magestad, y que la mesma voluntad tenía Vuestra Magestad para todas las cosas que les tocasen, y que en quanto a lo de haver tenido siempre capitán general que cosa notoria era pero que agora no tanían necesidad de tenelle, y que quando lo toviessen Vuestra Magestad les prometía de volvérsele y dalles de los suyos si menester fuesse para la conservación desta excellente república y que para lo de más del despedir y aloxar la gente que les havía de quedar que en pocos días lo podría hazer el Duque, y que fecho podría yr con Vuestra Magestad, y que en lo de la sospecha del Turco que ésta no se podría verificar, porque como sabían otras cosas podría haver en la jornada que Vuestra Magestad yva que no tocasen al Turco, y fuesen en benefiçio de la Cristiandad donde Vuestra Magestad podría emplear al Duque por tanto que conformándose con sus primeras palabras les pedía que quisiesen hazer lo que Vuestra Magestad les rogava, porque harían en ello a Vuestra Magestad grandíssimo plazer y conforme a esto quantas razones yo pude para trahellos a hazer lo que Vuestra Magestad es servido que en ésto se haga, resolvieron en lo dicho con tantas razones y con tanta demostración de miedo del Turco que no se podrían decir en hartos plegos de papel.

Después de salido yo, llamaron al embaxador que aquí tiene el Duque de Urbino al qual dixeron todo lo que conmigo havían passado, y preguntaron le que si dexassen en las determinación de su amo este fecho que que crehía el que haría, respondióles que no sabía. Dixeron le que le rogava que le scriviesse que se le acordasse de su fidelidad y del asiento que con ellos tenía fecho, y que mirase que sería destrucción desta república dexallos en este tiempo para yr contra el Turco, porque crehería que de su consentimiento dellos yva por donde serían los primeros destruidos y que pues mejor que nadie sabía lo que en esto les yva que conforme a ello encaminasse ésto de tal manera que Vuestra Magestad quedasse satisfecho y contento dellos, lo qual speravan que sería assí informado Vuestra Magestad de la razón que tenían para negar esta liçençia. Scrivolo todo a Vuestra Magestad para que informado mande hazer en ello lo que más sea servido. Yo bien creo que si ésto del Turco no estuviera de por medio que de ninguna cosa holgará esta república tanto como de hazer en ésto lo que Vuestra Magestad manda, pero su miedo es tanto que dudo que jamás vengan en ello.

Al nuncio he hablado para que con toda instancia tornasse a pedir a esta Señoría el cumplimento de los veynte y cinco mil ducados quel Papa prometió que darían en la capitulación de Bolonia. Dize que no tiene comissión para hazer en ello más de lo fecho que si su Santidad no tornare a mandar que lo hará. Pareçeme que sería bien que se procurasse con su Santidad que se lo mandasse, y entonces que por su mano tomassemos algún asiento para que en caso que no los pagasen, luego los pagasen de aquí a dos o tres o quatro meses. Vuestra Magestad lo mande proveer como sea su servicio.

No hay otra cosa de agua que hazer saber a Vuestra Magestad y por esto se acaba está rogando a Nuestro Señor la sacratíssima persona de Vuestra Magestad guarde con el acreçentamiento de los reynos y señoríos que Vuestra Magestad dessea. De Venecia, XXVII de março de DXXX.

A.G.S., E 1308, fol. 115
Rodrigo Niño
20 de Noviembre de 1530

Mandame Vuestra Magestad que siempre le dé aviso de las cosas del Turco. Yo certifico a Vuestra Magestad quel mayor cuydado que yo aquí tengo es de hazello paresciéndome que es lo que más importa y por esto en todas las letras que a Vuestra Magestad escrivo siempre digo lo que aquí se sabe, pero como otras vezes a Vuestra Magestad he escritto aquí se tiene grand secretto en estas cosas del Turco por el miedo que le tienen por las mercaderias que en su estado trattan y por le confin que con él tienen y no digo que guarden secretto por otras causas porque despues de la paz hecha con Vuestra Magestad creo que no las ay y como los mercaderes que rresiden en Costantinopoli no osan escrevir ni comentar cosa del Turco solamente escriven estas cosas que a él tocan. El embaxador y el bayle que estos tienen en Costantinopoli no es possible saberse las nuevas sino tarde porque ha de ser por vías esquisitas y con todo esto yo sospecho que no sabemos sino aquellas que quieren que se sepan. Avra XX días que son llegados aquí Pedro Zen y Thomas Moçenigo que el uno hera bayle y otro embaxador en Costantinopoli a los quales ni a ombre de los que con ellos viene no han permitido que platiquen con nadie por venir de Costantinopoli donde mueren de pestilençia. Hasta havra nueve o diez días y destos dos ningund medio lleva saber ninguna cosa porque ni en publico ni secretto no osarían hablar conmigo una palabra. Pero vino con ellos un griego que se llama Theodoro Paleologo que es un ombre honrrado que ha grand tiempo que sirve a este estado de capitán de cavallos ligeros al qual esta señoría embió con el embaxador. Fue al Turco despues que yo estoy aquí he procurado de hablalle y he lo hecho con grand dificultad. Dize que partieron de Costantinopoli a los quatro de septiembre y que a los quinze, deziseys y XVII de Agosto se pregona en Costantinopoli con grand solemnidad que todo ombre que llevava sueldo del Turco en todos sus señorios assi de pie como de cavallo, assi los que están en los castillos como en ofiçios maritimos esten en horden a puntto de guerra por todo el mes de Março que viene para que en la ora que les vaya mandamiento puedan partir adonde les mandare y que hecho este pregón se despacharon mensajeros a todos los sanjaques y governadores de las provinçias mandándoles que cada uno dellos haga otro del pregón en su provinçia y que dende a poco que llego el Turco a Costantinopoli quando volvió de Vngria embió provisiones para que en la Natolia se hiziessen cient galeas y mandó que en el ataraçanal de Ganipoli y en el de Costantinopoli se pusiessen en horden otras çient galeras de las viejas en lo qual dize que se entiende con toda diligencia y que doze o quinze días antes que ellos partiessen de Costantinopoli heran venidas treynta galeas de las çiento que se hazían en la Natolia y que la publica fama hera que sin ninguna duda el Turco haría el año venidero la mayor empresa por mar y por tierra que nunca ha hecho la qual diz que haze con voluntad de todos sus baxaes excepto de Abrayn Basa que es el que govierna a él y a todo su estado porque todos le dizen y que no haga ninguna cosa hasta que Vuestra Magestad sea buelto a España pues sera presto si él está quietto y que le ponen delante la grandeza y venturas de Vuestra Magestad y la faltta que en su estado ay de cavallos que diz que es mayor que jamás ha havido y que dende que este pregón se dio el cavallo que valía veynte dos se vende en ciento y cinquenta y que desta determinación del Turco están en todo su estado con grandissimo descontentamiento y assi mismo me dixo que ha mandado llevar grandes provisiones de mantenimientos en las fronteras de Vngria y principalmente a Belgrado las quales cada día se llevan y que ha impuestos a sus subdittos un grand pagamiento extraordinario con nombre de hazer guerra el año venidero y este Theodoro Paleologo le paresçe que sin ninguna dubda él hara empresa el año venidero y muy grande no obstante la contradiçion de todo su consejo y cree esto por velle modo y rriquissimo y no tener en su tierra en que emplearse y que paga poco menos a la gente en guerra que en paz. El Pedro Zen y Tomas Moçeligo hizieron a los XVII deste rrelaçion en el conssejo de pregay de lo que han tractado en la embaxada y bayliaogo y yo les hechado personas que hablen con ellos y con otros con quien ellos platican y dizen lo mismo que el Theodoro Paleologo. He sabido que en la rrelaçion que ellos hizieron en el conssejo de pregay dixeron demas desto que no obstante las palabras publicas que el Turco dize de hazer guerra que se contentaría mucho de hazer tregua con Vuestra Magestad y que ahunque manda poner en horden dozientas galeas que las çiento piensa armar el año venidero. Hago lo saber a Vuestra Magestad para que mande proveer en todas partes lo que más convenga al servicio de Vuestra Magestad. Yo no lo escrivo al Cardenal de Colona ni al virrey de Secilia porque me pareçe que conviene más al servicio de Vuestra Magestad embiarles Vuestra Magestad lo que hagan que no escrivirles yo lo que aqui se dize.

[...]

A.G.S., Estado, leg. 1308, fol. 274
30 de Deciembre de 1530
De Rodrigo Niño a Carlos V

A los XXIII deste esta Señoría huvo letras del embaxador que tiene con el turco hechas a los VIII de noviembre. Dize me que le scrive la llegada de los embaxadores del Serenissimo Rey de Ungría en Costantinopoli y como han sido muy bien recebidos y aposentados, y que dende a quatro días que fueron llegados fueron a hablar Abrayn Bassa y que dieron la platica que con él tuvieron más de quatro horas largas, y que dende a otros quatro días el Turco les oyó y duró la platica dos horas y media, y que ningun aperaja ni demostración de guerra hazía, ni por mar ni por tierra, y con dezirme ésto se cerró el Duque. No obstante que yo le hize otras preguntas por saber más adelante de los que embaxador escrevió.

Passado ésto con el Duque, yo he procurado por todas las vías que he podido de saber si escrive otra cosa, y han me dicho que escrive que presentaron los embaxadores al Turco seys copas muy grandes de oro, y quatro a Abrayn Basa el qual presente fue muy graçiossamente acceptado y que la platica ha sido dándole entender por razones muy claras la poca razón que el Turco tiene de favorescer al bayboda para ser Rey de Ungría no siendo persona de línea real, antes de Baxa y vil estirpe y fundando el derecho que el Sereníssimo Rey de Ungría tiene en aquel Reyno, por lo qual el Turco devría dalle su favor para recuperalle, y no dalle al Bayboda para defenderséle y que dicha y fundada por buenas razones esta imposición, le pidieron paz conforme a la que tuvo con el Ladislao. Oyda la embaxada, diz que el Turco respondió que el havía conquistado aquel Reyno del Rey Luys con las armas y podía hazer dél lo que quisiesse, y que para tratar de paz era necessario que ante todas las cosas Vuestra Magestad se fuesse en España y el Serenissimo Rey de Ungría estuviesse en Alemania, y que hecho ésto tratarían de la paz que pedían. Ésto es lo que ha podido saber destas letras de VIII de noviembre. Vuestra Magestad verá si dizen verdad por la embaxada que llevaron.

De Micer May recebí a los XXVII deste letras de XXII, y con ellas una minuta de una que escrive el governador de Galipoli al Cardenal Coluna a los XIIII de noviembre, en que le dize que ciertos christianos que allí han aportado huydos de Turquía le certificaron que el Turco hazía grande armada, y que el artillería que tenía en Rodas la ha traydo a Costantinopoli y que saca de tres hombres que hay en una cosa los dos, y que de la que hay dos saca el uno para la guerra, y que toda aquella gente viene caminando la vía de la Velona. Aquí no se tiene tal nueva ni se sabe más de lo que en esta a Vuestra Magestad escrivo y con el primer correo que vaya a Roma escrivire a Micer May lo que aquí se dize y lo mismo escriviré al Cardenal Coluna. Mas, a mí ver es imposible que estos christianos digan verdad en esto, que dizen por que de aquí al mes de Março que será tiempo de navegar poco haze al caso hazer venir la gente en el mes de otubre, que sería el tiempo en que estos christianos se huyeron de Turquía pero aquechara esto que han dicho para que toda Pulla y Sicilia esten en cuydado.

Ayer me fue dicho que esta Señoría letra de Potestad de Civida que es una tierra que tiene este estado en los confines de Alemania y en que le dize que allí era llegado un hombre que partió de Buda a los XII deste mes el qual dize que eran venidos treynta barcas por el Danubio a socorrer al Bayboda y que con el artillería del exército del Serenissimo Rey de Ungría las hecharon a fondo y que por tierra eran venidos diez mil de cavallos turcos los quales visto que no pudieron socorrerse eran bueltos y que el exército de su alteza. Cada día crecía en tanto número que quando éste partió dize que havía en el más de cinquante mil personas de pelea y que estava el castillo tan estrecho que era ymposible poderse tener y que havían tomado espías con letras en que los Turcos davan esperança al boyboda de socorrerle y que vistas las havían escrito al contrario diziendo al Bayboda que se rindiesse con el mejor partido que pudiesse por que ningún remedio havía de socorrerle. Syendome dicho esto yo fuy luego al Colegio y después de haver hablado el negocio a que yva pregunté si tenían alguna nueva de Buda. Dixome el

Duque ésto que aquí digo medio mascado diziendo que no lo tenía por cosa muy cierta y algunos de los otros que querrían que su hijo acabasse allí ahunque no me lo dixeron de palabra no dexaron de hazerme señales en que conoscí que agua fuera me hayan dicho verdad y no obstante que de todo esto más particularmente será Vuestra Magestad havisado por alla he querido esrivillo para que Vuestra Magestra lo este de todo lo que por agua se dize a Nuestro Señor plega de dar muy presto fin en la toma deste castillo con que en el sean presos el bayboda y Luys Griti por que con la prisión destos parece a todos que le acabaría enteramente la recuperación de aquel reyno y sería un gran principio de vitoria contra el Turco.

Los maytines de la noche de nabidad por yndispusición del legado del Papa, estuve junto con el Duque y todos los passamos hablando en el Turco, y en su poder y manera de vida y estado. De todo ésta el Duque tan ynformado que ahunque duraran otro tanto, ni a él le faltara qué dezir, ni yo me cansaré de oyr, y en conclusión me dixo que todo el poder del Turco consiste en sus jenízaros, y que sin ninguna duda creyesse que no son diez mil, ni jamas lo han sido, y que todos ellos son gente de poco, porque son hijos de labradores, y que hasta la edad de XIIII años que los toman a sus padres guardan ganado o harán, y que desta estirpe son Abrayn Basa, y todos los otros bassaes que le goviernan, y que desbaratados estos ninguna resistencia havría en toda la otra multitud que el Turco trahe, y que muchas vezes estando en Costantinopoli le dixeron algunos de aquellos que governavan o Andrea, si los príncipes christianos supiessen en quan poco consiste el poder del Señor, que facil cosa les sería conquistarnos, y preguntéle qué forma tenían estos jenízzaros de pelear. Dize que son hombres sin ninguna ordenança, y sin ningunas armas defensivas, y que las ofensivas, son escopetas y arcos. Dixele que qué gente era la de cavallo. Certificóme que los XXXX mil alemanes que el ymperio da a Vuestra Magestad bastan para pelear con LXXX mil dellos, y ahún conviene mil porque ni van armados ellos, ni sus cavallos y que en número de cient mil cavallo no hay veynte mil que sean personas de facción. Hablamos en el armada de mar y cretificóme que sin duda podía armar dozientas galeas, pero que ciento de christianos bastavan para desbaratallas. Preguntéle sy por ser hijos de christianos estos geniçaros se podría tener esperança que viendo exérito pujante de christianos se bolviessen a Nuestra Fe. Respondióme que no porque eran más turcos´, y más enemigos de Nuestra Fe que los Turcos de nación, y que ésto hazían viendo que el Turco hazía tantos dellos señores. Dixome el gran número de Christianos que hay en el Señorio del Turco, y los grandes derechos que les dava, y el descontentamiento con que biven. Dixele que sy crehía que passando en Grecia exérçito de christianos poderoso, se rebelarían contra él. Respondió que crehe realmente que sí, pero que ésto sería viendo tal exérçito y determinación de essecución de guerra que tuviessen, por cierto que no se havía de dexar hasta ser el Turco desfecho. Hablamos en el artillería que dizen que el Turco trahe. Dize que en este caso crea quánto oyere, porque no se puede dezir tanto como lo que tiene, y lo que puede tener por el abundancia de los metales que hay en su estado. Demandéle sy era verdad que tuviesse tantos millones de renta como dezían y si tienen thesoro. Respondióme que en lo de la renta se puede creher quanto se dize porque no hay nadie que tenga un árbol en todo su estado o de no le pague el tributo, y que de todos los que mueren, hereda algo conforme a la que cada uno tiene y que su padre le dexo muy gran thesoro. pero le havía gastado y que no crehía que tuviesse agora, y contóme la forma del govierno del estado, y de la casa y del criar sus hijos. y lo que haze con ellos en siendo de XIII años, y en estas cosas se passaron quatro horas largas que duró el officio. y ahunque durará ocho, yo certifico a Vuestra Magestad que no me cansará de oylle al fin la conclusión de la platica fue que tomando Vuestra Magestad y los otros príncipes christianos la empresa de veras él crehe que se acabaría muy más facilmente que se piensa, y entonces creo yo sin duda que no dexarían estos de ayudar a ella, y en la mar ciertamente serían parte para hazer grande effetto. Escrivo a Vuestra Magestad todo ésto, porque me paresçe que jamas ahí a nadie hablar en esto del Turco de tan buena manera como lo hablava el Duque, y tanbién porque me ha parecido esta nueva hablar él en esto tan abiertamente como ahora, porque certifico a Vuestra Magestad que nunca habla en cosa destas que no hiziesse las mayores admiraciones del mundo de la grande del Turco, y agora ha me la puesto toda en los geníçaros y diziéndome dellos la que a Vuestra Magestad digo, yo creo que viene todo esto del descontentamiento que tienen dél por lo de la especiería. Dios se le dé de tal manera que sea causa que emplehen todas estas sus galeas contra él.

[...]

A.G.S., Estado, leg. 1308, fol. 172
15 de Abril de 1531
Rodrigo Niño a Carlos V

(El principio de la carta en claro).

Lo que agora ay es que he sabido que Jorge Grite, este hijo del Duque que agora es venido de Constantinopoli va en Françia, y que a la mayor parte de los deste govierno, paresçe cosa muy rezia y de que Vuestra Magestad terná mucha causa de sospecha en ver que bieniendo una persona tan calificada como ésta de Constantinopoli que pase luego en Francia a cuya causa se ha propuesto en el que Pregay que se le deve mandar que no vaya y quel dize que su yda es de parte de Luis Grite su hermano a cobiar del capitán Rincón que es a que inbió el rey de Francia por enbaxador al Boyboda y al Turco XVII mil ducados que le presto para acabar de pagar IX mil ducados quel Rey de Françia enbió con él al Bayboda. Yo he procurado de saber por todas las vías que he podido sy va a otra negociación. Porque aber perdido de allá acabándose de asentar la tregua, y ser venido con tanta diligencia me pone sospecha que debe ser a mayor cosa que a la cobrança destos dineros. Pero a los que a él hablan en ello, responde que lo haze por tomar a los embaxadores desta Señoría en la corte del Rey de Françia para ayudarse dellos por no me quaxa esta razón, pues no están aquí tanbién con hijo Grite que los enbaxadores de aquel huelgue de favoreçer sus cosas. Esta Señoría aun no está determinada de lo que hará en este caso. Pero yo tengo por cierto que sy este va a negociación del Turco con el Rey de Françia, que estos no se atreberán a impedirle el camino, y sy esa sólo lo quel publica podría ser que se lo estoviasen por que a la berdad a la mayor parte dellos paresçe esta su yda muy rezia, especialmente a los que conosçen y saben los tratos y negociaciones que el rey de Françia ha traydo con el Turco. Porque se que uno dellos más principales de los que oy gobierna hablando en ésto avía hecho y tratado, pero que creyese que hera el más mal príncipe que abía abido en la Christiandad y del que más daño creya que le abía de benir, y que le dolía no poder dezir en ésto lo que sabrá. Scrivo a Vuestra Magestad tan particularmente porque de todo sea advertido, y yo temo que son muy grandes cosas considerando la coyuntura en que va, y porque Vuestra Magestad mande avisar a Monseñor de Prat de su yda para que llegado haga toda diligencia por saber a qué efecto va, y no podiéndose saber allá ni acá presumiéndose que sea a alguna cosa de mala disistión como se puede creer. Pareciéndo que asy cumple al serviçio de Vuestra Magestad no sería malo salteallo a la buelta, y tomalle las scriptas que truxiese por donde se pudiese saber el todo de su negociación, y sabida mandar V.M. proveer lo que más conbeniese a su serviçio porque según el ansia que el rey de Francia tiene por cobrar este estado de Milán, creo que no dexará de conçertarse con el Turco por avelles.

Tanbién he procurado de saber quándo enbió el Rey de Francia al bayboda, y certificanme que fue luego que Vuestra Magestad le puso en libertad, y que este capitán Rincón residió con el Turco hasta que vino a Viana por donde según lo que este veneciano ha querido dar a entender avunque Christianíssimo no deve estar syn culpa de aquella jornada. Ésto es todo quanto en este caso hasta agora se puede screvir a Vuestra Magestad.

(Lo demás en claro).

LOS TURCOS Y LO TURCO
A TRAVÉS DE LOS IMPRESOS Y MANUSCRITOS
HISPANOS DEL SIGLO XVI. PROPAGANDA Y SILENCIO

Fernando Fernández Lanza
Universidad de Alcalá

> "Solimán el Magnífico, como protector de los lugares santos del Islam y emir de los creyentes, y Carlos de Habsburgo, como emperador del Sacro Imperio cristiano, revitalizaron el viejo lenguaje de cruzados y gazís, ambos guerreros de una fe, de tradición medieval.
>
> Y en torno a ellos se construyó toda una red retórica de palabras para describir el mundo y sus realidades demonizando al otro, haciendo más irreconciliables los dos mundos separados por aquella cada vez más excluyente frontera.
>
> ¿Cómo encontrar nuevas maneras de narrar aquellas tragedias generadas por el choque de aquellos imperios orgullosos en sus ortodoxias y celosos de la reputación de su poder? Sin duda que adentrándose en la realidad de las fronteras y de sus gentes, los que mejor conocieron la otra parte de su mundo por haberla conocido en profundidad o simplemente visitado o conocido a sus gentes."
>
> Emilio Sola
> *Servicios secretos, información y cultura:*
> *cautiverio y libertad en el Mediterráneo clásico del siglo XVI.*

Introducción.

No cabe la menor duda de que en el siglo XV, las conquistas de Constantinopla en 1453 por Mehmed II y del Reino de Granada en 1492 por los Reyes Católicos, trastocan profundamente el mapa político europeo y mediterráneo[1].

Hasta bien entrada la segunda década del siglo XVI la atención del pensamiento europeo y español respecto al mundo otomano, influenciado claramente este último por el primero, se centró casi únicamente en una exhaustiva labor de descripción del imperio fundado por Osman Gazi Han. Algunos eruditos, miembros de la

---

[1] IMBER, Colin. *The Ottoman Empire, 1300-1481*. The Isis Press, Istanbul, 1990. Págs. 145-252. Cfr. HEGYI, Klára y Vera Zimányi, *The Ottoman Empire in Europe*, Corvina Kiadó, Budapest, 1986. Págs. 11-36. Véase OCHOA BRUN, Miguel Ángel. *Historia de la Diplomacia Española. La diplomacia de Carlos V*. Vol. 5. Madrid, MAE, 1999.

administración y el clero, mercadantes, militares y navegantes, viajeros e, incluso, vividores describen en obras más o menos extensas el mundo otomano[2].

Las consecutivas conquistas del Gran Turco en tierras cada vez más próximas y seguras, desde El Cairo a Buda e, incluso, el cerco y asedio de Viena, pasando en otros escenarios por Argel, Rodas o Belgrado, sembraron el desconcierto y la alarma entre gran parte de la cristiandad. Efectivamente, en el primer tercio del siglo XVI, los otomanos amenazan Europa desde las puertas de la mismísima ciudad de Viena, lo cual provoca que numerosos Estados pidan la unidad de los príncipes cristianos para vencer y expulsar a los turcos. En estos momentos, se hacía necesario conocer la naturaleza de quienes estaban realizando tales conquistas y ocupaciones territoriales para atajarles lo más rápidamente posible, precisamente tratándose de un nuevo gran poder emergente en el momento de la constitución de monarquías nacionales de otros tipos[3]. Se inicia aquí un periodo fecundo en producción bibliográfica a partir de la reflexión sobre los caracteres y criterios de vida de los turcos. Un estudio exhaustivo para combatirlos.

Por otro lado, en el Maghreb portugueses y españoles se reparten toda la zona costera y portuaria marroquí, así como puntos estratégicos de los actuales estados de Argelia, Túnez y Libia, lo cual, a su vez, conlleva una lucha para arrojar a los cristianos de este ámbito geográfico. En este sentido, la proximidad de la península ibérica y los intereses económicos, defensivos y políticos de los españoles y portugueses en Berbería, hacen que este espacio sea mejor definido.

Así las cosas, España, convertida en salvaguarda del catolicismo, debe defenderse y proteger su religión del imperio otomano en el este y centro de Europa por un lado y, simultáneamente, mantener una actuación directa de conquista en el norte de África por otro. Los manuscritos e impresos españoles del segundo tercio e, incluso, hasta la década de los ochenta del siglo XVI son en numerosas ocasiones un fiel reflejo de este doble intervencionismo. Si bien, la calidad y abundancia de noticias sobre el norte de África, geográficamente más cerca y con intereses muy específicos, convierte a esta Historiografía en la mejor del Viejo Continente durante casi dos siglos. En la otra vertiente, las grandes obras y crónicas para el mundo otomano son, asimismo, una inagotable fuente de información. Conviene saber, sin embargo, que como en realidad fueron muy pocos los españoles que conocieron personalmente los Estados del Gran Turco, su análisis y descripción se hace principalmente a través de los autores italianos y franceses hasta el segundo tercio de siglo y de los autores alemanes más tarde [4].

En conclusión, durante buena parte del siglo XVI, los impresos y manuscritos hispanos utilizan datos ajenos a su propia experiencia para el conocimiento de Turquía

---

[2] FERNÁNDEZ LANZA, Fernando. "La Crónica de los Turcos: el silencio de un clásico del Siglo de Oro", en *Cervantes, 7*. Revista del Instituto Cervantes de Estambul. Istanbul, 2004. Págs. 18-23.

[3] BUNES IBARRA, Miguel Ángel de. *La imagen de los musulmanes y del norte de África en la España de los siglos XVI y XVII. Los caracteres de una hostilidad*. C.S.I.C. Madrid, 1989. Págs. 3-6.

[4] Ibidem págs. 66-68.

y el Mundo Otomano, en clara diferencia a la producción documental para el Maghreb. El pensamiento español importa ideas sobre los turcos y su espacio y las exporta sobre Berbería.

Sin embargo, el giro de la política española hacia el norte de Europa y de los intereses de los súbditos de la monarquía hacia la vertiente atlántica van relegando a un segundo plano la cuestión turca, identificada ineludiblemente con el Mediterráneo. "A partir de la tregua de 1580 con los otomanos, la atención de los españoles se desvió del Islam para centrarse en la frontera del Imperio al norte de Europa y la lucha contra el protestantismo, mientras que la empresa de América acaparaba el espíritu misionero y colonizador. En la mente de sus contemporáneos, el Islam pasó a ser por primera vez un enemigo de relativa poca consideración al que se podía volver la espalda, y esto se trasluce en los tratados de tipo histórico y geográfico a su respecto que, si bien se continúan a lo largo del siglo XVII, van disminuyendo en número y calidad de información según decrece su popularidad y según aumenta paulatinamente la de un género nuevo, una literatura de imaginación en que turcos y moros quedan reducidos a personajes novelescos más o menos estereotipados ".[5]

Una vez presentado el panorama de la producción bibliográfica de un modo general, a continuación, con referencia permanente a diversos textos como método de exposición, recogeremos algunas imágenes de los turcos y lo turco proporcionadas por los autores españoles contemporáneos; el tratamiento que recibe el Imperio Otomano a través de los cronistas hispanos del siglo XVI al describir o glosar algunos de sus caracteres más significativos. Entre otros, el de su propio origen o su organización política y las formas de gobierno; la interpretación de su concepto de religión; la cultura militar, estrategias y disciplina o los propios usos sociales y formas de vida. Los primeros epífagres fueron tratados recientemente en el primer Simposiun de Historia sobre la Imagen de Turquía [I. Tarih Sempozyumunda. Sunulan Tebliglerdir], organizado por la Universidad de Bahçesehir de Istanbul[6]. Resta, ahora, centrar nuestros esfuerzos en aquellos caracteres que no pudieron analizarse en esa ocasión.

Cabe advertir, para cerrar esta introducción, que la imagen producida y proyectada a través de estas obras no es, en buena parte de los casos, satisfactoria en cuanto a objetividad se refiere. Sencillamente está al servicio del poder del momento en toda su amplitud. El extenso patrimonio documental y bibliográfico, en su inmensa mayoría antiturco, fue sin duda un arma política y publicitaria de la Monarquía

---

[5] Prólogo de Mercedes GARCÍA ARENAL a la obra de Diego de TORRES, *Relación del origen y suceso de los Xarifes y del estado de los reinos de Marruecos, Fez y Tarudente*. Madrid, 1980. Pág. 2. Cfr. VIGUERA, María Jesús. "Noticias sobre el Maghreb en Juan Vicente Escallón", en *Al-Andalus*, XLIII. 1978. Págs. 225-232. Este proceso se presenta constantemente en MAS, Albert. *Les turcs dans la littérature espagnole du Siècle d'Or*. París, 1967. 2 vols.

[6] FERNÁNDEZ LANZA, Fernando. "La imagen de Turquía en la España del siglo XVI a través de la hostilidad habsburgo-otomana" ["Habsburg-Osmanli Rekabeti baglaminda 16. Yüzyilda Ispanya'da Türkimaji"], en *Dünyada Türk Imgesi*. Istanbul, Kitap Yayinevi, 2005. Págs. 87-108.

Católica. Afortunadamente, existen extraordinarias excepciones: verdaderos clásicos de nuestro Siglo de Oro que hoy, sin embargo o precisamente por esta razón, todavía permanecen mudos.

1.- Islam y concepto de religión de los Turcos bajo la perspectiva española del siglo XVI.

De una manera general, se podría afirmar, a tenor de los textos españoles, que los turcos son los vasallos de la religión musulmana de los Estados de la Casa de Osman que conviven junto a personas de nación griega, hebrea y cristiana (cautivos). En este grupo pueden incluirse a los cristianos y judíos renegados, aunque en estos casos suele aparecer su antiguo origen, principalmente si tratamos de gente que vive del corso o en torno a él[7].

Los turcos se diferencian del resto de los musulmanes por la única razón de depender de un soberano, ya que muy raramente se citan caracteres de tipo etnográfico en este contingente humano. En los textos españoles del siglo XVI, e incluso del siglo XVII, el turco es el enemigo, así a solas, que no va acompañado de ningún epíteto.

En cuanto a la conversión de los turcos al Islam y el nacimiento de Osman, existen opiniones contradictorias[8]. Sin embargo, todos los autores coinciden en que su conversión no se debió a razones básicamente piadosas. Muy al contrario, sus caudillos descubren rápidamente que esta religión se adecua perfectamente a sus formas de vida y que además facilita el perpetuarse en la práctica de la violencia como medio para satisfacer sus ambiciones. Su enfrentamiento constante con los bizantinos es una de las razones que les mueve hacia los musulmanes. Como los seguidores del Profeta habían hecho del empleo de la fuerza y las armas su único medio de proyección religiosa, los turcos entienden que el Islam encaja exactamente con sus caracteres vitales. Los turcos, ansiosos de conquistas, abrazan el Islam como único medio y justificación de ellas: "No halló otro mejor medio, como astuto, que enviar sus mensajes a Calipho, que era el mayor pontífice de los sarracenos, para le hacer saber cómo él quería con toda su gente hacer paz con ellos y tener y guardar la doctrina y la ley de Mahoma porque de ella no mudaría cosa alguna"[9].

---

[7] SOLA, Emilio. *Los que van y vienen. Información y fronteras en el Mediterráneo clásico del siglo XVI*. Universidad de Alcalá, Monografías 01. Alcalá de Henares, 2005. Véanse, del mismo autor, *Un Mediterráneo de Piratas: Corsarios, Renegados y Cautivos*. Madrid, Tecnos, 1988. También, *Cervantes y la Berbería. Cervantes, mundo turco-berberisco y servicios secretos en la época de Felipe II* (con José Francisco de la Peña). Madrid, Fondo de Cultura Económica, 1995. Sobre esta importante cuestión, véanse también los trabajos de CAMAMIS, George. *Estudios sobre el cautiverio en el Siglo de Oro*. Madrid, Gredos, 1977; BENNASSAR, Bartolomé y Lucile. *Los cristianos de Alá. La fascinante aventura de los renegados*. Madrid, Nerea, 1989 y BONO, Salvatore. *Corsari nel Mediterraeo. Cristiani e musulmani fra guerra schiavitù e commercio*. Milano, Mondadori, 1993.

[8] KÖPRÜLÜ, Mehmed Faud. *Les origines de l'Empire Ottoman*. París, 1935. Reed. en Nueva York, 1992.

[9] ARREDONDO Y ALVARADO, Fr. Gonzalo de. *Castillo inexpugnable de la fe y concionatorio admirable para vencer a todos enemigos espirituales y corporales y verdadera relación de las cosas maravillosas antiguas y modernas. Y exhortación para ir contra el Turco y le vencer y aniquilar la*

Actualmente, es idea consensuada entre los investigadores y especialistas en el campo que permitir esta conversión fue, por un lado, el mejor medio de los turcos para extender su poder y, por otro lado, el mayor error de los árabes, ya que los turcos eran, según manifestaba Gonzalo de Arredondo y Alvarado, "apetecedores de bienes extraños con emulación y envidia de la gran fama y bienes de los sarracenos. Lo cual como Calipho con sus sarracenos consintiesen y tuviesen por bien, ignorantes de su malicia, dieron lugar pacíficamente a los turcos para que viviesen y estuviesen juntamente con ellos y fuesen todos unos... Y con rabiosos e insensatos ánimos comenzaron, poco a poco, a echar los sarracenos de Asia y a apoderarse de ellos. Así los míseros sarracenos, despojados de las ánimas por Mahoma y de las haciendas y tierras propias por los turcos, se fueron de toda Asia, aunque eran naturales de ella, y se derramaron por los desiertos de ella y de África buscando qué robar y saltear para se sustentar y mantener..."[10].

La compenetración, la adecuación del pueblo turco al Islam es tal, a tenor de los textos españoles de los siglos XVI y XVII, que sería absolutamente imposible entenderle si no lo practicasen. Simultáneamente, estos textos rebosan de acusaciones hacia los turcos negando una sincera conversión al Islam. El razonamiento es muy sencillo. Como su conversión se produjo básicamente por razones militares, su adoctrinamiento en la secta de Mahoma nunca fue pleno. Con el paso del tiempo crearon una religión híbrida, combinación interesada de elementos musulmanes y cristianos, muy diferente, en efecto, de la practicada en el Maghreb[11].

Conviene tener bien presente que un gran porcentaje de las obras elaboradas en estos años sobre el mundo otomano están elaboradas por religiosos, cautivos y rescatadores y, por tanto, las virtudes que atribuyen a los turcos -tanto desde el punto de vista religioso como desde cualquier otro- coinciden, generalmente, con los defectos y las peores actitudes y comportamientos de los soldados y cautivos cristianos o de la propia sociedad española de la época. Excepciones de lujo de esta visión, son el *Viaje de Turquía* y la *Crónica de los Turcos*.

Desde esta perspectiva, la controversia que se desarrolla en los impresos y manuscritos españoles sobre el Norte de África y Turquía de los siglos XVI y XVII[12] se puede definir, por lo menos para la generalidad de las obras, "por el simplismo, el uso de tópicos y argumentos baladíes sobre la fe y formas de vida de sus adversarios.

---

secta de Mahoma y toda infidelidad y ganar la Tierra Santa con famoso y bienaventurado triunfo. Burgos, Juan de Junta, 1528. Fol. 29r.

[10] Ibidem fol. 29r.

[11] "Si miráis los turcos muy peores los hallaréis gente sin fe, sin Ley, soberbia, bárbara, lujuriosa, bestial, robadora, matadora, cruel y mal ataviada, sin arte ni orden de vida honesta, sin temor de Dios, que ni bien guarda una Ley ni otra, gente sin letras y ciencias, amiga de sangre y guerra", en PÉREZ DE CHINCHÓN, Bernardo. *Libro llamado Antialcorán, que quiere decir contra el Alcorán de Mahoma, repartido en veintiséis sermones...* Valencia, 1532. Fol. 170r.

[12] Existe una enorme confusión en los autores españoles entre el Maghreb y Turquía. A menudo, se produce una identificación de todo por lo más próximo. El mejor ejemplo lo tenemos en el propio Miguel de Cervantes, con su *Gran Sultana*.

Llega un momento que algunas de las noticias que nos suministran ciertos autores no son más que exageraciones y reinterpretaciones de datos anteriores. La veracidad y el origen de las mismas lo suponen fiable, y en gran medida incuestionable, porque, según ellos, las habían empleado algunos tratadistas y religiosos de fama y reconocida sabiduría. Aunque también se manejan datos e interpretaciones novedosas, el origen de muchas de ellas es igualmente dudoso. En gran parte, la polémica se estaba basando sobre las creencias y tradiciones populares de los musulmanes que conocen y no sobre la exégesis del Islam. La religiosidad de la gente del común es la que se airea y se pone en liza, al ser la que ven en sus estancias en las ciudades africanas. Suelen considerar como verdaderas suras de *El Corán* a las hadices[13] y leyendas sobre la vida de Mahoma. El mito, la fantasía y la fábula ocupan el lugar de la ortodoxia. Aunque algunos tratadistas saben que muchos de los argumentos que emplean no responden exactamente a la realidad, los mantienen para continuar la polémica en unos parámetros de controversia total... El resultado final de este proceso es la confección de unos textos muy repetitivos, circunscritos a aspectos muy parciales de la religión que profesan los musulmanes"[14].

Para entender más correctamente la visión de los cronistas españoles sobre el sentido de la religión en los turcos, es necesario tener presente que la mayor parte de los textos islámicos, así como el mismo *El Corán*, solamente son conocidos indirectamente por nuestros autores de los siglos XVI y XVII. Es más que probable que nuestros cronistas hubieran leído o trabajado algunas traducciones latinas o castellanas de esas obras que circulaban por aquel entonces. En este sentido, todos los elementos de la polémica se extraen más de los textos cristianos medievales que de los islámicos. Atendiendo a las características mencionadas, el objetivo último de la mayoría de estos autores es demostrar "que la doctrina que practican los musulmanes es completamente falsa, siendo ésta la razón de la guerra entre cristianos y musulmanes"[15]. La religión musulmana es vista, en general, como un conjunto de fábulas y supersticiones que intenta asegurar una continuación de la vida terrenal tras la muerte y se tiende a identificar sus ceremonias y culto con la magia y gran parte de los actos de sus seguidores con la lujuria.

Según las referencias de los textos estudiados, iglesias y mezquitas se convierten en el símbolo de las dos religiones enfrentadas. La mezquita es lo que más y mejor define a las ciudades musulmanas y la iglesia a las cristianas: "Unas mezquitas bien hechas, salvo que no tienen santos ni altar. Aborrecen mucho las figuras, teniéndolas por gran pecado. Están las mezquitas llenas de lámparas. En lugar de torre de campanas tienen una torrecita en cada mezquita, muy alta y muy delgada, porque no usan campanas,

---

[13] La traducción de la palabra árabe hadiz es tradición profética. En este sentido, véase el artículo referente a este tema en la *Encyclopédie de l'Islam*, II serie, tomo I, págs. 24 - 30.

[14] BUNES IBARRA, Miguel Ángel de. Op. Cit. Pág. 202.

[15] Ibidem pág. 214.

en la cual se suben una manera de sacerdotes inferiores, como acá sacristanes, y tapados los oídos, a las mayores voces que pueden llaman a la gente..."[16]

Otro objetivo de los cronistas españoles de los siglos XVI y XVII es plasmar en sus obras la jerarquía eclesiástica y su papel dentro de la sociedad musulmana: "... el mayor de todos, como acá el Papa, se llama el cadilesquier; luego es el mufti,...; el tercero el cadí; cuarto el antipi, que dice el oficio los días solemnes...; el sexto es el Iman, que son los que dicen el oficio al pueblo cada día; el postrero, mezín, que son los que salen a gritar en las torres..."[17]. Sin embargo, la atención de éstos se dirige principalmente hacia los eremitas, condenando a los religiosos que sirven en las mezquitas al mayor de los olvidos, pues no se acomodan a sus pretensiones[18].

2.- El enfrentamiento Habsburgo-Otomano: el ejército, la estrategia y la disciplina militar.

El pensamiento español de los siglos XVI y XVII, en general, y la mayor parte de sus trabajos bibliográficos, en particular -en menor medida los europeos-, están cargados de prejuicios ideológicos y de acusaciones contra los otomanos. La visión de los turcos reflejada en las obras medievales españolas no es, en absoluto, tan destructiva. La idea que se muestra es que el pueblo turco es el castigo de Dios a los cismáticos de Oriente, pero al mismo tiempo "los turcos son gente noble en quienes se halla mucha verdad, y viven en aquella tierra como hidalgos así en sus gastos como en sus traeres, en su comer y en sus juegos, que son muy tahúres, gente muy alegre y muy humana y de buena conversación, tanto, que en las partes de allá, cuando de virtud se habla, no se dice de otros que de los turcos"[19]. Otro será el problema cuando el enfrentamiento Habsburgo-Otomano se traslade de tierras asiáticas a europeas. Si pudo aceptarse a los turcos como azote de los bizantinos, nunca se les aceptará como verdugo de la Iglesia de Roma.

El expansionismo turco en la baja Edad Media es, en opinión de los cronistas del siglo XVI, únicamente explicable por la despreocupación de los propios cristianos. El Pontificado no aunó esfuerzos ni fuerzas entre los gobernantes europeos para combatir al invasor. Por otra parte, los bizantinos tampoco solicitaron ayuda al Papado ni a los monarcas hasta última hora entendiendo que, por su comportamiento anterior, sus peticiones jamás serían bien acogidas en las diversas Cortes europeas.

---

[16] *Viaje de Turquía*. Edición de GARCÍA SALINERO, Fernando. Madrid, Cátedra, 1985. 2ª ed., pág. 389.

[17] Ibidem págs. 395 - 396.

[18] BUNES IBARRA, Miguel Ángel de. Op. Cit. Págs. 201 - 264. Son de gran interés para el concepto de la religión, asimismo, el *Viaje de Turquía* (capítulo XV) y extensos pasajes y capítulos de los Apéndices I y II de FERNÁNDEZ LANZA, Fernando. *La Crónica de los Turcos: fuente inédita española del siglo XVI para el mundo otomano*. Universidad de Alcalá, micro-forma, 1995. 2 vols. Asimismo, CEVEIRO DE VERA, Juan. *Viajes de la Tierra Santa y descripción de Jerusalem...* Madrid, por Luis Sánchez, 1597; ARANDA, Antonio de. *Verdadera información de la Tierra Santa según la disposición en que en este anno de MDXXX el autor la vio y passeó*. Toledo, Juan de Ayala, 1537.

[19] Cronológicamente cerca de la conquista de Constantinopla, así los define TAFUR, Pero. *Andanzas y viajes de un Hidalgo español*. Barcelona, 1982. Pág. 156.

Simultáneamente, un interesante volumen de comerciantes italianos, principalmente genoveses, encontraron un inmejorable mercado de armas y aperos de todo tipo en estos turcos. El resultado final de esta combinación es, según estos cronistas, la constitución de un pueblo poderoso que durante casi dos siglos pudo fortalecerse aún más y que sólo tuvo que enfrentarse a unos bizantinos cada vez más débiles. "Habiendo el Gran Turco sabido de los suyos que volvieron de Grecia cuán buena tierra fuese, y la división de los barones de ella, y la naturaleza de los cristianos, y con la mucha diligencia que los de su Consejo le daban, deliberó de pasar sobre la Grecia. Y así, haciendo un ejército muy grande de más de cien mil hombres de pelea, treinta mil desgastadores y treinta mil escopeteros, vino al estrecho de Gallipoli en el año de 1377. Halló allí, en el estrecho, dos carracas de genoveses... Y pasando luego el estrecho, puso campo al castillo de Malito, el cual ganó en muy pocos días. Y siguiendo la victoria, ganó a Gallipoli, a Priego, a Jurqui y a todos los otros lugares próximos a la marina desde la boca del estrecho hasta Gallipoli"[20].

Las crónicas y textos españoles, sin embargo, eluden o hacen escasa mención de la crucial importancia de la estrecha colaboración, principalmente militar, entre los sultanes otomanos y los emperadores bizantinos. Omiten, u olvidan, con facilidad que formaron parte de sus ejércitos como mercenarios, como fruto de acuerdos de seguridad "nacional" o, incluso, interviniendo directamente en las guerras civiles defendiendo intereses comunes. "Y teniendo Amurat mucha codicia de tomar el estado de su tío -el Caramán-, hizo paz con el emperador nuevo de Constantinopla. Y fue en un capítulo de las paces este tal concierto. Que Amurat hubiese de ayudar al emperador si contra cristianos le llamase con quince mil hombres y por cierto tiempo a costa suya y, después, si más tiempo los hubiese menester el emperador, que estuviesen a su sueldo y no al de Amurat. Y otro tanto como esto se capituló por la parte del Gran Turco"[21].

Desde los primeros momentos los otomanos utilizaron inteligentemente la división, la debilidad y el miedo de sus vecinos, tanto sarracenos como bizantinos, para fortalecerse, ensanchar sus fronteras y engrandecer sus estados. Los últimos, debido a su mínima inclinación al ejercicio militar, firmaron acuerdos y contrataron a los turcos como mercenarios en sus ejércitos. Esta posibilidad les permitió infiltrarse en tierras

---

[20] FERNÁNDEZ LANZA, Fernando. *La crónica de los Turcos...* Op.Cit. Apéndice I, Capítulo X. En este mismo sentido, deben consultarse las obras de DÍAZ TANCO, Vasco. *Libro intitulado Palinodia de la nephanda y fiera nación de los Turcos y de su cruel modo y arte engañoso de guerrear. Y de los imperios, reinos y provincias que han subjectado y poseen con inquieta ferocidad.* Orense, 1547; ROCA, Vicente. *Historia en la cual se trata del origen y guerras que han tenido los Turcos, desde su comienzo hasta nuestros días, con muy notables sucesos que con diversas gentes y naciones les ha acontecido, y de las costumbres y vida de ellos.* Valencia, Juan Navarro, 1556; FAJARDO Y ACEVEDO, Antonio. *Relación Universal de todo el Imperio Otomano dividida en ocho libros por el maestro...* B.N.M. Ms. 2793; GÓMEZ DE CASTRO, Alvar. *De la Historia de los Turcos.* Biblioteca del Real Monasterio de El Escorial. Ms. K-III-31 y SOTO Y AGUILAR, Diego. *Historia de los Tártaros, Moros y Turcos con otras cosas particulares, por ..., criado de S M.* B.N.M. Ms. 2955.

[21] Ibidem Apéndice I, Capítulo VII.

europeas, aprender todas sus tácticas y estrategias militares y, finalmente, observar sus futuras áreas de expansión.

Desde las primeras obras españolas sobre el mundo turco, aparece lo que sus autores califican como uno de sus principales rasgos distintivos: su formación, dedicación y adecuación a la vida militar y al empleo de las armas. Afirman que desde muy jóvenes se les educa en la milicia, provocando penalidades y soportando privaciones que les endurecerán y prepararán para las situaciones de guerra. Incluso hasta finales del siglo XVII, permanecerán reiteradamente estas descripciones en todas las obras. Francisco Guerrero narra cómo "... llegó un Turco a caballo y comió sin apearse lo que le di de mi mano. Estuve mirando su buen talle y buen donaire que traía para la guerra. Él traía una gran lanza, cimitarra, un arcabuz, arco y saetas, donde había ocho navajas, y una gran porra y martillo. A mi parecer podría entretenerse con diez enemigos y aun matarlos: ver si es menester ir bien en orden los que fueren contra esta gente"[22].

Al turco como adversario militar, como soldado, como enemigo, se le teme y respeta. Actitudes harto justificadas porque "la disciplina militar es con tanta justicia y severidad regida por los turcos que se puede decir que en esto hacen ventaja a los antiguos griegos y romanos. Jamás entre ellos, ahora sean pocos o muchos, se siente cuestión o ruido alguno, de lo cual es causa que cualquier delito semejante, por pequeño que sea, se castiga con la muerte. Son los turcos por tres razones muy buena gente de guerra. La primera, por mucha obediencia que a sus capitanes tienen de la cual muy poca es hallada entre nosotros. La segunda, porque en el combatir ellos se ofrecen sin miedo a la muerte con una simple persuasión que está ya determinado cómo y cuándo cada uno haya de morir. La tercera causa, es porque viven ofreciéndoseles necesidad sin pan y sin vino y muchas veces se sustentan con sólo arroz y agua, sin comer carne alguna. Y cuando todo les falta, se mantienen con unos ciertos polvos de carne salada que ellos hacen, los cuales acostumbran traer en un pequeño saco y los destemplan con agua caliente cuando quieren comer de ellos. Muchas veces, asimismo, suelen con necesidad sangrar sus caballos y con aquella sangre sustentan la vida y así comen la carne de caballo muy alegremente, lo cual todo es tan ajeno de la condición de nuestra gente de guerra"[23].

A esta rigurosa disciplina se opone la conducta que mantienen los soldados en los descansos entre sus innumerables campañas. Todos los vicios y el ejercicio de sus habilidades bélicas rigen sus vidas sin dedicación alguna a la cultura o la devoción, que no tienen razón de existir.

El etnocentrismo es otro de los caracteres principales atribuidos a los turcos por nuestros cronistas. Los turcos desprecian a todos los pueblos y estados que someten, por el simple hecho de estar bajo su dominio, "... en general muy de altivos

---

[22] GUERRERO, Francisco. *Viaje a Jerusalem que hizo..., Racionero y Maestro de capilla de la Santa iglesia de Sevilla*. Valladolid, 1688. Fol. 18r.

[23] FERNÁNDEZ LANZA, Fernando. Op. Cit. Apéndice II, *La Grandeza del Estado del Gran Turco, del demasiado número de renta que en él tiene, del orden de su Casa y manera de Gobernación y otras cosas en este caso dignas de ser sabidas*. Págs. 506-507.

pensamientos, que les parece que no hay en todo el mundo tal nación como la suya, ni que más valga"[24].

El enfrentamiento militar de los turcos con los persas, con los egipcios y, principalmente, con los distintos Estados europeos, hace que la descripción de su ejército, el ordenamiento de sus batallas y sus soldados sea de capital importancia en todas las crónicas y relatos de la época. Además, al definir a Turquía como una nación por y para la guerra, es lógico analizar su jerarquía militar como grupo de gran influencia social y política. "La identificación de los grupos militares con el imperio otomano llega al punto de que los textos españoles no diferencian nunca entre la sociedad civil y la militar. Cualquier turco es un soldado en potencia, porque el Sultán de Constantinopla puede disponer de él en el momento que desee"[25].

Esta identificación en los textos españoles es fácilmente aplicable a otros autores europeos. Así el Caballero de Rodas, autor de *La Grandeza del Estado del Gran Turco, del demasiado número de Renta que en él tiene, del orden de su Casa y manera de Gobernación y otras cosas en este caso dignas de ser sabidas*, no duda en afirmar que "la fuerza y mayor Estado del Gran Turco consiste en la gente ordinaria que en su guarda tiene, así de a caballo como de a pie, los cuales todos son cristianos renegados criados en su palacio y en las tierras de su Estado desde pequeños, de éstos hay unos que se llaman Espais, que son los más honrados y bien tratados de todos y amaestrados desde niños en las letras y armas como si fuesen los hijos del Señor. De éstos van los embajadores y a éstos dan los cargos honrados y provechosos y todos los sanjacatos y otras dignidades y oficios del Señor. Y éstos se casan con las damas de su palacio y aun con las hijas y hermanas suyas. Y son los que más excelentes y con mejores aderezos se tienen y visten más ricas vestiduras. Y son la copia de esclavos más valientes, buenos y bien aderezados que ninguna otra manera de gente que el Turco tenga. Estos Espais son en número de mil. Y trae cada uno de ellos de cuatro hasta diez esclavos muy bien aderezados con unos bonetes altos colorados, a los cuales ellos llaman Sarcolas, y en los dichos bonetes una franja grande de oro y muy hermosos penachos. Los dichos Espais traen tocados muy ricos, turbantes y se visten de brocado y carmesí y de todas las otras maneras de sedas. Éstos van a la mano derecha del Señor cuando quiera que va fuera. Tienen en salario hasta cien ásperos al día, sin muchas mercedes extraordinarias que el Señor les hace"[26].

Asimismo, se describe "a la mano siniestra del Señor van otros mil caballeros llamados Sulustaris, de la misma crianza y nobleza que los Espais y semejable forma de hábitos, armas y acompañamiento. Y el salario es igual al de los otros. Y tienen muchos de ellos armas blancas, al modo de nosotros, con muy hermosas cubiertas labradas a la damasquina de la forma que las usan los persianos"[27].

---

[24] *Relación de las Tierras y Rentas, Estados y Servicios del Gran Turco....* B.N.M. Ms. 11085. Fol. 135v.

[25] BUNES IBARRA, Miguel Ángel de. Op. Cit. Pág. 87.

[26] FERNÁNDEZ LANZA, Fernando. Op. Cit. Apéndice II, pág. 502.

[27] Ibidem pág. 502.

Tras estas dos salas, o escuadrones de caballos, "vienen luego en muy buena ordenanza los Ulufaquis, los cuales son en número de otros mil. De éstos la mayor parte han sido jenízaros y, habiendo hecho alguna valentía o cosa señalada, son pasados entre la gente de a caballo. Alguna parte también de éstos es de esclavos de los visires y belerbeys, que habiéndoles servido bien y fielmente como valientes hombres, al tiempo que sus señores mueren, el Gran Turco recibe información de ellos y si ésta es bastante, tómalos para su servicio y asiéntalos en esta banda y compañía de gente de a caballo. Tras estos dos órdenes de gente, luego semejablemente, viene otro llamado Carapacis, los cuales asimismo son en número de mil. Éstos son hombres de extremado valor en las armas, como nosotros diríamos, lanzas señaladas. Son grandes hombres a caballo y muy diestros a caballo con los arcos, cimitarras y todo otro género de armas. Son estos Carapacis naturales mahometanos de todas las provincias de levante, así que hay en ellos una mezcla de persas, turcomanos, moros de Suria y de Berbería, árabes, tártaros y aun de hasta de las partes de India. A estos dichos Carapacis se les da muy buen sueldo y tienen privilegio de ir a sus casas, o a cualquier otra parte que se les antoje, cuando el Señor está de asiento en Constantinopla. Al cabo de cada tres lunas envía cada uno de ellos a la Corte por su sueldo, lo cual incontinente le es pagado. Así que, de esta manera, el Gran Turco se halla siempre en medio de cuatro mil caballos escogidos allende de los esclavos que éstos mismos tienen, los cuales son una gran copia de gente y en tan buen orden de armas, vestidos y caballos, casi como sus mismos años"[28].

La guarda de a pie del Gran Turco, extraordinaria, es de quince mil jenízaros, los cuales son todos cristianos renegados al igual que los Espais, Sulustaris y Ulufaquis. "Éstos son valentísimos hombres y muy diestros en todas las armas de que un hombre de a pie se puede aprovechar. Traen en la cabeza unos bonetes altos colorados que los llaman Sarcolas, según que de los esclavos de los Espais se dijo, los cuales son tan fuertes que sufren cualquier golpe de cimitarra. Traen en los dichos bonetes una franja o trenza de oro que da sobre la frente, en la cual está asida una pequeña vaina de oro para poner en ella el penacho. Cada uno de estos jenízaros trae su cimitarra y un cuchillo que llaman biach y una daga en la cinta a la parte derecha. Los más altos de ellos usan escopetas y son diestrísimos en tirar de ellas. Otros, aunque pocos, tienen medias piezas y espadas, alabardas, partesanas y lanzones. Todos ellos usan en lugar de armas unas aljubas muy pespuntadas que defienden de cualquier golpe, tan bien como nuestras armas. Son de gesto muy feo a causa de no traer barbas, mas solamente los mostachos muy luengos. Los más de ellos son esclavos albaneses, húngaros, griegos, valaquios, rusos, serbianos, y aun algunos hay también de los reinos de poniente, aunque no muchos. En los dichos jenízaros no tienen los Belerbeys ni otra persona alguna potestad para mandar, sino la misma persona del Gran Turco y sus propios capitanes de ellos. El sueldo que se les da no es igual a todos. Antes, a cada uno se le acrecenta según su valor y valentía sin que para esto baste favor o recomendación de persona del mundo. De manera que cada uno tiene en sus manos su

---

[28] Ibidem págs. 503 - 504.

buena o mala fortuna, lo cual ha sido ocasión de ser tan valientes los dichos jenízaros como se muestran en todas las batallas donde se han hallado, que no se sabe que desde sultán Amurat acá, que fue el primer inventor y ordenador de ellos, hayan sido jamás vencidos en batalla campal. En cada diez jenízaros hay un capitán, un pabellón o tienda, y todos los oficios necesarios a la sustentación de la vida repartidos entre ellos, porque el uno tiene cargo de traer la leña, otro de guisar de comer, otro de poner el pabellón, otro de hacer la guardia, y así de todas las otras cosas. Viven todos ellos con un increíble orden y concordia sin que jamás en ellos se sienta diferencia ni ruido alguno. Hay, asimismo, otros de los mismos jenízaros que son capitanes de ciento y después otros que los son de mil, hasta pasar al supremo capitán, el cual se llama Aga. Y es aquel oficio de muy gran autoridad y provecho. Y en las muertes de los señores, si por ventura hay diferencia entre los hijos sobre la herencia, este Aga es más parte que otra persona alguna para meter en el Estado a quien él quisiere"[29].

Entre todos los jenízaros, "el Gran Turco escoge hasta en número de doscientos, de los más altos de persona y mejores flecheros, y éstos le sirven de Sulachis, que quiere decir mozos de espuelas o estaferos. Y siempre que el Señor cabalga, van alrededor del caballo con los arcos en la cuerda y las flechas puestas en ella. Traen aljuba más corta que los jenízaros y en la cabeza una caperuza luenga de fieltro blanco, a semejanza de un pan de azúcar, y encima un penacho pequeño"[30].

A toda la gente de guerra que el Turco junta cuando va en campo se allega otra, de la siguiente manera: "que en todas las provincias de su estado está hecha tasación de la gente de a pie y de a caballo que han de enviar al Señor cuando necesario fuere. Y luego que es menester, los Belerbeys lo hacen saber a los Sanjacos de las provincias y luego ellos mandan ir la dicha gente. Y aunque la guerra dure veinte años, aquella gente no se menoscaba porque luego que son muertos algunos de ellos, lo escriben a las provincias y tornan a enviar más gente, porque son obligados a tener siempre su copia entera con esa gente. Cada provincia envía su pagador y les dan su sueldo de veintinueve a veintinueve días sin que falte sólo un áspero y sin que los oficiales del Gran Turco tengan que entender en ello. Así a la gente de a pie, como de a caballo, les da el Gran Turco capitanes que sean personas de mucha experiencia en las cosas de la guerra. Hay, asimismo, otras muchas personas en las tierras del Gran Turco a quien los señores otomanos hicieron merced de algunos heredamientos y tierras, al tiempo que las conquistaban, con que fuesen obligados cuando hubiese guerra de acudir al Señor con ciertos caballos o infantes, según la cantidad de tierra que a cada uno se dio. Éstos son llamados, por razón de lo que deben, monselín, que quiere decir obligados, de los cuales muchas veces se allegan más de seis mil caballos y gran número de infantes, pero todos son de poca experiencia. Todo el resto de los caballos que el Gran Turco trae son aventureros que vienen sin sueldo alguno, los cuales son llamados alcancís. Éstos son grandísimos ladrones y corren siempre el campo robando y destruyendo cuanto hallan a fuego y sangre. Son algunas veces más de treinta mil

---

[29] Ibidem págs. 504 - 505.

[30] Ibidem pág. 505.

caballos. Y el Gran Turco los da siempre un capitán prudente en la disciplina militar que los gobierne"[31].

A diferencia del resto de habitantes y oficios de Turquía, los cuerpos de élite de los ejércitos del Sultán, principalmente los jenízaros, van a ser descritos y estudiados en la mayor parte de los textos y crónicas españolas. Pedro Barrantes Maldonado los define afirmando "que son los que solamente pueden traer bonetes blancos, los cuales osan morir en la guerra, saben acometer y cuando conviene esperar, y primero que pierden de su vida la dejan vengada... hácense tan diestros que pocos de éstos bastan para vencer muchos de los otros. Éstos son el brazo derecho del Turco, la salud de Barbarroja y la destrucción de sus enemigos, y son comparados a los españoles que llaman soldados viejos, que se criaron en la guerra y envejecieron en ella"[32]. Descripciones más o menos enriquecedoras aparecen, entre otras, en los trabajos de Diego de Haedo[33] o el *Viaje de Turquía*[34].

El nombre jenízaro procede de las palabras turcas *yeni* y *çeri*, que literalmente significa tropa nueva. Los forma Amurat I, nieto de Osmán, que gobierna entre 1359 y 1389. Durante su reinado tiene lugar el primer paso de tropas otomanas a Europa, ayudando las pretensiones del emperador bizantino Juan VI Cantacuceno. A partir de este momento, los jenízaros se compondrán con los hijos de los cristianos dependientes del Gran Turco, educados dentro del *Devsirme*. Estos infantes de élite gozan de una jurisdicción propia, privilegiada, que no suele castigar sus abusos con el resto de la población. Desprecian a todos los hombres que viven junto a ellos, independientemente de su procedencia, sean griegos, moros, judíos o de su misma nación. Diego Galán describe a "los jenízaros como la gente más desvergonzada y que vive a su voluntad y albedrío, sin estar sujetos a la justicia ordinaria, por tener, como he dicho, juez aparte que les perdona con facilidad grandes insultos"[35].

---

[31] Ibidem págs. 505 - 506.

32 BARRANTES MALDONADO, Pedro. *Diálogo entre ... y un caballero extranjero en que cuenta el saco que los turcos hicieron en Gibraltar y el vencimiento que la armada de España hizo en los turcos, año de MDXL*. Alcalá de Henares, Sebastián Martínez, 1566. Pág. 24.

[33] "Los jenízaros son el cuerpo de la gente de guerra allá en Turquía, conforme a la institución del sultán Morato, séptimo abuelo de este gran turco Mahometo que hoy reina, que fue el primero que instituyó e inventó la manera de jenízaros". Diego de HAEDO [Antonio de SOSA. Me remito para esta afirmación al trabajo de Emilio Sola y José María Parreño, presentado en su edición de los *Diálogos de los mártires de Argel*. Madrid, Hiperión, 1990]], *Topografía e Historia General de Argel*. Valladolid, Diego Fernández de Córdoba y Oviedo, 1612. Edición I. Bauer y Landauer, 3 vols. Madrid, Sociedad de Bibliófilos Españoles, 1927-1929. I, pág. 60.

[34] "Traen por insignia los jenízaros unas escofias de fieltro blanco a manera de mitras con una cola que vuelve atrás y hasta en medio labrada de hilo de oro, y un cuerno delante de plata tan grande como la escofia, lleno de piedras los que las tienen. Éstos son gente de a pie, y si no es los capitanes de ellos, que son diez principales de a mil y ciento menores de a cada cien, no puede en la guerra nadie ir a caballo". *Viaje de Turquía*, ed. cit. Pág. 420.

[35] GALÁN, Diego. *Cautiverio y Trabajos*. Ed. Manuel Serrano y Sanz. Sociedad de Bibliófilos Españoles. Madrid, 1913. Pág. 139. Existe una espléndida edición a cargo de Miguel Ángel de BUNES IBARRA y Matías BARCHINO, *Relación del cautiverio y libertad de Diego Galán*. Toledo, Diputación Provincial,

En este sentido, también se les identifica como a los mayores consumidores de alcohol de la faz de la tierra, a pesar que su religión se lo prohíba. En Turquía, en concreto, donde su matrimonio está prohibido también, la mayor parte de ellos se dan a los mancebos, incluso cuando salen de campaña, a diferencia de los ejércitos cristianos donde son más frecuentes las prostitutas[36]. Los jenízaros forman el grupo más influyente en el sistema político otomano. Cualquier pretendiente al trono en Constantinopla necesita ganarse su confianza y amistad, comprándoles con dinero, mercedes, prebendas y ofreciéndoles nuevas guerras[37].

3.- Formas de vida, usos sociales, educación y cultura.

La identificación de los turcos con el mal y la violencia es, como se dijo más arriba, una de las constantes del pensamiento español sobre sus enemigos durante los siglos XVI y XVII. Ésta determinará en numerosas ocasiones la visión, desde sus orígenes, de sus formas de vida, usos sociales, nivel cultural, etc. En este sentido, se expresa Miguel Ángel de Bunes Ibarra al afirmar que "en cuanto a la forma de vida que llevaban en su solar originario existen dos teorías divergentes"[38]. De un lado, algunos autores creen que "no tenían ni orden ni concierto de vida humana, sino que como fieras vivían en chozas o se encerraban por las cuevas y manteníanse de la caza y de las frutas que de sí misma producía la tierra"[39].

Este tipo de vida tan primigenia desaparece, se destruye, cuando la ambición y la soberbia se apodera de ellos. Se organizaban, desde entonces, en cuadrillas dedicándose a saltear y robar los territorios vecinos, habitados por gentes pacíficas dedicadas a la agricultura y a los caminantes o mercaderes que se aventuraban por estos fragosos montes. Esta transformación tan radical de sus hábitos de comportamiento se produce cuando forman grupos superiores a la simple unidad familiar. Durante todo su pasado nunca ejercieron profesiones ni actividades que conllevaran un ennoblecimiento de sus personas, tales como la agricultura y la ganadería, dedicándose siempre al cultivo de las armas con fines violentos y sanguinarios. La razón que dan para explicar tal comportamiento es que cuando se unifican aflora su herencia: "estos scithas antiguamente habitaban en los Montes

---

2001.

[36] Diego de Haedo afirma que "viven una vida bestial, de puercos animales, dándose continuamente a la crápula y lujuria, y particularmente a la hedionda y nefanda sodomía, sirviéndose de mozos cristianos cautivos que compran para este vicio, que luego visten a la turquesca, o de hijos de judíos y de moros de la tierra y de fuera de ella, tomándolos y teniéndolos a pesar de sus padres, con los cuales están días y noches emborrachándose con aguardiente y vino". HAEDO, Diego de [Antonio de SOSA], Op. Cit. Tomo I, pág. 76. En el *Viaje de Turquía* (pág. 421) aparece la estimación por parte de su autor de que "en todo el ejército de ochenta mil hombres que yo vi, no había ninguna mujer. Es la verdad que, como son bujarrones y llevan hartos pajes, no hacen caso de mujeres". Asimismo, véanse las interesantes aportaciones realizadas en los trabajos de Robert Mantran y Nicoara Beldiceanu.

[37] Son numerosos los textos que confirman esta aseveración. Entre otros, véanse de FERNÁNDEZ LANZA, Fernando. Op. Cit. Apéndice I, los capítulos CXIV – CXVII.

[38] BUNES IBARRA, Miguel Ángel de. Op. Cit. Pág. 71.

[39] ROCA, Vicente. Op. Cit. Fol. 1r.

Caspios cerca del mar Hircano, donde eran tan acostumbrados a revueltas entre sí y tan escandalosos que jamás obedecieron a capitán y ni tuvieron gobernador ni reconocieron especial señor que los tuviese en justicia y les gobernase. Eran en sus hablas muy soberbios y en sus hechos muy crueles, muy parciales y bandoleros, donde por su gran modo de pelear y por la gran práctica y usanza que tenían de los arcos y por la gran aspereza de la tierra, no se halla haber sido vencidos ni sujetados de nación alguna, aunque jamás estuvieron sin guerras"[40].

La segunda de las teorías sobre su primitiva forma de comportamiento "hace desaparecer radicalmente el primero de sus estados evolutivos. Desde el mismo momento que ven la luz, se dedican a atacar y robar a los pueblos vecinos. Sea como fuere, siempre se asocian las características que les definen en los dos primeros siglos de la Edad Moderna con las que tuvieron cuando nacieron en la tierra: la crueldad, la soberbia, la traición, la violencia y el robo como únicos medios de vida"[41].

La conversión de los turcos al Islam agudizará, según los autores españoles de la época, la práctica de todos sus vicios y bestiales formas de comportamiento, añadiendo a su curriculum nada desdeñable, la avaricia, la lujuria y la gula[42].

El dinero es una de sus máximas pretensiones y ante él no existen amigos ni enemigos. Por su extrema avaricia y codicia es imposible el respeto y el entendimiento entre hijos y padres y entre esposos, lo que les hace ser desconfiados, inmisericordes y crueles. Por las mismas razones, no suelen respetar los acuerdos que firman, ni a los mercaderes, ni a sus aliados, sean cristianos o no.

En el comportamiento con los cautivos demuestran su ira, crueldad y sentido de la venganza. Son muy sádicos, encontrando placer en la observación de las lapidaciones, cremaciones, linchamientos y otras atrocidades. Pero si un pecado es capaz de definirlos, éste es la lujuria[43], acompañado del reconocimiento de la poligamia y el adulterio institucionalizado a través del concubinato. Las crónicas españolas afirman que son las mujeres musulmanas las principales instigadoras de todas estas prácticas[44],

---

[40] DÍAZ TANCO, Vasco. Op. Cit. Fols. 2r y v.

[41] BUNES IBARRA, Miguel Ángel de. Op. Cit. Págs. 71 y 72.

[42] "Los turcos son valerosos celadores de su Ley, pero cada vez de más perversas costumbres porque son soberbios, ambiciosos, jactanciosos, envidiosos, avarientos, comedores y sobre todo muy malos en el pecado nefando". ORDÓÑEZ DE CEVALLOS, Pedro. *Historia y Viaje del Mundo del clérigo...* Madrid, 1616. Pág. 37.

[43] "Y ejercitando sus fiestas y músicas y al juntarse en fiestas y bodas, deleitosos convites, bebían dulces vinos. Y después que estaban alegres usaban del vicio bestial de la carne y, sin entender si era malo, se aprovechaban de las niñas en su tierna edad. Y como toda su felicidad estuviese en comer, beber y lujuriar y en los vicios mundanos...". OBREGÓN, Lope de. *Confutación del Alcorán y secta mahometana, sacada de sus propios libros y de la vida del mismo Mahoma*, Granada, 1555. Fol. 34v.

[44] "Conforme a la doctrina de Mahoma la fornicación simple no la tienen por pecado y son tantas las rameras (con no haber entre ellos ni ser lícito burdel alguno) que, ellos mismos dicen que no hay mujer en Argel que no lo sea y que no sólo con los turcos y los moros, pero con los mismos cristianos, a los cuales importunan y van a buscar a sus casas, sin temor de la muerte y que las echen al mar, como es uso". Diego de HAEDO [Antonio de SOSA], Op. Cit. Tomo I, pág. 176. En este mismo sentido, encontramos

aunque no sería extraño que al igual que los turcos son lujuriosos e inclinados a la sodomía, las mujeres sean lascivas, cuanto más al quedar insatisfechas en sus matrimonios por la práctica de la poligamia, que permite el abuso de los hombres y la extinción de la "honra" en las mujeres. Aunque las crónicas suelen describir, principalmente, el comportamiento y las pautas de los hombres, las exiguas referencias que aparecen sobre las mujeres tienen un tinte especialmente negativo. Pero, sin embargo, si los autores españoles y cristianos pueden tolerar la poligamia, la lascivia o la lujuria, lo que no aceptarán ni entenderán nunca es la práctica de la sodomía, tan generalizada entre los turcos[45] y principalmente entre los cuerpos de élite del ejército del Gran Turco.

El musulmán hace, siempre según las mismas fuentes españolas, del pecado nefando una práctica común y saludable. Tanto, que llega a ser un verdadero vicio por la gran veneración y afición que le profesan. Consecuencia inmediata de esta compartida costumbre es la búsqueda y explicación de su origen, las causas de su fácil difusión entre los sarracenos. Algunos autores afirman que el ejercicio de la sodomía lo deben a la misma religión que siguen. Mahoma fue el primero que se dio al cultivo de esta aberración, abriendo y permitiendo su práctica entre sus fieles. Otros autores ven su origen en la procedencia geográfica de los árabes y los otomanos. En Asia y todo el Levante los hombres se educan en la homosexualidad[46].

Los musulmanes atienden indiscriminadamente sus instintos y apetencias sexuales, "tienen los Turcos sus mancebas juntamente con sus mujeres en una misma casa y aún

---

numerosos ejemplos: " Los turcos son la más celosa gente de cuanto hay y con gran razón, porque como por la mayor parte todos son bujarrones, ellas buscan su remedio... Tan grandes bellacos hay entre ellos que tienen los muchachos entre ellas, y por hacerles alguna vez despacho en una misma cama hacen que acuesten la mujer y el muchacho y se está con él toda la noche sin tocar a ella" o "Como son los maridos de la manera que os he contado, ellas eran amigas de los negros, cuando más de los cristianos. Cuando van por la calle, si les decís amores, os responden y a dos por tres os preguntarán si tenéis casa, y si decís que no, os dirán mil palabras injuriosas; si decís que sí, os dirán que se la mostréis disimuladamente y métense allí y veces hay que serán mujeres de arraeces". *Viaje de Turquía*, pp. 440 y 444, respectivamente.

[45] En visión de Diego de Haedo, "el pecado nefando se tiene, como dijimos, por honra, porque aquél es más honrado que sustenta más garzones y los celan más que las propias mujeres e hijas, si no es a los viernes y pascuas, que los sacan a pasear muy ricamente vestidos y entonces concurren todos los galanes de la ciudad... a requebrarse con ellos ofreciéndoles ramilletes de flores y diciéndoles sus pasiones y tormentos... Muchos de los turcos y renegados, que con ser ya hombres grandes y viejos, no solo no se quieren casar con otras mujeres que con estos garzones, pero se alaban no haber jamás en toda su vida conocido alguna hembra, antes las aborrecen y no quieren ver de los ojos". Op. Cit. Tomo I, págs. 176 y 177.

[46] Los persas, ya en la antigüedad, eran muy conocidos por sus prácticas y desviaciones sexuales, "en todas estas naciones asianas sean tan usados y comunes todo género de vicios de la sensualidad... Pero aún lo que para los mismos infieles es abominable y del todo bestial, es que hay en esta ciudad muchos hombres que teniendo posibilidad para ello, compran muchos de estos muchachos y dejándoles crecer el cabello como a mujeres, con vestidos semejantes a ellas, y mostrándolos a bailar, los tienen en casas públicas como en los burdeles de las mujeres de Europa". SILVA Y FIGUEROA, Diego de. Ibidem págs. 50-51.

en una misma cama hacen acostar a las badaxas, a las cuales son muy inclinados"[47]. La mayor parte de sus actos vitales están inmersos en un desenfrenado culto al cuerpo. La veneración a los vicios y los placeres carnales en las sociedades islámicas es ilimitada, partiendo de su cabeza rectora hasta el resto de la comunidad, "Solimano, gran turco, es fama que las aborrece en gran manera, aunque sus pasados se hayan en aquel vicio ensuciado mucho"[48].

Frecuentan los baños públicos periódicamente, "más por el vicio que tienen a ellos que por las prácticas higiénicas. Idolatran en tal manera el cuidado de sus personas que han transformado una necesidad fisiológica en un verdadero vicio. La homosexualidad, que para los españoles de la época es una práctica contra la naturaleza, es para los habitantes del Norte de África y de Turquía una necesidad"[49]. Los corsarios del Mediterráneo anhelan, a menudo, capturar mancebos para tener relaciones con ellos y, si consienten, convertirles en eunucos. El mejor regalo que puede ofrecerse, en numerosas ocasiones, a un príncipe musulmán es uno de estos castrados, que guardará de sus serrallos y se convertirá en su amante. En el Maghreb no existen burdeles, por ejemplo, pero sí barberías donde los hombres contactan con los bujarrones y disfrutan de ellos a su antojo.

Fruto de estas prácticas, los autores españoles concluirán definiendo el Islam como una religión falsa, lasciva y sensual, un credo que potencia por encima de todos los demás preceptos los instintos del hombre y de la mujer, donde la consecución del placer es la máxima aspiración de sus practicantes. En estos usos caen, continúan argumentando, todos aquellos hombres que no conocen la verdadera fe, que encuentran la felicidad en los placeres y no en la unión mística con Dios.

La contraposición y la comparación con la religión cristiana era lógica, también necesaria. Frente a una doctrina perfecta sitúan otra detestable. Frente a una creación divina otra execrable. Frente al cultivo de la razón y el espíritu, el del sexo y el cuerpo: "la superstición que en todo, y por todo, fuese opuesta a la Religión de nuestra Santa Fe Catholica la cual totalmente fundó en la razón de las Armas y efusión de Sangre Contraria de la de Christo, Salvador Nuestro, que está llena de Humildad, de Doctrina y de Caridad. Y aquella de ignorancia, soberbia y rapiña"[50]. Obviamente, la objetividad en la descripción de estos defectos y exiguas virtudes de los turcos, descritos por los cronistas españoles de los siglos XVI y XVII debe ser cuestionada por un lector moderno. Los prejuicios y las ideas preconcebidas marcan, a menudo, el rumbo de esta Historiografía. Excepciones, sin duda, de esta línea de actuación historiográfica son el *Viaje de Turquía* y *la Crónica de los Turcos*, que alaban

---

[47] ROCA, Vicente. Op. Cit. Fol. 131r.

[48] Ibidem fol. 131r.

[49] BUNES IBARRA, Miguel Ángel de. Op. Cit. Pág. 238.

[50] FAJARDO Y ACEVEDO, Antonio. Op. Cit. Fol. 109v.

comportamientos y conductas de los otomanos para criticar duramente la sociedad española y europea del siglo XVI[51].

Otro de los argumentos que más se repite en las crónicas españolas es la imposibilidad de que sean los sucesores del mundo clásico, a pesar de dominar los territorios donde nació la cultura griega y ocupar la segunda capital del imperio romano, cuando han destruido su cultura, quemado sus bibliotecas y arruinado sus ciudades y templos, además de acabar con la agricultura, la minería e incipiente industria, que tanta fama dieron a los clásicos. Los turcos dominan tantos estados por su pericia militar, nunca por una superioridad cultural y científica, "el gobierno es fuerza que sea malísimo por estar en manos de gente innoble por ser todos hijos de gente villana, de labradores, de pescadores y, en fin, de gente que no conoce alguna Virtud o Valor, el cual supiesen o pudiesen enseñar a sus hijos en la juventud, mientras los tienen consigo, o por alguna buena introducción y disciplina. Después, cuando están en el serrallo estos niños no atienden a más que a la carnalidad y delicadeza, enseñados en ruindades, avaricias y sobre todo llenos de arrogancias y soberbia. Como es principio allí, a gente vil, inexperta, desleal y servil, y así se están siempre dentro sin poder alcanzar algún Conocimiento o práctica del Gobierno de las Cosas del Mundo ni por lectura o relación ni experiencia alguna sino lo que les dicta su primera y propia Naturaleza que es al contrario de los que primero introdujo Mahometo segundo, el que tomó a Constantinopla"[52].

En todas las manifestaciones vitales de los turcos, los autores españoles aprecian los caracteres de su incultura y barbarie. Los árabes y, en los siglos XVI y XVII, los turcos sólo han legado a la humanidad crueldades y crímenes: "el poder e Imperio de este enemigo todo es tiránico y violento que ni a sus propios hijo perdona, la poca policía que hay en sus Reinos, cuan crueles son, cuan inhumanos, cuan bárbaros e ignorantes excepto en las armas donde emplean y ponen todo su estudio y cuidado, y como no es posible que un Reino tal como este dure mucho tiempo ya que ahora por la fuerza de las armas suba para arriba con movimiento violento y lo que finalmente medráramos y nos hiciera a nosotros, si a los demás buenas artes y policía que profesamos, añadiremos esta de las armas, con el cuidado y veras que ellas piden y requieren su buen gobierno y disciplina"[53].

---

[51] En el *Viaje de Turquía*, obra de marcada influencia erasmista, es fácil encontrar sentencias y reflexiones como "... más es la gente que allá sabe leer y escribir, mucha que no acá..." o, en el mismo sentido, "en lo que yo he andado, que es bien la tercera parte del mundo, no he visto gente más virtuosa y pienso que tampoco la hay en Indias, ni en lo que no he andado, dejando aparte el creer en Mahoma, que ya sé que se van todos al infierno, pero hablo de la Ley de Natura", pp. 398 y 457, respectivamente.

[52] FAJARDO Y ACEVEDO, Antonio. Op. Cit. Fol. 62r.

[53] BUSBECQ, Ogier Ghiselim. *Itinera Constantinopolitanum et Amasianum ab... ad Solimanum Turcarum Imperatorem...*, Anturpiae, Christopheri Plantini, 1581. Ed. Española, *Embajada y Viajes de Constantinopla y Amasea de... orador de la C.M. de Ferdinando Rey de Romanos al Gran Turco Solimano. Traducido del latín por el L. Steban de López de Reta...*, Pamplona, Carlos Labayen, 1610. Pág. 3 del prólogo del traductor.

Otra demostración del retraso de su sociedad la encuentran nuestros cronistas en el poco dominio que manifiestan de la medicina. "En el curarse se guarda la que entre las demás naciones bárbaras, aplicando hierbas y dando notables dietas, aunque usan sangrías en los males agudos, como en la esquinancia y la pleuresis y otras así; y son supersticiosísimos y grandes agoreros, y précianse de pronosticar los sucesos de las enfermedades, y consultan muchas mezquitas donde hay cuerpos de Sofís, Canes y Sultanes, que ellos creen que fueron santos"[54].

La labor que desarrollaron los árabes en la Edad Media es, en opinión de nuestros cronistas, continuada por los otomanos en la Edad Moderna, debiéndose las escasas mejoras obtenidas a la copia literal de libros de los clásicos y los cristianos. "La venida de los árabes causó tan grandes y tan extrañas mudanzas en África, España y en sus islas, y aun en otras muchas provincias y tierras, no sólo en las cosas de religión y costumbres, pero aun en las demás... y aun esta peste dañó tanto a las mismas artes liberales y principalmente a la Filosofía, Astrología y Medicina, las cuales, más que otras, profesaron algunos árabes, que cuanto han trabajado y trabajan de continuo los hombres doctos para limpiar ese establo de agujeros, no se han podido desterrar infinitos vocablos y nombres arábigos con que estas ciencias y profesiones están muy contaminadas"[55].

Es difícil encontrar algún texto que contradiga estas premisas. Estas ideas ponen de manifiesto que a nuestros autores, mayoritariamente, les interesa más la descripción del turco como imagen susceptible de calumnia y difamación, en todos los aspectos, que como elemento de rico interés etnográfico o costumbrista, por ejemplo. Todo es permitido si el objetivo es la descalificación del adversario. En este sentido, también afortunadas excepciones, entre otras, la *Crónica de los Turcos* y el *Viaje de Turquía*, ambas como es bien conocido y por razones obvias, manuscritas hasta prácticamente nuestros días[56].

A medida que avanzamos a lo largo de los siglos XVI y XVII se percibe una leve transformación o evolución en la consideración de los turcos y las crónicas dedicarán algunas líneas a reseñar sus virtudes, manteniéndose intocables algunos temas. Curiosamente, se observará que, por otro lado, la mayoría de las virtudes que

---

[54] PERSIA, Juan de. *Relaciones de ... dirigidas a la M. C. de don Philippe III, Rey de las Españas y Señor nuestro. Divididas en tres libros, donde se presentan las cosas notables de Persia, la genealogía de sus reyes, guerras de persianos, turcos y tártaros, y las que vio en el viaje que hizo a España; y su conversión y la de otros caballeros persianos*, Valladolid, Juan de Bostillo, 1604, pág. 71.

[55] HAEDO, Diego de. Op. Cit. Tomo I, págs. 23 - 24.

[56] "En todas las naciones que hoy viven no hay gente que menos tarde en comer, ni que menos guste de ello, ni que menos se dé por el comer. Príncipe, ni rey, ni señor hay en Turquía que en dos o tres veces que comen, gasten hora entera en todas tres... Los eclesiásticos son como acá los frailes, que no juegan; lo que les sobra de tiempo de sus oficios escriben libros, porque allá no hay imprentas. Los que administran la justicia, si cada día fuese un año, tendrían negocios que despachar, y no les vaga comer. La gente toda de guerra se está ejercitando en las armas; se va a la escuela donde se tira el arco y allí procura de saber dar en el fiel si puede, teniendo en poco dar en el blanco; procura también saber algún oficio con que ganar de comer el rato que no está en la guerra...". *Viaje de Turquía*, Págs. 455 y 456.

atribuyen a los turcos coinciden con los defectos de los soldados y cautivos cristianos, en particular, y con los defectos de la sociedad española de la época, en general[57]. Alabarán en ellos manifestaciones, siempre de intrascendencia para el espíritu o el intelecto[58], tales como su mayor cuidado de la salud, la higiene y aseo personal o su dieta alimenticia, basada en frutas y verduras, carente de carnes, por un mejor control de su cuerpo[59].

Loarán la fidelidad que mantienen a sus gobernantes, autoridades, justicias y muy especialmente al Gran Turco[60]. Los turcos acatan todas las órdenes de sus superiores, y por encima de todo las del Sultán, aunque pongan en peligro sus vidas y haciendas. "Es una cosa la más de notar del mundo y la que más gran señor y más rico y poderoso hace el Gran Turco... todo lo que tienen es a la disposición del Gran Turco, como bienes de esclavos"[61].

Sin embargo, es realmente fácil para los cronistas interpretar, a veces, este sometimiento a unos príncipes tan despóticos y tiranos, preocupados casi exclusivamente por su riqueza personal, como una demostración de su poco seso y de su miedo, de su falta de cultura y sistemas de seguridad pública y policía."Imperio grande y dilatado por todas tres partes del mundo es gobernado en modo despótico y monárquico o antes tiránico, porque el gobierno pende de una sola y suprema persona, aunque tiene cerca de sí su Consejo de Estado y Guerra, cuyas principales Leyes son su gusto y su arbitrio"[62]. Con enorme facilidad, una virtud de los turcos reseñada brevemente en los textos españoles, insignificante desde casi todos los puntos de vista, se convierte en instrumento de rotunda descalificación. No obstante, entre sorpresa y admiración, coinciden en que nunca blasfeman ni utilizan el nombre de Dios en vano y cuando un renegado lo hace, hecho habitual éste, es reprendido.

---

[57] Diego de HAEDO expone que, sin intención alguna de ensalzar a los musulmanes, "no dejan de tener los moros y turcos de Argel algo bueno y virtudes, algunas humanas y naturales, las cuales, aunque no son tantas que puedan excusar ni encubrir sus grandes vicios, no por eso dejaremos de apuntarlas y escribirlas". Op. Cit. Tomo I, pág. 182.

[58] Gabriel GÓMEZ DE LOSADA sentencia que "aunque muchos turcos, como diré adelante, tienen algunas prendas naturales buenas, son demasiados en la crueldad...". Op. Cit. Pág. 55.

[59] "No se debe maravillar nadie en ver que no hay entre los Turcos tantas enfermedades e infecciones como entre nosotros, porque ultra de la templanza y parsimonia que tienen en el vivir, proveen en muchas cosas para la salud". Vicente ROCA, Op. Cit. Fol. 138r.

[60] "Que son en extremo obedientes a los Reyes, gobernadores y justicias, porque mandando el Rey una cosa todos tiemblan y bajan las cabezas, y ha introducido esta grande obediencia el rigor y castigo que suelen los Reyes usar contra los que no le obedecen, lo cual por la misma manera observan todos, jenízaros y no jenízaros, con los oficiales de guerra, porque tan obediente es un alcaide y un muy viejo espai a un oficial, o baluco baxi o capitán, como el más pobre aldaxi y vil soldado". Diego de HAEDO, Op. Cit. Tomo I, págs. 182 y 183.

[61] ARANDA, Antonio de. *Verdadera información de la Tierra Santa según la disposición en que en este año de MDXXX el autor la vio*. Toledo, en casa de Juan de Ayala, 1537. Fols. 53 y 54.

[62] FAJARDO Y ACEVEDO, Antonio. Op. Cit. Fols. 52r. y v.

Admirarán el orden, la seguridad, la limpieza, el civismo y la convivencia en la capital del Imperio Otomano. Asimismo, sus construcciones públicas, a pesar de la pobreza de sus materiales, sus enormes baños, mezquitas y caravanserais[63].

El tiempo de ocio lo dedican los turcos a la práctica de juegos instructivos como las damas o el ajedrez. A diferencia de sus contemporáneos cristianos, no juegan a dados o naipes y no se juegan el dinero, lo que evita junto a la dureza de la justicia en este sentido, disputas, peleas y duelos. En cualquier caso, sólo se pelean con los puños y en muy raras excepciones con armas blancas, lo cual está fuertemente penado[64].

Los turcos suelen ser muy devotos de su religión "... la observan puntualmente y estos tales acuden a todos tiempos a sus Mezquitas, observan sus Cuaresmas y ayunos, y no beben ni vino, ni aguardiente, y esto hacen los más viejos..."[65] y respetan y cuidan los Santos Lugares, incluso más que los propios cristianos[66]. En los textos contemporáneos que describen los viajes a Tierra Santa, los autores alaban la fe de los musulmanes cuando peregrinan a La Meca. De la misma manera, los religiosos y rescatadores que van al Maghreb sienten envidia del trato que turcos y moros dan a sus santones y hombres religiosos. Son muy fieles y respetuosos con sus alfaquíes y hombres de religión, guardándoles siempre mucho respeto y estima[67].

Sin embargo, entre las siempre limitadas virtudes atribuidas a los turcos, la más constante en las crónicas españolas es la que se refiere al ejercicio de la milicia, destacando, eso sí, que los fines de todas sus guerras son ilícitos. En las batallas, afirman los mismos cronistas, se muestran amigables con sus compañeros heridos, así como buenos soldados al aguantar muchos días sin comer y realizar marchas forzadas. El prisionero es, en contra, el que realiza las actividades más duras y molestas, siendo

---

[63] Véase VOGT-GÖKNIL, Ulya. *Turquía Otomana. Arquitectura Universal.* Barcelona, ed. Garriga, 1965. Asimismo, SÖZEN, Metin, GIRAY Muhtesem y ÖZEL, Mehmet. *Sinan, Architect of Ages,* Vol. I, y *Arts in the Age of Sinan,* Vol. II. The 400th. commemorative year of Mimar Sinan. Istanbul, 1988.

[64] Miguel Ángel de BUNES IBARRA afirma, parafraseando a los cronistas españoles, que "como no conocen lo que es la honra y el honor no suelen tener pendencias y duelos con armas". Lo que en principio les parece una cuestión loable, de nuevo, lo transforman en uno de los defectos de los seguidores de Mahoma, al no pelear entre ellos por no tener razón para lo mismo. Op. Cit. pág. 244.

[65] Diego de HAEDO, Op. Cit. Tomo I, pág. 183. En la página siguiente, el autor reitera "que el que al último se determina a vivir como buen moro, lo es de veras, y los viejos son tan observantes de su ley y tan devotos en hacer a sus horas la sala, y acudir a sus tiempos a las mezquitas, y ayunar sus ayunos, y en abstenerse de vino y aguardiente, que pluguiese al Señor lo fuesen tanto los cristianos en la observancia santa y preceptos de Dios". En el *Viaje de Turquía*, se afirma igualmente que son más religiosos que los cristianos al tener mayor devoción y respeto a sus hombres de religión. En esta obra existen numerosas reflexiones sobre el comportamiento religioso de los turcos. Véanse págs. 385 - 408.

[66] CEVEIRO DE VERA escribe: "... se lamentó a los peregrinos de la poca devoción de sus provincias en visitar aquellos santísimos lugares... no pasaban de ella al año doscientos peregrinos...pues a visitar los huesos del infernal Mahoma... pasan al año más de veinte mil peregrinos Turcos y Moros y con tanta devoción, que muchos de ellos se privan de la vista". Op. Cit. pág. 97. En este mismo sentido se expresa CASTILLO, Antonio del. *El devoto peregrino Viaje a Tierra Santa,* Madrid, Imprenta Real, 1654, pág. 280. Asimismo, ENCINA, Juan de la. *Viaje y peregrinación que hizo y escribió el famoso poeta Juan del Encina...,* Sl., sa., pág. 98.

[67] BUNES IBARRA, Miguel Ángel de. Op. Cit. Pág. 245.

sustituido rápidamente por otro si fallece o sufre cualquier desgracia. Es, en definitiva, la mano de obra gratuita para los otomanos: construye las obras públicas, impulsa las galeras, labra la tierra, etc.

Una de las peculiaridades más importantes de los turcos es, por tanto, su dedicación y adecuación a la vida militar y al empleo de las armas. Afirman que desde niños se les educa en y para la milicia, realizando grandes sacrificios y soportando enormes privaciones para preparar sus cuerpos ante las penalidades y atrocidades que padecerán en las continuas guerras. En todas sus intervenciones bélicas guardan muy bien la ordenanza[68], debiéndose, sin embargo, para la mayoría de los autores, su valentía y fiereza tanto al abuso del alcohol y alucinógenos[69] como a su superstición[70]. "El celo guerrero que les atribuyen está instigado por ser muy supersticiosos (algunos autores dicen de ellos que son la nación más supersticiosa del mundo) y por entrar en las batallas sin ninguna consideración por su propia vida. Mahoma prometió a los que murieran en su nombre que subirían directamente a un cielo lleno de cosas sensuales y viciosas, donde gozarían de mujeres vírgenes y comerían deleitosos manjares"[71].

Los autores españoles no van a diferenciar en ningún momento, salvo contadas excepciones, entre el credo religioso de los turcos y sus formas de vida. La identificación de los súbditos del Gran Turco con todos los defectos que conlleva la práctica del Islam era lógica al tratarse de sus máximos antagonistas, en su sentido más amplio, durante más de dos siglos.

---

[68] En visión de Francisco LÓPEZ DE GÓMARA, "...entrambos exercitan la guerra por un igual, sino que los turcos exercitan mejor su intento que no españoles: guardan mejor la orden y disciplina de la guerra, tienen mejor consejo...". *Crónica de los Barbarroja*, Memorial Histórico Español, IV, pág. 348.

[69] "También beben vino cuando lo hallan y se emborrachan muy bien mayormente cuando van a la guerra, lo cual no tienen por vituperio sino que muchas veces lo hacen a propósito cuando se aparejan para combatir a acometer o hacer algún asalto, porque entonces si no hallan vino comen una hierba que llaman epsión, que los boticarios dicen que es Opio". *Relación de las Tierras y Rentas, Estados y Servicio del Gran Turco y de algunas condiciones de sus Vasallos y propiedades de sus tierras*, Ms. 11085, B.N.M. Fols. 140r. y v.

[70] "Tienen por cosa cierta la predestinación y hado que en su frente está escrita la hora de su muerte, de la cual es imposible evitarse, por lo cual ellos se meten como bestias en los peligros, mayormente la gente común". Ibidem fol. 139r.

[71] BUNES IBARRA, Miguel Ángel de. Op. Cit. Pág. 83.

ESPÍAS Y ESCRITURAS SECRETAS: RELACIÓN DE ANTONIO DE ECHAVARRI SOBRE EL GRAN TURCO

ROSA LÓPEZ TORRIJOS
Universidad de Alcalá[1]

Entre las escrituras "secretas" se encuentran, lógicamente, los informes enviados por los agentes reales desde uno de los lugares de más peligro para España en el siglo XVI: la frontera oriental del Mediterráneo.

En esta centuria son muchos los escritos que se dedican a informar sobre el imperio turco, el cual interesa no solamente por ser el gran poder del Mediterráneo sino también por ser un mundo, una cultura y unas gentes con creencias y formas de vida diferentes a aquellos que escriben sobre él.

Entre los más importantes textos de este período hay algunas obras españolas, que generalmente conocen -y a menudo citan- las más famosas de Paolo Giovio (prontamente traducido al castellano), Giovanni Antonio Menavino y Francesco Sansovino[2] y otras veces traducen obras menos conocidas[3].

La relación que hoy no ocupa es sin embargo algo mucho más concreto, un informe sobre la armada de galeras del Gran Turco, sobre el número de naves y su construcción, los almacenes, suministros y gente que sirve en ella, y sobre la

---

[1] Este trabajo forma parte de un proyecto de investigación financiado por la DGESIC 8PB98-0708

[2] [GIOVIO, Paulo] *Commentario delas cosas de los tvrcos de Pavlo Iovio obispo de Nocera de italiano tradvzido en lengva castellana* [Barcelona, Carlos Amoros, MDXXXXI]. MENAVINO, Giovanni Antonio: *I cinque libri della Legge, Religione, et Vita de' Turchi: et della Corte, et d'alcune guerre del Gran Turco e I costumi, et la vita de' Turchi.* Venezia 1548. SANSOUINO, Francesco: *Gl'Annali overo el vite de' principi et signori della casa othomana* Di M.... Ne quali si leggono di tempo in tempo tutte le guerre particolarmente fatte dalla nation de' Turchi, in diuerse prouincie del mondo contra i Christiani. [In Venetia Appresso iacopo Sansouino. MDLXX]. SANSOVINO, Francesco: *Historia universale dell'origine, et imperio de' Turchi*, raccolta da M. Cavaliero angelico di Costantino. Nella quale si contengono le leggi, gli ufficij, & i costumi di quella natione, cosi in tempo di pace, come di guerra. Oltre à ciò, tutte le cose fatte da loro per terra, & per mare, in diuerse parti del Mondo. Con le vite particolari di i Principi Othomani; comiciando dal primo che fondò il Regno, sino al presente Sultan Selim II. Con una copiosissima Tauola di tutte le cose notabili, che si contengono in questo Volume per ordine d'Alfabeto. In Venetia, Appresso Michel Bonelli, MDLXXIII

[3] MINADOY, Juan Tomas: *Historia de la gverra entre tvrcos y persianos, escrita por Iuan Tomas Minadoy en quatro libros, començando del año de 1576 que fueron los primeros motivos della, hasta el año de. 1585.* A la Santidad de nuestro señor Sixto Quinto Pontifice Optimo Maximo. Tradvcida de italiano en castellano por Antonio de Herrera. Dirigida a don Iuan Idiaquez del Consejo de Estado y Guerra del Rey nuestro Señor. Impressa en Madrid por Franc. Sanchez. Año 1588.

organización, sueldos y costumbres de actuación; aunque también se añade información sobre los jenízaros y los bajás, capítulo que no suele faltar en ningún escrito o crónica de turcos, tan grande era su importancia y tan extraña su organización.

El autor del informe da su nombre y condición militar al principio: "el capitan Antonio de Echauarri", del que no sabemos mucho, pero suponemos es personaje importante en la red de espionaje a favor de España a finales del siglo XVI. Braudel lo menciona en relación con Margliani enviado por Felipe II a Contantinopla en 1577 para negociar una tregua [4].

El documento en cuestión perteneció a don Alvaro de Bazán, primer marqués de Santa Cruz, quien desde 1568 era capitán general de las galeras de Nápoles y que en 1578 tomaría posesión como capitán general de las galeras de España. Entre estas dos fechas vivió en Nápoles y fue responsable en el más alto grado de las armadas de la monarquía española.

Braudel nos informa de que Margliani era pariente de Gabriel Serbelloni y como él, combatió en Túnez en 1574 y quedó prisionero hasta 1576 [5].

Como es sabido, Gabriel Serbelloni (o Gabrio Zerbellón) era un personaje muy importante en la ingeniería y artillería al servicio de España. Según Rosell [6], participó en la batalla de Lepanto, embarcado en la nave Doncella de Giovanni Andrea Doria; era general de artillería, sobrino del conde de Mariñan y fue autor de la mina hecha en el castillo de la ciudad. Sabemos que en 1572 dio informes sobre las fortificaciones de Sicilia y que en 1573, después de la conquista de Túnez, quedó a cargo de su defensa y fue el supervisor de la nueva fortificación de La Goleta, como hemos dicho anteriormente acompañado de Margliani. Cervantes habla de él en la primera parte de *Don Quijote* [7] y Torres y Aguilera da muchas noticias sobre él [8]

No hay pues duda de que Serbelloni y probablemente Margliani fueron bien conocidos del marqués de Santa Cruz, quien por entonces era también miembro del Consejo Colateral de Nápoles. Otro tanto puede decirse de Juan de Rocafull (el que iba a ser enviado a Constantinopla en tiempos de Margliani) quien había mandado en

---

[4] Ver nota sucesiva

[5] BRAUDEL, Fernand. *El Mediterráneo y el mundo mediterráneo en la época de Felipe II*. Madrid, Fondo de Cultura Económica, 1976, vol. II p.670

[6] ROSELL, Cayetano: *Historia del combate naval de Lepanto, y juicio de la importancia y consecuencias de aquel suceso*. Madrid, Imprenta de la Real Academia de la Historia, 1853 p. 84

[7] Cap. XXXIX

[8] TORRES Y AGUILERA, Jeronimo de: *Chronica y summaria recopilacion de lo qve ha passado en Italia, y partes de Leuante, y Berberia: y de los varios successos que ha hauido entre la armada Christiana y la del Turco, desde que el enemigo rompio con Venecianos, y fue sobre la Isla de Chipre el año de M.D.LXX. hasta que se perdio la Goleta y fuerte de Tunez en el de 1574*. Çaragoça, En casa de Iuan Soler, 1579.

1576 algunas galeras de la escuadra de Nápoles a las órdenes de Bazán y sin duda del capitán Antonio de Echavarri.

Este último -que es el que ahora nos interesa- fue finalmente el enviado a Contantinopla con regalos para el Turco y su corte y con poderes y dinero destinados a Margliani para la conclusión de la tregua. Por el presente documento sabemos además que participó en la toma de Chipre en 1570 (¿con los venecianos?).

Los siguientes datos que tenemos sobre Echavarri se deben a Emilo Sola, quien lo considera hombre de Mondéjar, instruido por Santa Cruz y su acompañante en el viaje a la corte española. Santa Cruz viaja en mayo de 1578 en las galeras de Bazán precisamente. En Constantinopla se sospecha de Echavarri como espía y a finales de 1579 es enviado por Mondéjar a la corte con noticias sobre el estado de la negociación de Margliani[9].

El documento que presentamos ahora será pues de estas fechas, 1578 o 1579, tal vez formó parte de la información rendida en la corte y enviado a Bazán por el propio rey, quien acostumbraba remitirle aquella documentación de la que necesitaba opinión militar.

La relación del capitán Echavarri especifica su contenido en el encabezamiento: "Del modo que tiene el gran Turco, entener en Orden sus Galeras y el sacarlas armadas quesaca para hazer empressas enla Christiandad" y la calidad de su información "como hombre queloa visto y experimentado"[10].

Primeramente da noticia del número de naves y atarazanas: 137, cada una con capacidad para una galera y un almacén o magacén pequeño donde el arraez guarda todo lo necesario para la galera.

Y continúa con pormenores sobre instalaciones y organización: hay otro almacén general en medio del atarazanal en el que se cambia material nuevo por viejo a todos los arraeces automáticamente sin necesidad de papeleo o "cerimonia". Este gran magacén está todo cercado y según Echavarri es tan grande como el castilnuovo de Nápoles y tiene dos puertas, describiendo a continuación su contenido, organización y vigilancia. Los suministros de estopa, pez, alquitrán, hierro, clavazón hecha, cáñamo, gumenas hechas, telas para velas, sebo, plomo, bronce, poleas y otras muchas cosas vienen del Mar Negro "todo esto lo embian los Sanjaque beys, que son como aqui Gouernadores y carganlo en nauios a riesgo del gran turco". "Del Egipto y partes de Suria y Alexandria traen poluora solamente, por que ay enaquellas partes gran abundancia della, aunque también se haze enla propia Constantinopla". La madera para hacer bajeles se trae de todas partes y se

---

[9] SOLA, Emilio y PEÑA, José F. de la: *Cervantes y la Berbería (Cervantes, mundo turco-berberisco y servicios secretos en la época de Felipe II)*. Madrid, Fondo de Cultura Económica, 1995 p. 169. SOLA, Emilio: *Los que van y vienen: información y fronteras en el Mediteráneo clásico del siglo XVI*, Universidad de Alcalá, 2005 p. 245

[10] Archivo Marquesal de Santa Cruz, leg. 18 nº 15

depositan en ocho atarazanas situadas junto al gran magacén, una vez elaboradas todas las partes necesarias para las galeras.

Al lado del almacén general –continúa la relación- hay otras cinco naves o atarazanas en donde se fabrican remos solamente en lo que trabajan unos cien jenízaros y unos cincuenta esclavos cristianos.

El General de la Mar va dos veces al día a la Casa de Consejo del dicho atarazanal y allí se juntan todos los capitanes de fanal y arraeces, cómitres y otros marineros y soldados "averlo que se les manda".

Ordinariamente la armada tiene entre capitanes de fanal y otros capitanes de galera, cómitres, sotacómitres, cabos de escuadra de marineros, hasta 3.500 con sueldos del Gran Turco.

El Capitán de fanal manda las escuadras de diez, veinte o treinta galeras que han de hacer servicio fuera de Constantinopla, en tierra donde no hay sanjaques y su sueldo es de treinta ásperos (que serán como siete reales nuestros -especifica-), sueldo que es aumentado antes de dos años, normalmente hasta cien, ciento cincuenta o doscientos ásperos. Entre los más viejos capitanes de fanal eligen los gobiernos de mar con escuadras de galeras para Rodas, Alexandria, Chipre, Nigroponte, Lepanto, Nápoles de Romania, Xio, Metelin y Esmitre. Hay unos 30 capitanes de fanal, unos 270 arraeces de galeras que cobran ocho ásperos al día, (dos reales) y cuando un marinero tiene este sueldo es arraez. Estos ocho ásperos se aumentan cada día. Los arraeces que no van en galeras quedan de vigilancia de las atarazanas. Los cómitres tiene un sueldo de siete ásperos diarios. El Dauaji "que es caporal de los marineros" tienen seis ásperos al día. De ésto pasan a los demás puestos superiores hasta llegar a sanjaques vey y capitanes de escuadras de galeras. Hay también arraeces de maonas "que son galeras que siruen llevando pertechos para el combate". Cuando se forma una gran armada se alquilan marineros.

En el invierno el general de la mar envía chauces ("como alguaciles") con órdenes del gran Turco a los Sanjaques veis de Nigroponte, Bolo, Caballa, Nápoles de Romania, Malvassia, Lepanto y Previza, para que entreguen en una fecha determinada bizcocho, queso, aceite y vinagre, así como la gente de guerra que han de hacer en sus gobiernos bajo pena de muerte.

El sueldo que el gran turco paga a marineros y remeros de alquiler es de mil ásperos (veinte escudos de oro) antes de salir de casa, cuatro ásperos (menos uno de bizcocho descontado) cada día desde que salen de Constantinopla hasta que regresan.

En las galeras se embarcan jenizaros *spais* y auentureros. Los jenizaros lleuan su Aga "que quiere dezir como aqui Maese de campo" y llevan aparte tesorero y escribano que les paga cada tres meses; el general del ejército los puede castigar o gratificar según sus acciones. Los *spais* no cobran porque tienen sus rentas en sus tierras y allí lo cobran.

El General de la Mar gana mil ásperos al dia, más ventajas como el sueldo y quitación de tres remeros por cada galera que sacan, además puede poner gobernadores en ciudades marítimas que no sean cabezas de reinos, como Rodas, Nigroponte, Alexandria, y Chipre. Tiene como lugarteniente a un capitán de fanal elegido por el gran turco con un sueldo de ciento cincuenta ásperos.

La relación continúa dando datos sobre la corte: el Gran Turco tiene ordinariamente tres mil esclavos que reciben como dos libras y media de pan fresco al día en tierra y bizcocho en mar, reciben también cuatro reales para comprar otra comida. Entre ellos hay maestros dacha, o carpinteros, tiene hasta cien calafates, otros tanto remolares, ciencuenta boteros, cinquenta herreros, hasta ochenta estoperos, otros tantos aserradores, ciento veinte cañameros, sesenta mazaraguis, "que son los que hazen poleas". Trabajan en las atarazanas o en la armada y cobran siete reales al mes (treinta ásperos) y los que no saben nada dieciseis.

En Constantinopla viven en un baño o prisión del Gran Turco, salen cada día para trabajar y vuelven antes de la noche, son guardados por marineros ordinarios; tienen alcaide elegido por ellos. Si se escapa algún cristiano ha de pagar cien cequíes por el que sea maestro y cincuenta por el que no tenga arte. Se escapan cada año unos cien esclavos.

A los esclavos se les da en el verano cotenia para una camisa y un par de calzones y en invierno tela o cotonina y unas siete varas y media varas de España de herbaje para hazer un capote y catorze varas de un paño grueso que se llama abba para hacer calzones para encima de los de tela y un par de calcetas y un sayuelo pequeño sin mangas para sobre la camisa y otro sayo grande hasta la rodilla para encima del sayuelo, ordinariamente o pardo o blanco en pieza y agujas e hilo para coserlo, y además de esto les dan un par de zapatos al mes.

De entre los cautivos cristianos se elige une escribano para llevar cuenta de todo ésto, ha de conocer la lengua turca; éste no lleva cadena y a los seis u ocho años le dejan libre. También tienen un alcaide o baxi que los encierra y guarda la llave.

Echavarri informa después de otros lugares donde se hacen galeras, de como se recluta extraordinariamente gente para la armada, remeros. Éstos últimos muy importantes porque según la cantidad de ellos que se solicita cada año "se sabe el tipo de armada que va a salir esa temporada aunque esto solo lo saben los seis bajas del consejo". También sobre útiles del combate: utilizan las gumenas velas y jarcias viejas para hacer trincheras, las llevan en galeazas con cajas de madera vacías que después se llenan con este material, estas son las trincheras más fuertes del mundo y lo usan "como nosotros los cestones llenos de tierra aunque son mucho más fuertes las suyas". Entre una y otra máquina plantan la artillería y no desperdician nada.

Luego informa Echávarri sobre los jenízaros. Su número es regular y para hacerlos se envían cada dos, cuatro o seis años, según la necesidad, a los chauces o alguaciles mayores o embajadores por todas las provincias vasallas de Europa:

Hungria, Servia, Esclavonia, Dalmacia, Albania, Grecia y Morea y toman todos los muchachos de siete a diez años encargados. En cada provincia se hace una lista de los que tiene hijos de esta edad y se echa a suerte caiga quien caiga. Si es un padre que solo tiene un hijo debe rescatarlo con dinero. Los llevan a Constantinopla donde el gran turco tiene un palacio separado o "cerrage de los muchachos salvajes" y allí los visten a la turca "cuando son de ocho o diez años los retajan" (circuncidan) y les enseñan las letras. A los trece o catorce años, cuando saben leer y escribir, les enseñan oficios como sastres, zapateros y otras cosas, a los dieciseis o dieciocho les enseñan el tiro de arcabuces, la artillería, así hasta los veintidos años; entonces les pagan seis ásperos al día, subiendo cada día hasta veinte ásperos. Siempre tienen dieciseis mil jenízaros "aunque despues de la batalla naual soy informado quelos han acrescentado a veynte mil". Sustituyen a los muertos, son el nervio principal de su poder, todos son escopeteros y muy diestros porque dende muy mozos lo usan y en estos tiene el gran turco todo su esfuerzo y esperanza, porque "la demas gente delos exercitos que junta toda es caballeria y aunque el numero es mucho la de effetto es muy poca y ruin". A los jenízaros se les paga del tesoro del Gran Turco, tienen un general de ellos que es el jenízaro Aga que es el que los paga. Los jenízaros están repartidos: unos dos mil quinientos en el Cairo, hasta dos mil en Palestina, en la Caramania (froentera persa) mil quinientos; con su hijo el príncipe que está siempre en Ismerli mil quinientos, en Hungría en la frontera mil quinientos, y seis mil en Constantinopla junto al Gran Turco. Los otros mil son lombarderos y calafates y remolares que cría el Gran Turco y donde quieran que estén los jenízaros son miembros de justicia y alguaciles y otras cosas semejantes. Mandan absolutamente y nadie se les opone porque los llaman los hijos del Gran Turco. "Y conesto estáa tan cebados y constantes en su seta porque muchos ay dellos que se acuerdan que tienen padres madres hermanos y hermanas christianos sino que con la ambicion y mandar nose acuerdan de dios ni de nada", tienen sus cauos de esquadra que llaman voluchbaxis que cobran treinta ásperos al día. El jenizaro aga o general no sale nunca de Constantinopla si no es con el Gran Turco y escoge un lugarteniente que debe llevar a los jenízaros a la armada general o a otra parte.

Al que hace alguna hazaña en las jornadas que se ofrecen, como es matar a un cristiano, o señalarse en batalla, o dar consejos provechosos se le premia sin consultar con nadie y es aprobado por el Gran Turco y su consejo y así –dice Echávarri- "aunque la nacion turca generalmente ensi es pusilanime couarde y sin honrra" muchos por la esperanza de los premios se arriesgan mucho; los arriesgados son los llamados por los turcos cazis y por nosotros matasietes y cuando van a pelear lleuan puestos unos grandes alones de águilas o de buitre para ser conocidos.

Finalmente Echavarri informa sobre los bajás que son virreyes o generales de provincias. Hay seis en el Consejo Supremo que son los más ancianos y principales de todos.

Todos los virreyes de Egipto, Grecia, Palestina, Caramania o Anatolia se llaman Bajás y cuando están el el consejo supremo visires "que quiere dezir lugarthenientes y uno dellos es lugartheniente general y se le llama baxavisir que quiere dezir cabeza delos lugarthenientes: yes el que gouierna toda la maquina de todo el estado del gran turco y haze y deshaze porque el granturco cassi no entiende en nada sino este y lo queste le dize que sea hecho osea de hazer es lo que passa adelante". En este cargo van sucediendo los seis mientras no caigan en desgracia del Gran Turco. Los seis con dos legistas de su secta atienden todas las cosas civiles y criminales si que haya apelación y todo el mundo calla porque si no les quitan la vida. "Se hazen grandissimos agrauios entrellos: porque el que tiene dineros que dar hara torzer la justicia al reues como acaesce entrellos muchas vezes".

Los bajás no son turcos sino renegados hijos de cristianos de los que se recogen para hacer jenízaros de entre los que eligen los mejores y los crían dentro del propio palacio del Gran Turco. Y de allí salen para ser caballerizo mayor, jenízaro aga hasta llegar a bajás del Cairo y demás reinos y a bajás del consejo supremo. Con ellos se casan las hijas y hermanas del Gran Turco, pero sus hijos nunca son bajás, sino que reciben grandes rentas. El Gran Turco no se casa con ninguna turca natural sino con hijas de renegados. Tiene muchas mujeres en sus cerrajes de todas las naciones. Y desde que se crearon los jenízaros no se ha visto a ningún turco natural ser bajá. Tampoco hay linaje principal porque los que había antiguamente los han suprimido los otomanos que es la casa y apellido de los propios grandes turcos.

El Gran Turco tiene tanto dinero que en 1570 cuando la toma de Chipre[11] se calculó que podía tener cuatrocientos millones de cequíes ya que cuando muere alguien él hereda con sus hijos y si el difunto no los tiene queda todo para él.

Como podemos ver, la relación da información muy completa[12] sobre aquellos datos que más interesaban a la corte española en aquellos momentos (composición de las armadas, hombres y armas, provisiones y organización), pero se enriquece con noticias y datos sobre la organización social, costumbres y formas de vida de turcos, jenízaros y esclavos (especialmente cristianos). Muchos de etos datos coinciden con la información dada en crónicas e historias de turcos de aquel siglo para quienes el Gran Turco era no solo el máximo enemigo de gran parte de Europa, sino también un foco de interés y atracción por la diversidad y la proximidad, algo experimentado personalmente por muchos cristianos que, forzosa o voluntariamente, habían vivido bajo su poder; entre ellos muchos españoles que habían narrado o novelado sus vivencias.

El documento sirve también para conocer mejor el mundo de los espías de Felipe II, esa vasta red de agentes desplegada por Europa y el Mediterráneo, difícil

---

[11] En la que estuvo Echavarri como hemos visto anteriormente.

[12] Dado el interés del documento lo transcribimos íntegramente en apéndice documental.

de conocer pero objeto de interés modernamente como muestran, por ejemplo, los estudios de Emilio Sola. El escrito de Echavarri finalmente nos proporciona también datos sobre su persona, su misión y su trabajo en la corte otomana. Y su existencia en el archivo del marqués de Santa Cruz sobre la circulacion y objetivos de las informaciones.

APÉNDICE DOCUMENTAL

A.M.S.C. leg. 18 nº 15. [El documento consta de 17 folios sin numerar y una cubierta donde está escrito: "La Orden que ay en la Armada del Turco"].

[Fol. 1] "Relación que haze elcapitan Antonio de Echauarri. Del modo que tiene el gran Turco, entener en Orden sus Galeras y el sacarlas armadas quesaca para hazer empressas en la Christiandad, como hombre queloavisto yexperimentado.

Tiene en Costantinopla a la parte de Pera que es, en frente della el puerto enmedio ciento y treinta y siete Taracanas en que puedecauer una galera encadauna todas cubiertas con buenos techos y enla cabecera de cada taraçana ay un Magacen pequeño donde el Arraez acuyo cargo esta latal galera, tiene las velas gumenas, clauazon, plomo, tallas y las demas cossas aderentes ynecessarias para ladha su galera, yel dho. Arraez tiene lallaue del dho Magacen y quando quieren salir para viage yalgunas velas, o gumenas, o otracossa de las dhas necessarias asu galera vee que estan viejas y que no estan para seruir va al magacen general quetiene en medio detodo el taraçanal questa proueido de todo lo necesssario atoda la Armada como avajo se dira y ledanaldho Arraez, otro tanto nueuo como lleua viejo sin ninguna manera decontradicion ni poliça de resciuo ni otra cerimonia.

En medio detodo el dho taraçanal questa todo junto pegadas unataraçana con otra arreo esta el dho Magaçen quearriua digo hecho, cercado todo de muy gruessa muralla decal y canto y es tan grande como castilnovo de Napoles alrededor o bien poco menos, y este magaçen tien dos puertas hasta hazia la mar launa de hierro y la otra de muy gruessos maderos y dentro ay un muy gran patio dondeay muchos pessos y valanças y otras cossas neçessarias para pessar ymedir todo lo quedel dho magaçen sesaca para prouision delas galeras, y alaultima puerta esta el scriuano mayor deldho magaçen con hasta diez officiales scriuientes quelos paga el gran turco para ello solo y dentro ay mas de sesenta hombres quetienen cuidado de sacar, pessar, medir y entregar lo queldho scriuano mayor mada el qualesta como digo asentado/[Fol. 2]A la puerta del dho magaçen y cada uno de sus officiales tienen cuidado de screuir una diversidad de cosas assi enel rescibirlo quando uiene como enla distribuicion dello quando se da alas galeras, yansimismo en el rescbirlo biejo quetornan los Arraezes despues se seruido lo quea podido como arriba se dize, eneste magaçen, entrelas dhas dos puertas ay un soterraneo muy fuerte consupuerta y contrapuerta dehierro dequetiene la llaue el emin que quiere dezir thessorero delarmada yaqui guardan todo el dinero que esta situado para gastos solamente del Armada, el qual dinero, no entre jamas enel thessoro del gran turco sino los quelo pagan que son judios quetiene arrendados los anarajes derechos, como de alcaualas y otras cosas delos puertos de mar, acuden al dho thessorero del armada conellos yel lesda una policilla deloque resciue y con aquella sevan ellos ala contaduria mayor yselesresciuen todo en cuenta sin ninguna otra cerimonia, y ordinariamente ay dinero en abundancia paraeste effetto sintorcarse como digo jamas dinero ninguno del thessoro delgran turco para estas cossas yeste dinero nose emplea en cosa ninguna jamas sino encosas necesarias ala dha Armada.

En quanto al proueer de todas partes lo necessaruo para la armada y que venga contiempo aldho magaçen que es com un depossito detodo ello tienen la orden siguiente, embian al mar mayor, o mar negro, por stopa, pez Alquitran, hierro, clauazon hecha, canamo, gumenas hechas, telas para velas, sebo, plomo, Bronze, poleas y otras muchas cossas que en aquellas partes sehallan en mucha abundancia, y todo esto lo embian los Sanjaques beys, queson como aqui Gouernadores y carganlo en nauios a riesgo del gran turco y embianlo, y vienenlo adescargar aldho magaçen, donde se entrega al dho scriuano y lo ponen cada cossa porsi y despues tienen enla distribucion della la orden que arriua digo y madera y otros muchos aderentes deque no me acuerdo. Del Egipto y parte de Suria y Alexandria traen poluora solamente, por queay enaquellas partes gran abundancia della; aunquetambién se heze enla propia Constantinopla./[

Fol.3] Ansi mismo tiene dentro, en la dha taraçana, pegado conel dho magacen otro quetoma ocho naues o taraçanas cerradas consus puertas, donde descargan las Maonas y otros Bajeles toda la madera que setrae de todas partes para hazer galeras yencada taraçana se pone una diuersidad demadera como es en una parte Arboles yentenas yen otratablas, en otra Coruatones para vatallares yen otra latas (?) yassi de mano en mano toda la madera quees menester hasta dogas de Barrriles y cerco paa ellos cada genero por si, el qual scriuano tiene siempre cuidado de auisar al General dela mar y al dho tessorero quando es menester la madera que ay y lo que es mas menester para sacar la Armada por que no falte ninguna cossa, y deespues este tal escriuano tiene authoridad porque esta siempre en Constantinopla para ordenar atodos los Gouernadores que ay enlas partes donde se corta madera para Galeras, que embien tal y tal madera la que el vee que es menester, enel embiar de la qual tienen la propria Orden que enlo demas quearriua digo, yen el distribuirlo todo passa por mano del dho scriuano y el sabe y porne por scripto en que y como segasta: y nose puede sacar del dho Magaçen un pedaço de palo sin su orden, aunque despues de sacado del dho Magacen nadie tiene cuenta conello, poque selleua adonde paresce en el taraçanal que es menester yalli se consume sin mas cuenta ni razon denadie en hazer, o aderezar galeras: y como en laspuertas ay guardias y nose puede sacar cossa ninguna porellas, todo se queda entero o roto dentro en el dho tarazanal yesta es la Orden que eneste partiruclar tienen.

Junto al dho Magazen tiene otro muy grande que toma otras cinco naues o taraçanas. donde no trauajan sino en hazer remos yestos los hazen genizaros Remolares, que seran hasta ciento sin los sclauos christianos del gran turco quetrauajan junto aellos queseran hasta otros cinquenta, yestos ordinariamente trauajan enesto, y como han acauado una palamenta entera la ponen muy bien puesta en orden encada taraçana la suya ysiempre ay sobradas cient palamentas hechas./

[Fol. 4]Tienen en medio de todo el Taraçanal una casa de consejo donde viene cada dia el general de la Mar dos vezes al dia y esta cadavez dos horas porlomenos oyendo y proueyendo alas cosas necessarias al atarazanal yarmada: y aqui sejuntan cadadia todos los capitanes de fanal y Arraezes, Comitres y otros marineros y soldados aver lo queseles manda.

LA gente que ordinariamente, tiene, y mantiene el gran Turco enel armada entre Capitanes de fanal y otros capitanes de galera Comitres Sotacomitres, cauos desquadra de marineros, que alla los llaman atodos los tales quetienen sueldo de marineros Mocarreres, seran hasta tres mil y quinientos yestos tiene los sueldos siguientes ysiruen enesta manera. Capitan de fanal, es como aqui Quatraluo por que quando noay Sanjaque bey de mar como loes de Nigroponte, Rodas, Alexandria, y Chipre, Metelin, Xio y Lepanto, y quieren embiar alguna esquadra, de diez veinte otreinta galeras fuera de costantinopla a algun seruicio, escojen aun capitan de fanal quesea mas practico y diligente en cossas de mar: y le encomiendan que lleue a sucargo las tales galeras con tanto authoridad, durante elviage, como si fuese general dellas, yaeste tal capitan defanal, el primer sueldo ordinario quesele señala es, treynta Asperos aldia que seran tantos como siete reales delos nros, Aunque es verdad que no ay ningun capitan de fanal que tenga solo eldho sueldo dos años, porque cada dia o cada viage los auentajan: yassi ay muchos que tienen cient Asperos, ciento y cinquenta: y aun docientos Asperos aldia: y estos son los que ya son viejos platicos queseles puede encomendar qualquiera esquadra de galeras: y anssi mismo destos tales eligen para gouiernos de mar con esquadras degaleras, como es para Rodas, Alexandria, Chipre, Nigroponte, Lepanto, Napoles de Romania, Xio, Metelin y Esmitre, quesontodos gouiernos maritimos, donde ay galeras de guardia, las quales y la tal villa o puerto de mar, gouierna el tal vey: y estos capitanes de fanal seran hasta treinta entodos, los de mas Arraezes de galeras seran hasta docientos y setenta y lapaga ordinaria decadauno destos son, ocho asperos aldia queson dos reales de los nros: y como un marinero viene atener estesueldo de ocho Asperos aldia/ [Fol.5] es Arraez: y aunque luego nosele de galera goza deaquel sueldo hasta quesele de: Aun que es verdad queay muy pocos Arraez quetengan solo el sueldo sencillo sino que cada dia los acrescientan: y quando se arma Armada, para salir fuera, el general dela mar señala las galeras que an de yr, y sino handeyr tantas galeras como ay Arraezes, conellas haze una lista delos que quiere que vayan: y auisados ya aquellos tales haze adrezar las galeras y los demas sequedan en Constantinopla y estos hazen guardia al tarazanal por sus tandas con los hombres que tienen asueldo en sus galeras deque ellos tienen cuidado de hazer llamar: los Comitres tienen de sueldo al dia siete Asperos dela dha moneda y esta es la paga ordinaria delos comitres: y no tiene mas el Arraez de un aspero al dia quel comitre; y deaqui pocos comitres ay quesean auentajados en sueldo y que sean comitres sino que en acrescentandole sueldo es Arraez, aunque luego nole den galera. el Dauaji que es Caporal delos marineros y que tiene cuidado de enlugar del Arraez mirar lo quea menester lagalera assi de Armas como Xarcias, velas y otras cossas, tiene seis asperos d esueldo al dia: y de alli sube asiete quees de comitre y dealli a ocho; que es como digo paga de Arraez; y desta menare demano en mano hasta que vienen atener, treinta, quarenta ycinquenta Asperos aldia desueldo y despues aser capitanes defanal conel sueldo que arriua sedize y a ser sanjaques vey y capitanes desquadras de galeras. Elproprio sueldo tienen los Arraez de Maonas: que son galeazas quesiruen en las armadas de lleuar pertrechos para batir, como es, poluora, valas, madera para hazer trincheras y gumenas y velas viejas para ellas; y nimas nimenos los demas officiales como los de galeras; y todos los dhos capitantes de fanal Arraezes, comitres, Dauaxis y demas marineros que como digo seran entodos enel taraçanal pagados ordinariamente, hasta tres mil y quinientos hazen guardia ordinariamente atodo el tarazanal, quando estan el Inuierno enel puerto por sus tandas segun los toca por semanas sin que ninguno falte sino estamalo; y pagaseles acadauno destos ensu mano detres entresmeses sin faltar punto: y quando arman armada gruessa buscan/ [Fol. 6] Marineros alquilados ademas delos quese pagan ordinariamente mientras dura el viaje a los quales seles da el proprio sueldo que aun remero como abajo se dira.

En el preuenir lso vizcochos para la armada yen que venga la gente de guerra alos embarcaderos tienen la orden siguiente. Imbia el inuierno el general de la mar chauzes queson como Alguaziles del Rey, aun que lleuan toda la authoridad quese puedepensar, los queles mandan departe del gran turco alos Sanjaques veis de Nigroponte, Bolo, Caballa, Napoles de Romania, Maluassia, Lepanto y Preuiza, que preuengan por tal mes tanto vizcocho y quesso azeyte y vinagre; yes menester que lo tengan en orden induuitadamente; y nimas nimenos los dhos chauzes mandan alos dhos sanjaques lagente de guerra que desus gouiernos, han de inviar alas dhas marinas para el dho tiempo: y nimas nimenos lo an de hazer sin falta sopena deperder la cabeça, verdad es que el gran turco, noembarca en sus galeras por sue cuenta mas devizcocho solo, por el tiempo de seis meses que presupone quea detardar en voluer al armada asus puertos, quelas demas vituallas dequesso azeituna, azeyte y vinagre lohaze vajar ala marina para quela gente de guerra seproua porsus dineros de lo quedello han menester para el dho tiempo deseis meses porqueel gran turco no les da una sed deagua sino solamente mantiene alos remeros y marineros alquilados, que tampoco no alos que tienen sueldo ordinario queson los mocarreres que digo aunque a la dha gente deguerra seles da su comodidad en galera aparte donde guarden sus vituallas las quales compran consus dineros por camaradas porque el turco no tiene cuidado dello sino de hazerles pagar sus sueldos y que ellos semantengan como quisieren y a los auentureros quevan sin sueldo enla armda seles da racion devizcocho solamente todo eltiempo, que dura la dha jornada.

El sueldo que el gran turco da acada manrinero alquilado yacada remero es todo uno yes lo sigiuiente, Dales de ante omnia para quebrouean [sic] / [fol.7] sus casas antes que salgan dellas mil asperos queson veynt escudos de oro de nra. moneda y despues ademas desto desde el dia que salen de Costantinopla hasta quetornan a entrar en ella dende el dia que llegan los despiden quatro asperos al dia delos quales les descuentan el vizcocho que vendra aser un aspero al dia poco mas, por quele sale al gran turco muy varato, y lapropia paga se da alos dhos marineros quesealquilan durante la dha jornada: y esta paga la haze toda el pagador o thessorero general delarmada ysus officiales asus tiempos que es detres entres meses sin otra orden ninguna del baxa ni de nadie.

En las galeras se embarcan Jenizaros spais yauentureros Los jenizaros lleuan su Aga que quiere dezir como aqui Maese de campo y lleuan aparte thessorero y scriuano queles paga cada tres meses; yeste dinero nose mezcla en ninguna manera conel delarmada nilo libra nitiene que hazer enello el general delamar sino el dho su Aga a cuya Orden va eltalpagador, verdad es que el general del exercito los puede castigar o gratificar segun loque cada uno hiziere. Los espayes nolos paga nadie por queellos tienen sus timares que quiere dezir sus entretenimientos orentas ensus tierras yalli lo cobran por sus tercios yan de venrir preuenidos para todo el viage detodo lo quean menester: yengalera despues quesean embarcado, hazer camaradas de seis enseis ode en ocho en ocho, y por semanas ellos proprios cocinan yadereçan loquean de comer esta semana sirue uno yesta otra otro: y desta manera segouiernan desde el mayor hasta el menor.

El sueldo del General dela mar es mil asperos al dia Aunquetiene grandissimos prouechos porque de cada galera quesaca toma el sueldo y quitacion de tres remeros quees un vanco, que como ha debogar cinquenta vancos, boga quarenta y nueue: yaquel sueldo detres remeros por galª son suyos: y demas desto tiene otras muchas preheminencias, proque puede prouer todos los gouiernos maritimos como no sean ciudades caueças de Reynos como son Rodas, Nigroponte, Alexandria,/ [fol. 8] y Chipre: y poner en todas ellas a quien el quisiere paor gouernador y castigar ymandar enlas marinas como elgran turco proprio: y tiene un lugar theniente, elqual assimismo es capitan de fanal yeste nole elige el sino elgran turco yeste es el que va siempre de rettaguardia recogiendo la Armada y lleuandola junta: tiene de sueldo ciento y cinquenta asperos al dia: y mas lo que hurta que es muy mucho.

El Gran Turco tiene ordinariamente tres mil sclauos antes mas que menos y enel gouernarlos y seruirse dellos tiene la Orden siguiente Da de ordinario a cada esclauo panfresco ytanto que sera como dos libras y media de España, esto quando estan entierra que en la mar dales vizcocho, yademas deste pan dales cada mes para que compren lo que quisieren en dinero tanto quanto seria dezir quatro reales para comer con el pan: y destos propios sclauos tiene las maestranças siguiente, maestros dacha, o carpinteros, tiene hasta cient calafates, otros tantos Remolares: cinquenta Boteros, cinquenta herreros, hasta ochenta estoperos, Otros tantos Asserradores cieton y veynte cañameros, sesenta mazaraguis, que son los que hazen poleas y tallas hasta veinticinco: y estos ordinariamente trauajan enla taraçana cadauno ensus artes: y quando elverano sale elarmada metenlos abogar: y sin que busquen maestranças dondequiera que para la Armada sies menester hazer alguna cossa deshierran destos esclauos y hazenles hazer en un momneto lo que quieren: y aestos maestros dalos como siete reales almes que son treynta asperos: yalos que no tienen arte diez y seis asperos como arriua digo: y en llegando aCostantinopla todos los desembarcan leugo y los lleuan aun vaño o prission quelgran turco tiene quees muy garnde: y dealli los sacan cadadia, porsu cuenta a trauajar: y los tornan atraer antes denoche: y estos sclauos losguardan los marineros ordinarios que como digo tienen sueldo del rey, por cuenta de galeras queacuden cada mañana alapuerta del baño averlo que/ [fol.9] les mandan, auiendo eligido primero al alcaide de los esclauos auno dellos, por caueza decada esquadra, o porteta delas dhas maestranças, contantos guardianes, como conforme ala gente que lleua ha menester: y este tal los rescibe por cuenta y los torna por cuenta ysiseles huye algun christiano enseruicio del rey tiene esta orden enelpagarlo esta tassado elquees maestro en cient cequies de oro y el que no tiene arte en cinquenta: yestos los pagan dela primera paga queseles ha de dar: todos los marineros quetienen sueldo en elarmada que como digo seran hasta tres mil y quinientos por rata cadauno lo que porlatal huida les toca: yassi aunque seles huyan alos dhos guardianes cient sclauos cada año no lo sienten cassi nada: porqueno vendran apagar un ducado por uno yestos sclauos estan a orden del general dela armada porque son miembro de la mar ypara lo queellos son es para seruicio de galeras yninguno otro seembaraça conellos sino el, y quien el manda queson sus officiales, verdad es quel thessorero general delarmada tiene los libros dellos: yael seleda cuenta para que note enellos el que muere o huye dellos, yansimismo elmanda darles cada mes lo queles toca desusueldo: yenel darseles la ropa cada año es enesta forma. El verano quando handeyr abogar: y aunqueno vayan selesda acada esclauo tanta cotenia quanto a menester para una camisa y un pardecalçones yen el inuierno, por el mes de nobiembre y diziembre, otro tanto detela o cotonina y mas como serian siete varas medida de españa deherbaje para hazer un capote ycatorze varas deun paño gruesso queallase llama Abba para quedello haga unos calçones para sobrelos de tela y un pardecalcetas delo proprio y unsayuelo pequeño sin mangas para sobre lacamisa y otro sayo grande hasta la rodilla para encima del sayuelo yesto es ordinariamente opardo oblanco y nohazenmas de darlo enpieza yellos locortan y cossen asu modo como quisieren yaun les dan hilo y agujas para ello: y demas desto les dan unpardeçapatos cada mes, y para quese tenga entodo esto la cuenta quees razon tienen/ [Fol.10] vn christiano delos proprios cuatiuos que sepa la lengua turquesca por escriuano delos de mas captiuos y este sirve sincadena, seis o ocho años yledejan despues libre para que haga desupersona lo que quisiere por este seruicio, elqualtiene cuenta detodo esto yalcauo delmes cobra el dinero de las paguillas delos dhos christianos en junto y denoche las reparte dentro del vaño atodos llamandolos porsus nombres por la lista que dellos tiene: y este tienecuenta de dar la al baxa dela Mar y al thessorero general delarmada cadavez quesela piden dondestan los christianos delgran turco y quantos ay en el vaño y donde estan los demas en cuyas cassas y trauajos, por quesuele el general dela Mar mandar dar asus amgios, aquien diez aquien traynta y aun aquien cient sclauos delos delgranturco para que en el inuierno quando estan entierra trauajen ensus obras quando no ay necessidad dellos enel tarazanal y esto sehaze sinquelo sepa el gran turco, porque como digo todo esto esta asola la orden del general dela mar yelhaze enesta parte lo que quiere y eltal scriuano puede hazer plazer alos esclauos y desplacer lo que mas quisiere sin quelepida nadie cuenta dello mas de Dios y tienen todos los dhos sclauos un alcaide queala llaman guardianbaxi, el qual los encierra y cierrra las puertas guarda las llaues y pone las guardias como le paresce y cada noche hadevenir uno de los Arraezes quearriba digo con su esquadra y hadehazer guardia alrededor delamuralla deldho vaño ensus garitas y postas, quetiene porquelos esclauos nopuedan hazer ningun ruido dehuyrse que nose sienta y esta es la orden quetienen en quanto alos dhos esclauos y enel servuirse dellos.

En el hazer janizaros y tener quotidianamente un numero ygual dellos sinque falten sisobren muchos tienen la orden siguiente embia dedos endos o dequatro o deseis años segun la necessidad queay dello sus chauzes que como digo son como alguaziles mayores/ [Fol. 11]o embajadores que detodo siruen portodas las prouincias que en Europa tiene abassalladas como es en Ungria, Seruia, Sclauonia, Dalmacia, Aluania, Grecia y Morea, y toman detodas estas prouincias todos los mochachos de siete a diez años quelleuan comision detomar hasta que no quieren mas: y tienen ello esta orden, enesta prouincia han desacar mil muchachos hazen una lista delosque en ella tienen hijos desta hedad y hecha suertes y por suerte los vantomando caiga a quien cayere y muchas vezes acaesce unpadre tener un solo hijo y lleruarsele sinolo rescata apuro dinero que enesto seaprouechan mucho los tales comisarios o chauzes y despues suelen tomar a quientienedos hijos el uno para cumplir con lo quean dehazer, lleuanlos a Costantinopla yalli tiene elgran turco un cerraje o palacio muy grande aparte para esto que se llama el cerrage delos muchachos saluajes: yaqui los visten a laturquesca ycomo son de ocho o diez años los retajan yles muestran letras ycomo son de treze acatorze años ysaben leer y screuir danles otros exercicios mas trauajosos como es mostrarles aser sastres zapateros y otras cosas semejantes y como son de diez yseis o diez yocho años muestran aunos atirar el arcabuz yaotros aser Artilleros: y desta manera los crian hasta quetengan ventidos años yentonces como los janizaros van faltando que mueren enlas jornadas adondevan sacan destos mançebos otros tantos y metenlos en su lugar y dales acadauno laprimerapaga seis asperos al dia quees real y medio aunque cada dia los vanacrescentando hastadiez, doze quinze y veynte Asperos aldia: yassi siempre tiene numero de diez y seis mil janizaros aunque despues delabatalla naual soy informado quelos han acrescentado aveynte mil y nunca este numero falta porquesi mueren este año mil crian otros mil delos tales maçeuos y assi tiene ordinariamente este numero en pie quees el neruio mas principal desupoder porque todos son escopeteros, y muy diestros porque dende muy moços lo usan y enestos tiene el gran turco todo suesfuerço y sperança, por quelademas gente delos exer/[Fol.12]citos que junta toda es caballeria y aunque el numero es mucho la de effetto es muy poca y ruin; aestos janizaros sepagadeltesoro delgran turco y cada tres meses se sacan tantos sacos de moneda como paresce que es menester paraellos yse entregan al contador ypagador quetiene el janizaro Aga quees su general dellos: yeste los paga por orden del sin que ninguno otro se embaraçe enello y estos tales officiales dan cuenta despues del dinero quesea gastado en la talpaga a los contadores mayores y no ay mas razon questa estos diezyseis mil janizaros estan repartidos enesta manera entodas las tierras delgran turco, en el gran cayro tiene hasta dos mil y quinientos dellos, en la Palelstina tiene hasta dos mil en la Caramania tiene mil y quinientos quees la frontera delos persas con la persona de su hijo el Principe questa siempre en Ismerli, ay mil y quinientos enUngria en la frontera, ay mil y quinientos en Costantinopla cauela persona del gran turco Ay siempre seis mil y los demas son lombaderos queabia hasta mil dellos y calafates y remorales que assi mismo cria el gran turco delos proprios janizaros como arriba hedicho yestos janizaros donde quiera quese hallan son los miembros de Justicia y alguaziles y otras cossas semejantes yellos son los que prenden ysueltan y hazen lo que quieren ymandan tan absolutamente quenoay quien los vaya ala mano ynadie se ossa empachar conellos porquelos llaman hijos delgran turco: y conesto estan ellos tan cebados y constantes ensu seta por que muchos ay dellos quese acuerdan quetienen padres madres hermanos y hermanas christianos sino que con la ambicion ymandar nose acuerdan de dios ni de nada, tienen sus cauos desquadra que llaman alla voluch baxis losquales tienen de paga aldia treinta asperos cadauno y dealli losauentajan cada dia segun sus obras y destos escoge. El jenizaraga que como digo quiere dezir general delos Janizaros alqueleparesce para embiar porsulugarteniente/[fol.13]con la esquadra de jenizaros quea delleuar oembiar de costantinopla en la armada general o otraparte porque supersona nunca sale de Costantinopla sino quando sale la delproprio gran turco o alguna jornada

En las jornadas quese offrescen o sea yendo lapersona del granturco aella osea que vaya qualquiera general el janizaro o qualquiera otramanera de persona soldado omarinero que haze alguna hazaña comoes matar algun christiano o señalarse en alguna bateria obatalla oendar algun consejo prouechoso para las cosas que subceden alaJornada; el tal general le haze la merced que leparesce que meresce sin ninguna consulta y es aprouada por el granturco ysu consejo latal prouision sin ninguna replica yassi poresta causa aunquela nacion turca generalmente ensi es pusilanime couarde y sin honrra todauia ay muchos quepor la Sperança desemejantes mercedes quesaben que seles han dehazer sin falta quedando con lavida seauenturan aseñalarse ya hazer jucha cossas muy señaladas contra sus enemigos ysean visto hombres dellos intrepidamente acometer a diez honmbres aunque tales hombres son muy pocos y los llaman ellos entrellos a estos cazis y nosotros los llamamos, matasietes, por que quando van apelear lleuan puestos unos grandes alones de Aguilas o de Buitre porser conoscidos.

Qvando nole vasta la maestrança deltarazanal para despachar la armada que piensa sacar, manda elgeneral dela mar armar quatrro oseis galeras yembiales portodas las marinas de Grecia y mar negro a quetomen asueldo toda la queay por los puertos de mar y traerla acostantinopla o adondela a menester, porque no solamente sehazen galeras en constantinopla pero tambien en Senap y en Zacaria en Sisopol, en Ariada yen Galipol: y siempre setrauaja entodas estas partes por que tienen la madera y otros aderentes allicerca, Ay ordinariamemte en Constantinoplay veynte millas al rededor tres mil maestros detodas artes que quando los /[Fol.14]llaman vienen aganar sueldo enlas obras deltaraçanal yestos sinlos quel gran turco tiene desus esclauos queson otros ochocientos ycon todo esto nosuelen bastar algunas vezes, Dan acada meaestro destos desueldo diez asperos aldia que son dos reales ymedio.

BAXA quiere dezir en nro lenguaje cabeça yalla tienen este nombre, losque son virreyes o generales deprouincias yenel supremo Consejo ay seis destos los mas ancianos practicos yprincipales detodos yestos los trae el granturco aponer enestegrado del consejo deestado porhazerles mucha merced, despues que hasido el que menos virrey del Imperio de Egipto o del de Grecia o dela Palestina o deCaramania o Natolia, quetodos los tales viirreyes destos Imperios oreynos sellaman Baxas: y quando estan enel supremo consejo los llaman visires que quierne dezir lugarthenientes y uno dellos es lugar theniente general yeste sellama Baxbezir quequiere dezir cabeza delos lugarthenientes: yes el que gouierna toda la maquina detodo el estado del garn turco y haze y deshaze, por que el granturco cassi no entiende en nada sino este y loqueste le dize quesea hecho osea de hazer es lo que passa adelante: y destos seys va subcediendo uno al otro por ancianidad sin parcialidad ninguna sino es que cayga endesgracia del gran turco, algunos dellos y ponen otro ensu lugar elqual no entra enel lugar del priuado sino enel lugar ultimo detodos yestos seis vajaes olugarthenientes: y dos legistas de su setta determinan todas las causas sin mas letrados ocirimonias y sentencias yaueriguan todas las cossas ciuiles ycriminales sin que aya apelacion niaun para elproprio gran turco yes menester quetodo el mundo calle conla buena orruyn fortuna sopena deque si hablare lequitaran la vida osea de huir en Persia o christiandad si quiere escapar: yassi se hazen grandissimos agrauios entrellos: por que el que tiene dineros quedar hara torçer la justicia alreues como acaesce entrellos muchas vezes. Vsase mucho entrellos que como uno esta muy rico leleuantan alguna vania turquesca y lequitan la vida yhazienda yesto lo hazen mas los gouernadores y baxaes del granturco que no el proprio, Aunque casi acaesce cada dia/

[Fol. 15]TIENE tanto dinero adinerado quees cossa increible porquesetienepor muy cierto quel viaje de Chipre que fue el año dequinientos ysetenta queyo estaua alla se hizo untanteo de cuenta del dinero quel gran turcoa tenia junto yse hallo que tenia tanto dinero como esto, que dire, quepodia mantener veynte años dozientos mil caballos dando acadauno cadaaño arazon de ciencequies deoro, quevendrian aser quatrocientos millones de cequies yesto nolodude nadie, porque un esclauo suyo quees el que enestaera es sulugar theniente general espublica voz y fama que tiene cinquenta millones de cequies, Bien es verdad queha quegouierna el Imperio quinze o diezyseis años miren sipuede hazer si dios no le cegase por apiadarse denosotros aunque malos. En la hazienda delos muertos entra el gran truco en ygualparte con los hijos o hijas que deja la tal persona por quesino deja hijos no hereda ningun otro, pariente sino el gran turco se lo lleua todo parassi: y assi los que noson mercaderes tienen poco dinero yesso la mayor parte lo tienen escondido quenose sepa dello y los que son ricos son los que tiene mucho sueldo del gran turco.

La orden quetiene enel hazer los remeros es lasiguiente: mira quantas galeras han de sacar aquelaño y a fin de diziembre yprincipio de Enero embian chauzes a los virreyes o gouernadores delas prouincias segun las prouincias que embie cadauno los remeros queletocan conforme ala reparticion y que delas rentas que de alli letocan paguen acadauno ensu mano. El vedel quees los mil asperos quearriua se dize con que cadauno dejeproueida su cassa y si aun gouernador lemandan embiar mil remeros y no embia mas de seiscientos por los otros quatrocientos, trae eldinero doblado en dinero yentregalo althesssorero dela Armada y coneste dinero alquilatodos los esclauos departiculares y marioles o picaros queay en Constantinopla quesiempre sehallan hasta seis o sietemil: y pagaseles como alos demas ycumplen conla armaçon y quedaseles muy muchos ducados y estos los cogen parasi el general dela mar y el thessorero y los demas officiales porque elquetrae dineros entrueco de remeros/ [Fol.16] nolos aceptan sino traen eldinero doble como digo sino dizen alcomisario que busque los remeros queno quieren dineros yassi oes menester pagar doblado o buscarremeros ycomo para quando ellos llegan yaestan alquilados todos los esclauos y picaros porel Rey, esles fuerça pagar quanto selespide por no auer cumplido la orden del gran turco en no auer traydo el numero cumplido delagente que sele mando yaun los tales comisarios setienen por dichosos en que les admitan eltal dinero porque sino los castigarian y aunquitarian lo cargos alos gouernadores y assi segun la quantidad de remeros quese manda leuantar se sabe la armada queha desalir aquel año y bastasaberse esto, difficil sera ninguno quenosea del consejo delos seis saber quantaarmada ha desalir.

Las gumenas velas yotras xarcias que deshechan las galeras despues deauerse seruido dellas hasta que no pueden mas se guardan enel dho magaçen en lugares aparte ydespues quando va el armada ahazer alguna empressa lleuanlo en galeazas y naues parahazer trincheras y bestiones dello por que hazen uans cajas de madera queansimismo lleuan para ello yplantan las don dequieren lleuando las vazias ydespues inchenlas destad cossas y hazen las mas fuertes trincheras del mundo y usa desta manera de maquina como nosotros decestones llenos detierra aunqueesto es mucho mas fuerte queno cestones y entre tal maquinay maquina quelasponen tan junto como quieren launa de la otra plantan lapieza de Artilleria para batir demanera que como digo la dha jarcia vieja no se pierde aunque de deshecha quando noes para seruir mas engalera,

HASE de considerar queningun vaxa es delapropria generacion deturcos sino todos son renegados hijos de christianos delos proprios que como arriba se dizen se recogen para hazer janizaros y destos escogen los mas bien agestasdos y gentiles hombres y los crian/ [Fol.17] dentro del Proprio cerrage o palacio delgran turco, Y de alli segun vienen apriuar con el gran turco los sacan acargos principales dela cassa, como es cauallerizo mayor o jenizaro aga y de alli demano en mano hasta seis Baxas del Cayro y de los otros reynos que arriba sean nombrado hasta que vienen aser delos seis del supremo Consejo y conestos viene despues el gran turco a cassar sus hijas yhermanas y aunque sean loshijos destos nietos o sobrinos del gran turco nunca vienen a ser vajaes por no deromper su usança sino quelos tales lesda el granturco grandes rentas y conellas y con loque sus padres les dejan viuen sinque ninguno dellos hasta agora seaya visto serlugartheniente yel gran turco proprio nose cassa con ninguna turca natural sino todos son hijas de Renegados suyas proprias queordinariamentetienen muchas ensus cerrages detodas naciones hase de considerar tambien queningun turco natural sea visto hasta agora ser vaja despues quelos turcos ordenaron el criar estos hijos de chirstianos como arribaestadho niay entrellos ningun linage princpal por que los que auia entre ellos los han destirpado los otomanes que es la cassay apellido de los proprios Grandes Turcos.

«POR Y CONTRA LA ESCRITURA»:
LAS CAUSAS JUDICIALES DE LA CULTURA ESCRITA

DIEGO NAVARRO BONILLA
Universidad Carlos III de Madrid

«Me pregunto si todos los que han abordado *El Centésimo nombre* han experimentado igual sensación, igual ceguera. Acaso este texto se encuentre bajo el influjo de un hechizo protector, de un amuleto anudado, de un talismán, qué sé yo».
Amin Maaoluf, *El viaje de Baldassare*, Madrid, Alianza, 2001, pp. 347-348.

1. Introducción

Aunque Pierre Mathieu indicó al glosar los servicios del señor Marqués de Villarreal, secretario de Estado de Enrique IV de Francia que "no ay ofensa que se deva más disimular que la de las lenguas, de las plumas y las imprentas", la capacidad lesiva causada por las prácticas de la escritura y, a su vez, los rigores sufridos por éstas como objeto pasivo, bien merecen una reflexión como objeto de estudio dentro de la historia social de la cultura escrita[1].

Que los libros maten o que se mate por los libros, imágenes en positivo y negativo de su seductora y atractiva carga maligna, parece ser un destino trágico de la letra impresa o manuscrita convertida en peligro y, merced a la imaginación literaria, de paso, en un lugar común recurrente: «Dans un tel contexte, l´idée selon laquelle le livre constitue un danger est en mesure d´imprégner en profondeur les esprits et même d´affecter la plus grande partie des élites espagnoles»[2]. El delicioso *Libro Infierno* de Carlo Frabetti, nos ofreció la (en extremo tentadora) idea del infierno como biblioteca. Nueve círculos controlados, naturalmente, por el diablo como bibliotecario, constituyen una la inspirada representación del fascinante lado oscuro de la letra.[3] A esta nómina de bibliotecarios malvados se sumaría sin mucho esfuerzo la figura del venerable Jorge de Burgos aquejado de un luciferino celo por los libros de la biblioteca más célebre de la literatura y el cine contemporáneos:

---

[1] Matthieu, Pierre: *Pedazos de Historia y de razón de estado sobre la vida y servicios del illustrísimo señor Nicolás de Nueva Villa, marqués de Villarreal, secretario de estado...*, Madrid, Viuda de Alonso Martínez, 1624, f. 16r.

[2] Geal, François : *Figures de la bibliothèque dans l´imaginaire espagnol du siècle d´Or,* Paris, Honoré Champion, 1999, p. 58.

[3] Frabetti, Carlo: *El libro infierno*, Madrid, Alfaguara, 2002.

«Me habéis hablado de una historia extraña, de una historia increíble. Un libro prohibido, por el que se mata en cadena; alguien que sabe lo que sólo yo debería saber»[4].

Si de representaciones literarias hablamos en estos primeros compases de mi contribución al estudio de las "Escrituras Silenciadas", no podemos negar la atractiva historia desgranada en el *Club Dumas* de Arturo Pérez-Reverte y algunas de sus magníficas escenas grabadas para siempre en la imaginación del lector al presentar inquietantes episodios de bibliotecas custodiadas en villas decadentes de la Sintra crepuscular[5]. Prohibir la escritura es negarle la vida al Marqués de Sade, protagonizado por Geoffrey Rush en la historia desgranada por el director de cine Philip Kaufmann en *Quills*, estableciendo una interesante dialéctica entre necesidad de escritura y peligro de la misma, tanto para el orden establecido por la carga corrosiva de su pluma como para el propio marqués de Sade contraventor de la orden expresa de no escribir. Dialéctica, en suma, entre libertad y censura. La rebeldía de Sontag al vulnerar la prohibición que hace de la lectura un acto clandestino y perseguido con la libertad en la inolvidable *Fahrenheit 451* no hace sino recordarnos los otros muchos ejemplos con los que la literatura y el cine ha querido homenajear y representar con su lenguaje particular la consideración del libro, la escritura y la lectura como actividades no exentas de peligro, de clandestinidad o de delito. En suma: toda práctica de escritura es así susceptible de convertirse, en virtud de su fuerza denunciante, en objeto potencialmente peligroso y sometido a la vigilancia de la acción de la justicia. Incluso la carta, recientemente revisada por Antonio Castillo como instrumento de comunicación,[6] también adquiere la categoría de testimonio diabólico en la pluma desquiciada de Lope de Aguirre, quien se hace firmar "peregrino" o "traidor" y proclama así su rebeldía y manifiesta por escrito la ruptura absoluta con la legalidad de la época y con el sentimiento colectivo de pertenencia a un monarca desnaturalizándose jurídica y personalmente de su condición de súbdito[7].

Pleitear a causa de la escritura, activar los mecanismos judiciales con motivo de los contenidos constitutivos de delito de las prácticas de la cultura escrita o, por el contrario, apelar a esa misma justicia (divina o terrenal) para restituir los daños producidos contra lo escrito nos conducen al controvertido y estimulante ámbito de la peligrosidad que acecha a libros y papeles. En esta ocasión, quisiéramos replantear la reflexión en torno a las utilidades y la presencia de los testimonios escritos en la sociedad moderna incidiendo en el lado negativo de las mismas, acudiendo a las consecuencias judiciales vinculadas a los resultados de la escritura y al registro de los hechos. Y ello partiendo de dos premisas básicas:

---

[4] Eco, Umberto: *El nombre de la rosa*, 3ª ed., Barcelona, Lumen, 1990, p. 546.

[5] Pérez Reverte, Arturo: *El club Dumas*, Madrid, Alfaguara, 1993.

[6] Castillo Gómez, Antonio: "El mejor retrato de cada uno» la materialidad de la escritura epistolar en la sociedad hispana de los siglos XVI y XVII", *Hispania*, LXV/3, nº 221 (2005), pp. 847-876.

[7] Caro Baroja, Julio: «Lope de Aguirre, "traidor"», en *El señor inquisidor y otras vidas por oficio*, Madrid, Alianza, 1988, p. 85.

lo escrito como elemento activo de lo que Petrucci ha denominado "escrituras impropias" o pasivo, receptor de la acción violenta y perseguida judicialmente por cuanto el testimonio escrito (y a veces los mecanismos-objetos que posibilitan su producción) se convierte en garantía de derechos o seguridad para la memoria. Estas funciones y utilidades negativas de lo escrito como sujeto activo o ejecutadas en su contra, motivaron la intervención de la justicia en aquellos procedimientos judiciales que tuvieron unas veces como imputada, otras como víctima a los productos documentales. En definitiva, se trataría de ilustrar en estas líneas las acciones delictivas de la escritura: con ella y contra ella.

Por otra parte, no supone ninguna novedad insistir en que la necesidad de la escritura, su utilidad y su presencia en cualquier ámbito público o privado de la Edad Moderna son consecuencia necesaria de la "sociedad escrita", trasunto de esa "seducción de papel" que afectó a todos los órdenes sociales desde el siglo XVI en adelante.[8] Escribir para gobernar, para administrar o para dejar constancia de los hitos cotidianos de la vida personal o del funcionamiento burocrático del Estado origina numerosos ámbitos de estudio del papel de la escritura y del registro, para cuyo conocimiento han proporcionado no pocas pautas de estudio e investigación los agudos y pioneros trabajos desde la historia social de la cultura escrita[9]. Trataremos de rastrear los pros y los contras en algunos de los escenarios que configuran la historia social de la cultura escrita.

2. La escritura vergonzante: ofensa e injuria por escrito

> «Y dentro de muy poco tiempo, después de dada esta sentençia de privación por los dichos nueve judicantes contra el dicho doctor Matheo Deza, sucedió que una noche algunas personas (no bien intinçionadas) con poca razón señalaron y almagraron las puertas y paredes de su cassa, pintando en ellas cosas affietossas o ignominiosas [19 de julio de 1610]»[10].

Apretujados en sendos legajos, testimonios aragoneses del denominado por Fernando Bouza *animus iniuriandi*, se conservan en el siempre sorprendente (a la par que parcial e incomprensiblemente inaccesible) Archivo Diocesano de

---

[8] Castillo, Antonio: «Como del pan diario: de la necesidad de escribir en la Alcalá Renacentista (1446-1557)», *Scrittura e civiltá*, XXIII (1999), pp. 307-378. Prieto Bernabé, José Manuel: *La seducción de papel: el libro y la lectura en la España del Siglo de Oro*, Madrid, Arco Libros, 2000.

[9] Las síntesis de Antonio Castillo y Fernando Bouza nos excusan de repetir el necesario aparato bibliográfico: Castillo, Antonio: «Entre public et privé: Stratégies de l´ecrit dans l´Espagne du Siècle d´Or», *Annales HS*, 4-5 (2001), pp. 803-829; —, (Coord.), *Historia de la Cultura escrita*, Gijón, Trea, 2002. Bouza, Fernando: *Corre manuscrito: una historia cultural del Siglo de Oro*, Madrid, Marcial Pons, 2001.

[10] Martín de Mezquita, Juan: *Lucidario de todos los señores Justicias de Aragón,* ed. Diego Navarro Bonilla y María José Roy Marín, Zaragoza, El Justicia de Aragón, 2002, fol. 186r.

Zaragoza varios procesos por prácticas infamantes en las que el libelo popular o pasquín "entre vecinos", constituye la prueba de la acción delictiva y consecuencia de la actuación judicial[11]. A través de la jurisdicción sobrepuesta a la inquisitorial o la correspondiente a la justicia ordinaria, los documentos judiciales por prácticas impropias de la escritura constituyen una fuente rica en contenidos: «Los libelos ocasionan escándalo en las personas honestas y en los celosos, así como perturbación de la quietud pública, originando bandos, riñas e inquietud social […] Se amonesta bajo pena de excomunión mayor *latae sententiae* al creyente que haga, escriba, fije, publique o distribuya copias de libelos, sátiras y papeles "damnificando y escriviendo contra las personas, y que al llegar a su poder las hagan pedazos o quemen»[12]. Esta consideración activa y recurrente del testimonio escrito, quedaría especialmente reflejada en aquellas estrategias de agitación social en las que una previa campaña libelística o propagandística, fueron en no pocas ocasiones los preludios a revueltas y campañas políticas. De ahí que los instrumentos informativos contra las estructuras de poder representadas muchas veces por individuos especialmente odiados, recurriesen a menudo a la circulación de papeles interesados antes de forzar una situación social determinada. Esta circunstancia se comprueba con cierta insistencia en las fases preliminares y avanzadas de cualquier episodio de revuelta o expresión de descontento[13].

Volviendo sobre el episodio aragonés de 1591, si se rastrea el contenido de los testimonios directos e indirectos conservados, se descubre cómo las calles de Zaragoza, al igual que sucediese en cualquier otra ciudad de la Edad Moderna[14], fueron el marco urbano elegido esta vez para denunciar y criticar mediante letras anónimas, unas veces en el ámbito de la *hybris* popular entre vecinos y otras al socaire de acontecimientos políticos o sociales que merecieron una rápida respuesta

---

[11] Bouza, Fernando: *Corre manuscrito: una historia cultural del Siglo de Oro*, Madrid, Marcial Pons, 2001, p. 115: «Sin duda, los personajes envueltos en los libelos que podríamos calificar de *populares* o *libelos de vecinos* no son descollantes ni tampoco es muy grande su relevancia literaria. No obstante, merecería la pena prestarles una atención mayor no sólo por su curiosa elocuencia antropológica, sino, también porque, compartiendo con las formas más elevadas de censura, violencia o difamación escritas un mismo *animus iniurandi*, pueden resultar muy reveladores de un sustrato común en formas, contenidos e intenciones».

[12] Motis Dolader, Miguel Ángel: *Pecado y sociedad en Aragón: (ss.XV-XVI)*, Zaragoza, Diputación General de Aragón; Departamento de Cultura y Turismo, 2002, pp. 165-166.

[13] Egido, Teófanes: *Sátiras políticas de la España moderna*, Madrid, Alianza, 1973. Fernando Bouza, «Servidumbres de la soberana grandeza: criticar al Rey en la corte de Felipe II», en Alfredo Alvar (coord.), *Imágenes históricas de Felipe II*, Alcalá de Henares, Centro de Estudios Cervantinos, 2000, pp. 141-180. Francisco M. Gimeno y Vicente J. Escartí, «Los testimonios cronísticos del uso de las escrituras populares-escrituras criminales en la Valencia del siglo XVII», *Alfabetismo e cultura scritta*, nueva serie, 1, (1988), pp. 23-28. Albrecht Graf Von Kalnein, *Juan José de Austria en la España de Carlos II*, Lérida, Milenio, 2001, pp. 516-521: «Lista de los panfletos 1666-1688».

[14] Gimeno Francisco M., y Escartí, Vicente J.: «Los testimonios cronísticos del uso de las escrituras populares-escrituras criminales en la Valencia del siglo XVII», *Alfabetismo e cultura scritta*, nueva serie, 1, (1988), pp. 23-28.

popular en forma de papel anónimo infamante[15]. Con respecto a esta segunda, nos encontraríamos en 1591 con una importante producción libelística, tal y como indica el Marqués de Pidal en su célebre texto sobre dicho episodio histórico[16]. Este autor, en su *Historia de las Alteraciones de Aragón en el reinado de Felipe II* apuntaba algunas consideraciones acerca de los usos y prácticas de libelos y pasquines en todas las fases de la rebelión:

> Valíanse para ello entre otros medios de sátiras, romances y pasquines, que ya en prosa ya en todo género de metros, escribían y divulgaban diariamente, y que el vulgo recibía con grande aplauso y favor. En estos libelos nada se respetaba, unas veces se celebraba como una heroicidad comparable a las de los griegos y romanos, la muerte dada a Almenara, otras se excitaba al vulgo a la matanza de los contrarios e Pérez [...] Estos versos y pasquines, que se conservan todavía en una gran parte[17], son en cierto modo un mejor indicante del espíritu que animaba a los sublevados, que los documentos oficiales en que siempre se guardan formas y miramientos que cubren de algún modo el espíritu que los dicta[18].

La conocida expresión «amanecieron en todos los lugares públicos...»[19] se repite con cierta insistencia en los documentos judiciales y en las crónicas que ofrecen un testimonio objetivo sobre el empleo no sólo de violencia por vía de armas y tumultos sino también de la escritura para denunciar de forma anónima la situación creada en la capital aragonesa, registrar y afirmar lo que sucedía:

> Amanecieron en esto en la plaza y otros lugares públicos pasquines acusando a los que estorbaban la resolución apetecida, y excitando al pueblo en contra de ellos. Gran tropel de gentes, con mucha complacencia y alborozo, leían en la plaza estos carteles, cuando, atravesando por entre la multitud, llegaron unos alguaciles y vituperando el caso, arrancaron los pasquines. Alteróse con esta demostración la muchedumbre allí reunida,

---

[15] Falcón Pérez, Isabel y Motis Dolader, Miguel Ángel: *Procesos criminales en el Arzobispado de Zaragoza*, Diputación General de Aragón, 2000.

[16] Bravo, Pilar: «El pasquín: condiciones de escritura, difusión y recepción en la revuelta aragonesa de 1591», en Pedro M. Cátedra, Augustín Redondo y María Luisa López Vidriero (dirs.), *El escrito en el Siglo de Oro: prácticas y representaciones*, Ediciones Universidad de Salamanca, 1999, pp. 33-42.

[17] Reproducidos algunos en vol. 2, p. 416 y ss. Gascón Pérez, Jesús (ed.): *La rebelión de las palabras: sátiras y oposición política en Aragón (1590-1626)*, Zaragoza, Prensas Universitarias de Zaragoza; Larumbe, 2003.

[18] Marqués de Pidal, *Historia de las Alteraciones de Aragón en el reinado de Felipe II*, Zaragoza, El Justicia de Aragón, 2001. Reprod. facs. de la ed. de Madrid, J. Martín Alegría, 1863, 3 vols. Vol. 2, pp. 41-42:

[19] Castillo Gómez, Antonio: «Amanecieron en todas las partes públicas: un viaje al país de las denuncias», en Antonio Castillo (comp.), *Escribir y leer en el Siglo de Cervantes*, Barcelona, Gedisa, 1999, pp. 143-192. Gimeno Blay, F.M. y Mandingorra Llavata, Mª Luz (eds.): *Los muros tienen la palabra": materiales para una historia de los "graffiti*, Valencia, Universidad, 1997.

diciendo algunos de ellos que "en vez de quitar aquellos carteles, sería mejor ponerlos en letras de oro".[20]

Culpas de los exceptuados de la primera lista presos y ausentes: Antonio Pérez: Condenado ausente: quebrantó la cárcel en Castilla, después la de Aragón y huyó a los herejes de Francia [...] Ha hecho muchos pasquines y libelos contra el Rey Nuestro Señor, la Justicia y Inquisición [...] Don Pedro de Bolea [...] Intervino en buscar las escrituras de la Inquisición y fue nombrado para ir a Roma y fue el que firmó y instó principalmente la requesta por suspender el negocio de Antonio Pérez y cabeza de aquello. [...] Don Martín de Lanuza: Hizo cartel con otros para ayudarse en la conservación de sus libertades y en deservicio de Su Majestad. [...] Dispararon él y otros arcabuzazos una noche a la Inquisición y fijaron a las puertas de ella un pasquín contra los inquisidores. [...] Manuel Don Lope, Tiró arcabuzazos delante de la Inquisición y a las puertas de ella fijaron él y otros un pasquín contra los inquisidores [...] Tomó a un correo y abrió las cartas que llevaba de los inquisidores de este reino para el inquisidor general. [...] Don Iván Coscón, Hallóse en buscar las escrituras de la Inquisición. [...] Don Juan de Torrellas, Correspondíase con cartas con Don Diego de Heredia. Halláronse en su poder cartas de personas inquietas y que trataban de las inquietudes. Háse hallado en su poder un libro de su mano de las historias del año 1588, hablando descompuestamente de Su Majestad y sus ministros.[21]

No obstante, el insondable caudal informativo aportado por las propias fuentes literarias contribuye junto a las fuentes jurídicas a perfilar algunos aspectos concretos en la ejecución del libelo, su elaboración o condiciones de fijación. Por una parte, el carácter anónimo de tales productos de escritura avivaba su condición delictiva y era la ocultación de la autoría uno de los principales argumentos para juzgar su ejecución. Porque, al punto y como consecuencia de las reglas y convenciones sociales, salía a colación el asunto de la honra y la vileza del modo por el que se expresaba la infamia, reparado únicamente en el campo del honor. En *El amor médico* de Tirso, se denuncia la bajeza de la escritura anónima, convirtiendo cualquier papel sin firma en un producto escriturario menor, propio de rapaces y maleantes:

Les dixe: no es bien nacido,
ni de hombre puede preciarse,
quien con la lengua ò la pluma,
quando escriva, ò quando hable
desmintiéndose en aquella,
firmar en esta no sabe.
Carta sin firma, es libelo
que contra si mismo haze
quien no ossa poner su nombre

---

[20] Marqués de Pidal, *Historia de las Alteraciones de Aragón en el reinado de Felipe II*, Zaragoza, El Justicia de Aragón, 2001. Reprod. facs. de la ed. de Madrid, J. Martín Alegría, 1863, 3 vols. Vol. 3, p. 254-255

[21] Marqués de Pidal, *ibidem*, pp. 310-311.

> *por confessar que es infame.*
> *[...]*
> *Lo que no firmaron plumas*
> *firme el azero, y no manchen*
> *espejos de honor honestos,*
> *cartas que sin firma salen.*
> *Dixe, y sacando el estoque*
> *con la razon de mi parte,*
> *ella y yo, dos contra dos*
> *partimos el Sol iguales*

Refiere Covarrubias en su *Tesoro de la lengua* que la costumbre de llamar pasquín al libelo difamatorio provenía de la práctica corriente de fijar escritos «infamatorios tanto de personas particulares y de los que goviernan y administran la justicia» en la estatua de Pasquino ubicada en la plaza Nama, junto al palacio de los Orsinos en Roma. Tales manifestaciones gráficas del escribir cotidiano, trataban de denunciar un hecho referido al ámbito personal o particular dirigido contra un individuo próximo al autor o bien contra una situación política, un gobernante o un miembro destacado de la sociedad. Para los segundos, es decir, la sátira política, entre sus características definidas por Egido se encontraría un fondo de tristeza, resentimiento e ira, espontaneidad al socaire de los aconteceres políticos del Siglo de Oro, fugacidad y carácter efímero, aire de popularidad, intención de impacto y movilización de conciencias y cuerpos, anonimato y clandestinidad[22]. Y, efectivamente, incide Covarrubias en la naturaleza anónima y subversiva del pasquín o libelo cuando afirma que son «escritos infamatorios que sin autor se publican o fixándolos en colunas y esquinas de lugares públicos». La carga de denuncia o ataque contenido en el libelo buscó el cauce de publicidad máxima por medio de la fijación en lugares de visibilidad extrema con el fin de provocar una reacción denunciando una situación por medio del anonimato. Motivaciones en la producción libelística que Antonio Castillo ha sintetizado en la «contestación a los poderes establecidos, en el hábito del insulto o de la infamia o en la voluntad de escribir directa y personalmente sobre la pared».[23] No obstante, desde el punto de vista jurídico de la época, el comentario de Hugo de Celso en su *Repertorio universal de todas las leyes destos reynos de Castilla* (1538), propone una definición de libelo próxima a la demanda escrita en la que se expone una petición fundada en derecho. Sin embargo, es la acepción de escrito crítico, delator y anónimo por la que el libelo alcanzó su plena significación. Serán los muros de la ciudad los espacios destinados a recibir libelos o pasquines, consolidando una práctica que alcanza su punto culminante en la segunda mitad del siglo XVI y paralela a los procesos de alfabetización social. Es dentro de este proceso de

---

[22] Egido, Teófanes: *Sátiras políticas de la España moderna*, Madrid, Alianza, 1973.

[23] Castillo Gómez, Antonio: «Amanecieron en todas las partes públicas: un viaje al país de las denuncias», en Antonio Castillo (comp.), *Escribir y leer en el Siglo de Cervantes*, Barcelona, Gedisa, 1999, p. 154 y 169.

florecimiento de los productos escritos expuestos públicamente en el ámbito de la ciudad (en el que se situarían las manifestaciones epigráficas, escrituras expuestas, emblemas y piedras armeras, inscripciones vinculadas a la arquitectura efímera, etc.) donde se enmarca la presencia del pasquín y su habitual práctica. La elaboración y fijación del escrito difamatorio constituye una apropiación de la competencia de escritura para denunciar y, en suma, una forma de poder. El libelo, ha sido definido por la profesora Mandingorra Llavata como aquella tipología enmarcada dentro de las escrituras expuestas «reivindicativas o atentatorias» que propician una «usurpación, por parte de personas privadas, de los espacios comunicativos públicos, controlados por las diferentes esferas del poder, sea civil o religioso, y en este sentido podían llegar a constituir una actividad delictiva»[24]. Circunstancia esta la de su delictividad que aparecía con cierta frecuencia en las compilaciones legales y en las disposiciones normativas concejiles tipificando la escritura, tenencia, composición, traslado, distribución y lectura de pasquines y libelos como delito punible. Así lo expresaba el libro 12, título XXV ("De las injurias, denuestos y palabras obscenas"), Ley VIII de la *Novísima Recopilación*, que por medio del auto acordado de 14 de abril de 1766 calificaba el libelo de «zizaña de la República y malévolo escrito». Pasquines y libelos forman parte, en última instancia, de aquellas tipologías documentales que permiten reconstruir las prácticas de la escritura llevadas a cabo por las clases subalternas como vía de expresión denunciante ejecutada directamente sobre el muro y plasmada de forma anónima para conocimiento público.

Por otra parte, ese ámbito urbano, popular y entre vecinos, propicio a la colocación de pasquines y papeles burlescos, encuentra en *El desposorio encubierto* de Lope una ocasión de ilustrar el modo esta vez de fijar el papel, aprovechando la complicidad de la noche. Feliciano, el protagonista enamorado, consigue atar un papel escrito a una cuerda que cuelga directamente de las rejas de la casa de Leandro. La práctica de escribir y fijar papeles anónimos en las paredes le pone en guardia sobre la posibilidad de que, como sospecha, se trate de un libelo, acción que inmediatamente provoca la apelación al honor, una vez más, mancillado por papeles y tinta:

Mi puerta està cerrada, aqui he topado
un cordel, y vn papel, cielos qué es esto?
parece que en la rexa està colgado,
si a caso algunos versos me han compuesto,
mas no estuuiera en la ventana atado,
sin duda esse papel mi hermana ha puesto.
O que bien a mostrar tu valor vienes,
desta suerte mi honor ahorcado tiene?
Entrar quiero a leerle, y por el cielo,
que si aueriguo cosa en mi deshonra,

---

[24] Mandingorra Llavata, Mari Luz: «Usos privados de la escritura en la Baja Edad Media: secuencias espacio-temporales y contextos de uso», en C. Sáez y J. Gómez Pantoja (eds.), *Las diferentes historias de letrados y analfabetos*, Alcalá de Henares, Universidad, 1994, pp. 57-87.

> *que he de teñir de propia sangre el suelo,*
> *y buscar el traydor que me deshonra:*
> *assi en mi casa fixas vn libelo*
> *infamatorio de tu vida, y honra?*
> *Quiero callar, y verle con cordura,*
> *qué no harán pocos años, y hermosura?*

No quedan ahí las muestras del constante recurso popular al libelo o pasquín entre vecinos. En realidad, la pervivencia de los mismos, en forma original se debe casi siempre a su inclusión en piezas judiciales donde aparecen insertos como prueba pericial. El estudio del contexto, la calificación del delito y la aplicación de la pena configuran en toda Europa una constante con episodios similares en diversas latitudes. Los ejemplos recogidos del rico fondo documental de la Cárcel de la Bastilla testimonian delitos y aplicación de sentencias por causas relacionadas con escrituras infamantes, libelos, pasquines, cartas de injuria, etc. Sucedía con Pierre Giles Dubois en 1682 por haber hecho imprimir escritos contra los jesuitas, con Jean Baptiste DuBreuil en 1678 por distribución de escritos prohibidos y con Gilles Debrie, mercader en París en 1682 por comercio de libros y papeles prohibidos[25]:

> 23 septiembre 1694
> Comisión para hacer el proceso a los distribuidores de libelos

> Louis, par la grace de Dieu Roy de France et de Navarre, a nos amez et feaux nostre prevost de Paris ou son lieutenant general de police, le Sr. De la Reynie, conseller ordinaire en nostre Consel d´Estat, et gens tenant le siege presidial du Châtellet de Paris. Salut. Ayant esté informéz que les nommez François Larcher, compagnon relieur ; Pierre Rambault, compagnon imprimeur ; Jean Cherance aprentif libraire, Simon Veres compagnon imprimeur et Charles Charon colporteur, faissient un commerce de toutes sortes de libelles et livres de deffendus en ayant imprimé quelqu´uns en nostre bonne ville de Paris, fait imprimer les auters a Lyon et qu´ils en faissient le debit et la distribution tant en la dite ville de Paris que dans les provinces et hors le Royaume. Nous les avrions fait arrester et constituer prisonniers tant dans nostre château de Vincennes que dans les prisons de grand et petit châtelet et du fort Levêque, dans les quelles ils avroient etté arrestez et recommandez en vertu du decret du dit Sr. De la Reynie et le procez commencé aleur ettre instruit de son ordonnance. Et voulant pouvoir a ce que le procez des dits accusez et autres leurs complices qui se trouveront avoir participé a la composition, impression, et distribution des dits libelles[26].

Tampoco el nuevo mundo se vio libre de prácticas libelísticas que obligaban a controlar por medio de bandos, edictos y documentos de control social. La persecución de la palabra escrita o el dibujo ejecutado sobre la pared incluía

---

[25] París, Biblioteca del Arsenal, Fondo de la Bastilla, Bastilla, ms. 10386

[26] París, Biblioteca del Arsenal, Fondo de la Bastilla, Bastilla, ms. 10.501

variedades como la que recogen algunos de los edictos que el activísimo Tribunal de la Inquisición de México generó durante el siglo XVII. En concreto traemos a colación un edicto que prohíbe pintar cruces en rincones públicos y otros lugares considerados indecentes (México, 20 de octubre de 1626).

NOS los Inquiſidores, contra la heretica prauedad y apoſtaſia, en la ciudad y Arçobiſpado de Mexico, Eſtados, y Prouincias de la nueua Eſpaña, nueua Galizia, Guatemala, Nicaragua, Yucatan, Honduras, Iſlas Philipinas, y ſu diſtrito y juriſdiccion, por authoridad Apoſtolica, &c.

Por quanto al ſeruicio de Dios nueſtro Señor, y bien de la Republica Chriſtiana conuiene obiar el abuſo de poner, y pintar Cruzes en rincones publicos, y otros lugares indecentes, con fin de preſeruarlos de las inmundicias ordinarias, ocaſionandoſe por eſte camino las indecencias que ſe experimentan por ignorancia, è inaduertida irreuerencia, y ſeguirſe grande ofenſa de Dios nueſtro Señor, y conuenir que no ſe pinten, ni pongan las dichas Cruzes, y las que lo eſtan ſe borren, y quiten. Por el tenor de la preſente exortamos, y en virtud de ſanta Obediencia, y ſo pena de Excomunion mayor latæ ſententiæ, trina canonica monitione in iure præmiſa mandamos, que ninguna perſona de ningun eſtado, y condicion que ſea, de aqui adelante pueda poner, ni ponga las dichas Cruzes en los dichos rincones publicos, ni en otros lugares indecentes; y las que eſtan las quiten luego, dentro de tercero dia, de como eſte nueſtro Edicto fuere publicado, con apercebimiento, que paſſado el dicho termino no lo cumpliendo, demas de que aureys incurrido en las dichas Cenſuras, ſe procederà contra los rebeldes à mayores penas, como fuere de juſticia.

¶ Y porque à nueſtra noticia ha venido, que por eſtos Reynos ſe ha eſparcido vn quadernillo pequeño, eſcrito en ocho hojas, que comiença: Ioannis Baptiſtæ Helmontij, & Philoſophi perignem propoſitionis notatu dignæ, &c. impreſſo Coloniæ, in officina Birckmannita, Anno de mil y ſeyſcientos y veynte y quatro. Y Porque al ſeruicio de Dios nueſtro Señor conuiene recoger el dicho libro, debaxo de las dichas Cenſuras, y pena de duzientos ducados, y de otras à nueſtro arbitrio reſeruadas madamos, que ninguna perſona eccleſiaſtica, ni ſecular, de qualquier grado, preheminencia, ò dignidad que ſea, tenga en ſu poder, lea, venda, ni imprima, ni haga imprimir el dicho libro: y los que tuuieren los traygan, y exiban ante nos, ò ante nueſtros Comiſſarios dentro de ſeys dias. Dada en la Sala de nueſtra Audiencia, en la ciudad de Mexico, en veynte de Octubre de mil y ſeyſcientos y veynte y ſeys años.

Fig. 1: México D.F., Biblioteca Nacional. Cfr. *Boletín del Instituto de Investigaciones Bibliográficas* (UNAM), 11 (enero-diciembre 1974).

Es más, habría que descender a la identificación de todas las tipologías delictivas ampliando los términos con los que se conoció en su época el insulto, la crítica o la amenaza por medio de papeles anónimos. Pues junto a los tradicionales pasquines, las cartas de "injuria e infamia" y las cartas amenazantes concurren en las salas de los tribunales inquisitoriales otras muestras en última instancia de lo que Antonio Castillo ha denominado la "ruptura del consenso social", especialmente en un núcleo reducido como lo fue el vecindario urbano.[27] Junto al relativamente más fácil control de lo impreso, se trataría de poner vallas al campo de los escritos, papeles, billetes, cartas infamantes y cuantos testimonios documentales reflejasen una vez más el largo alcance de la escritura impropia y la injuria por escrito. Con tal propósito, ofrecemos a continuación varios ejemplos de pasquines, libelos y cartas infamantes halladas a lo largo de la investigación en diferentes archivos y que, próximos a la cotidianeidad social, ilustran el uso activo y esquinado de la escritura para dar cauce a la expresión de la ira, la amenaza o el odio personal.

Zaragoza, Archivo Histórico Provincial (en adelante AHPZ): Inquisición, n° 96-5
1618, junio, 26 Gaspar de Urieta, familiar del Sto. Oficio, y teniente de alcaide, vecino de Lécera, contra mossen Pedro Juste, vicario de Lécera, por cartas amenazantes

Vivía [mosen] públicamente amancebado con cierta persona mujer casada de dicha villa" Al ser reprendido por el teniente de alcaide: "queriéndose vengar dél y darle algún susto o pesadumbre el mismo por su propia persona y ayudado de otros sus cómplices y conspirado de espíritu del diablo para vengarse de dicho teniente de alcayde [...] hizo, escribió y fabricó una carta del tenor siguiente: *Muchos días ca que le escribí otra avisándole lo que le conbenía si estimaba de vivir y me paresce que no acho caso agora le escribo esta y le voto a Dios que si dentro del mes que estamos no dega el cargo del tinientado le a de costar la vida aunque sepa dalle a fuego en vuestra mesma casa porque si conbiene a quien me lo ca mandado [...] de Bal de Amposta a dos de [febrero] de mil seiscientos y xisiete, buestro amigo pues alarga buestra vida.*

AHPZ, 55-9
1586, noviembre, 13. Proceso criminal de Pedro de Soria, familiar, contra Miguel Palacio, estudiante.

Habla el procurador del familiar:
f. 2v: Aconteçió que un día del presente mes de noviembre deste año de ochenta y seys, uno llamado Miguel Palaçio, havitante en la dicha ciudad, con ánimo e intención y mente deliberada de cometer y perpetrar los crímenes y delictos infraescriptos con poco temor de Dios y aquel postpuesto comovido inçitado por el espíritu del diablo, sin causa ni ocasión alguna, a lo menos legítima, le imbió y escrivió una carta siquiera libello infamatorio lleno de injurias diffamando a dicho su parte de ladrón, mal hombre, tratándole de ruyn, vellaco y otras muchas y diversas falsedades de las quales se ha sentido y siente gravemente injuriado.

---

[27] Castillo Gómez, Antonio: «Amanecieron en todas las partes públicas: un viaje al país de las denuncias», en Antonio Castillo (comp.), *Escribir y leer en el Siglo de Cervantes*, Barcelona, Gedisa, 1999, p. 154 y 169.

AHPZ, 69-10
1595, febrero, 13. Proceso criminal a instancia de Joan Royo, vezino del lugar de Candasnos y familiar deste Santo Officio, contra Domingo Escolán, vezino que fue del dicho lugar.

Habla el procurador:
Que dicho reo, sin ocasión alguna, a lo menos legítima, en beinte de enero deste año de mil quinientos nobenta y çinco con ánimo de ofender al dicho mi parte incitado por el espíritu del diablo le enbió una carta llena de oprobios, afrentas y injurias escrita de su propia mano y letra, la qual presento originalmente.

AHPZ, 75-1
1596, octubre
Proceso criminal a instancia de Joan de Albariel, nuevo conbertido que trae hávito penitenzial por el Santo Officio en la presente ciudad de Çaragoza, contra Francisco Alifo, nuevo combertido vecino del lugar de María.

Otrosí dizen los dichos procuradores que el dicho Francisco Alifo no contento con lo sobredicho, antes bien persistiendo en aquello en un día o noche de los presentes mes de octubre y año de mil y quinientos noventa y seis, de su propia mano y letra hizo y escribió un villete para el dicho Joan de Albariel, su parte, el qual principiava en la forma y manera siguiente: - Joan de Albariel, vos soys muy grande vellaco, infame y traydor y si queréys saber quién sóys claramente mira quál váys, vos me perseguís y me tenéys hechado de mi cassa; y hos juro a días mira lo que hazéys y en lo que entendéys que os tengo de perder por todos los caminos que pueda; guardaos de mi- y otras palabras muy infames y deshonestas que por la honestidad, decencia y respeto deste tribunal no se ponen; los quales testigos que dicho villete vieron dirán y declararán y después de haber escrito aquel lo firmó de su mano y nombre y assí es verdad.
Otrosi, dizen los dichos procuradores, que tubiendo el dicho Alifo escrito el dicho villete y queriendo aquél embiar al dicho Joan de Albariel, lo encomendó a ciertas personas para que se lo diesen, los quales teniendo noticia de los enojos que entre ello había, no lo quisieron recibir ni encargarse de darlo antes bien se lo bolvieron al dicho Francisco Alifo, el qual lo dio y entregó a un primo hermano suyo llamado el Pexico, el qual tubiéndolo en su poder lo dio a otra tercer persona llamado Alexandre Vello y el dicho Alexandre Vello lo dio y entregó al dicho principal de dichos procuradores diziéndole que dicho Farncisco Alifo se lo imbiava y assí es verdad.
Otrosi dizen los dichos procuradores que al tiempo y quando el dicho Alexandre Vello dio el villete al dicho Joan de Albariel, estavan con él y en su compañía algunas personas, las quales como vieron que dicho Joan de Albariel, leyendo el dicho villete se había demudado y alterado como habían oydo que aquel se lo embiava el dicho Francisco Alifo y como tenían ya noticia de los disgustos que entre los dos había, le importunaron a dicho Joan de Albariel les dixese lo que dicho Francisco Alifo le escribía y por importunaciones suyas se les hubo de mostrar y las dichas personas vieron y conocieron que la letra y firma de dicho villete era del dicho Francisco Alifo y que en efecto en dicho villete se contenía lo que arriba está declarado y otras cossas que las dichas personas dirán y declararán y como el dicho Joan de Albariel, sintió tanto lo que en dicho villete venía después que las dichas personas lo vieron en presentia dellos lo hizo pedaços hechándolo en el suelo y es verdad.

AHPZ, 76-3
1597, mayo, 21
Miguel Juan Salvador, familiar, vecino de Fuentespalda, contra Cristóbal Aragonés, notario del mismo pueblo

El procurador del primero dice:
Que teniéndole el dicho Christóbal Aragonés el odio, rancor y mala voluntad tan araygada contra el dicho Miguel Joan Salvador, en el mes de septiembre en un día del anyo próxime pasado de mil quinientos nobenta y seys con ánimo e yntención de quitar la honra y fama al dicho Miguel Joan Salvador y a las dichas sus mujer y hijas, escribió de su propia mano aunque disfraçado un libello difamatorio contra la honra de los dichos Miguel Joan Salvador, muger y hijas a fin y efecto de fincarlo a la puerta de la casa del dicho Miguel Joan Salvador, el qual libello y palabras en aquel contenidas precitadas declararon los testigos por esta parte.

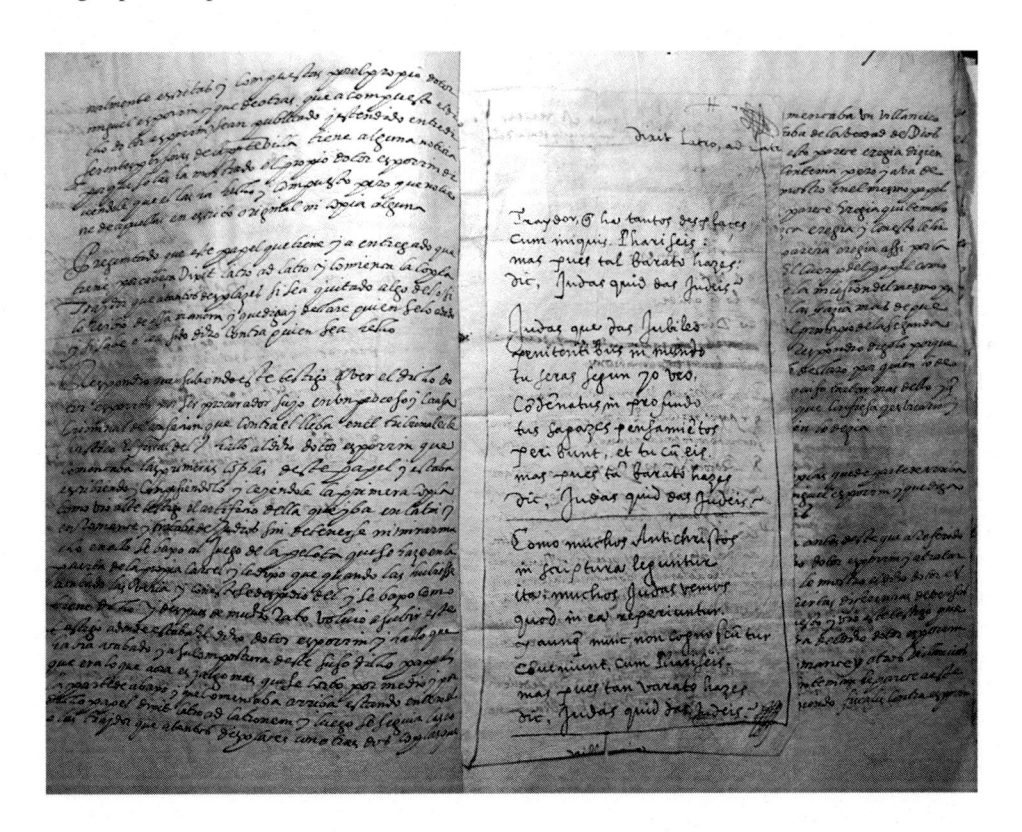

Fig. 2: Zaragoza, AHPZ, Inquisición, n° 78-1. 1598, enero, 28. Proceso criminal a instancia de Mossen Diego Ortiz de Çárate, comissario del Santo Officio de la Inquisición, vezino de la villa de Uncastillo contra el doctor Miguel Esporrín, beneficiado en la parroquial de Santa María de la dicha villa de Uncastillo.

Todo ello nos sirve para reflexionar sobre el hecho de que, junto a la difamación, la amenaza, el insulto o la provocación a base de papeles más o menos anónimos, otras prácticas escriturarias relacionadas con variadas e ingeniosas modalidades delictivas acuden con igual prontitud al tribunal de los papeles. Administrar y gestionar negocios por vía de papel y pluma no siempre fueron precedidos y seguidos de aquellas tipologías documentales necesarias para la consecución del asunto y revestidas de las suficientes garantías y formalidades que la práctica administrativa determinase en cada momento. Así, las firmas contrahechas o la falsificación de documentos a manos de falsarios profesionales como el célebre Miguel de Molina[28], nos introducen de lleno en esta última puerta de Monipodio en donde el poder de la escritura, inmutable en su alcance, quedaba expuesto a la alteración de su contenido o su formalidad diplomática a fin de obtener beneficios y favores[29].

Por último, la dimensión negativa del testimonio escrito adquirió muchas otras formas y variantes de los "usos impropios". Falsificar escrituras y firmar por otros, ejercitar la delegación delictiva de la suscripción en el documento, romper la función de fe dación asignada a los escribanos y notarios fueron en su conjunto subprácticas de la modalidad delictiva visibles en la administración de los negocios. Al estudiar los procesos criminales en la capital del Reino de Aragón Miguel Ángel Motis identificó buena parte de estas variantes delictivas por vía de escritura: «La acción presenta distintas modalidades: fingir letra, firma o rúbrica; atribuir a las personas que han intervenido en él declaraciones o manifestaciones diferentes de las que hubieren hecho; faltar a la verdad en la narración de los hechos; alterar la datación; efectuar en el documento verdadero cualquier alteración o intercalación que varíe su sentido; interpolar y simular un documento de manera que induzca a error sobre su autenticidad»[30].

Ni el legajo número 4828 conservado en la sección Estado del Archivo Histórico Nacional ni el continuo lamento del cronista Gil González Dávila 1644 parecían dar muestras de descenso en estas prácticas donde los falseadores de firmas y los expertos falsificadores de documentos campaban a sus anchas. Muy al contrario, las constantes regulaciones y testimonios conservados hasta nosotros en los citados procesos judiciales confirman la fortaleza de las prácticas subversivas y contraventoras de la infamia o la falsedad escrituraria en la España Moderna, herencia por otra parte de los falsarios medievales, también perseguidos[31]:

---

[28] Bouza, Fernando: *Corre manuscrito: una historia cultural del Siglo de Oro*, Madrid, Marcial Pons, 2001, p. 45.

[29] Alejandre Abadía, J. A.: «Estudio histórico del delito de falsedad documental», *Anuario de Historia del Derecho Español*, 42 (1972), pp. 117-187.

[30] Motis Dolader, Miguel Ángel: *Pecado y sociedad en Aragón: (ss.XV-XVI)*, Zaragoza, Diputación General de Aragón; Departamento de Cultura y Turismo, 2002, pp. 193-194.

[31] García Larragueta, Santos: "Sobre la prueba documental en el Derecho aragonés", *Anuario de Historia del Derecho Español*, 48 (1978), pp. 457-485.

1644, marzo, 8
Carta de González Dávila al cronista Uztarroz.

> Aviso a VM que si llegare a sus umbrales de VM uno que a sido criado mio que se llama Gregorio Gutiérrez moço de 18 años buen talle, cariredondo de color claro que a pasado a Aragón con título de soldado y le diere a VM carta con mi letra y nonbre, téngala por falsa, porque ni yo la e escrito ni firmado; porque en la corte saben mi letra y nonbre y con ella piden dinero a mis amigos que le dieron crédito pensando ser verdad.[32]

3. La escritura paciente: Violentar puertas y acudir al fuego

Llegamos así a la otra cara del análisis propuesto, es decir, los testimonios escritos como objetos cargados de valores y funciones que propician su eliminación u ocultación. Desde el contenido y el valor otorgado al documento resulta forzoso indicar todos aquellos comportamientos delictivos, perseguidos judicialmente, que tomaron al documento escrito, de mano o impreso, o a los lugares de la memoria colectiva (archivos y bibliotecas) como objeto de la violencia ejercida contra libros y papeles[33]. Por todos estos valores, la escritura o mejor dicho los resultados de la misma, se percibe como instrumento activo con el cual atacar o pasivo, al que dañar en virtud de su contenido.

Del abrir pliegos y asaltar correos como antesala a las tareas de espionaje son buena muestra los numerosos ejemplos que nos brinda la documentación procedente de los Consejos de Estado y de Guerra de la Monarquía Hispánica:

> 1637, octubre, 13, Barcelona
> El sávado próximo passado dieron a un page mío en casa del correo mayor una carta de VM fecha en 18 de setiembre abierta, con dos obleas y de la misma suerte que agora está la cubierta que remito a VM con esta para que la vea. Es muy grande vellaquería y traysión la que se ha hecho al Rey en abrir nuestras cartas. [...] En casa de este correo mayor [Felipe Ferrán] ay harto mal gobierno como lo save el regente Bayetola que le prendió por delitos deste género; aora en su casa ay gavatxos que entran en el officio y un sobrino de ábitos largos que juega el sol sin haver salido y tal vez por un doblón abrirá el apocalipsi, por medio quantimás a nuestros pliegos[34].

---

[32] BNE, ms. 8389, f. 76.

[33] Conde Villaverde, María Luisa, y Andrés Díaz, Rosana de: «Destrucción de documentos en España: historia, prevención, reconstrucción», *Archivum*, XLII (1996), pp. 119-129. Tusell, Javier, «La cultura: botín de guerra», *Lápiz: revista mensual de arte*, vol. 4: nº 36 (1986), pp. 29-32.

[34] BNE, ms. 4163, f. 74, Carta del capitán Juan de Torres a Gaspar Bonifaz sobre apertura de cartas oficiales y sospecha de un soborno en casa del correo mayor.

Por otra parte, uno de los escenarios sufridores de la violencia ejercida sobre el testimonio escrito lo constituyen los archivos oficiales. Gimeno Blay abordó el tema de la quema de libros como una constante histórica, extraña y, a la vez, placentera. Por su parte, Fernando Báez ha convertido la destrucción de libros, bibliotecas y colecciones en un asunto de constante actualidad por más que la historia de la destrucción corra paralela a la propia historia de la humanidad[35]. Sin embargo, el archivo como símbolo del ejercicio de un poder coactivo refuerza su imagen de instrumento vulnerable que custodia la muestra más palpable del poder: el registro de la actividad y el control por medio de la información.

La destrucción de lo escrito como forma de *dampnatio memoriae* de la que se han ocupado autores como Gimeno Blay, Conde Villaverde, Salaberría y más recientemente de forma magistral Fernando Báez, afecta directamente al archivo como garante de la información: quemen el archivo y se eliminará buena parte del referente histórico patrimonio de una sociedad, pero también las pruebas de los delitos, las deudas contraídas, que una vez destruidas, colaboran en la dispersión el orden social por falta de referentes escritos. Esta parece ser la consigna de los ejércitos atacantes cuando uno de los primeros objetivos de la estrategia militar es la eliminación, secuestro o destrucción de la información de la colectividad atacada. Una práctica que Gimeno Blay ha sintetizado en las siguientes palabras: «Quien procedió de ese modo, violentando la conservación de la memoria, pretendió imponer el olvido a una colectividad organizada, negándole su pasado y creyendo, ingenuamente, que triunfaría su deseo, su aspiración política y cultural. Afortunadamente para todos nosotros, la obsesión por olvidar escribió una historia al revés, en negativo, y así contribuyó a crear una memoria, *la memoria*».[36]

Pero la violencia ejercida conscientemente sobre los conjuntos archivísticos o sobre los papeles desgajados de los mismos también adquirió formas diversas, todas ellas conducentes en última instancia al silenciamiento de la información contenida bien mediante la eliminación física total o el ocultamiento derivado de un robo o secuestro documental. Del período de las Germanías conservamos varios testimonios de asalto y quema de archivos que vienen a fijar el objeto de la ira popular en el archivo durante el transcurso de la rebelión.

La quema del archivo que don Juan de Borja, duque de Gandía, poseía en esta localidad en 1523,[37] según testimonio fidedigno que su descendiente la condesa de Benavente exhibió en 1817, demostraría un episodio paralelo a todas

---

[35] Gimeno Blay, Francisco M.: *Quemar libros..., qué extraño placer*, Valencia, 1995; Epísteme (Eutopías: Documentos de trabajo, 104). Báez, Fernando: *Historia Universal de la destrucción de libros: de las tablillas sumerias a la guerra de Irak*, Barcelona, Destino, 2004.

[36] Gimeno Blay, Francisco M.: *De las ciencias auxiliares a la Historia de la Cultura Escrita*, Valencia, Departament d´Història de l´Antiguitat i de la Cultura Escrita (Universidad de Valencia), 1999, pp. 32.

[37] A.H.N. Nobleza, Osuna, caja 565-7: Inventario hecho en 1523 tras la quema del archivo del duque de Gandía.

las demás acciones insertas en la rebelión popular.[38] La quema de archivos, vendría a restaurar momentáneamente el liderazgo del pueblo, destruyendo en primer lugar una propiedad nobiliar pero, significativamente, eliminando las pruebas de ese control jurisdiccional, del sometimiento reflejado en el principal instrumento de control al servicio del poder nobiliar como fue el archivo[39].

La conflictividad social que desembocó en las revueltas políticas y populares de los siglos XVI y XVII mantiene, a nuestro juicio, una dimensión gráfica en la que, unidas al fragor de la protesta y la acción física directa, se encuentran manifestaciones del uso de la escritura, de su valor bien para denunciar y atacar, bien para quebrantar momentáneamente la función coercitiva de control. Es decir, como ha señalado Antonio Castillo, a la forma activa de utilización panfletaria, se uniría una segunda actuación en torno al poder de la escritura, de naturaleza reactiva y conducente a la eliminación del archivo como depósito y testigo de esa coacción: «La escalada a los extremos de las revueltas políticas y los movimientos populares podía desembocar en actos de violencia física (atentados contra los bienes y las personas) o en acciones de violencia verbal y simbólica, una de cuyas vertientes fue precisamente la instrumentalización con ese propósito de la literatura panfletaria, de tal modo que, en ocasiones, se puede hablar de auténticas revueltas de papel y tinta»[40]. Y ello porque el archivo, como representación gráfica e incluso física del ente productor y propietario de sus escrituras en su ausencia, formaría parte también de los símbolos e instrumentos eficaces del poder institucional o señorial, recurso inestimable por su carácter patrimonial y porque su destrucción lograría no sólo atentar contra una propiedad sino también quebrantar, al menos parcialmente, el sometimiento y la coacción política asentada en el valor de la escritura y la funcionalidad del archivo.

---

[38] Lorenzo Cadarso, Pedro Luis: *Los conflictos populares en Castilla (siglos XVI-XVII)*, Madrid, Siglo XXI, 1996, pp. 191-192: «Uso del fuego contra las casas, los documentos y los objetos emblemáticos del poder señorial».

[39] Navarro Bonilla, Diego: *La imagen del archivo: representación y funciones en España (siglos XVI y XVII)*, Gijón, Trea, 2003. Toledo, A.H.N., Nobleza, Osuna, caja 565: «En la casa palacio de dicho señor había un archivo en que tenía todos los papeles y escrituras, actos, privilegios antiguos y demás ynstrumentos concernientes al estado de Gandía, para que vistas, reconocidas y diligentemente inspeccionadas, se fuesen arreglando y poniendo en orden todas las que fuesen de un asunto en un parage del dicho archivo y otras en otro [...] Todos los quales documentos fueron destruidos, quemados y rotos por los agermanados de Valencia, que entraron saqueando la villa de Gandía y destruyeron todo el archivo de tal suerte que de los dichos actos, instrumentos y privilegios no se ha podido adquirir razón alguna. Y como en semejantes casos sea de justicia que los dichos se pueden restaurar si fuesen vistos por sugetos inteligentes, como lo son los arriba citados que de su tenor pueden testificar, por tanto, y para que dicho infortunio no cause daño ni perjuicio a la casa del dicho ilustre duque de Gandía, mayormente teniendo en el dicho libro memoria de los expresados actos y su contexto, como que fue fecho por los arriba nombrados».

[40] Castillo Gómez, Antonio: «Amanecieron en todas las partes públicas: un viaje al país de las denuncias», en Antonio Castillo (comp.), *Escribir y leer en el Siglo de Cervantes*, Barcelona, Gedisa, p. 160.

El fondo documental de los duques de Frías conservado actualmente en la sección Nobleza del Archivo Histórico Nacional en Toledo guarda un curioso pleito incoado a instancias del Condestable de Castilla contra algunos vecinos de Berlanga de Duero sobre «Cartas y correspondenzias y otros papeles tocantes al rompimiento del archibo de Berlanga y algunos testimonios sobre esta causa (ver apéndice documental, nº 5). Sus fechas 17 agosto de 1678 a 21 octubre de 1679» tal y como reza en la carpetilla inicial del voluminoso proceso constituye una interesante muestra de hasta qué punto, el interés por unas bulas custodiadas en aquel archivo motivó el saqueo y final hurto archivístico.

Más allá de la pérdida de los documentos sustraídos (que fueron finalmente entregados en confesión al magistral de la localidad de Berlanga de Duero) el delito que se persigue aparece directamente relacionado con la violencia ejercida contra uno de los principales patrimonios del condestable de Castilla radicado en la ciudad soriana: su archivo. La ignominiosa a la vez que inútil (por no encontrar nada de lo pretendido) conducta de algunos vecinos propició que se rompiesen las puertas del archivo y se sustrajeran diversos documentos. Los primeros testigos que llegaron a la torre donde se encontraba el depósito documental relataron ante el fiscal cómo:

> Subiendo a dicho castillo entrando por la tronera que ay azia la dessa, bieron unos papeles y una bula en pargamino y entrando más adentro bieron una puerta de madera cayda, y dos de hierro más adentro quebrantadas. Y repreguntándoles que como savían que hera bula la que refieren que porque por detrás tenía un rótulo que dezía bula de nuestra señora de paredes albas [...] Para mejor averiguación hizo parezer a Francisco Chacobo, vezino del lugar de Arenillas y herrero en él para bolber azer bista de oxos de dicho ronpimiento y junto con su merced el presente escrivano y Juan de Rello, subieron a dicho fuerte y castillo y aviendo visto dicho rompimiento y fractura, declaró que a su parezer la puerta prinzipal de madera del archibo fue desencajada del marco a golpes y apalancada con hierro y las puertas de hierro de dicho archibo quebrantadas a golpes de piedra y no con otro instrumento [...][41].

Finalmente, otra forma de destrucción del testimonio escrito fue el que protagonizaron las menos conocidas muestras de fractura de los ejemplos de escrituras externas públicas o privadas, muchas veces vinculadas a representaciones iconográficas de naturaleza emblemática y nobiliaria. Se hace más complejo encontrar muestras de destrucciones epigráficas pero no fueron desconocidas. También procedente del rico fondo de Inquisición del Archivo Histórico Provincial de Zaragoza, en 1617 se sustanció un caso realmente curioso consistente en la destrucción de los escudos, blasones y señales que los condes de Belchite mantenían desde siglos en los palacios de su propiedad y en la iglesia parroquial, sin temor de un delito de sacrilegio:

---

[41] Toledo, A.H.N. Nobleza, Frías, caja 338. Cfr. María Teresa de la Peña Marazuela y Pilar León Tello, (1955), p. 69.

1617, abril, 14
El procurador de la duquesa de Híjar, condesa de Belchite:

> Otrosí dize que del sobredicho tiempo inmemorial asta que como abaxo se dirá, con dolo an quitado, picado, borrado los escudos, blasones y señales de armas los señores que han sido y de presente es la dicha su parte han sido señores y tenido y poseydo a saver es en la iglesia del señor San Martín de la dicha villa de Belchite, dibersos escudos de armas y entre otros en la pila del agua bendita que está en dicha iglesia que estaban esculpidas y señalados los escudos de armas de la dicha su casa y estado de Yxar y Belchite y en la iglesia del señor San Juan de la villa de Belchite, junto a las gradas del altar estaban puestos y pintados dibersos escudos de armas de la dicha su cassa y estado, los quales del sobredicho tiempo inmemorial deste año de mill seyscientos diez y siete estubieron y estaban bien puestas y asentadas en dichas dos iglesias"
> Acaesció que en un día de los meses de março y abril deste presnte año de mil seyscientos diez y siete unos llamados Colao Marco y Antón López, familiares de V.señoría, con otros sus cómplices y sequaçes dándose los unos a los otros consejo, fabor y ayuda espíritu diabólico, incitado y comobidos y por de fraudos, y quitar a esta parte la posessión inmemorial que tenía de tener las dichas sus armas en dichas dos iglesias, de la manera dicha con poco temor de Dios nuestro Señor y de la Justicia, a oras ocultas y de noche, entraron en dichas iglesias y han urtado y robado y picado los dichos escudos de armas y honor tan antiguo de dicha su cassa de Yxar y Belchite, y los han borrado de manera que del todo no se ben ningunas de dichas armas, con estar puestas en el pedestral de la dicha pila de piedra blanca de mármol del agua bendita y por maior vituperio las han borrado y puesto con barro y otras inmundicias para pribar a esta parte de sus drechos tan antiguos principales y solariegos cometiendo en lo sobredicho crimen de urto, sacrilegio y otros grabes crímenes y delictos [...][42].

Para concluir, el silencio de las escrituras se persiguió por medios que ponían en escena el componente violento y subversivo. De cómo la doble cara del Jano bifronte en que se convierte el documento (en sentido amplio, sin importar soporte, lengua o contenido) han tratado estas líneas, necesitadas a buen seguro de una próxima revisión. En cualquier caso, el estudio de la escritura para ejercer una violencia activa no puede entenderse sin su reverso complementario pasivo al convertir los resultados de la misma en objeto de destrucción y eliminación desde que el mundo es mundo.

---

[42] AHPZ, Inquisición, nº 92-7

INQUISICIÓN Y CENSURA EN LA ÉPOCA DE CERVANTES

Adolfo García García
IPHE, Madrid

Había un dicho popular en la época de Cervantes que decía: "Del rey y la Inquisición Chitón" el cual refleja de una manera muy expresiva, el poder que tenia el Santo oficio sobre la población, equiparando el poder del rey, siendo el del rey en aquella época, un poder absoluto de origen divino.

Álvarez de Colmenar nos dice:

> "En cuanto pronuncia (un familiar) las palabras – en nombre de la Santa Inquisición – como si fuera un rayo que anonadase a todo el mundo, queda un hombre abandonado por padre, parientes y amigos. No hay nadie que ose defenderlo ni trabajar en su favor, ni tan siquiera interceder por el, pues cuantos se atrevieren a intentarlo se harían, por ello, sospechosos y si usaban la menos violencia no necesitaran mas para ser quemados".

La obsesión por la limpieza de sangre fomento la creación de la inquisición que cada vez abarcaría el control de mas campos dentro de la sociedad española, convirtiéndose en el reinado de Felipe II, en 1558, en un instrumento de control religioso político y social, pues la disidencia religiosa también lo era política, así durante su reinado la inquisición española promulga su primer Índice de libros prohibidos, además de la lista de los que deben ser destruidos o mutilados y esto se extendía a todos los territorios de la corona, siendo este el único organismo común a todos ellos, lo que la convierte en un fantástico instrumento de poder, pues la imprenta era el instrumento de la disidencia.

En 1480 los reyes Católicos habían promulgado una pragmática en la que se liberaba la importación de libros de trabas fiscales y censorias. La difusión del libro solo traía bienes para el reino.

Pero ya en 1502 con otra pragmática, el estado se reserva el derecho de control de las importaciones e impresiones de libros.

Ahora bien será el estado el que controle la censura previa (autorización de publicación) y la inquisición se encargara de controlar la importación de libros. Los libreros tenían que enviar listas indicando que obras recibían y de donde, si se localizaba una obra se la calificaba, corregía, censuraba o destruía.

Justo es la época de siglos XVI y XVII en que en Europa se producen los adelantos de humanidades y de los primeros avances científicos del siglo XVII. Tendrá influencias negativas tanto económicas como culturales y científicas.

España se cerrara sobre si misma llevando la ortodoxia a los límites, de no moverse de sus teorías y refugiando el espíritu de creación en las ideas estéticas del arte y la literatura del mundo del barroco. Un mundo que se recrea y se retuerce sobre si mismo olvidando lo material y centrándose en el paroxismo del espíritu.

El libro prohibido era un hereje mudo y su autor otro. Se ejercía un doble ejercicio de control uno sobre el libro y otro sobre el autor.

Además de la autocensura del escritor o haciéndole cambiar el texto original, se producirá una censura física del propio texto, así aparecen diferente métodos de censura y control como son:

- Cubriendo el texto con otro papel
- Recortando el texto censurado
- Tachando el texto censurado

La inquisición se encargaría de:

- Publicar el índice de libros prohibidos, periódicamente revisado
- Prohibiendo la entrada de dichos libros
- Se prohíben libros en lenguas vulgares de temas religiosos
- Libros de comentarios de Alcorán
- Se permiten libros de literatura latina de buenas costumbres
- Se prohíben los de astrología, magia etc.
- Se prohíben los que no tienen, autor impresor, lugar, etc.
- Se prohíben los que tienen láminas, pinturas de imágenes de burla de los santos o imágenes lascivas.
- Los que atacan a la Iglesia, pero deben ser entregados a la inquisición y no quemados, ni borrados, etc, de forma privada.
- Los libros prohibidos en una lengua los son en otras.
- Los libros judíos
- Permiso de tener libros prohibidos los que los utilizan para luchar contra ellos
- Un libro puede ser prohibido al completo o una parte.
- Los libreros están obligados a entregar inventarios actualizados de sus obras
- No comprar libros prohibidos ni traer del extranjero
- Los impresores no aceptar imprimir obras de autores prohibidos

El no cumplimiento de alguna de estas normas tendría su correspondiente castigo.

A su vez todo esto, producirá un intenso contrabando de libros, tanto en las fronteras peninsulares como en las de las colonias, siguiendo toda clase de técnicas ya sea en barricas aparentemente de vino, toneles de fruta seca o en cajas de doble fondo etc. Incluso camuflándolos bajo títulos o apariencias diferentes. Siendo pagados a muy buen precio, con lo que el riego merecía la pena.

Algunas ordenes religiosas tenían libros incluidos en los índices de libros prohibidos, y se le ponía en estantes separados y enrejados con un cartel diciendo "son de los prohibidos" a este estante se le llamaba el infierno, solo podía consultarlo el prior o rector y los que tenían permiso.

Pero es que además el lapso de tiempo entre la fecha de publicación de una obra y la fecha de su prohibición, era tiempo suficiente para que sus posibles contenidos se hubieran difundido notablemente. Pues podían llevar circulando en torno a diez años.

Y mucho mas difícil resulta determinar, con cierta precisión la difusión ideológica de una obra, pues podía hacerse mediante la circulación de un ejemplar concreto o bien mediante otros cauces indirectos ya sean orales o escritos, es decir a través de otras personas que hubieran asimilado esas ideas después de conocer el texto y que los difundiesen en cátedra, pulpito o escritos. ¿Cómo controlar la difusión de una idea?

Benito Arias Montano, editor de la llamada *Biblia Regia* o *Biblia políglota* de Amberes, incluyó esta escena tras la portada del primer volumen para dejar patente, como punto de partida de esta empresa editorial, la piedad de Felipe II, comandatario del libro, y sus esfuerzos para hacer ostensible el estudio de la religión católica.

La cual refleja simbólicamente la idea de España y su idea de la religión y el conocimiento. Curiosamente aparecen también además de otros símbolos, el del olivo y la espada, símbolos del Santo Oficio y el cetro del rey además de la Biblia, todo relacionado entre si.

Incluso muchas obras españolas de carácter religioso se imprimirán fuera del país, debido a ese control riguroso y la fragilidad de la imprenta en España. Así aparecerán muchas obras impresas en Amberes, Paris, etc.

Elvira Carreño Velásquez en un articulo muy didáctico nos dice: "Se darían unas normas legales llamadas Consejo e Imprenta, que todo libro debía cumplir para su publicación".

Obsérvese como a través del uso de la tinta roja y negra el impresor marcaba las áreas del título, contenido, autor y algunos datos de él.

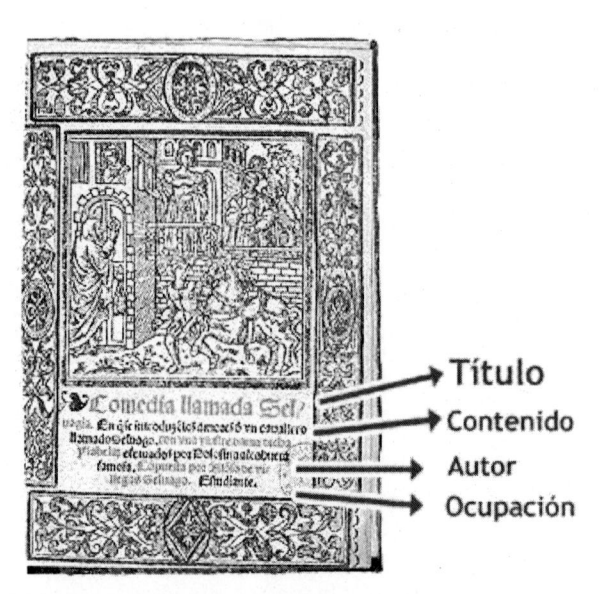

Alonso de Villegas, *Comedia llamada Selvagia*, Toledo, Joan Ferrer, 1554.

Consejo:

1) El libro original impreso se presentaba a un escribano del Consejo para que lo revisara, rubricara y pusiera al final el número de hojas que formaban el cuerpo de la obra. La impresión tenía que hacerse como el original rubricado, corregido y numerado.

2) El libro impreso se corregía y se volvía a llevar al corrector del Consejo para que emanara la licencia, lo tasara y le otorgara el privilegio.

Imprenta:

1) Se pondrá al principio de cada libro una hoja (portada) que contendrá: el título de la obra, los nombres del autor, impresor y el lugar donde se imprimió.

2) Se colocará, en seguida, la licencia, la aprobación, el privilegio, la tasa y la fe de erratas para evitar el fraude o alguna alteración del texto (vid. Reyes Gómez, *El libro en España y América...*, pp. 96-97)

Con todo esto nacen los conceptos de licencia, tasa, privilegio y fe de erratas:

Licencia: autorización concedida por el rey y por el prelado para los religiosos para que el libro se imprimiera.

Marturino Gilberti, *Vocabulario en lengua de Mechoacan*,
México, Juan Pablos, 1559.

Tasa: la valoración económica que se hacía respecto al ejemplar. Privilegio: el permiso que obtenía el autor, impresor o editor para que determinada obra circulara en los territorios de la corona española.

Fe de erratas: las correcciones que no tenía el texto y que se habían detectado (vid. Simón Díaz, El libro español antiguo, pp. 19-54).

De igual manera las leyes impuestas dieron la estructura formal al libro del siglo XVI: portada, licencia, pareceres, privilegio, tasa, fe de erratas, texto y colofón. Su orden como señala José Simón Díaz, puede variar pero no puede faltar alguno de los elementos, los cuales pronto estuvieron presentes tanto en la portada del libro a través de las frases: "revisado, tasado en, con privilegio o bien con las licencias necesarias" como en sus primeras hojas, denominadas preliminares.

Juan Bautista, *Confesionario en lengua mexicana y castellana,*
Santiago Tlatelolco, Melchor Ocharte, 1599.

Inquisición y censura en la época de Cervantes

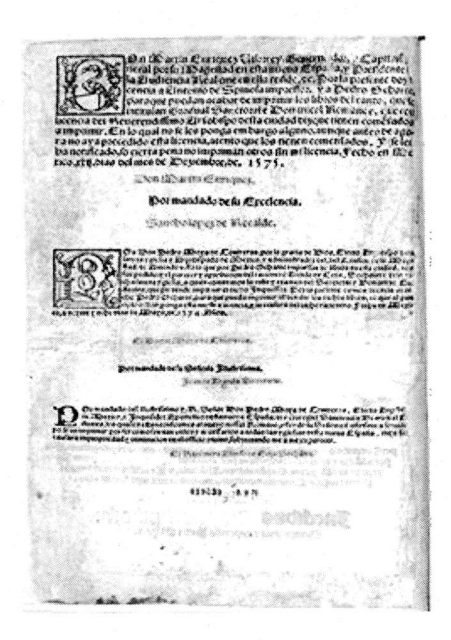

Licencias civil y eclesiásticas y privilegio de impresión otorgados a Pedro Ocharte
por Martín Enriquez, virrey de la Nueva España y Pedro Moya Contreras, obispo de México
para la impresión del *Graduale dominiacale,* impreso en México en 1576
por Antonio de Espinosa y a costa de Pedro Ocharte.

Juan de la Anunciación, *Sermonario en lengua mexicana...*,
México, Antonio Ricardo, 1577.

Doctrina cristiana en lengua española y mexicana, México, Juan Pablos, 1548, (portada lado izquierdo y colofón lado derecho)

A estos criterios, los índices españoles añadieron uno más: obras que no señalen el autor o pie de imprenta escritos después del año de 1525.

Es así como nace la persecución y pérdida de varios escritos, que una vez catalogados como prohibidos eran desaparecidos y quemados. Esta situación afectó terriblemente el mercado del libro, así como la economía de impresores y libreros, pues la obra completa era exterminada. A manera de solución en 1570 Benito Áreas Montano crea el *Índice de libros expurgados*, con lo que nace el concepto de expurgo, esto es, la eliminación de párrafos, capítulos, partes o imágenes de un texto que fueran contrarias a la fe, la moral o buenos principios, gracias a esto se evitó la pérdida total de la obra.

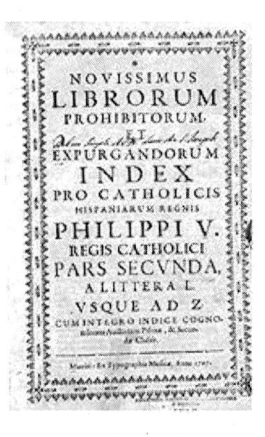

Index expurgatorius, Madrid, Ibarra, 1707 y *Novissimuslibrorum prohibitorum et expurgandorum index,* Madriti, ex typographia musicae, 1707.

A partir de entonces, todo índice de libros prohibidos era acompañado del *Índice de libros expurgados*, estaban escritos en latín, ordenados alfabéticamente y contenían los nombres de autores, títulos de obras que se prohibían, y en el índice de libros expurgados, la o las partes que deberán eliminarse.

La idea de vigilancia y continua supervisión por parte de la Inquisición está presente, tanto en algunos frontispicios de los libros, en donde se encuentran escenas sobre la quema de los mismos, como en los sermones dictados por los párrocos y en los edictos que se pegaban afuera de las iglesias, en los que se señalaban los libros prohibidos y expurgados, para que los poseedores de ellos los entregaran o les quitaran las partes indicadas.

En la Nueva España existieron varios procesos que emprendió la Inquisición por la posesión de libros prohibidos, según nos señala Francisco Fernández del Castillo, en su obra *Libros y libreros en el siglo XVI*. Nos centraremos en lo que se encuentra en los volúmenes de los fondos antiguos mexicanos y que demuestra la revisión de libros (el expurgo), lo cual modificó su presentación.

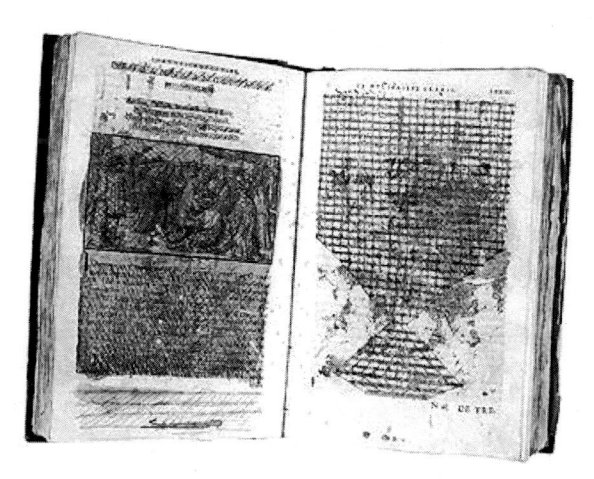

El expurgo como ya se señaló consiste en la eliminación de párrafos, capítulos e imágenes que fueran contrarías a la fe, la moral o buenos principios, está patente en varios ejemplares procedentes de acervos novohispanos a través de tachaduras y textos que indican que el libro ya fue "expurgado y corregido".

Esta revisión la hacían los bibliotecarios y consistía en que además de eliminar las partes que el índice señalaba, en poner en la portada o en la guarda del libro, que esto se había hecho de acuerdo con el edicto inquisitorial, la fecha y firmarlo.

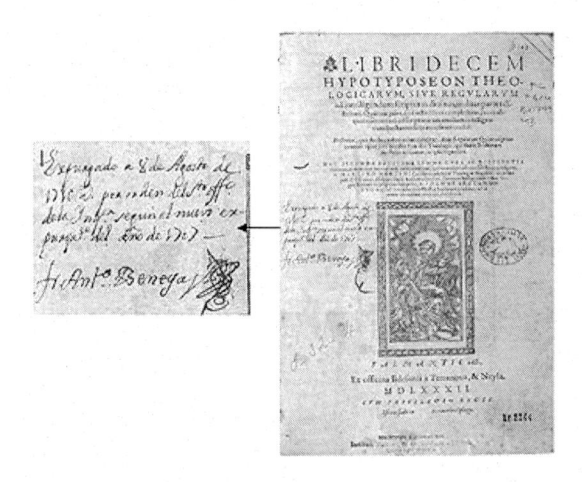

También si el autor era sospechoso de herejía debía ponerse a lado de su nombre la sentencia "auctor damnatus" (autor condenado), así como señalar si la obra era prohibida y que con el expurgo ya podía leerse. De igual manera si se consideraba que alguna imagen era licenciosa podía quitarse, todo esto servía para que el revisor de libros hiciera su supervisión más ágilmente, situación que de alguna manera alteró el contenido de los libros.

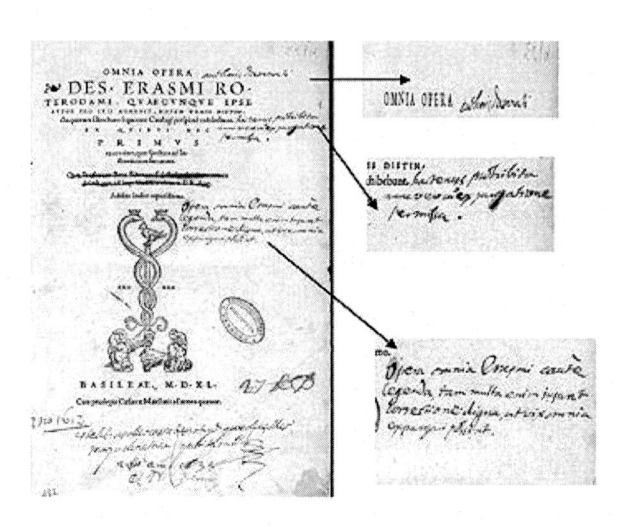

Existe una gran diferencia entre la prohibición y el expurgo de un libro, pues con lo primero desaparecía por completo la obra y era una acción que realizaba el inquisidor a través de la hoguera; mientras que lo segundo era desde una perspectiva moral, y en el caso de las imágenes y texto lo hacía el poseedor o bien el bibliotecario.

Resulta, por tanto, que el libro durante el siglo XVI sufrió alteraciones desde el punto de vista estructural a través de las disposiciones civiles, como formales con el expurgo impuesto por la Iglesia.

En el año en que celebramos el cuarto centenario de la publicación de la Primera Parte del Quijote (1605) hemos pensado que quizá esta breve nota pudiera ayudar al entendimiento de un pasaje que siempre se ha comentado con interrogantes.

El texto se encuentra en el capítulo 36 de la Segunda Parte (1615) y es de los escasos que la Inquisición prohibió explícitamente.

> *"Preguntó la duquesa a Sancho otro día si había comenzado la tarea de la penitencia que había de hacer por el desencanto de Dulcinea. Dijo que sí, y que aquella noche se había dado cinco azotes. Preguntole la duquesa que con qué se los había dado. Respondió que con la mano.*
> *—Eso —replicó la duquesa— más es darse de palmadas que de azotes. Yo tengo para mí que el sabio Merlín no estará contento con tanta blandura: menester será que el buen Sancho haga alguna diciplina de abrojos, o de las de canelones, que se dejen sentir, porque la letra con sangre entra, y no se ha de dar tan barata la libertad de una tan gran señora como lo es Dulcinea, por tan poco precio; y advierta Sancho que las obras de caridad que se hacen tibia y flojamente no tienen mérito ni valen nada.*
> (Miguel de Cervantes, *Don Quijote de la Mancha,* Barcelona: Galaxia Gutenberg – Círculo de Lectores, 2004, I, 1015-1016)

El problema se localiza en la última frase: «*y advierta Sancho que las obras de caridad que se hacen tibia y flojamente no tienen mérito ni valen nada*». En 1616, la edición valenciana de Patricio Mey la suprimió de repente, sin que aparezca una prohibición expresa de la Inquisición hasta 1632. Llegados a este año sí que el *Índice expurgatorio* del Cardenal Zapata, en su página 905, manda que se borre de todas las impresiones, pero sin aclarar por qué.

Ningún *Nihil Obstat* aparece encabezando la Primera Parte del Quijote (1605) como testimonio de la licencia y censura de la autoridad eclesiástica, en la que se tranquilizara a los lectores acerca de que los contenidos de la obra no atentaban ni a la fe ni a las buenas costumbres. De cualquier modo, nadie tiene duda de que los permisos existían y que gracias a ellos se llegó al Imprimatur;

simplemente, se perdieron los originales, o no llegaron a tiempo, o no hubo espacio para ellos. El Rey, a través de su secretario de cámara Juan de Amézqueta, da el permiso de impresión en septiembre de 1604, una vez conocida la opinión favorable del Consejo de Castilla, *"por cuanto en el dicho libro se hicieron las diligencias que la premática últimamente por Nos fecha sobre la impresión de los libros dispone"*.

En la Segunda Parte (1615), la aprobación eclesiástica se incluye explícitamente, firmada por el Doctor Gutierre de Cetina, Vicario General de Madrid. En ella se indica que, por mandato de los señores del Consejo, ha hecho examinar el libro, concluyendo que *"no contiene cosa contra la fe ni buenas costumbres, antes es libro de mucho entretenimiento lícito, mezclado de mucha filosofía moral"*.

Antonio Freyre, censor de las ediciones de Lisboa (todavía en 1605), en el episodio en que D. Quijote ataca a los clérigos que se llevaban (según el caballero, en contra de su voluntad) a la enlutada señora (probablemente la apacible Virgen de la Soledad), hizo sustituir *"ensabanados"* por *"clérigos"* (I,52). También, en la crítica a las malas comedias de argumento religioso que hace el cura, en discusión con el canónigo de Toledo (I, 48), hizo eliminar la expresión *"milagros falsos"* para dejarlo en meros *"milagros"*.

Américo Castro refiere el cambio entre la primera y la segunda edición de Juan de la Cuesta, ambas de 1605, en el que, en en el pasaje de la penitencia de don Quijote (I, 26), buscando la forma de hacer un rosario, lo fabrica con nudos hechos en una *"gran tira de las faldas de la camisa, que andaban colgando"*. En la segunda edición substituye ese poco decente material por *"agallas grandes de un alcornoque, que ensartó.."* (EPC, 262).

Es notable la reacción equívoca de las autoridades eclesiásticas ante las novelas de caballerías. La Inquisición no adoptó la postura radical de la Sobrina de Alonso Quijano.

Sin embargo, y a pesar de la explícita recomendación en contra de los libros profanos del Concilio de Trento (1545-1563), ningún libro de caballerías entró en los índices tridentinos entre 1558 y 1640. Quitándoles importancia religiosa.

Para concluir podemos decir que en la época de Don Quijote, España se había convertido en un monolítico Estado- Iglesia cuya única organización al nivel de todo el vasto Imperio era el Santo Oficio. Y ese loco iluminado que es el Quijote, se convierte en un intelectual que se atreve a actuar y a criticar a todo el sistema social incluso a la Inquisición.

Bibliografía:

ALVAR Ezquerra, A. *La inquisicion española*. Madrid 2001.

BAQUERO, Fernando. *Don Quijote: Nihil Obstat.*

CARREÑO VELÁZQUEZ, Elvira. *El control del libro impreso durante el XVI.*

DE BORJA, Juan. *Libros de emblemas españoles.*

DEFOURNEAUX, Marcellin. *La vida cotidiana en la España del siglo de oro.* Madrid 1983.

FERNÁNDEZ del Castillo, compilador, *Libros y libreros en el siglo XVI,* México, FCE y Archivo General de la Nación, 1982.

FEROS, A y GELABERT, J. *España en tiempos del Quijote.* Madrid Taurus 2004.

JIMENEZ MONTESERIN, Miguel. *Introducción a la Inquisición española.* Madrid 1980.

MILLARES Carlo, Agustín y Julián Calvo, *Juan Pablos primer impresor que a esta tierra vino,* México, Joaquín Porrúa, 1990.

MOLAS Ribalta, Pere. *La monarquía española s. XVI-XVIII.* Madrid 1990.

PINTO Crespo, Virgilio, *Inquisición y control ideológico en la España del siglo XVI,* Madrid, Taurus, 1983.

REYES Gómez, Fermín de los, *El libro en España y América legislación y censura (siglos XV – XVIII)*, Madrid, Arcolibros, S.L., 2000, 2 t.

SICROFF, Albert. A. *Los estatutos de limpieza de sangre.* Madrid, Taurus 1985.

SIMÓN Díaz, José, *El libro español antiguo,* Madrid, Ollero & Ramos, 2000

ESCLAVOS, CAUTIVOS Y CONVERSOS EN LA TIERRA DE ALCALÁ. FALSIFICACIÓN DE DOCUMENTOS DE LIMPIEZA DE SANGRE

MIGUEL MAYORAL MORAGA
Universidad de Alcalá, IES Profesor Domínguez Ortiz

Recorremos en este estudio las tres situaciones de "esclavitud", "cautiverio" y "conversión" que sangran nuestra Edad Moderna, y cuyos tentáculos llegan hasta los rincones más humildes de la Corona de Castilla. Tomando el ejemplo de una antigua aldea de Alcalá con reciente nombramiento de villa, ofrecemos una serie de pequeños testimonios de esas realidades que ponen en juego religión, sociedad, frontera..., y donde el documento adquiere una especial dimensión, recurriéndose, si es preciso, a su falsificación[1].

Aplicamos nuestra mirada microhistórica a una diminuta aldea de la tierra de Alcalá que no consigue su carta de villazgo hasta finales del siglo XVI. Es pues una de las últimas en alcanzar su teórica y efímera libertad respecto a la villa complutense. Se trata de Camarma de Esteruelas, calificada por Alcalá como uno de los lugares *"más pequeños e inútiles de su tierra"* [2]. Sin embargo, hasta aquí llegarán con crudeza esas tres realidades que describimos. Se entenderá, no obstante, que algunas de esas situaciones tengan en Camarma sólo unos pocos ejemplos, salpicados en los tres siglos de la Edad Moderna, aunque será el XVII en el que nos centremos para analizar la falsificación de determinados informes de limpieza de sangre.

Sobre la existencia de esclavos en Camarma tenemos una referencia que nos sitúa en la primera mitad del siglo XVII, época en la que trabajaba para los frailes del convento de Villaviciosa un esclavo, *"berberisco de nación"*. Era Villaviciosa una aldea despoblada de la tierra de Guadalajara, aunque su gran cercanía a Camarma y, por ende, a la tierra de Alcalá, hará que los camarmeños la compren en los primeros años de la siguiente centuria. Desde 1610 ocupó estas tierras el Convento-Hospital de Nuestra Señora del Amor de Dios y Venerable Padre Antón Martín. No dudaron, pues, estos frailes de la Orden de San Juan de

---

[1] Extraemos buena parte de esta información de nuestra Tesis Doctoral inédita *"Las aldeas de la tierra de Alcalá, estudio histórico de la institución aldeana en el Reino de Toledo. El ejemplo complutense"* y de nuestro libro *Camarma de Esteruelas: De la aldea medieval a la villa moderna.* Camarma, Ayuntamiento, 1995.

[2] 1565, Archivo Municipal de Alcalá de Henares (AMAH), Asuntos de Gob., CARP 23.

Dios en ocupar esclavos para la importante explotación agropecuaria que alimentaba su obra[3]. Al que hemos detectado en la primera mitad del XVII lo rebautizaron con el nombre de Juan Francisco y, como tal cristiano, a su muerte fue enterrado en la iglesia de Santo Domingo de Villaviciosa el año 1648[4].

Las presiones hacia los poseedores de esclavos se multiplicaron a partir del segundo tercio del siglo XVII. Donde más esclavos había era en las costas, justamente donde las leyes los prohibían; tampoco los podía haber en Madrid si no estaban bautizados. Aprovechando estas circunstancias y, dada la necesidad de galeotes que la Corona tenía, Felipe IV realizó varias incautaciones de esclavos. Hasta tal punto se llega a retraer la práctica esclavista que son muy raros los testimonios de ella en el siglo XVIII[5].

Sin embargo, la más dura referencia sobre esclavitud en nuestra villa camarmeña hay que situarla en los primeros años de ese siglo. El día 15 de febrero de 1723 fueron cautivados en las costas de la ciudad de Melilla un grupo de *"moros"* entre los que se encontraba un niño de 7 u 8 años que respondía al nombre de *"Amar, hijo de Mohaxamelet, natural de Vemsicar"*. Todos ellos *"fueron puestos tercera vez en pública venta el día diez y siete de dicho mes de febrero"*. El niño Amar fue separado de los suyos y comprado por D. Bernardo González por 68 pesos, *"para que le poseiese como esclavo suyo propio"* [6].

El 11 de abril, el pequeño esclavo es donado por su dueño a D. Antonio Puche y Doncel, señor jurisdiccional de Camarma, y al que se cita como Regidor Perpetuo de la Ciudad de Guadalajara. Don Bernardo realiza la donación *"en agradecimiento de los muchos beneficios que le avia merecido"* don Antonio[7]; *"para que como suio propio, él y sus herederos y subcesores en su derecho, lo posean y gozen, vendan y enajenen"*.

El 5 de julio del mismo año Amar es llevado a la iglesia de Camarma para ser bautizado; no en vano, las leyes insisten desde principios del siglo XVII en la necesidad de que los esclavos sean bautizados, especialmente en la cercana Corte, *"so pena de perdidos, aplicados a la Cámara de Su Magestad"* [8]. Actúa como

---

[3] Señala Domínguez Ortiz que mientras la esclavitud era frecuentísima en los conventos femeninos, especialmente la de negras, constituía un caso raro en los masculinos. Asimismo, es infrecuente también la ocupación de estos esclavos en labores agropecuarias. Por ello, creemos más interesante el ejemplo que citamos. DOMÍNGUEZ ORTIZ, Antonio: *La esclavitud en Castilla en la Edad Moderna, y otros estudios de marginados*. Comares, Granada, 2003.

[4] 1591-1638 y 1638-1678, Archivo Parroquial de Camarma de Esteruelas (APCE), Libros 3º y 4º de Difuntos.

[5] DOMÍNGUEZ ORTIZ, op. cit.

[6] 1655-1758, APCE, Libro 4º, de Bautismos, p. 252.

[7] Pérez Pérez nos da el dato de que D. Antonio Puche y Doncel (erróneamente le añade el "Quintana" de su hijo) era o había sido "proveedor de los reales presidios de África", lo que sin duda le granjeó el contacto con el negocio -y negociantes- de esclavos en la Plaza de Melilla. PÉREZ PÉREZ, A. Arturo: *Camarma. Datos de pequeña historia*. NAU llibres, 1982, p. 21.

[8] 1601, Archivo Histórico Nacional (AHN); Sala de Alcaldes de Casa y Corte, fol. 450.

padrino el hijo del señor jurisdiccional, D. Antonio Puche y Quintana. La obsesión por la cristianización del infiel se lleva rápidamente a cabo. Apenas unos meses han sido necesarios para que el cura, D. Joseph Fernández de Toledo, le halle *"suficientemente instruido en los rudimentos de la fee"*, y considere que *"voluntariamente pedia y desseaba el agua del bautismo"*.

Ante los -sin duda- aterrorizados ojos del niño esclavo, el sacerdote interroga al muchacho y realiza *"las demás ceremonias que el Ritual Romano in Baptismo Adultores"* preveía. Tras recordar a su padrino *"el parentesco espiritual y la obligación de instruirle en lo necesario para su salvación"*, el pequeño Amar cambia ese día su nombre musulmán por el triplemente cristiano de Antonio Bernardo Nicolás.

Pero también el cautiverio de cristianos, especialmente por el siempre enemigo turco, es una constante en la Edad Moderna ¡Pocos aspectos tan visceralmente cervantinos como éste! Precisamente, el duro cautiverio al que moros y turcos sometían tradicionalmente a los cristianos y la guerra abierta contra ellos son las causas que esgrimen los pocos pensadores del momento que hablan contra la esclavitud, y cuyos argumentos consideran no válidos para los seguidores de Mahoma. Bartolomé de Albornoz dice, por ejemplo, sacudiendo las conciencias sobre la esclavitud de los negros: *"Demos gracia a Jesucristo que en la Corona de Castilla en que vivimos no se hace un esclavo ni se consiente hacer si no son moros infieles, que destos no trato, porque ninguna duda ha, sino que pueden justamente ser captivados, y a esta cuenta se reducen los negros que traen captivos a Sicilia de toda la costa de nuestra mar Mediterráneo, de Trípoli, de Berbería [...], son moros de la creencia de Mahoma y se pueden captivar como ellos nos captivan a nosotros"* [9].

La petición de importantes sumas de dinero por su rescate hace que, durante siglos, órdenes religiosas como la de la Merced o la de la Trinidad se encarguen de recolectar estas cantidades para la *"redención de cautivos"* entre las diferentes aldeas y villas. Desde los dos primeros libros de defunción camarmeños, que abarcan la mayor parte del siglo XVI, observamos estas recaudaciones[10]. No era poco frecuente en los testamentos la aplicación de dinero a este fin, por lo que, esporádicamente, frailes mercedarios, trinitarios, o personas con poder de ellos, se pasaban por las villas y lugares a cobrar el monto de lo dejado por los difuntos. Así, por ejemplo, el 25 de junio de 1582 nos aparece reflejado el cobro de 26 reales *"que montan las mandas de los testamentos contenidos en este libro"* para la redención de cautivos. El cobro lo realiza Lucas Barroso, vecino de Torrejón del Rey, con poder de la Orden de la Merced[11]. Para el siglo XVII valga como testigo la recaudación efectuada el 29 de agosto de 1645, fecha en la que *"se cobraron las mandas acostumbradas para la redención de captivos por el Colegio de la*

---

[9] Cit. DOMÍNGUEZ ORTIZ, op. cit.

[10] 1541-1564 y 1564-1590, APCE., Libros 1º y 2º de Difuntos, p. 118.

[11] Ibídem.

Santísima Trinidad" [12]. Esta práctica la encontramos en los siglos XVI y XVII, pero en el XVIII estas competencias iniciarán un proceso de secularización, ya que se había creado la *"Vicecomisaría de la Redención de Cautivos"* a la que el Concejo de Camarma paga, en los años 1731 y 1732, 60 reales[13].

Otra circunstancia socio-religiosa que observamos de forma no poco frecuente en las antiguas aldeas alcalaínas es el tránsito de población conversa de origen asiático o centroeuropeo que, por acogerse a la fe católica recibía de las villas por las que pasaba pequeñas cantidades de dinero para su manutención. Esta limosna estaba reglamentada y requería que el cristiano nuevo, a su paso por la villa, presentase a los oficiales del Concejo una serie de documentos: Despachos con la fe de bautismo, Libro o cuaderno en el que estaban consignadas las cantidades que les iban dando las villas, y Pasaporte[14]. Presentados estos papeles, uno de los oficiales del Concejo, normalmente un alcalde, ordenaba, mediante recibo, a alguno de los obligados de abastos que diesen determinada cantidad al converso; dinero que solía traducirse, ya en la primera mitad del siglo XVIII, en un real por persona a socorrer.

En 1746 son tres los grupos de conversos que pasan por Camarma: la familia de Juan Mazarote, naturales de *"Cobrera, comprendido en el reino de el Asia Mayor"*; un matrimonio de alemanes; y dos individuos de Ginebra que piden para ellos y para sus familias que se hallaban en Barcelona.

Situación especial es la que, en ese mismo año constituye la visita a Camarma de un noble personaje *"de Nazion maronita"*, D. Joseph Abassi, Príncipe del Monte Líbano, que parece había perdido sus bienes *"por defender y amparar los cristianos"*.

En varios despachos de Su Majestad y del Nuncio, Gobernador del Arzobispado de Toledo, se manda a las villas socorrer a tan ilustre señor para que pueda recuperar los bienes confiscados por el turco. Camarma aporta 3,5 reales, más los gastos de él y su séquito, entre quienes se encuentra un intérprete que traduce *"su lengua hebrea"* [15].

Pero siguiendo con el tema de los conversos o cristianos nuevos, es importante subrayar que son los de origen judío los que verán truncado su ascenso social, político y eclesiástico, que en muchos casos había alcanzado cotas importantísimas también en la tierra alcalaína. Sabemos de la trascendencia de estas comunidades no sólo en la villa cabecera, Alcalá, sino también en algunas de sus aldeas. Así, por ejemplo, a principios del siglo XV ocupa la escribanía de Santorcaz un judío de nombre Erraví[16]. En efecto, la aljama judía es numerosa en Santorcaz{ El "Santorcaz" } a comienzos de ese siglo, hasta tal punto que se

---

[12] 1591-1638 y 1638-1678, APCE, Libros 3º y 4º de Difuntos.

[13] 1733, Archivo Municipal de Camarma de Esteruelas (AMCE), Cuentas de los años 1731 y 1732.

[14] 1747, AMCE, Cuentas de 1746.

[15] Ibídem.

encuentra en disposición de presionar para no pagar doblemente el pecho forero -una vez en el repartimiento general y otra en el repartimiento particular de la aljama-, logro que ya habían conseguido tiempo atrás los judíos de la villa alcalaína[17].

Como es bien sabido, a partir de los famosos expedientes de "limpieza de sangre" se busca impedir el acceso a los cargos públicos de cualquier persona que, en palabras de nuestro homenajeado Cervantes, *"tenga alguna raza de confeso"*; y esta férrea y cruel normativa llegará hasta la última aldea del reino, despojándose muchas veces estos lugares de las pocas mentes lúcidas de que disponían, como con mordaz ironía, enmascarada con el mejor humor, nos muestra don Miguel en su "Retablo de las Maravillas".

Estos expedientes de limpieza de sangre se gestaron en los motines antisemitas de Toledo de 1449 que tuvieron como una de sus consecuencias la proclamación de un decreto que excluía a las personas de ascendencia judía del acceso a cargos municipales en esa ciudad. Desde este momento, y a lo largo de la Edad Moderna, se multiplicaron las denuncias, investigaciones, juicios... Y será pronto la Inquisición, solicitada por los Reyes Católicos al Papa en 1478, la que se encargue del seguimiento de tales expedientes, emprendidos para la inspección de multitud de personas, que tendrían que demostrar -o falsificar- que sus antecesores habían sido todos cristianos y que ellos, como tales cristianos viejos, eran dignos de acceder a cualquier tipo de cargo.

De 1667 es un documento de "limpieza de sangre", conservado en el Archivo Municipal de Camarma de Esteruelas, en el que la familia Majuelo pretende demostrar su rancia cristiandad. En efecto, los Majuelo aparecen en los primeros libros sacramentales de principios del XVI, pero en su esfuerzo por ir más lejos en el tiempo pretenden ser descendientes de los Elorriaga de Vizcaya, "cerca de Garnica", ya que, según el documento, en vasco "Elorriaga" significa majuelo o viñedo.

Observamos aquí un desesperado intento de mostrarse emparentados con una familia del norte de España, cuya contaminación con sangre no cristiana se consideraba más difícil. Lo cierto es que una correcta traducción de "Elorriaga" sería "Espinar" referido a uno concreto (de "elorri", espino, y "-aga", sufijo usado como toponímico). También "elordi" tiene el significado común de "espinar"; mientras que para majuelo los términos vascos utilizados son "mastegi" o "mastui", sin ninguna posible relación con el apellido "Elorriaga" con el que los "Majuelo" pretendían emparentar[18].

---

[16] 1406, Archivo Municipal de Santorcaz (AMS), ms. 7.

[17] 1412, AMS, ms. 12.

[18] UMANDI: *Gramática Vasca. Método para aprender y enseñar el idioma vasco.* Seminario de Filología Vasca Julio Urquijo, Zarauz, 1959.

La desesperación por demostrar esa "limpieza sanguínea" llega, pues, a casos como éste donde emparentar con lo vasco era emparentar con lo "genuinamente español", con lo "genuinamente cristiano".

Sin llegar a tan burda falsificación, hemos encontrado en nuestra aldea otros ejemplos de expedientes de limpieza de sangre. Lo es, por ejemplo, aunque sin mencionarlo explícitamente, un documento del Archivo Histórico Parroquial, en el que se reflejan infinidad de partidas de Bautismo, Matrimonio y Defunción de la familia Recuero-Valencia[19]. El cura párroco de Camarma realiza en este caso un honesto seguimiento que abarca el amplio arco temporal 1546 – 1774; pero el hecho de no disponer del expediente completo nos mantiene la duda de si en este caso fue suficiente llegar a esos comienzos de la Edad Moderna -primeros momentos de sistematización de los libros sacramentales- o si, como sucedió con los Majuelo, la necesidad de ir más atrás hizo buscar imaginativos enlaces genealógicos.

---

[19] 1813, APCE, Expediente sobre Partidas de Bautismo, Matrimonio y Defunción de la familia Recuero-Valencia, Doc. nº 13.

SEGUNDA PARTE

LA PAROLE DES LETTRES ET LE SILENCE DES HISTORIENS

Françoise Waquet
CNRS, Paris

Je partirai de l'écrit et de l'imprimé bien présents et bien vivants dans l'Europe de la fin du XVIe siècle. Pour en rester à l'imprimé – cette « perfection de l'écriture », selon un académicien parisien du XVIIe siècle – , c'est quelque 20 millions de livres qui auraient été produits avant 1500 ; au début du XVIe siècle, « l'imprimerie a gagné la partie », ont écrit Lucien Febvre et Henri-Jean Martin, donnant à l'appui de leur affirmation les chiffres impressionnants d'un minimum de 150 à 200 millions d'exemplaires pour ce siècle-là. Les procédés, il est vrai, n'ont pas manqué pour tenter de réduire au silence la nouvelle technologie, du moins, certaines de ses productions – et ce colloque en fournira bien des exemples. Pour autant, le succès de ces manœuvres fut d'une incidence limitée, et l'imprimerie afficha tout au long de l'Ancien Régime typographique un fort dynamisme, une belle vitalité.

Le contraste est ici extrême avec le silence qui entoure la parole. À lire les travaux sur la vie intellectuelle de l'Europe moderne y compris les études les plus récentes portant sur les pratiques savantes ou sur la rhétorique de la science, tout se passe comme si la parole avait totalement disparu du monde de l'esprit. Or, il n'en est rien. On s'en convaincra facilement à la simple vue de ces images qui, placées au frontispice de livres des XVIe-XVIIe siècles, représentent un maître en train de faire sa leçon devant un public d'élèves, c'est-à-dire en train de parler.

Dans cet exposé, je voudrais rendre sensible la place que l'oralité a tenue dans le monde des lettrés au début de la période moderne et, au-delà de cette place, souligner la valeur cognitive que les hommes du temps ont reconnue à la parole. Il ne s'agira pas ici de faire entendre les mots qui ont été dits ni de certifier l'authenticité des discours qui ont résonné dans ce que l'on a appelé la République des Lettres – cela est-il possible ? Il s'agira bien différemment de rappeler la part que l'oralité eut dans un milieu donné à une époque donnée, et de montrer le statut qu'une culture savante a reconnu à la parole vive. Après avoir ainsi arraché l'oralité au silence historiographique, je reviendrai sur les raisons qui ont amené des doctes – les historiens – à taire la parole de leurs semblables ou, pour le moins, à l'ignorer.

* * *

La simple mention de ces réalités institutionnelles que sont les collèges, les universités allègue des univers de langage faits de cours, de leçons, de disputes et autres activités de parole. Des univers, de surcroît, en expansion à la période où nous nous situons : il n'est que de penser aux créations nombreuses d'universités et encore plus de collèges qui eurent alors lieu dans l'Europe occidentale.

Plus concrètement. Entrons dans un collège jésuite du temps. Il est réglé par la *Ratio studiorum* (1599) qui fait à l'oralité une place majeure dans le déroulement de la classe. Au point de départ de l'enseignement, il y avait la leçon qui, appelée *praelectio* dans les classes inférieures et *lectio* dans les classes supérieures, consistait en « la lecture orale publique et commentée d'un texte écrit ». La parole magistrale n'était pas seule à se faire entendre. Les élèves se livraient, sous la conduite du maître ou en groupes autonomes, à de multiples exercices oraux : récitations, répétitions, disputes, etc. Des devoirs écrits complétaient bien le dispositif : toutefois, ils n'étaient guère pratiqués dans les classes supérieures, sauf en première année, et leur correction était orale. Ainsi, entre les leçons magistrales et les nombreuses récitations et disputes qui constituaient l'ordinaire de la vie scolaire, sans compter des exercices moins habituels comme des discours et des déclamations, l'oral avait dans les classes des collèges jésuites une place dominante et un rôle fondamental. Comme l'ont noté les commentateurs de la dernière traduction française de la *Ratio*, il s'agissait de « s'appuyer sur la force de la parole pour entrer dans la pratique de la lecture et l'écrit».

Dans l'université, les deux piliers de l'enseignement, la leçon et la dispute, sont, tous deux, de nature orale. Je n'insiste pas sur la leçon qui, au fil du temps, voit s'instaurer le règne de plus en plus exclusif de la parole magistrale. Quant à la dispute, loin d'avoir disparu, victime des critiques et des sarcasmes des humanistes au premier rang desquels Rabelais, elle a non seulement perduré, mais encore elle assumé dans les universités d'Ancien Régime une fonction d'apprentissage, étant l'exercice majeur auquel les étudiants se livraient tout au long de leur scolarité. Ceux-ci enregistraient ainsi leurs connaissances, avant d'en obtenir la validation toujours par cet exercice lors des épreuves pour l'acquisition des grades. La part de l'oralité dans l'emploi du temps d'un étudiant ressort nettement de l'autobiographie de Simonds d'Ewes qui passa trois ans à l'université de Cambridge, de 1617 à 1619. D'Ewes, après avoir mentionné les lectures qu'il avait alors faites, précisait que tout le savoir qu'il avait acquis ne l'avait pas été « par l'œil » ; une grande partie l'avait été « par l'oreille ». Il faisait état des cours qu'il avait suivis dans l'université, des problèmes, sophismes, déclamations et autres exercices scolastiques auxquels il avait assisté dans son collège, des conversations qu'il avait eues avec ses camarades dans son propre collège, aussi bien qu'avec des lettrés ailleurs, plus un petit nombre d'exercices et de déclamations auxquels il avait personnellement participé.

Si l'on prend en compte le nombre de leçons qui ont été données et de disputes qui ont été soutenues, si l'on additionne la parole des maîtres et celle des élèves, force est de constater que dans les universités – aussi bien que dans les collèges – une somme considérable de temps a été donnée au parler.

On a aussi beaucoup parlé dans les académies. Ces institutions qui sont « nées » – ou plutôt « renées » – en Italie, ont connu un prodigieux succès partout en Europe et même dans le Nouveau Monde, et elles en sont venues à symboliser un savoir « moderne » ou, du moins, plus novateur que celui des universités. Or, les séances académiques sont essentiellement orales: ce sont des discours, des lectures, des récitations, des discussions. D'ailleurs, c'est comme une activité de parole que l'académie a été très tôt présentée : ce sont « des gens qui parlent et répondent à propos », pour citer une célèbre définition donnée en 1621. En cela, l'académie était l'héritière des cénacles humanistes, « des hommes qui conversaient ensemble », comme les décrivit Vespasiano Da Bisticci.

Ce monde de paroles qu'incarnent les collèges, les universités, les académies, s'accroît démesurément si l'on ajoute les échanges informels, ceux qui se déroulent hors des formes institutionnelles de la communication : les entretiens privés, les conversations à bâtons rompus entre maîtres et élèves ainsi qu'entre pairs. Pour en rester au monde savant, les témoignages ne manquent pas qui attestent de multiples occasions d'échanges informels. Ainsi, les correspondances savantes se font l'écho de conversations qu'un savant a eues, de réunions qui se tenaient ici et là ; tout particulièrement, les lettres envoyées par un docte au cours d'un voyage sont pour une bonne part le compte rendu de ses rencontres avec d'autres savants et de leurs discussions. Il est d'ailleurs un genre d'ouvrages qui est directement issu des conversations de lettrés – les recueils d'*ana* qui se publièrent à partir de 1666. Si plus tard, ils continrent aussi des extraits de lettres et d'autres écrits, originellement, ils ne rassemblaient que des propos qui, tenus lors d'entretiens y compris pendant des repas – à l'instar des *Propos de table* de Luther – avaient été notés par un proche ou par un disciple. Nombre de ces recueils font figurer dans leur titre les mots « conversation de » ou « de la bouche de », signalant, d'emblée, leur origine orale : c'est le cas des *Scaligerana* qui rassemblent des propos tenus par le grand humaniste devenu professeur à Leyde (1593-1609). Propos qui ne sont pas sans présenter de surcroît un intérêt linguistique, puisque l'on voit que Scaliger passait du français au latin et *vice versa*, parfois dans une même phrase, utilisant l'une ou l'autre langue sans autre raison que sa propre commodité.

En conclusion de ce rapide inventaire d'activités de paroles au sein de la culture non populaire, je souhaiterais mentionner l'intérêt qu'il y aurait, selon à moi, à conduire des recherches en la matière dans le monde des bureaucraties, monde qui, en ce tournant du XVIe siècle, est en pleine expansion. Les études qui aujourd'hui portent sur les pratiques administratives gagneraient à ne pas s'arrêter aux seuls protocoles écrits et aux types de documents qui ont accompagné la genèse de l'État moderne. L'attention devrait se porter aussi sur les réunions, les délibérations et les discussions, et l'analyse des actes écrits devrait faire la part du jeu de l'oralité tant dans l'acquisition de l'information que dans la prise de décision.

* * *

Un simple parcours dans le monde du savoir rend ainsi *visible* un univers de langage, un univers de vastes proportions. Ce n'est, je crois, guère s'avancer que d'affirmer que les doctes ont plus parlé qu'ils n'ont écrit ou publié. Cette affirmation de nature quantitative se renforce d'un constat d'ordre qualitatif. Les hommes du temps ont comparé écrit et oral ; ils ont pesé les mérites respectifs de l'une et l'autre technologie dans la communication du savoir, et, dans ces parallèles, ils ont tranché en faveur de l'oralité. Quelques exemples permettront de saisir leur point de vue et, en cela, de mettre en évidence l'importance cognitive qu'ils ont accordée à la parole dans les opérations de l'esprit.

Dès le XVIe siècle en Italie, alors que les académies « renaissaient », des auteurs ont établi la supériorité de ces institutions sur les livres. Leur raisonnement reposait sur deux principes solidaires : la nature sociable de l'homme – un « animal civil et communicatif » ou encore plus éloquemment en italien « un animale conversevole » – et le lien étroit qui existait entre le savoir et la conversation. Le texte majeur se trouve dans la *Civil Conversazione* de Stefano Guazzo (1574) – un ouvrage qui, je le rappelle, a eu une fortune européenne. Guazzo énonçait là un principe qui devint presque un lieu commun : « le savoir commence dans la conversation [dal conversare] et finit dans la conversation [nel conversare] ». D'emblée, la cause de l'étude livresque et de la méditation solitaire était entendue. La réunion des talents qui se produisait dans les académies valait mieux, et Guazzo l'explicitait en ces termes : « Le fruit que l'on recueille de ces académies est inestimable, et ils sont bien avisés ceux qui y mettent le pied, parce que sachant qu'un seul ne peut de lui-même acquérir beaucoup de science [...] , ils obtiennent là tout ce qu'ils veulent parce que, parlant les uns des histoires divines, les autres des histoires humaines, qui de philosophie, qui de poésie et d'autres matières diverses, ils participent pleinement de ce que chacun a appris avec peine et au prix d'un long travail ». Travail conduit sur des livres, faut-il préciser afin d'avoir tous les termes de la pensée de Guazzo. C'est que dans l'éloge qu'il faisait des académies – une forme institutionnalisée de conversation – entrait une raison plus générale : « la conversation enseigne plus que les livres ».

Cette supériorité reconnue à la conversation, Guazzo l'explicitait en développant l'argumentaire suivant. « Et je veux vous dire en plus que ce serait une erreur de croire que le savoir s'acquiert plus dans la solitude au milieu de livres que dans la conversation des hommes doctes ; parce que c'est une maxime philosophique, et l'on en a la preuve, que l'on acquiert mieux le savoir par les oreilles que par les yeux, et qu'il ne serait pas besoin d'abîmer sa vue ni d'user ses doigts à feuilleter les auteurs, si l'on pouvait avoir continûment leur présence et recevoir par les oreilles cette vive voix qui s'imprime dans l'esprit avec une force admirable ; outre que rencontrant dans la lecture quelque obscure difficulté, vous ne pouvez pas prier le livre de vous l'éclaircir et il vous faut alors le quitter mécontent, lui disant : si tu ne veux pas être compris, je ne te comprendrai pas ; de là, vous pouvez comprendre qu'il est plus utile de parler avec les vivants qu'avec les morts ». Le livre apparaissait donc comme faute de mieux, l'idéal étant de pouvoir s'entretenir avec les auteurs mêmes, et ce pour deux raisons. L'une ressortit, ici de façon pittoresque et imagée, à une définition des livres qui courait depuis l'Antiquité, quand Aulu-Gelle les avait présentés comme des «maîtres muets » (*Nuits attiques*, XIV, 2, 2). L'autre tient au rôle reconnu à la parole vive et l'on voit bien ici que l'adage classique *viva vox docet* conservait toute sa valeur. Au passage, on notera que le raisonnement de Guazzo dément l'interprétation déterministe de Marshall McLuhan qui vit dans l'imprimerie une mutation anthropologique – l'œil serait désormais dissocié des autres organes des sens et serait privilégié par rapport à l'oreille souveraine dans les cultures orales antérieures. Or, plus d'un siècle après l'invention de l'imprimerie, l'oreille et la voix conservaient pour un lettré qui lisait et écrivait, une entière primauté.

Les mêmes arguments de la supériorité cognitive de la conversation, du profit limité de la lecture, de la prééminence accordée à l'ouïe sur la vue se trouvent aussi chez Montaigne. Dans le chapitre de ses *Essais* intitulé *De l'art de conférer*, il écrivait : « Le plus fructueux et naturel exercice de notre esprit, c'est à mon gré la conférence [= la conversation]. J'en trouve l'usage plus doux que d'aucune action de notre vie ; et c'est la raison pourquoi si j'étais... forcé de choisir, je consentirais plutôt, ce crois-je, de perdre la vue que l'ouïr ou le parler... L'étude des livres, c'est un mouvement languissant et faible, qui n'échauffe point ; là où la conférence apprend et exerce en un coup. Si je confère avec une âme forte et un raide jouteur, il me presse les flancs, me pique à gauche et à dextre ; ses imaginations élancent les miennes. La jalousie, la gloire, la contention me poussent et rehaussent au-dessus de moi-même ».

La prééminence de l'échange oral était encore affirmée quand les conversations devenaient fort vives, voire tournaient en disputes. Guazzo, poursuivant son argumentation en faveur de l'oralité, soulignait la fonction cognitive des disputes en ces termes : « Elles ont la force de réveiller les esprits ces disputes qui naissent entre les lettrés, lesquels apprennent en disputant et retiennent dans leur mémoire ce qu'ils apprennent de cette façon, et alors qu'ils cherchent à l'emporter l'un sur l'autre avec des raisonnements, on en vient à une parfaite connaissance des choses ; et parce qu'on a l'habitude de dire que la dispute est le crible de la vérité, et parce que la vérité se tire des connaissances communes, on ne peut apprendre ces connaissances que par la pratique ».

La supériorité cognitive de l'oralité – formelle, mais aussi et encore plus informelle – sur l'étude livresque devint au fil du temps une vérité de fait pour ne pas dire un lieu commun que l'on ne s'employa même plus à justifier. Il n'est que de se reporter, en sortant quelque peu des limites chronologiques de notre période, au *Polyhistor* (1688) de Daniel Georg Morhof, ce gros ouvrage qui codifia les normes et les croyances de la République des Lettres. On y lit des affirmations péremptoires telles que : « On apprend plus par la conversation... que par la lecture des livres » ; ou encore : « Rien ne convient mieux pour la formation que la conversation fréquente avec des hommes doctes ». Les voyages et la *peregrinatio academica* étaient présentés comme une occasion privilégiée de s'entretenir avec des savants distingués, et ces entretiens constituaient l'un des profits que le voyageur pouvait escompter, un profit « souvent supérieur à la lecture des livres ». Et si Morhof qui était un professeur mais aussi le bibliothécaire de son université, Kiel, admettait que « la lecture des livres n'était cependant pas inutile », c'était à condition d'« avoir quelqu'un avec qui converser ».

Ces comparaisons entre oral et écrit ou imprimé ont été effectuées, soulignons-le, dans un environnement qui n'est pas celui que les anthropologues ont considéré quand ils ont étudié l'entrée de civilisations ou, pour le moins, de populations dans l'écriture. Ici non seulement l'écrit et le livre sont bien présents, ils sont même envahissants ; rappelons-nous le cri d'effroi du grand bibliographe Conrad Gesner devant la masse des livres que dans les années 1540 il s'employait à répertorier : *res plane infinita est* ! Ici, écrire et lire sont des données familières, voire banales, constituant l'ordinaire de la vie de tous les jours. Bien plus, parole, lecture et écriture coexistent dans le monde intellectuel. Il n'est que de penser à ces gravures que j'ai précédemment évoquées où l'on voit un maître parler un livre ouvert devant lui et faisant face à un auditoire d'étudiants prenant des notes. Il n'est que de penser aussi à des représentations de leçons d'anatomie où l'on voit diverses technologies de la communication interagissant entre elles: la parole et le livre avec le professeur qui en chaire lit et commente un traité; le geste avec le prosecteur qui, se tenant près du cadavre, montre la partie du corps correspondant au discours du professeur ; enfin, cet objet même de savoir qu'est le cadavre, tel qu'il a été préparé pour la leçon. Il ne m'appartient pas, dans le cadre de cet exposé, d'insister davantage sur ces combinaisons, multiples et multiformes, qui s'établissent entre l'oral, l'écrit, l'imprimé et ces modes de communication que les historiens des sciences qualifient de non verbaux. Il me suffit ici de rendre la parole visible.

* * *

Alors que l'oralité est une composante majeure et féconde de la vie intellectuelle, il importe de se demander pourquoi elle a été passée sous silence par l'historiographie. Pourquoi la parole a-t-elle été absente de l'agenda des historiens qui ont exploré le monde savant ? Pourquoi des hommes qui font largement métier d'oralité ne se sont-ils point interrogés rétrospectivement sur le sujet ? Cette question, cela va sans dire, ne vaut pas que pour le seul début de la période moderne. Les réponses sont multiples, composites et anciennes – ce qui explique leur profond enracinement. Je me tiendrai ici à deux grands ordres de raisons que j'évoquerai à grands traits.

Le premier renvoie à des orientations de la recherche historique qui, par leurs méthodes, leurs approches et leurs questionnements, ne pouvaient pas prendre en considération l'oralité des doctes, quand elles ne l'excluaient pas, implicitement du moins. Les années 1960 et suivantes ont vu le triomphe du quantitatif. En France, notamment, les historiens des faits culturels ont alors beaucoup mesuré, compté et quantifié, et leur « ivresse statisticienne » a été favorisée par le développement de l'informatique. L'écrit et plus encore l'imprimé se prêtaient particulièrement bien à des dénombrements : ainsi on a compté des signatures dans des testaments et les actes notariés ; on a compté les livres publiés ici et là, par un imprimeur ou par une ville, dans une année ou dans un siècle ; on a compté les articles parus dans les périodiques et jusqu'aux lignes, aux caractères et aux blancs qui les composaient. En regard, l'oralité était bien moins nombrable, mesurable, quantifiable ; d'où, en ces temps de quantitativisme triomphant qui ont duré pour le moins jusqu'au début des années 90, une absence d'intérêt historiographique pour les phénomènes d'oralité qui *a priori* ne se laissaient pas dénombrer.

Ces mêmes années 1960 et suivantes ont vu la floraison d'études sur le thème culture savante/culture populaire. Les travaux ont en fait privilégié la culture populaire – ce qui ne saurait étonner dans ces années-là marquées par un fort militantisme, et peut-être aussi par une certaine mauvaise conscience, chez des historiens qui n'appartenaient majoritairement pas au monde des humbles. Cette culture populaire a été présentée comme une culture orale. Pour autant, elle a été principalement appréhendée dans son contenu, et sa dimension orale, toute revendiquée qu'elle fût, n'a pas fait l'objet d'études approfondies. De surcroît, dans les travaux sur l'alphabétisation et sur l'accès des classes subalternes à la lecture et à l'écriture, l'oralité se rétrécissait avec le temps ; quand elle subsistait, elle n'apparaissait que de manière négative : elle était ce qui n'avait pas encore été gagné par l'écrit.

Si l'oralité de la culture populaire – une culture pourtant définie comme orale – n'a point attiré l'attention, la parole des doctes, elle, a été totalement ignorée. C'est que de surcroît, dans la dialectique culture savante-culture populaire, une équation simpliste s'est imposée qui a assimilé d'une part écrit et imprimé à savant et cultivé, de l'autre et plus exclusivement encore, oral à populaire, illettré et inculte. En conséquence, le monde intellectuel a été historiographiquement placé sous le signe quasi exclusif de l'écrit et de l'imprimé, et l'on a négligé ce par quoi le savoir a aussi circulé – et circule encore – à son plus haut niveau : la parole.

À l'endroit de la culture savante, cette « indifférence » a encore été favorisée par l'orientation même de l'histoire intellectuelle. Celle-ci a longtemps été dominée par une histoire des idées qui était avant tout une histoire des œuvres, l'intérêt se portant sur le contenu des textes et sur la forme des écrits. Une « nouvelle histoire des sciences » est bien apparue dans les années 1990 qui, fortement marquée par l'histoire sociale, ne se propose plus l'étude des idées, des concepts, des méthodes, mais celle des organisations, des pratiques et des procédures. Dans les mêmes années, un fort renouvellement a marqué l'histoire de l'enseignement en général et des universités en particulier ; ainsi des historiens sont entrés dans la salle de cours afin de saisir, au-delà des règlements et des programmes, les réalités pédagogiques : ils ont considéré les modes de la transmission des savoirs ainsi que les disciplines telles qu'elles étaient enseignées. Toutefois, dans ce double intérêt pour les pratiques et, avec elles, pour ce que l'on a appelé « les petits outils du savoir », les historiens n'ont pas porté l'attention sur la dimension orale de la communication des connaissances et un objet aussi présent, aussi usuel dans l'ordre intellectuel que l'oralité a laissé indifférent.

À ce point, on pourrait être amené à penser que cette indifférence n'est point délibérée, mais qu'elle ressortit aux matériaux mêmes du travail historique, aux sources. Peut-on saisir pour le passé un phénomène par nature évanescent ? La disparition historiographique de la parole savante serait moins à rapporter à un désintérêt des historiens qu'elle ne révélerait l'impossibilité de l'entreprise. Alors que les paroles s'envolent – *Verba volant*, dit l'adage –, peut-on saisir l'immatériel ? Cette question n'a pas arrêté dans leurs recherches les historiens des cultures populaires. De surcroît, pleinement conscients d'utiliser pour les classes subalternes de culture orale « des sources doublement indirectes parce qu'écrites, et écrites par des individus relevant plus ou moins de la culture écrite » (Carlo Ginzburg), ils n'en ont pas moins restitué ce que les simples disaient mais, qui plus est, pensaient et croyaient. Le désormais célèbre Menocchio a ici valeur de paradigme. Des historiens s'appuyant, et pour cause, sur de seuls documents écrits, ont restitué pour le passé des mondes sonores ; je pense aux études de Jean-Pierre Gutton sur les bruits dans la France urbaine et de Bruce Smith sur l'univers acoustique des contemporains de Shakespeare. Au rappel de ces ouvrages, il est clair que l'objection des sources n'a aucun caractère rédhibitoire pour qui veut mener une enquête rétrospective sur des formes orales de la culture. Que cette culture soit populaire ou savante ne change rien à l'affaire. Les choses seraient même plus simples dans le second cas : les sources sont toujours indirectes, parce qu'écrites, mais elles ne le sont plus « doublement », produites qu'elles sont par leurs auteurs mêmes. Et elles ne manquent pas pour rendre visibles l'univers de langage qui fut celui des lettrés, pour rendre sensible l'importance qu'ils ont accordée à la parole dans la communication et l'invention du savoir. Les exemples que j'ai précédemment donnés en sont, je crois, la preuve suffisante.

Plus peut-être qu'aux agendas ou qu'aux sources du travail historique, le silence qui a pesé sur la parole dans la vie intellectuelle ne serait pas sans renvoyer à une raison plus générale, à savoir la « mythologisation » dont l'écrit et sa version moderne, l'imprimé, ont été l'objet. Ne dit-on pas communément, c'est dans le livre, pour preuve de la vérité d'une affirmation ? Sans tomber dans ces excès de superstition, voire d'idolâtrie de la lettre imprimée, sans abdiquer les droits de la pensée critique, les intellectuels ont investi le livre d'une forte autorité. Je ne détaillerai pas ici les éléments multiples qui, au fil du temps, sont entrés dans la construction de ce que l'on pourrait qualifier de sacralité. Ce sont tout à la fois des éléments économiques qui ont fait du livre un produit cher et donc de prix, des éléments culturels qui ont constitué le livre en une marque de distinction sociale, des éléments spirituels qui ont institué le livre en symbole de la liberté de penser. Le livre, objet matériel, a ainsi fait l'objet d'une véritable sacralisation. En conséquence, la tradition orale, immatérielle, s'est trouvée dévaluée. Tout cela a été renforcé par l'historiographie, c'est-à-dire ici par les acquis d'une histoire du livre qui, extrêmement dynamique depuis les années 1970, a enregistré les conquêtes, puis le triomphe de l'imprimerie ; les volumes 2 et 3 de l'*Histoire de l'édition française* dirigée par Henri-Jean Martin et Roger Chartier sont éloquemment sous-titrés : *Le livre conquérant* et *Le livre triomphant*. De plus, les études récentes portant sur la mise en page et la mise en texte du livre, autrement dit sur la présentation du livre imprimé telle qu'elle s'est imposée au début de l'époque moderne avec la ponctuation, les chapitres, les alinéas, etc., ont insisté sur l'apparition et l'autonomie d'un langage imprimé qui saisirait le flux de la parole, une parole qu'à terme l'on verrait sur le papier, mais que l'on n'entendrait plus.

À l'arrière-plan de tout cela, il y a, implicite, une idée commune qui informe largement l'histoire des technologies quelles qu'elles soient. Dans une perspective qui est généralement progressive, tout se passe comme si la dernière technologie chassait la précédente. L'apparition du livre aurait en quelque sorte entraîné la disparition de la parole. Les choses sont assurément formulées moins crûment ; elles n'en sont pas moins souvent perçues et présentées comme telles. Or, l'imprimerie n'a chassé ni l'écrit, ni la parole. À l'encontre de la célèbre formule hugolienne, ceci n'a pas tué cela. Écrit et oral sont demeurés bien vivaces dans la civilisation de l'imprimé, et à l'heure d'Internet ils demeurent encore nos instruments quotidiens. Bien plus, ce que l'observateur du monde savant constate, ce sont les combinaisons multiples que les lettrés ont faites entre oral, écrit et imprimé, voire les bricolages auxquels ils se sont livrés, considérant au premier chef ce qui valait mieux dans telle ou telle circonstance pour conserver, transmettre et produire le savoir.

Prendre en compte au-delà des technologies de la communication, les usages qui en ont été faits, réfléchir sur les pratiques même les plus banales qui eurent cours dans le monde intellectuel, amène à rendre pour le moins visible une oralité que les historiens ont ignorée pour ne pas dire occultée. On est alors poussé à se demander si au fond de tout cela il n'y aurait pas chez des gens qui se réclament de l'écrit et du livre, une certaine gêne à se reconnaître aussi enfants de la parole.

DOS DOCUMENTOS JESUÍTICOS SILENCIADOS: LOS DOCUMENTOS MICCINELLI

Laura Laurencich Minelli
Università di Bologna

La búsqueda diligente en archivos y bibliotecas italianos de documentos americanos que, desde el 1985 dirijo en Italia para la Unión de las Academias de la Ciencias Internacionales, con el intento de establecer el *Corpus Antiquitatum Americanensium Italicum*, me dio a conocer en 1994, una colección muy interesante que Clara Miccinelli (Nápoles) heredó el año 1958 de su tío materno, Ricardo Cera, y quien lo había recibido, a su vez, de parte del Duque de Saboya Aosta como agradecimiento por haberle salvado la vida.

Gracias a la disponibilidad de Clara Miccinelli y a su interés por su colección, logré estudiar dos curiosos documentos de su propiedad sobre los cuales estoy preparando, en este momento, su publicación completa. Se trata de dos documentos jesuitas secretos, no escritos para la imprenta ni tampoco para la difusión interna, sino para dejar constancia, en forma silenciada y a menudo críptica, de unos eventos inauditos vividos en el interior de la Compañía entre el final del siglo XVI y el año 1638.

Ambos documentos narran, con distintos detalles acontecimientos parecidos los cuales modifican una serie de hechos hasta ahora afianzados por la historiografía Colonial peruana: por un lado, tomando como testimonio la carta escrita por Francisco de Chaves al Rey, se acusa a Francisco Pizarro de haber derrotado a Atahualpa, dándole de beber vino envenenado a los oficiales de su ejército, de haber robado el dinero perteneciente a los quintos imperiales, de no haber respetado el deseo de un rey de sangre, Atahualpa, de entrevistarse con Carlos V y de haberlo en cambio matado y sin un justo proceso. Por el otro lado, revelan que el mestizo P. Blas Valera fue encarcelado y luego desterrado a España, en el año 1587, no por un asunto de mujeres, como se consideraba hasta ahora, sino por un delito mucho más grave, que parece haber sido herejía y subversión política.

Una primera investigación hace suponer que, tras este "delito" se esconde el intento del P. Blas Valera de realizar su utopía que, tomando como punto de partida el hecho que la conquista había sido llevada a cabo a través del engaño y por lo tanto era injusta, intentaba establecer un "estado" inca pero cristiano en el ámbito del gran imperio español. Todo esto habría podido colocar a la Provincia jesuítica peruana en graves problemas con la Inquisición. Este peligro habría llevado el P. General Claudio Aquaviva primero a desterrar al P. Blas y luego a decretar su muerte jurídica, el 2 de abril 1597, en el colegio de Málaga, como, testimonian las listas de difuntos conservadas en el Archivo Romano de la Compañía, en la sección *Historia Societatis*.[1] Muerte que hasta ahora, en base a estos documentos, se había considerado real. Los ms. Miccinelli narran además que después de haber muerto jurídicamente, el año 1598, el P. Blas zarpó de Cádiz a escondidas, gracias a un grupo de jesuitas y que, en 1599, estaba ya de nuevo en Perú donde fue ayudado por algunos de sus correligionarios enterados de la situación y por los indios que, a pesar de ser él un mestizo, consideraba "su gente". En el Perú, continúan los doc. Miccinelli, habría permanecido hasta el año 1618, es decir el tiempo suficiente para escribir, con un grupo de jesuitas la *Nueva Coronica* para regresar finalmente a España donde murió realmente el año 1619. La *Nueva Coronica* parece haber sido el motivo de su regreso al Perú. Sin embargo la *Nueva Coronica* contiene, en la parte *Buen Gobierno,* la utopía de un estado indígena en el ámbito del Imperio que, de acuerdo a EI no seria de Guaman Poma sino de Blas Valera.

El dato mas llamativo que relatan los dos documentos Miccinelli es que Valera haya concebido *Nueva Coronica y Buen Gobierno* escondiéndose detrás del nombre de Guamán Poma y, para que la simulación resultara aún más verosímil, el mismo Guamán hubiera actuado como informante de su propia vida y de sus andanzas, mientras el H. Gonzalo Ruiz habría prestado su mano como escriba y dibujante y el P. Anello Oliva le habría brindado su ayuda para enredar aún más las cosas, de manera que no se entendiera que el P. Valera (que ya había sido declarado muerto) fue quien concibió la obra. Además los dos documentos proporcionan varios tipos de "escritura" indígena, ya sea mediante quipus, ya sea mediante *tocapus,* y nos informan que los *Comentarios Reales* de Garcilaso de la Vega son en parte plagio y deformación del trabajo que Valera le había confiado para que lo imprimiera, bajo la condición que respetara al P. Blas como autor y a sus ideas. O sea, las intuiciones de Gonzáles de la Rosa encuentran sustento en los documentos Miccinelli[2]. Los análisis técnicos sobre estos manuscritos y los documentos cruzados, que fueron presentados en el coloquio internacional Guaman

---

[1] Por lo que concierne la utopia de Blas Valera y de su grupo ver: Laurencich-Minelli Laura: Un aporte de "Exsul Immeritus Blas Valera populo suo" y de "Historia et Rudimenta Linguae piruanorum" a la historia peruana: la figura de Blas Valera, en: Francesca Cantù (ed.) Actas del coloquio Internacional: Guaman Poma y Blas Valera. Tradición Andina e Historia Colonial (IILA, Roma, 29-30 de Septiembre 1999), Roma, Pellicani, 2001b, pp. 247-272; Laurencich-Minelli Laura: "El mito utópico de Paititi desde un documento jesuítico parcialmente inédito del siglo XVII", Archivio per l' Antropología e la Etnologia, Volumen CXXXV, 2005; Laurencich-Minelli Laura: Paititi: utopia o metáfora de Reducción indígena? VI Congreso Internacional de Etnohistoria, Buenos Aires, 22-25 de noviembre 2005, comunicación presentada al III simposio: "tradiciones orales, narrativa y simbolismo". Por lo que concierne la documentación sobre la muerte de Blas Valera en 1597,cfr. Borja de Medina Francisco: "Blas Valera y la dialéctica exclusión-integración del otro", Archivum Historicum Societatis Iesu, LXVIII, 136 (1999): 229-268.

[2] Gonzales de La Rosa Manuel: "El Padre Valera, primer historiador peruano. Sus plagiarios y el hallazgo de sus tres obras". *Revista Histórica* II (1907), pp180-199; Gonzales de La Rosa Manuel: "Polémica histórica. Las obras del Padre Valera y de Garcilaso. *Revista Histórica* IV(1909)pp.301-311.

Poma y Blas Valera de 1999, indican que los documentos han sido escritos realmente por las personas firmantes y que los problemas levantados por los documentos Miccinelli realmente existieron[3].

---

[3] Para las análisis tecnicas sobre los Miccinellis y, de manera específica lo que concierne las grafias y la paleografia, cfr. Altamura Luigi: *Relazione di consulenza concernente la verifica di scritture,* en: Francesca Cantù (ed.) *Actas del coloquio Internacional: Guaman Poma y Blas Valera. Tradición Andina e Historia Colonial* (IILA, Roma, 29-30 de Septiembre 1999), Roma, Pellicani, pp. 143-170; por lo que concierne las análisis non invasivas y non destructivas de colores y tintas, cfr.Bertoluzza Alessandro, Fagnano C., Rossi M. e Tinti A.: *Primi risultati dell' indagine spettroscopica micro-Raman sui documenti Miccinelli (Historia et Rudimenta ed Exsul Immeritus,* en: Francesca Cantù (ed.) *Actas del coloquio Internacional: Guaman Poma y Blas Valera. Tradición Andina e Historia Colonial* (IILA, Roma, 29-30 de Septiembre 1999), Roma, Pellicani, pp. 181-190; por lo que concierne las análisis non invasivas y non destructivas de los metales utilizados en Exsul Immeritus, cfr. Gasparotto, Giorgio: *Studio al microscopio elettronico a scansione SEM e microanalisi EDS delle parole chiave metalliche allegate a Exsul Immeritus. Indagine preliminare* en: Francesca Cantù (ed.) *Actas del coloquio Internacional: Guaman Poma y Blas Valera. Tradición Andina e Historia Colonial* (IILA, Roma, 29-30 de Septiembre 1999), Roma, Pellicani, pp. 191-195; para los fechamientos radiométricos, cfr. Zoppi Ugo: *I documenti Miccinelli: il contributo offerto dalle analisi radiometriche.* en: Francesca Cantù (ed.) *Actas del coloquio Internacional: Guaman Poma y Blas Valera. Tradición Andina e Historia Colonial* (IILA, Roma, 29-30 de Septiembre 1999), Roma, Pellicani, pp. 143-170. Ademas hay las análisis sobre las varias tintas de los doc. Miccinelli efectuadas por la química Silvana Wurzburger (Universidad de Napoles) con la metodica invasiva (microscopios, gas-cromatografo, spectroscopio IR y UV, NMR protonico), cuyos resultados refiere en su carta del 7.4.1997. . Para los estudios sobre la Nueva Coronica que apoyan su autoria gesuita: Lopez Grigera Luisa: *Introducción al estudio retórico de "La Primer Corónica" atribuida a Guaman Poma,* en: Francesca Cantù (ed.) *Actas del coloquio Internacional: Guaman Poma y Blas Valera. Tradición Andina e Historia Colonial* (IILA, Roma, 29-30 de Septiembre 1999), Roma, Pellicani, pp. 273-292; Numhauser Paulina Nueva Coronica y Buen Gobierno: una respuesta jesuita a la represión y a la censura en el virreinato peruano del siglo XVI. en: Francesca Cantù (ed.) *Actas del coloquio Internacional: Guaman Poma y Blas Valera. Tradición Andina e Historia Colonial* (IILA, Roma, 29-30 de Septiembre 1999), Roma, Pellicani, pp.313-328; Numhauser Bar-Magen Paulina: *Nueva Coronica y Buen Gobierno: una respuesta jesuita a la represion y a la censura en el virreinato peruano del siglo XVI,* en: Francesca Cantù (ed.) *Actas del coloquio Internacional: Guaman Poma y Blas Valera. Tradición Andina e Historia Colonial* (IILA, Roma, 29-30 de Septiembre 1999), Roma, Pellicani, pp.313-328; Numhauser Bar-Magen Paulina: El silencio protagonista. Luis Lopez y sus discipulos, antecedentes y misterios de una Cronica jesuita: Nueva Coronica y Buen Gobierno, en: Laurencich-Minelli, Laura y Numhauser Bar-Magen, Paulina (eds.): El silencio protagonista. El primer siglo jesuita en el vireinato del Perú, 1567-1667, Quito-Ecuador, Abya-Ayala 2004, pp. 95-114;Laurencich-Minelli Laura: *El paisaje y lo sagrado en la carta de Martin Guaman Mallque al Rey (1587:* en: Domenici Davide, Orsini C. e S.Venturoli (eds.) Atti del Colloquio Internazionale "Il Sacro e il paesaggio nell' America Indigena (Università di Bologna, Bologna 1-2 ottobre 2003), Bologna, CLUEB, pp. 343-352; . Para los estudios sobre la Nueva Coronica que apoyan su autoria gesuita: Lopez Grigera Luisa: *Introducción al estudio retórico de "La Primer Corónica" atribuida a Guaman Poma,* en: Francesca Cantù (ed.) *Actas del coloquio Internacional: Guaman Poma y Blas Valera. Tradición Andina e Historia Colonial* (IILA, Roma, 29-30 de Septiembre 1999), Roma, Pellicani, pp. 273-292; Numhauser Paulina Nueva Coronica y Buen Gobierno: una respuesta jesuita a la represión y a la censura en el virreinato peruano del siglo XVI. en: Francesca Cantù (ed.) *Actas del coloquio Internacional: Guaman Poma y Blas Valera. Tradición Andina e Historia Colonial* (IILA, Roma, 29-30 de Septiembre 1999), Roma, Pellicani, pp.313-328; Numhauser Bar-Magen Paulina: *Nueva Coronica y Buen Gobierno: una respuesta jesuita a la represion y a la censura en el virreinato peruano del siglo XVI,* en: Francesca Cantù (ed.) *Actas del coloquio Internacional: Guaman Poma y Blas Valera. Tradición Andina e Historia Colonial* (IILA, Roma, 29-30 de Septiembre 1999), Roma,

La primera pregunta que se plantea es:¿porqué estos documentos tienen tanto cuidado en esconderse incluso detrás de escrituras crípticas? ¿Talvez porque cuentan que Guaman Poma no ha sido el autor de la Nueva Coronica? ¿Talvez porque cuentan que un jesuita, por no causar problemas a la Compañía con la Inquisición, habría sido declarado "muerto" en vida después de haber sido desterrado del Perú y que, a pesar de eso, habría vuelto al Perú?

Pienso demasiado arriesgado para el P. Valera y su grupo, ocuparse de asuntos tan peligrosos en los doc. Miccinelli incluso en forma críptica, por el puro gusto de dejar una huella estéril de sus hazañas. Me parece, en cambio, que para ellos valía la pena de correr el riesgo si la constancia que dejaban no era estéril y que sería útil para construir algo en el futuro. En otras palabras, si escribieron un mensaje secreto y críptico dirigido, como veremos, a los jesuitas y a los indígenas, significa que este mensaje podía ser una base para construir algo en el futuro para ambos grupos.¿Cual es entonces el mensaje que quisieron dejar estos jesuitas? Para descubrirlo demos la palabra a los documentos.

Los dos documentos Miccinelli

El primer documento Miccinelli que he estudiado es *Historia et Rudimenta Linguae Piruanorum* (HR de aquí en adelante): esta escrito sin un plan

---

Pellicani, pp.313-328; Numhauser Bar-Magen Paulina: *El silencio protagonista. Luis Lopez y sus discipulos, antecedentes y misterios de una Cronica jesuita: Nueva Coronica y Buen Gobierno*, en: Laurencich-Minelli, Laura y Numhauser Bar-Magen, Paulina (eds.): *El silencio protagonista. El primer siglo jesuita en el vireinato del Perú, 1567-1667*, Quito-Ecuador, Abya-Ayala 2004, pp. 95-114;Laurencich-Minelli Laura: *El paisaje y lo sagrado en la carta de Martin Guaman Mallque al Rey (1587:* en: Domenici Davide, Orsini C. e S.Venturoli (eds.) Atti del Colloquio Internazionale "Il Sacro e il paesaggio nell' America Indigena (Università di Bologna, Bologna 1-2 ottobre 2003), Bologna, CLUEB, pp. 343-352. Para el hecho que los problemas levantados por los documentos Miccinelli realmente existieron en documentos cruzados externos, cfr. Hyland, Sabine: "The imprisonment of Blas Valera: Heresy and Inca History in Colonial Perù", *The colonial Latin American Historical Review*, 7/1(1998), pp.43-58; Hyland Sabine: *The Jesuit and the Inca. The extraordinary life of Padre Valera S.J.*. Ann Arbor,The University of Michigan Press, 2003; Cantù Francesca: *Guaman Poma y Blas Valera en contraluz: los documentos inéditos de un oidor de la Audiencia de Lima*, en: Francesca Cantù (ed.) *Actas del coloquio Internacional: Guaman Poma y Blas Valera. Tradición Andina e Historia Colonial* (IILA, Roma, 29-30 de Septiembre 1999), Roma, Pellicani, pp. 475-519; Gnerre Mauricio: *La telaraña de las verdades: El f.139 del tomo Cast.33 del Archivum Romanum Societatis Iesu (ARSI)"*, en: Francesca Cantù (ed.) *Actas del coloquio Internacional: Guaman Poma y Blas Valera. Tradición Andina e Historia Colonial* (IILA, Roma, 29-30 de Septiembre 1999), Roma, Pellicani, pp. 195-246; Piras Giuseppe: *Martin de Funes S.J. (1560-1611) e gli inizi delle riduzioni dei Gesuiti nel Paraguay*. Roma, Edizioni di Storia e Letteratura: Laurencich-Minelli, Laura y Numhauser Bar-Magen Paulina: *Introducción*, en: Laurencich-Minelli, Laura y Numhauser Bar-Magen, Paulina (eds.): *El silencio protagonista. El primer siglo jesuita en el vireinato del Perú*, 1567-1667, Quito-Ecuador, Abya-Ayala 2004, pp. 7-16 y el entero volumen op. cit.; Laurencich-Minelli, Laura: "Nuove fonti sulla conquista del Perù e sui primi tempi del viceregno: i documenti Miccinelli." *Rendiconti Morali. Accademia Nazionale dei Lincei.* Roma. S.9, v.17, 2006, pp. 101-118.

de trabajo, es decir es un cuadernillo de 12 cc. que creció añadiéndole fojas a medida que se iba escribiendo, es decir entre 1600 ca. y 1737. Lo empieza el jesuita que firma con la sigla JAC y que escribe en latín alrededor de 1600; el segundo, que escribe es JAO en 1637 (JAOI) y en 1638 (JAOII) y se esconde no solo detrás de una sigla pero también de una escritura cifrada que no es de repertorio, y por lo tanto menos accesible;[4] al estudio resulta que JAC es el hermano italiano Antonio Cumis y JAO es el P. italiano Anello Oliva que escribe desde Los Reyes (Lima). En 1737 el P. Pedro de Illanes encuaderna y cierra el manuscrito con una nota desde La Concepción (Chile) y poniéndole el titulo *Historia et Rudimenta Linguae Piruanorum*. La última persona que interviene en el manuscrito es el duque de Saboya Aosta que el 11 de nov. 1927 lo dedica a su amigo, el mayor Riccardo Cera. Este documento incluye dos *capacquipus* , (es decir el tipo de quipu que los doc. Miccinelli dicen que estaban reservados a la nobleza para escribir textos): uno es fragmentario pero en lana y el otro, contiene el mismo canto pero entero, aunque dibujado sobre tres fojas que firma Blas Valera. A pesar de eso, el manuscrito se puede considerar un documento europeo de la época porque sus características de escritura (es decir papel, letras, tintas, idioma, cifraría) son europeas.

Exsul Immeritus Blas Valera Populo Suo (EI de ahora en adelante), el segundo documento que he estudiado, se puede en cambio definir un documento intercultural, es decir un curioso textil hecho documento: eso no solo por el uso de fragmentos textiles o dibujos de textiles, sino que también porque utiliza materiales insólitos en los manuscritos de la época aunque corrientes en el arte textil andino, por ejemplo, como mordente usa orina y negro de humo como tinta. El documento esta guardado en una caja de cartón con tapa (32x23x4,5 cm) claramente europea pero revestida de un textil precolombino estilo Inca periférico. Al abrir la caja, la primera cosa que se observa es un quipu numérico en lana en los colores amarillo y rojo, casi para evidenciar que el manuscrito allí guardado, *Exsul Immeritus*, substituye los quipus. En una bolsa pegada a la pared de la caja hay, bien doblado, un anexo que lleva el titulo *Iustitia*, casi para pedir en voz baja justicia. Se trata de uno de los numerosos anexos de EI, fechado Cuzco 1616 (el *Addendum* que he denominado VII): pero, mientras los demás llevan la firma o la sigla de Blas Valera y estan entre las paginas del cuaderno, este es parte de la caja y no lleva ni firma ni

---

[4]Agradezco a Clara Miccinelli y a Carlo Animato por haber decriptado el complejo cifrado que resultó ser lo que utilizaron los PP. Paez y Cabredo entre los años 1601 y 1602, cuando eran respectivamente visitador y provincial del Perú en su correspondencia para comunicar con el P. Aquaviva: las cartas que les permitieron la lectura del cifrado son, para el 1601: las cartas al P. General Aquaviva a Roma, desde Lima, del 1601: la del 26 de abril P. Cabredo (ARSI, Per 19, ff. 110-113v), la del 28 de abril, del 1 de mayo, del 14 de diciembre del P. Paez (ibidem, ff. 114-117, ff. 122-123v, f. 153); para el 1602 la carta desde Juli del P. Cabredo del 1 de marzo (ibidem, ff. 174-175v) que en unos puntos esconden su texto en el cifrado: comparando las seis cartas lograron leer el cifrado gracias al hecho que Acquaviva (o su secretario) había traducido los puntos cifrados directamente en las cartas escribiendo las letras que corresponden a los números : resulta que el P. Oliva ha variado en algo el cifrado de los PP. Paez y Cabredo, es decir en la conjunción "e" que resulta un 6 con tres puntos debajo.

sigla pero esta escrito y dibujado por la misma mano que escribió y dibujó la *Nueva Coronica y Buen Gobierno* (la del H. Gonzalo Ruiz de acuerdo a los Miccinellis y a las analisis técnicas)[5].

Recostado en el fondo de la caja, casi como un difunto en su ataúd, esta el cuaderno de 22 y ½ *cartae* de pesante papel de trapos con varios anexos, obra que ha sido planeada, escrita y firmada en un único tiempo (1618) por el jesuita P. mestizo Blas Valera en Alcalá de Henares: sin embargo el cuaderno lleva la fecha del 10 de mayo 1618; después de esta fecha, el Autor lo perfecciona con seis *Addenda*: el ultimo lleva la fecha "Alcalá, 2 de julio 1618. Se trata de un documento claramente intercultural en el cual el elemento andino es presentado por el uso de los quipus, de los textiles y de las pictografías mientras que el elemento europeo resalta en el elegante latín. Intercultural es también la cubierta del cuaderno en la cual la titulación latina esta compuesta combinando la figura del *tocapu* llamado "llave" a formar las letras de nuestro alfabeto necesarias para escribir *Exsul immeritus Blas Valera populo suo* mientras que escribe el título en quechua mediante *capacquipu*, eso es: *Tahuantinsuyup llactanpac, mana huchayoc carcusca* [el desterrado inocente a su gente][6]. Además numerosos fragmentos textiles están insertados en las paginas del documento para dar mas fuerza a las afirmaciones allí escritas mediante escritura alfabética; hay también que tomar en cuenta que, en las paginas internas, materiales textiles como quipus y *capacquipus* son restituidos en forma gráfica sobre papel. Parte de este curioso cuaderno son también dos bolsas, hechas del mismo papel, que el A. pega respectivamente en las cc. 15v y 18v para guardar numerosos anexos La bolsa de c. 15v contiene objetos conectados con la juventud del P. Blas, es decir trece palabras claves en forma de ideogramas, (*ticcisimi* en quechua) para escribir textos con el quipu real, dicho *capacquipu* en quechua, que, al igual que un *capacquipu* en oro allí guardado él dice haber pertenecido a su abuelo, el mago medico Illavanqa que a su vez lo habría recibido de el amauta Machaquymuqta como agradecimiento por haber sanado sus heridas durante la guerra entre Huascar y Atahualpa; además en la bolsa hay un minúsculo librillo (que denominé Librillo 2) en el cual esta pintado un *capacquipu* y están escritos los significados de los *ticcisimi* guardados en esta misma bolsa 15v, y el documento mas antiguo de todo el conjunto, la relación que el conquistador Francisco de Chaves escribió al Rey desde Cajamarca el 5 de agosto 1533 para denunciar a Francisco Pizarro de haber derrotado a Atahualpa brindándole vino envenenado a los oficiales del Inca en Cajamarca y de haber cometido otras ignominias[7].

---

[5] Altamura op.cit. pp.147, 163-164 y Bertoluzza et Al.op.cit., para las análisis técnicas sobre las grafias, el dibujo y las tintas del *Addendum* VII que resulta hecho por la misma mano con el mismo papel y la misma tinta que la f.dII, ver también nota 23.

[6] *Tocapu* es el cartucho, en forma cuadrada o rectangular, que contiene dibujos por lo general geométricos, que orna los textiles de alto rango de los Incas. El tocapu dicho llave, es un rectángulo atravesado por una diagonal que parece a una llave inglesa.

[7] Para la transcripción de la carta de Francisco de Chaves ver: Laurencich-Minelli, Laura, Miccinelli Clara y Carlo Animato: "Lettera di Francisco de Chaves alla Sacra Cattolica Maestà", *Studi e*

La bolsa pegada a c.18v contiene en cambio varios objetos conectados con la propuesta del P. Valera para salvar el mundo indígena de la destrucción y los pasos que efectuó para formularla es decir, entre otros, cuatro medallones en cera (que denominé a, b, c, d,) de los cuales, por falta de espacio, describo solamente los dos mas significativos. El medallón c, un ovalo de color rojo sobre el cual esta dibujada una cruz, que contiene un librillo (Librillo 1) en el cual el Autor cuenta, con figuras y un breve texto, su muerte ficticia) y el medallón d, un cuadrado rojo sobre el cual esta dibujada la ubicación geográfica de Paititi que veremos en detalle mas adelante.

EI esta dirigido a los jesuitas y, en forma silenciada al P. Muzio Vitelleschi, pero también al mundo indígena de manera que no olvide su cultura: para los primeros están las partes escritas en latín, para los segundos las "escritas" mediante pictografías, quipus y *tocapus*.

Una elegante cubierta en pergamino con lazos en seda celeste cubre el cuaderno: en su interno se entreve escrito: *Fiat Mutius Vitelleschi*

Historia de los documentos

El texto de HR ha sido publicado por completo, en cambio de Exsul Immeritus se ha presentado una síntesis y se ha publicado, hasta hoy día, solamente la carta que el conquistador Francisco de Chávez escribió al Rey, en 1533[8]. Como anteriormente dijimos ambos documentos fueron regalados al Mayor Riccardo Cera, tío de la actual propietaria Clara Miccinelli, por el Duque Amedeo de Saboya Aosta, que perteneció a una rama colateral de la entonces familia reinante italiana: el 11 de nov. 1927 le regala la HR y el EI el 10 de abril 1930. En la carta del 10 de

---

Materiali di Storia delle Religioni,(1998, vol.64) pp.57-91; para la discusión de su contenido cfr. Laurencich Minelli, Laura: " La conquista del Perù con el veneno? La inquietante denuncia del conquistador Francisco de Chaves a su Majestad el Rey (Cajamarca 5 de agosto 1533)". *Espéculo,* (2002) n. 22, Universidad Complutense de Madrid,
http://www.ucm.es/info/especulo/numero22/chaves.html
Laurencich Minelli, Laura: "La curiosa versión de Francisco de Chaves sobre la conquista del Perú", *Escritura y pensamiento,* (2002, Año V, N.10), Revista de la Unidad de Investigaciones de la Facultad de Letras y Ciencias Humanas, Universidad Nac. Mayor de San Marcos, Lima, pp.7-32

[8] Para la trascripción de *Historia et Rudimenta,* cfr. Laurencich-Minelli, Miccinelli, Clara y Carlo Animato: "Il documento Historia et Rudimenta Linguae Piruanorum", *Studi e Materiali di Storia delle Religioni,*(1995, vol. 61,2), pp. 363-413. Roma. Para la trascripción del anexo mas antiguo de *Exsul Immeritus,* cfr.Laurencich-Minelli, Laura., Miccinelli, Clara. y Carlo.Animato:"Lettera di Francisco de Chaves alla Sacra Cattolica Cesarea Maestà. Un inedito del sec. XVI",*Studi e Materiali di Storia delle Religioni* (1998, vol. 64:57-91); para la síntesis de *Exsul Immeritus,*cfr. Laurencich-Minelli, Laura: Presentación del documento "Exsul Immeritus Blas Valera Populo Suo, en: Cantù, Francesca (ed.), Actas del coloquio Internacional: *Guaman Poma y Blas Valera. Tradición Andina e Historia Colonial,*(IILA, Roma, 29-30 de Septiembre 1999),Roma, Pellicani, 2001a, pp. 111-142.

abril 1930 que acompaña el EI, el Duque afirma dos puntos interesantes para la historia de los documentos: 1) que EI ha sido adquirido en España por su abuelo Amedeo de Saboya Aosta, durante su breve reino ibérico, (1870-1873) y 2) que en cambio HR ha sido adquirido donde un librero anticuario de Nápoles.

En síntesis: el mismo manuscrito HR cuenta una parte de su historia: es decir que el P. Illanes, después de haber recibido el ms. del indio Menéndez del Sodar, piadosamente confesado en la sacristía de la Iglesia de la Compañía en Concepción (Chile) en 1737, lo encuaderna y lo intitula *Historia et Rudimenta Linguae Piruanorum*. No sabemos como HR llegó a La Concepción desde el colegio jesuita en Lima donde Oliva, en 1638, lo habría guardado juntamente a la *Nueva Coronica* (JAOII f.4v) en cambio el mismo Oliva menciona que lo recibió de su cofrade Cumis (JAOI, c.9vb). Todos los estudiosos de quipu conocen la *Lettera Apologetica* de Raimondo de Sangro príncipe di Sansevero (1750) en la cual se publica un *capacquipu* que, una vez examinado, resulta ser el de HR con unas pequeñas variantes. Sin embargo no solo don Raimondo en su obra menciona como fuente a este quipu sino que dice que el año 1745 lo había adquirido del P. Pedro de Illanes[9]. Al inicio del '800 HR se encontraba en la biblioteca del físico Pietro Blaserna (1836-1918) (del cual lleva el *ex libris*) que fue también rector de la Universidad La Sapienza de Roma. De sus manos lo adquirió el bibliófilo, coleccionista y medico De Tommaso y al rededor del año 1927 pasó a las del Duque de Aosta que a su vez, el 11 de nov. 1927, lo regaló a Riccardo Cera.[10]

---

[9] Para el quipu ver: Sangro Raimondo (de), Lettera apologetica dell' esercitato accademico della Crusca contenente la difesa del libro intitolato "Lettere d' una peruviana per rispetto alla supposizione de' Quipu" scritta alla Duchessa d'S**** e dalla medesima fatta pubblicare. Napoli, Luca Torre, 1750, pp.242-271, para la mención de Historia et Rudimenta y del P. Illanes, ibd pp.241-242. La adquisición de HR resulta de el "Archivio Notarile" de Napoles, en fecha 25.10.1745, anexo a la ficha 35, del notario Francesco di Maggio 1771, hay el contrato entre Raimondo de Sangro Príncipe di Sansevero e P. Illanes, del cual resulta que Don Raimondo ofreció un obolo de 15 ducati en cambio de HR que el notario transcribe detalladamente tanto que el anexo capacquipu en lana resultaba compuesto de dos fragmento (uno de los cuales por cierto se perdió) como se puede leer en los pasos mas saliente que aquí transcribo (...)"Il D. Rev.o Petrus de Illanes di offerire il volumetto manoscritto di propia appartenenza a D. Ecc.mo P.npe Istoria et Rudimenta linguae Piruanorum, conjuncto ad un reperto antiquario, così costituiti, cioè: I Il D. manoscritto stante composito di fogli riplicati in 8° per complessive frontes 36 dove stanno anche 2 dipinti et geroglifici, e pure 3 mezzi fogli con sopra disegni dipinti; con ligatura scadente, e sfragis IHS; II Il reperto antiquario di stoffa, dicesi chipù, composito di un filo di lana spezzato in due parti, che da un lato tiene 5 fili appesi con disegni tessuti e nodi, e dall'altra parte altri 2, li quali tutti stanno riplicati in un foglio con sfragis IHS rotto. Avendo il riferito Rev.o Petrus de Illanes manifestato al D. Ecc.mo Sig. P.npe una certa Riservatezza, stante che il tutto gli fu consegnato nel Chille da una persona morente e in confessione, concede però al D. S. P.npe di compromettersi a scrivere un'Opera a Stampa confacente al menzionato manoscritto et Chipò; Stante che '1 D. P.npe di SSevero [possiede] un summo Ingegno et una bella Tipografia nel suo magnatito Palazzo. All'incontro il riferito S. P.npe si obbliga puranche ad offerire a titolo deferenziale la Summa di docati quindici al D. Rev.o de Illanes, per la di Lui cortesia e particular finezza, mostrata verso la Sua Ecc.ma Persona; come altresì si obbliga a tacere su detto obolo di suo propio danaro. (...)"

[10] Para la historia reciente de los documentos Miccinelli, ver: Cantù, Francesca, " *Collezionisti e manoscritti andini. Note sui nuovi documenti relativi a Blas Valera.*" In: Domenici D., Orsini C.,

La historia de EI empieza con su anexo mas antiguo, la *"Relación de Francisco de Chaves al Rey"* fechada "en Cajamarca a 5 de agosto de 1533", es decir escrita 10 días después de la ejecución de Atahualpa (26 de julio 1533) mientras que las firmas y los breves comentarios de Polo de Ondegardo "no es cosa" y del P. Acosta *"non dentur, eversimus"* nos llevan respectivamente a cuando el Licenciado fue corregidor de Cuzco (1559-1560) y cuando el P. Acosta fue Provincial del Perù (1576-1581). Relación que Blas Valera en EI dice haber recibido de parte de su tío Luís Valera, al cual la habría entregado el mismo conquistador Francisco de Chaves. Además nos informa que se la pasó al P. Acosta para que la enviara al Rey pero como él la enterró, P. Blas se la robó. El mismo cuaderno EI nos cuenta su historia: esta terminado de escribir en Alcalá' el 10 de mayo 1618, pero después de esta fecha el A. lo perfecciona con seis *Addenda*: el ultimo lleva la fecha "Alcalá, 2 de julio 1618". Además de una carta al P. General (Muzio Vitelleschi) (ahora en el archivo del ARSI, que se presenta en las paginas siguientes entre los documentos cruzados) resultaria que el P. Valera el 25 de junio 1618, es decir mientras estaba perfeccionando el quaderno EI con los *addenda,* le escribe de Alcalá para avisarlo de mandar a recoger su obra que estaba lista.

No sabemos si EI llegó en Roma: por cierto el P. General le mandó hacer una elegante cubierta en pergamino y seda en cuya parte interna se entreve escrito: *Fiat Mutio Vitelleschi* pero solamente abriendo esta cubierta se podrá comparar la grafía para atestiguar si es la del P. General o solamente de quien que, por cuenta del P. Vitelleschi, le hizo la cubierta.

El Duque Amedeo di Savoia Aosta, en la carta a Riccardo Cera con la cual acompaña el dono el 10 de abril 1930, dice que su abuelo Amedeo de Saboya lo había adquirido en España durante su corto reino (1870-1873). En 1899 encontramos EI de nuevo ampliamente descrito en el catalogo del medico bibliófilo De Tommaso: a la luz de los canjes que resulta De Tommaso haber tenido con la familia Aosta, se infiere que De Tommaso de primero, es decir antes de 1899, lo había adquirido de la familia Aosta y que luego se lo había devuelto, talvez en cambio de otro material. De todos modos sabemos que en 1930 llegó a las manos de Ricardo Cera aficionado del Perú y de su cultura[11]. Hoy nos pueden parecer curiosos tantos canjes pero hay que tener presente que en aquella época, en Italia, los coleccionistas de cosas americanas, al igual que en los siglos anteriores, no se preocupaban tanto del valor de los objetos y de lo que llevan escrito, cuanto del

---

Venturoli S (eds).: *Atti del Colloquio Internazionale "Il Sacro e il paesaggio nell'America Indigena* (Università di Bologna, Bologna 1-2 ottobre 2002), Bologna, CLUEB, 2003, pp. 319-332, y Domenici, Davide e Viviano Domenici, *I nodi segreti degli Incas.* Milano, Sperling e Kupfer, 2003, pp 103-118.

[11] Los canjes entre De Tommaso y la familia Aosta se infieren del inventario de la biblioteca Savoia Aosta donada en 1947 a la Biblioteca Naz. De Nápoles ;Guerrieri G.: *Il "Fondo Aosta" Della Biblioteca Naz. Di Napoli,* in: *Studi in onore di Riccardo Filangieri,* vol. III, Napoli, L' Arte Tipografica, 1959. pp. 639, 644

gusto de tenerlos un tiempo para mirarlos, conversar de esos y luego canjearlos por otros[12].

Los documentos cruzados

Tan inaudito parece lo que cuentan los documentos Miccinelli que, antes de abrir la discusión, es mejor recordar que unos manuscritos procedentes de archivos externos plantean los mismos problemas que los documentos Miccinelli, esto es: 1) la preocupación que había en el Virreinato por el regreso del P. Valera al Perú como hombre jurídicamente muerto. 2) La estricta censura impuesta por Francisco Pizarro para que no se supiera de su conquista engañosa y ignominiosa; 3) la destrucción sistemática de cualquier documento que relatara la realidad de la conquista, inclusive de los *capacquipus*, por el temor que contaran de eso; 4) la autoría de la *Nueva Coronica y Buen Gobierno*.

Muy interesantes son las dos cartas que halló la histórica Francesca Cantù en el "Archivio di Stato" de Nápoles, en la sección "Segreteria del Vicerè": se trata de dos cartas que el oidor de la Audiencia de Lima, el licenciado Juan Fernandez de Boan, escribe al Virrey de Nápoles, Don Pedro Fernandez de Castro, conde de Lemos, presidente del Consejo de Indias, fechadas Lima 28 de marzo y el 31 de octubre 1611 en las cuales, entre alusiones y nombres escritos claramente pero en cifrado, el lic. Juan refiere al Presidente del Consejo de Indias cosas que probablemente el ya conocía: sin embargo lo informa de sus preocupaciones ya sea porque el jesuita "muerto" estaba en el Perú y gozaba buena salud (el P. Blas Valera), ya sea porque por lo menos dos relaciones sobre la ignominiosa conquista de Pizarro se habían escapado de la censura estricta que el Marques había impuesto. Además el Licenciado se refiere a la diligente destrucción de los

---

[12] Sobre los canjes entre coleccionistas italianos, para los siglos XVI-XVIII cfr. Laurencich Minelli, Laura: "L'indice del Museo di Antonio Giganti. Interessi etnografici e ordinamenti di un Museo cinquecentesco". *Museologia scientifica* Ass. Naz. Dei Musei scientifici Orti Botanici (ANMS), I, n.3-4 (1984), pp. 191-242; y de la misma Autora: *Museography and ethnographical collections in Bologna during the sixteenth and seventeenth centuries*, en: Impey O. and MacGregor A. (eds.) *The origin of museum. The cabinet of curiosity in sixteenth and seventeenth century Europe* Claredon Press, Oxford 1985; para el siglo XIX, cfr. Laurencich Minelli, Laura: "G.C.Beltrami (19779-1855) and his Filottrano north America indian collection. (Filottrano, Ancona). Atti del simposio: "Collezionismo americanista durante il sec. XIX-XX. 46° Congresso Int. Am., Amsterdam 4/8 Luglio 1988." *Museologia Scientifica*,(1989) Anno VI, n. 1/4, pp. 237-256; y también de la misma Autora, "Antonio Spagni and his collection in Reggio Emilia, *Plains Anthropologist. Journal of the Plains Anthropological Society, Lincoln, Nebraska,* (1990) vol 35, n. 128, pp. 191-204 al igual que: *Indiani delle grandi pianure nella raccolta di Antonio Spagni*. Comune di Reggio Emilia, Cataloghi dei Civici Musei 14, ReggioEmilia 1992; para la primera mitad del siglo XX, cfr. Laurencich Minelli, Laura: *Una collección de objetos precolombinos del Perú en el Museo civico del Castello (Milan), historia, técnicas y simbolismo*, en: Hocquenghem A-M., Tamasi P,. Villani Gandossi C.(eds.): *"Precolumbian collection in European museums"*, Center of Research and Documentation in Social Science, Akademiai Kiado, Budapest, 1987, pp. 102-157 y *Le terrecotte del Perú precolombiano. Civiche raccolte d'arte applicata, Castello Sforzesco Milano*. Dip. Cultura e Spettacolo, Comune di Milano 1984.

"quipus, libros malditos de los Yngas" y de cualquier documento que refiera lo que realmente ocurrió en Cajamarca, mencionando estar muy preocupado por que "un indio desataviado, ladino y amigo de pleitos" (Guaman Poma) le entregó un dibujo que representa a Francisco de Chaves mientras redactaba su carta al Rey y que dice haberla recibido de un mestizo "de quien no save su nombre, según lo que dize, y empero todos lo llaman *ruiruruna*" (el P. Blas Valera a quien llamaban *ruiruruna* que en EI declara haber sido el nombre de la lora de su abuelo), dibujo que el Lic. Boan anexa a la carta del 28 de marzo 1610. La cosa curiosa es que este dibujo resulte del mismo estilo y hecho por la misma mano que dibujó unas acuarelas de la *Historia* de Martin de Murua en la versión Galvin y en la Wellington que Ossio correctamente atribuye al pintor de la *Nueva Coronica*, es decir Guaman Poma pero que, de acuerdo a los doc. Miccinelli no saria Guaman Poma pero Gonzalo Ruiz.[13]

La cosa tudavia mas curiosa es que en el *Addendum* VII del ms. EI, el P. Valera cuenta que Guaman Poma, al cual le habian pedido ser testaferro de la obra que pensaba escribir (la *Nueva Coronica*), a cambio de guardar el secreto, seguia pidiendole a Gonzalo Ruiz "numerosas acuarelas para que él pudiese pasarlas como suyas a un discipulo de Pedro Nolasco" (es decir un mercedario como el P. Murua) y como el seguia con el chantaje resolvieron suscribir con él "un contrato que yo he guardado en un pequeño lugar secreto", es decir el medallon d del cual se refiere en el capitulo siguiente.

Por su parte el lingüista Mauricio Gnerre halló otro documento muy interesante en el archivo romano de la Compañía de Jesús: se trata de la carta *Admodum Reverende Pater in Christo* siglada B.V. y escrita desde Alcalá el 25 de junio 1618 curiosamente presenta la misma grafia y la misma trinta, el negro de humo, que EI. También las análisis técnicas sobre los dos documentos afirman que son de la misma mano: es decir saría el P. Blas que escribe esta carta apenas dos semanas después de haber terminado el cuaderno EI y mientras lo estaba perfeccionando con los seis *Addenda*. La carta esta dirigida al P. General (Muzio Vitelleschi) para anunciarle, con palabras alusivas pero claras para quien conoce el problema, que *Exsul Immeritus* esta listo y mientras que espera que un encargado suyo lo recoja, lo informa que su misión de muerto redivivo en el Perú se había concluido: es decir la Nueva Coronica ya estaba en las manos del P. Oliva que, con la ayuda de Dios y del tiempo, la enviará al Rey. Termina pidiéndole todo lo que le

---

[13] Las dos cartas del Lic. Boan al Virrey de Nápoles están publicadas por Francesca Cantù: Guamn Poma y Blas Valera en contraluz: los documentos inéditos de un oidor de la Audiencia de Lima, en en: Francesca Cantù (ed.) *Actas del coloquio Internacional: Guaman Poma y Blas Valera. Tradición Andina e Historia Colonial* (IILA, Roma, 29-30 de Septiembre 1999), Roma, Pellicani, pp. 475-519. Para el estudio de las acuarelas de mano de Guaman Poma en las versiones Galvin y Wellington de la *Historia* de Murua ver: Ossio, Juan: *Introducción*, en: Ossio, Juan (ed.): *Códice Murua. Manuscrito Galvin* Madrid, Testimonio, 2004, pp.38-54; ver también el articulo de Ficca Giorgia: *Comparación entre los tocapu del Codice Galvin y de la Nueva Coronica y Buen Gobierno* en este volumen.

había prometido y cierra como *Filius et Exsul immeritus indignus* B.V. [Hijo y desterrado inocente y indigno B.V.][14].

La utopía de una Reducción

Paititi es uno de los temas fundaméntale del documento jesuítico secreto *Exsul Immeritus*. Esta tratado como pictografía en dos viñetas pintadas en el mismo manuscrito (cc.13r-13v), y en una tercera en forma de mosaico pegado a la superficie de un curioso medallón anexo a EI que estaba completamente sellado.

La Fig. 1 (c. 13v) proporciona una cordillera en la selva, como indican los árboles y la clase de los animales (cuatro culebras, un ocelote y un mono) que andan hacia el río. Además el hecho que la selva se refleje en aguas estancadas deja suponer que el A. quiso indicar, a quien mira la viñeta, que el río allí forme una laguna.

La Fig. 2 (c.13v) presenta la misma cordillera pero desnuda, es decir vista de espaldas, eso es del lado oeste: a confirmar la conexión entre las dos figuras, hay una lora que parece proceder de la c. 13r y observando las dos cartas a contra luz se nota además que la línea de la cordillera es la misma que en la c. 13r, aunque vista desde un ambiente de sierra árida. En el cielo, en la parte opuesta a la lora y en la misma carta 13v, esta escrito en latín que aquí traduzco al castellano: "Dominador aquí esta el oro que no robaste, aquí esta la libertad que no nos arrancaste y que confío a ti gente del Tahuantinsuyu". De esto se infiere que esta pictografía es dedicada a la gente del Tahuantinsuyu.

Un río lame la cordillera desnuda; una llama ceremonial, con tres discos pintados en su grupa y un disco solar guindando de su hocico, domina el segundo pico de la sierra y al mismo tiempo indica que el lugar era sagrado. Mas abajo, en el mismo cerro, se observa una ciudadela amurallada bastante grande y conectada al río mediante gradas; otra ciudadela más pequeña y mas baja esta en el quinto pico pero también conectada al río con otras gradas. Dos cavernas marcan las laderas del primer y del cuarto pico: están conectadas mediante un puente colgante mientras que unas gradas bajan desde el aro del cuarto cerro al río. En el valle, a lo largo del río, se observan cuatro totoras (*huampu*) y tres llamas. Tal vez indican los barcos y los animales de carga que hubieran tenido que trasladar los fantasmas de los homicidas causados por la conquista (de los cuales EI refiere en la c.dI1v1 del medallón d), de manera que logren alcanzar las dos cavernas: cavernas que serian los dos *ukupachas*, que de acuerdo al mismo EI (Add. III c.1r) estaban reservados, uno a los cristianos y el otro, el *supayhuachi*, a los indígenas. A este propósito una Carta Annua jesuita de esta época (1614) refiere el mito que las almas, para entrar en el *upaymarca* (que es sinónimo del *Supayhuachi*), tenían que cruzar un puente

---

[14] Gnerre, op. cit. p.219. Para las análisis técnicas de la carta *Admodum Reverende Pater in Christo* cfr. Altamura, op. cit. p.152, para las análisis técnicas comparativas entre la profesion de votos de Blas Valera y la mano del autor de *Exsul Immeritus* ibidem: 152-162.

de cabellos entretejidos, mito que talvez se puede leer en el puente que conecta las dos cavernas de la Fig. 2[15].

Volviendo a la Fig.2 (c. 13v), acá del río, en el valle, hay un patio amurallado y en el centro están pegadas tres minúsculas pepitas a indicar el tesoro. Pepitas que están entre dos *tocapus*[16]: el de la izquierda es el *tocapu* que EI(c.11v) explica como "Cuzco y sus límites", el de la derecha es un quinconce, que EI (c.11c) presenta como " tierra cuadrada del Tahuantinsuyu", pero aquí esta sin colores, con la excepción del cuadrado del Centro= Cuzco (amarillo) , y lo del Antisuyu (verde): lo que, de acuerdo al lenguaje de los *tocapu* presentado en EI significa que el Tahuantinsusyu ya se había reducido al solo Antisuyu. En el cielo, a la izquierda de la cordillera, esta escrito en quechua, mediante el sistema de escritura fonética-silábica dicho *capacquipu* [17]:PAYQUIQUIN, (*lo que es lo mismo*) supongo de Cuzco: eso es el nombre de la ciudad que ahora (es decir en el momento en que se escribe el cuaderno) tiene el mismo significado de Cuzco o que esta en lugar de Cuzco: en otras palabras Payquiquin era el corazón del Tahuantinsuyu cuando se escribía EI.

De acuerdo a los juegos lingüísticos que caracterizan EI, se puede sustituir un sonido velar con uno dental: así se obtiene PAYTITIN que significa: *Paititi de alguien*. Puesto que la entera página esta dedicada a la gente del Tahuantinsuyu, supongo "alguien" sea la gente del Tahuantinsuyu, es decir PAYQUIQUIN PAYTITIN significaría: *la ciudad de Payquiquin en la región de Paititi de la gente del Tahuantinsuyu.* En otras palabras la ciudad de PAYQUIQUIN, era lo mismo que un tiempo Cuzco y la "provincia" de PAITITI y el cantón del Antisuyu era, para Blas Valera, lo que quedaba del Tahuantinsuyu.

Siguiendo con la Fig.2, en el primer término hay una ciudadela amurallada, talvez un detalle de la ciudadela mas grande, la que se ve en el segundo cerro y que esta dominada por la llama ceremonial que lleva el disco del sol: esta partida en dos mitades: una clara hacia los cerro, la de arriba: *hanan,* y la

---

[15] Para el mito del puente entretejido de cabellos, cfr. la Carta Annua a firma Luis de Teruel del 6 de mayo 1615, en: Polia Meconi, Mario:*La cosmovisión religiosa andina en los documentos inéditos del Archivo Romano de la Compañia de Jesús (15812-1752).* Lima, Pontificia Universidad Católica del Perú, Fondo Editorial, 1999, p. 368.

[16] De unos *tocapus* el ms.EI proporciona un interesante significado conceptual; de el ms.EI, ademas, resulta que también unas palabras claves podian ser utilizadas como *tocapus*: palabras claves, o *ticcisimi* en quechua, que son las inserciones textiles utilizadas en las colgantes del quipu real o *capacquipu* que, leidas en forma fonética silabica, permiten la lectura del texto así "escrito" en el quipu real, o *capacquipu* (Laurencich-Minelli, 1996 op. cit. pp. 65-75, Laurencich-Minelli, Laura: *Il linguaggio magico-religioso dei numeri\ dei fili e della musica presso gli Inca: una nota.* Bologna, Esculapio, 2001, pp.62-92)

[17] Para la explicación del quipu real o *capacquipu* op.cit. pp.65-69 y Laurencich-Minelli, Laura: *Quipu y "escritura" en las fuentes jesuiticas en el virreinato del Perú entre el final del siglo XVI y la primera mitad del siglo XVII,* en: Laurencich-Minelli, Laura y Numhauser Bar-Magen, Paulina (eds.): *El silencio protagonista. El primer siglo jesuita en el vireinato del Perú,* 1567-1667, Quito-Ecuador, Abya-Ayala 2004, pp.171-213.

otra oscura, la de abajo: *hurin* . Esta velada, a la izquierda de quien mira, por un ídolo/ancestro masculino de estilo inca y a la derecha por un guerrero amazónico con arco y flecha detrás del cual esta un ojo de agua.

¿Esta ciudadela es la mítica ciudad de Paititi de la cual refiere la Relación de Juan Álvarez de Maldonado (1570) y que obsesionó a los aventureros que esperaban hallar el tesoro escondido por los Incas?

¿Es el corazón del nuevo reino utópico al cual se refiere Felipe de Alcaya (ca.1610)?

¿Es la rica Paititi, adonde había un Inca, que estaba ubicada a las espaldas de la Cordillera que "haze limite" con Santa Cruz de la Sierra, que en 1644 don Francisco Rodríguez Peinado, don Sancho de Abarca, don Hidalgo de Paredes y otros relacionaron a la Ciudad de La Plata?

¿Es el Paititi que permitió al "Inca" Pedro Bohórquez tantear aquella restauración del Tahuantinsuyu que terminó con su ejecución en 1670?

¿Es el Paititi de la leyenda que sobrevive hoy en día de la ciudad perdida en la selva, donde se refugiaron los Incas y donde están escondidos fabulosos tesoros [18]?

¿Qué significado tienen estas pictografías de EI además de brindar a los descendientes del Tahuantinsuyu y a quien estaba al tanto de la cosa, un eventual mapa para llegar al lugar en el cual estaba escondido el oro para utilizarlo en la lucha por la libertad? Para un autor, como resulta ser quien escribió EI, al cual le gustan los reenvíos, los juegos de palabras y los asuntos rebuscados, esta interpretación de un mapa para alcanzar el tesoro es demasiado simplista.

¿Por qué aquel curioso juego de palabras PAYQUIQUIN- PAYTITIN-? Por cierto no es por la imposibilidad de escribir sencillamente PAYTITI con el *capacquipu* cuyas multíplices palabras claves permitirían también esta escritura (cfr. Fig.2).

Intentando explicar el problema, vamos a examinar el Paititi de Fig. 3a y 3b. Se trata del medallón cuadrado de cera color rojo (que denominé d), cuya decoración representa la entrada y la ubicación de Paititi respeto a Cuzco; el medallón esta guardado adentro de un minúsculo forro en textil prehispánico estilo Huari tardío[19]. Por ser completamente sellado, parece encerrar algo muy importante y secreto para el Autor de EI. El hecho que sea cuadrado nos induce a leer su

---

[18] Para la mítica ciudad de Paititi respectivamente en la relación de Juan Alvarez de Maldonado y en la relación del "Inca" Pedro Bohórquez, ver: Lorandi, Ana Maria (1997) *De quimeras, rebeliones y utopias: la gesta del inca Pedro Bohórques*. Lima, 1997, Pontificia Universidad Católica del Perú, pp. 126-129; 185-336; para la Relación de don Francisco Rodríguez Peinado et Al. Ver Manuscrito sin título (1644): En la ciudad de la Plata (…), 2.1.1644, Archivo General de Indias, Lima 166, Sevilla. Para la leyenda de hoy en día cfr.Tyuleneva, V. "La leyenda del Paititi: versiones modernas y Coloniales", *Revista Andina*, n. 36: 193-211.

[19] Para la descripción del medallón, cfr. Laurencich-Minelli , op. cit. 2001a, p.126 y op.cit. 2005.

reverso, que esta sin decoración, como si fuera la palabra clave roja también cuadrada utilizada en los *capacquipus* que significa: *nina*, fuego (Fig.3b). Por otro lado, de acuerdo al simbolismo de los colores utilizado por Blas Valera a lo largo del documento, el color rojo esta conectado con la muerte y con Pachamama que al mismo tiempo da la vida pero también representa la sangre vertida por la conquista.

El medallón d) (Fig.3a), que mide cm 4,4x4,4x1,3, presenta, en el recto y protegido por un cristal de yeso, un mosaico trabajado sobre fondo de cera roja en que figura una especie de λ de color verdoso, que se puede también leer como una y (de acuerdo a como se orienta el medallón): es decir en el primer caso serían los dos afluentes de un río y en el segundo caso seria lo mismo, pero visto aguas arriba: de todos modos parece recordar la descripción de Juan Álvarez Maldonado sobre la laguna famosa del Paitite:

> *Cien leguas más abajo deste río entra el río Magno en el río y laguna famosa del Paitite, y en el mismo río o laguna del Paitite entra el poderoso y espantable río de Paucarmayo, que es Apurimac, Avancai, Bilcas y Xauja y otros muchos que nacen de éstos, y desta laguna sale la vuelta del Este casi al Nordeste hacia la mar del Norte.*[20]

Orientando el mosaico tal que los ríos formen una λ, entre los dos ríos se leen dos minúsculas pepitas que forman una figura seudo rectangular que recuerda la *cancha* de la pictografía de Paititi de Fig.2 (c.13v) y, en el cuadrante alto de la izquierda, se lee el *tocapu* de Cuzco, mientras que a la derecha hay una rosa de los vientos en azul: una minúscula lámina de oro esta insertada en la posición Nordeste para indicar que aquella es la dirección que hay que tomar en cuenta, mientras que mas abajo una mano indicadora en oro punta hacia la rosa de los vientos en azul, casi para subrayar la importancia de aquella dirección: dirección de que?

Suponemos de Paititi, o de la entrada a Paititi, desde Cuzco, como es indicado por el *tocapu* que corresponde al ombligo del Tahuantinsuyu. Si sobreponemos esta rosa de los vientos a Cuzco en un mapa del Perú, resulta que apunta hacia el Madre de Dios: es decir la entrada a Paititi seria a Oriente de Cuzco y la ubicación seria entre el Madre de Dios, que recibe las aguas de un afluente del lado izquierdo. Si en cambio volcamos el medallón de manera que los ríos formen una y, la rosa de los vientos indica el Suroeste: lo que nos proporcionaría la dirección de Cuzco desde Paititi.

A través de la cera del reverso se entreve, adentro del medallón d, algo como un paquete amarrado en cruz: esto, junto al hecho que lo que contiene el medallón tan sellado puede ser algo importante pero muy reservado y a la implícita invitación que la palabra clave *nina*, fuego, hace de derretir el medallón al calor del fuego, nos sugirió de abrirlo.

---

[20] En: Lorandi op.cit. p. 129. A pesar de que no se entienda de cual río Juan Alvarez hable, queda claro que Paititi esta donde dos ríos confluyen y forman una laguna.

No me detengo aquí en las delicadas operaciones para abrir el medallón ni en describir en detalle su curioso contenido porque será tema de otra publicación. Aquí solamente resumo que el mosaico que se lee en la parte externa del medallón, resulta estar asentado sobre una lamina cuadrada en oro, cuya cara interna (la que se ve solamente con el medallón abierto) esta subdividida en cuatro cuadrados, iguales como dimensión pero cada uno pintado de un color distinto: verde, negro, rojo y celeste, colores que, de acuerdo al lenguaje simbólico de EI y a la interpretación que el manuscrito brinda del *tocapu*: "La tierra cuadrada del Tahuantinsuyu" (EI c.10v) indican respectivamente el Antisuyu, el Collasuyu, el Chinchasuyu y el Contisuyu pero, cosa curiosa, al *tocapu* del medallón, respecto al *tocapu* de c. 10v, aparentemente le falta el cuadrado del centro del quinconce, un cuadradito de color amarillo que significa el Centro del Tahuantinsuyu, eso es el Cuzco. Falta que es solo aparente y que esta hecha al propósito porque la misma lamina cuadrada de oro sobre la cual están pintados los cuadraditos de los 4 suyus funciona como centro del quinconce que allí se encuentra pero que no se ve de primer golpe: eso indica, en el lenguaje de las metaforas y de los colores proprio de EI, que ya Cuzco como Centro del Tahuantinsuyu no existía pero que había otro Centro del reino de los Incas, bien escondido: Paititi.

El contenido del medallón (Fig.4) que aquí describo en resumen, es muy curioso y esta formado por dos papeles: el que denomino dI aquí lo presento en el punto 1) y el que llamo dII en el punto 2).

1) La c. dIIr es un fragmento de carta chamuscada (19,4x9,5cm) y arrebatada de manera que quede visible la parte final de una carta autógrafa de Cristóbal Colon que, antes de poner su clásica firma S.S.S.A.X.M.Y., escribe "que mi impresa fue tan obra de misericordia" (Fig.5). Este mismo fragmento de carta proporciona también dos notas de mano de Blas Valera escritas con negro de humo (como todo EI): una, en el mismo ángulo del *rectum* en correspondencia del autógrafo de Cristóbal Colon, en que el P. mestizo escribe en latín, que aquí traduzco: "Este fragmento de una carta de Colon, que amablemente me donó el padre Mariana, nacido de familia humilde pero hombre de sumo ingenio." La segunda nota de mano de Blas Valera esta a continuación en el *versum* de la misma carta (c. dI1v): en eso él expresa, en latín (que aquí traduzco) su punto de vista sobre la destrucción causada por la "obra de misericordia" de Cristóbal Colon, al cual imputa que "con costo, o navegador, mi nuevo refugio [es decir Paititi] puede transferir los fantasmas de las gentes homicidas en los barcos indígenas: se necesitaría la flota de Cesar" y continua, en castellano, con el estribillo contra Cristóbal Colon y contra las conquistas de México y Perú que dice que se cantaba en la cofradía Nombre de Jesús de Cuzco del cual ya referí (Fig.6)[21]. Hay que considerar que, de acuerdo al lenguaje de los colores utilizados en EI, el negro de humo con el cual Blas Valera escribe la gran mayoría de este documento, evidencia la mitad europea del mestizo Blas y con el color rojo cinabrio su mitad india. A la luz de eso, además del papel chamuscado como injuria contra el Almirante que

---

[21] Para leer la cantinela cfr.Laurencich-Minelli op.cit 2001b, p.126

descubrió las Indias Occidentales, se puede leer, en la parte escrita con el color negro, la fuerte critica de la mitad europea del mestizo Blas Valera al descubrimiento de las Indias, que causó solamente muerte, critica que a su vez él conecta implícitamente al P. Mariana que le brindó aquella especifica carta de Cristóbal Colon contra el cual se lanza. Con el color rojo luego el P. Blas escribe en cambio el estribillo contra el descubrimiento de las Indias Occidentales y sus conquistas vistos bajo la óptica de su mitad india y de la nobleza Inca (que es la que frecuentaba la cofradía Nombre de Jesús[22]). Termina firmando en rojo probablemente para atestiguar una vez más que, a pesar de ser mestizo, él, Blas Valera, se sentía indio.

2) La foja dII contenida en el medallón, es el "contrato" que aquí se presenta en resumen: sin embargo, por ser el "contrato" la base para entender la relación entre Blas Valera y Guaman Poma, se escribirá un artículo específico sobre el tema. Aquí se presenta solamente en síntesis su contenido de manera que se pueda entender que significaba para el P. Valera y el grupo de jesuitas contestatarios el medallón en relación con las cc. 13r-13v de EI.

El "contrato" es la foja dII doblada a la mitad en formar 2 *cartae* con sus *rectum* y *versum* que presentan las misma medidas, las misma aguas y esta escrita y dibujada por la misma mano que escribió y dibujó la *Nueva Coronica*[23]. La primera pagina (c.1r) es la "portada" del "contrato" en la cual figura el mismo barco de c.373 de la NC de Guaman Poma pero con unos cambios (Fig.7a): los mas importantes son: Francisco de Chaves (escrito: "don fran.co de chaves") en lugar de "martín fernandez ynseso" y la bodega del navío que contiene la tinaja que lleva escrito "vino envenenado", con clara referencia al contenido de la carta de Francisco de Chaves al Rey anexa al documento EI que denuncia el envenenamiento de la hueste de Atahualpa. Al pié de esta "portada" P. Valera escribe, en latín, que aquí traduzco al castellano: "lo que fue hurtado aquí esta aplazado. Lo que esta escondido debajo de la cera cuando la cera funde todos lo ven." Es decir aquí esta el Tahuantinsuyu que había sido hurtado por los Españoles pero también las ideas y la misma vida de Blas Valera que le habían sido hurtadas por el P. General Aquaviva, al igual que la *Nueva Coronica* que estaba allí implícitamente escondida: todo eso aparece al abrir el medallón.

---

[22] Para la cofradía Nombre de Jesús,cfr. Mateos F. S. J., Historia general de la Compañía de Jesús en la Provincia del Perú, Madrid, pp. 35-39 y Laurencich-Minelli, op.cit. pp. 248-254.

[23] Cada carta de la f.dII mide 19,8x14,3cm. Las aguas de este papel presentan una cruz latina en un escudo entre dos letras, probablemente una C o una G y una M (Briquet, C.M.: *Les filigranes. Dictionnaire historique des marques du papiers des leer apparition vers 1282 jusqu' en 1600*, Geneve, tomo III, pag. 332,nn.5677-5704): es parecida a las descritas por Adorno, Rolena y Böserup, I. *New Studies of the Autograph Manuscript of Felipe Guaman Poma de Ayala's Nueva coronica y buen gobierno.*Copenhagen, Museum Tusculanum Press, University of Copenhagen, 2003, p.133 para la *Nueva Coronica* y la que Oliva utiliza para envolver el quipu de Acatanga en el documento Historia et Rudimenta. Para las analisis sobre la grafía y los dibujos que resultan redactados por la misma mano que escribió la NC, es decir Gonzalo Ruiz, de acuerdo a EI y a HR cfr. Altamura op.cit.pp.161-163.

Detrás de esta "portada" (es decir en la c.1v) la misma mano del P. Valera, introduce simbólicamente al mismo contrato con un durísimo esboce de su punto de vista sobre la horrible realidad del hombre Francisco Pizarro, que efectuó la conquista del Perú, y lo firma por extenso dejando la pagina que sigue para la firma de las personas en aquel entonces vivas (hay que recordar que el P. mestizo estaba oficialmente muerto y por lo tanto no podía ya firmar ningún documento).

A continuación, las cc.2r y 2v de la misma foja, contienen el propio "contrato" estipulado en Huanca entre "guaman lazaro poma dicho don felipe de ayala príncipe" y los jesuitas Gonzalo Ruiz y Hieronimo Montesinos, fechado 16 de febrero 1614 que lo firman por extenso al igual que Guaman Poma que se compromete, a cambio de una carreta y de un caballo, a prestar su nombre para la Nueva Coronica[24]. Al pié de la misma carta hay "Agnellus Oliva" que firma y subscribe desde Juli: es decir el no estaba en Huanca al momento de la firma pero recibió el "contrato" luego en Juli adonde lo subscribió. La mano que redacta el "contrato" y pinta el navío es la misma que firma "Gonzalo Ruiz" (que es también la misma que escribe y pinta la *Nueva Coronica*)[25].

El P. General Muzio Vitelleschi

Una figura clave pare entender cual era el complejo mensaje que deseaba transmitir este grupo de jesuitas es el P. Muzio Vitelleschi, ya que los dos manuscritos Miccinelli se dirigen al Padre con varios pedidos, cuando ya era General. El primero, sin firma, "fecho en el colegio del Cuzco 1616 años" le pide justicia: se trata del anexo guardado en la caja que contiene el ms.EI (que denominé Add.VII) en el cual figura el P. Ignacio de Loyola que pone su mano en

---

[24] El lugar adonde firman el contrato es Huanca: que se trate de un caserío dicho Huanca y no de la abreviación de Huamanca/Huamanga se infiere no solo de Add.V, donde el mismo autor, es decir Blas Valera, escribe por extenso Huamanca: «Indio Huamano Lucanensi in provincia/Huamanca» pero también porque en Huanta/ Huanca, el 20 de noviembre 1595, Amador Valeverde Peña, protector "de los naturales" firma un pedido de los hijos de Pedro Suyo, "Cacique principal de Lurinsaya de Huamanga" para la propiedad de unas tierras, ratificada por don Phelipe Guaman Poma cfr.Ludeña De La Vega, *La obra del cronista indio Felipe Guaman Poma de Ayala*. Lima, Nueva Educación, 1975, p.29. Además, en el Diccionario Geográfico del Perú di German Stiglich (1922: 501) resulta que Huanca es «(...) un caserío en la provincia de Lucanas, una hacienda y aldea en la provincia de Paruro, un caserío en la provincia de La Union». En este caso es interesante que hay un caserío con este nombre en la provincia de Lucanas, provincia adonde se desarrolla buena parte de la *Nueva Coronica*. Además es interesante que resulte la hermosa escultura de un Niño Jesús de Huanca obra del jesuita Bernardo Bitti (1548-1610), escultor mencionado también por Blas Valera en EI c. 5r, cfr. Phipps, E.: *Tunic for a statue of a Christ Child*, en: Phipps E., Hecht J. y Esteras Martin C. (eds.) *Colonial Andes Tapestry and Silverwork*, 1530-1830, New York, 2004, pp. 273-274. The Metropolitan Museum of Art; New Haven and London, Yale University Press. En otras palabras Huanca parece haber sido un lugar adonde los jesuitas y Guaman Poma de Ayala han sido activos en aquella época.

[25] Las análisis tecnicas sobre la grafia de Gonzalo Ruiz en EI y la grafia de la Nueva Coronica confirma lo que cuentan los doc. Miccinelli, es decir que es Gonzalo Ruiz y no Guaman Poma el escriba y el pintor de la Nueva Coronica, ver: Altamura op.cit. pp.161-162.

la espalda del P. Vitelleschi (que de acuerdo al lenguaje de las figuras de EI, se interpreta que los dos Padres seguían la misma vida espiritual y política y por lo tanto el P. Muzio es igual al P.Ignacio, eso es era la metafora del P. Ignacio): de acuerdo a lo que cuentan los doc. Miccinelli (y lo que confirman las analisis técnicas) es Gonzalo Ruiz que, desde Cuzco dibuja y escribe el *Addendum* VII. Dos años despues, en 1618, Blas Valera dedica al P. General EI en forma implícita pero suficientemente clara y en el capitulo dedicado a S. Ignacio (c.3r) claramente le agradece porque: "Así como un cadáver, Padre celeste, me protegiste a mí, desterrado de la Patria y, gracias a tu heroico corazón yo, desterrado inocente, allí regresé al igual que ahora muero desterrado en España, pronunciando tu nombre y el de Ignacio". Casi vente años despues, en 1637 Anello Oliva (JAOI,f.5r) lo invoca todavía como el amado maestro que persigue la verdad y la justicia y en 1638 (JAOII,f.4v) no tiene miedo de referir, aunque sea en cifrado, que Blas Valera en 1618 volvió a España "con el tácito permiso del pío General Muzio que de él y de Aquaviva supo los contrastes". En otras palabras los dos documentos Miccinelli mencionan al P. Vitelleschi como la persona que permitió el peligroso viaje a Perú del P. Valera jurídicamente muerto.

Si aceptamos el detenido estudio de Maurizio Gnerre sobre la carta *Admodum Reverende Pater in Christo* guardada en el archivo del ARSI y las análisis tecnicas comparativas que han sido efectuadas (ver nota 13) resulta no solo que el P. Blas escribió al P. General (Muzio Vitelleschi) el 25 de junio 1618 pero también que el P. Vitelleschi había consagrado las ideas utópicas del P. Blas desde cuando (1598) apoyó el P. mestizo en su viaje de ida y vuelta al Perú al igual que el fin de su misión: eso es redactar la *Nueva Coronica*. Sin embargo en esta carta él lo informa que su misión de escribir la *Nueva Coronica* había sido terminada y que su cuaderno *Exsul Immeritus* estaba listo y esperando que un encargado suyo pasara a recogerlo. Termina la carta pidiendole de mantener todo lo que había prometido[26].

Que será lo que había prometido el Padre Vitelleschi? ¿Tal vez de ayudar a que la NC alcance al Rey?.¿De que le pide justicia al P. General el mestizo H. Gonzalo Ruiz?

¿Porqué *Exsul Immeritus* no entra en el ARSI pero solamente la carta *Admodum Reverende Pater in Christo*? Ambos documentos estaban dirigidos a la misma persona que, además era, en aquel tiempo, la más importante de la Compañía. Talvez la carta, por ser pequeña y escrita con un lenguaje alusivo y

---

[26] De la trascripción de la carta *Admodum Reverende Pater in Christo* (Gnerre 2001: 204-207) resulta: (…) Tu autem, Pater Amplissime, novisti viventis Patris exsulis consilia quae Tu in nomine Christi consecravisti (…)Dei atque temporis auxilium in Regis mensa hanc proponeret (…).Qua re nunc, Pater Optime, parce si omnia quae promisisti illi quem supra dixi tuo misero seni minimo servo exsuli immerito a Te peto. Libellius enim cum eius memoriis atque antiquis rebus in nuntii Tui exspectatione iam paratus est (…). […Tu en verdad, Padre Dignísimo, conociste las intenciones del padre proscrito que tu consagraste en el nombre de Cristo…La ayuda de Dios y del tiempo la suplirá en la mesa del Rey…Por lo cual ahora, Optimo Padre, perdóname si te pido todo lo que prometiste, a quien me referí arriba, a aquel pobre mínimo anciano siervo tuyo proscrito sin culpa. De hecho el cuadernillo con sus memorias y cosas antiguas ya se encuentra listo en la espera del encargado tuyo]

apenas con la sigla BV logró entrar en el ARSI mientras que EI, por la proporción voluminosa de la caja y por haber sido firmada por extenso por Blas Valera se conservó en otro lado? Parece que el P. General, cuando recibió la carta, estaba todavía interesado al problema Valera, tanto que mandó hacerle una elegante cubierta a EI y estaba también interesado en la *Nueva Coronica* y que alcanzara el Rey. ¿Talvez algo pasó que EI se quedó en Alcalá de Henares? Talvez el incendio con el cual el P. Vitelleschi limpió el archivo romano (1617) había cerrado el caso Valera? ¿Si el incendio hubiera cerrado el caso Valera y los problemas con el conectados, como se explica que en el 1637 el P. Anello Oliva en JAOI invoque todavía "el alma radiosa" de su maestro Muzio? Es decir después casi 20 años el confiaba todavía en su apoyo y en la "veracidad de la justicia" por haberse él y mas que todo el P. Valera inspirado a la doctrina del P. fundador, Ignacio de Loyola (HR: cc.9vb-9rb).

Ojala que estudios futuros contesten a estas preguntas.

Conclusiones

El curioso mensaje secreto encerrado en un medallón que figura Paititi, leído a la luz de Paititi-Payquiquin de cc. 13r-13v, talvez nos ayuda comprender porque han sido escritos los doc. Miccinelli.

El contenido del medallón d, que, por haber sido completamente sellado, promete por un lado mantener el secreto sobre los dos documentos allí encerrados y por el otro que, en caso de necesidad, la cera puede derretirse y los documentos se pueden leer, nos deja curiosos. Sin embargo contiene documentos reservados que atestiguan no solo que el P. Valera estaba todavía vivo, sino que también en la c.dI1v, él expone una posición contestataria al descubrimiento de las Indias y a Pizarro que resulta tan atrevida que podría proporcionarle a él mismo y a su Orden puniciones muy duras como incitadores a un movimiento contra los intereses de la Corona; además, el contenido del medallón sugiere que el mismo P. Mariana estuvo por lo menos al tanto de esta posición contestataria porque no puede ser casual que él le hubiera proporcionado a P. Blas aquella carta tan especifica de Cristóbal Colon, que, al exaltar su empresa como obra de misericordia, le permitía al P. mestizo calificar esta y las sucesivas empresas en las Américas de Cortéz y de Pizarro como obras de destrucción[27].

¿Cual es la utopía valerana?

---

[27] El P. Valera menciona en la misma c.dI1v que fue el P. Mariana que le proporcionó aquella carta de Cristóbal Colon en la cual el Almirante afirma que su empresa era obra de misericordia: es decir el P. Mariana, con aquella carta, le permitió al P. Valera de contestar la empresa de Colón al igual que las de Cortés y de Pizarro. Todo eso indica que difícilmente esto puede haber sido casual: sin embargo él P. Mariana, para buscar esta preciosa carta para el P. Valera tenía que compartir su contestación a todas las conquistas que habían sido efectuadas en las Indias a consecuencia del descubrimiento de Cristóbal Colon.

El medallón implícitamente atestigua que, por haber sido la conquista realizada con el engaño del vino envenenado, era nula y había que devolverle sus tierras a los peruanos; el f.dII , lo del contrato, aclara los nombres del grupo de jesuitas valeranos firmantes. Al mismo tiempo, el "contrato" afirma que la utopía contenida en la *Nueva Coronica y Buen Gobierno* una larga misiva al rey, era valerana. En esta obra el autor, que de acuerdo al "contrato" sería Blas Valera y el grupo de jesuitas, presenta claramente su utopía: es decir había que volver al pasado, a aquella época idílica de los antiguos señores Yaruvillca cuando los hombres vivían felices, al amparo de leyes paternales y también expresa un programa: eso es una reforma que liberará a todos los indios dándoles prosperidad y beneficiando al país y al Mundo: se trata de un gobierno universal bajo el cetro de un solo Rey, el Monarca Universal que sería "el rrey don felipe que dios guarda" que gobernará con cuatro príncipes en representación de las cuatro partes del mundo y uno de ellos representará al Perú y tiene que ser un descendiente de los antiguos caciques. Propugna liberar a los indios de corregidores, encomenderos, caciques principales, de los padres de la doctrina y de devolverle a los indios las tierras que se vendieron a nombre de su Majestad porque ellos son los propietarios legítimos por derecho de Dios y de la justicia; el gobierno pasaría a manos de los caciques legítimos en las lejanas provincias quienes gobernarían en un amalgama del antiguo ordenamiento con las nuevas instituciones coloniales[28].

No viene al caso aquí analizar la autoría de la *Nueva Coronica* pues ya se ha hecho en otras ocasiones[29]: este es un tema muy complejo y delicado que duele mucho a algunos estudiosos, que ni siquiera quisieron buscar el porque de las afirmaciones de Blas Valera y de Anello Oliva en EI y en HR, hasta el punto de negar los documentos Miccinelli. Aquí deseo solamente presentar los hechos tal como los proporciona el autor de EI de manera que se pueda entender la relación que él y el grupo de jesuitas firmantes, tenían con Paititi a través del medallón y el significado que para ellos tuvo Paititi y la *Nueva Coronica*.

Una vez aclarada cual es la utopía del Autor de EI, enfócamela en las FIG.1 y FIG.2 (cc.13r y 13v) y, de manera especifica en el juego de palabras: PAYTITI PAYQUIQUIN de c.13v que nos revela que esto, es decir la entera pagina y lo que le concierne, es PAYQUIQUIN (que quiere decir: lo que es lo mismo): de acuerdo a los reenvios y a los juegos de palabras que caracterizan EI,

---

[28] La utopía se lee en la segunda parte, es decir en el Buen Gobierno de Guaman Poma de Ayala, *Nueva Coronica y Buen Gobierno*, Paris, Institut d' Etnologie, Hartmann R., 1936 y de manera mas especifica lo de la organización política en op.cit. p.949; la idea de liberar a los indios de corregidores, encomenderos, caciques principales, de los padres de la doctrina en op.cit. 695, la de devolverle a los indios las tierras que se vendieron a nombre de su Majestad porque ellos son los propietarios legítimos y que el gobierno pasaría a manos de los caciques legítimos en las lejanas provincias, en op. cit. p., 586, 968, 454

[29] Para la discusión sobre la autoría de la Nueva Coronica ver el entero volumen de las Actas: Francesca Cantù (ed.) *Actas del coloquio Internacional: Guaman Poma y Blas Valera. Tradición Andina e Historia Colonial* (IILA, Roma, 29-30 de Septiembre 1999), Roma, Pellicani, 2001b y la bibliografía mencionada en la nota 3.

el paisaje y la cancha figurados en c. 13v serian lo mismo que lo que aparece en el medallón. Es decir las palabras: "*Dominador aquí esta el oro que no robaste, aquí esta la libertad que no nos arrancaste. Tu o pueblo del Tahuantinsuyu puedes todavía esperar*" escritas en c. 13v, se pueden aplicar también al medallón y leer que allí, entro el medallón esta el oro, es decir el tesoro, la libertad y la esperanza del Tahuantinsuyu.

¿Cual libertad y cual tesoro? La libertad y el tesoro del Tahuantinusyu están, para el grupo de jesuitas valeranos, en el medallón que proporciona, en forma críptica, la utopía y la clave para leerla en forma explicita en la NC. En pocas palabras para este grupo de jesuitas Paititi significaba la metáfora de su utopía (que no se podía todavía nombrar): eso es un reino del Perú de los indígenas en la época colonial y al mismo tiempo la autoría de la *Nueva Coronica* pero también el corazón del nuevo reino inca de Paititi de Felipe de Alcaya y el lugar mítico de Juan Álvarez Maldonado y de Francisco Rodríguez Peinado. La utopía valerana de Paititi escrita en los documentos Miccinelli parece unir todos los datos que han sido escritos sobre Paititi, a pesar del hecho que esta es la única utopía de Paititi que claramente conteste la conquista.

Utopía que el P. Valera perfecciona en elegante latín de el *Addendum VI* anexo a EI, evidenciando que no hay ni títulos legales ni causas nobles que justifiquen conquistas y ocupaciones de esta parte del mundo al igual que la malversación de la gente del Tahuantinsuyu y que tampoco se pueda afirmar que Nuestro Señor decidió quitar estas tierras a los paganos para atribuirlas a España como consecuencia de los muchos meritos adquiridos por sus Reyes Católicos: es decir ideas que recuerdan las del P. Mariana (1598)[30].

Con eso no se piensa resolver el problema, que se plantea con esta comunicación, sobre el rol que tenían los jesuitas y la *Nueva Coronica* en la utopía de Paititi pero aquí quiero evidenciar que muchas preguntas surgen de este comunicación.¿Cual relación hay entre la restauración utópica del Tahuantinsuyu del "Inca" Pedro Bohórquez (1657) y el reino del Perú indígena del grupo de jesuitas valeranos (1614)? ¿Es decir el "Inca" Pedro Bohórquez se inspiró, en su búsqueda de la libertad y en su tanteo de restauración del Tahuantinsuyu, en lo que habían "sembrado" unos treinta y tres años antes estos jesuitas?

¿Cual fue la influencia y el rol del P. Mariana en la parte europea de la utopía valerana de Paititi?

¿Cual significado tenia el Antisuyu para este grupo de jesuitas tanto que Blas Valera afirma implícitamente, en EI, que el Antisuyu era lo que, en aquel entonces, quedaba del Tahuantinsuyu?

¿Cual relación hay entre el reino del Paititi valerano y las Reducciones, que el amigo y cofrade del P. Blas, el P. Torres, estaba logrando en el Paraguay poco

---

[30] Mariana de La Reina J. (1598) *De Rege et Regis institutione,* Toledo, 1598.

antes (1611)? ¿Es Paititi la metáfora para indicar el intento de haber practicado en pequeño la utopía valerana en la Provincia Peruana en espera de abrir una Reducción en la zona de Paititi? A este propósito no me parece casual el hecho que, en los años 1667-1669 la organización de la misión jesuítica en los Mojos se estructure según el modelo de las Reducciones del Paraguay[31].

¿Cuál relación hay entre las escrituras mediante *capacquipu* y mediante *tocapu* propugnadas en ambos documentos Miccinelli y el tanteo de sistematizar un tipo de escritura indígena para comunicar con los indígenas de manera silenciada y talvez en perspectiva de la "reducción" de Paititi?

¿Cuál relación hay entre las figuras de la *Nueva Coronica,* las de la *Historia* de Martin de Murua en la versión Galvin y Wellington, la del contrato contenido en el medallón d de EI, la de Francisco de Chaves anexa a la carta del Lic. Boan y el pintor de la *Nueva Coronica*, sea él Guaman Poma o Gonzalo Ruiz como sostienen los ms. Miccinelli? Es decir si aceptamos que la *Nueva Coronica* contenga la utopia del grupo valerano y que el H. Gonzalo sea parte activa en este grupo al igual que en la *Nueva Coronica* y que él sea el autor de unos dibujos de la *Historia* ¿no será que la *Historia* represente un primer paso del grupo valerano hacia una propuesta de una utopica defensa de los indios, como plantea la investigación sobre los *tocapu* de la Historia de Giorgia Ficca en este volumen?

¿Cual es la promesa que Blas Valera pide de mantener al P. general Muzio Vitelleschi en su carta *Admodum Reverende Pater in Christo* escrita desde Alcalá el 25 de junio 1618? Talvez la de una Reducción en la Provincia Peruana?

Solamente estudios futuros y más detenidos podrán contestar estas y las otras preguntas que esta comunicación plantea: por el momento concuerdo con Meyers que los jesuitas en el siglo XVII demuestran su interés de cristianizar esta región tanto que la *Relación Cierta* del P. Diego Felipe de Alcaya habría sido mandada a componer por el P. jesuita Juan Blanco, rector de la residencia de Santa Cruz[32]. A eso añado que el hecho que hayan intentado la organización de la misión jesuítica en los Mojos según el modelo de las Reducciones del Paraguay parece confirmar que la utopía de Valera de 50 años antes, se estaba realizando, en los años 1667-1669, en el estilo de las Reducciones del Paraguay pero luego no cuajo', ¿Porque eso? A la luz del mensaje que apunta el P. Illanes sobre la HR en 1737, parece que una de las causas del aborto del proyecto de las Reducciones en la Provincia Peruana, haya sido la condena de herético a quien participaba. Sin embargo, si no fuera así ¿porque hubiera él apuntado el detalle que recibió el documento HR en la sacristía de la iglesia de S. Francisco Xavier, en la sacristía

---

[31] Para la organización de la misión jesuítica en los mojos según el modelo de las Reducciones del Paraguay, cfr. Maldawsky, A.: *Cartas anuas y misiones de la Compañia de Jesus en el Perú: siglos XVI-XVIII,* en: Polia Meconi M., *La cosmovisión religiosa andina en los documentos inéditos del Archivo Romano de la Compañia de Jesus (1581-1732)*: p. 41, Lima, Pontificia Universidad Catolica del Perú, Fondo Editorial, 1999, pp. 17-76.

[32] Cfr. Meyers Albert "Inca, Españoles y el Paytiti desde el Fuerte de Sabaypata, Oriente de Bolivia": *Archivio per l'Antropologia e la Etnologia*, Volumen CXXXV, 2005.

como es propio de los heréticos y no en la iglesia misma, y de las manos del indio Tacquic Menendez de Sodar que, despues de haberse piadosamente confesado le entregó el objeto de su culpa, eso es HR?

Dejando a un lado estas preguntas que quedan abiertas, volvemos a la primera que habíamos planteado y que me parece fundamental para entender los polémicos documentos Miccinelli:

¿Cuál es la constancia constructiva que el grupo valerano, a pesar del riesgo que corre, quiso transmitirnos con los doc. Miccinelli y con la reiterada afirmación que la *Nueva Coronica* no era de Guaman Poma pero de ellos? A la luz de lo que se discute en este articulo y del análisis que efectué sobre la manera de referirse a lo sagrado andino -que resulta sincretistico en HR y en cambio respetuoso del pensamiento precolombino en el documento EI[33]- hay que plantear la posibilidad que los documentos Miccinelli hayan intentado proponer una base documental para realizar un "reino" inca y al mismo tiempo lanzar tres vectores para construir tal "reino": 1) la *Nueva Coronica* para proponer al Rey la forma política de la utopia de este reino; 2) *Exsul Immeritus* para proponer al P. General la problemática política de la utopía que se le confiaba y un cuadro de la cultura inca tal que resulte comprensible a los jesuitas pero al mismo tiempo, gracias al lenguaje de los colores, de los *tocapus* y de las figuras tradicionales EI era también un vector comprensible a los simpatizantes del grupo valerano para atestiguar sobre el estado de las cosas que habían sido realizadas hasta el 1618, por ej. Paititi; 3) *Historia et Rudimenta*, para dejar a los jesuitas un diario documental y un pequeño manual sobre la aplicacion del lado religioso sincretistico al "reino"y, con la ultimas palabras de Illanes escritas casi un siglo y medio mas tarde (1737), la constancia de como se había acabado.

Agradecimientos

Agradezco a Clara Miccinelli y Carlo Animato por haberme, la primera, permitido el estudio de sus documentos, la reproducción de unas partes de EI inclusive de las figuras de cc. 13r y 13v, del medallón d, y de las cc.dI y dIII y por haberme brindado su primera trascripción que realizó con Carlo Animato, y el segundo por su parte de trascripción preliminar de EI; agradezco a Vito Bongiorno por su análisis del quechua de *Exsul Immeritus,* a Peter Lerche por haberme proporcionado la voz "Huanca" del Diccionario Geográfico del Perú (1922), a Albert Meyers por haberme brindado la fotocopia del manuscrito sin titulo "En la ciudad de la Plata (…), 2.1.1644.

---

[33] Para el analisis de lo sagrado en los dos doc. Miccinelli, cfr Laurencich-Minelli Laura "Lo sagrado en el Mundo Inca despúes del III Concilio Limense de acuerdo a documentos de la época". *Xama, Publicacion de la Unidad de Antropologia*, Mendoza, 2002-2005, pp.241-254.

Fig.1, Paititi desde el lado amazónico, acuarela, c. 13r, *Exsul Immeritus*, colección Miccinelli, prohibida la reproducción.

Fig. 2, Paititi desde el lado andino, acuarela, c. 13v, *Exsul Immeritus*, colección Miccinelli, prohibida la reproducción.

Fig. 3, Foto del forro textil que contenía el medallón d, el frente del medallón d y su contenido todavía doblado como apareció a la apertura. Se observe el mosaico protegido por un cristal de yeso y se compare con el esquema de Fig.4 para la lectura. *Exsul Immeritus*, colección Miccinelli, prohibida la reproducción.

Fig.4, Esquema del frente del medallón d: a la izquierda el *tocapu* de Cuzco en los colores amarillo y celeste. A la derecha dos minúsculas pepitas indican la rosa de los vientos que marca la dirección que hay que tomar en cuenta. Al centro los ríos de color verdoso en forma de λ entre los cuales unas pepitas indican Paititi.

Dos documentos jesuíticos silenciados: los documentos Miccinelli

Fig.5, La carta dI1r, es decir la parte final de una carta de Cristóbal Colon, abajo, en el angulo, la nota de mano de P. Blas que la carta fue dono del P. Mariana, *Exsul Immeritus,* colección Miccinelli, prohibida la reproducción.

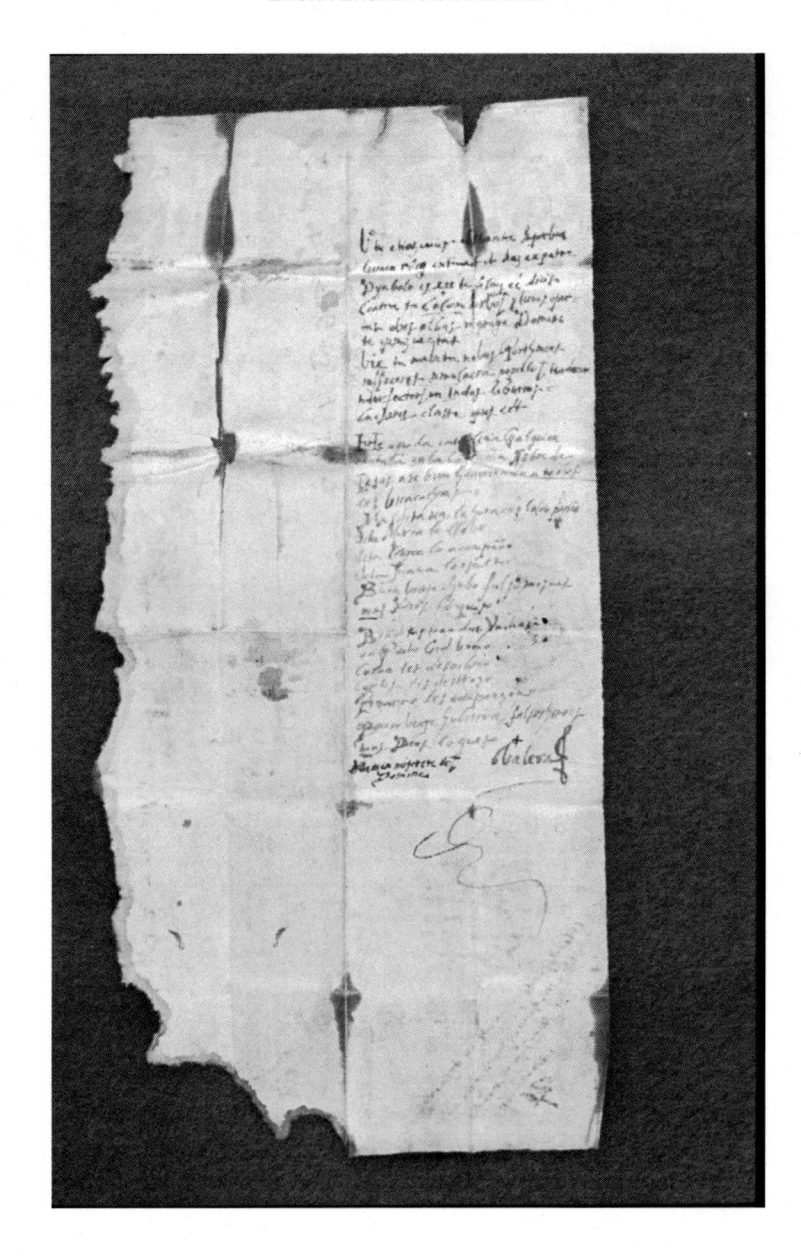

Fig.6, La carta dI1v con la cantinela, *Exsul Immeritus*, colección Miccinelli, prohibida la reproducción.

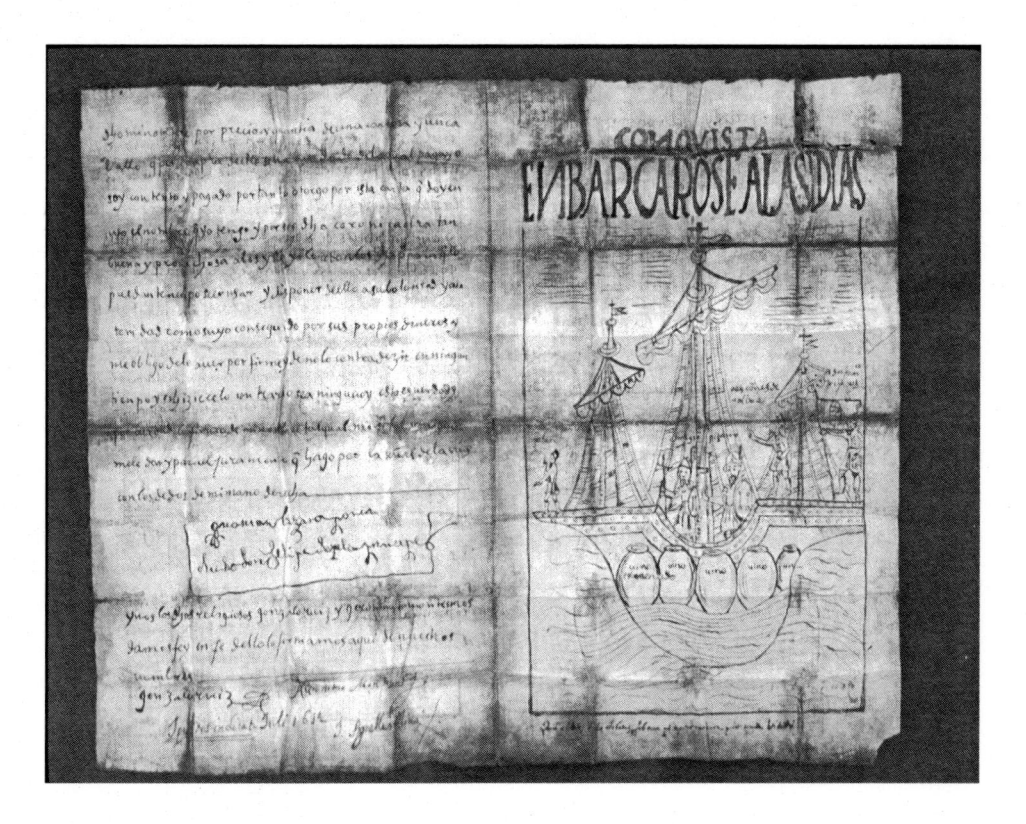

Fig.7a, La c.dII2v con las firmas de Guaman Poma, Agnellus Oliva, Yeronimo de Montesino y la c.dII1r, la portada del "contrato" en la cual figura el mismo barco de c. 373 de la *Nueva Coronica* pero con unos cambios. *Exsul Immeritus,* colección Miccinelli, prohibida la reproducción.

Fig.7b, La c.dII1v con el esboce contra Pizarro y la firma de Blas Valera, c. dII2r en que empieza el contrato (termina en la c.siguiente, la 2v. *Exsul Immeritus,* colección Miccinelli, prohibida la reproducción.

COMPARACIÓN ENTRE LOS TOCAPUS DEL *CÓDICE GALVIN* Y DE LA *NUEVA CORÓNICA Y BUEN GOBIERNO* A LA LUZ DE LOS *DOCUMENTOS MICCINELLI*: UNA NOTA

GIORGIA FICCA
Università di Bologna

Últimamente el peruanista Juan Ossio, sacando a la luz el *Códice Galvin* de Martín de Murúa, ha puesto en evidenzia algunos interesantes paralelismos con la obra *Nueva Corónica y Buen Gobierno* de Guamán Poma de Ayala: se aprecia no sólo una cierta concordancia tanto en los contenidos como a veces también en la sucesión de bloques temáticos; aún más extraordinario es el parecido que existe entre los dibujos que se hallan en los dos Códices. Coincido con Ossio acerca de la posiblidad de que algunos de esos dibujos, presentes en el *Códice Galvin*, pueden haber tenido la misma paternidad que los contenidos en la N.C.

Ossio precisa: *"Aunque me faltan mayores conocimientos para identificar y caracterizar la presencia de distintos estilos, como ya he adelantado me da la impresión que, si bien todas estas 113 acuarelas tienen un parecido extraordinario con los dibujos de Guamán Poma, detrás de ellas no hay sólo una mano. Quizá hasta sean tres, de las cuales una parece ser europea, muy probablemente del mismo Murúa, y las otras indígenas. [...] De los 113 dibujos que contiene este códice aquéllos que retratan a los Incas y las Coyas son los que a mi parecer tienen un estilo más europeo por el manejo de la perspectiva y del sombreado. A partir del segundo libro, con los capitanes, se da un cambio notorio a favor de una mayor semejanza con el estilo de los dibujos de Guamán Poma de Ayala."*[1]

Con el propósito de ofrecer una pequeña contribución a la solución del problema, he comparado los tocapus representados en las ilustraciones del *Códice Galvin* con los tocapus de la *Nueva Corónica*, con los tocapus de estilo Inca-imperial recogidos por Victoria de La Jara y también con las explicaciones aportadas por los *Documentos Miccinelli*. Con esta intención he tenido en cuenta solamente las ilustraciones del *Códice Galvin* que contenían tocapus y las he dividido aquí, como los relativos tocapus que allí se encuentran, siguiendo las afirmaciones de Ossio (acerca de las manos que los habrían realizado), en:

GALVIN A - tocapus de ilustraciones de mano más bien europea,

GALVIN B - tocapus de ilustraciones atribuibles al autor de la *Nueva Corónica*.

---

[1] JUAN OSSIO 2004; pag.24

| Galvin A | Galvin B |

Tanto los tocapus *Galvin A* como los denominados *Galvin B* se han comparado con los tocapus y otros elementos (como algunas decoraciones de los trajes de ciertos personajes femeninos, o bien escudos, o bolsitos porta-coca) presentes en las tablas pictóricas de la *Nueva Corónica* y luego con el corpus de tocapus de estilo Inca-imperial encontrados por Victoria de La Jara.

Además he tratado de leer algunos tocapus Galvin A y Galvin B según las interpretaciones proporcionadas *ad hoc* por Oliva en el *Documento de Nápoles*, denominado H.R. ("*Historia et Rudimenta Linguae Piruanorum*") y de integrarlas con las del otro *Documento de Nápoles*, denominado E.I. ("*Exsul Immeritus Blas Valera Populo Suo*") dadas las estrechas relaciones entre los dos manuscritos así como las afirmaciones de autoría de BV en lo que concierne al texto y a los dibujos de la N.C., que ambos *Documentos* presentan.

De hecho Oliva en HR, al reproducir las específicas explicaciones de los tocapus dice que hacían referencia a la *Nueva Corónica* y que se las había dado Guamán Poma alias Blas Valera, mientras que Valera en E.I. reproduce sólo la explicación de los tocapus, diciendo que eran como nuestros libros, pero no los vincula a la N.C.

Comparación entre los tocapus del Códice Galvin
y de la Nueva Corónica y Buen Gobierno a la luz de los documentos Miccinelli: una nota

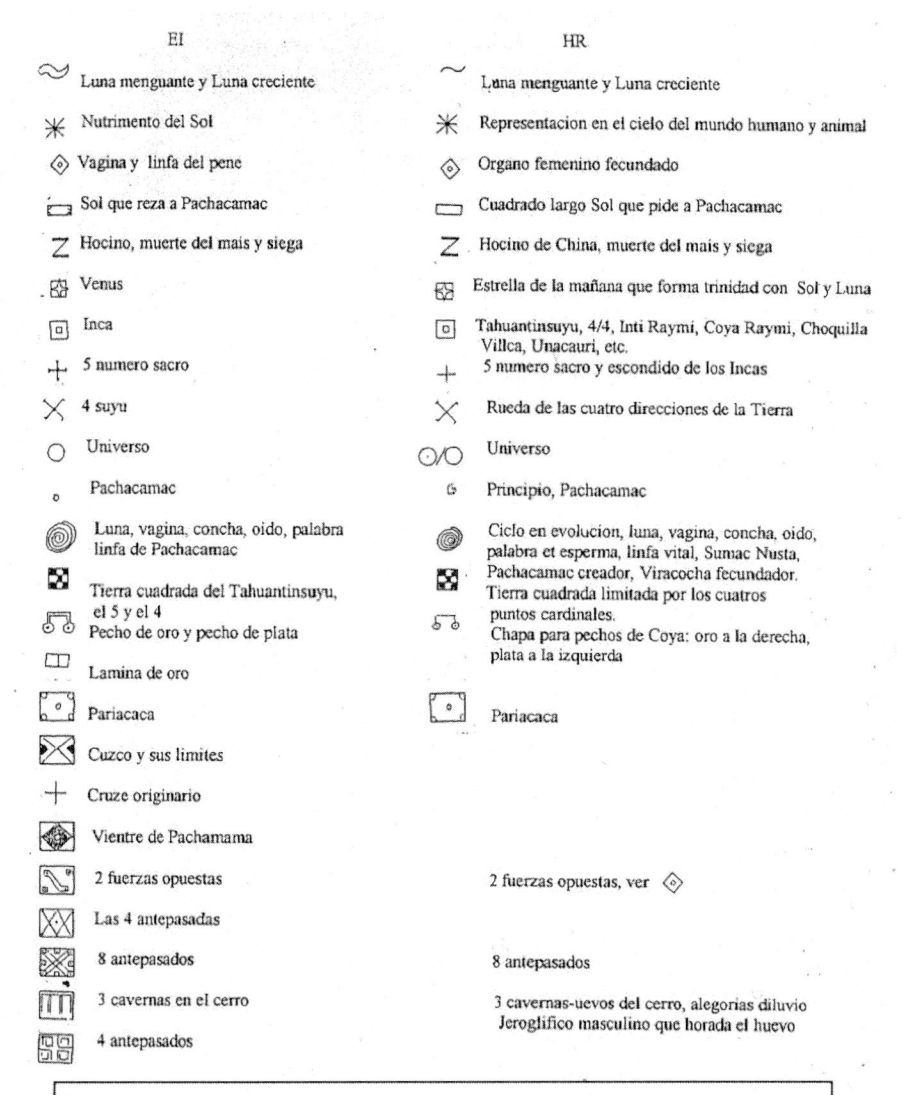

EI		HR	
～	Luna menguante y Luna creciente	～	Luna menguante y Luna creciente
	Nutrimento del Sol		Representacion en el cielo del mundo humano y animal
	Vagina y linfa del pene		Organo femenino fecundado
	Sol que reza a Pachacamac		Cuadrado largo Sol que pide a Pachacamac
Z	Hocino, muerte del mais y siega	Z	Hocino de China, muerte del mais y siega
	Venus		Estrella de la mañana que forma trinidad con Sol y Luna
	Inca		Tahuantinsuyu, 4/4, Inti Raymi, Coya Raymi, Choquilla Villca, Unacauri, etc.
+	5 numero sacro	+	5 numero sacro y escondido de los Incas
X	4 suyu	X	Rueda de las cuatro direcciones de la Tierra
O	Universo	O/O	Universo
∘	Pachacamac		Principio, Pachacamac
	Luna, vagina, concha, oido, palabra linfa de Pachacamac		Ciclo en evolucion, luna, vagina, concha, oido, palabra et esperma, linfa vital, Sumac Nusta, Pachacamac creador, Viracocha fecundador.
	Tierra cuadrada del Tahuantinsuyu, el 5 y el 4		Tierra cuadrada limitada por los cuatros puntos cardinales.
	Pecho de oro y pecho de plata		Chapa para pechos de Coya: oro a la derecha, plata a la izquierda
	Lamina de oro		
	Pariacaca		Pariacaca
	Cuzco y sus limites		
+	Cruze originario		
	Vientre de Pachamama		
	2 fuerzas opuestas		2 fuerzas opuestas, ver
	Las 4 antepasadas		
	8 antepasados		8 antepasados
	3 cavernas en el cerro		3 cavernas-uevos del cerro, alegorias diluvio Jeroglifico masculino que horada el huevo
	4 antepasados		

Interpretaciones proporcionadas por los Documentos Miccinelli

Como se puede observar en las tablas comparativas, dejando de lado el hecho que los tocapus de la N.C. son en blanco y negro mientras que los del Galvin son en color, casi la totalidad de los símbolos de *Galvin B* encuentra analogías en la *Nueva Corónica* aunque en *Galvin B* están completamente es total la ausencia de cartuchos con números árabes.

**Entre los cartuchos de *Galvin B* encontramos también el tocapu denominado "LLAVE INCA" que está descrito en E.I. y que no se encuentra en la N.C. donde sin embargo está sustituido por el número 2.

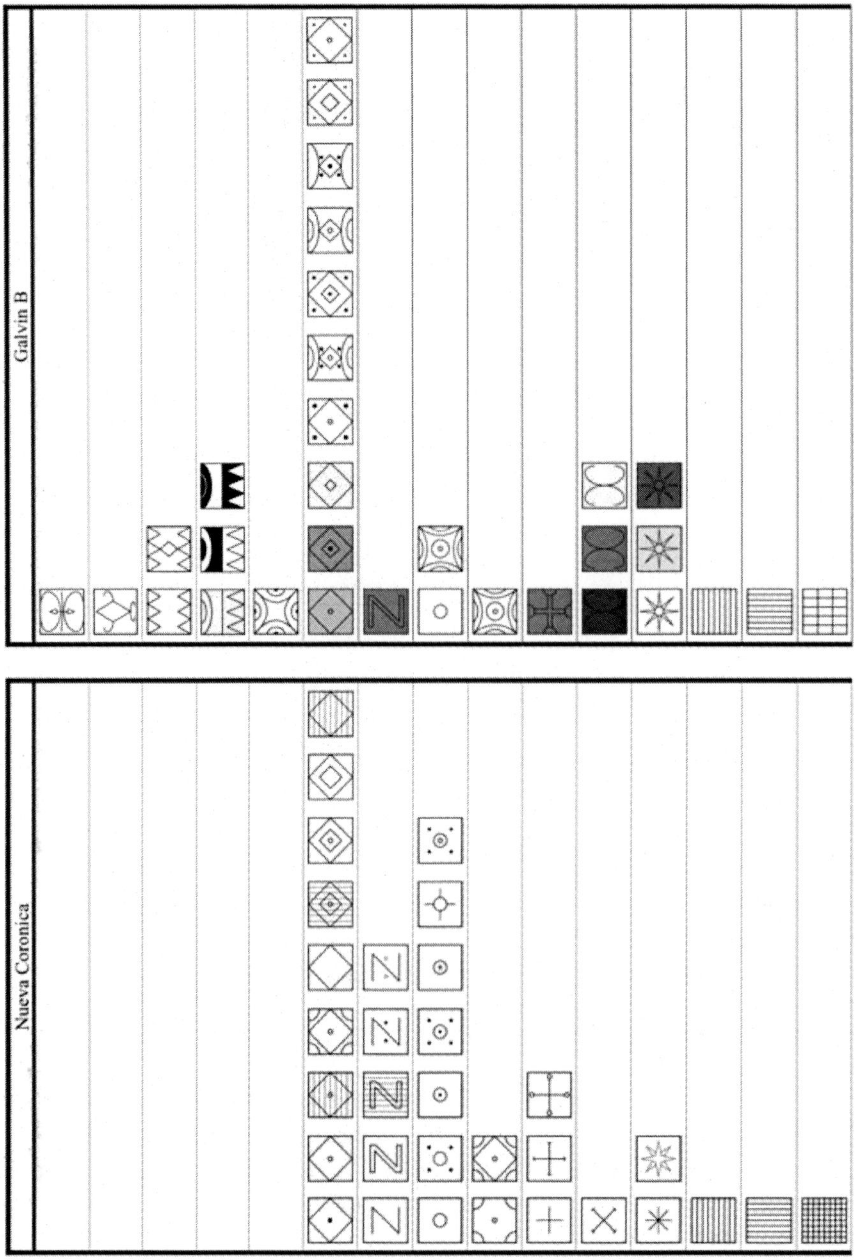
Galvin B
Nueva Coronica

*Comparación entre los tocapus del Códice Galvin
y de la Nueva Corónica y Buen Gobierno a la luz de los documentos Miccinelli: una nota*

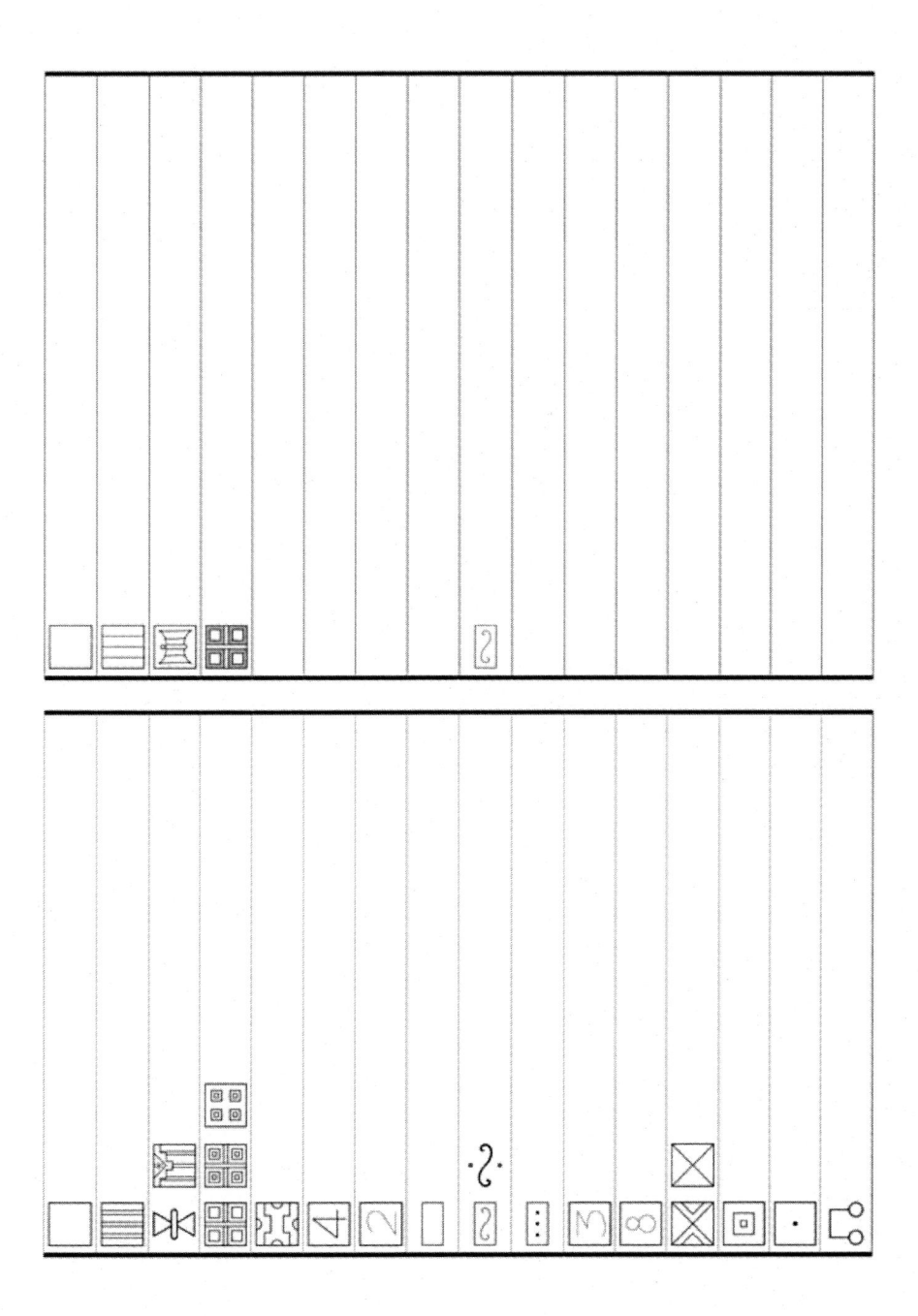

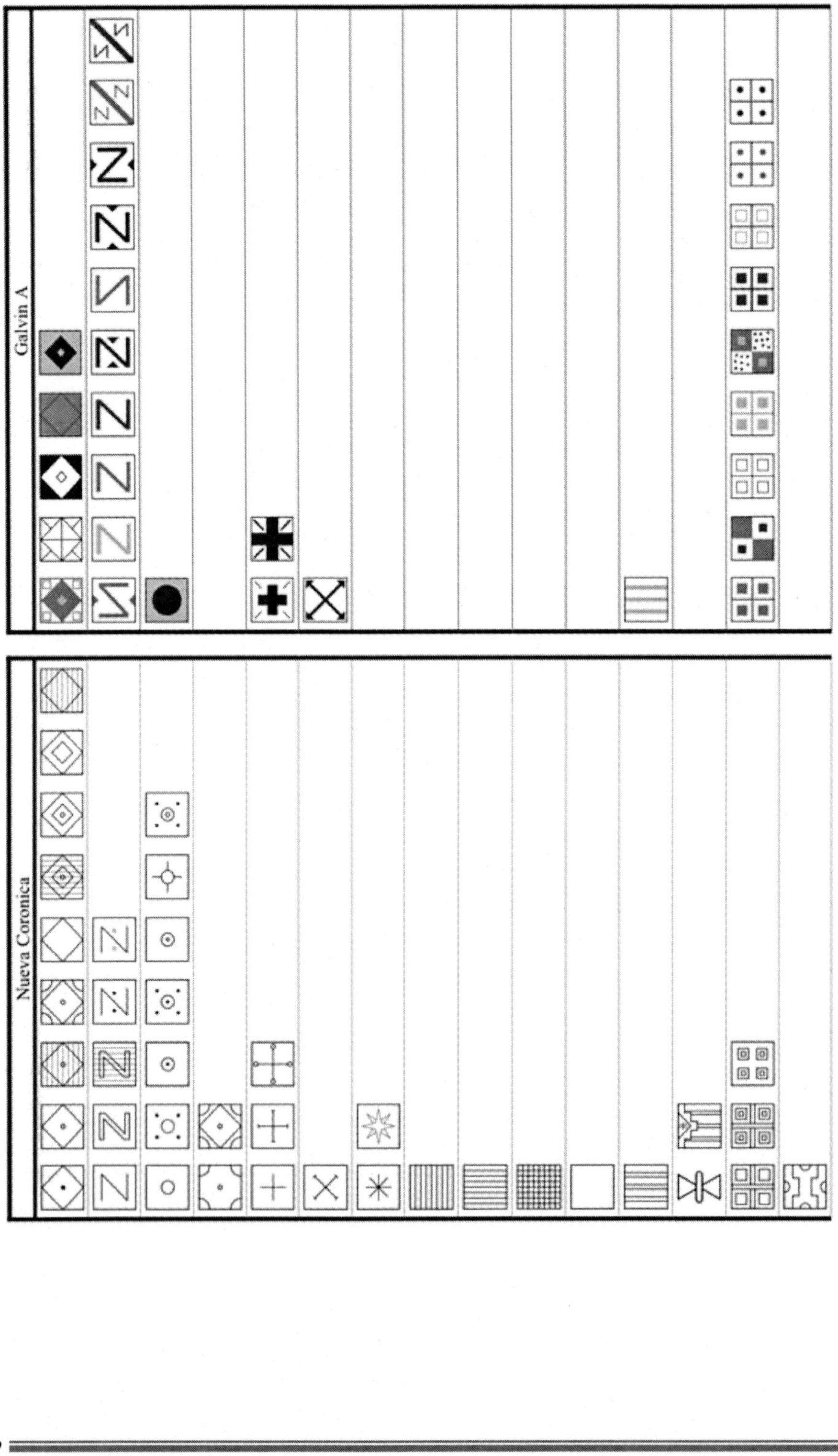
Galvin A
Nueva Coronica

*Comparación entre los tocapus del Códice Galvin
y de la Nueva Corónica y Buen Gobierno a la luz de los documentos Miccinelli: una nota*

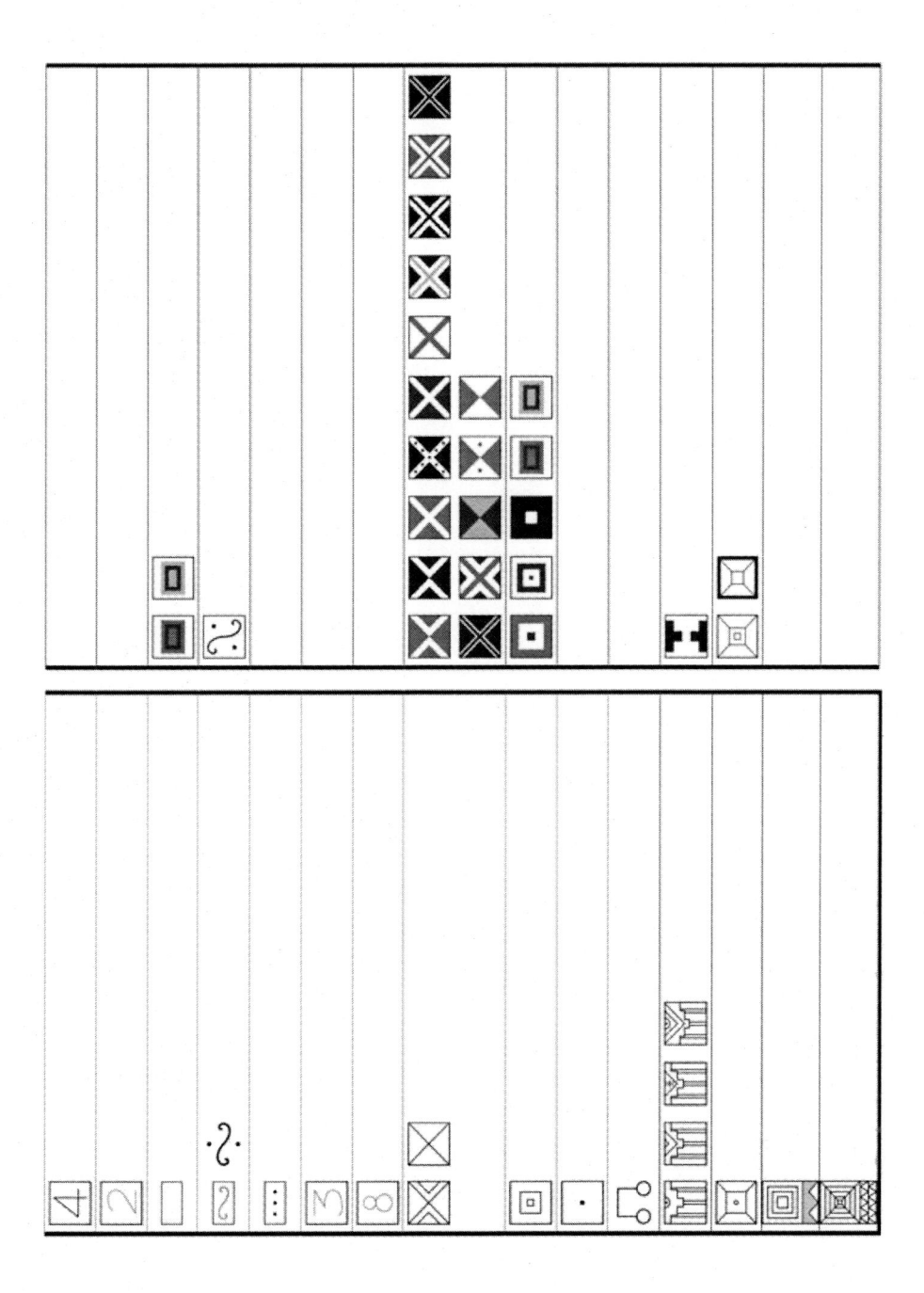

203

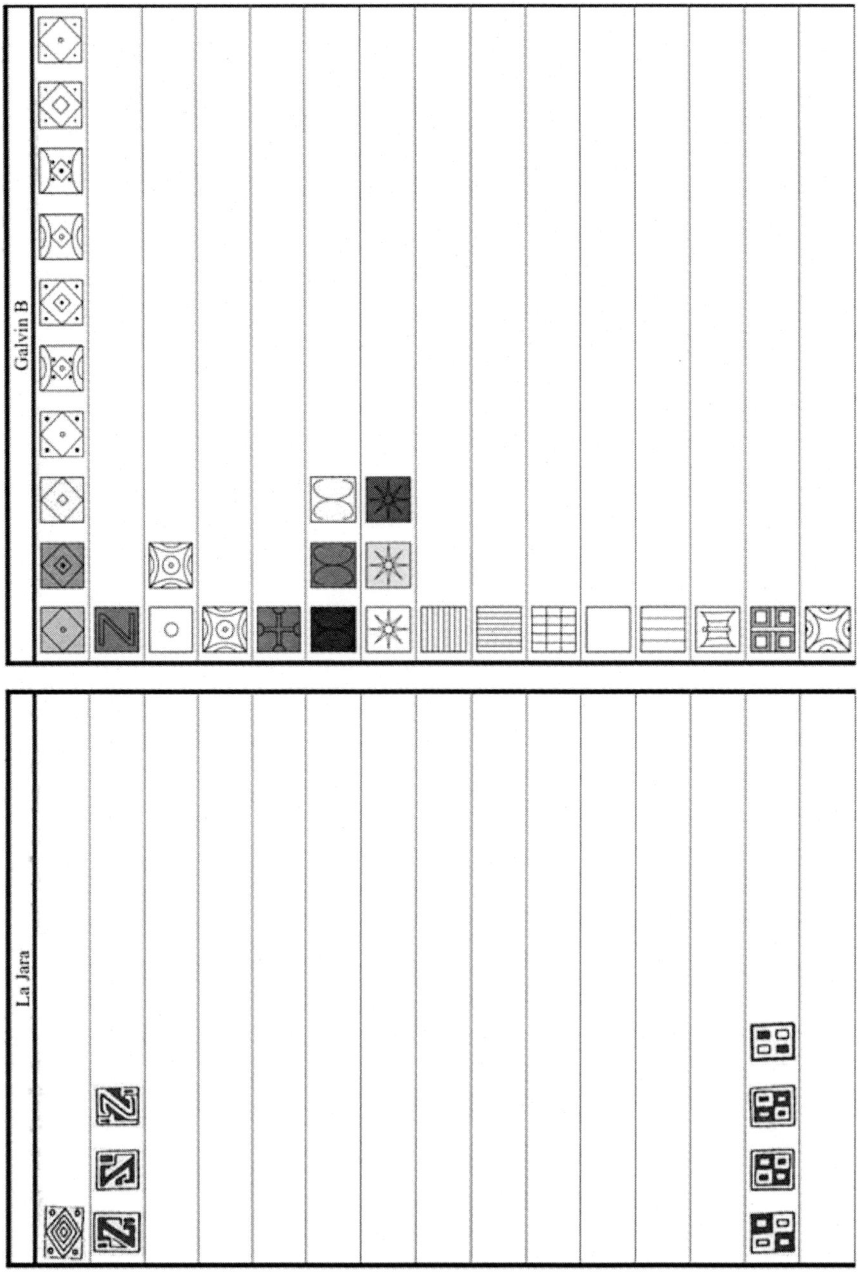
Galvin B
La Jara

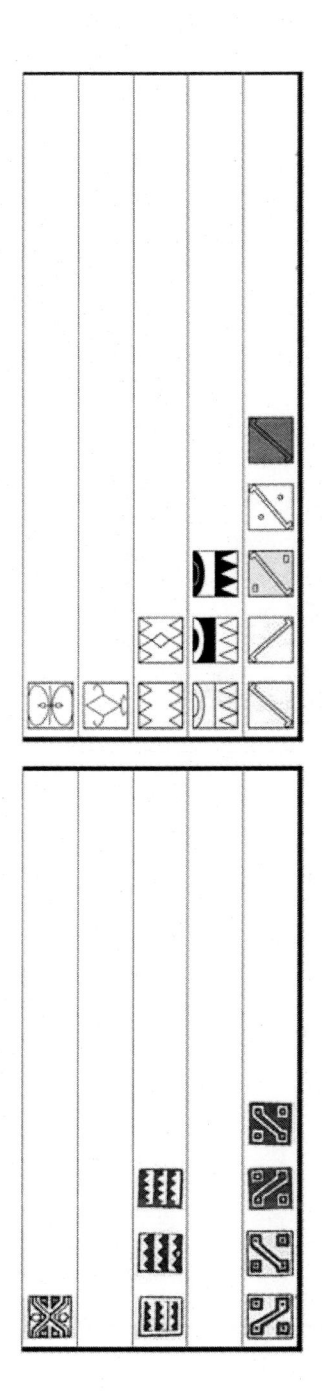

*Comparación entre los tocapus del Códice Galvin
y de la Nueva Corónica y Buen Gobierno a la luz de los documentos Miccinelli: una nota*

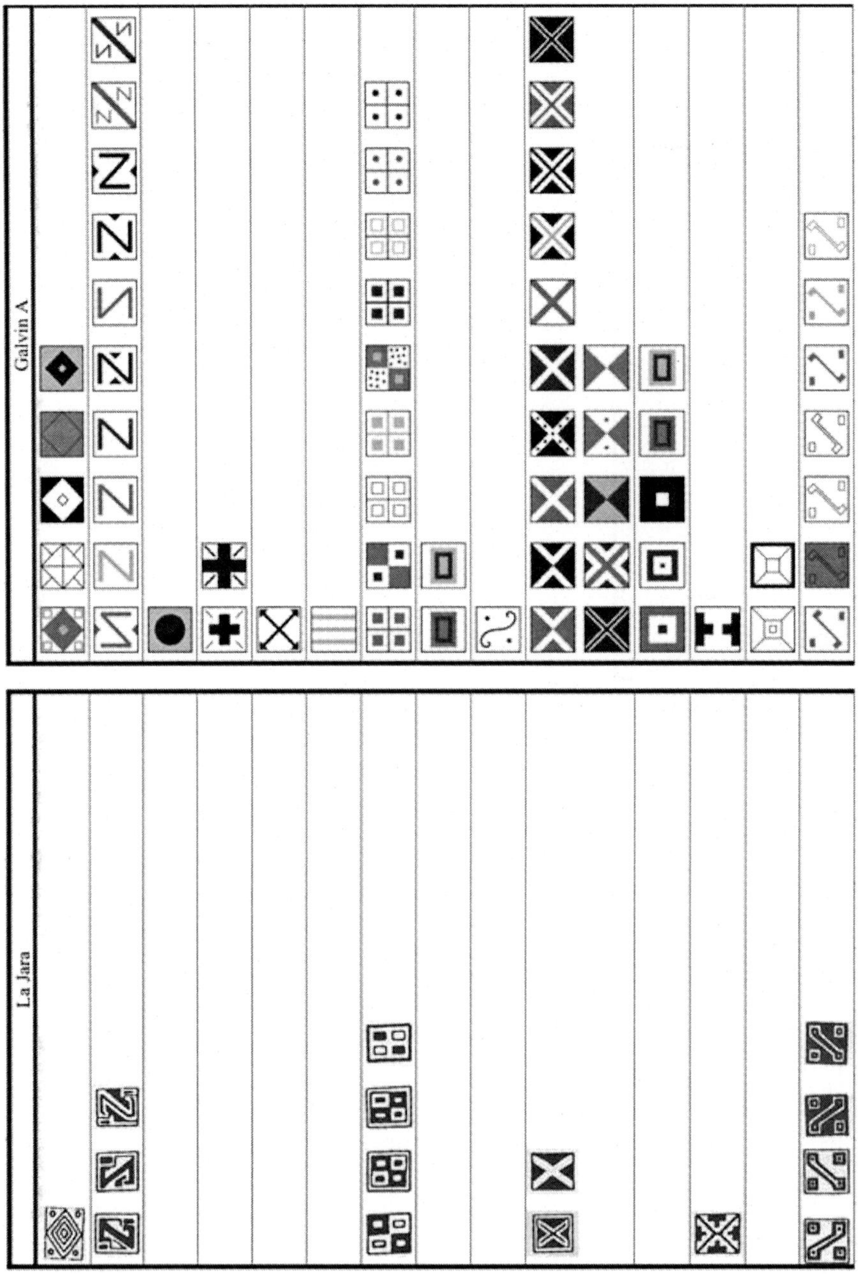
Galvin A
La Jara

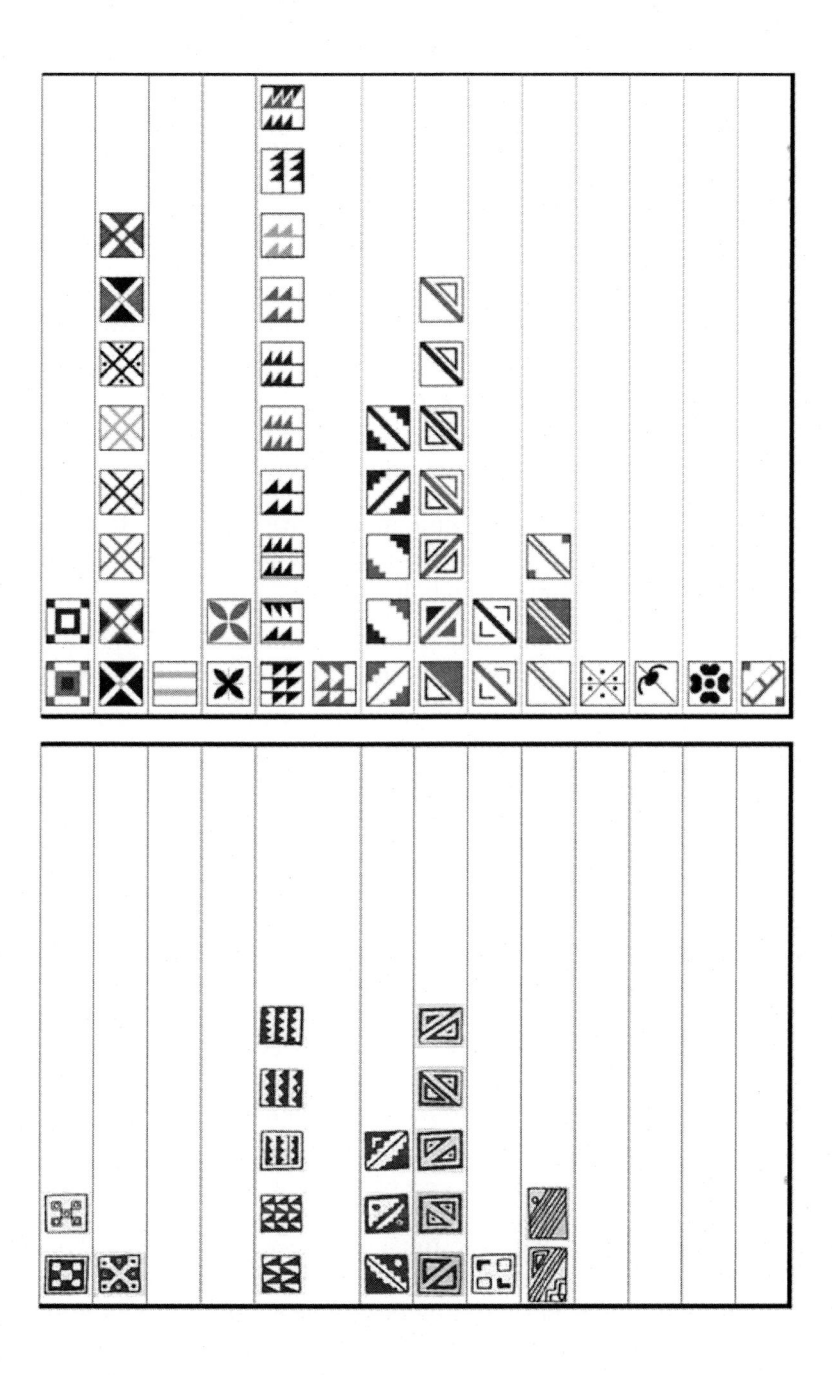

Comparación entre los tocapus del Códice Galvin
y de la Nueva Corónica y Buen Gobierno a la luz de los documentos Miccinelli: una nota

Los símbolos *Galvin A*, se presentan mucho más elaborados y ricos de variantes, pero encuentran también ellos muchas correspondencias con los símbolos de la N.C.

**[Entre los cartuchos de *Galvin A* encontramos también el símbolo de E.I. "TIERRA CUADRADA DELIMITADA POR CUATRO ORIENTES" y "8 ANTEPASADOS" descritos tanto en HR como en EI y el símbolo denominado "LLAVE INCA" descrito en E.I. y que en H.R. corresponde al 2].

En cambio con respecto a la comparación de *Galvin B* con los símbolos de la tabla de La Jara, existen menos correspondencias pero que sin embargo son significativas.

Con respecto a los tocapus de *Galvin A* comparados con los símbolos del corpus de La Jara, el número de confirmaciones es mayor en comparación con el *Galvin B*: es decir casi igual al que contiene los símbolos de la N.C.

Por lo tanto si *Galvin B* se encuentra mucho más cerca de la *Nueva Corónica*, *Galvin A* parece colocarse a medio camino entre la N.C. y el corpus de estilo Inca-imperial (La Jara) como tipo de simbología.

Cabe subrayar sin embargo, una diferencia fundamental entre la disposición de los cartuchos en el interior de los tocapus de *Galvin B* y *Galvin A* respecto a las de la N.C.

En *Galvin B*, como por otro lado en la N.C., los cartuchos forman unas bandas diagonales que se repiten de manera ordenada permitiendo una lectura desde la izquierda hacia la derecha, o desde la derecha hacia la izquierda o, en el caso de los tocapus formados sólo por dos filas de cartuchos, en ambas direcciones, hecho que según E.I., tenía el significado de relacionar el mensaje contenido en el indumento con el sol cuando van de derecha a izquierda y, a la luna cuando van de izquierda a derecha.

Orden de bandas que también en *Galvin B* parecerían tener estos significados que contrastan con el complejo desorden de la ilustración que representa la captura de Tupac Amaru, quizás para dar a entender el acontecimiento de la ruptura de la armonia cósmica precolombina.

En *Galvin A* en cambio, la disposición de los cartuchos parece no seguir un criterio ordenado.

Otro elemento que no hay que subestimar es que mientras en la *Nueva Corónica* entre el texto y las imágenes existe una estrechísima reciprocidad explicativa de los varios elementos descritos, en el *Códice Galvin* tanto en lo que respecta a las ilustraciones con tocapu denominadas Galvin A, como las llamadas Galvin B, no tiene lugar la citada correspondencia y en los raros casos en lo que parece encontrarse, ante un análisis más profundo ésa resulta sólo superficial. Me refiero por ejemplo al dibujo de la página 81 (verso) donde hay sin duda relación con el texto explicativo que se encuentra en la página 82 (recto) pero parece una especie de "adaptación": notamos de hecho que en el dibujo faltan muchos de los elementos descritos cuidadosamente en el texto, como por ejemplo el intercambio de los trajes, etc.

Las mismas incongruencias se evidencian también en otros dibujos y sus relativos textos en el interior del *Códice Galvin*, como en el dibujo de la pág. 36v, de la pág. 95v, de la pág. 120 v. También el dibujo que se encuentra en la pág. 50v no se refiere al texto que se halla en la misma cara, sino que se refiere al texto de la página siguiente, es decir la 51 (recto).

Estas discrepancias respecto al propio texto explicativo las ha señalado también Ossio por ejemplo en el dibujo de la pág. 14v: *"Volviendo a la relación de Incas que nos presenta la Nueva Corónica y el manuscrito de nuestro amigo irlandés, un detalle que me ha llamado la atención es que, si bien las representaciones que aparecen de ellos son muy parecidas, los textos no son muy coincidentes (...). Uno es Inca Roca que aparece acompañado por un niño y otro es Pachacuti que aparece blandiendo una honda. Para Guamán Poma la escena primera representa a este Inca con su hijo llamado Guamán Capac Ynga y la segunda a Pachacuti en el acto de tirar con una honda piedras de oro a sus enemigos. No es mucho lo que dice, pero sin embargo es algo. En cambio en el manuscrito Galvin, que repite estas escenas, no encierra en su texto ni la más mínima alusión a lo representado en los dibujos. En este caso claramente se puede apreciar que mientras en Guamán Poma dibujos y textos tratan de ir unidos, en el sacerdote unos marchan por un lado y los otros por otro. La única explicación que se me ocurre para esta situación es que el sacerdote copió dibujos, quizá por su valor decorativo y estético, pero, al igual que las tradiciones orales que circulaban, sin entender su significado."* [2]

El hecho que se encuentren los tocapus de la N.C. tan a menudo en los tocapus de *Galvin B* subraya todo lo que ya ha observado Ossio, es decir que el autor es con toda posibilidad el mismo.

Si aceptamos que la N.C. es obra del grupo jesuita, se habría llevado a cabo desde 1599, cuando Blas Valera vuelve a Perú, hasta 1617 año en el que cruza de nuevo el océano para regresar a Alcalá, mientras que la realización entre tres, Gonzalo Ruiz/ Guamán Poma/ Murúa, a la que hace referencia EI, habría terminado el 16 de febrero de 1614, cuando se redactó el contrato entre los jesuitas y Guamán Poma para impedir precisamente los incesantes chantajes del testaferro.

Si además aceptamos que la *Nueva Corónica* encierra en los tocapus un mensaje para el mundo indígena como afirman H.R. y E.I. y si aceptamos que H.R. nos ofrece las informaciones específicas para leerlo, dicho mensaje podría encontrarse potencialmente encerrado también en Galvin B.

---

[2] JUAN OSSIO 2004; pag.24

Laura Laurencich-Minelli en *La Scrittura dell'Antico Perù*[3], aplicando las explicaciones de los tocapus ofrecidas por Oliva en H.R. en las viñetas de la N.C., ha deducido que puede haber por lo menos dos niveles de lectura:

1) la viñeta en general para todos los lectores,

2) el mensaje de los tocapus que estaba dirigido a los miembros del grupo formado por indígenas y algunos Jesuitas.

Tratemos ahora de leer algunos tocapus representados en figuras análogas tanto de la N.C. como de *Galvin B* a la luz de las indicaciones específicas que proporciona Oliva en H.R. para la lectura de la N.C., pero también con el apoyo de las indicaciones dadas en E.I.

Los tocapus elegidos para una interpretación y una comparación forman parte de ilustraciones que se refieren a los mismos argumentos tratados en ambos *Códices*, por este motivo me han parecido especialmente significativos. Denomino por comodidad:

1a) "DEZIEMBRE" (pág. 258 de *Nueva Corónica*) – 1b) "FIESTA DEL YNGA" (pág. 123v del *Códice Galvin*).

2a) "LA PRECIO DE TOPAC AMARU" (pág. 449 de N.C.) – 2b) "EL TRISTE AMARU" (pág. 50v del *Códice Galvin*).

LECTURA:

1a) En N.C., a la luz de H.R. leemos en el tocapu del Inca: PACHACAMAC, REPRESENTACIÓN EN EL CIELO DE LOS MUNDOS HUMANO Y ANIMAL, ÓRGANO FEMENINO CON EMBRIÓN DE LA MANIFESTACIÓN, 2 FUERZAS OPUESTAS, 4 TAHUANTISUYU.

Se encuentra también el tocapu de la Coya en el que leemos:

PACHACAMAC, 4 TAHUANTISUYU, 2 FUERZAS OPUESTAS, ÓRGANO FEMENINO CON EMBRIÓN DE LA MANIFESTACIÓN, NÚMERO SACRO Y ESCONDIDO DE LOS INCAS, PRINCIPIO PACHACAMAC.

1b) En *Galvin B*, según los *Documentos de Nápoles* leemos en el tocapu del Inca:

ÓRGANO FEMENINO CON EMBRIÓN DE LA MANIFESTACIÓN, RUTA DE LAS 4 DIRECCIONES DE LA TIERRA, 2 FUERZAS OPUESTAS, REPRESENTACIÓN EN EL CIELO DE LOS MUNDOS HUMANO Y ANIMAL.

---

[3] LAURA LAURENCICH-MINELLI 1996

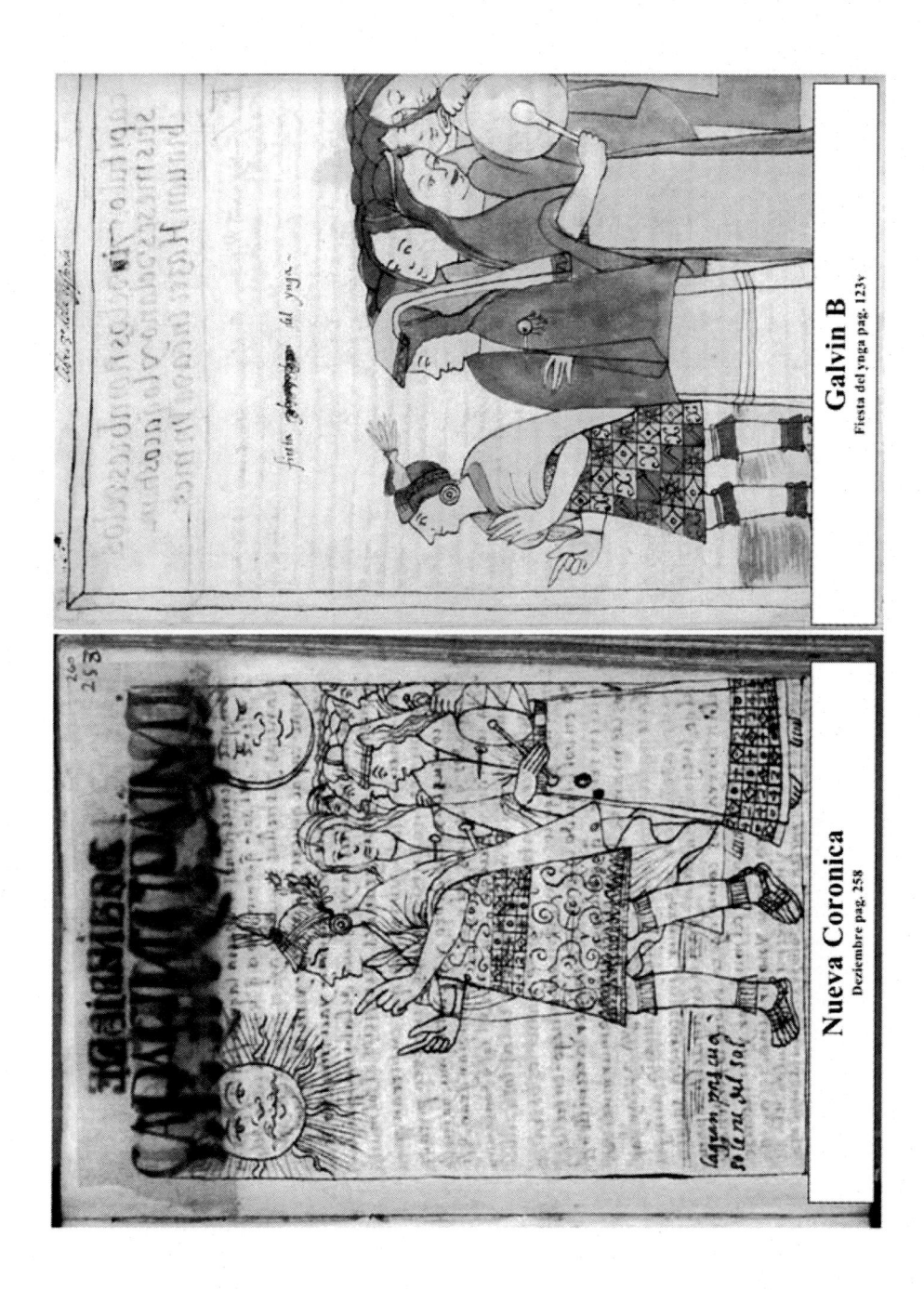

*Comparación entre los tocapus del Códice Galvin
y de la Nueva Corónica y Buen Gobierno a la luz de los documentos Miccinelli: una nota*

Galvin B
Fiesta del ynga pag. 123v

Nueva Coronica
Deziembre pag. 258

Galvin B
El triste Amaru pag 50v

Nueva Coronica
La precio de Topa Amaru pag.449

INTERPRETACIÓN:

1a) En la viñeta de la N.C. se lee la plegaria del Inca al Sol. El segundo nivel, el más profundo y críptico, a través de sus tocapus extiende la plegaria también a la Coya. Por tanto en la misma viñeta se toma en consideración también la plegaria más profunda del elemento femenino del mundo. En síntesis, la plegaria del Inca y de la Coya se dirige, además de al sol de la viñeta, a:

- Pachacamac,
- los *alter ego* del mundo humano y animal que estaban en el cielo,
- la Pachamama fecundada,
- las 2 fuerzas opuestas,
- los 4 Tahuantisuyu,
- por último, por el sentido de las diagonales de izquierda a derecha producidas por la sucesión de los cartuchos, interpretamos que todas las oraciones iban dirigidas a la luna.

No entremos por ahora en el análisis de estas figuras sagradas precolombinas dadas por los dos italianos en H.R: como se demuestra de todos modos en un primer trabajo de L. Laurencich-Minelli[4] que para los dos jesuitas italianos Pachacamac representaba el Dios cristiano; los *alter ego* del mundo humano y animal, los ángeles; la Pachamama fecundada sería María que dio a luz a Jesucristo; la Luna es la Virgen María, por lo tanto el mensaje que ellos querían dar era de tipo sincrético y les habría permitido hacer hincapié en el concepto de la *Dispersio Apostolorum* en la evangelización.

La llamada *Dispersio Apostolorum*, aún muy en boga durante los siglos XVI y XVII, afirmaba que al morir Jesucristo todo el mundo fue evangelizado por los Apóstoles. El hecho de demostrar que también los Andinos poseían una religión compleja que dejaba intuir huellas de una remota evangelización, habría tenido que facilitar, ante la Inquisición, la posibilidad de una evangelización de los Incas respetuosa ante su antigua cultura: de hecho ellos no habrían sido paganos sino personas que ya habían conocido el cristianismo, aunque lo hubiesen dejado caer en el olvido.[5]

1b) En la viñeta de *Galvin B* se lee la plegaria del Inca al Sol. El segundo nivel, el de los tocapus, se refiere sólo a la plegaria del Inca y de la Coya (de la cual no hay rastros en el tocapu). El Inca además de dirigirse al sol se dirigiría a:

- la Pachamama fecundada,
- las 4 direcciones de la tierra,

---

[4] LAURA LAURENCICH-MINELLI 2002-2005 pag.241-251
[5] LAURA LAURENCICH-MINELLI 2001

- las 2 fuerzas opuestas,
- los *alter ego* del mundo humano y animal,
- por último, por el sentido de las diagonales de izquierda a derecha producidas por la sucesión de los cartuchos, interpretamos que todas las oraciones estaban dirigidas a la Luna.

Así pues, en *Galvin B* al faltar los tocapus sobre la Coya ésta no aportaría su plegaria más profunda: probablemente su aportación más profunda en la ordenación del mundo se deja a parte intencionadamente, del mismo modo que la del dios Pachacamac. De ello deducimos una cierta diferecia en el eventual mensaje entre los tocapus de N.C. y *Galvin B*.

LECTURA:

2a) En N.C., según HR, leemos en el tocapus de Tupac Amaru: 4 TAHUANTISUYU, PARIACACA, HOCINO DE CHINA / MUERTE DEL MAÍZ Y SIEGA, REPRESENTACIÓN EN EL CIELO DE LOS MUNDOS HUMANO Y ANIMAL. Los cartuchos se repiten en sentido diagonal de izquierda a derecha (conexión también con la Luna).

2b) En Galvin B, según HR, en el tocapu de Tupac Amaru reconocemos algunos símbolos como: ÓRGANO FEMENINO CON EMBRIÓN DE LA MANIFESTACIÓN, LAS 2 FUERZAS OPUESTAS y después leemos una serie de símbolos de los que Oliva no ofrece explicaciones en H.R. Sobre todo es importante resaltar que los cartuchos no presentan una alternancia sistemática a lo largo de las bandas diagonales, sino que parecen solamente empezar según este criterio y luego interrumpirse, casi como un hilo roto, un canon interrumpido intencionadamente, desconectado.

INTERPRETACIÓN:

2a) Se trata de la captura del Capitán Tupac Amaru por parte del Conquistador Oiola, de la representación de un acontecimiento que alude a la Conquista. En los tocapus además se hace una referencia a:

- los 4/4 del Imperio del Tahuantisuyu,
- el Dios Pariacaca,
- el Equinocio, simbolizado por el "Hocino de China",
- los *alter ego* del mundo humano y animal.
- por último, por el sentido de las diagonales de izquierda a derecha producidas por la sucesión de los cartuchos, interpretamos que todas las oraciones van dirigidas a la Luna.

2b) La interpretación del tocapu hallado en el *Galvin B*, justo por esta característica suya que traiciona la regla de la sucesión ordenada de cartuchos a lo largo de las diagonales, haría pensar en un mensaje de ruptura del orden constituido bajo el Inca, en una sensación de caos, de imposibilidad de lectura y por tanto también de comprensión, la Babel del lenguaje, la ausencia de cualquier perspectiva.

Si consideramos a Guamán Poma autor de la *Nueva Cor*ónica y no aceptamos lo que afirman los *Documentos Miccinelli*, sea sobre la autoría de Blas Valera de la *Nueva Corónica*, sea sobre la mano de Gonzalo Ruíz como dibujante, sea sobre el mensaje dirigido al mundo indígena contenido en los dibujos, y en especial en los tocapus, que encierran los *Documentos Miccinelli*, no sólo no tendríamos los instrumentos para leerlos, sino que el citado mensaje no se percibiría. En otras palabras los dibujos de la *Nueva Corónica* y los del *Códice Galvin B* serían para los europeos puramente decorativos, aunque ello no nos impide suponer que para el mundo andino contenían un mensaje.

Por otro lado si es correcta la atribución de *Galvin A* dada por Ossio a Fray Martín de Murúa como dibujante (o a algún dibujante español suyo), ello explicaría porqué los tocapus no parecen encerrar ningún mensaje especial. Murúa de hecho siendo ajeno a la cultura andina, y en particular a la utopía que trataba de realizar el grupo valerano, habría reproducido simplemente los tocapus de la época. Pero si aceptamos que la N.C. ha sido obra del grupo de los Jesuitas junto a Guamán Poma, de E.I. emergen algunos datos curiosos que explicarían las causas vinculadas a la relación entre Guamán Poma y Gonzalo Ruíz, que podrían echar luz sobre las causas que llevaron a la mano que dibujó N.C. a dibujar parte de las ilustraciones que aparecen en el *Códice Galvin*.

En el *Addendum VI* de E.I. Blas Valera revela acerca de la N.C.: *"Y si realmente estuviera todavía vivo Toledo, con su manía de purificar con fuego las palabras que no aceptaba, esas palabras que habrían tenido que conservar la historia de un pueblo, ahora ya aniquilado y gobernado sin ninguna justicia, graves peligros correría este comentario mío así como la babélica obra Nueva Corónica y Buen Gobierno cuyas motivaciones ya escribí. Pero los muertos no muerden. Ni morderá el indio Guamán de quien aquí me enteré, por una persona de confianza, de su cristianísimo tránsito. Pero, como tengo que servir a la verdad, he aquí una anécdota que recuerdo ahora. Cuando volví de España a mi tierra, encontré al Hermano G.R., a quien revelé mi intención de escribir una obra bajo otro nombre. Él me habló del antes mencionado indio Guamán Poma como posible testaferro; me dijo también que él le había hecho unos dibujos para ciertas controversias jurídicas suyas. El Hermano G., lo contactó y el aceptó la propuesta a cambio de una carreta con caballo. Pero su índole se manifestó pronto: de hecho Huamán le pidió al Hermano G., a cambio de silencio, que realizara numerosas acuarelas para que él pudiese pasarlas como suyas a un discípulo de Pedro Nolasco. El Hermano G. lo contentó, pero como las exigencias del indio, además vanaglorioso y causídico, se repitieron y fueron de todo tipo, decidió posteriormente que suscribiera un contrato, que yo he guardado en un pequeño lugar secreto. Pero como la mente de Guamán fue atrapada por la confusión de la invasión hispánica, yo le ruego al Todopoderoso que lo reciba en su seno misericordioso".*[6]

Si aceptamos la versión de los *Documentos Miccinelli* según los cuales Guamán Poma sería un testaferro y un informador, para la *Nueva Corónica* y G.R. ése sería el dibujante, pero sería también quien habría entregado parte de las ilustraciones al mercedario Martín de Murúa, tendríamos también la razón: Guamán Poma trataba de sacar dinero a Martín de Murúa pasando por suyos los dibujos que le daba G.R. a cambio de su silencio. El hecho que, de acuerdo a EI, Gonzalo Ruiz proporcionaba sus figuras poco a poco a G.P. y bajo su presión, explicaría también el hecho que en Galván B dibujos y textos no marchan juntos mientras en la NC son una cosa unica: sin embargo, de acuerdo a EI, el autor del texto y de los dibujos del Galvin B son dos personas distintas y las relaciones del dibujante con el escritor han sido casuales mientras que en la NC el conjunto texto y dibujos ha sido realizado bajo un único proyecto. Así pues los dibujos de los tocapus *Galvin B* podrían también dejar suponer que les permitieron a G.R. y a Blas Valera aprovecharse de este secreto para difundir un mensaje similar al que revelan Oliva en H.R. y Blas Valera en E.I. con los tocapus, es decir difundir la utopía valerana a través también de la obra de Murúa, pero a escondidas de este último.

Pero si así fuese el mensaje contenido en los tocapus del *Códice Galvin B* representaría un paso hacia atrás en el ámbito de la utopía valeriana respecto al contenido en la N.C., en el sentido que en el mensaje encerrado en los tocapus del *Códice Galvin B* se intuye un mundo en una acepción más indígena, mientras que el mensaje de los tocapus de la N.C. es más sincrético con la religión cristiana, que era el intento de la utopia valerana. De hecho aplicado a figuras análogas como por ejemplo las dos figuras de Tupac Amaru en *Galvin B* y en la N.C., los tocapus de dicho personaje en el *Códice Galvin* parecen representar, a través del desorden, la desestructuración del TahuantiNsuyu durante la Conquista, mientras que la misma figura en N.C. nos presenta un reino ordenado que podría ser el Paititi utópico del grupo valerano. Igualmente en lo que concierne al mensaje más profundo contenido en los tocapus de "Deziembre" de N.C. y de la "Fiesta del Inca" de *Galvin B*.

En *Galvin B* se leen todavía los símbolos andinos, mientras que en la N.C. se intuye ya ese sincretismo representado por ejemplo por Pachacamac que es el Dios único sin principio y sin final, sincretismo que lleva a Oliva a decir en H.R. que todas las religiones tienen fundamentos comunes. En otras palabras no se puede excluir que los jesuitas hayan intentado mandar un mensaje también con los tocapus del Galvin B pero, si eso ocurrió, este mensaje no era tan maduro con respecto a la utopía valerana cual habría sido expresada en la NC.

---

[6] BLAS VALERA *"Exsul Immeritus Blas Valera Popolo Suo"*

BIBLIOGRAFÍA:

- GUAMAN POMA DE AYALA, FELIPE, 1936, *"Nueva Coronica y Buen Gobierno"* (1615; Codex Peruvien illustrè), Institut d'Ethnologie, Paris

- LAURENCICH-MINELLI, LAURA, 1996,*"La scrittura dell'antico Perù"*, CLUEB, Bologna

- LAURENCICH-MINELLI, LAURA, 2001c.,*"Il linguaggio magico-religioso dei numeri, dei fili, della musica presso gli Inca"*, ESCULAPIO, Bologna

- LAURENCICH-MINELLI, LAURA, 2004e., *"Lo sagrado en el mundo Inca despues del III Concilio Limense de acuerdo a documentos de la epoca. Un esbozo."*, In Simposio ARQ-8, Tahuantinsuyu 2003: avances recientes en arqueologia y etnostoria, Santiago de Chile,1-4 de Julio 2003, R. Barena y R. Stehberg (Eds), XAMA, Publicacion periodica de la Unidad de Antropologia, n.15/17

- OLIVA ANELLO-CUMIS ANTONIO, *"Historia et Rudimenta Linguae Piruanorum"* ms. Archivio Miccinelli-Cera, Napoli

- OSSIO, JUAN, 2004, Manuscrito Galvin, Testimonio, Madrid

- VALERA BLAS, *"Exsul Immeritus Blas Valera Populo Suo"* ms. Archivio Miccinelli-Cera, Napoli

DE LABERINTOS Y MINOTAUROS. FRANCISCO DE CHAVES Y LOS DOCUMENTOS MICCINELLI: SU PROYECCIÓN HISTORIOGRÁFICA

PAULINA NUMHAUSER
Universidad de Alcalá

Como Laura Laurencich Minelli explica (en su artículo en este mismo volumen) los documentos Miccinelli están formados por una serie de manuscritos y objetos datados esencialmente en el s. XVII, pero con elementos insertados pertenecientes a otros momentos del período colonial peruano, y que conforman dos cuerpos de documentos diferentes pero estrechamente relacionados entre sí [1]. Por un lado "Historia et Rudimenta, Linguae Piruanorum" escrita fundamentalmente entre los años 1600 y 1638 por varios padres jesuitas, a saber, los italianos Juan Antonio Anello Oliva, (JAO) y Juan Antonio Cumis (JAC) que firman con sus iniciales, y por otro el titulado "Exsul Immeritus Blas Valera Populu suo", compuesto como el título lo menciona, por el jesuita mestizo Blas Valera. Formando parte de este último corpus, se encuentra la carta – crónica, del conquistador Francisco Chaves, escrita en Cajamarca en 1533[2]. Esta carta, resulta ser un documentos fundamental para comprender, no solamente la composición de estos polémicos documentos sino también el trasfondo de otras numerosas obras, compuestas durante el período colonial peruano, las cuales giran, en torno al capitán Francisco de Chaves, al tema de su denuncia, o sea, el mal procedimiento de Francisco Pizarro y de los tres sacerdotes dominicos que lo asesoraron en el proceso de envenenar con vino moscatel contaminado a la oficialidad del ejército de Atahualpa y al episodio de Chaves con Titu Atauchi. De esta manera Pizarro habría conseguido una victoria fácil pero no precisamente de acuerdo a las exigencias de una "guerra justa". Es decir, el Perú habría sido ganado para la Corona castellana a través de un acto originalmente viciado. En el reverso de la

---

[1] Para seguir la polémica, Laurencich Minelli, L. Miccinelli, C, Animato, C "Il Documento Seicentesco "Historia et Rudimento Linguae Piruanorum" en, Studi e Materiali di Storia delle Religioni, 1995:61: 363-413; Laurencich-Minelli, L. "Historia et Rudimenta Linguae Piruanorum: un estorbo o un acontecimiento?", Antropológica, 1998:16:349-367; Laurencich-Minelli, L." Presentación del documento "Exsul Immeritus Blas Valera Populo Suo" en, Cantú, F. ed. Guamán Poma y Blas Valera: Tradición Andina e Historia Colonial, Actas del Coloquio Internacional , Roma, 29-30 de septiembre de 1999 : 111-142, Antonio Pellicani Editore Roma.

[2] Laurencich-Minelli, L, Miccinelli, C, Animato, C, "Letrera di Francisco de Chaves alla sacra cesarea cattolica maestà: un inédito del sec. XVI", en, Studi e Materiali di storia delle religioni 1998: 64:XXII:1:57-79. La transcripción completa de esta carta la reproducimos en el apéndice al final de este artículo. Le agradezco a Clara Miccinelli y a Carlo Animato, que transcribieron la carta y a Laura Laurencich Minelli que la revisó, su amabilidad al permitirme su publicación.

carta de Chaves aparecen las firmas de Polo de Ondegardo, el importante encomendero, asesor del virrey Toledo y funcionario real y del jesuita Joseph de Acosta, quienes de esta manera resultan espectadores, - en diferentes momentos- del contenido de la misiva y que con su silencio cómplice, parecieran haber abalado un acto delictivo en detrimento de los intereses de los indígenas del Perú. En este caso los documentos Miccinelli resultan ser testimonios acusadores del silencio de los protagonistas y nos hacen vislumbrar las profundas y tumultuosas corrientes que movieron pasiones durante este período colonial.

* * *

La irrupción de estos documentos en el medio académico, hace ya mas de una década, provocó fuertes reacciones. Algunas de estupor, otras de rechazo, a veces violento y otras veces de vivo interés y curiosidad. Esta polémica[3] , que por un lado ha sido estimulante y ha permitido que se integren a los estudios peruanistas una serie de nuevas temáticas de gran interés, por otro lado, ha despertado el temor de muchos estudiosos menos "emprendedores" y por lo tanto se ha avanzado a veces con dificultad y no pocas bajo circunstancias adversas. Pero los resultados saltan a la vista y esta claro que gracias a los documentos Miccinelli hoy podemos hablar de una verdadera revolución dentro de los estudios historiográficos peruanos. Mayormente por los resultados de debacle en cadena que han provocado y siguen provocando dentro de la disciplina, al lograr desestabilizar, con la información que aportan, la infraestructura discursiva levantada sobre una serie de "documentos históricos" , que aceptados, sin una crítica seria, por el *stablishment* académico, - poco dispuesto a cuestionar sus propios trabajos – nos había impuesto. Esta situación funcionaba como una plataforma sólida y rígida sobre la cual se elevaban los relatos "verídicos" e incuestionables de la historiografía peruanista, que estaba prohibido debatir.

A menudo muchos de nosotros, que hemos vivido los últimos años envueltos en los "combates" Miccinelli, hemos tenido presente las palabras certeras con que Pierre Bourdieu, describe esta situación en la cual estamos inmersos,

> "De hecho, la adhesión tácita al conjunto de los presupuestos indiscutidos sobre los cuales descansa la autoridad de los cuerpos de doctores, teólogos o juristas, pero también – por una parte- historiadores (especialmente de la literatura, del arte y de la filosofía que casi no están dispuestos a historizar su corpus, es decir, su fabricación), se opone diametralmente al acuerdo explícito sobre las apuestas y los objetos de desacuerdo y sobre los procederes y procedimientos susceptibles de ser puestos en práctica para zanjar los diferendos, que está en el principio del funcionamiento de los campos científicos.

---

[3] Un análisis serio de esta intensa polémica ha sido realizado por Domenici, D, "Los manuscritos Miccinelli como testimonios de la evangelización jesuita del Perú: efectos antiguos y modernos de una difícil comunicación. Laurencich-Minelli, L. y Numhauser, P. El Silencio Protagonista, El primer siglo jesuita en el virreinato del Perú 1567-1667, Abya Yala Quito, 2004:39-49

> En efecto, el *working concensus* de una ortodoxia fundada en la complicidad social de los doctores tiende a ejercer una *censura social* (disfrazada de control científico), ya sea de manera totalmente directa, a través de las prohibiciones, a veces explícitas, en materia de publicación y de citación, ya sea mas secretamente, a través de los procedimientos de reclutamiento que, al privilegiar – por el funcionamiento en *red* y el *lobbying* – los criterios sociales mas o menos maquillados como criterios científicos o académicos, tienden a reservar el nombramiento en posiciones favorables para la producción, y, por ello, para la competencia científica, a ciertas categorías de agentes definidos en términos puramente sociales, titulares de ciertos diplomas prestigiosos, ocupantes de ciertas posiciones sociales en la enseñanza o la investigación, o, a la inversa, a excluir *a priori* ciertas categorías, mujeres, jóvenes o extranjeros, por ejemplo" [4]

Sin duda la fértil polémica que ha provocado estos manuscritos ha sido consecuencia de su ataque frontal contra esta estructura de poder. El resultado no puede ser de mayor interés y creatividad, pues gracias a estos testimonios hoy día una serie de fuentes historiográficas, que hasta ahora habían gozado de gran popularidad, de pronto, ante nuestra mirada expectante, van perdiendo legitimidad y comienzan a transformarse en el mero producto de una compleja intriga conventual, con fines aún no totalmente dilucidados, y cuyas amplias ramificaciones se extienden a través de decenas de años: tramoya jesuita que a los historiadores les abre un renovado y fértil campo de estudio, análisis y reflexión sobre la disciplina.

Podemos sostener que los documentos Miccinelli, sólo aceleraron el abordaje de un tema que, tarde o temprano, iba a surgir indefectiblemente. Sobre todo por la amplitud de la complicada tramoya conventual que estudiamos aquí y que abarcó un vasto espectro dentro de la producción de testimonios literarios y pictográficos del virreinato peruano. El interesante artículo de Giorgia Ficca, (en este mismo volumen), en que analiza la relación de los dibujos de tocapus que aparecen en los Mss Murúa-Gálvin y los de la Nueva Coronica y Buen Gobierno deja al descubierto una clara dependencia entre ambos tipos de dibujos, a pesar de sus diferentes estilos. Por un lado los Murúa, resultan ser los antecedentes de los de la Nueva Coronica, a pesar de la engañosa apariencia "ingenua" de estos últimos, en realidad mucho mas complejos ideológicamente que los Murúa [5], y por otro lado también una forma de comunicación y escritura de creación jesuita, los "*tocapus*" creada por estos a través del manipuleo y adaptación de formas pictográficas tomadas del acervo cultural indígena precolombino, con fines primordialmente evangelizadores.

---

[4] Bourdieu, P. "La causa de la ciencia. Cómo la historia social de las ciencias sociales puede servir al progreso de estas ciencias" en, Intelectuales, política y poder, Eudeba, 2003 p, 118

[5] Cabos Fontana, M *Mémoire et Acculturation dans les Andes, Guaman Poma de Ayala et les influences européennes,* L´Harmattan 2000 y Numhauser, P. "Lo Sagrado la Babel de las Indias y Guamán Poma", en, Il Sacro e il Paesaggio nell´America indígena, Domenici, D. Orsini, C. Venturoli, S. CLUEB 2003:359-369

Esta implementación de elementos culturales prehispánicos con fines funcionales/religiosos y su incorporación enérgica, casi violenta por los jesuitas dentro de la vivencia cultural colonial, terminaron por producir una confusión semiótica que sobrevive aún hoy en la región y que ha logrado confundir a los mismos estudiosos de la cultura precolombina peruana.

Esta práctica jesuita se ejerció de manera envolvente y abarcó en la colonia desde el empleo libre de grabados de figuras de "tocapus" precolombinos[6], ver (fig. 1) para facilitar la evangelización, hasta la aparatosa exposición ideológica, desplegada ante nuestros ojos en el cuadro que se conserva en la Iglesia de la Compañía de Jesús del Cuzco. (fig. 2) En este cuadro observamos, en un primer plano el matrimonio del capitán Martín Oñez de Loyola, sobrino de San Ignacio, con la ñusta Beatriz, única heredera legítima, de acuerdo a cómputos fundamentalmente jesuitas, del imperio inca. La presencia de san Ignacio de Loyola y de san Francisco de Borja, (al parecer emparentados con el contrayente) y avalando el magno acontecimiento por el lado hispano y señoreando la composición por el lado indígena, el inca Titu Atauchi, hermano de Atahualpa y tío de Beatriz junto a otros nobles incas, nos permite sopesar claramente el interés político que se escondía detrás del cuadro.

Podemos agregar que para conferir legitimidad a estos cómputos genealógicos jesuíticos, una serie de cronistas satélites al núcleo central de documentos enredados en este proceso, reiteraron sus componentes.

Las diversas señales de esta confabulación nos aproximan, por un lado, a una colonia peruana bullente de tensiones y fuertes contradicciones, que abarcaron una gama social mucho mas amplia que la que estamos acostumbrados a contemplar en nuestros estudios historiográficos, y en que encontramos a una serie de personajes tomando posiciones políticas críticas al gobierno local y a veces de claros ribetes "criollistas". Un ejemplo, de este último caso y que de pasada permite observar el poder concentrado en manos de estos grupos contestatarios, es el de fray Buenaventura de Salinas y Córdoba, franciscano criollo y aristócrata, que desde la imprenta y desde el púlpito se levantó contra el gobierno real, y al cual nos referiremos posteriormente con mayor detenimiento. Esta posición buscaba la reivindicación de una preeminencia social y política en el Perú para los nacidos en el, muchos de ellos, como Blas Valera o el Hermano Gonzalo Ruiz, mestizos. Uno de los principales recursos utilizados para este fin fue exaltar las "raíces" culturales indígenas. Resulta de interés fundamental para comprender el fenómeno, tomar en consideración la presencia de un grupo crecido de jesuitas extranjeros, (durante el siglo XVII principalmente italianos)[7] muchos de ellos críticos a la Corona

---

[6] Numhauser, P. "Tocapu, ideología e identidad andinas", en, Solanilla, V. Actas de las III Jornadas Internacionales de Textiles Precolombinos, Barcelona, 2006 (e/p) y Laurencich Minelli, L. "Hebras, quipus y tocapus en el mundo inca y colonial" en, Solanilla, V. Actas de las III Jornadas Internacionales de Textiles Precolombinos, Barcelona, 2006 (e/p)

[7] Arpurz, L La aportación extranjera a las misiones españolas del Patronato Regio, Publicaciones del Consejo de la Hispanidad, Madrid 1946

castellana y que probablemente traían consigo ideas "criollistas" desde sus lugares de origen y cuya influencia disociadora en la colonia, sobre todo a través de la importante labor educativa ejercida por los jesuitas durante este período, es difícil de calcular en este momento, pero que a la luz de los documentos Miccinelli resultan de mucho peso.

Podemos sostener que estos movimientos reivindicativos coloniales, en sus diferentes versiones, jugaron un papel altamente disolvente dentro del ambiente general que se vivía en el virreinato peruano durante la primera mitad del siglo XVII.

* * *

El período que los clérigos partícipes de esta trama vivieron, - que se inicia a fines del siglo XVI y se extiende de manera fundamental hasta mediados del siglo XVII-, fue muy particular para España. Caro Baroja la describe como un estado de "peculiar efervescencia en lo de inventar textos históricos"[8] Sobre todo por intereses religiosos, recordemos el episodio de los Plomos del Sacromonte, de gran influencia en la Compañía de Jesús, que se mostró partidaria de la autenticidad de ellos, al contrario de la Orden dominica. Tema sobre el cual muchos jesuitas demostraron un gran interés y conocimiento de sus más mínimos detalles. Tampoco olvidemos que otro jesuita del período, en que al parecer se escribió la NC, y que vivió en Alcalá y en Toledo, fue quizás el mayor falsario conocido entre los historiadores españoles, me refiero a Jerónimo Román de la Higuera. (1551-1621) Estos falsificadores construyeron fundamentalmente la idea de legitimidad de su tema o personaje en base a una falsa genealogía. No es difícil, para todos aquellos que hemos trabajado durante muchos años con la Nueva Coronica, concordar que aunque de manera incongruente y confusa, sus autores jesuitas buscaron sustentar la credibilidad de su versión de la historia del Perú prehispánico y de GP mismo, en base a una genealogía fantástica, que apela a la autoridad de los ancianos para dar mayor sustento a sus asertos. Datos que desde el punto de vista del personaje central de la NC resultan marcadamente discordantes y mal ensamblados, hasta el extremo que de acuerdo al texto de la obra podrían existir dos fechas, bastante dispares, del nacimiento de Guamán Poma: 1534 o 1556.[9] Cada vez más y más evidencias relacionan la creación de las crónicas peruanas de este período a la práctica, común y justificada para aquellos que la ejecutaron, de crear historias que promovieran sus propios intereses, tanto personales como institucionales.

---

[8] Caro Baroja, J. Las falsificaciones de la historia. (en relación con la de España) Barcelona, 1992: 97. Existe una numerosa literatura referida a los Plomos de Sacromonte, libros recomendados son,Godoy Alcántara, J. Historia Crítica de los Falsos Cronicones, Alatar Madrid, 1981; Barrios Aguilera, M. Los Falsos Cronicones contra la Historia, Granada 2004

[9] Laurencich Minelli, L."El paisaje y lo sagrado en la carta de Martín Guamán Mallque al rey" en, Domenici et al. Il Sacro e il paesaggio nell´America Indígena. CLUEB, 2003:343-352.

Dentro de este contexto, se enmarcan los documentos nucleares que estudiamos aquí, o sea, los documentos Miccinelli, la Nueva Corónica y los tres manuscritos Murúa, (y aquellos satélites de mayor o menor cercanía al núcleo) como la carta que supuestamente firmó Guamán Poma de Ayala al Monarca, en Guamanga el 14 de febrero de 1615,[10] solicitando que mande a una persona de su confianza para que venga a buscar la extensísima obra que acababa de terminar de escribir, o sea la Nueva Coronica, la carta dirigida al General de la Compañía, Vitelleschi y que se encuentra en el ARSI escrita por alguien que firma BV, (Blas Valera) el año 1618[11] y en que se menciona implícitamente a la Nueva Coronica, y además, otro documento directamente relacionado a Francisco de Chaves, me refiero a la carta hallada por la historiadora italiana Francesca Cantú en el Archivio di Stato di Nápoli [12]. Esta carta de fecha 28 de marzo de 1610, fue enviada por el licenciado Boán, en esos momentos miembro de la Real Audiencia de Lima, al virrey de Nápoles, Conde de Lemos (1610-1616) anteriormente Presidente del Consejo de Indias, entre los años 1602 y 1609. En esta carta Boán le dice a Lemos que "la censura no ha sido cabal y tampoco las cautelas bastantes" y como resultado hacía poco había requisado la carta que le envía, con el dibujo adjunto de Chaves (fig. 3)

En este dibujo se representa a Chaves escribiendo su carta al Rey y en segundo plano se puede observar un barril de vino envenenado. Desde el punto de vista del estilo del dibujo en cuestión, pertenece claramente al tipo de pinturas "estilo Murúa" que Giorgia nos ha mostrado (en su artículo en este mismo volumen). La carta confiscada por Boán dice textualmente entre otras cosas lo siguiente:

> "Con todo eso yo no entiendo como aún llevan memoria del capitán Francisco de Chaves de los de la primera conquista que denunciaron al Marqués Pizarro y sus compañeros por matar a los caudillos del tyrano Atahualpa con veneno..."[13]

A estos documentos "derivados" de los Miccinelli, debemos agregar los numerosos manuscritos satélites que hasta hoy hemos ido identificando y cuyo espectro, gracias a los parámetros que nos han brindado los documentos Miccinelli, se ha ido ampliado considerablemente. Nombremos algunas: los "Comentarios Reales de los Incas" de Garcilaso de la Vega, la Crónica del Jesuita Anónimo, la

---

[10] Archivo General de Indias (AGI) Audiencia de Lima, 145. Lohmann Villena, G "Una carta inédita de Guamán Poma de Ayala" en, Revista de Indias 1945:VI:20:325-327

[11] ARSI, Vol. Cast. 33, f. 139 r. Gnerre, M. "La telaraña de las verdades: el f. 139 del tomo cast.33 del Archivium Romanum Societatis Jésu", (ARSI) en, Cantú, F ed. . Guaman Poma de Ayala, Tradición Andina e Historia Colonial, Antonio Pellicani editores Roma 2001:195-244

[12] Archivio di Stato de Napoli, Segretaria dei Viceré, Scritture Diverse, n.2, reproducida textualmente en, Cantú, F. "Guamán Poma y Blas Valera en contraluz: los documentos inéditos de un oidor de la Audiencia de Lima", Cantú, F.ed. Guaman Poma de Ayala, Tradición Andina e Historia Colonial Antonio Pellicani editores Roma 2001: 475-519.

[13] Ibídem, p.503

"Historia del Perú y Varones insignes en Santidad de la Compañía de Jesús" del jesuita Anello Oliva, las "Memorias Antiguas del Perú" de Montesinos, y hoy agregaríamos la extensa obra de Antonio de la Calancha, la crónica de Salinas y Córdoba[14], y últimamente la de un joven testigo italiano, recién arribado a la colonia, la del jesuita Gerónimo Pallas[15] en su mayoría ejemplos de testimonios silenciados y que se han derivado de esta problemática.

Volviendo a los elementos nucleares de esta conjura literaria, - que analizaremos aquí brevemente - mencionemos a la Nueva Corónica, como creación jesuita, relacionada estrechamente a través de sus autores con los documentos Miccinelli, siendo que desde el momento en que se establece esta relación: Miccinelli-Nueva Corónica, se incorporan "ipso facto" al grupo, los tres curiosos e interesantes manuscritos Murúa, que actualmente conocemos.[16] Desde otro ángulo, si nuestro propósito es estudiar a Martín de Murúa, misterioso padre mercedario cronista del Perú,[17] (tan misterioso como el mismo Guamán Poma) y que habría nacido supuestamente en la misma provincia de Guipúzcoa que San Ignacio y de quien se conservan actualmente tres versiones, más que copias, de su crónica, debemos de recorrer el mismo camino anterior pero en sentido inverso, esta vez en dirección a la NC y de ahí a los Miccinelli. Tal es el estado de estrecha dependencia que existe entre estas 5 fuentes: y no estamos hablando de influencia de estilos o de temáticas sino de un intercambio de elementos físicos entre ellas y que han sido incorporados al cuerpo mismo de estas obras, sin duda que intencionalmente por aquellos que participaron en su creación. Integrados a estos se encuentran los tres documentos, mencionados anteriormente. Mientras en torno a este núcleo central, se van incorporando un número creciente de otras fuentes de mayor o menor relevancia desde la perspectiva Miccinelli.

Según se menciona en ambos cuerpos documentales Miccinelli, la Nueva Coronica y Buen Gobierno fue escrita y dibujada, no por el indio Guamán Poma de Ayala sino por dos jesuitas mestizos, Blas Valera que la habría redactado y Gonzalo Ruiz que habría hecho sus mas de 300 dibujos. Además de este

---

[14] Salinas y Córdoba, B. fray, de Memorial de las Historias del Nuevo Mundo, Eds. Valcarcel, L.E. y Cook, W. Perú, Lima 1957. Agradezco a Tom Zuidema por sus consejos e informaciones sobre Salinas y Córdoba.

[15] Pallas, G. Misión a las Indias con Advertencias para los Religiosos de Europa, ed. Numhauser, P. (e/p) y en www.archivodelafrontera.com. También en, Acosta Rodríguez, A, "La Idolatría indígena en la obra de Jerónimo Pallas, s.j. Lima 1620". (en este mismo volumen)

[16] Adorno, A y Boserup, I, New Studies of the Autograph Manuscript of Felipe Guaman Poma de Ayala´s Nueva corónica y buen gobierno, Museum Tusculanum Press, Copenhagen, 2003

[17] No se conservan o no existen registros sobre el padre Martín de Murúa y por lo tanto no se tiene conocimiento sobre sus supuestas actividades en el virreinato del Perú, durante el extenso período que vivió supuestamente en el. Incluso tampoco han sobrevivido sus rastros en documentos "civiles", como registros notariales y otros. Consultar, Palacio, E y Brunet, J, Los Mercedarios en Bolivia Universidad Mayor de San Andrés La Paz, 1977. Las únicas referencias "seguras" que se conocen de Murúa siguen siendo los que se mencionan en la Nueva Coronica y Buen Gobierno y esto a pesar de los intensos esfuerzos por aumentar estos datos.

manuscrito ilustrado se conocen, dentro de la cronística peruana, otros tres que forman los llamados mss. Murúa, que por lo menos hasta este momento, se suponen escritos por el sacerdote mercedario Martín de Murúa. Estos 4 manuscritos constituyen lo que se podría considerar las más importantes crónicas ilustradas o códices que se conservan referentes al período colonial peruano.[18] De al menos dos de los tres ejemplares Murúa, se tienen datos claros de que fueron propiedad, durante un largo período, del Colegio de la Compañía de Alcalá. De estos tres textos el denominado Murúa-Gálvin o Alcalá, titulado "Historia del origen y genealogía real de los reyes ingas del Perú, de sus hechos, costumbres, trajes y manera de gobierno", está compuesta de 113 ilustraciones coloreadas y actualmente es propiedad de un coleccionista irlandés [19], mientras los mss Murúa-Wellington y Loyola, titulados "Historia General del Perú. Origen y descendencia de los Incas donde se trata de las guerras civiles suyas como de la entrada de los españoles, descripción de las ciudades y lugares del, con otras cosas notables", hoy día pertenecen respectivamente al Museo Getty en Los Ángeles y al Colegio jesuita de Azpeitia. Originalmente la fecha de término de la composición de estos 3 mss. es la de 1590, sin embargo, sobre estos textos se puede evidenciar un intenso manipuleo *a posteriori,* al parecer por manos ajenas a su autor original, que le insertaron elementos extraños y de diversa índole: tanto gráficos y como escritos, pudiéndose sostener que algunas de estas interpolaciones o agregados fueron realizadas por el mismo autor de la Nueva Coronica y Buen Gobierno.

Según palabras textuales de Juan Ossio, "Los tres manuscritos [los Murúa Wellington y Galvin, y la NC] están emparentados no cabe la menor duda" [20] y concordamos con él completamente, pero agregaría también a este recuento, el otro mss. Murúa, el denominado Loyola [21], que por alguna peregrina razón los peruanistas insisten en menospreciar sin fundamento alguno, aunque no discuten su pertenencia al grupo.

El primero que notó una fuerte semejanza entre los dibujos de estos cuerpos de manuscritos fue el antropólogo peruano Emilio Mendizábal, y posteriormente Manuel Ballesteros Gabrois, considerado el descubridor del mss. Murúa-Wellington, publicó unos artículos, en que comparaba los dibujos de esta crónica con los de la Nueva Corónica sustentando sus indudables semejanzas[22], sin

---

[18] Existen otros que contienen ilustraciones de menor importancia como la de Pachacuti Yanqui Salcamayhua y el de Diego de Ocaña

[19] Ossio, J ed. Códice Murúa historia y genealogía, de los reyes incas de Perú del padre mercenario fray Martín de Murúa Códice Gálvin Testimonio, Madrid 2004

[20] Ibídem, p.50

[21] El mss. Murúa-Loyola textualmente es muy semejante al mss. Murúa-Galvin, pero carece del volumen de dibujos que contiene este último códice.

[22] Ballesteros Gaibrois, M 1981 "Dos cronistas paralelos: Huamán Poma de Ayala y Murúa (Confrontación de las series reales gráficas)" en, Anales de Literatura Hispanoamericana vol. IX n° X:15-69. Ossio, J. 2001 "Paralelismos entre las crónicas de Guaman Poma y Murúa", en, Cantú, F. ed. Guaman Poma y Blas Valera, tradición andina e historia colonial Antonio Pellicani Roma ,84

embargo, por la carencia de un mayor conocimiento de la amplitud y complejidad del problema que trataba, Ballesteros digamos que "ideó" una explicación a esta relación, no sustentada con pruebas de ningún tipo, excepto explicaciones incongruentes y que no se sostienen ante cualquier análisis crítico de la misma Nueva Coronica, y en la que Guamán Poma, termina convertido en el autor y protagonista central de todos estos manuscritos. Según esta explicación GP habría dibujado en un principio los dibujos de la crónica de Murúa, pero enemistado por razones desconocidas con el mercedario, le habría solicitado la inmediata devolución de sus ilustraciones, ante lo cual el sacerdote habría recurrido con urgencia a un dibujante español (de identidad desconocida) y sin duda poco diestro, lo que dio como resultado, esos dibujos bastante mediocres y a diferencia de los de la NC coloreados, que contienen, en mayor o menor número, los 3 mss. Murúa y relacionados temáticamente con la Nueva Coronica, tal como lo podemos observar, en el artículo de Giorgia Ficca (en este mismo libro).

Estos artículos vieron la luz durante los años 80, poco después de haber sido impreso el mss. Wellington con las ilustraciones que contiene, y que Ballesteros descubrió y publicó por primera vez el año 1962, hasta ese momento solamente se conocía de Murúa la versión publicada el año 1942 por Constantino Bayle, basada en el mss. Murúa-Loyola, de texto similar al que hoy se conoce como el mss. Murúa-Gálvin, pero carente de los numerosos dibujos de esta última crónica.

Ahora bien, nos preguntamos ¿Porque los tres manuscritos Murúa, crónica cuya clara fecha de término es el año 1590, contiene abundante material insertado y agregado burdamente con noticias muy posteriores a ese año? Por ejemplo el Mss. Wellington consigna datos de acontecimientos que llegan hasta 1613 e incluso después. Una hipótesis factible es que estos mss. no son mas que ensayos y bosquejos que terminarán plasmándose en la Nueva Coronica (1613), texto de gran complejidad ideológica a pesar de la aparente "ingenuidad" de su autor [23].

Todo indica que en algún sitio, ocultos tras las puertas conventuales y sobre alguna amplia mesa, estos manuscritos fueron manipulados, hechos y rehechos. En ese lugar, ¿Lima, Santa Cruz de la Sierra, Sevilla o Alcalá? Habrían sido "fabricados" y también ahí fueron agregados los elementos, de unos y otros que hoy hallamos interpolados y hasta burdamente pegados entre sus páginas.

Por esto podemos observar cómo formando parte del manuscrito Murúa-Wellington, aparece una carta escrita por la misma mano que escribió la NC y que estructuralmente no es mas que una copia de la que el padre de GP recomienda a su hijo ante el rey, en este caso son los caciques del Cuzco los que recomiendan al mercedario Murúa. Podemos decir que las intercalaciones de material extraño se suceden en los 3 manuscritos Murúa sin orden y categoría, no obedeciendo a

---

[23] Cabos Fontana, M, Mémoire et Acculturation dans les Andes, L´Harmattan París, 2000, en este interesante estudio sobre las fuentes europeas que influyeron en la obra de los jesuitas que escribieron la Nueva Coronica, se analiza de manera bastante seria la complejidad ideológica de sus dibujos.

ningún plan, excepto, aparentemente, dejar rastros de la confabulación que fue el origen de su creación y de su ubicación y cuyas proyecciones son realmente asombrosas.

Aquí y debido a la imposibilidad de extendernos más en este tema, nos parece de mucho interés referirnos a una de las más interesantes de estas inserciones. Estos son los dos poemas en quechua (con sus respectivas traducciones al castellano) que están insertos en el mss. Murúa- Loyola y Gálvin. Existen dos estudios sucesivos de estos poemas, el de Margot Meyerdorff[24] y otro, respuesta a este, realizado por el lingüista francés César Itier en un breve artículo del año 1987[25].

Los dos poemas, - de indiscutible composición jesuita- y que desde el punto de vista temático nada tienen que ver con el contenido del texto en que fueron agregados, nos remiten en última instancia, a la figura del conquistador Francisco de Chaves. Estos poemas, en quechua y sus respectivas traducciones al castellano, según la práctica empleada por Blas Valera en los documentos Miccinelli, o sea, la de crear dos versiones paralelas, una destinada a los indígenas y otra adaptada a los europeos [26], explican en forma lírica, el contenido del cuadro emblemático que representa el casamiento del Capitán Martín Oñez de Loyola y la ñusta Beatriz, que podemos observar en la fig.2.

El primero de los poemas esta dividido en tres etapas, iniciándose con la degollación pública de Tupac Amaru, último soberano inca de Vilcabamba por orden del virrey Francisco de Toledo, la segunda recuerda el gran amor que unía a este monarca con su hermana Cusi Huarcay y la tercera parte se refiere a Beatriz hija del inca Sairi Tupac y de su hermana Cusi Huarcay , y por lo tanto sobrina única de Tupac Amaru. Según Itier, "todo concurre, en el poema, a afirmar la legitimidad exclusiva de doña Beatriz …" como única heredera genuina del imperio. El segundo poema se refiere a la pasión y muerte del tío de Beatriz, Titu Atauchi, personaje recurrente en los documentos Miccinelli, y la serie de textos atribuidos a Valera y sus cercanos. [27] Titu Atauchi enlaza estos poemas a la "leyenda de la llanada de Huamachuco"[28] y por ahí a Francisco de Chaves. Itier considera que lo más probable es que fue Blas Valera u otro jesuita el que compuso estos poemas,

---

[24] Meyersdorff, M. "Fray Martín de Murúa y el *Cantar* histórico *inka*" , en <u>Revista Andina,</u> 4: 2: 1986: 501-522.

[25] Itier, C. "A propósito de los dos poemas en quechua de la crónica de fray Martín de Murúa" en, <u>Revista Andina</u> 5:1:1987: 211-227

[26] Esta práctica también podemos observarla en la Nueva Coronica. Sobre este tema consultar, Laurencich Minelli, L. <u>La Scrittura dell´Antico Perú</u> CLUEB, 1996:99-111.

[27] Itier, C. "A propósito de los dos poemas en quechua de la crónica de fray Martín de Murúa" En, <u>Revista Andina</u>, 5:1:1987:211-227

[28] Urbano, H ed. Introducción a las <u>Antigüedades del Perú</u>, Historia 16, 1992:31-35

> "Entre los españoles del Cusco que dominaban perfectamente y "con galanía" el quechua, conviviendo estrechamente con la nobleza incaica y simpatizando con ella citaré a los dos confesores de Túpac Amaru, el clérigo Cristóbal de Molina y el jesuita Alonso de Barzana, o también el famoso jesuita Blas Valera. Avanzo la hipótesis que uno de ellos pudo ser el autor de los poemas en quechua del manuscrito de Loyola. Y finaliza " confío que nuevos elementos permitirán un día resolver definitivamente el problema de la paternidad y de la fecha exactas."

Juan Ossio, editor de la mss. Murúa-Gálvin y estudioso de este cronista, tratando de dar una explicación a las numerosas interrogantes y dudas que plantean los tres manuscritos Murúa, sobre todo una vez que aparecieron los documentos Miccinelli, no ha podido desconocer la existencia de un grado de dependencia estrecha entre ellos y la Nueva Coronica, aunque considera que hay una cierta gradación en el "indigenismo" de estos documentos, lo que permitiría establecer un antes y un después en su elaboración. Sin embargo, hoy día podemos establecer sin lugar a dudas, que la Nueva Corónica y sus dibujos – a pesar de su apariencia de ingenuidad—encierran conceptos ideológicos mucho más complejos de los que se encuentran en las crónicas Murúa.[29] Por falta de espacio resulta imposible detenernos en este asunto, baste mencionar como ejemplo, referente al tema de Potosí y su riqueza, que el autor de la NC se enfrenta al problema de la explotación del Cerro Rico y empleo de su riqueza utilizando la idea de "pecunia nervus belli" extendida en el Mediterráneo de la época de Cervantes como lo observamos en los dos escudos de Potosí que aparecen en la NC.[30] (fig.4) Lo mismo acontece con la separación que hace el autor de la sociedad por castas o las manifestaciones elitistas de GP que llevaron a escribir a Porras Barrenechea que,

> "El indianismo de Guamán Poma es, sin embargo, restrictivo y despótico. Quiere que los indios comunes sean tributarios y pecheros, sostiene la esclavitud, quiere que los negros y mulatos, los cholos y zambaigos paguen tributos y también los chachapoyas, cañaris y cayambis" … " "El aristocratismo de Huamán Poma no se reduce al mantenimiento de las antiguas jerarquías: trasciende a la nueva época y es, en su concepto, eterno y consustancial con la naturaleza humana.".[31]

* * *

Podemos sostener que el nudo gordiano de este complejo enredo conventual es la carta-crónica de Francisco de Chaves, el documento más antiguo que contiene "Exsul Immeritus Blas Valera Pópulo Suo". Fue firmada en

---

[29] Cabos-Fontana, M, Mémoire et Acculturation dans les Andes, L´Harmattan París, 2000

[30] Numhauser, P. "Lo Sagrado, la Babel de las Indias y Guamán Poma", en, Il sacro e il paesaggio nell´America indígena, CLUEB 2003:359-369.

[31] Los cronistas del Perù 1986:660

Cajamarca el 5 de agosto de 1533, [32] con la intención de enviarla a Carlos V, lo que nunca ocurrió, pues finalmente Cháves terminó depositándola en manos de Luís Valera, tío de Blas. El tema fundamental en torno al cual giran ambos cuerpos de documentos Miccinelli es esta carta-crónica en donde Francisco de Chaves, miembro de las huestes que combatieron contra el ejército inca y por ello partícipe directo del "reparto del tesoro de Cajamarca", como hombre de "a caballo" expresa una fuerte crítica a la actuación de Francisco Pizarro y de los tres clérigos dominicos que lo acompañaron en la conquista: Vicente de Valverde, Juan de Yepes y Reginaldo de Pedraza. Chaves relata como el ejercito de Atahualpa no habría sido vencido en justa y limpia contienda sino que empleando el engaño, la plana mayor del ejército inca habría sido contaminado con vino envenenado, facilitándose de esta manera una fácil victoria.

Estos tres clérigos junto a Francisco Pizarro,

> " … coreaban en el navío mucho tiempo juntos et no para hablar de la cura del alma del dicho Capitán … el dicho don Francisco preguntó a fray Yepes sy había disuelto el oropimiente según la necesidad et este religioso deçio que ya había proveído, según los pactos para ayder sus diabólicos pensamientos a henchir et a sellar quatro barriles de coscado con una dosis de rebote tan caudalosa et poderosa que ya lloraba al enemigo en los cuernos del toro et que ansy, Dios queriendo, no podía malograse la conquista de nuevas tierras para el rey et de nuevas almas para el cielo …"

Hay algunos que han sostenido que no existe rastro alguno sobre este asunto y tampoco de Chaves[33]. Lo que, sin duda, puede ser contradicho ya que Chaves, en su misma carta, denuncia los denodados esfuerzos efectuados por Francisco Pizarro, empleando incluso el asesinato y el terror, por acallar los ecos de su crimen y porque existen varios testimonios, que independientes de los documentos Miccinelli han llegado a nuestro conocimiento y reflejan evidencias que demuestran que esta acusación podría tener fundamento. [34]

Debemos hacer notar, al mismo tiempo, que antes de conocerse los documentos Miccinelli, en el acervo cronístico peruanista, se tenía noticias de la existencia de un Francisco de Chaves que habría escrito una crónica perdida y donde habría consignado una información fuertemente crítica al proceder de Francisco Pizarro en la conquista del Perú. Así lo mencionan en sus obras, Garcilaso de la Vega, el Jesuita Anónimo y Juan Anello Oliva. Estos datos, hasta

---

[32] Laurencich Minelli,L. Miccinelli,C. Animato,C. Studi e Materialli di Storia delle Religioni 64:1998 pp. 57-87 Se puede consultar la transcripción completa de la Carta de Chaves en el apéndice adjunto al final de este artículo.

[33] Actas de Roma, Hampe Martínez, T. "Una polémica versión sobre la conquista del Perú: ¿Es auténtica la Relación de Chaves (1533)?" En, Cantú, F. ed. Guaman Poma y Blas Valera tradición andina e historia colonial Antonio Pellicani Roma ,343-362 ver, Domenici, D. e Domenini, V I Nodi Segreti degli Incas Sperling & Kupfer Editori, Milano, 2003.

[34] Hanke, L. "Pope Paul III and the american indians" en, Harvard Theological Review, XXX:1937:65-102, y , De la Hera, A, "El derecho de los Indios a la libertad y a la fe" en, Anuario de Historia del Derecho Español, XXVI:1956:89-182

ahora, se habían atribuido a un informante misterioso, aunque Garsilaso identifica claramente a Blas Valera como la fuente de su información.[35]

Uno de estos indicios, que fue estudiado ya hace muchos años y que hoy yace en el olvido, es el episodio que le tocó vivir al padre dominico Bernardino de Minaya en el Perú, y que tuvo como resultado que el pontífice Paulo III dictara la conocida bula "Sublimis Deus", bula que encendió la ira de Carlos V quien ordenó requisarla. Este episodio significó para el padre Minaya, colaborador del padre Las Casas, que se decretara su prisión en un convento de Trianos y la prohibición de regresar de por vida a Indias. [36] Este tema que fue estudiado en uno de sus primeros artículos por Lewis Hanke, el año 1937 y posteriormente retomado por Alberto de la Hera en otro artículo publicado en el Anuario de Historia del Dº Español, el año 1956[37] plantean como Minaya visitó el Perú en esta etapa temprana de la conquista y fue testigo de actos que le hicieron salir "literalmente" corriendo a España y a Roma para denunciarlos. Existen fundamentos para pensar que incluso se habría entrevistado en el camino a Italia con el conocido profesor de escolástica de la Universidad de Salamanca, Francisco Vitoria y que sus conversaciones con Minaya habrían influido en el contenido de sus "Relectio de Indis"[38]. Este es un episodio que no ha podido ser resuelto hasta hoy y sobre el cual gracias a los nuevos datos que aportan los documentos Miccinelli posiblemente podamos echar luz

Si por un lado los documentos Miccinelli giran, de una u otra manera, en torno a Chaves y su denuncia, lo mismo acontece con gran parte de los escritos satélites, como el Jesuita Anónimo, el Inca Garcilaso de la Vega y Anello Oliva, quienes lo mencionan en sus escritos. En estos casos su figura aparece relacionada con el episodio denominado la "leyenda de la llanada de Huamachuco" en que el

---

[35] Porras Barrenechea, R. "Crónicas perdidas, presuntas y olvidadas sobre la conquista del Perú" Revista del Archivo Histórico del Cuzco 10:1959: 407-486. Un análisis claro de la polémica en, Domenici, D., "Los manuscritos Miccinelli como testimonios de la evangelización jesuita del Perú: efectos antiguos y modernos de una difícil comunicación" en, Laurencich, L. y Numhauser, P eds. El Silencio Protagonista pp. 39-49, Laurencich Minelli, L. "La curiosa versión de Francisco de Chaves sobre la conquista del Perú", en, Escritura y Pensamiento, Lima, 2002:V:10:7-32. y, "¿La conquista del Perú con el veneno? La inquietante denuncia del conquistador Francisco Chaves a su Majestad el Rey (Cajamarca, 5 de agosto de 1533) Espéculo, 2002:22,

http://www.ucm.es/info/especulo/numero22/chaves.html;

[36] Hanke, L. "Pope Paul III and the american indians" en, Harvard Theological Review, XXX:1937:65-102 y De la Hera, A., en AHDE op cit. De la Cruz y Moya, Juan fr, "Historia de la Santa y Apostólica provincia de Santiago de Predicadores de México en la Nueva España". Vol.1 1955, Mexico, I:46-67 y 222-230, En este libro se puede consultar la famosa carta de fray Julián Garcés, que se piensa que llevó Fray Bernardino de Minaya al papa Paulo III, y que habría servido de introducción a la misteriosa plática que este fraile mantuvo con el Pontífice y que habría provocado la promulgación de la famosa bula Sublimis Deus (junio de 1537). Sobre el padre Minaya se conocen sin embargo escasos datos biográficos haciéndose urgente un estudio sobre este personaje.

[37] De la Hera, A. "El Derecho de los Indios a la liberta y a la fe", AHDE vol: XXVI:1956: 18-182

[38] Dávila Padilla, A Fray,(1596) Historia de la fundación y discurso de la provincia de Santiago de México de la Orden de Predicadores, Real Academia Literaria, México, 1955: 66-68

hermano de Atahualpa, Titu Atauchi, vence a los españoles y en un gesto de magnanimidad libera a aquellos que se habían demostrado contrarios a la ejecución de su hermano Atahualpa, entre ellos a Francisco de Chaves,[39] con el compromiso de promover un pacto de paz entre los españoles e indios bajo ciertos términos, acuerdo que no prosperaría. Esta llamada "leyenda de la llanada de Huamachuco" junto a la representación de la "muerte de Atahualpa" tuvo amplia difusión en la colonia, sobre todo es Titu Atauchi, el que toma cuerpo en otras variadas referencias coloniales y también, como ya lo vimos, en los dos poemas en quechua de los Mss. Murúa e igualmente en el cuadro del casamiento de Oñez de Loyola con Beatriz, donde nuevamente aparece Titu Atauchi presidiendo la línea genealógica de Beatriz.

Los detractores de los documentos Miccinelli se han apoyado, para negar la existencia de Francisco Cháves, en aseveraciones formuladas por el historiador peruano Porras Barrenechea, que sostuvo en varios artículos – dedicados a comentar cronistas peruanos y en concreto las crónicas del Jesuita Anónimo, de Anello Oliva y de Garcilaso de la Vega que en el reparto de los despojos de Cajamarca no hubo ningún soldado llamado de esta manera y menos aún natural de Trujillo, como se dice el mismo Chaves en su carta.[40] Sin embargo, Pedro Pizarro, en su crónica terminada de escribir el año 1572, menciona claramente a un Francisco de Chaves, "caballero de Trujillo" cercano a Pizarro y casado con María de Escobar[41] y por otro lado nos topamos con la interesante referencia que hace fray Buenaventura de Salinas y Córdoba, (1592-1653) en su "Memorial de las

---

[39] Urbano, H, introducción a Antigüedades del Perú, Historia 16, 1992:31-35,

[40] Porras Barrenechea, R. Los cronistas del Perú 1986 y "Crónicas perdidas, presuntas y olvidadas sobre la conquista del Perú" en, Revista del Archivo Histórico del Cuzco, 1959:10:436-449, ver también el análisis que sobre este tema realiza en el prólogo a la "Relación de las Costumbres Antiguas de los naturales del Pirú" Urbano, H ed., en Varios Historia 16, 1992. Son dos los grandes temas mencionados por el Jesuita Anónimo, el Inca Garcilaso de la Vega y por Giovanni Anello Oliva que han sido cuestionados, por un lado la figura del conquistador Francisco de Chaves, participante del repartimiento de Cajamarca, crítico a la actuación de Francisco Pizarro y sobre todo al ajusticiamiento de Atahualpa y el episodio en el cual aparece el inca Titu Atauchi, hermano de Atahualpa. Se ha considerado que este episodio es sólo un mito, ver a Urbano y Porras. (op. cit.)Sin embargo, son numerosos los testimonios, de todo orden en que este personaje aparece con un claro carácter "histórico". Ver cuadro genealógico de la ñusta Inés y ver al mismo tiempo el Expediente Genealógico perteneciente a Don Juan de Bustamante Inga, (Madrid 30/05/ 1746) AGI Audiencia de Lima, 472, Documento sobre "Genealogía Incaica y Cédulas y Privilegios que otorgaron a los descendientes de don Juan de Bustamante Carlos Inga, escritos de su puño y letra y enviados al Rey con su firma desde Cartagena de Indias en 30-I-1741. en que se menciona a Atahualpa, Infante obnado, Guascar Inga, su hijo y Dn. Alonso Thito Atauchi Revista del Archivo Histórico del Cuzco 1963:11:72. Debemos recordar, asimismo, los 2 poemas en quechua y sus respectivas traducciones al castellano que figuran en los manuscritos Murúa, Galvin y Loyola . ver. Itier, C "A propósito de los dos poemas en quechua de la crónica de fray Martín de Murúa" en, Revista Andina, 1987:5:1:211-227 y los comentarios en este mismo artículo.

[41] Pizarro, P. (1572) Relación del Descubrimiento y Conquista de los Reinos del Perú, 2ª ed. PUCP 1978, p.209.

Historias del Nuevo Mundo, Pirú" [42] a un "Rodrigo o Francisco de Chaves" en el documento (impreso en la crónica) despachado por Francisco Pizarro al rey, fechado en Cajamarca el 17 de junio de 1533, donde se enumera la lista de beneficiados con el reparto del botín de Cajamarca, con el registro de los hombres de a caballo e infantes que participaron en el repartimiento. [43]

Respecto a este Chaves los datos biográficos que parecieran corresponder a aquel que firmó la carta al rey, aunque no nace en Trujillo, según Bustos, sería, [44]

> "Rodrigo de Chaves fue soldado de Francisco Pizarro en la captura de Atahualpa, por lo que retiró del botín de Cajamarca 8.880 pesos de oro y 362 marcos de plata lo que indica que actuó como jinete. Nació en 1508 en Ciudad Rodrigo, donde los Chaves constituían linaje principal … era hombre de acuciosas observaciones y de rara inteligencia. …,"[45]

El libro de Salinas y Córdoba es un documento de enorme interés además de curioso por varias razones. Primeramente porque fue impreso parcialmente en Lima el año 1631, siendo requisado en la misma imprenta por las autoridades quedando trunco en la página 304. Por eso mismo resulta interesante resaltar la larga lista de autoridades que dieron su aprobación a la publicación de la obra de Salinas. Por ejemplo, el 7 de febrero de 1630, lo hizo el virrey Conde de Chinchón, el 6 de junio de ese año, el doctor Feliciano de Vega, canónigo de la Santa Iglesia Metropolitana de los Reyes, el 29 de agosto de 1630, lo hizo fray Domingo de Portu, franciscano, igualmente hay una licencia del provincial Juan de Azpeitia, de la provincia de los doce apóstoles de Lima, (sin fecha) una aprobación de Fray Juán de Zárate, prior del convento principal de Lima, en 20 de abril de 1630, una Censura de fray Francisco de la Serna, catedrático en teología de la Universidad de los Reyes, del 22 de mayo de 1630, otra aprobación sin fecha de Alonso Briceño calificador del Santo Oficio, (sin fecha) una curiosa "Aprobación de la Insigne y Real Universidad de Lima" de 28 de septiembre de 1630, acompañada de una lista de catedráticos de esta institución, una carta del obispo del Cuzco fray Fernando de Vera, otra carta curiosa, de fray don Hernando de

---

[42] Memorial de las Historias del Nuevo Mundo, Pirú. Méritos y excelencias de la ciudad de Lima, cabeza de sus ricos y extendidos Reynos y el estado presente en que se hayan. Salinas y Córdova, B de , fr. Con Licencia impreso en Lima, por Geronymo de Contreras, 1630. (Sala Medina en la Biblioteca Nacional de Chile)

[43] Salinas y Córdoba, B. fray op. cit. P.78 Frente a esta versión que hace Salinas y Córdoba que podríamos llamar "revisionista" debemos confrontar la que han esgrimido, generalmente los detractores de los documentos Miccinelli, la "oficial" del secretario de Francisco Pizarro, Francisco de Jerez, "Verdadera Relación de la Conquista del Perú y Provincia del Cuzco, llamada la Nueva Castilla", en, Historiadores Primitivos de Indias Biblioteca de Autores Españoles, 1853:I: 319-343 Madrid

[44] Del Busto, D. José Antonio, Diccionario Histórico Biográfico de los Conquistadores del Perú, T. I Lima 1986 p. 424

[45] AGI Patronato, 93-N4-R1; 101-R4;150-R2

Ocampo, obispo de Santa Cruz del Consejo de Su Majestad, El 20 de mayo de 1631.[46]

Afortunadamente su destrucción no fue total, pues hoy se conocen tres ejemplares de estas ediciones truncas, aunque ningún rastro del manuscrito original.[47] La obra sin embargo circuló bastante durante la colonia, y así por ejemplo, el autor de "Los apuntes históricos del Perú, noticias cronológicas del Cuzco" menciona a Salinas entre sus fuentes[48] No obstante son muy escasos los estudiosos de la cronística peruana que la recuerdan o comentan, siendo el bibliófilo chileno José Toribio Medina, propietario de uno de los tres ejemplares de la obra que se conservan, quien mayores datos biográficos aportó al respecto y que sirvieron de base a las introducciones de Luís Valcárcel[49] y Warren Cook en la edición de la crónica del año 1957, de donde se puede extraer la mayor información sobre la vida de esta figura esencial del período. El parentesco de Salinas con el licenciado Francisco Fernández de Córdoba (1580-1639) y la relación que pareciera unir la obra de Fernández con la de Salinas y de Guamán Poma de Ayala, que se evidencia en variados temas comunes que se tratan en estas obras, como por ejemplo, el de las "cuatro edades andinas primitivas" convierte al franciscano en un eslabón fundamental de la trama.[50]

Últimamente en nuestros estudios la figura de fray Salinas y Córdoba ha adquirido un renovado interés, ya que habiendo tenido acceso privilegiado al archivo del Palacio Virreinal, debido a su cargo de archivero, (encargado durante el gobierno del virrey Marqués de Montesclaros de ordenar el desorden que imperaba entre estos papeles),[51] es muy factible que haya logrado encontrar, en ese "laberinto" (según sus propias palabras), este y otros documentos, de enorme interés y perdidos hasta ese momento, convirtiéndolo de esta manera en un testigo privilegiado de la historia del Perú.

---

[46] Salinas y Córdoba, B. de, Memorial de las Historias del Nuevo Mundo, Pirú. Méritos y Excelencias de la ciudad de los Reyes, Lima Con licencia por Jerónimo de Contreras 1631 Para el presente artículo hemos revisado dos de los tres ejemplares originales de la obra, el que se encuentra en la Biblioteca Nacional de Madrid y el de la Sala Medina de la Biblioteca Nacional de Chile.

[47] Medina, J. T. La Imprenta en Lima (1584-1824) Tomo I Santiago de Chile, 1966:272-275. Actualmente se conservan 3 ejemplares editados del "Memorial de las Historias del Nuevo Mundo, Pirú", una se conserva en la Sala Medina de la Biblioteca Nacional de Chile, otra en la Biblioteca Nacional de Madrid y una tercera pertenece al British Museum.

[48] Anónimo, Lima 1902.

[49] Medina, J.T. La Imprenta de Lima (1584-1650), Santiago de Chile,1966.

[50] Duviols, P, "Guamán Poma, historiador del Perú antiguo: una nueva pista" en, Revista Andina, nº 1:1983:103-115; Lohmann Villena, G. "El licenciado Francisco Fernández de Cordoba (1580-1638). Un poeta, historiador y apologista de los criollos en el Perú virreinal" Revista de Indias 1988:XLVIII:182-183: 285-325. Duviols, P. "¿Tiempo andino o tiempo europeo? El cómputo cumulativo y retroactivo de Guamán Poma de Ayala" en, Steger, H. La Concepción del tiempo y espacio en el mundo andino. Frankfurt am Main, 1991:95-100.

[51] Cook, W "Fray Buenaventura de Salinas y Córdoba, su vida y su obra", en Memorial de las Historias del Nuevo Mundo, Pirú,1957, Lima p.XXXII

Pero ¿Quién fue fray Buenaventura de Salinas y Córdoba? el año 1616 a los 24 años de edad, antes de enrolarse en la Orden de San Francisco se llamaba simplemente Sancho de Córdova, adoptando en ese momento el de fray Buenaventura de Salinas y Córdova. Limeño orgulloso de su lugar de nacimiento y perteneciente a uno de los hogares de mayor prestigio social en la ciudad, fue educado en el Colegio Real de San Martín de la Compañía de Jesús, donde estableció contacto afectivo con muchos jesuitas que fueron sus maestros, tales como , Anello Oliva, cuya obra , "Historia del Perú y Varones Insignes en Santidad de la Compañía de Jesús" [52] (inédita por orden del General jesuita Mutio Vitelleschi), y que menciona como fuente del "Memorial", Joseph Arriaga, y otros. Esto se refleja en su crónica, pues sin tapujos se proclama un fervoroso simpatizante de la Compañía de Jesús, aunque con el tiempo, este sentimiento variaría radicalmente terminando su vida en Nueva España, como adepto acérrimo del polémico obispo de Puebla, Palafox, el archienemigo de los jesuitas. Palafox había demostrado clara simpatía por el "bando criollo" y Salinas se mantuvo, en este sentido, inalterablemente fiel a esta posición a lo largo de toda su existencia.

A través de la vida azarosa de este franciscano observamos cómo en el Perú de la primera mitad del siglo XVII ser miembro de la alta clase criolla significaba contar con apoyos tan fuertes que difícilmente cualquier autoridad colonial, aunque fuera del más alto escalafón podía ponerse en su camino, aún cuando la actividad del miembro de este grupo amenazara claramente a los intereses reales.

La legitimación histórica que le otorga Salinas a la figura de Francisco Cháves y de esta forma al conjunto de temática que acompaña su historia y por consiguiente a ambos cuerpos de documentos Miccinelli, resulta un dato de extraordinaria importancia, entre otras razones por la posición política de fray Buenaventura de Salinas y Córdova quien en su azarosa vida, no sólo mantuvo firme su teoría de la necesidad de que el monarca español confiara el manejo del gobierno del virreinato a los criollos, o sea, algo así como, el Perú para los peruanos, sino que luchó activamente por concretar estos ideales. Parte de esta lucha se refleja en su libro a través de la exaltación del gobierno de los incas, cuya cultura describió con elogiosas palabras, y cuya conquista, consideró obra de la providencia divina, criticando duramente a cronistas como Tomas Bozio [53] y otros que en sus libros habían subestimado las capacidades guerreras o intelectuales de los habitantes prehispánicos del Perú.[54] Tanto Valcárcel como Cook opinan que Fray Buenaventura, cuando redactó su obra tuvo en sus manos la Nueva

---

[52] Oliva, A, Historia del Perú y Varones Insignes en Santidad de la Compañía de Jesús, Lima, 1895.

[53] Cronista desaparecido que también es mencionado en "Exsul Immeritus".

[54] Salinas y Córdoba, B de fray. Memorial de las Historias del Nuevo Mundo, Pirú,1957, Lima p. 21-39; Salinas fue sobrino del licenciado Fernández de Córdoba, intelectual e historiador que también fue un apasionado e influyente partidario de la idea "criollista" defendiendo la cual escribió una variedad de obras, algunos perdidas.

Coronica[55], opinión que ha sido sustentada por algunos historiadores mas recientes[56], aunque sin aportar ningún dato nuevo que avale este aserto. [57] Hoy día se considera que las razones proporcionadas por estos autores, para apoyar esta aseveración no son de suficiente peso. Las diferencias entre la obra de Salinas y la Nueva Coronica son esenciales, Pierre Duviols opina al respecto que, "No mantendremos, pues la hipótesis de la copia de uno de los autores por el otro. Se verá más bien, en cada uno, los elementos de reproducción de un mismo modelo, más rico, o bien de dos modelos diferentes. Este o estos modelos habrían sido elaborados originalmente, por una mente hábil, conocedora de los argumentos teológicos y jurídicos de la España colonizadora del siglo XVI"[58]. Lo mismo sucede con el relato que hace Salinas del vestuario inca, cuya similitud al de la Nueva Coronica resulta evidente, pero no difiere tampoco al que aparece en las crónicas Murúa, o a la de los perdidos retratos de los monarcas incas mandados a diseñar por el virrey Toledo, fuente comúnmente reconocida, al respecto.[59] Nuevamente una hipótesis factible sería que una de las fuentes posibles de la cual bebieron ambos cronistas habría sido la obra de Francisco Fernández de Córdoba.

El "Memorial" de Salinas resulta asimismo un testimonio fundamental por otras razones, publicado el año 1631, fue el inicio de una actividad personal pública muy comprometida, francamente polémica y enfrentada al poder real, por momentos de manera muy enérgica. Si su crónica fue requisada en la misma imprenta, después del sermón que pronunció en el púlpito de la Iglesia Catedral del Cuzco, el día miércoles 28 de febrero de 1635, sería expulsado del Perú. Sus sermones [60], llevaría a que desde la Corte se ordenara que Salinas fuera despachado de manera discreta a Europa lo que aconteció el año 1637.

El obispo del Cuzco, Fernando de Vera se refiere al suceso de la siguiente manera,

> "el padre Buenaventura de Salinas, religioso de la orden de San Francisco, predicando delante de mi, y de mi Cabildo i del secular, pues dijo que V.M. gobernaba tiránicamente i emprestillaba en este reino, i daba las encomiendas a los lisonjeros que andan cerca de la persona de V.M. quitándolas a los hijos de los conquistadores, i otras cosas ..."

---

[55] Brading, D. A. Orbe Indiano, de la monarquía católica a la república criolla, 1492-1867, tr. Juan José Utrilla, 1991, FCE 1991:345-353.

[56] Ibídem.

[57] Perissat , K "Los Incas Representados (Lima – siglo XVIII) ¿Supervivencia o renacimiento?" Revista de Indias 2000:LX:220:624-626. (Mas que nada por la descripción que realiza del vestuario de los reyes incas, que hoy día se reconocen como proveniente de otra fuente común tanto a la NC como a otros escritos de la época, que habrían sido los paños que fueron mandados dibujar por el virrey Toledo con las figuras de los reyes Incas y sus esposas)

[58] Duviols, P, "Guamán Poma, historiador del Perú antiguo: una nueva pista" en, Revista Andina, nº 1:1983:108

[59] Ibídem. 103-115

[60] AGI Patronato 93-N4-R1

Agregando más adelante,

> "...después resultó que habiendo cometido este negocio al Provincial fr. Juan Ximénez, natural de Lima, lo hicieron causa común de criollos i religión, i queriendo oscurecer la verdad, buscaron algunos testigos de negativa, parientes i amigos suyos i de otros frailes, ..." [61]

Ya en Europa el año 1639 le fue extendida la Patente de Regente y Catedrático del Convento Real de Santa María la Nova de la Orden Franciscana en Nápoles. Desde entonces y casi durante 10 años fray Buenaventura pasaría largos períodos en Nápoles y en Roma, hasta que el año 1647 viajó a Nueva España, como Comisario General de todas las provincias de la Orden Franciscana, donde falleció el 15 de noviembre de 1653, soñando con regresar al Perú convertido en Obispo de Arequipa.

* * *

Este estudio que comenzó internándose en el enrevesado laberinto del Perú de las primeras décadas del siglo XVII de la mano de los documentos Miccinelli, ha finalizado su periplo de manera sorprendente junto al complejo cronista fray Buenaventura de Salinas y Córdoba y al poco estudiado bando "criollista". Las perspectivas que de esta manera se nos han abierto ante nuestros ojos, resultan además de novedosas augurar grandes retos y la posibilidad de ir descubriendo un Perú colonial más rico en posibilidades, pero sobre todo, menos estereotipado y cautivo entre las redes que una historiografía de poco alcance le había entretejido como un manto baladí.

---

[61] AGI Lima 305, Carta de enero de 1636. Docs. 54, 55 y 55 bis, 61,

APÉNDICE DOCUMENTAL:

Transcripción de la carta de Francisco Cháves[62]

c. **2va/**

+

Ala .S.C.C.M.

del Rey

(sigillo in cera rossa riproducente	nro señor	(sigillo in cera rossa riproducente
3 chiavi, ricoperto con carta, sistemato in questo punto per chiudere la lettera)	en spaña en sus reales manos	3 chiavi, sistemato in questo punto per chiudere la lettera)

c. **2vb/**

No es cosa	Non D.D.Ex simus
Ellicen^{do}	+
Polo	Joseph de Acosta

c. **1r/**

+

.s(acra). c(catholica). c(cesarea). m(agestad).

co(n)el debito acatamie(n)to q(ue) debo como a mi rey yo franc(is)^{co} de chaves leal subditto de v(uestra). m(agestad) + na(tura)l de trujillo sie(n)do d(e)la gloriosa y noble estirpe d(e)los chaves sie(n)pre sierva ala corona co(n)quistador eneste reyno de(l) peru y como humillde servidor q(ue) me te(n)go y soy escrivo a v(uestra). m(agestad). da(n)dole q(ue)nta de todo loq(ue) enesta tierra a suçedido despues q(ue) enella e(n)tro el gouiernador do(n) franc(is)^{co} piçarro d(e)la misma mi tierra y compañero de armas co(n)elqual yo vine aquy enel mesmo navio despues q(ue) eldicho capita(n) salio de panama a veynte y siete de dezie(n)bre de(l) año de quynie(n)tos y treynta puesto e(n)la resolucio(n) de co(n)quistar un reyno y q(ue) no obsta(n)te loq(ue) diçe(n) losotros d(e)la empresa vitoriosa co(n)tra al rey destas tierras el caciq(ue) tavaliba certifico a v(uestra). m(agestad). q(ue) esta es y lo escrivo la verdadera verdad d(e)las cosas pasadas pa(ra) les hazer justiçia y remediarlas de manera q(ue) la ho(n)rra y la autoridad d(e)la corona de

---

[62] La transcripción de la carta de Chaves ha sido efectuada por Clara Miccinelli y Carlo Animato y corregida por Laura Laurencich Minelli, a quienes agradezco su amabilidad pues de esta manera se pone a disponibilidad de los americanistas este importante documento hasta ahora de difícil acceso.

spaña la fuerça y la lealtad desus armas no sea e(n)lodada por loq(ue) a suçedido a caxamalca a(n)symesmo v(uestra). m(agestad). sepa q(ue) vino enaq(ue)l navio sa(n)cta cata(lina) navio de sete(n)ta toneles gouernado por el piloto bartolome ruiz vice(n)te de valverde d(e)la orde(n) de sa(n)cto domingo p(re)dicador de autoridad y de mucha esp(er)ie(n)cia sie(n)do co(n)el dos cofadres fray j(ua)n° de yepes y fray resinaldo de pedraça do(n) franc(is)^co piçarro y los tres religiosos correba(n) enel navio mucho t(ien)po ju(n)tos y no pa(ra) hablar d(e)la cura de(l) alma de(l) dicho capita(n) enelqual viaje suçedio e(n)verdad como ya lo digo q(ue) enel dia seguie(n)te ala salida yo e(n)tre e(n)su aloxamie(n)to y escuche p(a)rte por p(a)rte la platica e(n)trelos dichos quatro y habla(n)do do(n) franc(is)^co q(ue) los yndios gustaba(n) mucho de n(uestr)o vino como no lo te(n)ia(n) pues bebe(n) un licuor no hecho de uva q(ue) se llama chicha co(n)un sabor diverso q(ue) el capita(n) avia notado e(n)los viajes precede(n)tes y hallado como medio pa(ra) hacer se amigos alos yndios y ve(n)cer alos henemigos q(ue) sabia ser muchedu(m)bre ferocisimos bye(n)armados y adestrados el dicho don franc(is)^co pregu(n)to a fray yepes sy avia dissuelto el oropimie(n)te segu(n) la necessidad y este religioso deçio q(ue) ya avia p(ro)veido segu(n) los pactos pa(ta) ayder sus diavolicos pe(n)samie(n)tos a he(n)chir y a sellar quatro barriles de moscato co(n)una dosis de rebote ta(n) caudalosa y poderosa q(ue) ya lloraba alhenemigo e(n)los cuernos de(l) toro y q(ue) a(n)sy dios quirie(n)do no podia malograrse la co(n)quista de nuevas tierras pa(ra) el rey y de nuevas almas pa(ra) el cielo p(e)r(o) sobretodo de muchas riq(ue)zas pa(ra) sus bolsas y de muchos honores pa(ra) sus no(m)bres y todo esto syn recue(n)tro ni batalla pa(ra) q(ue) no aya fraude in esto deçio valverde p(e)r(o) solo un poco de sabiduria y de alquimia q(ue) ayudate y el cielo te ayudara y enesto vera v(uestra). m(agestad). e(n)tre la animosa esp(er)ança y la grandeza d(e)la e(n)presa la buena ynte(n)ço(n) q(ue) tenia(n) estos padres dominicos y el dicho fray yepes q(ue) tiene mas respeto alo q(ue) su malvada volu(n)tad inclina q(ue) alo q(ue) la ley de dios le obliga el capita(n) cumplime(n)to al religioso ate(n)to ser p(er)sona de calidad y zeloso de(l) serviçio de v(uestra). m(agestad). y d(e)la iglesia co(n)muy desvergue(n)ça ta(n) fuero(n) estos quatro p(er)sonas ho(n)rradas y de calidad yo mesmo luego vie(n)do quatro botas çerradas y bye(n)selladas q(ue) avia(n) p(ar)tidas de todas lasotras y amo(n)tonadas enun a(n)gulo y sobre aq(ue)llas estaba escrito vino de(l) capita(n) tuve co(n)firma despues d(e)las palabras de(l) dicho do(n) franc(is)^co y desus amigos religiosos losquales avia(n) hecho un pacto e(n)trellos y a(n)sy lo juraro(n) enun peq(ue)ño altar aderezado como pa(ra) deçir misa q(ue) tenian y los dichos se co(n)federaro(n) co(n)jurame(n)to hecho co(n)gra(n)de solenidad y fuerças y juraro(n) de rep(ar)tirse e(n)trellos gloria y riq(ue)zas y no traycionar yamas el sile(n)cio sobretodo este negocio aunq(ue) sy despues fray resinaldo se boluo a panama asus negocios co(n)te(n)ta(n)dose co(n)lo cierto por lo incierto y co(n)una bolsa de piedras verdes y sepa v(uestra). m(agestad). q(ue) esto suçedio qua(n)do ya e(n)tramos la tierra ade(n)tro leguas y leguas marcha(n)do y ve(n)ce(n)do fatigas y pe(n)urias y pueblos y rios y mo(n)tañas enelqual viaje tuvimos notiçias q(ue) ta(n) çerca estuvimos d(e)la corte de(l) rey q(ue) se movia co(n)gra(n) fasto y oste(n)tacio(n) y alarde de cortesanos por las p(ro)vincias desu reino yo vi ofrecer vino de(l) bueno al dicho tavaliba rey e(n)no(m)bre y por cue(n)ta de(l) gouiernador y dos bezes lo avia ofrecido el yndio felipillo de(l) pueblo d(e)los chimores elqual agora hace un lustro seguia a do(n) franc(is)^{co} e(n)toda p(a)rte y imita(n)do por doquiera su gravedad y ademanes toma(n)do un aria ridicola de hidalgo de privilegio o de gra(n) caciq(ue) destas tierras y toda su nobleza fue estar sie(n)pre al lado de piçarro sirvie(n)do eldicho capita(n) como interprete co(n)los na(tura)les y co(n)ellos troca(n)do mercadurias y aun cambia(n)do el vino segu(n) los ordenes de piçarro p(e)r(o) qua(n)do el estaba d(e)la(n)te de(l) caciq(ue) y desu corte e(n)su prese(n)cia no tenia mas altiveza ni desvanecimie(n)to y al co(n)trario manifesta(n)do respeto y timor co(n)palabras humildes llevaba co(n)sigo el do(n) de p(a)rte d(e)los extra(n)geros y aq(ue)l dulce jugo de uva moscatel q(ue) ellos no conocia(n) les gustaba muchisimo sie(n)do sumame(n)te agradable por su sabor nuevo y por la embriaguez q(ue) p(ro)vocaba e(n)sus me(n)tes y mas sabroso d(e)los licuores ferme(n)tados q(ue) ellos bebia(n) y a(n)sy qua(n)do esta novedad se hizo una agradable costu(m)bre co(n)sidera(n)do do(n) franc(is)^{co} q(ue) avia llegado el t(ien)po y q(ue) el hecho estaba ya e(n)su pu(n)to y madurez el ma(n)do a felipillo de ofrecer el vino e(n)venenado d(e)los frayles enelqual eldicho capita(n) tenia toda su esp(er)a(n)ça pues estaba impossible ve(n)cer alos adversarios n(uestr)os co(n)las armas sie(n)do aq(ue)l exercito ta(n) numeroso y lo ofrecio asus capitanes y co(n)sejeros pa(ra) cortar a esa gra(n)copia de ge(n)te de gerra la cabeça, do estaba(n) la fuerça yel gouierno y hizo esto co(n)todas buenas palabras de p(er)suasio(n) y amigabilidad p(er)suadie(n)dolos q(ue) vinimos de paz syno enel coraço(n) tenie(n)do su dañada ynte(n)çio(n) porq(ue) do(n) franc(is)^{co} y los frayles se tenia(n) ya por señores de todo este reyno y esta fue la causa q(ue) enel vino e(n)venenado esta la verdad d(e)la co(n)quista desta p(ro)vin(cia) y no segu(n) despues el gouiernador deçio pa(ra) esco(n)der esta verdad nos tuvimos la vitoria por no animo y por n(uestr)a determinaçio(n) de ve(n)çer o morir y por ayuda de(l) apostol sa(n)tiago o d(e)la p(ro)vede(n)cia segu(n) las le(n)guas diçe(n) e(n)loqual co(n)ver la ynfamia deste d(e)lito y co(n)ver la deso(n)rra q(ue) este e(n)gaño lleva aun off(ici)al de v(uestra). m(agestad). elqual piçarro rechazo de combatir de(l) principio pa(ra) recurrir ala fraude q(ue) hace deso(n)rra aun cauallero de(l) abito de sa(n)tiago q(ue) sie(n)pre ellos debe(n) hacer segu(n) lealtad y fid(e)lidad pelea(n)do co(n)braveza sie(n)do estos los principios d(e)la orde(n) pues sy es licito mostrar sagazidad no es honesto mudarla e(n) e(n)gaño esto no pues mis pasados padres orgullosos y valerosos deçiero(n) mas vale p(er)derse el ho(m)bre q(ue) sy es bueno p(er)der el no(m)bre y a(n)sy fue q(ue) el mortifero veneno dio ya el triu(n)fo al dicho señor gouiernador general syno esta fraude le dio la mas ingloriosa vitoria desus he(n)emigos q(ue) a dado nu(n)ca a capita(n) y co(n)quistador enel mu(n)do de modo q(ue) la codicia de todo el oro de(l) mu(n)do no puede yamas p(er)der a(n)sy el juyzio de un caudillo pa(ra) hacer como se a hecho suprema injuria al rey ve(n)cido ajusticia(n)dolo publicame(n)te avie(n)dole so(n)sacado co(n)astucia y recato oro y plata y la mesma vida y trata(n)dolo como yamas co(n)vyene aun soberano q(ue) aunq(ue) pagano p(e)r(o) es sobretodos por nacimie(n)to y por derecho sepa v(uestra). m(agestad). q(ue) el sobredicho tavaliba rey lo metiero(n)

[fine carta 1r]

[carta 1v]

enuna camara çerrada co(n) quatro ho(m)bres q(ue) lo guardaba(n) y el dicho prisionero avie(n)do muchas bezes puesto e(n)claro su volu(n)tad y deseo de visitar y re(n)dir justo omenage a v(uestra). m(agestad). co(n)insta(n)cia pidio lice(n)cia a do(n) franc(is)^{co} pa(ra) viajar a spaña elqual piçarro quiça temye(n)do q(ue) desta manera la verdad pudiese nadar e(n)sumo y q(ue) el caciq(ue) hablase a v(uestra). m(agestad). revela(n)do qua(n)to oro aya sido rubado o e(n)tregado a do(n) franc(is)^{co} desus ho(m)bres y qua(n)to v(uestra). m(agestad). debe prete(n)der como su p(ro)piedad d(e)la co(n)quista deste ricuisimo reyno no obsta(n)te loq(ue) diçe(n) los registros de(l) tesorero å(lonso) riq(ue)lme co(n)paño(n) de do(n) franc(is)^{co} gordo y voraz q(ue) hace las cue(n)tas aldictado de aq(ue)l elqual yo digo aquy y esto es indubitable y verdadero no obsta(n)te p(ro)metio asu prisionero real de salir presto co(n)el pa(ra) spaña tuvo e(n)su coraço(n) la d(e)liberacio(n) de matarlo como lo a hecho despues de aver p(ro)cesado al dicho rey por traycio(n) y rebeldia syn hazer mal ni daño a alguna p(er)sona tavaliba murio agarrotado y esta ejecucio(n) efetuada el 26 de(l) pasado mes de julio e(n)el dia sacro al señor acausado aquy gra(n) esca(n)dalo y alboroto porq(ue) ninguno tuvo la volu(n)tad ni los hermanos de do(n) franc(is)^{co} ni aun sus amigos pues se a te(n)ido por no bye(n)hecho y recae el d(e)lito e(n)sus padres dominicos sy p(e)r(o) ta(n)bye(n) e(n)su co(n)cie(n)cia pues q(ue) su locura de dia e(n) dia le hace hacer acciones q(ue) solo un monarca puede y a(n)sy v(uestra). m(agestad). juzge la gravedad destos hechos yo se ta(n)bye(n) q(ue) por el medio desu muy fyel y coxo secretario el capita(n) a escrito a v(uestra). m(agestad). su relacio(n) d(e)lo q(ue) se a hecho ala saço(n) y de(l) estado d(e)las cosas desta tierra defe(n)die(n)do su resolucio(n) como sy fuese indispe(n)sable y pa(ra) dar credito alo q(ue) el deçia por su carta prese(n)ta(n)do como motivo deaq(ue)lla vellaq(ue)ria la defe(n)sa de toda su co(n)quista y como pruevas d(e)las muchas culpas de(l) prisionero sus tramas co(n)tra nosotros y la llegada cercana de un gra(n) exercito pa(ra) librarlo loq(ue) fue denu(n)ciado a do(n) franc(is)^{co} por algunos yndios d(e)la facio(n) co(n)traria al ma(n)dato de(l) cozco jove(n) q(ue) tavaliba rey auia muerto a(n)tes p(e)r(o) no avie(n)do nosotros yamas visto despues ni gra(n)des exercitos ni peq(ue)ñas guarniciones y esta(n)do el prisionero bye(n) e(n)carcelado noche y dia y sobretodo qua(n)do algunos lo visitaba(n) puedo asegurar a v(uestra). m(agestad). q(ue) no se corriero(n) yamas los peligros a(n)teriores sie(n)do las dichas acusacionas ta(n)to puras qua(n)to el vino e(n)venenado de fray yepes ya p(ar)esçeme ta(n) grave esta culpa y todo aq(ue)llo q(ue) siguio q(ue) no ay justiçia q(ue) la pueda remediar como co(n)vyene por ho(n)rra y no(m)bradia d(e)la spaña d(e)los unos alos otros oceanos pues sie(n)pre los myos leales aguelos me e(n)señaro(n) q(ue) una vitoria gra(n)de sie(n)do alca(n)çada co(n)hechos fuera de reglas y e(n)gañosos puede mudarse en afre(n)ta y desgraciadame(n)te esto hace a n(uestr)o caso co(n)toda obedie(n)çia y umilidad como leal compañero de(l) capita(n) q(ue) yo segui hasta oi y hasta aquy e(n)toda la co(n)quista desta tierra pues yo acompañe ael e(n)todo el camino desde tumbez hasta ta(n)garara y aun sa(n)miguel zara(n) motux hasta saña por mas de siete meses o poco mas y esta(n)do aquy p(ro)seguimos el camino hasta llegar ala p(ro)vin(cia) de caxamalca sie(n)do cie(n) y sete(n)ta y siete ho(m)bres co(n) la(n)ças y picas y espadas e(n)trelosquales avia sese(n)ta y seite de a cavallo y çie(n)to y diez de a pie y e(n)trellos tres artilleros siete escopeteros y veynte ballesteros y sie(n)pre camina(n)do y dormie(n)do co(n)las armas bestidas a pu(n)to de gerra espa(n)do cada dia alos henemigos y por su p(ar)rte temie(n)do el asalto de repe(n)te y e(n)fin a(n)sy llegamos ala dicha çibdad un sabado bye(n) de mañana q(ue) se co(n)taro(n) diez y cinco de novie(m)bre de(l) año de treynta y dos o(n)de estaua ya tavaliba rey co(n)su ge(n)te pues el rey reposaba e(n)las termas q(ue) ay dos leguas al derredor de caxamalca y vie(n)do el capita(n) la mucha multitud de yndios q(ue) avia el puso sus ho(m)bres y ase(n)to su artilleria q(ue) era(n) dos medias culebrinas de ocho a diez pies de largo q(ue) echaua(n) de bateria cassi una ma(n)çana y esp(er)amos alhenemigo tenie(n)do mucha co(n)goxa yo fui co(n)el y vi q(ue) tavaliba rey tenia e(n)torno de(l) asie(n)to do(n)de estaba mas de diez mill yndios de gerra q(ue) tenia(n) muchas armas tiraderas ho(n)das mazas hachas bolas la(n)zas macanas rod(e)las paveses e(n)sus escudrones y muchos señores principales de toda la tierra y aunq(ue) e(n)esta co(n)yu(n)tura tavaliba tenia mucha mas de ge(n)te la batalla nu(n)ca se come(n)ço y luego se conoçio la vitoria pa(ra) q(ue) e(n)cerca de(l) rey y debaxo desu toldillo el cuerpo de guardia y sus off(ici)ales e(n)venenados caeba(n) e(n)tierra muertos e(n)tre çufrimie(n)tos y dolores y sobre otras toldillos q(ue) daba(n) el lado ala silla real otros yndios prinçipales caeba(n) de golpe y e(n)fin el dicho tavaliba rey ya ayslado y assustado no e(n)te(n)deba mas nada y no supo como replicar al dios q(ue) golpeaba a traycio(n) sus generales y q(ue) no se puede ver co(n)los ojos corporales y aquy llego loq(ue) el capita(n) espaba pues q(ue) los guerreros yndios asaltaba(n) por falta de ma(n)damie(n)tos por su maese de canpo y otros off(ici)ales y despues ponie(n)dole puñale y espada alo pecho de(l) rey el dicho capita(n) y fray valverde lo apremiaro(n) a q(ue) hablase asus ho(m)bres espa(n)tados q(ue) enaq(ue)lla plaça iba(n) aca y alla los yndios huyero(n) y aun cayero(n) unos sobre otros y el rey esta(n)do preso y temeroso d(e)la muerte grita(n)do sobretodos lo hizo e(n)treta(n)to q(ue) nos matabamos los henemigos desap(er)cebidos q(ue) era(n) assustados y miraba(n) el acaecimie(n)to como fuera un hecho milagroso y e(n)breve t(ien)po hirie(n)do y mata(n)do fuero(n) desbaratados los yndios y muriero(n) gra(n)disima suma y todo esto estuvo segu(n) las inte(n)ciones pu(n)tualisimame(n)te syn errar un tilde y sepa v(uestra). m(agestad). q(ue) los yndios no compre(n)diero(n) loq(ue) suçedio asus sup(er)iores e(n)la plaza de caxamalca y aun oy no lo sabe(n) porq(ue) este e(n)gaño no a ve(n)ido asus notiçia y pa(ra) esprimir lo q(ue) no puede(n) compre(n)der como locos leva(n)ta(n) los ojos al cielo y porq(ue) ellos son ta(n) credulos diçe(n) q(ue) fue p(ro)digio y ve(n)ga(n)za de no se qual desus dioses pa(ra) castigar las culpas de(l) rey y desu pueblo y sy alguno hablase claro y revelase el trato doble de(l) vino e(n)venenado bebida mezclada co(n) oropimie(n)te porlaqual tuviero(n) nuevos tiranos y como no te(n)ia(n) exp(er)ie(n)cia de oropimie(n)te y desu fuerça esto ta(n)bye(n) seria una extrañeza pues ami ver ellos no conoce(n) otro veneno q(ue) aq(ue)l enelqual los na(tur)ales d(e)la selva frega(n) sus flechas e(n)la çibdad de caxamalca d(e)los d(e)la p(a)rte de tavaliba rey muriero(n) tres mill ho(m)bres cie(n)to mas o menos de arcabuzes y de la(n)ça y de espada y sobretodo por el e(n)gaño como ya lo digo co(n)muy gra(n) esca(n)dalo no temye(n)do a dios ni a v(uestra). m(agestad). el gouiernador tomo posesio(n) deste reyno co(n)la espada e(n)la mano derecha y el esta(n)darte real de v(uestra). m(agestad). e(n)la izquierda p(e)r(o) co(n)su e(n)gaño e(n)sucio la cruz bordada al reves de(l) esta(n)darte real q(ue) el dicho do(n) franc(is)^{co} llevo e(n)la co(n)quista de(l) peru y a(n)sy se acauo de co(n)cluyr e(n)ganar esta çibdad q(ue) fray valverde hizo la oracio(n) siguie(n)te sea dios loado por todo esto q(ue) ta(n)ta merçed nos hizo e(n)fin fue buena la p(ro)bide(n)çia y ta(n) mejor el oropimie(n)te y aunq(ue) yo v(uestra). m(agestad). he muerto a muchos yndios porq(ue) ellos no pudiero(n) defe(n)derse ta(n) bye(n) y gane honor y oro y mugeres yo calle hasta aquy la verdad deq(ue) passo y el e(n)gaño de caxamalca y yo glorifiq(ue) n(uestr)a falsa hazaña syno co(n)el t(ien)po yo bye(n) e(n)te(n)de q(ue) el capita(n) y los frayles era(n) sobervios y malos y yndureşçidos e(n)su dañado ynte(n)to de escribir co(n)sa(n)gre y miedo la historia deste nuevo reyno de(l) peru y avie(n)dose vañado e(n)la ynoçe(n)te sa(n)gre de(l) syn ve(n)tura tavaliba rey no co(n)te(n)tos co(n)los robos fuerças y daños q(ue) avia(n) hecho

[fine carta 1v]

[carta 2r]

q(ue) pusiero(n) a saco muchas casas y ally alcançaro(n) gra(n)de suma y ca(n)tidad de oro y plata y cosas preçiosas de gra(n)destima y valor ni co(n)aver ya muerto millar y millar de ho(m)bres desta tierra q(ue) mataro(n) syn necessidad e(n)el no(m)bre de v(uestra). s(acra). c(atholica). m(agestad). y e(n)aq(ue)l de n(uestr)o s(eñor) y hazie(n)do otras tira(n)nias q(ue) por no ser p(ro)lixos a v(uestra). m(agestad). dexo de dezir y solame(n)te esto digo por ser verdad como es q(ue) p(ro)siguie(n)do ellos el ynte(n)to desus estragados p(ro)posytos ynbyo aquy el memorial q(ue) digo d(e)lo q(ue) se a de saber co(n)forme alo q(ue) passo aquy pa(ra) q(ue) como leal servidor de v(uestra). m(agestad). como sie(n)pre estado y vie(n)do todo esto syn pa(ra) ello pasio(n) ni(n)guna p(ar)ticular moverme syno desear justiçia y verdad agora e dado relaçio(n) porq(ue) sepa la verdad d(e)lo q(ue) a pasado y escrivira(n) muchas diversas cosas sie(n)do esta la volu(n)tad de(l) gouiernador p(er)o sepa v(uestra). m(agestad). q(ue) esta es la verdad q(ue) a v(uestra). m(agestad). llegara co(n)fia(n)do de huir d(e)la pesquisa de(l) dicho gouiernador y desus sintenelas y ho(m)bres mas diestros y fyeles y aquy estos alegados tiene(n) liçe(n)cia de hazer todo loq(ue) quiere(n) qual å(lonso) de riq(ue)lme q(ue) tiene cargo de tesorero fray vice(n)te de valverde el capita(n) herna(n)do de soto y el capita(n) sebastia(n) de benalcazar y ta(n)bye(n) j(ua)n° y go(n)çalo sus medios hermanos de p(a)rte de padre y franc(is)^{co} martin de alca(n)tara su medio hermano de p(a)rte de madre y el dicho gouiernador aca todo vigila(n)do hace pesquisa sobretodo y impide la salida de ho(m)bres y cosas y notiçias no merecidos y no q(ue)ridos ta(n)bye(n)como testigo de vista yo te(n)go otras cosas de q(ue) dar aviso a v(uestra). m(agestad). q(ue) co(n)vyene asu real interese y p(ro)vecho y es deçir q(ue) el grueso d(e)la riq(ue)za q(ue) hasta agora tuvamos eneste reyno y cada dia se descubre(n) do(n) franc(is)^{co} eximo y saco d(e)la cue(n)ta guarda(n)dola pa(ra) si y de secreto la rep(ar)tio co(n) sus hermanos y allegados y ta(n)bye(n) avia fama de q(ue) tenia mucho oro esco(n)dido y d(e)llo no dio cassi a nadie por esta relaçio(n) q(ue)s çierta e(n)te(n)dera v(uestra). m(agestad). q(ue) aunq(ue) sea el rey destas nuevas p(ro)vincias y altissimo y poderosisimo señor sobretodosnos q(ue) debaxo d(e)la ba(n)dera de leo(n) y castilla llegamos aca pa(ra) co(n)quistar co(n) limpio coraçon yo digo estas palabras q(ue) co(n)gra(n) difficultad la real corona abra los quintos de oro y plata y todo aq(ue)l q(ue) correspo(n)de a v(uestra). m(agestad). qual soberano destos reynos y por esto v(uestra). m(agestad). e(n)bye aquy aun administrador de ta(n)ta calidad y co(n)çe(n)çia q(ue) e(n)todo mirara loq(ue) co(n)ve(n)ga al serviçio de v(uestra). m(agestad). y qua(n)do otra cosa v(uestra). m(agestad). hallase ma(n)deme cortar la cabeça como a ho(m)bre de poca estima q(ue) a su señor natural diçe falsedad yo como dicho te(n)go buscare al medio pa(ra) e(n)byar esta mi letra e(n)sus reales mano, aunq(ue) el capita(n) amenazo quienes sabemos de(l) veneno y desus medios ilicitos plego a dios n(uestr)o s(eñor) q(ue) todo te(n)ga bue(n) suçesso pues yo estoy e(n)odio de piçarro sie(n)do de opinion co(n)traria de(l) y segu(n) q(ue) veo y e bisto yo estoy ala muerte pues el capita(n) avie(n)dole sido amigo agora me redearguye de amotinador y e(n)efecto el dicho do(n) franc(is)^{co} esta sospechosisimo y mato a yepes q(ue) no supo guardar secreto el fray sie(n)do culpable quiça de romp(er) su jurame(n)to el fray murio y no tuvo lugar de deçir dios me valga y esto fue el galardo(n) q(ue) le dio a(n)sy los buenos religiosos ganan la vida p(er)durable no ay otra cosa de q(ue) dar q(ue)nta a v(uestra). m(agestad). de(l) estado q(ue) al prese(n)te las cosas aca tiene(n) y co(n)todoesto no te(n)go ni e(n)bidia ni malicia p(e)r(o) yo te(n)go co(n)fia(n)ça q(ue) v(uestra). m(agestad). hara justiçia destos sus subdittos ta(n) exe(n)plar como latroçidad desus d(e)litos lo requiere(n) n(uestr)o s(eñor) la sacra cesarea p(er)sona de v(uestra). m(agestad). guarde co(n) mayor acreçe(n)tamie(n)to desus reynos como v(uestra). m(agestad). lo desea escrita en caxamalca a 5 de agosto de 1533

+

de . V(uestra). C(atholica). C(esarea). M(agestad).
su humild siervo

(sigillo in cera rossa   don françisco de chaves
(sigillo in cera rossa
riproducente 3 chiavi)
riproducente 3 chiavi)

Clara Miccinelli & Carlo Animato

De laberintos y minotauros.
Francisco de Chaves y los documentos Miccinelli: su proyección historiográfica

Fig.1. *Unku* de un niño Jesús inka con tocapus y símbolos cristianos de fines del siglo XVII, Museo inka de la Universidad Nacional, Cuzco[63]

---

[63] Mujica Pinilla, R. "El *niño Jesús inca* y los jesuitas en el cusco virreinal, en, Perú Indígena y Virreinal, 2005

Fig. 2. Iglesia de la Compañía de Jesús, Cuzco

Fig.3. Francisco de Chaves escribiéndole al rey. Carta del Licenciado Boán al Conde de Lemos (1610). Archivio di Stato de Napoli

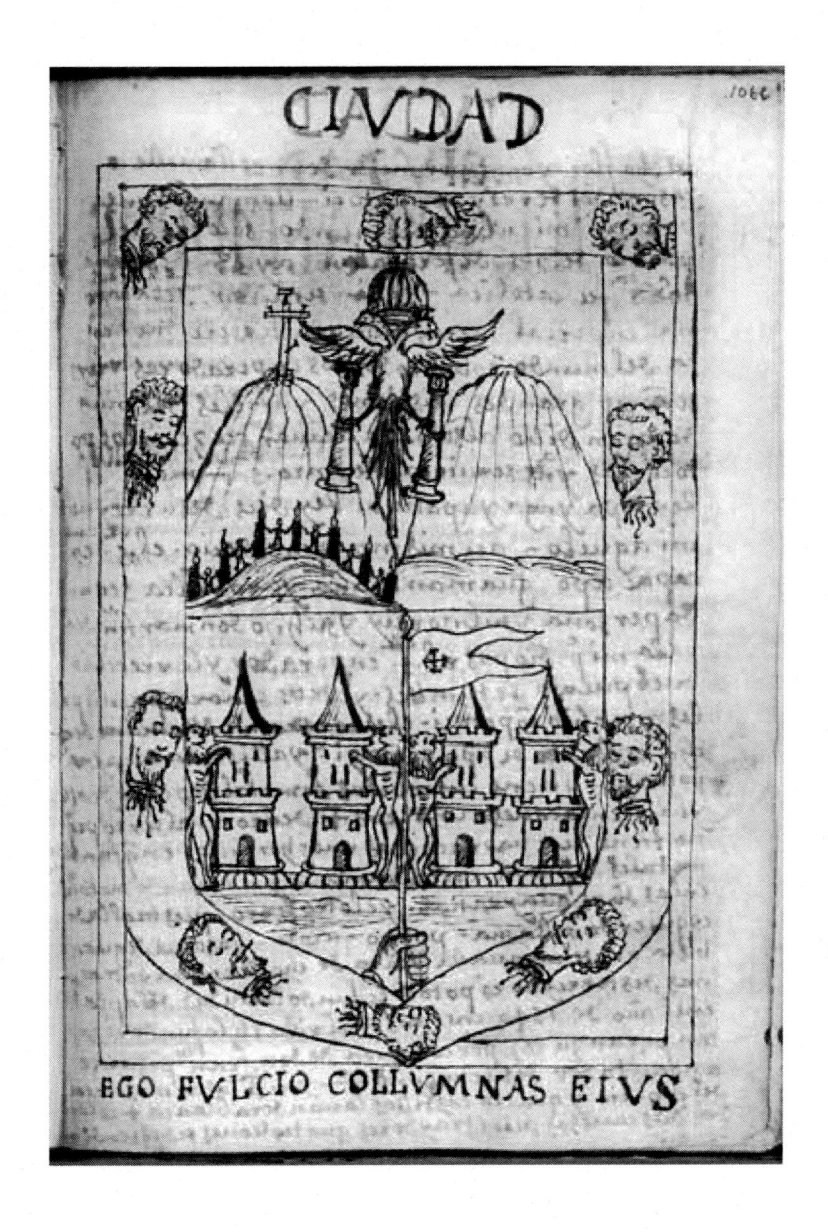

Fig.4. Versión de la idea "Pecunia nervus belli" según la Nueva Corónica

LA IDOLATRÍA INDÍGENA
EN LA OBRA DE GERÓNIMO PALLAS, S.J. LIMA, 1620

Antonio Acosta
Universidad de Sevilla

I.

A comienzos del siglo XVII la colonización española en el virreinato del Perú vivió una experiencia extraordinaria, manifestada en el plano religioso y que tuvo su origen en la sierra central, en Huarochirí, no lejos de Lima. Allí, en 1608 el doctrinero de San Damián, Francisco de Ávila, afirmó haber descubierto que los indios de su doctrina eran idólatras.[1] Lo que los españoles llamaban idolatría de los indios, es decir, la práctica de sus religiones prehispánicas, había sido una cuestión de constante preocupación a todo lo largo del siglo XVI, por lo que la idea de un "descubrimiento" no tenía en el fondo mucho sentido; pero desde el III Concilio de Lima en 1583, a fines del XVI y comienzos del XVII, con el crecimiento económico del virreinato, pareciera que el interés por el asunto en términos generales había decaído. En ese contexto y con el aumento de la presión sobre el excedente económico de las comunidades indígenas derivado de dicha expansión colonial y de su caída demográfica, el acontecimiento de 1608 cobró un significado especial. Por todo lo anterior y por darse, además, la coincidencia de ciertas circunstancias favorables en aquellos momentos en la Iglesia de la colonia, la denuncia del doctrinero F. de Ávila fue atendida con gran interés por las autoridades religiosas del arzobispado. Y, como consecuencia de ello se pusieron en marcha las conocidas campañas institucionalizadas de extirpación de las idolatrías en la archidiócesis de Lima, que se prolongaron durante casi medio siglo y en las que la Compañía de Jesús jugó un importante papel desde el comienzo.[2]

---

[1] El propio Ávila habló inicialmente de "hallazgo" en su Información de Méritos de 9 de octubre de 1613, Archivo General de Indias, Lima 326. En su propia versión sobre el asunto de 1648, muchos años después de sucedido, hablaba de "descubrimiento", en "Prefación*" del Libro de los Sermones, o Homilías en la lengua castellana, y la indica general Quechua*, Lima, 1648, p. lxii. En todo caso, todos los contemporáneos que escribieron acerca del hecho en aquellos primeros momentos afirmaron que se trataba de un descubrimiento. El más destacado es Pablo José de Arriaga, de quien se tratará aquí.

[2] El libro pionero sobre este asunto es el de Duviols, Pierre. *La Lutte contre les Religions Autochtones dans le Pérou Colonial. "L'extirpaction de l'Idolâtrie" entre 1532 et 1660.* Lima. Instituto Francés de Estudios Andinos, 1971. Sobre idolatría en el siglo XVI, ver los caps. 1 y 2 del Estudio Preliminar de Urbano, Henrique a la edición de Arriaga, Pablo Joseph de. *Extirpación de la idolatría del Pirú*. [Lima, Gerónymo Contreras, 1621] publicada en Cusco, Centro Bartolomé de las Casas, 1999; y Acosta, Antonio y Carmona, Victoria, "La lenta estructuración de la Iglesia. 1551-1582", en *La construcción de la Iglesia en los Andes* (ed. Fernando Armas Asín). Universidad Católica del Perú. Lima, 1999, pp. 33-70. Sobre idolatrías en otros lugares de la colonia, *Catolicismo y extirpación de idolatrías: siglos XVI-XVIII: Charcas, Chile México, Perú.* (Gabriela Ramos y Henrique Urbano compiladores). Cuzco, CBC, 1993.

Tal coyuntura constituía una ocasión excelente para que la orden de San Ignacio de Loyola incrementara su presencia en uno de los más importantes territorios coloniales ocupados hasta entonces por las potencias católicas europeas. En efecto, a partir de la creciente influencia que ejercía el instituto en la Europa católica de la época y, dentro de ella, en el marco del poder de las diferentes naciones, la Compañía de Jesús se había incorporado desde mediados del siglo XVI a los procesos coloniales que las naciones europeas llevaban a cabo en diferentes continentes, jugando un importante papel económico e ideológico, articulándose con el capital mercantil en su expansión en la economía-mundo.[3] Por otra parte, desde su creación, la Compañía de Jesús supo concentrar una serie de características que hicieron del instituto una oferta especialmente novedosa y atractiva en el contexto religioso del catolicismo de mediados del XVI, adquiriendo un notable impacto social. Sus ideales, el énfasis en la predicación, en la enseñanza del catecismo, en las misiones populares, la insistencia en la frecuencia de los sacramentos –en el caso de la confesión, les hizo fundamentales para las campañas de extirpación de la idolatría en Perú–, la importancia dada a la educación, y la aparente pero eficaz contradicción entre vida contemplativa combinada con una intensa actividad exterior, hicieron de ellos una fuerza original en el panorama religioso del XVI europeo.[4] Por otra parte, el haberse constituido a mediados del siglo XVI hacía que la Compañía tuviese una disposición más "moderna" hacia los negocios que otras órdenes de origen medieval, lo cual demostró pronto en Indias convirtiéndose los jesuitas no sólo en grandes propietarios de tierras, sino también en eficaces empresarios en beneficio de su red de centros y colegios.[5]

Sobre esta base se produjo su rápido y creciente ascenso, tanto económico como político, en las sociedades católicas europeas hasta lograr un importante protagonismo hacia 1600. Especialmente en España, la fuerza política de la Compañía era incontestable a comienzos del XVII, justo cuando se organizó la expedición de la que formó parte Gerónimo Pallas, el autor al que se dedica este artículo. La monarquía, por su parte, estaba más que satisfecha del activo papel que el instituto jugaba en la colonización y evangelización de Indias desde 1566. En 1600 la orden tenía siete colegios en Nueva España y cinco en el virreinato del Perú, entre ellos el de Lima. Además se había introducido en tierras de frontera de guaraníes y araucanos por el sur pero, sobre todo, en Nueva Vizcaya al norte, territorio que fue conocido pronto como "el país de los jesuitas". De manera que no sólo Felipe III, sino también el

---

[3] Broggio, Paolo. *Evangelizzare il mondo. Le missioni della Compagnia di Gesú tra Europa e America (secoli XVI-XVII)*. Roma, Carocci editore, 2004.

[4] O'Malley, John W. *Los primeros jesuitas*. Santander, Eds.Mensajero-Sal Terrea, Bilbao-Santander, 1968. [1ª ed. en inglés, 1993]; Batllori, Miquel, *Les reformes religioses al segle XVI*. Valencia, E. Climent, 1996, pp. 3-124.

[5] Ver, por ejemplo, Cushner, Nicholas. *Lords of the Land: Sugar, Wine and Jesuit Syates of Coastal Peru, 1600-1767*. Albany, State University of New York Press, 1980 y *Farm and Factory. The Jesuits and the Development of Agrarian Capitalism in Colonial Quito, 1600-1767*. Albany, State University. of New York Press, 1982.

duque de Lerma, tenían una abierta simpatía hacia la orden, de la que eran perfectamente conscientes los Generales de la misma y, sobre todo, Vitelleschi.[6]

La Compañía de Jesús había llegado al Perú en 1568 fundando las primeras casas en distintos puntos del virreinato y, aunque siguiendo un principio establecido en sus constituciones no se querían hacer cargo de parroquias, uno de los lugares en que estuvieron dos años recién llegados a los Andes fue precisamente en Huarochirí.[7] Ahora, hacia 1610, la colonia era una zona "caliente" desde el punto de vista misional y, aprovechando las circunstancias, la Compañía llevó a cabo desde Lima un importante intento de reclutamiento de nuevos miembros, que dio como resultado el envío de 30 individuos reclutados de toda Europa con destino al Perú para contribuir a la lucha contra las religiones indígenas, al tiempo que enviaba otros tantos al Paraguay y al Japón.[8]

Formando parte del grupo de jesuitas enviado al Perú iba Gerónimo Pallas, un joven originario de Calabria, quien, una vez llegado a Lima en 1618 y, según él mismo llegó a declarar, por encargo de sus superiores (aunque no se puede discernir en qué medida él pudo estimular dicho encargo) escribió un libro que terminó dedicando al Prepósito General de la Compañía de Jesús, Musio Vittelleschi, a quien se lo envió a Roma para su aprobación y publicación. El título de la obra es *Misión a las Indias con Advertencias para los Religiosos de Europa, que la huvieren de emprender...* y como su título indica, el libro tenía como objetivo advertir a quienes en el futuro quisieran dedicarse a "la empresa de Indias" –se entendía la empresa misional– de las dificultades de muy diverso tipo que ello implicaba, para que no fuesen a arrepentirse una vez iniciada, ni se sorprendieran de lo que suponía por falta de suficiente información.[9]

La obra de G. Pallas, que se conserva manuscrita en el Archivo Romano de la Compañía, resulta de gran interés por una diversidad de razones que no hace al caso abordar aquí, a pesar de lo cual nunca recibió la aprobación de Vittelleschi y, de hecho,

---

[6] Lozano Navarro, Julián J. *La Compañía de Jesús y el poder en la España de los Austrias.* Madrid, Ed. Cátedra, 2005, pp. 122 y ss. V. también para el caso de Francia Martin, A. Lynn. *The Jesuit mind : the mentality of an elite in early modern France.* Ithaca : Cornell University Press, 1988.

[7] Meiklejohn, Norman. *La Iglesia y los lupaqas durante la colonia.* Cuzco. Centro de Estudios Rurales Andinos, 1988.

[8] Pallas, Gerónimo. *Misión a las Indias con Advertencias para los Religiosos de Europa, que la huvieren de emprender, como primero se vera en la historia de un viaje y después en discurso.* Al muy Reverendo Padre Mutio Vitelleschi VI Prepósito General de la Compañía de Jesús. Por el padre Geronymo Pallas de la misma Compañía. Archivum Romanum S.J. Perú. 20. Libro II, cap. 1. Agradezco a mi colega Paulina Numhauser el haberme hecho llegar una copia del manuscrito de esta obra, así como sus numerosos comentarios e indicaciones de gran utilidad para este trabajo.

[9] Ver el comentario dirigido "Al lector" al inicio de la obra. En la dedicatoria a M. Vitelleschi dice: "Después que por mandado de mis superiores me hallé obligado a escribir estos cuatro renglones por servir a los que de Europa pasaren a las Indias...". Ver también Maldavsky, Aliocha, "Quitter l'Europe pour l'Amérique: mode d'emploi d'une quête missionnaire". *Derroteros de la Mar del Sur.* Año 12, número 12, 2003. Sobre anteriores expediciones de religiosos, incluyendo jesuitas, a Indias, Lázaro Aspurz, O.F.M. *La aportación extranjera a las misiones españolas del Patronato Regio.* Madrid, Publicaciones del Consejo de la Hispanidad, 1946.

jamás se publicó. Esto mueve a la pregunta de cuáles serían los motivos por los que Vitteleschi no llegó a aprobar la obra, pero la respuesta a esta cuestión escapa a las posibilidades de este artículo.[10] Por ello, estas páginas están dedicadas sólo a uno de los diversos asuntos que trató Pallas en su obra que, sin duda, era uno de los más importantes, pues se trataba en realidad no sólo del motivo de su propio viaje al Perú, como él mismo reconoce, sino de una de las cuestiones centrales sobre las que había de advertir a cualquier eventual futuro misionero, por todo lo cual la abordó en el inicio del trabajo. Esa cuestión era la llamada idolatría indígena y los problemas que se habían suscitado a raíz de su supuesto descubrimiento por F. de Ávila antes citado. Y es que, en efecto, era el pretendido descubrimiento –o como los jesuitas lo expresarían: la pervivencia– de la idolatría de los indios la causa por la que la Compañía había enviado nuevos miembros de la orden a los Andes, al objeto de intensificar el desarrollo de su misión, uno de los objetivos centrales de la orden desde su propia constitución.[11]

Pero, siendo esto así, aunque G. Pallas abordó el problema de la idolatría en los cuatro primeros capítulos de su obra, tan sólo le dedicó 25 páginas de las 433 de texto que tenía en su conjunto, mientras que el resto lo dedicó al relato de las incidencias de su viaje (el 65% del total) y a efectuar ciertas reflexiones sobre el aspecto misional de su experiencia. La extensión dedicada a la idolatría equivalía al 5,7% del total del libro, lo que parece una escasa atención dada la importancia objetiva de la cuestión. De hecho, las 25 páginas eran menos que las dedicadas a la biografía de un compañero jesuita que murió en el viaje, el P. Gerónimo Martínez, un cordobés cuyos méritos personales no parecían tantos como para recibir la atención que le dedicó Pallas. Es decir, la llamada idolatría de los indios, el origen de la expedición de los jóvenes jesuitas, fue despachada en pocas páginas y casi como asunto secundario de una obra dedicada a las misiones. A partir de esto y más allá de la extensión que le dedicó, algunas de las preguntas que cabe hacer son: ¿qué escribió Pallas y en qué términos sobre la idolatría indígena del Perú, un asunto tan candente en el arzobispado de Lima en aquellos momentos, y teniendo en cuenta además que el texto se dedicaba a M. Vitteleschi?, pero también, por otra parte, ¿qué podía significar el hecho de que Pallas dedicara tan poca atención a la idolatría, y en los términos en que lo hizo?, ¿reflejaba de alguna forma la información y la actitud de un joven jesuita europeo hacia las religiones de los nativos a los que se trataba de misionar?

Un intento de respuesta a estas preguntas es el objeto de este artículo, que pretende contribuir a comprender mejor algo de lo que sucedía en la Compañía de Jesús, en la Iglesia y en la sociedad colonial, en general, en torno a un problema como el indicado a comienzos del siglo XVII.

---

[10] Un análisis más amplio de la obra realizado por varios autores será publicado como estudio introductorio a la una edición de la misma.

[11] Sobre el sentido de misión en el caso peruano, ver Huys, Johan Leuridan. *José de Acosta y el origen de la idea de misión Perú, siglo XVI* .Cuzco, Peru : Centro de Estudios Regionales Andinos "Bartolomé de Las Casas" : Universidad de "San Martín de Porres," Facultad de Ciencias de la Comunicación, Turismo y de Psicología, 1997.

II.

G. Pallas había llegado a Lima en la Pascua de 1618 y hay que suponer que había terminado su obra en abril de 1620 porque de esa fecha es la dedicatoria que escribió para Vitteleschi; es decir, había empleado aproximadamente dos años en escribirlo. Aunque posiblemente dispusiera de algunas notas para redactar parte de la obra –al menos para lo correspondiente al relato de su travesía de Italia al Perú–, si se tiene en cuenta que desde que llegó a Lima Pallas pasó un tiempo viajando por el virreinato, dos años parece poco tiempo como para conocer y abordar un asunto tan complejo como la idolatría indígena, que tenía diversas implicaciones con el funcionamiento de la realidad colonial.

El caso del "descubrimiento" de la idolatría y el movimiento para su extirpación en el arzobispado de Lima en el siglo XVII ha generado cierta producción historiográfica en los últimos años, que ha permitido conocer mejor sus orígenes y desarrollo, relacionados con las contradicciones inherentes al funcionamiento de la sociedad colonial.[12] Hoy día parece ampliamente aceptado que en el origen del pretendido "descubrimiento" de la pervivencia de las prácticas religiosas prehispánicas entre los indios, más allá del conflicto de carácter teórico existente entre los esquemas de una religión monoteísta como la católica y los de las religiones animistas campesinas –lo que a mi modo de ver no ha sido suficientemente estudiado en el caso del Perú–, había razones de claro carácter económico, que ya han sido analizadas en otros lugares, y que enfrentaban a las comunidades indígenas con sus curas doctrineros a raíz de la creciente presión fiscal que se ejercía sobre aquéllas en una fase de claro descenso demográfico campesino.[13] El caso es que a la llegada de Pallas, en 1618, diez años después de que el doctrinero Francisco de Ávila denunciase la idolatría indígena, las primeras visitas de extirpación ya habían comenzado a actuar en el plano estrictamente religioso y resulta interesante qué pudo aprender el joven jesuita acerca del problema, a partir de qué fuentes de información y cómo lo resumió.

Las páginas que G. Pallas dedicó a la idolatría en su obra corresponden a los cuatro primeros capítulos del Libro Primero de su obra titulado "Trata del viaje que el Padre Procurador General del Perú hizo a Europa y de los padres que se le señalaron para traer a las Indias con la venida de todos ellos a la ciudad de Sevilla" y los títulos de los mismos son:

- Capítulo 1. De la razón de este viaje y causa de enviar la Provincia del Perú por sujetos a Europa que son la idolatría, y necesidad espiritual de los Indios. (p. 1 á 6)

---

[12] El texto más reciente es el de Duviols, Pierre *Procesos y visitas de idolatrías: Cajatambo, siglo XVII, con documentos anexos*. Lima, IFEA-PUCP, 2003. Se trata de una edición de textos procedentes de las visitas de idolatrías –ya publicó otra en la década de 1980–, en la que prácticamente no modifica su posición de análisis con respecto a su primer libro de 1971, como si no se hubiesen producido avances en el conocimiento del problema en más de treinta años.

[13] Para un análisis desde esta perspectiva, ver Acosta, Antonio. "Los doctrineros y la extirpación de la religión indígena en el arzobispado de Lima, 1600-1620", en *Jahrbuch für Geschichte... Lateinamerikas*. Colonia, 1982, pp. 69-109.

- Capítulo 2. De la idolatría antigua de los Indios del Perú (p. 6 á 12)

- Capítulo 3. De la idolatría y supersticiones que en estos días se han descubierto en los Indios (p. 13 á 20).

- Capítulo 4. Del cuidado de los padres de la Compañía en remediar el daño referido, y del medio que escogieron (p. 20 á 22).

Pero, a pesar de que los títulos de los capítulos aparentan cierto orden lógico en el tratamiento de la cuestión, la realidad es que su contenido y desarrollo reflejan un relativo desorden. Así, en el primero de ellos Pallas comienza razonando cómo, después de que por la misericordia divina se produjese el descubrimiento del Nuevo Mundo, la Corona quiso "librar las almas del cautiverio del demonio con la predicación de las cosas divinas" y, para ello, envió muchos religiosos y ministros del Señor para cuidar de lo espiritual en aquellas tierras. Pallas entra a explicar cómo, a pesar de los esfuerzos de los eclesiásticos –entre los cuales estaba la propia Compañía de Jesús– no se consiguieron desarraigar las supersticiones y la idolatría. Según Pallas, "por justos juicios de Dios", estuvo la "llaga" encubierta hasta que "fue servido Nuestro Señor que saliese a la luz este daño" y se produjo el "descubrimiento" del Dr. Francisco de Ávila, que fue el primero que "comenzó a quitar el rebozo de la infección". Pallas pasa a narrar a continuación cómo se produjo dicho "descubrimiento", menciona la primera reacción de la Compañía de Jesús ante el caso, así como la intervención del virrey Marqués de Montesclaros y del arzobispo Bartolomé Lobo Guerrero, y concluye el capítulo con algunos de los ídolos descubiertos que se trasladaron a Lima para ser quemados en un auto de fe.

En el Capítulo 2 Pallas se remonta a Manco Capac y Mama Ocllo, y desarrolla una sucinta descripción de la historia religiosa del antiguo Perú con continuos cruces y referencias a la antigüedad griega, romana y cristiana, por las que desfilan Pitágoras, Platón, Tales, Demócrito, San Agustín y Belcebú, a lo que añade un comentario filológico sobre el significado y la pronunciación de la palabra "guaca" (sic), en relación con la lengua hebrea. A continuación, en el Capítulo 3 Pallas regresa a la línea argumental que emprendió en el Capítulo 1 y retoma de forma poco sistemática una relación de huacas, cultos y prácticas religiosas de los indígenas, deteniéndose especialmente en los mallquis, las conopas y los brujos, describiendo algunos casos específicos relacionados con éstos últimos. Por último, en el Capítulo 4, de forma breve Pallas aborda el crucial problema de las causas de que los indios fuese todavía idólatras y propone soluciones de la Compañía de Jesús sobre el problema.

Al margen del relativo desorden y aparente ligereza de G. Pallas al tratar un asunto de tal importancia, la cuestión es averiguar cuál o cuáles fueron la experiencia y las fuentes que sirvieron a Pallas para abordar el asunto.

*   *   *

En los capítulos que dedica a la idolatría Pallas sólo menciona a dos autores que escribieron durante el primer siglo de la colonia española sobre los Andes: Pedro Cieza de León y el Inca Garcilaso de la Vega. Ningún otro autor es citado a lo largo del texto y, de estos dos, Cieza en realidad es mencionado sólo una vez y de forma indirecta, en el Capítulo II, cuando Pallas habla de Pachacamac:

> "Dioles el Inga leyes y la principal entre ellas que adorasen interiormente por Dios no conocido al Pachacamac significa lo mismo que el que anima al mundo universo según refiere Pedro de Cieza a quien corrige el Inga Garcilaso de la Vega y prosigue en el segundo de los comentarios reales capítulo segundo..." (f. 8)

El resto de las referencias corresponden a Garcilaso de la Vega en quien Pallas confiesa que se inspira para escribir el Capítulo 2 y parte del 3. Garcilaso, o el Inga Garcilaso de la Vega, como Pallas se refiere al autor de los *Comentarios Reales*, es mencionado en total cuatro veces por su nombre y otras tres veces en forma indirecta. De él afirma Pallas:

> "Todo lo que habemos dicho en el capítulo precedente acerca de la idolatría de los Indios del Perú, así del tiempo antes como en el de los Ingas, tiene crédito en la autoridad del Inga Garcilaso de la Vega que lo testifica y afirma en muchas partes de los comentarios reales, y no hay duda que este caballero sabe y entiende la propiedad de su lengua materna mejor que los españoles, ni que especulase y considerase como propias las cosas de los Ingas siendo testigo de vista en muchas dellos para desengaño de lo que algunos autores escriben destos indios atribuyéndoles más dioses que al pachacamac invisible y al sol a quien adoraban en simulacros..." (p. 13)

Podría hacerse farragoso ir precisando exactamente de dónde, dentro de los Comentarios Reales, procede cada pasaje de los citados capítulos 2 y 3 de Pallas, pero merece la pena rescatar algunos párrafos que tomó completos a veces, como, por ejemplo, uno de los referidos por Garcilaso a Pachacamac, en Libro 2º, capítulo II, de los *Comentarios Reales*, que Pallas copió como sigue. He marcado entre corchetes la forma de Garcilaso y en cursiva las palabras que usó Pallas para obviar unas líneas del cuzqueño:

> "Tenía [Tenían] este nombre (...) y [ ] en tan gran veneración que no le osaban tomar en la boca y quando les era forzoso tomarlo era haciendo efectos [afectos] y muestras de mucho acatamiento encogiendo los hombros inclinando la cabeza y todo el cuerpo alzando los ojos al cielo y baxándolos al suelo, levantando las manos abiertas en derecho de los hombros dando besos al aire que entre los Incas y sus vasallos eran ostentaciones de suma adoración y reverencia con las cuales demostraciones nombraban al Pachacamac y adoraban al sol y reverenciaban al Rey no mas pero era también [esto también era] por sus grados mas o menos [...] *y añade luego* preguntado quién era el Pachacamac: decían que era el que daba vida al Universo y le sustentaba pero que no le conocían porque no le habían visto y que por esto no le hazían templos ni sacrificios mas que lo adoraban en su corazón (eso es mentalmente) y le tenían por Dios no conocido..." (Pallas, Libro 1, cap. 2, p. 8 y Garcilaso, Primera Parte, Libro 2º, cap. II)[14]

---

[14] Tomado de la Primera Parte de los *Comentarios Reales de los Incas*, en *Obras Completas del Inca Garcilaso de la Vega.* (Ed. P. Carmelo Sánez de Santa María, S.J.. B.A.E., Eds. Atlas, Madrid, 1963. Libro 2º, cap. II, p. 43.

Al comienzo del párrafo citado, en el espacio señalado entre paréntesis, y al final del mismo, G. Pallas intercalaba algunos de los comentarios que realizaba con relativa frecuencia, relacionando el asunto en cuestión con alguna referencia del mundo clásico. Así, al mencionar a Pachacamac, decía: "va hablando de Pachacamac que tiene cuatro aes y alude a tetragrámmaton de los hebreos que dezían ser nombre inefable de Dios", o al final: "en esa manera de sentir de Dios los Ingas convenían con la secta de Pitágoras referido por Tulio en el libro primero de la Naturaleza de los Dioses, y lo mismo sintió Platón y sintieron Thales Milesio y Demócrito y los más de los philósofos estoicos y de Marco Varrón lo relata San Agustín en el séptimo de la Ciudad de Dios capítulo sexto".

De forma similar, Pallas tomó otros párrafos extensos que no traslado aquí, como uno dedicado por Garcilaso a las apachetas en su Primera Parte, Libro 2º, cap. VIII. Sin embargo, en otros momentos Pallas no reproduce párrafos completos sino que lleva a cabo una auténtica entresaca de frases de diversos pasajes y capítulos de los Libros 1º. 2º y 3º de la Primera Parte de los *Comentarios Reales*, como al hablar de la labor civilizadora de Manco Capac y Mama Ocllo (Libro 2º, cap. IX), del templo al sol (Lib. 2º, cap. VIII), del culto a la Mamaquilla (Libro 3º, cap. XXI), de los amautas (Lib. 2º, caps. IV y VII), del término huaca y sus significados (Lib. 2º, caps. IV y V), del Villahumu, o Villacumu (sic) (Lib. 3º, cap. XXII), etc... El conjunto, pues, terminaba siendo una compactación resumida y desordenada del texto de Garcilaso en la que se perdía no sólo información, sino muchos matices del texto del mestizo cuzqueño.

Ahora bien, como quedó expresado arriba, Pallas reconoce la autoridad de Garcilaso en todo momento y, si algo puede llamar la atención, es que Pallas se haga eco de alguna corrección que Garcilaso llega a hacer a Cieza y, sin embargo, no aluda nunca a las referencias que el cuzqueño hace del jesuita Blas Valera en algunos de los mismos capítulos que Pallas usa de los Comentarios Reales. Esta elusión pudiera no tener ningún significado o, por el contrario, podría tener que ver con la proyección de la figura de Valera por la que en la actualidad algunos especialistas se interesan.

En todo caso, Pallas tomó de Garcilaso lo que puede resumirse como algunos elementos narrativos de la historia antigua de la religión andina y ciertos componentes de su práctica religiosa, conforme fueron observados por aquel autor. Pero en los capítulos 1, parte del 3 y el 4 completo del Libro Primero de su obra, Pallas aborda otro tipo de asuntos no tan descriptivos y, en los casos en que lo son, resultan de observaciones de la religiosidad andina mucho más recientes que las que había incluido Garcilaso en sus *Comentarios Reales*. Así, por ejemplo, Pallas explica de forma muy sintética el proceso de la colonización religiosa española en los Andes, lo que requería la asunción de ciertas explicaciones complejas; de igual modo Pallas presenta cómo los indios seguían siendo idólatras y en qué momento, por qué y por quién fue descubierta la idolatría; además, narra el comienzo de la historia de la institucionalización de la extirpación, resaltando el papel de los jesuitas en ella; y por último, como ya se mencionó, en el Capítulo 4, Pallas entra en explicaciones sobre las causas de la pervivencia de la idolatría y en la estrategia de la Compañía en relación con el asunto. Todo ello exigía un conocimiento razonado sobre graves cuestiones relacionadas con la evangelización, para el cual se necesitaba alguna o algunas fuentes de información y, sin embargo, Pallas no menciona en ningún momento cuál o cuáles fueron las que utilizó para adquirirlo. Las preguntas que surgen inmediatamente son, pues, ¿llegó a adquirir Pallas por sí mismo dicho conocimiento en los dos años que transcurrieron desde su llegada al Perú y el fin de su texto?, y si no ¿de dónde obtuvo Pallas los datos sobre los temas que desarrolló acerca de la idolatría indígena contemporánea?. Para tratar de responderlas observemos por un momento el entorno colonial al que llegó el joven jesuita italiano en 1618 y, sobre todo, a su propia orden.

*   *   *

A comienzos del siglo XVII, entre los varios miembros de la Compañía que había en Perú, y específicamente en Lima, que se vieron vinculados al inicio de la extirpación de la idolatría estaba Pablo José de Arriaga. Era un vizcaíno nacido en 1564, que había ingresado en la Compañía en 1579 y que, en 1585, llegó al Perú donde fue ordenado. Había sido tres veces Rector del Colegio San Martín de Lima y, entre 1601 y 1604, viajó a Europa y estuvo en Roma con sus superiores. Una vez regresado al Perú, entre 1612 y 1615 Arriaga fue Rector del Colegio de Arequipa.[15] Desde 1609 estuvo próximo al proceso de la extirpación de la idolatría, pero su vinculación más estrecha se produciría a partir de 1616. Como es sabido, cuando sucedió el "descubrimiento" de Ávila, el arzobispo Lobo Guerrero y demás autoridades de las archidiócesis decidieron enviar jueces extirpadores de idolatrías a visitar diferentes distritos para eliminar las prácticas idolátricas, y se convino en que cada uno de los jueces fuese acompañado de un número de jesuitas en calidad de asesores, en la convicción de que los miembros de la Compañía eran especialmente hábiles en la predicación y en la preparación para la confesión, técnicas muy necesarias para la investigación y extirpación de las idolatrías. En 1616 el nuevo virrey Príncipe de Esquilache, Francisco de Borja, familia de San Francisco de Borja, S.J., asesorado por diferentes autoridades entre las que no faltarían miembros de la Compañía, decidió avanzar lo hecho hasta entonces en materia de idolatría, y creó en el Cercado de Lima una casa, denominada la Casa de la Santa Cruz, donde se recogiesen "dogmatizadores", o sacerdotes indígenas de la idolatría, uno al menos en representación de los existentes en los pueblos que se visitasen, para escarmiento de los demás. Igualmente instituyó un colegio donde se educasen los hijos de los caciques para que, en el futuro, sus indios tomasen ejemplo de ellos. Pues bien, de ambos proyectos fue encargado Pablo José de Arriaga, lo cual no impidió –sino que probablemente se entendía como complemento de dichos objetivos– que también fuese destinado por aquellos momentos a acompañar a algunos de los visitadores que ya había actuado antes y que continuó con su tarea en estos años.[16]

---

[15] Torres Saldamando, Enrique. *Los antiguos jesuitas del Perú. Biografías y apuntes para su historia.* Lima, Imprenta Liberal, 1882.

[16] Arriaga, Pablo Joseph de. *Extirpación...*, cap. XII y cap. I ff. 6 y 7. En el tiempo en que acompañó a los visitadores, fue sustituido en su puesto de responsable de la Casa de la Santa Cruz y el Colegio de Caciques.

Así, Arriaga fue asignado como acompañante del visitador Hernando de Avendaño para que lo asesorase en sus visitas. Avendaño, que había sido doctrinero de San Pedro de Casta y vicario de Checras, del propio corregimiento de Huarochirí, antes del "descubrimiento" de la idolatría, visitó como extirpador en los primeros momentos algunos pueblos de dicho distrito. Posteriormente, como vicario de Collana de Lampas, visitó localidades en esta zona. Y, por fin, fue en 1617 cuando P.J. de Arriaga lo acompañó durante año y medio al comenzar H. de Avendaño su nueva visita por San Bartolomé de Guacho, corregimiento de Chancay. Asimismo durante algunos meses –¿quizás después de viajar con Avendaño?– el jesuita acompañó al propio Francisco de Ávila, con lo que la experiencia de Arriaga en la extirpación de la idolatría fue verdaderamente de primera calidad, si se toma en consideración el hecho de que tanto Avendaño como Ávila habían sido durante años doctrineros en la sierra y tenían una amplísima experiencia en el trato con los indios.[17] A continuación y hasta 1621, basándose en el conocimiento adquirido durante su período de estancia en Perú pero, sobre todo, a partir de su experiencia directa acompañando a Avendaño y a Ávila, Arriaga escribió su libro *Extirpación de la idolatría del Perú*, que publicaría en Lima en el mencionado año.[18]

La obra es un excelente trabajo, de un estilo directo y vivo, muy documentado y con información de primera mano sobre la denominada "idolatría" indígena y el proceso de su extirpación en la segunda década del XVII, que incluye además textos importantes como algunas cartas de varios de los protagonistas de dicha operación. En efecto, el libro de Arriaga se nutría en no poca medida, como él mismo señala en más de un pasaje, de la actividad desarrollada junto al doctrinero y visitador H. de Avendaño por lo que, teniendo en cuenta la fecha de su publicación, no es de extrañar que la redacción tuviera lugar en los últimos años de la década de 1610. En todo caso, Arriaga utilizó también a autores contemporáneos como Garcilaso de la Vega y, como ejemplo de ello, se puede mencionar un pasaje dedicado a las apachetas. Así, escribía Arriaga: "A estos montoncillos de piedras suelen llamar Apachitas (sic)... como lo notó en los Annales del Piru, que recogió, como él lo dize de los papeles del Padre Blas Valera de nuestra Compañía, Garcilaso Inga natural del Cuzco".[19] Por tanto, la finalización del libro de Arriaga debió coincidir con la llegada de Gerónimo Pallas a Lima y, asimismo, con la redacción por éste último de su obra *Misión a las Indias...* que venimos comentando. Que Arriaga y Pallas se conocieran es algo prácticamente seguro y debió ocurrir probablemente en Lima. Pero, si se acepta cuanto se ha dicho arriba, no es descabellado pensar también, a título de hipótesis, que Pallas hubiera tenido ocasión de conocer y consultar el borrador, o parte al menos, del manuscrito de Arriaga mientras éste estaba concluyéndolo. Sobre el paralelismo de estos procesos

---

[17] Acosta, A. "Los doctrineros y la extirpación..." op. cit. En realidad casi todos los primeros jueces visitadores de idolatrías, incluyendo a Ávila y Avendaño, eran doctrineros de las zonas que se comenzaron a visitar, y todos ellos tenían pleitos abiertos por los indios de sus doctrinas por reclamaciones de carácter económico.

[18] Arriaga, P. J. de. *Extirpación...* op. cit..

[19] Ibíd., p. 37. Cabe preguntarse si la utilización de Garcilaso por parte de Arriaga estaría relacionada con el hecho de que Pallas también lo manejó.

parece interesante comparar la cronología y algunos detalles previos a la finalización de ambos libros, para ilustrar mejor esta coincidencia de fechas que quedan reflejadas en el cuadro siguiente:

COMPARACIÓN DE FECHAS DE LAS LICENCIAS, APROBACIONES Y DEDICATORIAS DE LAS OBRAS DE P. J. DE ARRIAGA Y G. PALLAS.

P.J. de Arriaga: La extirpación de la idolatría...	G. Pallas: Misión a las Indias...
(1) Licencia: Juan de Frías Herrán, Pvcial. de S.J. – 5 octubre 1620	(1) Aprobación: P. Juan de Villalobos, Rector del Noviciado de la Compañía en Lima – 24 abril 1620
(2) Aprobación: P. M. Fray Luis de Bilbao, O.P. Catedrático de Prima de Teología en la Universidad de Lima – 10 diciembre 1620	(2) Aprobación: P. Francisco de Contreras. Prefecto de Estudios Mayores. Colegio S.J. de Lima – 24 abril 1620
(3) Licencia: Francisco de Borja, Príncipe de Esquilache, Virrey – 23 febrero 1621	(3) Aprobación: P. Juan Perlín, S.J. Lector de Teología – 24 abril 1620.
(4) Aprobación: P. fray Hieronimo Valera. Lector jubilado de Teología y Guardián del Convento de S. Francisco Lima – 4 marzo 1621	
(5) Licencia: Sr. Arzobispo Bartolomé Lobo Guerrero – 4 marzo 1621	
Dedicatoria: Al Rey Lima 1621 [?] Argumento: En lugar de otros arbitrios para aumentar las rentas de la Hacienda, él propone cómo rescatar tantas almas esclavas del demonio y cómo aumentar la fe y la religión cristiana, auténtico tesoro que V.M. pretende.	Dedicatoria: A M. Vitelleschi Lima 30 abril 1620 Argumento: En agradecimiento y reconocimiento por haberle permitido pasar al Perú, le dedica la obra escrita por mandado de sus superiores para servir a los que de Europa pasaren a las Indias.
Publicación: Lima 1621	Publicación: No se publicó

Por las fechas de la primera licencia y aprobación de ambos libros pareciera que G. Pallas hubiera terminado de escribir el suyo algunos meses antes que Arriaga, pero es claro que ambos procesos de pre-edición fueron casi paralelos.[20] Y por lo tanto parece en principio posible que Pallas, que era un recién llegado al Perú, hubiese podido instruirse, entre otras fuentes orales o escritas, de la persona de Arriaga y/o del borrador de su libro, con o sin conocimiento del autor.

Es necesario recordar, en todo caso, que el libro de Arriaga estaba dedicado en exclusiva al problema de la idolatría en 143 páginas impresas en tipo pequeño, mientras que Pallas sólo dedicó 25 páginas al asunto que nos ocupa. Pero, en todo caso, lo que es muy de resaltar es el hecho de que Pallas no se refiere en ningún momento ni a Arriaga ni a ninguna otra fuente de información. No obstante, una revisión comparativa de ambos autores pudiera sacarnos de dudas acerca de su eventual conexión y tal tarea comienza a ofrecer pronto algunos resultados sorprendentes. Ya en el Capítulo 1 de Pallas se produce una coincidencia argumental utilizada por Arriaga que ciertamente no es muy concluyente porque se trata de un tema clásico en el cristianismo:

Arriaga: Dedicatoria al Rey	**Pallas: Libro 1, cap. 1**
"Mi arbitrio es de cómo se rescatarán tantas almas, que estan en dura esclavitud del demonio, y cómo se aumentará en estos reinos la fe... que es el verdadero tesoro que Vª Majestad pretende..."	"Su Majestad Católica... quiso... librar las almas del cautiverio del demonio..."

Más adelante se produce otra similitud que, como se verá, tampoco es demasiado relevante. Pallas inicia la historia de la lucha contra la idolatría de un modo "políticamente correcto", diciendo que al comienzo de la colonia fueron las cinco órdenes religiosas presentes en Indias,[21] más el clero secular, los que se emplearon con gran ánimo y esfuerzo en "cultivar la viña que Dios puso en sus hombros regando sus tiernas plantas con el agua de la divina gracia" (p.2). Con ello veían que las almas que hasta hacía poco estaban perdidas, "frecuentaban su Iglesia confesaban sus culpas y obedecían a sus pastores haciendo finalmente en lo exterior lo que hacen los buenos y fieles cristianos". La similitud, no muy trascendente por el asunto que se trata, es:

Arriaga: Cap. XX f. 118.	**Pallas: Libro 1, cap. 1, f. 2**
"...los primeros que en ella (la conversión) se ocuparon... son los muchos y grandes Religiosos de las religiones sagradas de S.	"...muchos religiosos y ministros del Señor... no se descuidaron... así los predicadores de las cuatro cinco órdenes, predicadores, menores

---

[20] Dejamos al margen para estudiarlo en otro lugar el número y la calidad de licencias y aprobaciones de uno y otro, los destinatarios de las dedicatorias y los argumentos utilizados en las mismas, así como la posible explicación de que un libro se publicara y el otro no.

[21] Al enumerarlas se le olvidaron los agustinos, que fueron añadidos entre líneas en el texto.

Domingo, S. Francisco, San Agustín y nuestra señora de la Merced, que son los que desde el descubrimiento del nuevo mundo... hicieron asiento en él... y los postreros que vinieron... fueron los de la Compañía de Jesús..."	[san agustín], la merced, y la compañía, que son las que solamente hasta ahora han pasado a poblar en el Perú..."

Ciertamente una descripción como ésta podría haber sido hecha de modo similar por cualquier autor, pero los parecidos continúan entre el discurso de Pallas y el texto de Arriaga y van adquiriendo una relevancia mayor. Así, en un momento, el primero entra en un punto importante cuando, sin referencia temporal ninguna, duda entre explicar que, pese a los esfuerzos de los eclesiásticos, todavía permanecían rastros de idolatría, o que, matizando el tema, rebrotaron las raíces que parecían haber sido cortadas.

Esta segunda versión era menos comprometedora y más benevolente para los religiosos porque, según ella, éstos habrían cumplido su labor de extirpar las supersticiones, pero habría sido de las raíces "al parecer cortadas" de donde brotaron de nuevo. Si todo hubiese sucedido de esta última forma, ¿cómo podían los religiosos imaginar que podía suceder esto? En todo caso, la metáfora de las raíces no era nueva y desde luego aparecía en el libro de Arriaga.

Éste ya presentaba la doble versión reflejada en los siguientes textos.

Arriaga: Cap. I, f. 1 y Cap. 10, f. 54	**Pallas: Lib. 1, Cap. 1, f. 2**
"... aunque ha tantos años que son cristianos, habían quedado algunos rastros de idolatría..." "(con la primera visita) no se arrancan todas las malezas y raíces de la idolatría..." "... Y donde más se echa de ver la dificultad que hay en que errores en la fe, mamados con la leche... se olviden..."	"... (los indios) obedecían a sus pastores... y dado que todavía quedaban algunos rastros de su antigua superstición... o por mejor decir.. volvían a brotar de nuevo de las raíces al parecer cortadas.. renuevos tiernos..." "... los ministros del demonio... les estaban enseñando y repitiendo las mismas cosas bebidas con la leche y, por esto, más bien recibidas de ellos..."

Continuando con la narración de Pallas, no había sido un error o la ineficacia de los religiosos lo que había impedido la eliminación de la religión indígena, sino "justos juicios de Dios" los que tuvieron "la llaga encubierta" a pesar de las muchas visitas que tuvieron [los indios]. En todo caso, hubiese bastado una explicación así de simplista y fácilmente exculpatoria para describir cómo había ocurrido todo hasta comienzos del XVII. Pero Gerónimo Pallas quiso ser más explícito y aquí se le fue la mano cuando escribió:

"y es de grande admiración que, habiendo todos los provinciales pasados de nuestra Compañía de Jesús de este reino puesto tanto cuidado en hacer misiones, ya por unas partes ya por otras, hayan pasado por muchas predicando y confesando y dejándose el mal sin descubrir" (f.3)

Es importante recordar aquí que los jesuitas habían estado directamente comprometidos en esta larga fase inicial de evangelización. En efecto, poco después de su llegada al Perú en 1568, la Compañía aceptó trabajar en las doctrinas de Huarochirí, precisamente donde en 1607 Francisco de Avila iba a "descubrir la idolatría" treinta y tantos años más tarde, y juzgando con cierta ingenuidad que habían cumplido con su misión de poner las bases de una sólida evangelización, dejaron la zona dos años después.[22] Siendo esto así, ¿qué necesidad tenía Pallas de ser tan clarificador con una alusión directa a la Compañía? Podía haber dejado la cosa como estaba, pero con estas palabras no se podía haber hecho una denuncia más clara de la aparente ineficiencia de los jesuitas en relación con la idolatría indígena. ¿Qué debió pensar Vitelleschi cuando leyera estas líneas? Y, para colmo, añadía Pallas: cuando "fue servido Nuestro Señor de que en esos tiempos saliese a la luz el daño para que, echándolo de ver sus ministros, procurase, con el esfuerzo que la cosa pedía, darle el remedio necesario y conveniente desengañando de veras almas tan ciegas y engañadas del demonio", Nuestro Señor no había elegido a un jesuita para darlo a la luz, sino a un doctrinero como Francisco de Avila, con lo que, en conjunto, el papel de la Compañía quedaba como mínimo disminuido. Por otra parte, en cuanto a la explicación causal del proceso, el recurso a la voluntad divina resultaba ciertamente demasiado socorrido; así, primero Dios dio las Indias para que trabajaran en la difusión del evangelio; segundo, por justos juicios suyos se mantuvo la idolatría, lo que era sorprendente dados los esfuerzos que habían realizado todos para combatirla, incluyendo la Compañía; y tercero, cuando fue servido otra vez, Dios quiso que saliese a la luz el daño, cuando la realidad era que mientras que los indígenas siguieran siendo campesinos mantendrían sus creencias y prácticas religiosas. Pues bien, regresando a la relación entre Arriaga y Pallas, hasta aquí podría hablarse de similitudes razonables a la hora de contar lo que sucedió en la colonización o, a lo sumo y si es que hubiera habido conocimiento del texto de Arriaga –lo que comienza a parecer cada vez más probable–, de simples glosas de temas argumentales. Pero enseguida las coincidencias comienzan a sobrepasar este límite. Así, por ejemplo, al describir quién y cómo "descubrió" la idolatría:

Arriaga: Cap. I, f. 2	**Pallas: Lib. 1, Cap. 1, f. 3**
"Quien comenzó a descubrir este daño, que tan encubierto estaba... fue el Doctor Francisco de Avila siendo cura de la en la doctrina de S. Damián de la provincia de Huarochirí. Porque predicando de ordinario... con el ejemplo de unos santos	"...Quien primero comenzó a quitar el rebozo de esta infección fue el Doctor Francisco de Ávila el cual siendo cura de la doctrina que llaman de San Damián de este arzobispado de Lima predicó en la fiesta de unos Santos Mártires que padecieron

---

[22] Meiklejohn, Norman. *La Iglesia...*, op. cit. p. 202.

| Martires... que por haber querido adorar los Idolos... habían padecido muchos tormentos. Vino después del sermón un indio y le dijo: Padre en tal parte esta enterrado debajo de una peña un Indio que fue martir. Porque estando unos Indios de tal Ayllo y parcialidad haciendo sacrificio a una Huaca, pasó este indio y, convidándole a su fiesta, no sólo no condescendió con ellos, antes les reprehendió mucho lo que hacían siendo cristianos y prosiguió delante su camino. Y los Indios, o con enojo de lo que les había dicho, o con temor de que no les descubriese, fueron tras él y le mataron, y le enterraron donde el indio dijo, y de donde le sacó el Doctor Avila y le enterró en la Iglesia | muchos tormentos por no querer adorar los ídolos y en acabando el sermón se le llegó uno y le dixo Padre en tal parte está enterrado un indio debaxo de una peña que fue mártir porque estando otros indios de tal parcialidad haciendo sacrificios a unas guacas (asi llaman a sus dioses falsos) passó ese y, convidándolo a la fiesta, no sólo no condescendió con ellos pero los reprendió lo que hacían siendo cristianos y prosiguiendo su camino los indios con enojo de lo que oyeron y con temor de que los descubriera fueron tras el y quitándole la vida lo sepultaron en el lugar que tengo dicho de donde le sacó el doctor Ávila y le traxo a enterrar en la Iglesia y en la pesquisa de delito se averiguó el estado miserable de algunos indios y salió la voz por todo el Reyno de que eran todos idólatras con más hondas raíces que a principio y no faltaba quien dixese que nunca habían sido cristianos de veras estos miserables |

La extraordinaria similitud prácticamente literal de este pasaje en ambos autores parece despejar toda duda acerca de la influencia de uno sobre otro. Podría llegar a cuestionarse si acaso, dada la coincidencia del proceso de redacción de ambos, habría sido Arriaga quien tomó de Pallas, pero aparte del conocimiento que Arriaga tenía previamente de los hechos, otros párrafos y elementos posteriores terminarán de eliminar esta sospecha puramente metodológica.

Es interesante resaltar, más allá de estos "préstamos", el hecho de que F. de Ávila se había consagrado ya como el cura que "comenzó a descubrir" la idolatría, según Arriaga, o "quien primero comenzó a quitar el rebozo de esta infección", en términos de Pallas, y esto mucho antes de que él mismo escribiera por primera vez su propia versión de los hechos en 1648.[23] En todo caso, la auténtica secuencia de acontecimientos que dio origen al supuesto "descubrimiento" no están reflejados en esta narración, pese a lo cual Ávila había conseguido aparecer ya como el paladín de la lucha contra la religión indígena, un asunto que en realidad había preocupado a la Iglesia colonial durante todo el siglo XVI, de cuya existencia había perfecta conciencia y sobre cuya represión había constantes llamadas y advertencias en los textos de sínodos y concilios. A pesar de ello se había fijado una narración en la que sólo destacaba la perspicacia de Ávila. En efecto, lo que se presentaba como una mezcla de celo, capacidad, habilidad y suerte de Ávila –la capacidad de su sermón sobre mártires por no adorar a los ídolos es el punto central a partir de cual

---

[23] Ver nota 1

pudo terminar descubriendo el enterramiento del indio–, oculta algo que sabemos hoy, y es que Ávila tuvo que ver en la redacción del texto sobre mitología de Huarochirí que es previo a los hechos; que a lo largo de sus años de cura en San Damián seguramente había adquirido conocimiento sobre prácticas religiosas indígenas; y que los indios de su doctrina mantenían con él un caso judicial de cierta gravedad, con posterioridad al cual los acusaba de idólatras.[24] Pero continuemos con la comparación entre los textos de Pallas y Arriaga. Este último, tras la historia de Ávila, prosigue en el Cap. I de su *Extirpación de la idolatría...* el desarrollo de los acontecimientos y partes de su texto van componiendo la narración que también sigue Pallas. Así

Arriaga: Cap. I, f. 2-5	Pallas: Lib. 1, Cap. 1, f. 4-5
"Con estas diligencias se comenzaron algunos a persuadir de que había idolatría entre los indios..."	"... y salió la voz por todo el Reino de que eran todos idólatras..."
"... para certificarse más en cosa que tantos dudaban... fueron enviados seis padres de la Compañía de los más antiguos y prácticos en las cosas de los indios por diversas partes... Todos vinieron diciendo que aún era más el mal y daño de lo que se decía, y de suerte que pedía conveniente y eficaz remedio. Comenzose a poner por orden del Señor Virrey Marqués de Montes-Claros y del Señor Arzobispo don Bartolomé Lobo Guerrero, a quien nuestro señor truxo a esta sazón a esta su Iglesia ... Dieron entrambos a dos Príncipes como tan celosos de la gloria de Dios, las instrucciones y autoridad necesaria (a visitadores)... enviaron Padres de nuestra compañía que fuesen catequizando, predicando y confesando los pueblos que se visitasen..."	"...Para certificarse de la verdad... (el provincial) envió para veste fin seis padres de nuestra compañía experimentados en el trato de los indios a varias partes de la diócesis y volvieron diciendo ser mayor el daño de lo que se decía de suerte que requería presto y eficaz remedio. Comenzóse a poner en los años mil seiscientos y doce y trece por orden del señor marqués de Montes Claros virrey entonces en estos reynos y del señor arzobispo don Bartolomé Lobo Guerrero a quien nuestro señor hizo pastor de estas espaciosas dehesas... Dieron entrambos principales instrucciones y autoridad a sus visitadores con orden que acompañados de Padres de la Compañía fuesen visitando, catequizando y confesando las provincias deste arzobispado. Todos hicieron con diligencia y cuidado lo que se les encargaba y hallaron no sin grande maravilla y lástima infinidad de ídolos con innumerables ministros y sacerdotes dellos y los indios casi todos y aun sin [casi?] metidos en la idolatría y supersticiones."
(A continuación viene una larga relación de visitas y descubrimientos de idolatrías)	

---

[24] Para una narración de cómo se produjo el proceso del "descubrimiento" de la idolatría, ver Acosta, Antonio, "Francisco de Avila. Cusco, 1573 (?)- Lima, 1647", en Taylor, Gerald y Acosta, Antonio. *Ritos y tradiciones de Huarochirí del siglo XVII*. Lima, IEP-IFEA, 1947, pp. 551-616.

Continúa siendo extraordinario lo que ya podemos definir como el uso que hace un autor con respecto del otro pero, si algo quedara por aclarar en cuanto a quién tomaba de quién, el asunto queda definitivamente dilucidado cuando aparece en escena el doctrinero y visitador de idolatrías Hernando de Avendaño, a quien precisamente P. J. de Arriaga acompañó en sus visitas. Así, Arriaga lo menciona por primera vez y conoce de primera mano cuanto dice acerca de él y su actividad, en tanto que Pallas silencia en esta primera ocasión al conocido juez de idolatrías.

Arriaga: Cap. I, f. 2-5

"...[el Dr. Hernando de Avendaño]... descubrió muy grandes idolatrías y Huacas y, entre ellos, aquella tan famosa entre los Indios y reverenciadas en pueblos muy distantes, que era el cuerpo de un Curaca antiquísimo llamado Liviacancharco, que se halló en un monte muy áspero... en una cueva debajo de un pabellón, con su huama o diadema de oro en la cabeza, vestido con siete camisetas muy finas de cumbi...

... y otro de un mayordomo suyo... que estaba en diferente lugar, y era también muy reverenciado de los indios, se llevaron a Lima para que los viese el Señor Virrey y el Señor Arzobispo y, volviéndolos a los Andajes, se hizo un solemne auto, convocando todos los pueblos de la Provincia, y se quemaron estos cuerpos con otras muchas huecas, con grande admiración y espanto de los indios, que si no fue entonces, nunca habían visto a Libracancharco (sic), y le reverenciaban, adoraban y temían por solo el nombre y tradición de sus antepasados".

Pallas: Lib. 1, Cap. 1, f. 5-6

"... Entre otras guacas y sepulcros se halló entonces aquella célebre en estos reynos y tan reverenciada de provincias muy distantes llamada "liviancharco" que era el cuerpo de un antiquísimo capitán o curaca (significa señor de vasallos) que se halló en un monte sepulcro entre grandes cerros tres leguas de Lima en una cueva debaxo de un pabellón vestido de ropas ricas del tiempo de los Ingas reyes del Perú con los ojos de oro y mucha plumería por todo el cuerpo de que hazen lindos vestidos y unas como medias lunas con que adornan la cabeza a modo de diadema.

Hallóse otro cuerpo de un mayordomo deste capitán que estaba en diferente lugar y era también muy reverenciado sacarónlos de adonde estaban y lleváronse a Lima para que los viesen los señores virrey y arzobispo y admirádose que cosa semejante hubiese estado tanto tiempo encubierta mandaron que se volvieren a sus lugares y que en medio de la plaza del pueblo llamado Churín en la provincia de los Andajes se hiciese un auto para el cual convocaron todos los circunvecinos y delante de una multitud sin número se quemaron y abrazaron juntos con otras muchas guacas con notable admiración de los indios que hasta entonces los creían y reverenciaban como a Dioses que podían hacerles mucho mal o mucho bien según su tradición y memoria de sus antepasados quedando desengañados de su falsedad y de lo poco que podían y valían".

A estas alturas, cuando no cabe duda de que Pallas estaba copiando párrafos enteros de la obra de Arriaga realizando tan sólo ligeros retoques, merece la pena detenerse en algunos detalles del manejo que hace Pallas del texto. Así, mientras Arriaga, refiriéndose a H. de Avendaño escribe "descubrió", es decir usa una forma personal del verbo, Pallas, que no estuvo presente, lo modifica por "se halló"; y, en otro orden de cosas, cuando Arriaga menciona al ídolo "Liviacancharco" que con una errata se imprime más abajo como "Libracancharco", Pallas copia "Liviancharco". Sin embargo, por otra parte, Pallas añade en su relato la referencia al pueblo de Churín, en los Andajes, que no figura en el relato de Arriaga, lo que puede indicar que, además de copiar, en algún caso excepcional Pallas debió oír alguna información suplementaria al relato. Por último, sobre este párrafo, llama la atención lo que parece un error al copiar por parte de Pallas cuando el "monte áspero" de Arriaga ha sido transformado en un "monte sepulcro". Como veremos más adelante, este tipo de error lo cometió más de una vez. Después de dedicar, como ya se comentó, el capítulo 2 y parte de 3 a glosar a Garcilaso, Pallas concluye este último dedicándole varios párrafos a los mallquis, usando de nuevo a Arriaga, en cap. VI, p. 35; a las conopas –tomando del jesuita Arriaga, caps. II y XX–; y a los brujos. No reproduciré los textos referidos a los dos primeros temas, pero sí lo haré con parte de los referidos a los brujos para destacar alguna curiosidad terminológica. El primer párrafo seleccionado es el siguiente:

Arriaga, cap. III, p. 21	Pallas, Libro I, c. 3, p. 17
"Y aunque en los pueblos que se habían antes visitado había habido algunos rastros, e indicios de ellos, no se acababa de averiguar en qué consistía su oficio y maleficio. Hasta que un día en un pueblo examinando en doctor Hernando de Avendaño, estando yo presente, un indio de hasta veinte y cinco años, de buen talle y disposición, y al parecer de buen entendimiento en las cosas ordinarias de Idolatría, y enviándole ya en paz después de haber respondido a todo lo que le habían preguntado, dijo el Indio: Aguarda señor, que tengo más que decir, y quiero de veras descubrir todo mi corazón, y se buen cristiano, animándole a que dijese todo lo que quisiese y que no tuviese miedo, &c. Dijo que era Brujo, y que su padre lo había sido (y como después se supo, había sido muy famoso y muy temido) y que él le había enseñado su oficio. Nombró a muchos	"Otros hay que más propiamente son brujos que sacerdotes... Costó dificultad y fue aventura descubrirlos por el gran secreto que los indios tienen entre si destas cosas y aunque de muchas muertes de niños y muchachos sucedidas en los pueblos que se andaban visitando se pudiera sospechar algo no se atinaba con la causa del daño ni se acababan de averiguar y sacar la verdad en limpio hasta que un día examinando el doctor Hernando de Avendaño, Juez de comisión, un indio mozo de hasta veinte y cinco años de buen talle y disposición después de haber respondido a todas las preguntas del interrogatorio dixo en presencia de los padres de la compañía que asistían al examen: aguardate señor que tengo mas que decir y quiero de veras descubrirte todo mi corazón y ser buen cristiano y animándole a que dixese quanto sabía sin miedo de que por ello le sucediese mal ninguno dixo que era Layca que quiere

que lo ejercitaban, los cuales le fueron prendiendo, y examinándoles ya a cada uno de por sí, ya careando unos con otros, y se averiguaron cosas extraordinarias."

decir hechiceros porque no tienen propio nombre para significar brujos ni tienen distinción entre brujos y hechiceros) y que su padre le había enseñado el oficio porque también fue laica y nombró a muchos que lo ejercitaban y careándolos se averiguaron maleficios y maldades tan execrables como las otras que dieron causa a la bula de Inocencio octavo espedida en dos de diciembre de 1484 contra los brujos y hechiceros de Alemania sea verdad que la malicia y culpa de estos miserables es menos y por esto y otras justas causas los señores inquisidores del Tribunal del Santo oficio en estos Reinos de las herejías de los indios y delitos en materia de nuestra sancta fe católica les remiten a su justicia ordinaria ante la cual y los mas tribunales son tenidos y reputados por menores y faltos y asi se les da protector que es un oficio público en cada corregimiento y distritos de indios para que cure dellos porque no saben gobernar sus cosas que es la razón & sed. Instit. De curatoribus."

Es interesante destacar la mención a Avendaño en ambos autores, con la diferencia de que Arriaga aclara: "estando yo presente", frase que Pallas lógicamente omite. Igualmente llama la atención el uso por Pallas del término Layca, desconocido en otros contextos y que según él "quiere decir hechiceros". Y nuevamente son de destacar las referencias a la cultura europea, en relación con las cuales seguramente Arriaga miraba las cosas más en términos estrictamente indianos, mientras que Pallas, recién llegado, todavía miraba con frecuencia y en términos comparativos a la realidad europea que acababa de dejar, lo que ya había sucedido antes a los cronistas tempranos de Indias. Pero citemos todavía otro texto.

Arriaga, cap. III, p. 22

"En suma es que en diferentes Ayllos y parcialidades hay diferentes maestros, que ellos llaman ahora con nuestro nombre Español Capitan, y cada uno tiene diferentes discípulos y soldados. Este les avisa y previene cuando le parece, que tal noche (que siempre son a este tiempo sus juntas) y en tal lugar se han de juntar. El maestro va

Pallas, Libro I, c. 3, p. 18

"De los indios bruxos y hechiceros se ha descubierto que los hay en diferentes castas y aillos (ayllu es el linaje) tiene cada capitanejo sus discípulos que ellos reconocen por maestro en la cátedra de su abominación avísanse y previenen quando les parece del lugar y la noche cuando se han de juntar el maestro va acompañado de aquella noche a la casa que le parece, acompañado de uno o dos de sus discípulos, y quedándose ellos a la puerta, entra esparciendo unos polvos de huesos de muertos que ellos tienen para este efecto condicionados, y preparados con otras no sé qué cosas, y palabras, y con ellos adormecen a todos los de la casa de tal suerte que ni persona ni animal de la casa se menea, ni lo siente, y así se llega a la persona que quiere matar, y con la uña le saca un poquito de sangre, de cualquier parte del cuerpo, y le chupa por allí la que puede, y así llaman también a estos tales brujos en su lengua chupadores. Esto que así han chupado lo echan en la palma de la mano o en un mate, y lo llevan donde se hace la junta, ellos dicen que multiplica el Demonio aquella sangre, o se la convierte en carne (yo entiendo que la juntan con otra carne) y la cuecen en aquella junta, y la comen, y el efecto es que la persona que habían chupado se muere dentro de dos o tres días. Y ocho o diez antes que llegásemos había muerto un muchacho de hasta diez y seis años, y cuando se moría se tapaba la cara, y decía que veía a fulano, nombrando unos de estos Brujos, que le venía matar.

Es común frase, y modo de decir, cuando hacen estas juntas, esta noche hemos de comer el alma de tal o tal persona. Preguntándole yo de qué manera era aquella carne, y a qué sabía, dijo haciendo muchos ascos con el rostro que era muy mala y desabrida, y parecía cecina de vaca."

uno o dos bruxos sus discípulos a la casa que quiere y quedándose ellos a la puerta entra hablando entre dientes ciertas palabras y esparciendo unos polvos de huesos de muertos que llevan para el efecto mezclados con otras cosas y con esto adormece a los de casa de manera que ni persona ni animal ni cosa viviente en toda ella lo siente ni se menea y así se va llegando a la criatura o al hombre o mujer por quien viene y con la uña (que para este efecto las trae crecidas y agudas y le hiere y le haze salir una gota de sangre de cualquiera parte del cuerpo y luego le chupa la herida y le saca la que puede y echándola en la mano o en un mate la lleva y se van al lugar donde se haze la junta y allí les multiplica el demonio aquella sangre o la convierte en carne y la cuecen y comen della todos los bruxos y el efecto que se sigue es morirse dentro de dos o tres días la persona de quién se sacó, la muerte suele ser dando voces con bascas rabiosas tapándose el rostro y diciendo hay que ver a fulano que me viene a matar que asi cuentan los padres que fue la de un muchacho que murió nombrando al bruxo mismo que hizo el maleficio – preguntando a uno de aquellos bruxos y hechiceros a que les sabía aquella carne : respondió haciendo ascos que era muy desabrida y que sabía a ceniza."

    Al margen del interés del contenido de la narración, resulta una vez más llamativo el seguimiento casi textual que hace Pallas del texto de Arriaga y, en algunos momentos, casi divertida la leve adaptación que lleva a cabo o algún error de copia en los que incurre seguramente por desconocimiento del vocabulario de la lengua española. Así, la sustitución del término "Capitan" con el que, según Arriaga se denominaban en algunos lugares a los maestros brujos, es convertido por Pallas en el despectivo "capitanejo". Y, al final del texto, la "cecina de vaca", es transformada en "ceniza" lo que adquiere un tinte casi cómico.

*   *   *

A continuación Pallas dedica el capítulo IV al "cuidado de los Padres de la Compañía en remediar el daño referido y del medio que escogieron". Se trata de un capítulo corto pero muy interesante, que inicia señalando que los jesuitas, "cuando vieron el miserable estado [religioso] en que vivían los indios" al denunciarse la idolatría, quisieron acudir con eficaces remedios y, para acertar en la aplicación del más conveniente, trataron en consultas de las causas de tan "grande mal" y de los medios que se habían de tomar para combatirlo. Pallas afirma que los jesuitas hallaron que, entre otras, la principal causa de que los indios fuesen todavía idólatras era "la falta de verdaderos y celosos obreros que, sin interés y con caridad y cuidado, acudiesen a la enseñanza de gente tan engañada e ignorante". Es decir, que había muy pocos curas que fuesen económicamente desinteresados y que actuasen con caridad en la difusión de la doctrina. Pallas aclara:

> "... porque de ser los curas pocos, habiendo en algunas partes sólo un doctrinero para seis y siete pueblos, no a todos les mueve el cuidado que debe de apacentar sus ovejas; y pueblos hay en donde no ven a su cura si no es dos veces al año, y esto al tiempo de pagar los diezmos y recibir las ofrendas llegando la codicia donde no alcanza la piedad" (p. 21)

De este comportamiento de muchos curas –faltaban verdaderos y celosos obreros–, se derivaba que

> "en todos los pueblos de Indios se hallen pocos que sepan el catecismo y los más no entienden lo que dicen; y así, cuando pequeños saben algo de doctrina y cuando viejos, no saben nada; y los que saben muy poco del resto es mezclado de muchos errores nacidos de que se encomienda la enseñanza de los feligreses a algunos muchachos, no queriendo ocuparse siempre en cosa tan loable y de tanto provecho y a que tienen tanta obligación..." (p. 21)

¿De dónde había aprendido Pallas lo que afirmaba? La respuesta a este interrogante conduce a una serie de consideraciones que ilustran sobre la posición que se puede calificar de política de los diferentes agentes que estaban participando en todo el proceso de evangelización y extirpación de la idolatría. En primer lugar, sin duda ninguna la información de Pallas procedía del ámbito de la Compañía en la colonia puesto que habla de "varias consultas" llevadas a cabo por los padres jesuitas, pero por otra parte y en lo que se refiere a partes del texto, Pallas se basaba fundamentalmente, de nuevo, en Arriaga. En todo caso hay un matiz muy importante entre la causa principal que señala Arriaga en el capítulo VII de su libro, dedicado a "De las raíces y causas de la idolatría que hoy en día se halla entre los indios" (p. 38), y la que señala Pallas que se acaba de resumir. Arriaga afirma que: "La principal causa y raíz de todo este daño tan común en este Arzobispado y, a lo que se puede temer, universal en todo el reino... es la falta de enseñanza y doctrina", es decir, se trata de un planteamiento notablemente diferente al de Pallas en la medida en que éste incorporaba a la causa principal el interés y la codicia de muchos doctrineros.

Pallas no podía haberse inventado esta parte del argumento que, con toda seguridad, procedía del análisis que habían hecho los jesuitas de la situación y del funcionamiento de las doctrinas. Lo cierto es que hoy conocemos a través de una diversidad de fuentes generadas en distintas instancias coloniales, y que afectan tanto a órdenes religiosas como a curas seculares, que era muy extendido el hecho de que los doctrineros mantuvieran actividades económicas en el marco de sus doctrinas que, con frecuencia, implicaban una más que apreciable desviación hacia ellos de trabajo y recursos de las comunidades indígenas, lo cual influía en la eficacia de su labor como curas de almas.[25] Si esto era así, ¿por qué Arriaga no se hacía eco de dicha realidad? En primer lugar se puede comprender que esta ausencia de explicitación se debía a que la Compañía había decidido colaborar abiertamente en la extirpación institucionalizada, de la mano del Arzobispo y del propio clero diocesano destinado a ella, y un planteamiento que incluyera la codicia de los curas y que se hubiese publicado en Lima firmado por Arriaga, habría chocado frontalmente con dicha colaboración porque afectaba no sólo a la eficacia de la gestión por parte de los sucesivos arzobispos de Lima en el control de sus curas, sino que también hubiese supuesto una denuncia flagrante de la actividad como doctrineros de los que ahora, en la década de 1610, eran los radiantes jueces extirpadores, es decir, Francisco de Ávila, Hernando de Avendaño, Alonso Osorio, Rodrigo Hernández Príncipe y otros. En efecto, como ya se indicó, todos ellos llevaban años de doctrineros y tenían una parte no pequeña de responsabilidad en la falta de enseñanza y doctrina que tenían los indios de sus distritos.

Ahora bien, ¿realmente no había ninguna alusión a la labor de los doctrineros en la obra de Arriaga? El jesuita describe algunos indicios del escaso grado de evangelización de los indios como, por ejemplo, que repetían la doctrina como papagayos; y, por otra parte, señala ciertas circunstancias que dificultaban la tarea de los doctrineros como era, por ejemplo, el patrón disperso de asentamiento de la población indígena, lo cual exigía un gran esfuerzo para visitar los numerosos lugares de residencia de los nativos y daba como consecuencia que muchos indios sólo vieran a su cura dos veces al año.

Pero, además de eso, no faltan tampoco en su texto algunas críticas a la labor evangelizadora de los sacerdotes como eran la desatención en la administración de los sacramentos a los indígenas, sobre lo que se pronunció Clemente VIII específicamente en relación con la comunión por Pascua (p. 42); o la excesiva tolerancia con las fiestas y las borracheras de los indios, que en ocasiones tenían relación con intereses de los corregidores en sus repartos de mercancías (p. 42)[26]; o, en ocasiones, el deseo por parte de los doctrineros de

---

[25] Llama la atención cómo algunos análisis realizados desde posiciones como la historia cultural se muestran refractarios a tomar en cuenta estos hechos que se encontraban en la base de la realidad religiosa de la colonia y, sin los cuales, cualquier interpretación de la misma resulta manifiestamente limitada. Ver como ejemplo de esto Estenssoro Fuchs, Juan Carlos. *Del paganismo a la santidad. La incorporación de los indios del Perú al catolicismo, 1532-1750*. Lima, IFEA, 2003.

[26] De entre los abundantes testimonios en los que se describe la tolerancia, e, incluso, el aprovechamiento que los doctrineros hacían de las prácticas religiosas indígenas, ver las Informaciones sobre las doctrinas regidas por religiosos promovidas por el arzobispo de Lima, Bartolomé Lobo Guerrero, en 1612 (Archivo General de Indias, Lima 301). Pareciera que estas Informaciones hubiesen sido iniciadas para compensar

impedir la participación de los indios en los ritos católicos para así evitar que, si aprendían a leer, pudieran acudir a la justicia a acusarlos de algunas de sus actividades irregulares, como de hecho sucedía, según ya es conocido.

El siguiente párrafo de Arriaga refleja perfectamente esta actitud de algunos curas y, por otro lado, el empeño jesuítico en hacer participar a los indios en las prácticas religiosas católicas. Escribe Arriaga:

> "Como la experiencia y doctrina de los Santos, especialmente del glorioso San Agustín, enseñan, no ayuda poco, mayormente a la gente común, a tener estima de las cosas de la cristiandad el ornato y aparato en el culto divino. Y siendo comúnmente los Indios inclinados a la veneración y adoración de Dios, bien se deja entender cuán poca ayuda tienen en algunas para tener estima y conocimiento de la verdadera, por la negligencia que hay en el ornato exterior de los templos y celebridad de los oficios divinos. Pueblo, y bien grande, pudiera nombrar, donde no se decía jamás misa cantada, si no es la vocación de la Iglesia, y para entonces a mucha costa de los Indios traían de bien lejos los cantores para oficiar la misa, porque no había en todo el pueblo quien supiese leer, sino solo un Indio, y ése muy mal, y diciéndole yo al cura por qué no había una escuela, pues había tanta comodidad para ella, para que aprendiesen a leer y cantar, pues también resultaría en provecho suyo el decir misas cantadas, me respondió que no convenía que los indios supiesen leer ni escribir, porque el saberlo no servía sino de poner capítulos a sus curas" (p. 42)

Ahora bien, aún así, el interés central de este artículo no es tanto Arriaga, cuanto Pallas y lo que cabe destacar es que Pallas sí hiciera explícito, aunque de forma políticamente incorrecta, un componente de la principal causa de la pervivencia de idolatría que habían encontrado los jesuitas peruanos, y que era la codicia de los curas. Pallas pretendía que esto fuese aprobado por Vitelleschi y publicado, lo que a no dudar habría resultado más que incómodo a los responsables de la Iglesia limeña de aquellos momentos. Se trataba verdaderamente de una denuncia demasiado franca, poco "jesuítica" y poco política que, por lo mismo, tenía pocas posibilidades de ser aprobada por el General de la Compañía ni publicada. Ahora bien, no por ello era menos certera.

Después de haber declarado la principal causa de la idolatría indígena, Pallas concluye el capítulo IV señalando que la Compañía decidió dispersar sus miembros no sólo por el arzobispado de Lima, sino en todo el reino para combatir la idolatría, "ofreciendo su salud y vida para cosa de tanta gloria del Señor". Para ello fue preciso prescindir en los colegios de personal que era necesario y, como consecuencia, hubo que enviar a Europa por nuevos religiosos, como se hizo en 1612, solicitándolo a Roma y aprovechando el viaje que por entonces hacía el

---

con cargos sobre los frailes las graves acusaciones que pesaban sobre los clérigos doctrineros en los abundantes pleitos contra ellos que se acumulaban en el Juzgado eclesiástico del arzobispado, que incluían también el mismo tipo de acusaciones de tolerancia interesada (Archivo Arzobispal de Lima, Sección Capítulos). Sobre la relación de Ávila con este asunto, ver Taylor, G. y Acosta, A. *Ritos y tradiciones...* pp. 143 y 577.

P. Juan Vázquez como Procurador General del Perú.[27] Así termina el tratamiento que daba el joven jesuita al problema de la idolatría en su texto. De su estudio se pueden extraer algunas conclusiones que confirman las impresiones que inicialmente causaba su lectura.

La primera es la de que Pallas trató un asunto de tanta importancia con cierta brevedad y ligereza, que fue en beneficio de otras cuestiones en su obra a las que dedicó mucha mayor atención. Para abreviar en el tema de la idolatría Pallas utilizó a Garcilaso, pero mucho más lo hizo con Arriaga a quien no citó nunca con lo que, al margen de que pudiera haber sido con conocimiento del propio Arriaga, el resultado se aproxima mucho al plagio pese a que la obra de Arriaga no estuviera todavía publicada y, como mínimo, puede calificarse de una ocultación de la fuente. Se estaría pues ante un doble caso de "escrituras silenciadas": la de Pallas, cuya obra nunca recibió autorización para ser publicada; y la de Arriaga en el texto de Pallas, quien lo utilizó profusamente sin citarlo. Menos importancia tienen, por su carácter indirecto, la ausencia de alguna referencia a Blas Valera en Pallas, quien es mencionado, por el contrario, tanto por Garcilaso como por Arriaga.

En la medida en que Pallas resume información de los dos autores referidos, su importancia como fuente para el estudio de la idolatría, en términos generales, es escasa. Sin embargo, un interés especial tiene su afirmación, en el capitulo 4, de que las consultas de los jesuitas en Perú llegaron a la conclusión de que la principal causa de la pervivencia de la idolatría era la codicia de los curas y la falta de enseñanza y doctrina de los indios. Esto sí era una novedad con respecto a otras fuentes "oficiales", como el propio Arriaga, y está corroborada por diversas informaciones contemporáneas que hoy se conocen.

En suma, y de manera muy provisional a la espera de un estudio más profundo del conjunto de la obra de Pallas, pudiera colegirse que el grado de preparación del joven jesuita al salir de Europa con respecto a la realidad que iba a encontrar en el Perú no parecía ser muy alto. Ello se deduce del hecho de que escribía sobre la idolatría en los términos en que lo hizo y para advertir a los nuevos misioneros que fuesen a embarcarse hacia los Andes, lo que indica que él debía tener un conocimiento escasísimo o nulo del asunto antes de viajar. Y esto a pesar de la fluida correspondencia de los jesuitas americanos con Roma en la que se informaba sobre la idolatría indígena, así como de algunos textos de publicidad que, para estimular a los jóvenes jesuitas europeos a solicitar ser enviados al Perú, difundió por Europa algún Procurador General de la colonia.[28] A partir de aquí se abre toda una serie de interrogantes que sólo podrá ser abordada en un trabajo de mayor extensión y que deberá aparecer próximamente.

---

[27] Sobre el procedimiento de reclutamiento de nuevos miembros en Europa y acerca de la presencia de extranjeros en los contingentes, ver Lázaro Aspurz, O.F.M. *La aportación extranjera...*, op. cit., pp. 177 y ss.

[28] Ver Aspurz, Lázaro, op. cit.. p. 178 y Taylor, Gerald, "Culto y fiestas de la comunidad de San Damian (Huarochiri) según la *Carta Annua* de 1609". Lima: *Boletín Instituto Francés de Estudios Andinos* XVI 3-4, 1987, pp. 85-96.

MARTÍN DE FUNES (VALLADOLID 1560 – COLLE VAL D'ELSA, FLORENCIA, 24 FEBRERO 1611): JESUITA REBELDE Y SILENCIADO

GIUSEPPE PIRAS
Universität des Saarlandes, Saarbrücken

Martín de Funes, es un jesuita casi desconocido, hombre valeroso, hijo y representante de la oposición teológico-jurídica y misionera española al sistema colonial implantado en Sudamérica y por los conquistadores y sus descendientes. En esta lucha por el reconocimiento de los derechos humanos "del Otro", la España de la época no tiene par en ningún otro país hasta el siglo XIX, quizás incluso hasta el XX".[1]

Funes nació en Valladolid en 1560. Sus antepasados, judíos convertidos, eran originarios de Valbacil, ducado de Medina. En 1577 ingresó en la Compañía de Jesús, en Salamanca, junto con dos hermanos suyos: Diego Ortiz y Juan (que escribió en 1596 con Francisco Suárez un tratado sobre la controversia De Auxiliis).

En 1587 recibe la ordenación sacerdotal en Loreto. De 1587 a 1596 es Profesor de Teología escolástica en Graz. De 1596 a 1598, Profesor de Teología Moral en Viena. De 1598 a 1604, Profesor de Teología Moral y Sagradas Escrituras en Milán, donde traba amistad con Federico Borromeo. El 30 de abril de 1604 zarpa hacia Sudamérica con el Procurador jesuita del Perú, el P. Diego de Torres. Durante dos años fue rector del colegio y seminario de Bogotá. Era "de buena condición". Su "naturalis complexio: colérico-melancólico", "alegre, de buena abilidad fisica", de ingenio "muy bueno".[2]

El 17 de agosto de 1606, el Presidente del Nuevo Reino de Granada don Juan de Borja, el arzobispo don Bartolomé Lobo Guerrero e el Visitador don Nuño Nuñez de Villavicencio, escriben a Felipe III comunicándole que habían realizado en Bogotá un Sínodo, (para introducir el 3 Concilio Provincial de Lima, 1583), y le solicitan que lo haga aprobar por el Papa para esos territorios. Los firmantes concluyen la carta diciendo: "Y porque lo sobredicho tenga la execution [...] pedimos y encargamos al P. Diego de Torres [...] dar mas larga Relacion deste Reyno y de lo que en esta carta escrivimos. [...] Y no pudiendo el yr por la falta que

---

[1] Fisch, p. 210 sg.

[2] Piras, G.: *Martín de Funes S.I. (1560-1611) e gli inizi delle riduzioni dei gesuiti in Paraguay*, Roma, Edizioni di Storia e Letteratura, 1998.

aca hara a su oficio, embie al P.Martín de Funes, [...] de quien ay toda sadisfation por sus letras, virtud y zelo."[3]

Torres no puede cumplir la misión porque en Bogotá estaba esperando que el P. Acquaviva lo reconfirmara como Provincial del Paraguay, Chile y Tucumán. Al regresar a Lima el 22 de noviembre de 1604, el nombramiento que éste le había conferido el 9 de febrero de 1604 no había sido aceptado por el Provincial del Perú, el P. E. Páez, por ser distinto del que había solicitado la Congregación Provincial en 1600.

Se había solicitado la creación de dos Viceprovincias dipendientes de la del Perú: en consecuencia, Páez nombró a dos Viceprovinciales: a Torres para el Nuevo Reino de Granada, y al P. Álvarez de Paz para el Sur con sede en Santa Cruz de la Sierra. Los dos años transcurridos en Bogotá fueron para Torres años de "pesadumbre", por "la sospecha poco digna que se abia formado acerca de su persona":[4] los opositores lo acusaban de haber hecho que Acquaviva creara la nueva provincia autónoma del Paraguay para convertirse en su Provincial. El 14 de noviembre de 1605, Acquaviva reconfirmó a Torres como Provincial del Paraguay[5] pero la carta todavía no había llegado a destino en agosto de 1606.

El P. Martín, con el P. Diego, redactan nueve memoriales[6]; éstos prueban que la finalidad de la misión de Funes es lograr en Madrid y Roma las condiciones para realizar el proyecto acordado por Torres el 1601-4 con el duque de Lerma, el conde Lemos y el P. Acquaviva relativo al Paraguay y que los opositores internos le habían impedido iniciar.

En el verano de 1607, Funes está en la Corte de Madrid; el 21 de agosto, Acquaviva le da instrucciones [7]: "En lo que toca a los negocios de que viene encargado" és conveniente que sólo entregue "la Carta [de las autoridades] que trae para Su Magestad [...] y siendo preguntado de [...] aquella tierra, dezir lo que supiere en comun"; sobre la actividad misionera de los jesuitas en Sudamérica, el General advierte a Funes que no se convierta en "solicitador" de soluciones, sino que deje el asunto a los ministros del Rey y al Procurador que la Compañía tenía en la Corte.

---

[3] AGI, *S. Fè de Bogotà, leg. 226*. El primero (y último) fue celebrado en 1556.

[4] Astrain, IV, p.632.

[5] ARSI, *Peruana I, Ep. Gen.*, ff. 211r-v. La orden se repetirá el 6 de febrero de 1607: ibid., f. 234 r-v. ARSI, ibid., f. 218: entre noviembre y diciembre de 1605, Páez escribe siete cartas. El General le responde el 17 de octubre de 1606: "Bien creo que quando esta llegue el P. Diego de Torres abra partido para su Provincia del Paraguay, conforme a nuestro segundo orden embiado a V. R. en carta del 14 de Nov. del año passado y con esso abran cessado en gran parte las quexas...".

[6] Piras, 1998, cap. VIII.

[7] ARSI, *Tolet., 6 II, Epist. Gen.*, f. 525: "P. Martín de Funes en Madrid, 21 Agosto 1607."

Lozano escribe que, a través de Funes, las autoridades del Nuevo Reino rogan al Rey que pidiera al Papa "la Beatificacion y Canonizacion" de Loyola [8]: ésta tendrá lugar dos años más tarde, el 27 de julio de 1609.

La carta secreta del 26 de abril de 1608 de Acquaviva a P. Haller, confesor de la reina, documenta que el P. Martín, en contra de las órdenes recibidas, había presentado a la Corte un "pensamiento" para resolver los problemas misionales y administrativos de Sudamérica, implicando a la Compañía. Acquaviva lamenta que no se haya respetado su "orden estrictísima [...] sobre los nuestros que van a la Corte"; luego continúa: "La idea de aumentar la recaudación de contribuciones para el Perú, que me había comunicado el P. Martín de Funes, me agradó, y mucho me gustaría que tuviese éxito; pero no es negocio que esté en nuestras manos; convendrá recurrir a otros medios para que se realice."

Este pasaje fue sustituido en la página siguiente por este otro:

> "Es cierto que el P. Martín de Funes me comunicó esa idea suya que decía que era importantísima para hacer mejorar el país y hacer aumentar en algunos millones los ingresos reales. Yo le dije que [si] parecía una excelente idea conseguir eso, y que creía que, si la cosa fuera realizable, los ministros del Rey habrían adoptado la idea, tanto más cuanto que [...] era de gran provecho para la conversión y salvación de las almas. Pero no sé por qué este buen Padre puso en duda mi juicio en esta materia; a mí no me parece que fueran cosas muy novedosas. Las cosas e invenciones de este buen Padre es necesario que que las acojamos con mucha reserva, porque, si bien tiene celo y fervor, sería de desear que poseyera más discernimiento y madurez de juicio. Por esto he decidido no enviarlo a las Indias."

La carta inicial concluye así: "Por lo demás, estamos infinitamente agradecidos a la Majestad de la Reina por los continuos favores que se digna hacernos, lo cual nos compromete a rezar otro tanto por su conservación, [...] En Roma a 26 días del mes de abril de 1608." [9]

---

[8] Lozano, I, p.687.

[9] ARSI, *Hisp. 76-77, Ep. secr.*, f. 93-94 «A P. Riccardo Haller, Madrid, 26 Aprile 1608» : "Il pensiero di aumentare quei censi per il Perù comunicatomi dal P. Martino de Funes mi è piaciuto et havrei caro riuscisse felicemente; ma non è negotio fattibile dalle mani nostre; converrà mettere altri mezzi per effettuarsi."

"E` vero che il P. Martino de Funes mi comunicò quel suo pensiero, che diceva saria stato importantissimo per coltivare il paese et accrescere alcuni millioni all'entrata reale. Io dissi: che (se) questo riuscisse pareva ottimo pensiero, e che credevo, che se la cosa fosse riuscibile, li ministri del Re l'haverebbero abbracciata, tanto più che, come egli la figurava, era di gran giovamento per la conversione et salute dell'anime. Ma non so perchè questo buon padre hebbe in sospetto il mio giuditio in questa materia, che a me non pare che tratò cose molto de novità. Delle cose et invenzioni di questo buon padre, bisogna che andiamo con molto riserbo, perchè se bene ha zelo et fervore, si può desiderare assai di più deszerner e maturità di giuditio. Però ho risoluto di non mandarlo alle Indie."

"Del resto restiamo con infinito obligo alla Maestà della Regina delli continui favori che si degna fare, per lo quale maggiormente ci obbliga a pregare per la sua conservatione... Di Roma il dì 26 aprile 1608."

La carta a Haller, comparada con el "Memorial primero" de Funes (entregado a Acquaviva dos meses antes), demuestra que la "invención" de Funes es idéntica a la solicitada al Rey el 17 de agosto de 1606 por las autoridades del Nuevo Reino de Granda y por Torres. En dicho memorial, el P. Martín propone dos remedios para solucionar el problema de la conversión y pacificación de los indios:

> 1. agrupar a los "yndios en poblaciones suficientes a sustentar un sacerdote como [...] el Rey lo tiene mandado";
> 2. "que V. Magestad mande ymbiar los mas Padres de la Compañia que se pudiere» para convertir y organizar a los indios en nuevos pueblos-doctrinas que luego se traspasarían a los sacerdotes seculares que se fueran formando en los nuevos seminarios".

Esta era la solución aprobada por la primera Congregación del Perú (Lima-Cuzco 1576) bajo la dirección de Acosta y llevada a cabo en Julí; era cuanto habían solicitado, por intermedio de Torres, los obispos de Quito, Lima y Cuzco y los Incas principales al Conde de Lemos en 1604; a éste, Presidente del Consejo de Indias, el P. Diego le había ofrecido "ir sirviendo y ayudar" en Paraguay[10], para ser, con sus compañeros, "precursores y ayudadores del Ministro del Rey"[11]. Se comprende por qué el P. Martín no trataba "cosas muy novedosas".

Acquaviva aprueba la idea pero no los medios propuestos: "no es negocio que esté en nuestras manos"; y añade: "Pero no sé por qué este buen Padre puso en duda mi juicio en esta materia"; esto significa que Funes había manifestado alguna reserva sobre la aprobación del General. Ahora bien: si todavía no se había encontrado con él, ¿cómo podía conocer su opinión? ¿Lo había prevenido Torres? ¿O es que Funes, como los 'memorialistas' españoles, activos en esa época, opinaba "que de Acquaviva no se podía esperar un remedio eficaz para renovar el espíritu, sino que se limitará a salvar las apariencias"?[12]

Durante la VI Congregación General de la SJ, en Roma, el 26 de febrero de 1608 (dos meses antes de la carta secreta de Acquaviva a Haller) Funes, portavoz de la *Comisión para las Misiones*, explica las causas de la defección del espíritu misionero de la Compañía:

> 1. el modo de elegir a los superiores, en particular al superior general;
> 2. el modo de admitir a la profesión del cuarto voto, condición para elegir y ser elegido;
> 3. la elección de los superiores por parte del superior general, el cual elige según su voluntad[13].

---

[10] Memorial de Torres a Lemos, 1604, MP VIII, p.482; Piras, 1998, p.303.

[11] Pastells, I, pp.146-151. Lettera annua de Torres desde Paraguay de 1611. Leonhardt, pp.482-531.

[12] Pirri, p. 35. En 1607, España pululan todo el año los memoriales anónimos de los partidarios de la reforma de las Constituciones. Astrain, III, 680 las cartas del P. Benavida al General del 18 de febrero y del 9 de junio de 1607.

[13] ARSI, *ibid.*, f. 212 r-v: el General anota al margen: "Nihil innovandum".¿Querían un General más favorable a las misiones y más "acorde" con el "giro" misional deseado por la Corona española para los nuevos territorios que había que "pacificar" en Sudamérica? Lozano (I,689), escribiendo sobre Torres, che sale de Cartagena en dirección al Paraguay, inserta un elogio del P. Diego, del P.

Pero, además de la desobediencia en Madrid y haber críticado en Roma el modo de gobernar de Acquaviva, había otra razón por la que el conflicto entre Funes y Acquaviva no tenía solución: el hecho de que aquél hubiera tratado con Pablo V, de la creación de seminarios especializados para un nuevo clero misionero. También en esto, el P. Martín fue apoyado y animado por la Reina.

Lozano escribe que esta había favorecido en 1604 una solicitud de Torres, rechazada por el Consejo de Indias, de fundar en las universidades de Salamanca y Alcalà dos seminarios de la Compañía destinados exclusivamente a preparar misioneros para las Indias [14].

Desde su llegada a Espana en 1599, Margarita se había propuesto:

> "promover más la conversión de los infieles de las Indias2; no le interesaban los héroes cervantinos, sino que "veía en los jesuitas los caballeros de semejanza ideal y quiso cooperar de alguna manera" a sus misiones. En su testamento indica el motivo: "[...] los bienes que io desde mi niñez recibí della son innumerables [...], que yo los estimo en más que no toda la grandeza deste mundo y me hallo por obligada demostrarme [...] madre en lo temporal de los que a mi me fueron siempre tan fieles padres en lo espiritual [...] como todos saben" [15]. Margarita, nacida el 25 de diciembre de 1584, non no ha cumplido tres años cuando el P. Martín llega a Graz en 1587 (donde reside hasta 1598 come profesor di teología moral) y se le encarga la enseñanza religiosa de las hijas del Archiduque. Luego de su matrimonio (Ferrara 13 de noviembre de 1598) y antes de embarcarse para ir a España (Génova 10 de febrero de 1599), Margarita pasa varias semanas en Milán, donde "quotidianamente" el P. Martín le da clases de lengua española [16].

Funes trata el proyecto de los seminarios para misioneros en febrero de 1608 con Acquaviva [17] y el 25 de marzo de 1608 con Pablo V, junto con Giovanni Leonardi y Juan Bautista Vives. El largo memorial entregado al Papa [18] hace referencia a los problemas religioso-sociales del mundo y denuncia el acabamiento de los indios (adjudicando la culpa de esto último a los encomenderos).

El capítulo 10 del memorial manifiesta la carga utópico-revolucionaria del pensamiento de Funes, Leonardi e Vives: éstos aceptan a quien quiera asociarse a dichos seminarios "con el título y deber de defensores de la fe y de la Iglesia [...]: eclesiástico de cualquier grado y dignidad; laicos, reyes, príncipes, nobles, [...]

Giuseppe Dadey y del P. Romero, citando el juicio del obispo Fray J. de Ladrada: "Este Padre Diego de Torres es dignissimo de ser General de Su orden."

[14] Borges Morán, pp. 210-211.

[15] Rodríguez G. de Ceballos, pp.135-137; Pérez Martín, p.142.

[16] Piras, 1998, cap. II y III.

[17] ARSI, *Congr. Prov. 52, Memorial 5*, f. 205 : "El quarto remedio..."

[18] Es objeto de mi primer trabajo sobre el tema, "*La Congregazione e il Collegio di Propaganda Fide di J.B. Vives, G. Leonardi e M. de Funes* ", Università Gregoriana Editrice, Roma 1976.

mujeres de la nobleza o de estratos más modestos." Es lo que deseaban hacer la Reyna y Vives.

Más adelante:

> "El voto de pobreza obligará a los defensores, también a los que estén casados, a renunciar a la posesión de las cosas propias, como hicieron los primeros cristianos [...] Quien no quiera vender sus propios bienes, imitará a otros cristianos de la iglesia primitiva [...] Los médicos curarán gratuitamente a los pobres, enfermos y encarcelados. Los abogados defenderán gratuitamente las causas de los pobres; los ricos darán limosnas; los pobres, respeto; los soldados, protección [...]".

Esta invitación, dirigida a "Paulus V Burghesius" es una crítica a la corrupción de los eclesiásticos, a la injusticia social de la cual la masa de mendigos y meretrices existente en la ciudad de los Papas era sólo un ejemplo [19].

Para la corriente reformista española de la época, Roma era el "centro del pecado", "el rostro oculto del capitalismo usurero"; el Papa, que habría debido ser la "principal atalaya de toda la Yglesia" (Giovanni d'Avila), no protegía a su rebaño "de las tinieblas de la concupiscencia y de la comedia de las apariencias." [20] La utopía de Funes está penetrada de un "fermento de modernidad": el "disfraz religioso" de los problemas es, en aquella época, "el lugar de una sorda lucha de clases" contra el feudalismo y la nobleza de sangre [21], el escenario de la lucha abierta entre "feudalistas y regalistas" en España y Sudamérica [22] y entre los dos partidos en que estaba dividida la Compañía.

La mención que hace Funes de la Iglesia apostólica en el memorial a Pablo V retoma lo que Torres había escrito a Lemos en 1604: *"En las Indias, Señor Excellentissimo, está agora la primitiva Iglesia"*. La cita paulina (Gal. 3): *"Omnes filii Dei estis per fidem in Christo Jesu"* significa que una sociedad esclava de la nobleza de sangre, como había escrito Luis Vives, contradecía la ética de la redención [23]. "El rechazo del derecho de la sangre" significava abolir la causa del no-reconocimiento del otro como su semejante en Europa y Sudamérica. El P. Juan de Mariana lo escribe con todas las letras: los nobles, en quienes es "tanta la locura y temeridad [...], ensoberbecidos con títulos que nada significan, desprecian a los hombres del pueblo, por hábiles, fuertes y activos que sean, llegando hasta el punto de no reconocerles como sus semejantes." [24] Esta crítica a la "locura" la repiten Torres y Funes contra los encomenderos que, con el servicio personal,

---

[19] Delumeau, pp. 403-469.

[20] Cavillac, pp.326-7. También Pablo V nombra cardinal a su sobrino Scipione Borghese Caffarelli, de 27 años, costructor de la Villa Borghese. Sobre las "actividades" financieras de ambos, cfr. Reinhard..

[21] Cavillac, p. 248: Botero y Mariana son llamados "los profetas de la burguesía".

[22] Hanke, p.242 sg..

[23] Cavillac, p. 235.

[24] *ibid.*, p. 243.

"acaba(ba)n" a los indios contra toda racionalidad.[25] Acquaviva castiga a Funes por el comportamiento que tuvo en Madrid y en Roma, pero, respondiendo a su "Memorial 5" [26] y a "De Rebus Indiae" [27], el 10 de junio de 1608 emana la *"Instrucción de cómo se han de haber los Nuestros en tomar y regir doctrinas de indios"* [28]. Esta Instrucción acepta la solución propuesta en el *Memorial Primero* de Funes. Era la instrucción que había esperado el P. Diego: «La admission de doctrinas era una cosa nueva en la Compañia»[29]. Esta instrucción constituye la base jurídica interna para dar comienzo a las reducciones en Paraguay.

Por (¿extraña?) coincidencia, el 25 de marzo de 1608, fiesta de la Anunciación y de la Encarnación, en la que Funes, Leonardi y Vives auspician en el memorial a Pablo V el nacimiento de una nueva sociedad que siga el modelo de la Iglesia apostólica primitiva por obra de nuevos hombres de vida apostólica, Torres anuncia al Cardenal Federico Borromeo (amigo de Funes y protector de las reducciones) que había tomado posesión de la Provincia del Paraguay [30].

La decisión de Acquaviva (definitiva el 26 de abril de 1608 en la carta secreta al P. Haller) de no permitir que Funes regrese a las Indias, se vuelve irrevocable luego de que Paulo V le enviara el memorial del P. Martín. Cuatro cartas de Acquaviva, todas del 8 de agosto de 1609, documentan que el memorial entregado a Pablo V fue el motivo de que el General aplicara ese castigo.

Remitiéndose al voto de obediencia y amenazándolo con la "excomunión mayor", el General ordena al P. Martín salir de Roma e irse a Castilla. En noviembre de 1608 se embarca a Funes por la fuerza en Génova, pero antes de llegar al puerto de Barcelona "se desembarcó" en el mar. Enfermo, va a Madrid, pero no se presenta a la casa de los jesuitas sino a la de un conocido, donde se queda dos meses. En la Corte se queda otros cinco meses escondido.

El 27 de julio de 1609, Funes asiste secretamente en Roma a la beatificación de Loyola, pero no logra ser recibido por el Papa. ¿Quién subvenciona y protege el viaje secreto del P. Martín a Italia?

De Roma va a Milán, donde cuenta con la protección del Conde de Fuentes, que tenta una mediación para un viaje clarificativo de Funes a Roma.

---

[25] En mi opinión, la ética, basada en la "racionalidad" de estos jesuitas, y la crítica consiguiente a la sociedad (incluida la S. J.según Borjia de Medina) basada en la nobleza de la sangre, in sintonía con los reformadores españoles contemporáneos (Maravall), es la misma que subyase a la obra de Cervantes (cfr. Neuschäfer).

[26] ARSI, *ibid.*, f. 204v.: "Podria ayudar [...] finalmente una instrucion muy exacta de lo que todos deben guardar y promover, con la qual todos los yndios se yrian dotrinados de una manera".

[27] ARSI, *ibid.*, f. 211v.: "Petitur a Congregatione ut examinet et perpendat varias missionum et residentiarum formas quas nostri in India habent et quas iudicabit esse contra nostrum institutum dissolvat."

[28] Texto en Astrain, IV, p. 595, y Pacheco, *Los jesuitas*, pp. 309-310.

[29] Astrain, V, p. 521, Pacheco, *ibid.*, p. 308.

[30] Vargas Ugarte, *El P. Diego*, p. 69-70.

Al P. Buica, confesor del Fuentes, Acquaviva le reitera el juicio manifestado a Haller: el proyecto de los seminarios de Funes está "fuera de todo camino y razon"; él ha tratado con el Papa "muchas cosas de secreto y sin dar quenta dellas"; el proyecto "está lleno de impossibilidades y quando no lo estuviesse, no lo llamó a el Nuestro Señor para eso, sino para que le sirviese en la Religion en que está, obbedeciendo a sus Superiores lo que ha professado." El General advierte: Funes ha "incurrido [en] clara apostasia": el Papa le ha ordenado hacer que no llegue a Roma "de ninguna manera" y reitera a su súbdito la orden de irse a Castilla "con precepto de obediencia y so pena de escomunion mayor". El Conde no puede seguir defendiendo a Funes.

El 24 de octubre de 1609, Acquaviva ordena al rector de Como "encerrarlo [...] como en la cárcel". [31] Más de un año después, el 24 de diciembre de 1610, Funes está en Génova dispuesto aparentemente a regresar a España [32]. Pero el domingo 17 de enero de 1611 vuelve a escaparte [33].

El viernes 5 de febrero, Acquaviva escribe a los rectores de las casas de Florencia y Macerata, las ciudades que controlan los caminos que van a Roma: "El P. Martín de Funes, que enviamos a España [...] ha huido y tengo entendido que viene a Roma acompañado de 46 moriscos; V. R. haga vigilar las puertas para que, si llegara allí, sea tomado preso incluso recurriendo a la ayuda del brazo secular [...] Encarezco a V. R. fervientemente esta diligencia" [34].

El viernes 19 de febrero de 1611, el General escribe al provincial Rossignoli [35] comunicándole que ya no busque a Funes.

El acta de defunción [36] nos dice que a las tres de la madrugada, en plena noche, del sábado 20 de febrero, Funes llegó "permaxime exagitatus" al palacio de Usimbardo Usimbardi, obispo de Colle Val d'Elsa, Florencia. Este lo recibió "benévolamente" para que pudiera recuperarse. Usimbardo no sabe que está alojando a un jesuita rebelde, fugitivo, "proscrito" por graves "delitos". Durante cuatro días (sábado 20 – martes 23 de febrero) el obispo hospeda a Funes y lo ayuda a proseguir viaje a Roma. Pero la mañana en que debía partir P. Martín se siente repentinamente falto de fuerzas y no logra levantarse. Usimbardo hace llamar al médico, el cual comunica que Funes está moribundo. De nada sirven los medicamentos; luego de confesarse, comulgar y recibir la extremaunción que le imparte un dominico ignoto, Funes muere, "en conformidad" con la Santa Madre Iglesia, a las 23 horas del día 24 de febrero de 1611.

---

[31] ARSI *Med. 23.I, Ep. Gen,*. f.164 "Como, P. Rettore, 24 Ott. 1609." sobre él, Scaduto, 3, passim.

[32] ARSI *ibid.*, f. 213v. "Genova, P. Giacomo Croce Preposito, 24 di Dec. 1610."

[33] ARSI *Med. 23 I, Ep. Gen.*, f. 219, carta de "Turino. P. Provinciale [P. Rosignolo] 19 di febrario 1611.

[34] ARSI, *Romana 16.I, Ep. Gen.*, f. 48v.

[35] ARSI *Med. 23.I., Ep. Gen.*, f. 219, "Turino, P. Provinciale, 19 di Febbraio 1611."

[36] AVC di Colle Val d'Elsa, *Mortuorum liber*, Unità Arch., n. 604, f. 25v, n. 193.

Esa misma noche lo llevan a la catedral adyacente, que estaba en construcción, y lo revisten de los hábitos rojos de los mártires. El jueves 25 de febrero, después de las 19 horas, se celebra el funeral. Se transporta el cadáver a la capilla de Santa María del Hospicio, de monjas de "clausura perpetua", inaccesible a estraños. Allí, según el acta, encerrado en un ataúd de madera, en una tumba situada bajo una imagen de la Asunción de la Virgen, "se queda" Funes.

Las evidentes incongruencias entre la carta de Acquaviva y el acta de defunción hacen pensar que el obispo no podía no saber que su huésped era culpable de graves "delitos", a saber, un jesuita fugitivo reincidente y apóstata, a quien dos semanas antes el General de los jesuitas había "proscrito" al brazo secular de Florencia, a los ministros de los Medici, es decir, a él mismo y a sus hermanos, que desde hacía décadas dirigían la Secretaría de Estado de los Medici. Estas incongruencias documentan el deseo deque el caso de Funes fuese "silenciado" con prudencia, evitando los escándalos. La "comedia de las apariencias" escenificada en el palacio de los Usimbardi, de éxito mortal para Martín de Funes, no debía dejar rastros.

Los cánones del derecho canónico del Concilio de Trento, confirmados para los territorios de su jurisdicción por el obispo Usimbardo en el Sínodo de Colle de 1594, preveían que, para eliminar el escándalo, el "proscrito", el desertor, incluso siendo un religioso, fuera castigado por el obispo "como delegado de la Sede Apostólica".[37]

(Traducción del italiano: Agustín Seguí)

BIBLIOGRAFIA:

ASTRAIN, Antonio, S.I., *Historia de la Compañia de Jesús en la Asistencia de España*, 7 vols., Madrid, 1912-1925.

BORGES MORÁN, Pedro, *El envio de misioneros a America durante la epoca española*, Salamanca, 1977.

BORJIA DE MEDINA, F: Blas Valera y la dialéctica "esclusión-integración del otro", *AHSI, XVIII, Fasc. 136*, 1998.

CAVILLAC, Michel, *Gueux et Marchands dans le Guzmán de Alfarache. (1599 - 1604). Roman picaresque et mentalité bourgeoise dans l'Espagne du Siècle d'Or*, Université de Bordeaux, 1983.

---

[37] *Constitutiones Synodales, De Regularibus, Rub. XXXXIII*, p. 245 sig. El cap. I no admite la ignorancia de los decretos; en particular, el cap. II sobre los religiosos que "omitan justificar su debido modo de vivir». Más adelante, en el cap. III se prohíbe a los religiosos "a suis Conventibus recedere, ne praetextu quidem suos superiores adeundi fine praecipuo eorum iussu, ac licentia ab eis in scriptis obtenta". Los decretos tridentinos (Sessio XXV, cap. IV y XIV) estipulaban que los obispos podían castigar "como desertor" al "delincuente fugitivo".

DELUMEAU, Jean, *Vie économique et sociale de Rome dans la seconde moitié du XVIe siècle*, 2 vols., Paris, 1957-59.

EGAÑA, Antonio de, S.I., *Monumenta peruana*, Romae; *I* 1954; *III* 1961; *IV* 1966; *V* 1970.

FISCH, Jörg , *Die Europeische Expansion und das Völkerrecht*, Stuttgart, 1984.

LEONHARDT, Carlos, S.I., *Documentos para la Historia Argentina* ,t. XIX, Buenos Aires, 1927.

HANKE, Lewis., *La lucha por la Justicia en la conquista de América*, Buenos Aires, 1949.

LOZANO, Pedro, S.I., *Historia de la Compañia de Jesús de la Provincia del Paraguay*, t. I-II , Madrid, 1754-5 (Copia anastática, Westmead, Inglaterra, 1970)

MARAVALL, J. A., *Reformismo socialagrario en la crisis del siglo XVII. Tierra, trabajo y salario según Pedro de Valencia,* en: Maravall, J. A.: *Utopía y reformismo en la España de los Austrias*, Madrid, 1982, pp. 247-303.

NEUSCHÄFER Hans Jürgen: *La ética del Quijote. Función de las novelas Intercaladas*, Madrid, Ed. Gredos, 1999.

PACHECO, Juan Manuel, S.I.: *Los jesuitas en Colombia*, vol. I, Bogotá, 1959.

PASTELLS, Pablo, S.I., *Historia de la Compañia de Jesús en la Provincia del Paraguay [...] según los documentos originales del Archivio General de Indias.* Continuación por F. Mateos, S.I., 9 vols., Madrid, 1912-1949.

PÉREZ MARTÍN, Maria J., *Margarita de Austria, Reina de España*, Madrid, Espasa-Calpe, 1961.

PIRAS, Giuseppe, *La Congregazione e il Collegio di Propaganda Fide di J. B. Vives, G. Leonardi e M. de Funes*,

Roma, Università Gregoriana Editrice, 1976.

Id.: *Martín de Funes S.I. (1560-1611) e gli inizi delle riduzioni dei gesuiti nel Paraguay*. Roma, Edizioni di Storia e Letteratura, 1998.

REINHARD, Wolfgang, *Papstfinanz und Nepotismus unter Paul V. (1605-1621)*, 2 vols., Stuttgart, Hiersemann, 1974.

RODRIGUEZ G. DE CEBALLOS, A., S.J., *Estudios del barroco salmantino. El Colegio Real de la Compañía de Jesús*, Salamanca, 1985.

VARGAS UGARTE, Rubén, S.I., "El P. Diego de Torres y el Cardenal Federico Borromeo", *Boletín del Instituto de investigaciones historicas*, Buenos Aires, XVII, 1934, pp. 59-82.

DELINQUIR ESCRIBIENDO.
ESCRITURAS INFAMANTES Y REPRESIÓN INQUISITORIAL EN LOS SIGLOS DE ORO[1]

Antonio Castillo Gómez
Universidad de Alcalá-SIECE

> La palabra en los muros es una palabra impuesta por la voluntad de alguno, sitúese arriba o abajo, impuesta a la mirada de todos los demás que no pueden dejar de verla o de recibirla.
>
> Italo Calvino[2]

1. Escrituras criminales

Cuando se estudia la represión ideológica y cultural llevada a cabo por la Inquisición hispana en la Edad Moderna, es muy común considerarla asociada a su faceta más llamativa: la condena, prohibición y persecución de libros, lecturas y, sobre todo a partir del siglo XVIII, también periódicos. No obstante, por mucho que este sea su lado más vistoso, dado el peso asignado a la cultura letrada en nuestra tradición, es evidente que la vigilancia de las opiniones y el acoso a la imaginación siempre ha ido bastante más allá de los límites establecidos por los libros e impresos de mayor enjundia conceptual y tipográfica, extendiéndose a otras expresiones más cotidianas, circunstanciales y hasta pasajeras de la palabra escrita y hablada, aunque aquí me ocupe básicamente de la primera.

En lo que concierne a la España moderna, la imposición de un determinado sistema de gobierno, una religión y un orden social se valió de una intensa maquinaria propagandística y de la consiguiente interdicción de cualquier manifestación -escrita, oral o visual- que no se atuviera a los fundamentos jurídicos y doctrinales de una sociedad tan cerrada y dogmática como lo era aquella. Por eso, los usos privilegiados de cierta libertad y los testimonios de toda clase de disidencia nos avisan de batallas individuales y de concretas situaciones de

---

[1] Este trabajo se inscribe en el marco del proyecto de investigación *Cultura escrita y espacio público en la ciudad hispánica del Siglo de Oro*, concedido por el Ministerio de Educación y Ciencia (HUM2005-07069-C05-03/HIST)

[2] Calvino, Italo: *La ciudad escrita: epígrafes y graffiti* (1980), en su libro: *Colección de arena*, Madrid, Siruela, 1998, p. 123.

trasgresión[3], pero difícilmente pueden aducirse para suavizar el rigor del discurso represivo o para hacer que las excepciones se conviertan en norma. Valorar el rol desempeñado por las individualidades en el devenir de la historia y, en suma, las distintas posibilidades de la crítica y el disenso frente a lo impuesto, no debe excluir ni siquiera orillar el reconocimiento del carácter intolerante de un sistema político y religioso amparado en una doctrina racial y cristiana. Téngase en cuenta, según palabras de Teófanes Egido, que "si por tolerancia se entiende la convivencia pacífica y plural con el disidente y con las disidencias, el consentir ideas, doctrinas y posiciones dogmáticas desviadas de las ortodoxias dominantes no podía tener cabida ni aposento en aquellos universos mentales irreconciliables con lo que se consideraba error"[4].

Puesto que en otros trabajos anteriores he planteado distintas aproximaciones a la temática y a la tipología de las principales muestras de la escritura expuesta, monumental o no[5], esta vez quiero incidir en la argumentación dada al discurso prohibicionista e intolerante empleado respecto a buena parte de los libelos, pasquines y *graffiti* inscritos en el palimpsesto mural de las ciudades hispanas de los siglos XVI y XVII. No entraré, pues, en lo específico de cada acto de escritura sino en las razones alegadas para perseguirlas y decretar que fueran retiradas o borradas de los muros donde fueron exhibidas a la vista de todos, como se encargaban de recordar en cada edicto o expediente sobre el particular.

El delito perpetrado por dichas escrituras emanaba de la injuria, la blasfemia, la rebeldía o la disidencia declarada en ellas; mientras que su gravedad estaba directamente relacionada con el modo empleado para darles difusión, que tanto podía ser la fijación de un pasquín o libelo en cualquier pared como su distribución callejera o la ejecución de un *graffiti* normalmente a carboncillo. Verse infamado, criticado, calumniado o agredido en la fe, el poder o la honra de forma tan pública y manifiesta no era, desde luego, plato de buen gusto ni para las autoridades ni para los particulares aludidos. De ahí la calificación criminal imputada a dichos escritos según se refleja en la definición misma de la voz *libelo* en el *Tesoro de la lengua castellana o española* (1611) de Sebastián de

---

[3] Peña Díaz, Manuel: *Normas y transgresiones. La cultura escrita en el Siglo de Oro*, en González Sánchez, Carlos Alberto y Vila Vilar, Enriqueta (comps.): *Grafías del imaginario. Representaciones culturales en España y América (siglos XVI-XVIII)*, México, Fondo de Cultura Económica, 2003, pp. 120-139; y *Libros permitidos, lecturas prohibidas*, en: Franco Rubio, Gloria A. (coord.): *De mentalidades y formas culturales en la Edad Moderna*, Madrid, Universidad Complutense, 2002 (Cuadernos de Historia Moderna. Anejos, Anejo I), pp.85-101.

[4] Egido, Teófanes: *Época moderna: de los confesionalismos a la tolerancia,* en: *La tolerancia en la historia*, Valladolid, Universidad de Valladolid, 2004, p. 67.

[5] Castillo Gómez, Antonio:*"Amanecieron en todas la partes públicas...". Un viaje al país de las denuncias*, en: Castillo Gómez, Antonio (comp.): *Escribir y leer en el siglo de Cervantes*, Barcelona, Gedisa, 1999, pp. 143-191; "Entre le public et le privé. Strategies de l'écrit dans l'Espagne du Siècle d'Or», *Annales. Historie, Sciences Sociales*, 56 (2001), 4-5, pp. 803-829; "Cultura escrita y espacio público en el Siglo de Oro", *Cuadernos del Minotauro*, 1 (junio 2005), pp. 33-50; y *Entre la pluma y la pared. Una historia social de la escritura en los Siglos de Oro*, Madrid, Akal, 2006, caps. VII y VIII.

Covarrubias: "Este crimen es muy grave, y assí se castiga con mucha severidad"[6]. Nótese que la palabra "crimen" designaba al "pecado grave", "dize más que delicto" e igualmente al "que se comete contra Dios o contra el rey". Así pues, lo dicho se ajustaba plenamente a la doctrina moral y jurídica de una forma de Estado que tuvo un ingrediente fundamental en la religión, capaz al tiempo de "guiar éticamente el trabajo político del príncipe, inculcar en él el sentido del deber y la diligencia obligatorios en el buen pastor, y dotarle con el don de la justicia cristiana"[7]. Estos eran a la postre los atributos de la "cristiana razón de Estado" sobre la que se cimentó la monarquía española durante aquellos tiempos.

Además de la consideración criminal de tales escritos, cuya gravedad llevó incluso a situarlos inmediatamente después del homicidio[8], dichas normas establecían la retirada inmediata de pasquines y libelos al igual que el borrado de los textos pintados en las paredes, la investigación de los autores y, conocidos éstos, su consiguiente castigo, a menudo completado con la pena de excomunión. Así se contemplaba en las constituciones del Sínodo de Astorga de 1553, cuyo capítulo "De sententia excommunicationis" incluía la siguiente disposición sobre "Los que hazen libellos famosos":

> "Otrosí, ordenamos que qualquier o qualesquier personas que contra los clérigos compusieren o hizieren libellos famosos, o los mandaren componer, incurran por el mismo hecho en sentencia de excomunión. Y esta mesma pena ayan los que los hallaren compuestos y no los rasgaren luego sin tardança"[8 bis].

Un proceder habitual que se corresponde con el acuerdo adoptado por el sínodo celebrado en la catedral de Lérida, a iniciativa del obispo y predicador real fray Pedro de Santiago, el día 29 de mayo de 1645, en lo tocante a la difusión, lectura y posesión de los libros -impresos y manuscritos- y libelos infamatorios publicados contra Felipe IV incitando al levantamiento de Cataluña:

> "Que nadie lea ni oyga leer libros o papeles impressos o de mano que abonassen o persuadiessen el levantamiento de Cathaluña y que el que los tuviere nos lo entregue, sopena de escomunión.
>
> Y porque con algunos libros que se han impresso, llenos de mentiras y doctrinas escandalosas y proposiciones erróneas, han procurado fomentar su levantamiento y justificar las causas dél, haviendo libellos infamatorios contra su Magestad (que Dios guarde), contra su Govierno y Ministros, valiéndose de lugares de la Sagrada Escritura, esplicando con sentidos falsos y profanos [...]. Por

---

[6] Covarrubias, Sebastián de: *Tesoro de la lengua castellana o española*, edición de Martín de Riquer, Barcelona, Alta Fulla, 2003, p. 764. Las citas de esta obra remiten siempre a la presente edición.

[7] Fernández-Santamaría, José Antonio: *Razón de Estado y política en el pensamiento español del Barroco (1595-1640)*, Madrid, Centro de Estudios Constitucionales, 1986, p. 76.

[8] Al menos así se contemplaba en las *Constituiçoens synodaes do arcebispado de Braga, ordenadas no anno de 1639*, Lisboa, Miguel Deslandes, 1697, p. 649.

[8 bis] García y García, Antonio (dir): *Synodicon Hispanum*, III, *Astorga, León y Oviedo*, Madrid, BAE, 1984, p. 219. Sínodo de Astorga de 1553, libro V, título VIII. Debo la noticia a Santiago Rodríguez Guillén.

tanto mandamos [...] que nadie tenga en su poder, ni lea, ni oyga leer libro ni papel alguno, aora sea de imprenta o de letra de mano, en que justifique, exhorte, amoneste, aconseje y anime el levantamiento de este Principado y a la continuación de la guerra, y que el que supiere de coro algunas cosas de estos libros o papeles no pueda relatarlas ni nadie oýrlas"[9].

Tras el carácter infamante atribuido por lo común a muchos de dichos escritos estaba no sólo las afrentas personales, objeto primordial de los libelos famosos o de "vecinos"[10], sino más bien el cerco levantado ante toda opinión que entrañara algún disenso político o religioso. De los tres factores formulados por Leo Löwenthal para explicar la reiteración de la quema de libros a lo largo de la historia, esto es, la voluntad de destruir o manipular la memoria, la purificación de la sociedad en términos raciales, ideológicos, religiosos o culturales, y la eliminación del sujeto considerado disidente[11]; la primera y la segunda son las que más intervinieron en la prohibición de libelos, pasquines y *graffiti*. Por un lado, en algunas circunstancias, sobre todo cuando se trataba de escritos panfletarios, la criminalización y consiguiente retirada de las calles conllevaba el objetivo de construir una determinada memoria de los acontecimientos mediante el silencio de las voces discrepantes. Dicha lectura, desde luego, se desprende de las normas dictadas para prohibir la libre circulación de pasquines y libelos en los episodios de máxima conflictividad, y así puede deducirse, en el marco de la sublevación catalana contra Felipe IV, del acuerdo adoptado el 14 de julio de 1640 por la Junta de Ejecución de Aragón para impedir la difusión de manifiestos y panfletos sediciosos, a la vez que se nombró una comisión especial encargada de examinar e informar sobre los que estaban circulando[12]. Por otro lado, la persecución de los escritos callejeros que cuestionaban los despilfarros de la Monarquía, los abusos de los gobernantes, la injusticia de determinados impuestos, el comportamiento de las autoridades eclesiásticas, la hipocresía moral o la intolerancia religiosa y cultural respondía al propósito claro de higienizar la sociedad tratando de adecuarla a la ideología y moral impuestas.

---

[9] *Constituciones Synodales del obispado de Lérida. Hechas en el Synodo que ha celebrado en la Cathedral, en 29 de mayo de 1645 Año, el Illustríssimo y Reverendíssimo Señor Don F. Pedro de Santiago, su Obispo y predicador de su Magestad*, Lérida, 1645, fol. 13. Cfr. Agustí, Alfred: *Llengua i Església a la Lleida del XVI al XVIII*, Lérida, Universidad de Lleida, Servicio de Publicaciones, 1995, p. 92.

[10] Bouza, Fernando: *Corre manuscrito. Una historia cultural del Siglo de Oro*, Madrid, Marcial Pons, 2001, pp. 113-125.

[11] Löwenthal, Leo: *I roghi dei libri. L'eredità di Caliban*, Génova, Il Melangolo, 1991 (ed. original alemana, 1984). Véase también Gimeno Blay, Francisco M.: *Quemar libros..., ¡qué extraño placer!*, Valencia, Universitat de València, Seminari Internacional d'Estudis sobre la Cultura Escrita, 2001 (Arché, 8).

[12] Archivo de la Corona de Aragón, Barcelona, Consejo de Aragón, Leg. 287, nº 24. Cfr. Elliott, John H.: *La rebelión de los catalanes. Un estudio sobre la decadencia de España (1598-1640)* [1963], Madrid, Siglo XXI, 1977, p. 417.

Delinquir escribiendo.
Escrituras infamantes y represión inquisitorial en los Siglos de Oro

Fig. 1. Estatua romana de Pasquino, situada en la plaza del mismo nombre. Roma.

2. Lenguaje, ámbitos y formas de difusión

Aunque el pasquín y el libelo admiten algunas matizaciones respecto a su contenido y materialidad pues los primeros inicialmente eran composiciones poéticas de tono satírico y a menudo obsceno, la práctica cotidiana tendía a equiparlos[12 bis]. Covarrubias lo hace al señalar que los primeros tomaban su nombre

---

[12 bis] Niccoli, Ottavia: *Rinascimento anticlericale. Infamia, propaganda e satira in Italia tra Quattro e Cincuecento,* Roma-Bari, Laterza, 2005, pp. 36-37.

de la estatua donde el artesano romano Pasquino acostumbró a poner sátiras criticando a la Iglesia y a la aristocracia [fig. 1], ya que allí solían colgarse "libelos infamatorios; de donde vino llamar pasquines los tales libelos"; añadiendo que dichos mensajes lo eran "en perjuizio de personas particulares y de los que goviernan y administran la justicia". Igualmente, al ocuparse del *libelo*, vuelve a cargar las tintas sobre su carácter infamante y precisa que se trata de escritos "que sin autor se publican, o fixándolos en colunas y esquinas de lugares públicos o esparciéndolos por las calles y lugares públicos". En cuanto a los *graffiti*, el término más próximo contemplado en el *Tesoro* es *rétulo* (o *rótulo*), una de cuyas acepciones designaba la "vanda ancha en que se escribe algún epitafio u otra cosa". El mismo vocablo lo empleó también el jesuita Martín de la Naja en su relato de las andanzas misioneras del padre Jerónimo López, en particular al evocar sus predicaciones por la diócesis de Teruel (1620):

> "Asiendo missión en la diócesis de Teruel, se llegó a confessar con él un ombre, y discurriendo por los Mandamientos, en llegando al segundo, que dize, «no jurarás», dixo: «aquí, gracias a Dios, no tengo de qué acusarme, porque después acá que leí esse rótulo, que se ve escrito en las esquinas de las calles, me e refrenado, de manera que no me acuerdo de aver jurado jamás desde entonces»"[13].

Más adelante, en 1651, el *misionero perfecto* se desplazó a Valencia, llamado por el arzobispo Pedro de Urbina y Montoya, para predicar en la ciudad, Universidad y cárceles. Nada más llegar se encontró de nuevo con una sucesión de "palabras y cosas obscenas y lascivas, perpetuo despertador e incentivo de pensamientos feos", que estaban "escritas y aún pintadas en las paredes, puertas y azaguanes de muchas casas, calles y plaças de la ciudad,"[14]. Prácticamente lo mismo le sucedió dos años después en Salamanca, donde, al decir de su biógrafo, "desterráronse por medio de esta missión algunos abusos, borráronse las palabras lascivas y escandalosas que se suelen escrivir en las paredes y puertas, y son ocasión de tantos pecados"[15]. Si en estos testimonios el modo de designar esas escrituras murales aludía principalmente al mensaje deshonesto y blasfemo, otras veces se hizo hincapié en la técnica empleada, normalmente la escritura manual a carboncillo: "Aquí estuvo preso el sin ventura de Juan de Yuste", decía uno inscrito en una pared de Coyoacán según anotó Cortés en su tercera *carta relatoria*, datada en dicho lugar el 15 de marzo de 1522[16]. O incluso, con un trozo de ladrillo, caso

---

[13] Naja, Martín de la: *El misionero perfecto: deducido de la vida, virtudes, predicación y missiones del...padre Gerónimo López, de la Compañía de Jesús*, Zaragoza, Pascual Bueno, 1678, p. 260.

[14] *Ibídem*, p. 276.

[15] *Ibídem*, p. 299.

[16] Cortés, Hernán: *Cartas de relación*, edición de Ángel Delgado Gómez, Madrid, Castalia, 1993, p. 337. Por supuesto no me olvido de los motes en prosa y verso, a modo de pasquines y libelos, que le zaherían cada mañana al despertarse en su palacio como tampoco de las respuestas dadas por el propio Cortés, unos y otras referidos por el cronista Bernal Díaz del Castillo en su *Historia verdadera de la conquista de la Nueva España* (1568). Cfr. Castillo Gómez, Antonio: «*Amanecieron en todas las partes públicas...*», *art. cit.*, pp. 169, 181-182.

del que llevaba en la faltriquera el conde de Salinas y con el escribió, en 1561, en una pared de una de las salas del Palacio Real, indignado por las continuas veces en que fue convocado y despedido por Felipe II, al parecer ocupado siempre en asuntos de mayor trascendencia, el siguiente texto:

> "Donde no hay verdad, no hay razón;
> donde no hay razón, no hay consejo;
> donde no hay consejo, no hay justicia;
> donde no hay justicia, no hay rey"[17].

Tanto las anteriores menciones a estas modalidades de escritura como otras que pueden hallarse en los relatos de viajes y en la literatura de avisos es muy normal que incidan en el carácter comúnmente anónimo de las mismas; de ahí que en el curso de los expedientes abiertos por la fijación o distribución de pasquines y libelos, ya que de los *graffiti* las noticias son siempre más escasas, fuera habitual el desarrollo de una pericia caligráfica con el propósito de desvelar la identidad del infamante[18]. Así, con motivo del proceso incoado por la Inquisición de Granada a raíz de la colocación, en las casas del cabildo de dicha ciudad, de un libelo contra la virginidad de María el jueves santo 4 de abril de 1640, una de las pruebas efectuadas consistió en el cotejo de la grafía de dicho libelo con la de otro similar aparecido por las mismas fechas en Santiago de Compostela, llegándose a la conclusión de que "en nada es semejante la letra a la del que se puso en esta çiudad"[19].

Por otro lado, también es normal que se recalque la vía de difusión empleada, bien fuera la fijación en columnas, esquinas, paredes y puertas o arrojándolos a las calles a la manera de esos "papeles rotos" a los que tan aficionado lector era el mismo Cervantes[20]. En este sentido, las causas judiciales por la publicación de libelos infamantes suelen hacerse eco de que éstos se habían "oído divulgar" o se divulgaban y mostraban a distintas personas, como se apunta

---

[17] Archivo de Medina Sidonia, Sanlúcar de Barrameda (Cádiz), Leg. 4348. Cfr. Álvarez de Toledo, Luisa Isabel: *Alonso Pérez de Guzmán, general de "La Invencible"*, Cádiz, Universidad de Cádiz, Servicio de Publicaciones, 1994, vol. II, p. 184. Otros testimonios de *graffiti* en Bouza Álvarez, Fernando: "Espacios del manuscrito en la Europa altomoderna", en Ventura, María de Graça Mateus (coord.): *Os espaços de sociabilidade na Ibéro-América (sécs. XVI-XIX)*. Lisboa, Edições Colibri; Instituto de Cultura Ibero-Atlántica, 2004, pp. 194-195.

[18] Aunque referidos a Italia, en relación con este asunto pueden verse los trabajos de Evangelisti, Claudia: "«Libelli famosi»: processi per scritte infamanti nella Bologna di fine '500", *Annali della Fondazione Luigi Einaudi*, XXVI (1992), pp. 181-239; y "«Accepto calamo, manu propria scripsit». Prove e perizie grafiche nella Bologna di fine Cinquecento", *Scrittura e civiltà*, XIX (1995), pp. 251-275.

[19] Archivo Histórico Nacional, Madrid [AHN], Inquisición, Leg. 2628, exp. 75, Granada, 31 de julio de 1640.

[20] Castillo Gómez, Antonio: "«Aunque sean los papeles rotos de las calles". Cultura escrita y sociedad en el *Quijote*", *Revista de Educación,* Número extraordinario (2004), *El Quijote y la educación*, pp. 67-76.

en la acusación formulada por dicho delito contra el corredor y tratante Cristóbal Liranzo, vecino de México[21]. Es notorio que numerosos pasquines corrieron de mano en mano en copias manuscritas e impresas, e igualmente que solían leerse en alto y hasta memorizarse, incrementando así su incidencia social, máxime si el mensaje contenía alguna crítica contra la religión y el poder o sus respectivas instituciones y autoridades. La Inquisición, por ello, promulgaba en cada caso el correspondiente edicto con el fin de perseguir a los autores y de recoger los libelos, según revela, por ejemplo, el expediente contra el afamado Guillén de Lamporte[22].

Resultado de ello era un público tan vasto e indeterminado como el que integraban los transeúntes de la ciudad y los corrillos que se formaban en plazas y esquinas, algo muy distinto a la recepción alcanzada por aquellos textos cuya distribución seguía canales más restringidos o sólo frecuentados por las minorías letradas. Dicha circunstancia aumentaba la gravedad de la infamia, la disidencia o la blasfemia, de suerte que la forma de circulación callejera fue uno de los factores que más pesaron a la hora de censurar y condenar dichos escritos. En otro de los procesos instruidos por la Inquisición de Nueva España, concretamente el que concernía a Gabriel de Arrieta, maestresala del obispo de Puebla, acusado por la divulgación de ciertos libelos contrarios al Santo Oficio, se señala expresamente que "lo que más agravaba su delicto es que, con señales de gran regozijo, anduvo en la dicha çiudad de los Ángeles publicando los dichos libelos por las plaças y portales de mercaderes, ofreçiendo traslados de ellos a todas las personas que se los pedían, diziéndoles que ya los inquisidores no podían conoçer de las causas criminales de los familiares sino que los habían de remitir a la justiçia seglar"[23].

Volviendo al citado episodio granadino, el edicto promulgado el día 7 de abril por los inquisidores de dicho distrito, que fue leído y publicado en la Catedral, iglesias y monasterios de la ciudad de Granada para que todo aquel que supiera, entendiera, hubiere oído o tuviese algún indicio sobre el particular lo notificara a los ministros del citado tribunal bajo pena de excomunión [fig. 2], tenía por objeto dar a conocer:

> "[…] que en el dicho Santo Oficio se procede a la averiguación y castigo de la persona o personas que han sido culpadas en aver escrito y fixado o hecho escribir y fixar, en algunas partes públicas de esta ciudad, ciertos carteles el Iueves Santo próximo passado en la noche contra la virginidad y pureza de la Virgen Santíssima María nuestra Señora, con palabras blasfemas, heréticas, impías y sacrílegas, y aclamando la muerta y caduca ley de Moysén y menospreciando la verdadera de nuestro redentor Iesu Christo"[24].

---

[21] Archivo General de la Nación, México [AGN], Inquisición, vol. 267, exp. 14, año 1602, fol. 64r.
[22] AHN, Inquisición, Leg. 1729 (1), exp. 5, fol. 144.
[23] AGN, Inquisición, vol. 463, exp. 1, año 1602, fol. 25v.
[24] AHN, Inquisición, Leg. 2628, exp. 26.

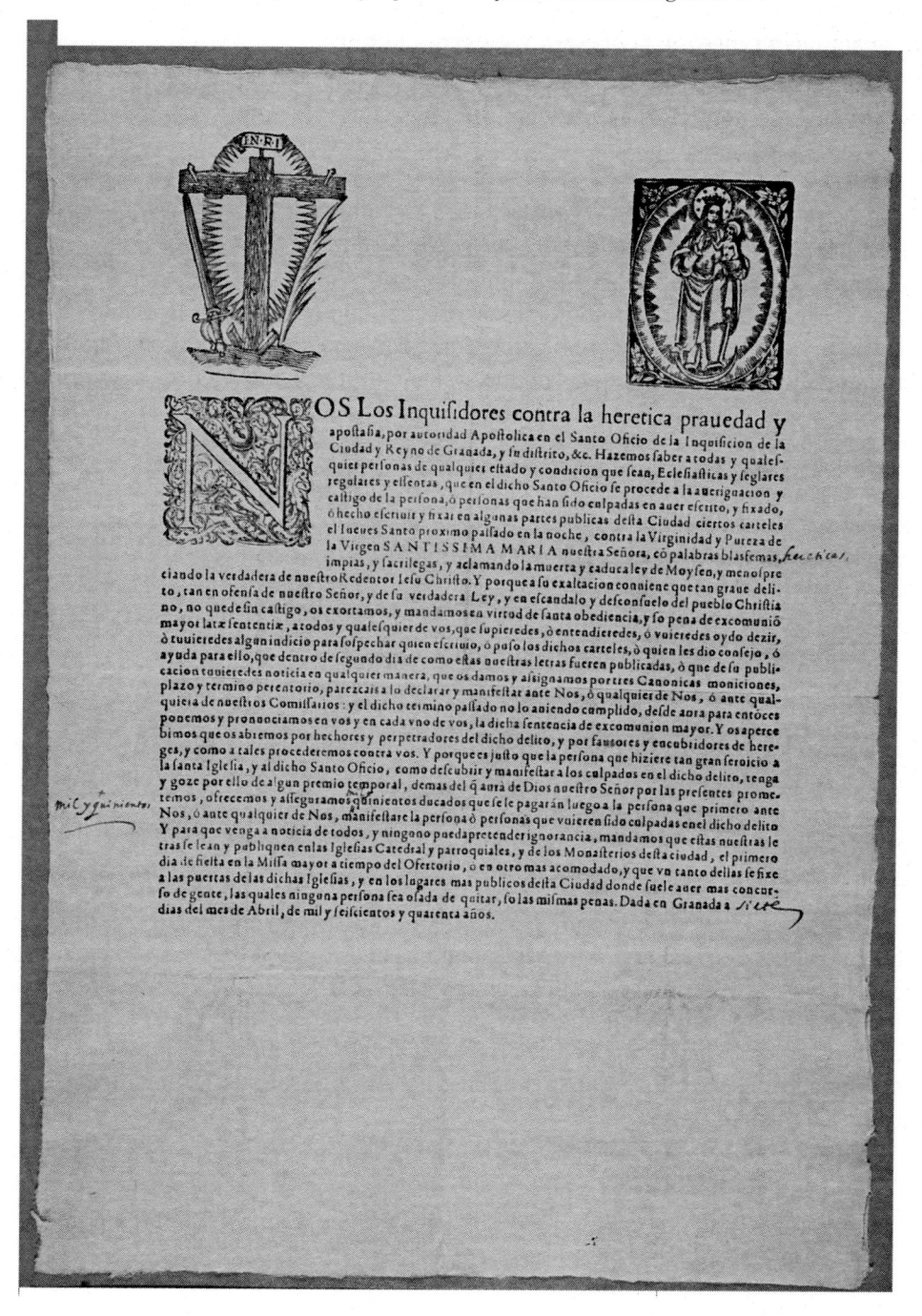

Fig. 2. Edicto de la Inquisición de Granada en relación al libelo infamante contra la virginidad de María y a favor de la ley de Moisés. Granada, 7 de abril de 1640.
AHN. Inquisición, leg. 2628, exp. 26.

3. Disidencia religiosa, represión y escarnio público

Debido a la naturaleza esencialmente teocrática de la monarquía hispana, los libelos, pasquines y *graffiti* insultantes hacia la fe católica fueron objeto de especial vigilancia, represión y castigo. Frente a la blasfemia, la herejía, la impiedad y el sacrilegio, la razón cristiana de Estado requería actuar con la máxima severidad y extirpar el mal infringido por dichas ofensas con el fin de restaurar el orden quebrantado. Antes recordaba el caso de las pintadas lascivas y escandalosas que parecían perseguir al padre Jerónimo López allí donde éste llegaba a predicar. Cuando así acontecía, el sermón de esas jornadas tenía por asunto la exhortación a los fieles y, en especial, a las elites urbanas para que cancelaran dichas pintadas, amenazando que en caso de no hacerlo él mismo procedería a ello, "discurriendo por las calles, con una olla de cal mezclada con agua, borrando estas fealdades abominables con una escobilla"[25].

Entre los numerosos expedientes inquisitoriales que pueden traer a colación con idéntico propósito quisiera retomar algunos aspectos de la violenta reacción antijudía desencadenada por la publicación del susodicho libelo granadino "contra la virginidad y pureza de la Vírgen Santíssima María, Nuestra Señora, con palabras blasfemas, heréticas, impías y sacrílegas, y aclamando la muerta y caduca ley de Moysés, y menospreciando la verdadera de nuestro Redentor Iesu Christo"[26], cuyo eco alcanzó a numerosas ciudades andaluzas, entre ellas Málaga, Jérez de la Frontera, Cádiz, Puerto de Santa María, Écija y Sevilla. Si bien el episodio ha merecido el interés de algunos historiadores por su significación en cuanto al problema converso, en especial Juan Ignacio Pulido, quien lo ha estudiado sobradamente desde esta perspectiva[27], vale la pena incidir en determinados puntos relacionados con los límites establecidos a la expresión pública de la disidencia religiosa.

Por eso, antes de seguir, parece oportuno transcribir el texto del libelo a partir de la copia extendida por el escribano Mateo Ruiz de Rojas, que según este "concuerda con el orijinal que queda en la cámara del secreto del Santo Oficio", de modo que todas las irregularidades y errores ortográficos que pueden apreciarse debemos suponer que estaban en el original, perdido o al menos no insertado en la correspondencia entre los ministros de distrito y el Consejo de la Suprema que da cuenta del mismo:

> "Aunqu[e] más Trufo [Triunfo] lebantes a Mar[í]a es plublyca puta de mansebía, siudad maldita quien te dió este albritio de[s]te Triunfo desta sucia de María, iogare que no aya hermanos que la sirban, biba la ley d[e] Muizes

---

[25] Naja, Martín de la: *El misionero perfecto*, op. cit., p. 276. Castillo Gómez, Antonio: *Entre la pluma y la pared...*, op. cit., pp. 227-228.

[26] AHN, Inquisición, Leg. 2628, exp. 26 Granada, 7 de abril de 1640.

[27] Pulido, Juan Ignacio: "La fe desatada en devoción: proyección pública de la Inquisición en Granada (1640)", *Torre de los Lujanes*, 40 (1999), pp. 95-108.

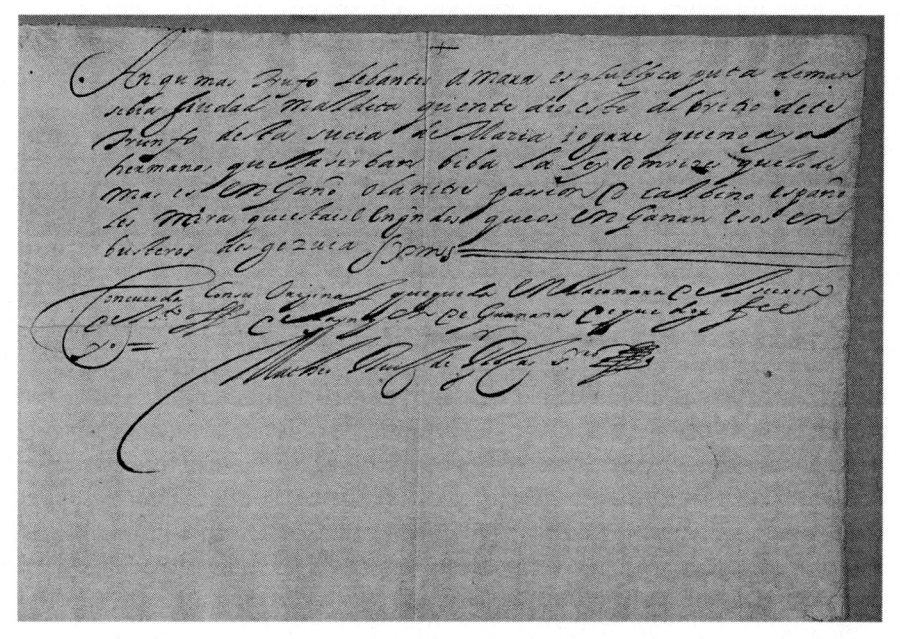

Fig. 3. Copia notarial del libelo infamante contra la virginidad de María y a favor de la ley de Moisés fijado en las casas del cabildo el jueves santo 4 de abril de 1640. AHN, Inquisición, leg. 2628, exp. 26.

que lo demás es engaño o la nitre *(sic)* passión de Calbino, españoles mira que estáis e eng[a]n[a]dos, que os enganan esos enbusteros desgezuia synus *(sic)*" [fig. 3][28].

Las averiguaciones efectuadas concluyeron descubriendo al autor del libelo, a la sazón Francisco Alejandro, ermitaño del santuario de Nuestra Señora del Triunfo, que el Ayuntamiento había mandado construir en 1602 para impulsar la devoción mariana. El fraile, en efecto, admitió que "lo escribió y reconoció ser suyo, escrito de su mano y letra, y que le puso con intento de que la ciudad acabase la obra del Triunfo y se aumentase la deboçión de la Virgen"[29]. Pero antes de ello, las primeras sospechas se dirigieron contra los judaizantes portugueses y parece que tan sólo el rey Felipe IV expresó alguna reserva, escribiendo lo que sigue en el margen de una de las consultas que le llegaron sobre dicho asunto: "no creo que nazca de los judíos esto, sino de alguna que por odio suyo lo ha puesto"[30].

---

[28] AHN, Inquisición, Leg. 2628, exp. 26; Lib. 535, fol. 217. Esta transcripción presenta algunas variantes respecto a la propuesta por Pulido, Juan Ignacio: "La desatada en devoción…", *art. cit.*, p. 95, nota 2. Entre corchetes se han reconstruido algunas letras con el fin de facilitar la lectura y comprensión del texto.

[29] AHN, Inquisición, Leg. 2628, exp. 55; Pulido, Juan Ignacio: "La fe desatada en devoción…", *art. cit.*, pp. 100-101.

[30] AHN, Inquisición, Libro 535, fol. 215r.

Este suceso es uno de los muchos, o bastantes, procesos antijudíos que se dieron por aquellos años y, en general, durante el reinado de Felipe IV, mayormente por el recrudecimiento del problema converso tras la anexión española de Portugal y la consiguiente huida de numerosos judaizantes de aquel país[31]. Como ha recordado Juan Ignacio Pulido, en el mismo año de 1640, en las puertas de la catedral de Santiago de Compostela también aparecieron colgados unos carteles negando la ley de Cristo y vitoreando la de Moisés, los cuales fueron inmediatamente respondidos por los feligreses de la corte de Madrid[32]. En fin, del mismo tenor fue el pasquín antijudío "Viva a lei de Moizes", colgado en las puertas de las iglesías de Santarem el domingo 27 y el lunes 28 de marzo de 1689[33].

La acusación y actuaciones desplegadas en circunstancias de esta guisa entran de lleno en el ámbito de la higienización social pretendida por los estados confesionales. Establecer una verdad religiosa es siempre incompatible con el respeto hacia otras creencias, pues la aceptación de éstas implicaría admitir que existen otras opciones de salvación fuera de la ordenada por la fe impuesta y, por lo tanto, podría conducir a la pérdida del control sobre las almas y las vidas. Este, sin duda, era uno de los objetivos perseguidos por la represión de las escrituras infamantes, al igual que, en un orden complementario, también lo fue la decisión de incluir las traducciones vulgares de la Biblia en el Índice de libros prohibidos de Paulo IV (1558) y, por lo que hace a la monarquía española, en el de Valdés del año siguiente[34].

En el terreno de las coincidencias que pueden apreciarse en la movilización social acarreada por la difusión de esta gama de escritos, lo mismo que la ofensa perpetrada por los *graffiti* infamantes de Salamanca fue respondida con otros *rótulos* que "sirvieron de freno a los juradores"[35], la herejía plasmada en el libelo granadino motivó la exhibición pública de otras escrituras de mensaje claramente opuesto destinadas a restaurar el orden; amén, claro está, de las manifestaciones devotas convocadas para que los fieles expresaran su defensa de la fe impuesta frente a quienes la habían agredido. De un lado, las elites granadinas "hicieron una

---

[31] Pulido Serrano, Juan Ignacio: *Injurías a Cristo. Religión, política y antijudaísmo en el siglo XVII (Análisis de las corrientes antijudías durante la Edad Moderna)*, Alcalá de Henares, Universidad de Alcalá, Instituto Internacional de Estudios Sefardíes y Andalusíes-Servicio de Publicaciones, 2002; y *¿Sacrilegios judíos? Análisis de un modelo antisemita*, en: Joan i Tous, Pere y Nottebaum, Heike (eds.): *El olivo y la espada. Estudios sobre el antisemitismo en España (siglos XVI-XX)*, Tübingen, Max Niemeyer Verlag, 2003, pp. 175-194.

[32] Pulido Serrano, Juan Ignacio: *¿Sacrílegos judíos?...*, art. cit., pp. 191 y 193.

[33] Instituto dos Arquivos Nacionais/Torre do Tombo, Lisboa, Inquisição de Lisboa, Liv. 258, "Cadernos do Promotor", fol. 296; Castillo Gómez, Antonio: *"Amanecieron en todas las partes públicas..."*, art. cit., pp. 155 y 176, donde se reproduce.

[34] Fragnito, Gigliola: *La Bibbia al rogo. La censura ecclesiastica e i volgarizzamenti della Scrittura (1471-1605)*, Bolonia, Il Mulino, 1997; Fernández López, Sergio: *Lectura y prohibición de la Biblia en lengua vulgar. Defensores y detractores*, León, Universidad de León, 2003; y Fragnito, Gigliola: *Proibito capire. La Chiesa e il volgare nella prima età moderna*, Bolonia, Il Mulino, 2005.

[35] Naja, Martín de la: *El misionero perfecto*, op. cit., p. 299.

máscara muy galante en festejo de Nuestra Señora del Triunfo", que pasearon por toda la ciudad, a la vez que "en las partes públicas iban fijando carteles de madera" que mostraban el "nombre de María con letras de oro en canpo açul y en cada una un atributo por escudo"[36]. De otro, el comisario del Santo Oficio, Gabriel Rodríguez de Escabias, escribió un discurso, difundido por vía impresa, "en defensa de nuestra santa fe cathólica, por los herrores que contra ella se publicaron en esta ciudad"[37]. Es similar a lo que solía acontecer cuando el daño causado por las coplas deshonestas que se cantaban por las calles se trataba de evitar con la prohibición de las mismas y con el canto de otras más decentes. Pedro de León cuenta del padre Diego de Guzmán que, durante sus misiones por Andalucía a mediados del siglo XVI, le escribió una carta dándole noticia de que en sus visitas a las escuelas de niños con el propósito de instruirles en el catecismo, también les enseñaba "algunas coplitas devotas para que las cantaren por las calles, en lugar de los cantares deshonestos que suelen cantar los que no están bien doctrinados y enseñados en la virtud"[38].

El espacio urbano se convirtió, en suma, en el lugar donde se explicitó tanto la infamia como la sanción de ésta y hasta su eventual conjura por medio de otras escrituras dotadas del mismo significado mágico-religioso comúnmente asignado a determinadas oraciones y reliquias escritas[39]. Y naturalmente en el escenario donde tenía lugar el escarnio público con fines ejemplarizantes y moralizadores, también con el concurso de diversas escrituras expuestas o exhibidas. Recuérdese que algunos delincuentes solían portar colgado al cuello un cartel con la noticia del delito cometido, como el que tuvo que pasear por las calles de Barcelona Gabriel Monclús, natural de la villa de Maella, después de haber robado el órgano de la iglesia de Santa Caterina[40]. En el mismo terreno de la infamia religiosa en el que nos hemos movido a lo largo de estas páginas, bastaría con señalar las disposiciones eclesiásticas referentes a las tablas de excomulgados y pecadores que debían exponerse en las puertas de las iglesias[41]; y, por supuesto, los sambenitos con que cargaban algunos reos inquisitoriales, primero por las calles que conducían al lugar donde se iba a celebrar el correspondiente auto de fe

---

[36] Henríquez de Jorquera, Francisco: *Anales de Granada. Descripción del Reino Ciudad de Granada. Crónica de la Reconquista (1482-1492). Sucesos de los años 1588 a 1646*, facsímil de la edición de Antonio Martín Ocete (1934) con estudio preliminar de Pedro Gan Giménez, Granada, Universidad de Granada-Ayuntamiento de Granada, 1987, vol. II, p. 851.

[37] AHN. Inquisición, Leg. 2628, exp. 67, Granada, 10 de julio de 1640.

[38] León, Pedro de: *Grandeza y miseria de Andalucía: testimonio de una encrucijada histórica (1578-1618)*, edición, introducción y notas de Pedro Herrera Puga, prólogo de Antonio Domínguez Ortiz, Granada, Facultad de Teología, 1981, p. 179.

[39] Marquilhas, Rita: *"Orientación mágica del texto escrito"*, en Castillo Gómez, Antonio (comp.): *Escribir y leer en el siglo de Cervantes, op. cit.*, pp. 111-128; y Bouza, Fernando: *Corre manuscrito, op. cit.*, pp. 85-108.

[40] *Barcelona en temps dels Austries. La vida a la ciutat en el Renaixement i el Barroc, 1492-1714*, Barcelona, Ajuntament de Barcelona, Museu d'Història de la Ciutat, 1996, p. 152, reproducción.

[41] Castillo Gómez, Antonio: *Entre la pluma y la pared, op. cit.*, pp. 212-220.

condenatorio y, tras pronunciarse la sentencia, colgados en las iglesias para que la "memoria de la infamia" se perpetuara y trasmitiera a las generaciones venideras:

> "Manifiesta cosa es que todos los sambenitos de los condenados vivos y difuntos, presentes o ausentes, se ponen en las iglesias donde fueron vecinos y parroquianos al tiempo de la prisión, de su muerte o fuga, y lo mismo se hace en los de los reconciliados, después que han cumplido sus penitencias y se los han quitado, aunque no los hayan tenido más de por el tiempo que estuvieron en el tablado y les fueron leídas sus sentencias, lo cual se guarda inviolablemente y nadie tiene comisión para alterarlo. E siempre se encarga a los Inquisidores que los pongan y renueven señaladamente en los Partidos que visitasen, porque siempre hay memoria de la infamia de los herejes y de su descendencia, en los cuales se ha de poner el tiempo de sus condenados y si fue de Judíos o Moros su delito o de las nuevas herejías de Martín Lutero y sus secuaces"[42].

* * *

En resumidas cuentas, los testimonios traídos a estas páginas nos advierten de la movilización política, religiosa y social suscitada por la divulgación pública de las ideas u opiniones disconformes con la razón cristiana de Estado. El hecho disidente era motivo sobrado para fundamentar una administración del espacio público cuyo corolario fue la prohibición y consiguiente persecución de aquellos escritos que no contaban con la autorización pertinente y que eran consecuencia de la libre apropiación de la escritura y, en particular, de la ciudad como ámbito de difusión. Los discursos censorios de los siglos XVI y XVII no eran del todo nuevos puesto que pueden rastrearse precedentes en distintas prohibiciones medievales. Respecto a los *graffiti*, las ordenanzas barcelonesas de 1303 prescribían "que ningú non gosi pintar, ni escriure a les tàpies o parets dels carrers o camins, i que tot el qui tingui pintades o escrits en les seves parets o tàpies que les faci treure"[43]. En cuanto a los pasquines y escritos similares, lo mismo se hizo en Valencia, en los años sesenta y setenta del siglo XV, con relación a los *albarans de commoure* que se fijaron en plazas, esquinas y otros sitios con la voluntad de alterar el orden de la ciudad y del reino[44]. De todos modos, es evidente que a partir del siglo XVI la extensión de la herejía y la consolidación del Santo Oficio como brazo ejecutor de la política racial y religiosa de la monarquía de los Austrias concluyó con un apreciable incremento de los procesos instruidos por la publicación de escrituras infamantes. Según se ha visto, escribir y colocar escritos en las paredes o arrojarlos a la calle no sólo era una actividad prohibida sino que sobre ella podían incluso recaer las penas más severas.

---

[42] *Instrucciones de don Fernando de Valdés*, Madrid a 2 de septiembre de 1561. Cfr. Jiménez Monteserín, Miguel: *Introducción a la Inquisición española*, Madrid, Editora Nacional, 1980, pp. 239-240.

[43] Battle i Gallart, Carme y Vinyoles i Vidal, Teresa: *Mirada a la Barcelona medieval des de les finestres gòtiques*, Barcelona, Rafael Dalmau, editor, 2002, p. 17.

[44] Escartí, Vicent Josep y Borràs, Marc Jesús: *"Albarans de commoure" a la València del segle XV. Sobre el usos públics i criminals de l'escriptura*, en Antoni Ferrando y Albert G. Hauf (eds.): *Miscelània Joan Fuster. Estudis de llengua i literatura*, IV, Barcelona, Publicacions de l'Abadia de Montserrat, 1991, pp. 75-96.

NELLA TIPOGRAFIA DI BOLOGNA FRA LA FINE DEL XVI E GLI INIZI DEL XVII SECOLO: LA LETTERATURA SILENCIADA DEGLI INDICI

MARIA GIOIA TAVONI
Università di Bologna

Gérard Genette, che del paratesto è colui che ha canonizzato in epoca recente concetto e fenomenologia, lascia ben poco spazio agli indici in *Seuils*, il trattato di teoria della letteratura che ancora fa parlare di sé. Confuso tra i titoli correnti, l'indice, secondo lo strutturalista francese, è un "luogo" con la funzione "di annuncio e di richiamo" di cui l'autore invita a cogliere l'utilità per la lettura e la consultazione, ma non l'indispensabilità.[1] Non vi è in Genette neppure una forte consapevolezza della differenza che vi è fra il richiamo alle partizioni del testo e la elaborazione semantica secondo prassi assai diverse venutesi elaborando dai primordi del libro a stampa fino all'età moderna, per attenerci alla cronologia e al tema prescelto. Quando un volume presenta un apparato di rinforzo al testo che consenta di meglio percorrerlo e trovarvi riscontri atti a confortarne la lettura o utilizzarne passi in sintonia con le proprie ricerche, si è di fronte ad elementi peritestuali che dovrebbero essere in qualche modo distinti anche nella terminologia. Sommario ed indice propriamente detto non sono una medesima occorrenza, come ebbero a notare gli antichi, i quali ne rilevarono altresì la profonda utilità e la complementarietà.

L'*utilitas* degli indici, sul cui concetto ho speso recentemente qualche documentata parola, era infatti ben nota e soprattutto fortemente auspicata da scrittori del calibro di Struve o di Morhof, e in Italia dai più alti eruditi dell'epoca, i quali avevano altresì chiare le macroscopiche differenze fra quelli più usati.[2]

Se non completamente *silenciada*, la letteratura sugli indici è ancora assai circoscritta e quasi sempre confinata in riviste specialistiche o in sillogi prive di alcun fondamento documentario estraneo al libro stesso. Gli studi hanno sinora puntato a determinare le prime apparizioni delle *tabulae* senza tuttavia chiedersi, se non in rari casi, in che rapporto esse stiano con l'opera e con il testo o di chi siano

---

[1] *Gérard, Genette:* Soglie. I dintorni del testo, a cura di Camilla Maria Cederna, Torino, Einaudi, 1989, pp. 310-311.

[2] Maria Gioia, Tavoni: *Sull'utilitas degli indici,* in "Paratesto", 1, (2004), pp. 13-22 e Id.: Avant Genette *fra trattati e "curiosità",* in (a cura di) Biancastella, Antonino; Marco, Santoro; Maria Gioia, Tavoni: *Sulle tracce del paratesto*, Bologna, Bononia University Press, 2004, pp. 11-18.

il risultato, ovvero se siano autoriali o editoriali, con tutto ciò che ne può derivare per lo studio dei mestieri del libro.[3]

Allo stato attuale delle indagini si può affermare, in sintesi, che ancora molte zone d'ombra restano per inquadrare storicamente il significato e l'evoluzione degli indici e che, per quanto riguarda peculiarità e strategie editoriali, solo nel caso di Aldo Manuzio si è proceduto ad analizzare come essi si presentino nel suo catalogo.[4] Un affondo per un arco cronologico esteso del Cinquecento e per più di una tipografia di un centro tipografico di rilievo, a quanto mi risulta, non è stato ancora intrapreso. Ho tentato pertanto all'interno della produzione editoriale bolognese, vergine sotto questo aspetto, a quanto è dato sapere, di provare incidenza, aspetti tecnici relativi alla confezione di un prodotto editoriale con indici, e di sciogliere alcuni nodi ancora insoluti, ma soggetti ad ipotesi plausibili. L'obiettivo che ha guidato la ricerca è quello di cogliere lo stretto rapporto fra indici e opere, cercando altresì di svelare chi si nasconda dietro le singole esecuzioni.

Va precisato dapprima che nel periodo esaminato a Bologna, ed anche in altri numerosi centri, si usano indifferentemente termini come "tabula" e/o "tavola" oppure "index" e/o "indice", senza tuttavia che essi distinguano le partizioni dell'opera o i luoghi del testo, in altre parole senza che si possa cogliere la sostanziale differenza fra sommari e indici, come si è detto.

Bologna, seconda città dello Stato pontificio, è il più dinamico centro delle legazioni. Dopo i fasti quattrocenteschi, nonostante una notevole circolazione di libri eterodossi,[5] oltre la metà del Cinquecento, fa registrare un certo declino nella produzione, complice il S. Uffizio e le sue articolazioni. I tipografi, che vengono

---

[3] Nella ricerca condotta in Italia da sei Università, compresa quella bolognese, e co-finanziata dagli Atenei e dal Ministero della ricerca scientifica e dell'università (Cofin 2003) e che ha avuto per oggetto il paratesto, di cui il presente intervento è parte integrante, gli indici hanno avuto un ruolo non secondario. Per quanto mi riguarda ho potuto dedicarmi allo studio di alcuni incunaboli giuridici provando che essi devono il loro allestimento a giuristi di grido differenti dagli autori delle singole trattazioni. Altri studiosi, fra i quali Lodovica Braida, Laura Malfatto, Carla Ida Salviati hanno trattato della loro presenza sia in epoca moderna sia in età contemporanea. Si vedano (a cura di Marco Santoro e Maria Gioia Tavoni) *I dintorni del testo. Approcci alle periferie del libro. Atti del convegno internazionale Roma, 15-17 novembre 2004 Bologna, 18-19 novembre 2004*, Roma, Accademia Editoriale, 2005 e il periodico "Paratesto", 1, 2004. Va altresì ricordato che a ridosso dei primi passi in Italia, nella rivista annuale "Nugae humanisticae", stampata a Bruxelles da le Musée de la Maison d'Erasme, vedevano la luce nel 2001 gli atti di un convegno con a tema gli indici colti sempre con una visione propria della storia del libro in età umanistica. Si segnala infine un saggio uscito durante lo svolgimento della ricerca: Carlo Maria, Simonetti: *Osservazioni sul metodo bibliografico*, Milano, S. Bonnard, [2004].

[4] *Carlo, Vecce,* Aldo e l'invenzione dell'indice, *in* Aldus Manutius and Renaissance culture. Essays in Memory of Franklin D. Murphy, Acts of on International Conference Venice and Florence, 14-17 June 1994, *edited by David S. Zeidberg with the assistance of Fiorella Gioffredi Superbi*, Firenze, Olschki, 1998, pp. 109-141.

[5] *Si veda in particolare Guido, Dall'Olio:* Eretici e inquisitori nella Bologna del Cinquecento, *Bologna, Istituto per la storia di Bologna, 1999. Può essere altresì utile rifarsi a Antonio, Battistella:* Il S. Officio e la Riforma religiosa in Bologna, *Bologna, Zanichelli, 1905.*

spesso ancora identificati con l'antico lemma di "bibliopolae" o anche semplicemente "librai", si dibattono all'interno di una normativa vincolante, quale il *Bando generale contro librari et venditori di libri*, esteso a tutto lo Stato pontificio che nel 1562 inasprì i provvedimenti resi più cogenti dal primo *Index librorum prohibitorum* romano, promulgato da Paolo IV (1559). Costretti a un giuramento sui "sacrosanti Evangeli" [6] inteso a tutelare dalle eresie la propria produzione, sono guardati a vista dalle autorità religiose preposte al controllo. Non uno scadimento, ma sicuramente una preoccupazione maggiore, con uso semmai da parte degli autori della scrittura della reticenza, per dirla con Leo Strauss[7], è la conseguenza di questo clima per coloro che si dedicano alla scelta di volumi da pubblicare perché siano immessi nel mercato locale.

Delle tre tipografie prescelte, due superano il secolo anche con gli eredi, sconfinando nel Seicento, prima che esso deflagri nel barocco che, per quanto riguarda gli elementi peritestuali, sarà caratterizzato anche a Bologna da un'orgia di ridondanze che si abbatteranno su molta produzione di centri urbani, anche dei più periferici. Le case tipografiche prese a campione sono quelle dei fratelli Giaccarelli (attiva con Anselmo, almeno a partire dal 1545),[8] dei Benacci (Alessandro e Vittorio esercitanti dal 1587 al 1629),[9] e la Società Tipografica Bolognese, che ebbe ad imprimere dal 1572 al 1586, un termine a cui sono pervenuta e che è più spostato in avanti rispetto a quello condiviso da tutta la storiografia sul tema. Qualche dato ridotto all'osso: Anselmo Giaccarelli, originario di Correggio, fu il primo, a quanto risulta, ad ottenere nel 1547 dal Senato di Bologna, l'organo di governo cittadino, un sussidio annuo per poter stampare nella città legatizia. Nel 1545, agli inizi della sua attività tipografica, Giaccarelli fece stendere dal notaio Bartolomeo Algardi un rogito che sancì la società fra lui e Bartolomeo Budrioli, figlio di un notaio. L'atto notarile era comprensivo dell'inventario di tutto ciò che serviva per l'"essercitio di stampare libri" il cui dettato normativo, ripreso con varianti, verrà riformulato nella società contratta, esattamente dieci anni dopo, con Giambattista Faelli e "figlioli". Lavorò in società anche con altri personaggi del mondo editoriale bolognese.

Alessandro Benacci è un altro protagonista della scena tipografica bolognese. Stampò con il fratello Vittorio fino al 1629, quando alla sua morte la

---

[6] *Maria Gioia, Tavoni: Il banco del libraio e lo scaffale del giurista. Carlo Trenti nella Bologna di fine Settecento, prefazione di Andrea Padovani, Bologna, Pàtron, 1993, in particolare* I centri del potere, *pp. 13-26.*

[7] *Rinviamo alla traduzione italiana Leo, Strauss:* Scrittura e persecuzione,*Venezia, Marsilio, 1990.*

[8] *Pierangelo, Bellettini:* Sugli inizi dell'attività tipografica di Anselmo Giaccarelli a Bologna, in *(a cura di) Luigi, Balsamo e Leonardo, Quaquarelli:* Sul libro bolognese del rinascimento, *"Quaderni di schede umanistiche", n. 3, Bologna, Clueb, 1994, pp. 155-180. Tutti gli approfondimenti bolognesi hanno a quadro di riferimento il volume di Albano, Sorbelli:* Storia della stampa in Bologna, *Bologna, Zanichelli, 1929, ora in edizione anastatica a cura di chi scrive (Sala Bolognese (Bo), Forni, 2003).*

[9] *P. Bellettini,* La stamperia camerale di Bologna. I. Alessandro e Vittorio Benacci (1587-1629), *in* "La Bibiofilia", XC, 1988, pp. 21-53.

ragione sociale cambiò e prese il nome solo di Vittorio Benacci, con il quale proseguì l'attività almeno sino al 1650.

Dopo due dinastie di tipografi, ho scelto una *societas* vera e propria, secondo le forme che sin dalle origini accompagnarono l'avvio delle imprese tipografico-editoriali. La Società Tipografica Bolognese è un fulgido esempio di una compagnia di nobili e di artisti, di importanti commercianti e "industriali di belle iniziative", come ebbe a definirli Albano Sorbelli, i quali affidarono soprattutto al tipografo-editore Giovanni Rossi, sulla cui valentìa non sussistevano dubbi, il compito di far decollare l'iniziativa. Nonostante il programma ambizioso, la società si attestò quasi unicamente sulle pubblicazioni di Carlo Sigonio, l'intellettuale bolognese di punta, "perno" di tutta l'intrapresa.[10]

Ma veniamo agli indici. La mappatura, allo stato della ricerca, può fornire dati attendibili, se non certi, solo fino al 1600 compreso, con l'unica eccezione di una stampa Benacci del 1623. I fratelli Giaccarelli stampano 61 pubblicazioni, di cui 15 con indici (24,5 % circa); i Benacci escono con 24 stampe, di cui 6 con indici (24,9 % circa); la Società Tipografica Bolognese, stante il catalogo offerto dal Sorbelli, ne offre 21, - almeno11 le opere del Sigonio - tutte dotate di indici.

Dalla metà del XVI secolo gli indici appaiono una tipologia paratestuale imprescindibile laddove l'opera sia di una certa complessità e si voglia pertanto facilitare il più possibile la sua fruizione, anche parziale. In anni che sono ancora di sperimentazioni e di assestamenti tipografici, la loro presenza è eloquente anche a Bologna: vengono allestiti per opere che, per loro natura e dimensione, hanno una tradizione anche nella produzione manoscritta. Sono, ad esempio, statuti e regolamenti, pubblicazioni che occupavano abbondantemente le stamperie in quegli anni e nei successivi e che uscivano per commissione. Un esempio è offerto dagli *Statuta Collegij Hispanorum Bononiae,* editi nel 1558[11] da Antonio Giaccarelli, unito all'epoca a Pellegrino Bonardo. Gli *Statuta* illustrano il regolamento del Collegio e contengono tre carte di indice, cioè l'*Index rubricarum omnium statutorum Collegii*, che segue un ordinamento di tipo testuale e dà rinvio al folio. Nell'esemplare consultato, l'indice condivide con il testo il carattere tipografico, ma si trova in un fascicolo separato non numerato. Nella copia esaminata, dopo l'indice, vi sono i nuovi statuti del 1560 (prevalentemente gli *addenda*, stampati nel 1590),[12] che proseguono la numerazione delle carte dei precedenti statuti. L'indice rompe la continuità del libro: lo si può considerare

---

[10] Sulla società si vedano: Albano Sorbelli, Carlo Sigonio e la Società tipografica bolognese, in "La Bibliofilia", XXIII, 1922, pp. 95-105.

[11] Biblioteca Comunale dell'Archiginnasio di Bologna (d'ora in poi BCAB) coll.: 17. O. III. 2 (Edit 16: CNCE 12766): Statuta Collegij Hispanorum Bononiae; Bononiae, Antonius Giaccarellus, Peregrinus Bonardus socii excudebant MDLVIII.

[12] All'edizione del 1558, sono stati aggiunti i fascicoli I, K, contenenti gli Statuta edita anno 1560 quae manuscripta nuncupari solebant. Il colophon si trova a c. K3r (Bononiae, in Typographia Ioannis Rossij, existente Rectore illustri viro, domino Francisco Stephano Iuris utriusque doctore, die ultimo Martij, Anno MDXC).

pertanto unito agli *Statuta* in fase di confezionamento del testo e redatto con molta semplicità sulla base delle rubriche.

Un altro regolamento è quello delle monache della diocesi bolognese, apparso sempre per i tipi di Vittorio Benacci nel 1623.[13] Lo scopo delle regole era soprattutto illustrativo e il loro carattere "eminentemente giuridico, ispirato dalla preoccupazione di chiarire compiti e competenze all'interno del monastero".[14] In tal modo, a partire dal Seicento, si riusciva ad applicare nelle diocesi i decreti tridentini sui monasteri femminili. Nell'opera esaminata, l'indice anticipa il testo, che è costituito da una raccolta delle regole di S. Agostino, S. Benedetto e S. Chiara e di alcune bolle pontificie. *L'Indice delle materie che si contengono nel presente Libro* è ordinato alfabeticamente con voci principali riferite alla vita conventuale, suddivisioni e rinvii al numero di pagina. I riferimenti ai "monaci", o ai "fratelli", sono finalizzati a regolare i rapporti, rigidamente controllati, fra le monache e i cappellani dell'ordine, e appaiono negli indici con specifiche voci asteriscate. Alla fine del testo si cerca di dar conto della eterogenea composizione dell'opera, con altri quattro apparati, in forma di sommari. Il primo è la *Tavola de'capitoli delle regole di Santo Agostino, S. Benedetto, e Santa Chiara che si contengono nel presente Libro*, cui seguono gli ultimi tre, ai quali sono affidate ulteriori specificazioni: per esempio si spiega che la "regola di Sant'Agostino comincia alla prima carta, & è breve e senza capitoli"; che quella di S. Benedetto è di "carte 20". Dove nel testo manca il titolo del capitolo questo è aggiunto. Anche qui si trovano delle voci asteriscate con lo stesso significato delle precedenti. Seguono la *Tavola delli decreti del Sacro Concilio di Trento spettanti alle monache* e la *Tavola delle Bolle pontificie spettanti alle monache*, organizzata secondo la successione dei capitoli. La tavola delle Bolle è una ripetizione, in quanto i documenti pontifici sono stati già citati nell'Indice delle materie. La ridondanza degli indici sta a dimostrare, fra l'altro, ciò che il cardinale Lodovisi si preoccupa di anticipare nell'epistola proemiale, ovvero che le "Reverende e dilette figliuole nel Signore" siano agevolate il più possibile nel trovare e scegliere il proprio "fiore". Difficile pensare che l'organizzazione indicale non sia espressione di specialisti interni al clero.

La ridondanza di alcuni indici del Seicento bolognese trova significative anticipazioni fra le casse dell'officina di Giovanni Rossi il quale, come si è detto,

---

[13] *Biblioteca del Dipartimento di scienze giuridiche "A. Cicu", Università di Bologna, XXIII. I. 337:* Regole di S. Agostino, S. Benedetto, e Santa Chiara, con li Decreti del Sacro Concilio di Trento, e le Bolle d'alcuni sommi Pontefici, che spettano allo stato Moniale raccolte dal molto Rever. P. Maestro Fr. Marcantonio Cappelli de' Minori Conventuali, per ordine dell'Illustriss. e Reverendiss. Sig. Cardinale Ludovisi, …, Arcivescovo di Bologna, etc., per uso delle Monache di essa Città, e sua Diocese, con le Tavole delle Materie, de' Capitoli delle Regole, de' Decreti del Concilio, e delle Bolle Apostoliche*; In Bologna, per Vittorio Benacci, Stampator'Archiepisc. MDCXXIII.*

[14] Daniela, Solfaroli Camillocci: L'obbedienza femminile, in (a cura di) Gabriella, Zarri: Donna, disciplina, creanza cristiana dal XV al XVII secolo. Studi e testi a stampa*, Roma, Edizioni di Storia e Letteratura, 1996, p. 280. Vedi anche Francesca, Bianchini:* Regola del vivere, regola del convivere*, in* Ibidem*, pp. 189-204.*

fu pure stampatore per conto della Società Tipografica Bolognese che si confermò tra le imprese editoriali maggiormente attente nel costruire sistemi di indici per le opere da essa promosse a partire dagli anni settanta del XVI secolo.

Nel 1574 gli illustri sodali - oltre al Sigonio, altre personalità quali Camillo Paleotti, fratello del celebre cardinale, senatore e uomo conosciuto per la sua larga cultura, Filippo Carlo Ghisilieri, anch'egli di nobile famiglia e senatore dalla cui progenie uscirà nel Settecento colui che darà vita ad un'altra impresa editoriale, [15] e alcuni esponenti di spicco sia della cultura sia della nobiltà cittadina -,[16] vollero rendere omaggio ad Achille Bocchi (Bologna 1488 - ivi 1562), rimettendo in circolazione la seconda edizione delle sue *Symbolicae quaestiones*, pubblicate per la prima volta dall'Accademia Bocchiana nel 1555[17].

Il Bocchi, complessa figura di umanista proveniente da una delle più potenti famiglie senatorie della città, aveva insegnato retorica e poesia nello Studio. A lui si deve l'Accademia Hermathena o conosciuta anche con il nome del suo fondatore, attorno alla quale Bocchi ebbe modo di raccogliere gli uomini di scienza e di lettere che animavano la stagione del Rinascimento bolognese, una *studiosa cohors,* così come è definito e rappresentato il nucleo degli accademici nel simbolo CXXIIII della prima edizione .[18] Gli editori della Società Tipografica Bolognese, nel dedicare l'opera del Bocchi ai Senatori, "à quibus in hoc nostrae industriae genere plurimum adiuuamur", dichiarano così di condividere con i propri sostenitori politici l'ammirazione per quei "multa industriae suae monumenta" che si accingevano a riconsegnare alle stampe, con la fiducia di editare un libro tra i più complessi della tipografia bolognese del XVI secolo, il quale nulla aveva perso del

---

[15] *Cfr. Saverio, Ferrari:* La stamperia di Colle Ameno: l'impresa editoriale di un patrizio bolognese, *in* Produzione e circolazione libraria a Bologna nel Settecento. Avvio di un'indagine. Atti del V Colloquio. Bologna, 22-23 febbraio 1985, *Bologna, Istituto per la storia di Bologna, 1987, pp. 243-294.*

[16] A., Sorbelli*: Storia della stampa in Bologna, cit., pp. 114-117*. Riportiamo dalla più importante cronaca ms conservata presso la Biblioteca Universitaria di Bologna (ms 770) *(Memorie antiche manoscritte di Bologna raccolte et accresciute sino a' tempi presenti dal canonico Antonio Francesco Ghiselli, nobile bolognese, 1574, XV, pp. 912-913)* la composizione della Società:
"Il 6 detto [1573] fu da dodici Gentilhuomini e Cittadini di Bologna fatta una Compagnia per fare una stampa honorevole in questa Città; però il giorno sudetto gli fu dato principio in San Mammolo havendo eletto per stampatore Andrea Gambarini. Gli interessati poi della Compagnia furono questi: Filippo Carlo Ghisellieri, Camillo Paleotti, Francesco Bolognetti Senatore, Paris di Giani, Carlo Sigonio humanista modenese, Francesco Maria Bolognetti, Carlo Ruini, Giovanni Francesco Tassignani Pannilivazza, Giulio Landelli, Cesare Fasanini, Annibale Giovanansi".

[17] La ristampa è del 1574, che per Bologna rappresenta un'epoca assai diversa da quella della prima edizione*: Achille Bocchi,* Symbolicarum quaestionum, de vniuerso genere quas serio ludebat libri quinque, *Bononiae, apud Societatem Typographiae Bononiensis, 1574 (Edit 16, CNCE 6486).* L'esemplare esaminato è in BCAB, coll.: 17.Y.VI.8.

[18] *Elisabeth, See Watson:* Achille Bocchi and the emblem book as symbolic form, *Cambridge, Cambridge University Press, 1993; sulla tipografia mi permetto di rinviare ad un mio intervento*: Il libro illustrato in Emilia Romagna nel Cinquecento, *in (a cura di) Marco, Santoro:* La stampa in Italia nel Cinquecento. Atti del convegno. Roma, 17-21 ottobre 1989, *Roma, Bulzoni, 1992, pp. 461-486, in particolare pp. 464-468.*

suo grande splendore. Un quarto di un secolo non è poco se si raffronta alla produzione incalzante in altri generi letterari e soprattutto scientifici. E' un segno del perdurare della cultura dell'emblema ancora a quelle date.

Molte le analogie con la prima edizione, a cominciare dal formato. Si può dire che quasi solo alcuni elementi del paratesto subiscano forti varianti. Perfino il nesso testo/immagine, da più parti investigato con competente attenzione,[19] resta sostanzialmente immutato, ad esclusione di un solo simbolo dovuto a Agostino Carracci che sembra aver ritoccato anche i rimanenti rami, seppure risultino uguali e sbiaditi per le continuate impressioni delle matrici. Fra i complementi paratestuali persistenti, spicca l'indice quasi a voler convincere della attualità dell'opera ma anche dello strumento che può circumnavigarla nonostante i più di venticinque anni di distanza dalla elaborazione per la prima edizione. Le sostanziali differenze dei due indici risiedono quasi esclusivamente nella composizione: su due colonne quello della *princeps*, su tre quello della ristampa, nell'accezione che invocavano gli antichi.

A favorire la lettura del volume, dopo l'elenco alfabetico - non rigido - degli autori e dei personaggi, secondo il costume che si protrarrà in epoca anche successiva, e che affonda le sue radici nell'età precedente all'introduzione della stampa, di dichiarare le fonti alle quali si è attinta ispirazione per la scrittura, viene il primo indice sistematico, alla greca "ΣΥΝΤΑΓΜΑ", che presenta la "distributio" delle 151 *quaestiones* in quattro distinte classi (*theologica*, *physica*, *moralia*, *philologica*) (*Fig. 1*). Espressione di una esperienza ormai matura nella redazione di simili strumenti, l'*Index* costituisce una vera e propria mappa per orientare il lettore nel repertorio di immagini, motti, poesie, concetti, luoghi comuni e autorità, di cui le *Symbolicae quaestiones* sono ricolme. L'indice fa riferimento alle pagine in cui si citano personaggi, anche mitici (ad esempio: Enea, Carlo V, Afrodite, Castore ed altri); sentenze e motti, prediligendo forme di indicizzazione analitica che articola i concetti in proposizioni (ad esempio: "Amicus non est qui amare desinit") ad una scelta sintetica (ad esempio: *consequentia, divisio, labyrinthus*); luoghi geografici, perifrasi e aforismi di facile individuazione (ad esempio: "Bononia docet", "Spartani animi magnitudo"). Testo e immagine sono egualmente sottoposti al vaglio dell'indicizzatore, che accoglie il lemma "Socrates" con riferimento alla illustrazione in cui il filosofo ateniese compare accompagnato dal proprio nome, in didascalia (*Fig. 2*). Meccanismi interni denunciano che l'apparato

---

[19] Uno studio pionieristico sui simboli nel Bocchi si deve a Adalgisa, Lugli: *Le Symbolicae quaestiones di Achille Bocchi e la cultura dell'emblema in Emilia*, in (a cura di) Andrea, Emiliani: *Le arti a Bologna e in Emilia dal XVI al XVII secolo. Atti del XXIV Congresso Internazionale di Storia dell'Arte, Bologna, 10-18 settembre 1979*, Clueb, Bologna, 1982, pp. 87-96. Sul tema si veda anche Ilaria, Bianchi: *Nicolò dell'Abate e Achille Bocchi: un'ipotesi per la storia "pinta sul camino" di Palazzo Torfanini*, in *Nicolò dell'Abate. Storie dipinte nella pittura del Cinquecento tra Modena e Fontainebleau*, a cura di Sylvie Béguin e Francesca Piccinini, Cinisello Balsamo, Silvana Editoriale, 2005, pp.125-132 scheda sul libro, n.132, p.348. Si dispone ora di una monografia sul Bocchi dalla quale non si può prescindere: Annarita, Angelini, *Simboli e Questioni. L'eterodossia culturale di Achilla Bocchi e dell'Hermathena*, Bologna, Pendagron, 2003, alla quale rimandiamo anche per la copiosa bibliografia.

indicale è stato redatto da professionisti, attenti a predisporre più voci di accesso a un medesimo concetto (ad esempio: "August. CAROLVS V. IMPER. Augustior pietate. 47", con l'indicazione della pagina, trova analogo richiamo indicale in "CAROLVS V. IMPER. Semper Aug. 47. & 49"), senza tuttavia introdurre nell'indice i più appropriati rinvii. I tre sistemi indicali copiati dall'industriosa Società bolognese per l'edizione delle *Quaestiones* bocchiane del 1575 – quello delle fonti, il sommario-indice e infine l'indice analitico che chiude i preliminari – si integrano vicendevolmente, senza cioè sovrapporsi, come è facile dimostrare verificando l'assenza della maggior parte dei lemmi di ciascun indice dai restanti.

Quelli che possono essere considerati assolutamente indispensabili, data la complessità delle opere, sono poi gli indici nelle edizioni di Carlo Sigonio[20] (Modena, circa 1520 - Ponte Basso, Modena, 1584) uscite sempre dai tipi della Società Tipografica Bolognese negli anni '80 del XVI secolo. Gli *Historiarum de Regno Italiae Libri quindecim* del 1580[21] possiedono un articolato sistema di indici. Sin dal frontespizio è proclamato l'*Index quoque rerum; & verborum copiosissimus additus, qui in priore Editione desiderabatur*. Si può capire quindi quale importanza l'indice abbia assunto, tanto da irrompere nella ribalta del frontespizio con la precisazione di ovviare ad una lacuna della prima edizione. Il riferimento è infatti alla *princeps* veneziana del 1574 (*Fig. 3*).[22] Difficilmente l'indice del 1580 potrebbe non essere autoriale: non solo perché è lo specchio di tutte le conoscenze accumulate dall'autore in anni di ricerca storica, ma anche perché è costruito in modo che moltiplica le interpretazioni degli accadimenti narrati. Esso infatti è qualcosa di più di una mera guida all'opera: è piuttosto un compendio ragionato in forma di annale che, già nella selezione delle voci principali e secondarie, attribuisce una gerarchia di interpretazioni. Domina il principio della suddivisione tematica delle voci, ognuna delle quali ha, a sua volta, una ulteriore suddivisione: prima si tratta degli imperatori d'Oriente, con tre sottosezioni; poi, in maniera simile, dei re longobardi; successivamente degli ecclesiastici, secondo la loro gerarchia. Per orientarsi in questa mole di dati, è presente un indice degli indici, cioè i *Capita indicis*. Gli elenchi non seguono un ordine alfabetico, ma cronologico, a conferma dell'intento dell'autore, volto a non ridurre l'opera ad una raccolta di *curiositates*, bensì a predisporla per la lettura nella sua organicità e per la consultazione. Difatti, il riferimento all'anno è l'unica chiave di ricerca degli indici del *De Regno Italiae*, grazie alle date apposte accanto

---

[20] *Sull'erudito modenese si veda* William, McCuaig: Carlo Sigonio: the changing world of the late Renaissance, *Princeton, New Jersey, Princeton University Press, 1989. In perfetto equilibrio fra storia, filologia e bibliografia è l'intervento di* Gina, Fasoli: Appunti sulla "Historia Bononiensis" ed altre opere di Carlo Sigonio (1522-1584), *in "Atti dell'Accademia delle Scienze dell'Istituto di Bologna, Classe di Scienze morali, Rendiconti", LXI (1972-73), pp. 69-94; ora anche in* Gina, Fasoli: Scritti di storia medievale, *a cura di Francesca Bocchi, Antonio Carile, Antonio Ivan Pini, Bologna, La Fotocromo emiliana, 1974, pp. 683-710.*

[21] *BCAB, coll.: 5. L. II. 12 (Edit 16, CNCE 32273):* Caroli Sigonii Historiarum de Regno Italiae Libri quindecim, *Bononiae, apud Societatem Tipographiae Bonon., 1580.*

[22] *(Edit 16, CNCE 41274):* Idem, *Venetiis, Apud Iordanem Zilettum, 1574 (Venetiis, ex officina Stellae Iordani Ziletti).*

al testo in ordine strettamente cronologico, senza inversioni né ripetizioni: ciò facilita la prassi - conosciuta fin dall'età incunabolistica – di eventuali riedizioni. Completano l'indice l'elenco delle provincie italiane, desunte da fonti antiche, e la bibliografia, che non prevedono il rinvio al testo.

Lo studio degli indici dell'opera sigoniana suggerisce, oltre a ipotesi sulle responsabilità autoriali e editoriali del paratesto nelle stampe cinquecentesche, anche nuove vie interpretative a proposito di questioni più generali che appaiono di grande rilevanza. La ricostruzione delle vicende inerenti agli indici del *De regno Italiae* ha assunto infatti, ai nostri occhi, una schematicità paragonabile a quella dello *stemma codicum* di lachmanniana memoria. Più che una pista, una vera e propria via maestra è rappresentata dal ruolo assunto da questo elemento paratestuale, che permette di determinare, con buona approssimazione, non solo la funzione dei curatori del libro – autori, o editori – ma anche l'ordine e il significato di alcune trasformazioni a cui esso fu sottoposto nelle varie tappe della storia delle edizioni del *De regno Italiae*. I cambiamenti non si spiegano infatti semplicemente con la successione delle edizioni, le quali in verità hanno interagito tra di esse in maniera complessa, lasciando testimonianze dei loro rapporti proprio nell'indice. L'edizione bolognese del 1580 ha un indice diverso da quello tedesco del 1575, ma non costruito in forma originale. Esso è infatti ricalcato su quello stampato da Giovanni Rossi nel 1576,[23] che per primo riporta un ordinamento dei contenuti disponendoli in forma annalistica e nel quale lo stampatore rivela la diretta filiazione dalla *princeps* veneziana di Giovanni Ziletto, pubblicata due anni prima *(Figg. 4-5)*. Tale affermazione trova conferma in apertura dell'*errata corrige* e in calce all'indice stampato da Rossi, il quale si rende necessario, proprio perché, ad avviso di colui che lo ha allestito, alcune date riportate in quella edizione sono scorrette e inficerebbero lo strumento indicale fondato su una rigorosa cronotassi. E' questa la prova del legame tra le due stampe.[24] Ed è così che nei due unici esemplari censiti da *Edit 16*, entrambi da me visionati, uno custodito nella Nazionale centrale di Roma (coll.: 32.1.H.7.2.) e l'altro presso la Biblioteca statale del Monumento nazionale S. Scolastica (Inv. n. 1409) ci si trova di fronte ad una sorta di *collage*: infatti troviamo l'indice del Rossi legato all'edizione veneziana dell'*Historiarum de regno Italiae*. Non altrimenti poteva accadere, visto che il Rossi stampò in quell'anno unicamente l'indice e non l'opera, e che pertanto esso

---

[23] *(Edit 16, CNCE 47819):* Index historiarum de regno Italiae Caroli Sigonii. Qui omnium rerum memorabilium quandam quasi epitomen subiicit. Indicantur etiam scriptorum monumenta, ex quibus haec excerpta historia est. Addita est descriptio Italiae ex itinerario Antonini manuscripto, *Bononiae, apud Ioannem Rossium, 1576).*

[24] *Per l'importanza che riveste questo avviso al lettore posto in calce all'"Errata litterarum, aut syllabarum graviora", ne trascrivo qui di seguito fedelmente il testo: "Non est illud omittendum, numeros huius Indicis paginis tantum eius voluminis responderrre, quod primum Venetijs typis à Iordane Ziletto mandatum est. in quo cum aliquot errata, ut ferè in novis fit exemplaribus describendis, inciderint, mirum est visum, quòd trãsalpini typographi, qui illud volumen multi subito in locis descripserunt, non solum ea admoniti non sustulerunt, sed ea admoniti auxerunt, quam obrem visum est, ut iterum errata, & emendationes eorum apponerentur, ne ea res Lectori haesitationem ignorata afferret". (c.[28]r.)*

venne alla luce per sopperire ad una vistosa lacuna editoriale. A stampa ottenuta, si provvide a congiungerlo con il testo della zilettiana, segno anche, da parte degli acquirenti, di una preoccupazione che si riscontra fin dalle origini dei manufatti a stampa. La Società Tipografica Bolognese, in accordo col Sigonio, o di propria iniziativa, ha quindi utilizzato per i propri scopi l'indice cronologico stampato dal Rossi nell'edizione del *De Regno Italiae* del 1580 abbellendolo con cornici e titoli evidenziati, fornendo altresì per esso una dubbia patente di originalità. Ancora più interessante è il fatto che in una edizione del 1591, dopo la morte del Sigonio, proposta dagli eredi di Wechel,[25] siano state accolte alcune correzioni così come fece la Società Tipografica Bolognese, traendo ispirazione dall'errata corrige posto in chiusura all'indice 'solitario' stampato dal Rossi.

Resta in sospeso la questione della paternità dell'indice del '76: Carlo Sigonio, o altro indicizzatore?[26] Dati la complessità dell'indice, la sensibilità storica con cui ad esso è stata affiancata l'inedita *Descriptio Italiae ex Iinerario Antonini manuscripto* e le altre caratteristiche esaminate, si propende ad attribuirlo al Sigonio. Questi, forse deluso dall'indice di Francoforte e sentendo la necessità di dotare la propria opera di un efficace strumento di consultazione, avrebbe colto l'opportunità offerta dal Rossi, in attesa di una migliore ubicazione, che infatti si sarebbe presentata con l'edizione bolognese del 1580. Come nella riedizione bolognese del *De Regno Italiae*, anche qui il frontespizio annuncia: "Accessit praeter alias editiones, rerum memorabilium INDEX locupletissimus". In realtà si tratta di un indice diverso, che non fa riferimento alle date (tuttavia presenti anche in questa edizione) ma alle pagine e alle righe tipografiche, come spiega il compilatore.[27] L'inserimento dei numeri delle righe nei margini interni della pagina permette quell'espediente e l'ordinamento alfabetico delle voci dell'indice. Meno sistematico di quello bolognese esso ha costituito una ricognizione importante e utile per valutare, da un punto di vista filologico, il peso delle autocitazioni nel Sigonio: ad esempio, la voce *Bononia* è fra le più ricche di rinvii a passi peraltro già usati dall'autore nell'*Historia Bononiensis*. L'espediente delle date poste a margine del testo è presente anche in un'opera del 1582, la *Vita Laurentii Campegii*, anche se non sono utilizzate né nei *Vitae sequentis capita* che aprono il libro né per gli *Ex locis quae sequuntur excerpta*, che non presentano alcun tipo di rinvio all'opera.[28] Un ulteriore e diverso tipo di indice è presente in un'altra opera

---

[25] BCAB, coll.: 5. H*. I. 18: *Carlo, Sigonio*, Historiarum de regno Italiae... libri viginti. Accessit praeter alias editiones, rerum memorabilium index locupletissimus, *Francofurti, apud heredes Andreae Wecheli, Claudium Marnium & Ioann. Aubrium, MDXCI.*

[26] *La ricerca intrapresa nelle due maggiori biblioteche bolognesi (Archiginnasio e Universitaria) per rinvenirvi scartafacci di indici fra i documenti conservati di Carlo Sigonio, non ha portato ad alcun risultato.*

[27] " Index in Caroli Sigonii de Regno Italiae Historiam, duplici numero constans, ut priori paginam, altero paginae versum notari intelligas" *(c. HH1r).*

[28] BCAB, 17. B. VI. 15 *(*Edit 16, CNCE 47820*):* Carlo, Sigonio: *De vita Laurentij Campegii Cadrinalis liber, ad Laurentium Campegium apud senatum venetum nuncium apostolicum; Bononiae, Apud Societatem Typographiae Bononiensis, MDLXXXI. Curiae Episc. & S. Inquisit. concessu.*

di Carlo Sigonio, pubblicata nel 1582: il *De Republica Hebraeorum Libri VII*.[29] Il testo è diviso in libri e capitoli, facilitando in tal modo la compilazione dell'indice generale, che è presente all'inizio del libro. Il *Rerum et verborum index* utilizza invece il rinvio alle pagine. È organizzato in voci principali e secondarie per una più agevole ricerca. Ad alcune voci, fra cui anche termini greci, sono associati più luoghi nell'opera, per esempio *Psalmorum loca exposita*.

Si può concludere con alcune ipotesi che mi auguro condivisibili: solo in alcuni casi la tipologia degli indici è strettamente riconducibile ai primordi della stampa nella città legatizia: il metodo di indicizzare parti testuali e paratestuali ha compiuto numerosi passi in avanti. Corredano opere soprattutto di autori bolognesi di nascita o d'elezione veri indici che sono stati e che saranno il frutto degli stessi autori, o di studiosi che hanno dimestichezza con la tipografia locale e con il testo stampato. La supposizione avanzata per la Società Tipografica Bolognese, che nel solo caso delle *Symbolicae quaestiones* sarà indotta a far tesoro della precedente esperienza, induce ad affermare che gli indici erano espressione degli intellettuali coinvolti nella formazione e nella conduzione della *Societas* nell'arco del decennio della sua attività. Gli indici venivano così apprestati dagli stessi *socii*, i quali sperimentavano soluzioni innovative, sino al punto di impreziosire, attraverso una complessa orditura che congiunga il lettore al testo, le maggiori opere del Sigonio. Nel documento in appendice al saggio del Sorbelli si precisa infatti che la Società farà ricorso a personale esterno solo se "occorresse servirsi dell'opera di Dottori, o d'una o d'altra professioni" e che si recluteranno quelli che avranno ottenuto "partito più favorevole". Un comma che fa pensare ad una organizzazione interna molto pronunciata, seppur meno palese di quello della società che operò a Biponto (oggi Zweibrücken) la quale, circa un secolo dopo l'avventura bolognese, indicò a chiare lettere nel frontespizio dell'*Opera* di Stazio come tutta la ricca "notizia literaria" fosse opera unicamente dei sodali, ovvero che l'"editio accurata" si dovesse "studis societatis bipontinae". Ribadì l'impegno assunto con il poeta delle *Silvae* ancor più palesemente nel Plauto, in cui si precisa che alle *Comoediae Superstites viginti ad optimas editiones collatae accedit index rarioris et obsoletae Latinitatis studiis societatis Bipontinae*, (Biponti, ex typographia ducali, 1779-1780)[30].

---

[29] Biblioteca dell' Istituto "G. Cicu", Università di Bologna, XXIII. I. 376 (Edit 16, CNCE 29318): Carlo, Sigonio: *De Rep. Hebraeorum Libri VII, ad Gregorium XIII Ponteficem maximum, Index rerum, & verborum locupletiss., Bononiae, Apud Ioannem Rossium, MDLXXXII. Curiae Episc. & S. Inquisit. concessu*.

[30] Le edizioni sono dunque chiaramente curate, sia nel testo sia negli indici, dalla Società Bipontina, come esplicitamente dichiarato. Negli indici di queste edizioni viene sempre offerta l'esplicazione della struttura del rinvio. Esempio: "Primus numerus volumen, secundus paginam, tertius versum scenae indicat", con riferimento all'articolazione delle commedie plautine.

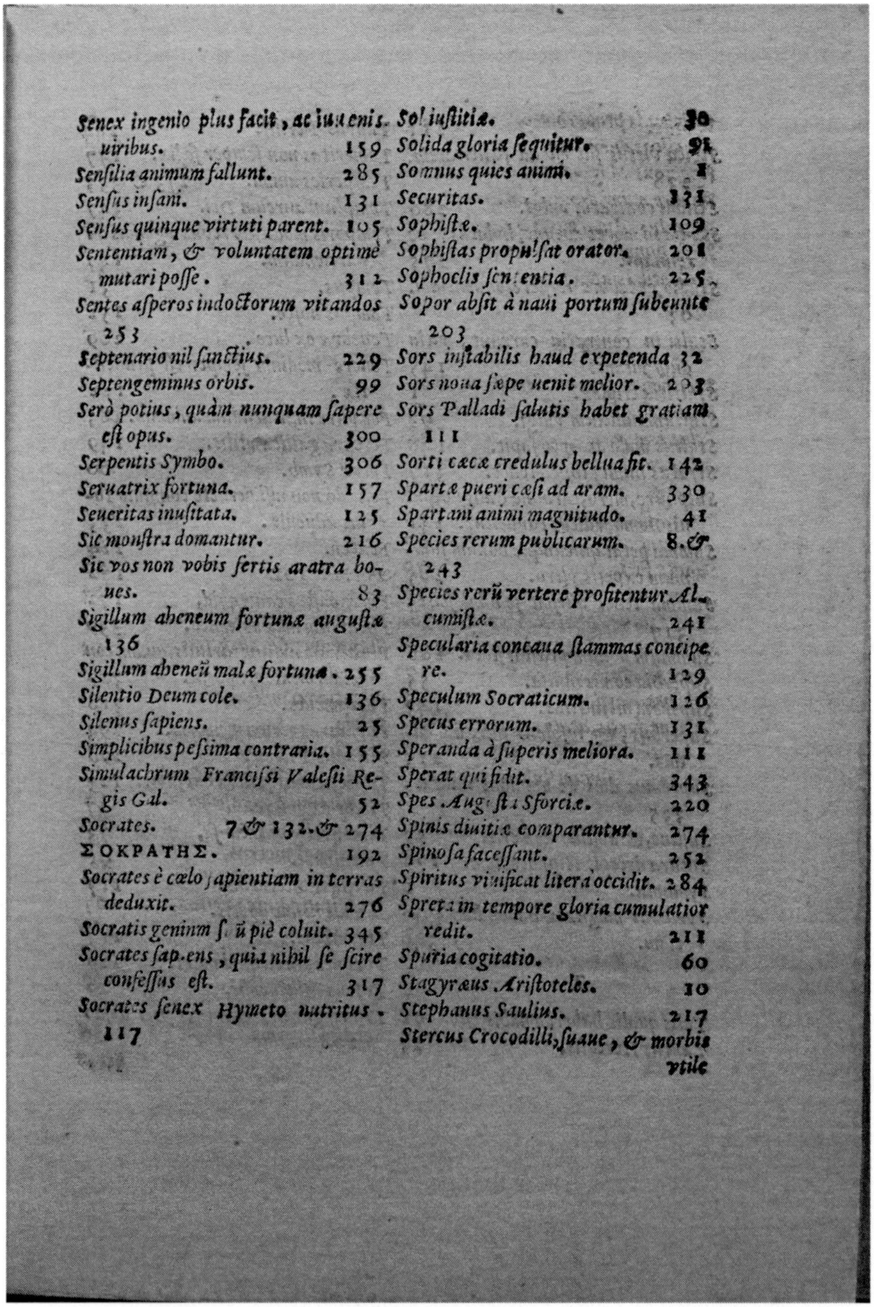

Senex ingenio plus facit, ac iuuenis uiribus.	159	Sol iustitiæ.	30
		Solida gloria sequitur.	91
Sensilia animum fallunt.	285	Somnus quies animi.	1
Sensus insani.	131	Securitas.	131
Sensus quinque virtuti parent.	105	Sophistæ.	109
Sententiam, & voluntatem optimè mutari posse.	312	Sophistas propulsat orator.	201
		Sophoclis sententia.	225
Sentes asperos indoctorum vitandos	253	Sopor absit à naui portum subeunti	203
Septenario nil sanctius.	229	Sors instabilis haud expetenda	32
Septengeminus orbis.	99	Sors noua sæpe uenit melior.	203
Serò potius, quàm nunquam sapere est opus.	300	Sors Palladi salutis habet gratiam	111
Serpentis Symbo.	306	Sorti cæcæ credulus bellua fit.	142
Seruatrix fortuna.	157	Spartæ pueri cæsi ad aram.	330
Seueritas inusitata.	125	Spartani animi magnitudo.	41
Sic monstra domantur.	216	Species rerum publicarum.	8. & 243
Sic vos non vobis fertis aratra boues.	83	Species rerũ vertere profitentur Alcumistæ.	241
Sigillum aheneum fortunæ augustæ	136	Specularia concaua flammas concipere.	129
Sigillum aheneũ malæ fortunæ.	255		
Silentio Deum cole.	136	Speculum Socraticum.	126
Silenus sapiens.	25	Specus errorum.	131
Simplicibus pessima contraria.	155	Speranda à superis meliora.	111
Simulachrum Francisci Valesii Regis Gal.	52	Sperat qui fidit.	343
		Spes Aug. ft. Sforciæ.	220
Socrates.	7 & 132. & 274	Spinis diuitiæ comparantur.	274
ΣΟΚΡΑΤΗΣ.	192	Spinosa facessant.	252
Socrates è cœlo sapientiam in terras deduxit.	276	Spiritus viuificat litera occidit.	284
		Spreta in tempore gloria cumulatior redit.	211
Socratis genium f. ũ piè coluit.	345		
Socrates sapiens, quia nihil se scire confessus est.	317	Spuria cogitatio.	60
		Stagyræus Aristoteles.	10
Socrates senex Hymeto nutritus.	117	Stephanus Saulius.	217
		Stercus Crocodilli, suaue, & morbis vtile	

Fig. 1. Indice delle *Simbolicarum Quaestionum...libri* del 1574.
Si noti il rinvio alla pagina 192 in cui appare la calcografia socratica.

Fig. 2. Calcografia raffigurante Socrate nelle *Simbolicarum Quaestionum...libri* stampate a Bologna nel 1574 dalla Società Tipografica Bolognese.

CAROLI SIGONII
HISTORIARVM
DE REGNO ITALIAE
Libri Quindecim.

AD ILLVSTRISS. ATQ. EXCELL.
D. IACOBVM BONCOMPAGNVM,
Generalem S.R.E.Gubernatorem.

Qui libri Historiam ab anno DLXX *vsque ad* MCC *continent.*

CVM PRIVILEGIO
S. Cæsareę Maiestatis, Philippi Regis Catholici, atque Illustriss. Senatus Veneti.

Venetiis, Apud Iordanem Zilettum.
M D LXXIIII.

Fig. 3. Frontespizio del *De Regno Italiae*
stampato a Venezia da Girolamo Ziletti nel 1574.

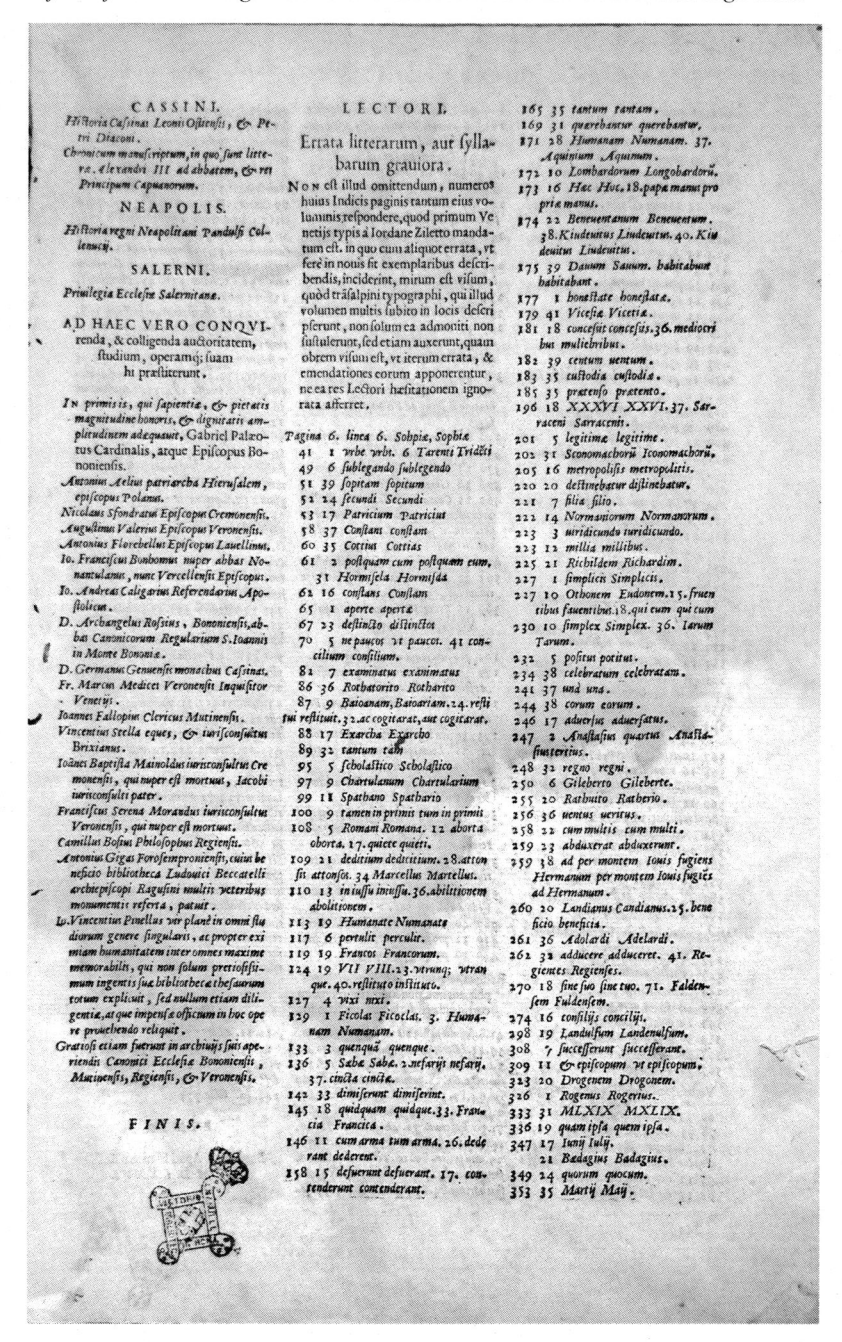

Fig. 4. Avviso al lettore nell'*Indice*
stampato da Rossi nel 1576 e congiunto al *De Regno Italiae* veneziano.

> Numeri annorum in margine
> ita corrigendi.
>
> 12.11. adde 572   208.25. tolle 867
> 12.13. adde 573   309.34. adde 1016
> 118.13. corrige 749   369. 1. adde 1079
> 139.35. adde 774   497.21. adde 1159
> 143.40. tolle 775
>
> *FINIS.*
>
> BONONIAE, Apud Ioannem Rofsium.
> *M D LXXVI.*

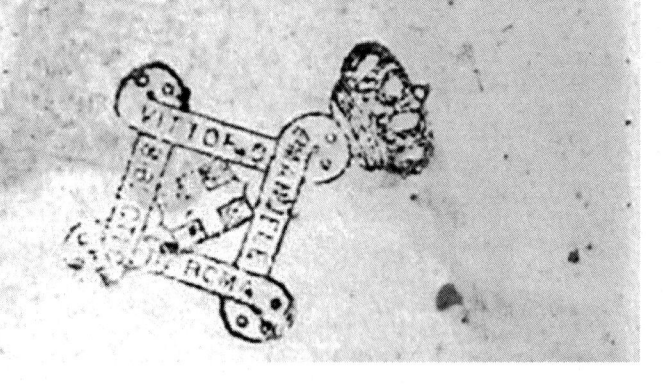

Fig. 5. Colophon dell'*Indice* stampato da Rossi.

TERCERA PARTE

APROXIMACIÓN A LAS ESCENAS DEL "INCA Y LA COYA BAJO EL ARCO IRIS" DE LAS VASIJAS ANDINAS DE MADERA DE LA ÉPOCA COLONIAL[1]

LUIS RAMOS GÓMEZ
Universidad Complutense de Madrid

1.- Las vasijas de madera prehispánicas y coloniales.

En la época inca, un tipo de pieza destacada de la vajilla de las elites eran los vasos o *queros* para brindar con chicha, producto cuya ingestión estaba reservado a las clases dirigentes. Esta ceremonia hundía sus raíces en el pasado y tenía una gran trascendencia, ya que estaba presente en cualquier tipo de agasajo, convite o relación entre humanos, o entre éstos y los seres elucubrados. A diferencia de lo que se acostumbra en la cultura occidental, estos brindis no eran plurales o realizados al unísono por muchas personas, sino limitados a dos individuos: el que convidaba y el convidado, quienes a la par bebían un mismo líquido en sendos vasos, que eran semejantes en capacidad, forma, decoración y material. El brindis podía cerrarse tras beber los dos protagonistas una o varias veces, o bien prolongarse en una secuencia más o menos larga según los individuos que supliesen a quienes habían iniciado la cadena.

En la época colonial se siguió brindando con chicha al modo prehispánico en ceremonias extra o intracomunitarias, y también en las particulares, para pactar, agasajar, mostrar colaboración, dependencia o simple amistad[2], pero también — como señaló en 1568 el Segundo Concilio Provincial Limense— "a tiempos del sembrar y del coger, o en otras coyunturas y tiempos, [así como] quando

---

[1] Este trabajo es fruto del proyecto de investigación 06/0035/2003 concedido por la Dirección General de Universidades e Investigación de la Comunidad Autónoma de Madrid.

[2] Como ejemplo de relaciones intracomunitarias, a mediados del siglo XVII Cobo refiere que los miembros de las dos mitades de un grupo "sentábanse [en la plaza] a comer a la larga, en ringlera, cada parcialidad de por sí, a una parte la de *hanansaya* y a otra la de *hurinsaya*, en frente una de otra, como dos líneas paralelas. Y brindaban los de la una a los de la otra por este orden: el que brindaba a otro se levantaba de su lugar e iba para él con dos vasos de chicha en las manos, y dando al otro el uno, se bebía él el otro, bebiendo ambos a la par" (Cobo, Bernabé: *Historia del Nuevo Mundo* [1653], F. Mateos, ed., enn *Obras completas del P. Bernabé Cobo*, vol. I y II. Madrid, Editorial Atlas BAE vols. 91 y 92, 1964; lib. XIV, cap. V, p. 245 del tomo II. Por su parte, Betanzos refiere a mediados del siglo XVI que una "una costumbre y manera de buena crianza" de la nobleza andina era llevar en las visitas que se realizaban a otros nobles, "un cántaro de chicha [y dos vasos], y en llegando a do está el cual señor o señora que van a visitar, hace escanciar de su chicha dos vasos y el uno da a beber al tal señor [o señora] que visita y el otro se bebe el tal señor o señora que la chicha da, y ansí beben los dos; y lo mismo hace el de la posada, que hace sacar ansí mismo otros dos vasos de chicha, y da el uno al que ansí le ha venido a visitar y él bebe el otro" (Betanzos, Juan de: *Suma y narración de los incas* [1551], Mª C. Martín Rubio, ed., Madrid: Atlas, 1987; primera parte, cap. XV, pags. 72 y 73).

comienzan algún negocio que tienen por importante"[3]. Aunque esta referencia nos hace atisbar la amplitud de las acciones en las que los brindis estaban presentes, nos abren más el abanico unas palabras de José de Acosta sobre los excesos en que terminaban algunos largos y repetidos brindis, ya que nos dice que "no se congrega una reunión, no se comienza una fiesta, no se casa la hija, no pare el ganado, no se cavan los campos [y], finalmente, no se celebra ningún sacrificio a ningún dios" sin realizarlos[4].

En la época inca, los vasos con los que se efectuaban los brindis eran de oro, plata, madera o cerámica, y podían ser lisos o estar decorados con figuras geométricas o zoomorfas simples, y en algunas ocasiones con rostros y brazos humanos esquemáticos; con respecto a los de madera, los motivos se realizaron por incisión o bajorrelieve y quizá con pintura no fijada, técnica ésta que se superó en los momentos finales del Tahuantinsuyu al introducirse la posibilidad de fijar el color diluyendo los pigmentos en una resina y crear una especie de laca que se mantenía fija en el soporte[5]. En la época colonial se siguieron utilizando los tres tipos de materiales —metal, madera y cerámica— para confeccionar los recipientes, pero los hechos en madera fueron los más usados y los que reflejaron mayor innovación, tanto en formas[6] como en decoración, siendo la más espectacular en este último campo la plasmación de escenas naturalistas que reflejan la vida cotidiana o la mentalidad de los andinos; por otra parte, la pintura de laca que se comenzó a utilizar en los momentos finales del Tahuantinsuyu ganó en presencia y en complejidad, convirtiéndose en la técnica decorativa por excelencia[7], con lo que la policromía inundó los recipientes de madera.

Evidentemente, el empleo de la laca y la realización de decoraciones complejas hizo que el producto final fuese costoso, pudiéndosele conceptuar de objeto de lujo a la par que de prestigio. Su fabricación quedó en manos de especialistas que, por lo que se desprende del análisis de las escenas, trabajaban en talleres y se sujetaban a modelos. Las imágenes sin duda respondían a demandas sociales y por ello reflejan principalmente las actividades en las que estas vasijas

---

[3] Vargas Ugarte, Rubén: *Concilios Limenses (1551-1772),* 3 vols, Lima, 1951-1954; Constitución 104, pags. 253 y 254 del tomo primero.

[4] Acosta, José de: *De procuranda indorum salute* [1588]. L. Pereña y otros, eds., vol. XIII de "Corpus Hispanorum de pace", Madrid, CSIC, 1984; lib. III, cap. XXI, punto 5, p. 561.

[5] En excavaciones solo se han localizado dos vasos incas decorados con laca, uno de los cuales es reproducido por Flores Ochoa, Jorge; Elizabeth Kuon Arce y Roberto Samanez Argumedo: *Qeros. Arte inka en vasos ceremoniales,* Lima, Banco de Crédito del Perú, 1998, p. 42.

[6] Sobre este aspecto vid. Ramos Gómez, Luis: "Las vasijas de madera ornamentadas con laca utilizadas por los dirigentes andinos de la época colonial: función y tipología de sus formas", *Revista Española de Antropología Americana*, vol. 36 (2006), en prensa.

[7] Esta laca es una mezcla de pigmentos y una resina que es "un exudado de la planta *Elaeagia pastoensis Mora*, mezclado con un aceite semisecante; este exudado se conoce con el nombre común de [...] *barniz de Pasto*, o por los nombres de *barniz, mopa mopa, mopa mopa de Pasto, barniz de Mocoa* y *barniz de Condagua*" (Kaplan, Emily; Ellen Pearlstein, Ellen Howe y Judith Levinson: "Qeros: análisis técnico de qeros pintados de los períodos inca y colonial", *Iconos* nº 2, Lima, 1999, pags. 33 y 34).

estaban presentes o para las que eran destinadas, aunque también muestran los intereses particulares de quienes las poseían, como podremos ver en los párrafos siguientes. Evidentemente la decoración no era neutra, porque si tenemos en cuenta que los vasos se utilizaban en actos comunitarios o particulares, las imágenes plasmadas eran un mensaje visual que podía ser utilizado con muy diversos fines, y entre ellos los particulares.

2.- Descripción de la escena y primera aproximación a su significado.

Entre los muchos tipos de motivos que decoran las piezas de madera coloniales[8], hay algunos que creemos merecen mayor análisis, como es el caso de la escena constituida por una figura de mujer que porta una rama con flores o frutos de diverso tipo, y que se dobla hacia un varón que suele portar armas y está junto a ella, sin que exista ningún elemento de separación entre ambos (Lámina 1); los dos personajes visten al modo prehispánico y, aunque en ocasiones representan al inca y quizá a la coya (Lámina 1 figura A), habitualmente y sin base alguna se les identifica con ellos. La mujer cubre la generalidad del cuerpo con la túnica o *acsu* y la parte superior con la mantilla o *lliclla*, portando en ocasiones sobre la cabeza la *ñañaca*; por su parte el varón viste un *uncu* y una capa o *llacolla*, se toca generalmente con un casco y porta una alabarda, un escudo y una porra estrellada[9]. Generalmente la mujer está colocada a la derecha del espectador y el hombre a la izquierda, lo que, según se ha supuesto de la plástica andina, muestra la mayor importancia del varón con respecto a la fémina[10].

Esta escena aparece decorando un gran número de vasijas, y a pesar de su simplicidad presenta múltiples variantes, lo que atribuimos a su duración temporal y a su popularidad, sin que por el momento podamos identificar la imagen primigenia ni la secuencia a la que dio origen. Sin embargo sí podemos afirmar que ya decoraba piezas de fines del XVI y principios del XVII, pues aparece en recipientes de madera parcialmente ornamentados con incisiones[11], perdurando hasta más allá de mediados del siglo XVIII, momento al que creemos que

---

[8] Vid su enumeración en Liebscher, Verena: *La iconografía de los queros*, Lima, Guerrero Editores, 1986, pags. 24 y ss.; Flores, Kuon y Samanez: op. cit en nota 5, pags. 152 y ss.; Cummins, Tom: *Brindis con el Inca. La abstracción andina y las imágenes coloniales de los queros*, Lima, UNMSM, 2004, pags. 273 y ss, y 329 y ss.

[9] Otra descripción de la escena en Liebscher, op. cit. en nota 8, pags. 65 y ss., Cummins, op. cit. en nota 8, pagas. 275 a 277, 369 y 370, y 388 y ss. y, siguiéndole, Flores, Kuon y Samanez, op. cit. en nota 5, p. 211.

[10] Los dos personajes de la escena están colocados a una misma altura y sobre un mismo plano, al que Adorno denominó eje horizontal, en el que "la posición preferencial de la derecha (nuestra izquierda) está consistentemente ocupada por tipos particulares de imágenes/signos" que responden a categorías opuestas como las de religioso/laico, masculino/femenino o amo/siervo (Adorno, Rolena: *Cronista y príncipe. La obra de don Felipe Guamán Poma de Ayala*, Lima, PUCP, 1989, pags. 164 y 165).

[11] Esta técnica se utilizó masivamente para decorar piezas del período prehispánico, perdurando como complemento de la ornamentación con laca durante el siglo XVI e inicios del XVII.

corresponde la distribución de la decoración de una pieza que reproducimos parcialmente en la lámina primera figura C[12].

Con respecto a las figuras de los dos personajes que casi en exclusiva componen la escena (Lámina 1), los varones presentan esencialmente tres posiciones: a) sentados sobre una *tiana* o banquillo propio de las elites, b) de pie y en posición frontal, y c) de pie y de semiperfil; en la primera y la última posición están enfrentados a la figura de la mujer. Por su parte, la fémina puede representarse a) de perfil y sentada en el suelo al modo andino, b) de perfil y de pie y c) de frente y de pie[13]; en las dos primeras posiciones están enfrentadas al varón.

Generalmente la escena está constituida por sólo dos personas, en concreto un varón y una mujer, las cuales en numerosas ocasiones aparecen enmarcadas lateral y superiormente por un arco iris que arranca de un felino, habitualmente un jaguar u otorongo[14] (Lámina 1, figura E). Aunque sería de gran interés conocer el dato, por desgracia no sabemos si este marco acompañó a la escena cuando ésta dio sus primeros pasos y luego el artesano prescindió de él en algunas ocasiones, o bien marco y escena tienen un origen independiente, acoplándose posteriormente según la voluntad de los artesanos.

Sobre la escena en sí misma, hemos de señalar que la pareja puede aparecer acompañada de chunchos o naturales del antisuyo que están situados a la espalda de las dos figuras principales y que sostienen quitasoles o *achihuas* que cobijan a las dos figuras centrales[15]; mucho menos frecuentes son otro tipo de elementos complementarios, como es el caso del sol y la luna, con nubes de las que brota agua, que flanquean a la pareja (Lámina 1 figura A). Tampoco es destacable el número de piezas en las que esta escena está incrustada en una representación compleja[16], con la que aparentemente no tiene ninguna relación.

Teniendo en cuenta estos datos, ¿qué se puede decir de esta escena protagonizada por un hombre y una mujer? En principio muy poco, sólo el describirla, como habitualmente se ha venido haciendo, ya que además de lo

---

[12] La publicaron Wichrowska, Oriana y Mariusz S. Ziólkowski: "Iconografía de los keros", *Boletín de la Misión Arqueológica Andina,* 5, Varsovia (2000), p. 91.

[13] En este último caso pueden aparecer sin la rama o planta, produciéndose una representación similar a la que puede verse en el mapa mundi que Guamán reproduce (Guamán Poma de Ayala, Felipe: *Nueva C[o]rónica y buen gobierno* [1615], J.V. Murra, R. Adorno y J.L. Urioste, eds., "Crónicas de América", vol. 29a, b y c., Madrid, Historia 16, 1987, pags. 1078 y 1079, correspondientes a 983 y 984 [1001 y 1002] del manuscrito.]

[14] La presencia del arco iris en gran número de las escenas que nos ocupan, ha hecho que en muchas ocasiones sean conocidas por este rasgo: escenas de arco iris, denominación que hemos mantenido en el título del presente trabajo.

[15] Vid la imagen que publica Cummins, op. cit. en nota 8, fig. 8-31a.

[16] Vid.por ejemplo los ejemplares que publica Liebscher, op. cit. en nota 8, lam. VI, fig 7, o Wichrowska y Ziólkowski, op. cit. en nota 12, p. 129.

estático de la representación[17], sólo contamos con ella como fuente, porque no tenemos ninguna que corresponda a un momento anterior o posterior a la instantánea recogida; tampoco nos dice mucho que en ocasiones la pareja esté acompañada de otros motivos, *o* que en algunas ocasiones la escena esté incrustada en un conjunto más amplio.

Si recurrimos a comparar la imagen con la que aparece en otros soportes, hemos de señalar que no es de ninguna ayuda el acudir a los dibujos que ilustran los distintos manuscritos de Martín de Murúa o al de Felipe Guamán Poma de Ayala. Efectivamente, en el primer caso no hay ninguna escena similar, y aunque en el segundo hay varias que tienen una estructura en cierto modo emparentada[18], en realidad sólo hay una que en parte se aproxima a la escena que nos ocupa, si bien difiere tanto en cuanto a los personajes como en cuanto a la actitud del varón; se trata del dibujo de la página 534 [548], donde se ha representado a dos crioñoles[19] de pie, y donde la mujer sostiene una flor, mientras él, armado con una espada, hace la higa, que según el diccionario de Covarrubias "es una manera de menosprecio que hacemos cerrando el puño y mostrando el dedo pulgar por entre el dedo índice y el medio; es disfraçada pulla"[20].

Por lo que respecta a las fuentes escritas, sólo hemos localizado una referencia de la época que podamos aplicar a la escena. Se trata de un párrafo de Betanzos en el que dice que "Ynga Yupangue puso una constitución: que ninguno, por señor o señora que fuese, no pareciese ante el señor con las manos vacías, sino que cada vez que fuesen a le hacer acatamiento y verle o negociar con él algo, que llevasen en las manos [...] alguna cosa que le ofrecer, aunque fuese fruta, o verdura, o flores, o pájaros u otras cosas ansí. Y esto mismo se hace hoy en día entre los señores y señoras en la ciudad del Cuzco"[21].

Pero, ¿tiene sentido aplicar este texto de Betanzos a la escena de la que venimos tratando? Indudablemente no, aunque sea el único que hemos conseguido localizar con posible (?) relación con el tema. Ante este hecho y lo poco que nos dice la escena en sí misma, debemos plantearnos una serie de preguntas sobre la propia imagen que nos ayuden, con su resolución, a avanzar en la interpretación. Así creemos necesario buscar una razón que explique la larga vida de esta escena,

---

[17] Cummins define a estas escenas como "las menos narrativas" de todos las empleadas en la iconografía de las vasijas de madera (Cummins, citado en nota 8, p. 369).

[18] En la obra de Guamán existen varias escenas en las que se representa una pareja, pero sin que la mujer lleve la flor —vid. la pareja de la página 542 [546] del manuscrito; la pareja de andinos de la página 856 [870], o las parejas de indios prehispánicos que representan a los diversos suyos en el mapa mundi de las páginas 983-984 [1001-1002]— (Guamán Poma de Ayala, citado en nota 13).

[19] En la terminología de la época, la palabra *español* comprendía a los blancos originarios de España y a los criollos; sin embargo, esa acepción de *español* se ha desnaturalizado, excluyéndose de ella —intencionada o inconscientemente— a los criollos, por lo que hemos acuñado este término para que no haya dudas de a quiénes nos referimos cuando lo empleamos: a los blancos naturales de España y de América.

[20] Covarrubias Orozco, Sebastian de: *Tesoro de la lengua castellana o española*, Madrid, 1611.

[21] Betanzos, op. cit. en nota 2, cap. XLVI, p. 193.

que está presente en piezas que van de fines del XVI a mediados del XVIII, porque sin duda su permanencia tiene su razón de ser en que la imagen se corresponde con un importante rasgo de la mentalidad de la elite indígena, que era quien utilizaba los vasos sobre los que está pintada. También debemos preguntarnos el por qué el núcleo de la escena son dos figuras de sexo contrario, en concreto un varón y una mujer adultos; por qué visten al modo prehispánico y por qué en algunas ocasiones se les representa como el inca y —suponemos— su esposa principal o coya. Por último creemos que también debemos valorar la circunstancia de que en un alto porcentaje estas escenas están enmarcadas superior y lateralmente por un arco iris que arranca de las fauces de un jaguar.

3.- El marco de la escena.

Dado que la imagen de la que venimos hablando nos dice muy poco por sigo misma, creemos pertinente comenzar por analizar ese elemento aparentemente secundario porque a lo mejor él nos encamina por la senda correcta; nos estamos refiriendo al marco que en ocasiones tiene la escena por sus laterales y por la parte superior (Lámina 2). La zona inferior del marco la constituyen sendos jaguares o sus cabezas, de cuyas fauces, laterales de la cara o de la parte alta de la cabeza, arrancan dos arco iris, uno que une a los dos felinos tras cruzar por la parte alta de la escena, y otro que finaliza en otra cabeza de felino, común a ambos; entre estos arcos, y sobre las cabezas de los felinos, se crea un espacio intermedio que también se decora[22] y que en el presente trabajo no vamos a analizar.

3 a.- El jaguar.

Dos son los felinos americanos que se representan en los recipientes de madera: el puma o león, y el tigre, jaguar u otorongo, siendo de este último de donde arranca el arco iris que enmarca la escena que nos ocupa. Si los pumas parecen relacionarse con la fuerza y la valentía atendiendo a lo que nos dice Cieza[23], la figura del jaguar u otorongo se interpreta generalmente como símbolo del antisuyo, zona de su hábitat, relacionándolo también con algunas de sus leyendas, razón por la que ha podido suponerse que estos animales "pintados en los *qeros*, son en sí las puertas del Paititi, y no sus guardianes, como se pudiera pensar"[24]. También se le ha entroncado con las lluvias, señalándose que "el felino *qoa*, también conocido como *chukiichinchay*, o *titi* en las versiones modernas <arrea las nubes con su cola>. Las atrae o ahuyenta"[25], relación que se reafirma al

---

[22] Vid la recopilación que de estos motivos hace Liebscher, citada en nota 8, lams. XVII y ss.

[23] Cieza de León, Pedro: *La crónica del Perú* [1553], en Obras Completas, 3 vols., C. Saenz de Santa Maria ed., Madrid, CSIC, 1984; segunda parte, caps. VII y XLV, pags. 155 y 195 del vol. I.

[24] Flores, Kuon y Samanez, op. cit. en nota 5, p. 189.

[25] Flores, Kuon y Samanez, op. cit. en nota 5, p. 189.

observar el marco que nos ocupa, ya que del felino sale el arco iris, elemento que de forma primaria indudablemente está conectado a la lluvia[26].

Pero este jaguar o tigre, así como el puma o león de los textos coloniales, fue también un símbolo heráldico que incluso formó parte del escudo atribuido a los incas por Murúa y Guamán, y que éste dibuja[27], o de los supuestos de las ñustas Cusi Chimpu y Mama Ocllo[28], o del que Guamán Poma adscribe al antisuyo[29].

3 b.- El arco iris.

El arco iris fue para los andinos un fenómeno contradictorio, pues como escribió Cobo, lo "tenían por mal agüero y que era para morir o para algún otro daño grave, [...] y a veces [lo tenían] por buen pronóstico[30]. Con respecto a este último aspecto, no puede olvidarse que cuando siete de los ocho hermanos Ayar llegaron a las proximidades del valle del Cuzco y ascendían el cerro Huanacauri, "subidos a la cumbre vieron en ella el arco iris del cielo, al cual los naturales llaman huanacauri. Y teniéndolo por buena señal, dijo Manco Capac: <¡Tened aquello por señal que no será el mundo más destruido por agua! ¡Lleguemos allá, y desde allí escogeremos dónde hemos de fundar nuestro pueblo!>"[31].

Esta referencia a tenedlo "por buena señal" y "que no será el mundo más destruido por agua" apunta directamente a la relación entre el fenómeno atmosférico y la lluvia, clave para la agricultura, en función de lo cual se le rendía culto, como por ejemplo ocurría en San Pedro de Hacas, donde "al harco iris, que llaman *quilli turmanya*, porque trae las aguas y llubias mandaban le ofresiesen arina de mais y coca"[32].

Pero las imágenes del arco iris pintadas en las vasijas de madera no pueden entenderse sólo como la reproducción de un fenómeno celeste relacionado con la

---

[26] Cummins no trata por extenso de este felino en su obra, si bien dice que en relatos actuales "se dice que un gato *(michi)* emerge de donde se forma el arco iris", motivo que podría ponerse en relación con los felinos del marco que nos ocupa (Cummins, op. cit. en nota 8, p. 376).

[27] Murúa, Martín de: *Historia General del Perú*, M. Ballesteros ed., Crónicas de América 35, Madrid, Historia 16, lib. II, cap. III, p. 350. Guamán Poma, op. cit. nota 13, fol. 83 del manuscrito.

[28] Murúa, Martín de: *Historia y genealogía de los reyes incas del Perú (Códice Galvin)* [1590], edición facsimilar, J. Ossio ed., Madrid, Testimonio, 2004, cap. 21 fol. 28v, y cap. 25 f. 31v. Con respecto a los correspondientes a las coyas Chimpu Ocllo (cap. 20 f. 26v) y Mama Machiquia (cap. 22 f. 28v), es posible que se trate de pumas y no de otorongos.

[29] Guamán Poma, op. cit. en nota 13, fol. 168 [170] del manuscrito.

[30] Cobo: op. cit. en nota 2, lib. XIII, cap. XXXVIII; p. 233 del tomo II.

[31] Sarmiento de Gamboa, Pedro: *Historia de los incas* [1572], Madrid, Miraguano y Polifemo, 1988; cap. XII, p. 56. Vid también Santa Cruz Pachacuti, Juan de: *Relación de antigüedades deste reyno del Pirú* [¿1613?], ed. de P. Duvios y C. Itier, IFEA y CBC, Lima/Cusco, 1993, fol. 6v, p. 194).

[32] Duviols, Pierre: *Cultura andina y represión. Procesos y visitas de idolatrías y hechicerías, Cajatambo, siglo XVII*. Cusco, CBC, 1986, p. 193; el dato procede de San Pedro de Hacas, entre el 15 de agosto de 1656 y el 11 de enero de 1658.

lluvia, ni tampoco como un símbolo indirecto de la agricultura, ni como una representación de símbolos cabalísticos de buen o mal agüero, ya que tiene otra connotación: la heráldica.

A ella se refiere Garcilaso al hablar del Coricancha, cuando nos dice que "otro aposento, que era el cuarto, dedicaron al arco del cielo, porque alcanzaron que procedía del sol, y por ende lo tomaron los reyes Incas por divisa y blasón, porque se jactaban descender del sol"[33]. Pero el arco iris no quedó en eso, en símbolo heráldico en el Tahuantinsuyu, pues pasó al mundo colonial, como por ejemplo ocurre con el escudo de armas concedido en 1545 a Gonzalo Uchu y aFelipe Tupa Ynga, o con los que mandó pintar Sayri Rupac en su residencia de Yucay hacia 1549 tras abandonar Vilcabamba, o con el que podemos ver en el escudo de Capac Yupanqui[34] o de Chimpu Ocllo[35], o incluso en el que se atribuye el Inca Garcilaso de la Vega y que publica en su edición de 1609.

4.- Las interpretaciones de Liebscher, Cummins, Flores, Kuon y Samanez, y Otarola.

Aparentemente poco nos ha hecho avanzar el análisis del marco de la escena que nos ocupa, ya que sólo nos ha permitido saber que estamos ante una posible imagen heráldica. Pero ¿qué nos pueden decir los investigadores que han trabajado el tema? Lo primero que al respecto hemos de señalar es que no han considerado al conjunto básico —el varón y la mujer— como una unidad en sí misma, pues habitualmente lo han analizado unido o formando cuerpo con su enmarque, con el arco iris que emana de los jaguares.

Para Verena Liebscher, "las cabezas felínicas, o bien [... los] felinos enteros" de los que brota el arco iris, son símbolos de la guerra, por lo que el felino es el "guardián [... del] inca", con quien identifica al varón de la escena, a quien suponemos que relaciona con la actividad bélica por ir armado; por su parte, el arco iris puede significar "un buen presagio para la suerte y para el éxito de la guerra", o para "el éxito de las operaciones guerreras de los incas, así como [...] la prosperidad y la buena suerte". Para ella, y como resultado de lo anteriormente dicho, "los motivos del inca y de la coya bajo el arco iris podrían representar de manera simbólica las victorias, la suerte y la prosperidad esperada con el dominio de los incas", viendo probable la relación entre la imagen "y la ideología de la

---

[33] Inca Garcilaso de la Vega: *Historia General del Perú. Segunda parte de los comentarios reales de los incas* [1617]. C. Sáenz de Santa María, ed., en *Obras completas del Inca Garcilaso de la Vega*, vols. III y IV, BAE vols. 134 y 135, Madrid, Editorial Atlas. 1960 y 1965, primera parte, lib III, cap. XXI, p. 114. Vid también Cobo, op. cit. en nota 2, lib. XII, cap. XXXVI, p. 138 y 139 del tomo II, y Acosta, José de: *Historia natural y moral de las Indias* [1590], F. Mateos ed., BAE 73, Madrid, Atlas, 1954; lib. V, cap. IV, p. 143.

[34] Cummins, op. cit. en nota 8, fig. 8.3 donde reproduce el fol. 30v del manuscrito de Murúa conservado en el J. Paul Getty Museum.

[35] Murúa, op. cit. en nota 28, fol. 26v.

nobleza incaica durante la colonia, [especialmente la del] siglo XVIII, [... cuando] trató en vano de recuperar enteramente, o al menos parcialmente, el dominio del territorio que ellos habían perdido con la conquista"[36].

A una conclusión muy distinta llega Cummins cuando trata del marco y de la escena de la que venimos tratando. Para él, el arco iris primordialmente alude a la lluvia, y es "una señal de prosperidad, en tanto representa los elementos necesarios para la cosecha productiva"[37]; sin embargo esta es una mera apariencia que debe corregirse cuando se da a la figura del varón la importancia que tiene, ya que al tratarse del inca —con quien le identifica—, su "imagen [...] significa de alguna forma la memoria de la autoridad imperial, y arrastra al arco iris hacia esa órbita de asociación". Cummins también señala que en el momento colonial, cuando se realizaban estas imágenes, "no existía [...] un Sapa Inca que personificara la autoridad divina, [... por lo que] los símbolos incaicos ya no se referían a un poder imperial presente", sino a "la fidelidad de los aristócratas nativos a la autoridad imperial española"[38]. Esta línea de razonamiento le lleva a la conclusión de que desde mediados del siglo XVII "las imágenes del felino y el arco iris representaban a los curacas [o eran "un signo generalizado del rango de curaca"[39]], asociando así su posición [de autoridad] colonial con símbolos de autoridad incaica"[40], aunque quien contemplaba la escena recibía "la impresión de que toda la autoridad dependía finalmente de los derechos concedidos por el gobierno colonial español"[41].

Acertadamente expone Cummins que la dinámica de la vida colonial hizo que se fuese construyendo una identidad andina relacionado con lo inca, en la que "cada vez más, los curacas participaban en el mantenimiento y la transmisión de la historia y los símbolos incaicos [...], dado que su propio título colonial para el cargo se basaba en parte en el hecho de que uno de sus ancestros había sido curaca en tiempos de los incas"[42]. En consecuencia, y como ocurría en otro tipo de soportes, para él en esas escenas del "arco iris y el inca" está representándose a esa "elite nativa que vestía como los reyes incas [en las festividades] y estimaba su posición de acuerdo con precedentes ancestrales, tal como eran reconocidos por los españoles"[43].

Por su parte, Flores Ochoa, Kuon Arce y Samanez Argumedo, en su epígrafe "El arco iris: el Inca y la Qoya" siguen muy de cerca parte de la línea

---

[36] Liebscher, op. cit. en nota 8, p. 86.

[37] Cummins, op. cit. en nota 8, p. 376.

[38] Cummins, op. cit. en nota 8, p. 388.

[39] Cummins, op. cit. en nota 8, p. 394.

[40] Cummins, op. cit. en nota 8, p. 396.

[41] Cummins, op. cit. en nota 8, p. 391.

[42] Cummins, op. cit. en nota 8, p. 409.

[43] Cummins, op. cit. en nota 8, p. 417.

argumental de Cummins[44] y en consecuencia señalan que "la imagen del lnka [bajo el arco iris] sugiere que el arco iris es un símbolo real de su autoridad", pero que en los momentos coloniales, y una vez desaparecido éste, "pasó de representar la autoridad nativa autónoma, o sea el Inka del Tawantinsuyu, a representar la aristocracia nativa, aliada a la autoridad imperial española"[45].

Una tercera interpretación es la que ofrece Otarola al comentar algunas escenas pintadas en las vasija de madera coloniales que publica. Así, al tratar de una pieza del Museo Arqueológico Rafael Larco Herrera, la número 48, indica que los arco iris "representan metafóricamente a serpientes", que simbolizan el agua. En cuanto a las dos personas situadas bajo el arco, parece indicar que el varón representa a "Katequilla, encargado de hacer los rayos, truenos y relámpagos [... quien fue] depositado en el Qorikancha, [... y] al lado tenía una hermana"[46].

5.- Nuestra interpretación.

Teniendo en cuenta lo expuesto sobre la imagen en sí y sobre su marco, así como lo aportado por otros autores hemos de señalar que nuestro punto de vista concuerda en parte con el eje central de la interpretación de Cummins, si bien diferimos de él en otras cuestiones.

Para nosotros, tanto el arco iris como el felino[47] del que nace son motivos de sentido exclusivamente heráldico. Se trata de una imagen creada en la colonia, pero que fundamenta su razón de ser en el Tahuantinsuyu, al que simboliza de manera general; fue un conjunto que no tuvo se originó al decorar vasijas de madera, sino al solicitar escudos de armas, que son la matriz original de la imagen (Lamina 3, figura A). El arco iris que sale de un felino o en otras ocasiones de una serpiente, no es el único tema que alude al Tahuantinsuyu, pues así debe leerse la *mascapaycha* o borla, aunque ésta puede representar también a los sapa inca y a sus linajes; otro motivo es el de la torre, de características incaicas o coloniales, cuyo significado inicial se circunscribió sólo a la cabeza del tahuantinsuyu, es decir, al Cuzco pero que también representó al estado inca[48]. Lógicamente, estos

---

[44] Cummins trabajo estos temas en su tesis doctoral, que presentó en 1988 en la universidad de California, Los Ángeles (UCLA), publicándola en inglés en 2002 y en castellano en 2004. Algunas de las ideas que Cummins expuso en su tesis doctoral han sido recogidas por Flores, Kuon y Arce en su obra de 1998, citando su procedencia. Esta es la causa de que una obra de 1998 aparentemente siga la argumentación de otra de 2004.

[45] Flores, Kuon y Samanez, op. cit. en nota 5, p. 212

[46] Otarola Alvarado, Carlos Alberto: *Qeros decorados del Qosqo*, Qosqo, Municipalidad del Qosqo, 1995, p. 46 y 47.

[47] El felino no es el único animal del que arranca un arco iris, pues también puede nacer de serpientes —coronadas o no— puestas en posición vertical. Para mejor ocasión dejamos el análisis de este último elemento.

[48] Ramos Gómez, Luis: "El motivo 'Torre' en el escudo de Cuzco y en los queros y otras vasijas andinas de madera de época colonial, del Museo de América (Madrid)", *Revista Española de Antropología Americana*, vol. 34, (Madrid), pp. 163 a 186. Del mismo autor: "El escudo de la ciudad

símbolos no son excluyentes entre sí y por eso pueden combinarse de distintas maneras, variando a lo largo del tiempo (Lámina 3, figuras B y C).

Con respecto a la parte principal y fundamental de la imagen en sí, hemos de recordar que está constituida por una pareja, y no sólo por un varón, característica que en ningún momento se debe olvidar. En ocasiones el hombre lleva una borla, por lo que debemos identificarle con el inca y, en correspondencia, a la mujer con la coya, pero otras veces el varón no tiene ningún elemento distintivo propio del sapa inca, por lo que indudablemente se está representando a otra persona. La pareja está vestida con ropas tradicionales, y mientras el varón va armado aunque no combate, la mujer porta una planta o una rama con flores o frutos, aunque ni cultiva ni cosecha. Teniendo en cuenta estas características, ¿a quiénes se puede estar aludiendo?

El que las figuras reproducidas sean un hombre y una mujer adultos creemos que es una forma muy directa de aludir a un matrimonio. Por otra parte, el que ambos vayan vestidos a la manera prehispánica no nos parece un hecho baladí, sino que es una forma de hacer explícita la idea de que esa pareja vivió en la época prehispánica, en el Tahuantinsuyo, circunstancia que se refuerza mediante el empleo del marco constituido por el arco iris y el jaguar, que en ocasiones falta porque no se creyó necesario reduplicar el dato temporal. En cuanto a las armas que porta el varón y las flores o plantas que lleva la mujer, creemos que son una forma de indicar la nobleza o la alcurnia, aunque carecemos de paralelos para el caso de la fémina

¿A qué matrimonio que haya vivido en el Tahuantinsuyo se está representando en la época colonial? A este respecto debemos recordar que las personas pintadas pertenecen a dos categorías muy distintas, pues por una parte se ha reproducido al inca y a la coya, y por otra a gentes de menor alcurnia, cada una de las cuales merecen explicación particular. Si comenzamos por las últimas, creemos que los representados son los ancestros —reales o imaginarios— de quienes poseían los vasos, es decir, de los curacas coloniales o de gentes en ascenso; estas personas se sentían herederos de sus ascendientes, y en ellos se apoyaban para continuar gozando de su estatus o reclamar uno superior. Cuando la pareja representada es el inca y la coya, creemos que el poseedor del recipiente o bien estaba haciendo alusión a 'los reyes' que concedieron el curacazgo a un antepasado o bajo quien éste fue un personaje, o bien representaba a un supuesto —o real— antecesor.

Estamos acostumbrados a que los antepasados —ciertos o inventados— de los andinos coloniales se representen en los lienzos, pero éste no tiene por qué ser el único soporte en el que se les podía pintar, ni tampoco las paredes de las casas los únicos espacios en los que se les podía contemplar; evidentemente los

---

de Cuzco en el cuadro *Matrimonio de Don Martín García de Loyola con Doña Beatriz Ñusta* de la Iglesia de la Compañía de Jesús de Cuzco (fines del s. XVII)", *Revista Española de Antropología Americana*, (2005), vol. 35, pp. 224-230.

recipientes de madera podían cumplir también esa doble función, como también podían ser los lugares en los que se representasen escenas de su propia historia[49]. Por esta causa, los curacas que querían mantener su estatus o las personas que querían ascender socialmente, pintaban a sus antepasados en los recipientes con los que convidaban a otros andinos, mostrando a través de ese soporte su parentesco con los incas, con curacas o con personajes que hubieran realizado hechos destacables en el Tahuantinsuyu; actuaban, pues, como si fuesen otro Guamán Poma de Ayala cualquiera, aunque su lector no fuese Felipe III, sino otros andinos.

Teniendo en cuenta esta hipótesis, ¿cómo podríamos denominar a la escena de la que nos venimos ocupando? Creemos que un posible nombre podría ser el de "entronque con los antepasados".

Variaciones en la imagen de la pareja.

Si tenemos en cuenta la importancia que tuvo en la sociedad colonial —andina o criolla— las ejecutorias de nobleza, no nos puede extrañar que la escena de 'entronque con los antepasados' tuviese una gran popularidad y larga vida, ni que, en consecuencia, haya gran número de vasos en los que se reproduce a los antepasados. Teniendo en cuenta estas circunstancia, no puede extrañarnos que haya múltiples variantes. De unas ya hemos hablado en el segundo apartado, por lo que ahora tocaremos otras que tienen relación con la distribución y sustitución de las figuras, si bien dejamos para mejor ocasión un análisis más completo.

La variante más sencilla y fácil de entender es aquélla en la que bajo el marco de los dos arco iris que se suelen situar en los vasos, no figuran sendas parejas, sino que bajo uno se ha colocado al varón y bajo el otro a la mujer; en otras ocasiones uno de los personajes aparece bajo los dos arco iris, y el otro en el espacio intermedio entre ambos, sobre las cabezas de las figuras de los felinos. Otra variante consiste en la suplantación de una de las dos figuras que aparece bajo uno de los dos arcos, por ejemplo por un escudo incluido en el cuerpo de un águila bicéfala (Lámina 4, figura A), o una arpía o basilisco; si bien en el primer caso creemos que estamos ante un elemento heráldico, en el segundo no sabemos del por qué de su presencia.

En otras ocasiones creemos que se ha producido una transposición de motivos al haberse alejado el artesano que realizaba la decoración del verdadero sentido de la escena y dejarse ganar por la estructura del modelo; en consecuencia, por ejemplo, varió la figura del varón por un personaje con guitarra (lámina 4, figura B), por un agricultor, etc.

---

[49] Vid. RAMOS GOMEZ, Luis: "El choque de los incas con los chancas en la iconografía de vasijas lígneas coloniales", *Revista Española de Antropología Americana*, nº 32, (2002), pp. 243-265. El mismo trabajo en *El hombre y los Andes. Homenaje a Franklin Pease G.Y.* (3 vols). Lima, PUCP, 2002, pags. 871 a 885 del vol. II.

6.- Recapitulación

Las escenas que decoran los recipientes de madera andinos de la época colonial no sólo tocan temas relacionados con la vida cotidiana o con las ceremonias en las que esos objetos participaban, ya que también reflejan la ideología y mentalidad de quienes los utilizaban. A este último apartado pertenecen las escenas en las que se hace referencia a los antepasados que vivieron en la época inca, que se pintaban en los vasos con la finalidad de reafirmar la posición presente del poseedor del objeto o bien para reivindicar derechos, objetivo que era el mismo que se tenía cuando se elevaban determinados memoriales a las correspondientes autoridades coloniales.

Lámina 1.-

Figura A.- El inca y coya flanqueados, respectivamente, por el sol y la luna
(Museo de América, Madrid, nº 7572).
Figuras B, C y D.- Pareja formada por un varón y una mujer.
Las piezas proceden, respectivamente, del: Museo de América, Madrid, nº 7567; Museo Völkerkunde, Berlin (Tomada de Wichrowska y Ziolkowski, cits. nota 12, p. 91), y Museo Arqueológico Rafael Larco Herrera, Lima (Tomada de Otarola, cit. nota 46, lámina 8).

*Aproximación a las escenas del "Inca y la Coya
bajo el arco iris" de las vasijas andinas de madera de la época colonial*

Lámina 2.-

A.- Pareja formada por un varón y una mujer bajo un arco iris
(Museo de América, Madrid, nº 7514).
B.- Inca y coya sobre usnus y bajo sendos arco iris
(Museo de América, Madrid, nº 7535).

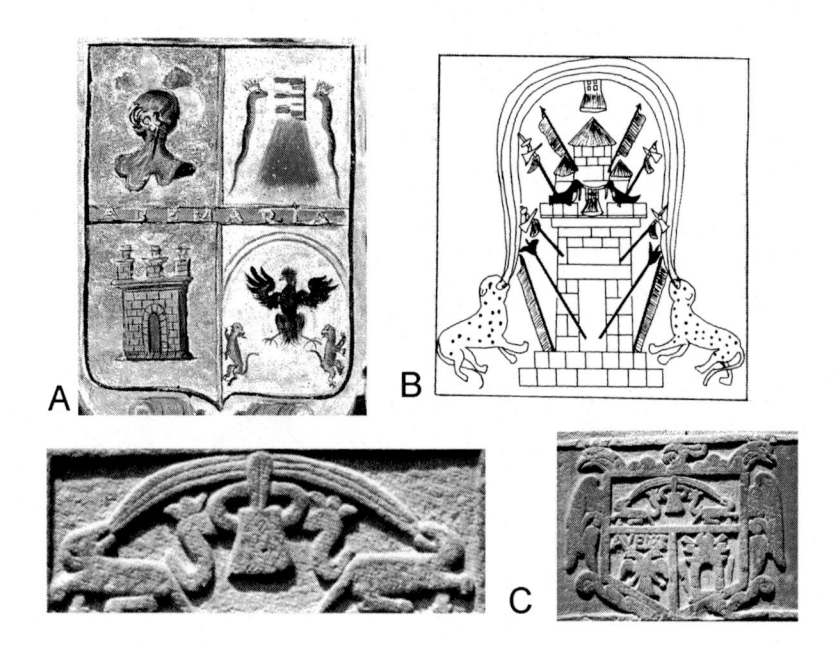

Lámina 3.-

Escudos en los que figura el arco iris brotando de jaguares.
A.- Escudo concedido a Gonzalo Uchu Hualpa y a Felipe Tupa Ynga Yupanqui en 1545
(Tomado de González García y otros: *Archivo General de Indias*,
Barcelona, Lunwerg y MEC, 1995, p. 108).
B.- Escudo del cuadro anónimo "Boda de la Ñusta Beatriz",
de la iglesia de La Compañía, Cuzco, fines del siglo XVII.
C.- Escudo de un dintel del Colegio de Caciques de San Borja, Cuzco, c. 1670
(Tomada de DEAN, Carolyn: *Los cuerpos de los incas y en cuerpo de Cristo. El Corpus
Christi en el Cuzco Colonial,* Lima, UMSM y BS, 200, p. 137).

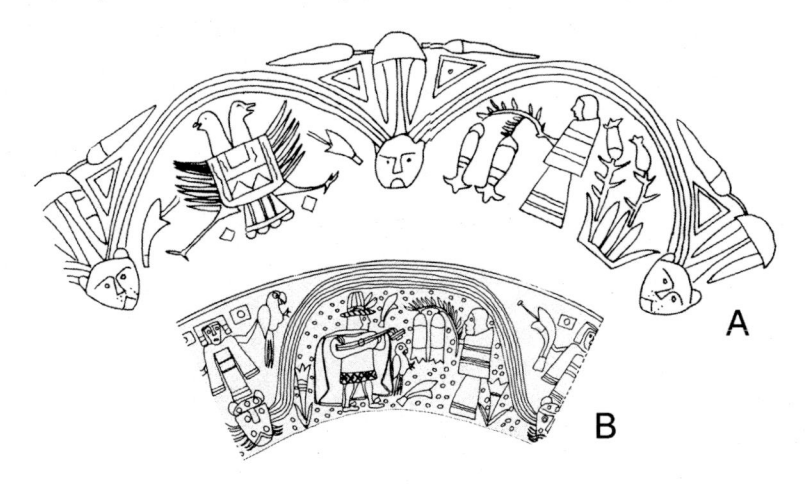

Lámina 4.-

Variantes de la escena 'entronque con los antepasados'.
A) El varón ha sido suplantado por un símbolo heráldico
(Museo de América, Madrid, nº 7542).
B) El varón prehispánico ha sido suplantado por otro colonial
(Pieza del Museo Rafael Larco Herrera, Lima,
imagen tomada de Flores, Kuon y Samanez, cits. en nota 5, p. 167).

¿BERNAL DÍAZ DEL CASTILLO: TESTIGO DE LA CONQUISTA?

MICHEL GRAULICH
Université Libre de Bruxelles

La *Historia verdadera*, escrita por uno de los conquistadores de México unos 40 años después de los hechos, es considerada como uno de los mejores testimonios sobre la conquista de México. Ya en el 1580 el historiador mestizo Diego Muñoz Camargo lo califica de "autor muy antiguo, que hablará como testigo de vista copiosamente, pues se halló en todo como uno de los primeros conquistadores de este nuevo mundo, al cual me remito."

Fue utilizado después por cronistas como Antonio de Herrera en su *Historia general de los hechos de los Castellanos en las Islas y Tierra Firme del Mar Océano*, publicada en Madrid entre 1601 y 1615, y por Antonio de Solís en su *Historia de la conquista de México*.

Prescott, en su famosa *History of the Conquest of México* habla de Bernal Díaz como uno de los "two pillars on which the history of the Conquest mainly rests, the chronicles of Gómara and of Bernal Díaz, two individuals having as little resemblance to each other as the courtly and cultivated churchman has to the unlettered soldier."

Algunos lo dicen "el principal cronista de la conquista de México", algo increíble cuando sabemos que durante la expedición y no decenas después, el mismo Cortés escribió largas cartas a Carlos V para relatarle los eventos, sabiendo muy bien todo sería examinado muy detenidamente porque las instrucciones del gobernador de Cuba Diego Velázquez eran de explorar y rescatar, no conquistar y que le había.robado la conquista.

Bernal Díaz se puso a escribir porque quería recuperar las encomiendas que se le habían quitado, y para reaccionar contra la versión de Francisco López de Gómara, el cual atribuye, no sin razón, casi todo el mérito de la conquista a Cortés sin preocuparse demasiado del soldado ordinario. Es por eso por lo que Bernal pretende decir "la mera verdad", sencillamente, insistiendo sobre el esfuerzo decisivo de los soldados de la conquista". La conquista aparece allí como obra del caudillo *y* de los soldados. Destaca, dicen, la sinceridad del relato; una prosa llana y espontánea". Manuel Ciges Aparicio califica su obra de "natural y sincera". Para Juan José de Madariaga, es el mayor de todos los cronistas. Carlos Pereyra explica sin reír que es el libro de historia por excelencia, el único libro de historia que merece de vivir, la historia en su sentido etimológico, el testimonio de los hechos...

En realidad, sabemos desde hace mucho tiempo que la *Historia verdadera* no es muy fiable. Siglos atrás, Antonio de Solís denunció con gran penetración algunos de sus defectos:

> "Pasa hoy por historia verdadera ayudándose del mismo desaliño y poco adorno de su estilo para parecerse a la verdad y acreditar con algunos la sinceridad del escritor : pero aunque le asiste la circunstancia de haber visto lo que escribió, se conoce de su misma obra que no tuvo la vista libre de pasiones, para que fuese bien gobernada la pluma: muéstrase tan satisfecho de su ingenuidad, como quejoso de su fortuna : andan en sus renglones muy descubiertas la envidia y la ambición; y paran muchas veces estos afectos destemplados en quejas contra Hernán Cortés, principal héroe de esta historia, procurando penetrar sus designios para deslucir y enmendar sus consejos, y diciendo muchas veces como infalible no lo que ordenaba y disponía su capitán, sino lo que murmuraron los soldados..."[1]

Y de hecho Bernal Díaz aparece en sus escritos como muy pagado de si mismo, falsamente modesto (« de sabios siempre se pega algo a los idiotas sin letras como yo soy », cap. 212), vanidoso, envidioso, ambicioso y parcial. Sabemos además que es rencoroso, que se equivoca a menudo y que si es necesario no vacila en deformar concientemente los hechos y a mentir[2]. Si lo debemos creer, cuenta entre los soldados que aconsejan a Cortés de encallar sus navíos; está al tanto de todo lo que se trama o se dice, tanto en los consejos de Cortés como en los de Moctezuma; y todo eso cuando es un soldado oscuro, mencionado por nadie y cuyo papel en la conquista de México solo se conoce por su propio testimonio.[3] El silencio de Cortés y de los otros conquistadores incitó Wilson a negarle la paternidad de la *Historia verdadera*.[4]

Bernal Díaz se equivoca o miente a menudo. Y eso, a partir de la primera frase del primer capítulo, cuando pretende haber venido a América con Pedro Arias de Ávila, nombrado gobernador de Castilla de Oro. Wagner mostró que en realidad fue seis meses más tarde. Un poco más adelante, nuestro autor dice haber asistido a la ejecución de Vasco Núñez de Balboa, lo que es cronológicamente imposible. Wagner aún aduce argumentos sólidos contra la participación del conquistador en la expedición de Grijalva en 1518. León-Portilla señala cuánto es dudosa su participación a los debates de Valladolid que oponen Las Casas a Sepúlveda en 1550. Sáenz, poco sospechoso de severidad excesiva hacia su amigo Bernal, admite púdicamente que su fiabilidad como historiador no es absoluta.[5]

---

[1] Solís 27.

[2] Iglesia 160; Wagner 157-166; Straub 172, 183; León-Portilla 15, 21-29.

[3] Iglesia 260, 268; Wagner 187-190; Ciges Aparicio 8.

[4] Wilson 1859: para él, es un libro comenditado por la Iglesia en España; ver también Gillespie 182.

[5] Wagner 157-160; León-Portilla 15-16, 29; Sáenz 100, 122.

El "soldado que escribe sus recuerdos" trabaja a partir de documentos que su imaginación adorna de bordados. El caso más obvio y conocido desde hace mucho tiempo[6] es el de la recomendación de Cortés:

> "el levador desta, que se dice Bernal Díaz es uno destos [conquistadores] y de los que bien han servido ansí en la conquista desta ciudad como en la ida que hice a Honduras y en Guatimala y en otras muchas provincias, y demás de todo esto fue de los que vinieron con Francisco Hernández de Córdoba, primer descubridor desta tierra, por manera que en todo ha trabajado y servido muy bien como yo soy testigo."

He aquí como la presenta nuestro autor (cap. 212 ; los añadidos son subrayados) :

> "en una carta que escribió el marqués del Valle en el año de 1540 dende la gran ciudad de Méjico á Castilla, á su majestad, haciéndole relacion de mi persona y servicios, le hizo saber cómo vine á descubrir la Nueva España _dos veces primero que no él_, y tercera vez volví en su compañía, y _como testigo de vista me vió muchas veces batallar en las guerras mejicanas y en toma de otras ciudades como esforzado soldado_, hacer en ellas cosas notables y _salir muchas veces de las batallas mal herido_ y cómo fui en su compañía á Honduras é Higueras, que ansí nombran en esta tierra, _y otras particularidades que en la carta se contenían, que por excusar prolijidad aquí no declaro_ [....]"

Adorna, pero cuida de reforzar sus mentiras, como lo prueba la forma en que insiste sobre sus dos viajes antes de su llegada con Cortés. Esta manera de proceder es típica de toda su obra.

Bernal Díaz pretende corregir los errores de Gómara – una obra, esa, silenciada por la Corona española, por incensar demasiado a Cortés – pero la obra de Gómara es una fuente mucho más digna de fe que la Historia supuestamente "verdadera". Iglesia, ya, en los años cuarenta, hizo el elogio del capellán de Cortés, a quien considera como un humanista animoso, sincero y que dice las cosas claras. Reconoce a Díaz una memoria asombrosa y un gran sentido del detalle, pero considera mínimas o incluso a veces erróneas las rectificaciones que aporta.[7] Más tarde, otros científicos observan que a menudo Bernal Díaz copia Gómara y que éste es su hilo conductor.[8] Sería sin importancia -se admite el plagio en esta época- si no tuviera precisamente la pretensión de ser verídico y de corregir los errores de los otros. Straub finalmente, en un estudio notable, destaca con razón que si, de Cortés en Gómara, luego a Bernal Díaz, la relación de los hechos se amplía cada vez, nada prueba que la versión más habladora sea la más fiable. La contribución de Díaz consiste sobre todo en detalles poco importantes, como indicar que hacía calor y que los soldados tenían sed. Y aún, observa Straub, los soldados no tienen sed hasta que Cortés o Gómara lo han dicho antes; y mientras que éstos se limitan a mencionar el hecho, Díaz (cap.145) desarrolla el tema. Otro punto mencionado por

---

[6] Ver Sáenz 84.

[7] Iglesia 118, 163-167.

[8] Wagner 184; Borah 1984; Sáenz 85 ; Straub 175.

Straub: Díaz pretende haber participado en la redacción de la carta a Carlos V escrita en Veracruz en 1519, pero sólo parece conocerla... ¡a través de Gómara! Concluye que se puede realmente hablar de plagio.[9]

A pesar de todo eso Bernal Díaz es siempre considerado como una fuente importante. Ciges Aparicio elogia su probidad,

> «su espíritu justiciero [que] resalta cada instante » y « su memoria [...] muy tenaz ».

Iglesia lo critica, por cierto, pero habla sin embargo de un

> "testimonio de valor único, por su amplitud y precisión [...] la extraordinaria fuerza del relato [...]. Tiene el don único de saber narrar, de tener una memoria vital tan rica, que evoca sin esfuerzo recuerdos lejanos y les da animación insuperable con la pluma. Su obra es la base de casi todo lo que sabemos de la conquista".

Pastor lo dice "más fiable que Cortés", lo que es extravagante cuando sabemos que éste escribe en la misma época de los acontecimientos y ése cuarenta años después; y, sobre todo, cuando recordamos que a Cortès le es prohibido deformar demasiado las cosas: sus cartas son informes a su rey y sabe que, siendo en la ilegalidad, será objeto de investigaciones y deberá justificarse. León-Portilla es impresionado por su realismo. Sáinz de Medrano dedica cuatro páginas apretadas a su "pasión de la verdad". Por último, Díaz guarda la confianza de historiadores recientes como Vázquez, Martínez, Demetrio Ramos, Hugh Thomas y Ross Hassig. Presentaré pues una serie de casos (sacados de los capítulos 1 a 126) en los cuales dónde nuestro autor plagia Gómara, lo corrige erróneamente o lo entiende mal, incluso dónde inventa, falsifica a sabiendas o miente. Veremos también en qué sentido y por qué deforma los hechos.[10]

El descubrimiento de Yucatán

La primera expedición hacia México es la de Francisco Hernández de Córdoba, en 1517. Según Bernal Díaz (cap.2), después un mes de peligrosa navegación a partir de Cuba, la expedición ve una tierra -la costa norte de Yucatán- y lo que parece ser una ciudad. Por la primera vez en América, los europeos se encuentran en presencia de una gran civilización, como lo prueban las estructuras permanentes, las pirámides y los atavíos de la gente. Por las pirámides dan el nombre de Gran Cairo a la ciudad. Mayas vienen en botes con comida y regalos y

---

[9] Straub 175-177; Sáenz 56 da un ejemplo en el cual Bernal Díaz sigue literalmente a Gómara pero ampliando; Padden 291 da otro ejemplo donde Bernal Díaz copia (mal) Gómara. León-Portilla 46 insiste sobre el gusto cada vez mayor con el cual Bernal Díaz, narrador inveterado, escribe, adorna, agrega diálogos. Habla (p. 56) de embellecimientos a la manera de los libros de caballería.

[10] Ciges Aparicio 9; Iglesia 265; Pastor 109 ; ver también Clendinnen 17 : « The footsoldier Bernal Díaz's account [...] has less art but more impact. »; León-Portilla 16, 56. 19. Sáenz 1967: 46.

un principal invita los españoles a desembarcar. El día siguiente, los ciento diez hombres de Córdoba llegan en buen orden, pero batallones de guerreros surgen del bosque, disparan una lluvia de flechas y jabalinas que hieren a varios hombres y luego acometen. Los españoles se defienden, matando a quince hombres y tomando dos cautivos. Bautizados más tarde, recibirán los nombres de Melchor y Julián y funcionaran como intérpretes.

Desgraciadamente, ninguna otra fuente, y las hay varias[11], menciona esta batalla. Según Pedro Mártir que escribe en 1520, sólo hay combate en Champotón. La versión tardía de Díaz difiere radicalmente de las otras, y eso sobre un punto esencial ya que se trata del primer contacto oficial entre los españoles y las civilizaciones mesoamericanas. Por fin encuentran edificios de cal y canto y pueblos que les parecen muy civilizados: por final ven algo que sugiere el Asia tanto esperado. Es un momento crucial. Si, desde el principio los indios civilizados hubieran sido hostiles, los miembros de la expedición no lo habrían olvidado. Ahora bien, lo que quiere hacer creer nuestro autor es precisamente que en la aventura de la conquista de México, fueron los indios que abrieron las hostilidades y no los españoles. Dice así, concientemente o no, el contrario de otra versión, igualmente tardía y aberrante, la de Las Casas, contra el cual reacciona en varias ocasiones. En un pasaje bastante confuso, Las Casas también habla de un combate muy al principio de la expedición, pero en Cozumel y provocado por los españoles.[12] A Las Casas como a Bernal Díaz, les importa más designar un responsable de las guerras entre los indios y los europeos que hacer obra de historiador.

La parcialidad de Bernal Díaz, su proyecto de glorificar a los conquistadores y refutar las acusaciones contra ellos, aparece en otros detalles inscritos en los dos primeros capítulos. Primero refuta las afirmaciones según las cuales el objetivo de la expedición habría sido cazar esclavos. Era por cierto lo que quería el infame Diego Velázquez, pero

> "desque vimos los soldados que aquello que pedía el Diego Velazquez no era justo, le respondimos que lo que decía no lo mandaba Dios ni el Rey, que hiciésemos á los libres esclavos" (cap.1).

Nadie es más virtuoso. En cambio, además de ser los agresores, son idólatras y viciosos:

> "tenían ídolos de barro, unos como caras de demonios y otros como de mujeres, altos de cuerpo ; y otros de otras malas figuras ; de manera que al parecer estaban haciendo sodomías unos bultos de indios con otros ; y dentro en la casas tenían unas arquillas hechizas de madera, y en ellas otros ídolos de gestos diabólicos [...]" (cap. 2).

---

[11] Martir 4a Dec. 1.1 ; Oviedo 2 : 113-115 ; Gómara 1 : 85-87; Landa 9.

[12] Las Casas 1.3 cap. 96-98 ; 1961 : 2 : 403-404; ver además p. 407-408, su versión muy especial de la batalla de Champotón.

Díaz repetirá sus acusaciones de sodomía (cap. 51, 52, 61, 83, 90), a veces atribuyéndolas a Cortés. Sin embargo, ni la primera carta de Cortés escrita en Veracruz, ni Mártir, ni Oviedo rechistan sobre estas "malas figuras" y estas "sodomías" en el cabo Catoche y la iconografía maya en general no da ejemplos.[13] En cuanto a los "ídolos [...] como mujeres", proceden, lo sabemos, de Gómara.

La batalla de Campeche

La historia de la segunda expedición, la de Juan de Grijalva, es descrita por dos textos contemporáneos: el informe redactado por el capellán de la expedición, Juan Díaz, que se publicó a partir de 1520, y la carta de Veracruz. Oviedo, que interrogó al piloto Antón de Alaminos, aporta muchas precisiones suplementarias. Tenemos aún el testimonio muy breve de otro testigo ocular, la relación de méritos de Vázquez de Tapia, escrita a principios de los años cuarenta. Luego vienen los otros autores, más tardíos, entre los cuales Cervantes de Salazar, que añade detalles, y nuestro Bernal, que pretende haber participado en los acontecimientos. Pero esta participación no es cierta por razones múltiples, como sus divergencias con Díaz y Oviedo. Incluso Sáenz duda, observando que la "relación bernaldiana no llega a la viveza de descripción y diálogo a que nos tiene acostumbrados" y destacando varios anacronismos.[14] Por mi parte, insistiré sobre puntos que ilustran bien la manera de proceder de Bernal Díaz y que ponen de manifiesto que es perfectamente capaz de decir mentiras con una gran "vivacidad de descripción".

Después de haber descubierto la isla de Cozumel, Grijalva sigue hasta Campeche, una ciudad visitada por Córdoba. Desembarcan para hacer aguada pero, como demoran, los mayas acaban por perder paciencia y sigue una batalla. Según la carta de Veracruz, en Campeche,

"mataron a un español e hirieron al dicho capitán Grijalba y a otros muchos, y aquella tarde se embarcaron."[15]

Vázquez de Tapia es más explícito:

> "Después, costeamos la costa del sureste y del este y del norte, hasta un gran pueblo que está en la costa, que se llamaba Campeche, en el cual desembarcamos, y los naturales nos dieron una batalla en la cual estuvimos en harto peligro de perder las vidas, y el capitán salió mal herido y todos los demás que allí estábamos, y muerto un gentilhombre soldado."

---

[13] Oviedo 2: 144; menciona en cambio una estatua tal, « el uno caballero o cabalgando sobre el otro, en figura de aquel abominable y nefando pecado de sodomía », vista por los hombres de Grijalva en la laguna de Términos; Gómara 1: 83 recoge el detalle y Bernal lo acomoda y lo trasfiere al principio de su relato.

[14] Wilson; Wagner 165-166; Straub 187; Sáenz 48-50.

[15] Cortés 9.

Juan Díaz y Oviedo están de acuerdo, pero Oviedo da más detalles sobre las circunstancias de la batalla, cuyo resultado describe como sigue:

> "y el general Joan de Grijalva salió herido, y con un diente menos y otro quebrado, y aun la lengua algo cortada de una flecha, e con otras dos heridas en la pierna o rodillas. E sacaron de aquel boscaje, muerto, un compañero que se decía Joan de Guetaria e otros muchos cristianos salieron heridos, porque entre los árboles los indios peleaban a su sabor, e huían cuando les convenía".[16]

Las fuentes antiguas sitúan pues la batalla en Campeche. A continuación, la flotilla sigue su camino, pasando delante de la ciudad de Champotón sin desembarcar, informada por la experiencia de Córdoba. Es con todo en Champotón donde Gómara localiza por error la batalla:

> "fueron a Champotón, donde fueron mal recibidos, como Francisco Hernández; pues al tener que coger agua, que les faltaba, hubieron de pelear con los naturales, y quedó muerto Juan de Guetaria, y heridos cincuenta españoles, y Juan de Grijalva con un diente menos y otro medio, y dos flechazos. Por esto de Grijalva y por lo de Córdoba, llaman a aquella playa Mala-Pelea".[17]

Se esperaría aquí que Bernal Díaz (cap. 9), presuntamente presente en los dos viajes y censor autoproclamado de Gómara, corrige severamente éste. Pero no, hace el mismo error -simplemente porque copia Gómara -y rectifica bagatelas:

> "en ocho días llegamos en el paraje del pueblo de Champotón, que fué donde nos desbarataron los indios de aquella provincia, como ya dicho tengo en el capítulo que de ello habla [...] y llegados á tierra, nos comenzaron á flechar y con las lanzas dar á mantiniente; y tal rociada nos dieron antes que llegásemos á tierra, que hirieron la mitad de nosotros [...]. En esta guerra mataron á Juan de Quiteria y á otros dos soldados, y al capitán Juan de Grijalva le dieron tres flechazos y aun le quebraron con un cobaco dos dientes (que hay muchos en aquella costa), é hirieron sobre sesenta de los nuestros."

No solamente Díaz yerra en cuanto al lugar, como Gómara, pero además sitúa la batalla a partir del desembarque, lo cual lo permite el breve pasaje de Gómara, pero no el texto muy detallado de Oviedo que precisa que la llegada delante de la ciudad de Campeche era el martes 25 de mayo de 1518, el desembarque el miércoles 26 y la batalla el jueves 27. Obviamente nuestro autor no estaba. Sigue Gómara, cambia pormenores – además de Guetaria, dos otros españoles mueren; Grijalva pierde no un diente y medio sino dos y recibe no dos, sino tres flechas; los heridos son más de sesenta, más bien que cincuenta – sin ningún motivo, y amplía. Además, inventa, con su famoso "realismo" que lo hace parecer tan verídico:

---

[16] Vázquez de Tapia 132; J. Díaz 42-5. 27. Oviedo 2: 129.
[17] Gómara 1: 81.

> "Acuérdome que cuando estábamos peleando en aquella escaramuza, que había allí unos prados algo pedregosos, é había langostas que cuando peleabamos saltaban y venían volando y nos daban en la cara, y como eran tantos flecheros y tiraban tanta flecha como granizos, que parecían eran langostas que volaban, y no nos rodelábamos, y la flecha que venia nos hería, y otras veces creiamos que era flecha, y eran langostas que venían volando: fué harto estorbo". (cap. 9)

Vale la pena examinar también la terminología de Bernal Díaz y algunas de sus descripciones. Los mayas, dice, se arman de "espadas de navajas" (cap. 4), a veces de dos manos (cap.9); se visten de «jaquetas de algodón» (cap. 2, 9); llaman sus taparrabos «mastates» (cap.2). Más lejos (cap.11), hablando de los mayas de Tabasco, menciona los *chalchiuis*, que aprecian mucho y hace decir por los mayas que movilizaron dos *xiquipiles* de guerreros. Los mayas llaman a sus libros *amales* (cap. 27) y a la Virgen "tecleciguata" (cap. 36). Ahora bien, todo eso es el producto de proyecciones de conceptos que Díaz recogió más tarde, entre los aztecas. Las palabras *xiquipilli* (8000), *chalchihuitl* (piedra verde preciosa), *maxtlatl* (taparrabos), *amatl* (papel) y *tecuhcihuatl* ("señor-mujer") son nahuatl. Las espadas de madera a filos de obsidiana y, más aún, las espadas de dos manos son armas aztecas. En cuanto a las jaquetas rellenas de algodón, comunes entre los aztecas, parecen haber sido más raras entre los mayas del posclásico y, en cualquier caso, Oviedo, que da una descripción detallada de los atuendos y las armas de los mayas de Campeche, no las menciona, y tampoco las espadas. En cambio, cuando Díaz cita términos auténticamente yucatecos (como *calachoni*, para *halach uinic*), vienen de Gómara.[18]

En Tabasco

Cuando llegan al gran río al cual Grijalva da su nombre, los exploradores son bien acogidos por los mayas de la orilla derecha. El día siguiente, los visita un señor importante que invita al capitán en su bote. Sigue una escena asombrosa: el indio hace vestir a Grijalva de ropas de oro o doradas y el capitán le vuelve la cortesía (sin oro, supongo). Además, según J. Díaz, le pide a Grijalva un indio cautivado poco antes y propone en cambio su peso en oro.[19] Estos hechos son altamente significativos. En cuanto al vestir primero, sabemos que Cortés, más tarde, será objeto de honores similares porque se lo tomará por el dios Quetzalcoatl cuyo regreso esperaban. Es probable que aquí, sobre el Río Tabasco o Grijalva, el señor actúa por el mismo motivo, y por orden de Moctezuma. Es probablemente también el interés llevado por Moctezuma a los recién llegados que explica el rescate extraordinario propuesto para recuperar al indio. Por haber vivido algunos

---

[18] Oviedo 2: 125-127; Gómara 2: 27.

[19] J. Díaz 47; Oviedo 2: 133-134; Gómara 1: 81; Las Casas 2: 440-441.

días con los españoles es un informante valioso para el rey azteca que sigue con ansiedad los progresos de los extranjeros y intenta comprender. [20]

De todo eso, tan extraordinario, Bernal ha visto y oído nada. Pero sí leyó Gómara y se mete otra vez en contradecirlo. Hablando del oro obtenido más tarde, sobre el Río Banderas, escribe (cap.13):

> "y aquesto debe ser lo que dicen los coronistas Francisco López de Gómara y Gonzalo Hernandez de Oviedo en sus corónicas, que dicen que dieron los de Tabasco; y como se lo dijeron por relación, así lo escriben como si fuese verdad; porque vista cosa es que en la provincia del río de Grijalva no hay oro, sino muy pocas joyas".

Es posible, pero, muy cerca, había el puerto de Xicalanco que incluía un barrio de ricos negociantes aztecas. Es de depósitos de esta ciudad que debía proceder el oro. Por otra parte, nuestro conquistador olvida que Gómara incluye en su obra la lista de todos los objetos obtenidos por Grijalva en Potonchan y sobre la costa veracruzana, y menciona el traje de oro.

La expedición de Cortés: Aguilar y Guerrero

Al fin de febrero 1519, la tercera expedición, la de Cortés, mandada por Diego Velázquez, llega a la isla de Cozumel. Allá, de acuerdo con la carta del Consejo de Veracruz (la "primera carta de Cortés"),

> "supo el capitán que unos españoles estaban siete años había cautivos en el Yucatán, en poder de ciertos caciques, los cuales se había perdido en una carabela que dió al través en los bajos de Jamaica [...] ; y también traía aviso de ello el dicho capitán Fernando Cortés, cuando partió de la dicha isla Fernandina para saber de estos españoles, y como aquí supo nuevas de ellos y la tierra donde estaban, le pareció que haría mucho servicio a Dios y a vuestra majestad en trabajar que saliesen de la prisión y cautiverio en que estaban". [21]

Las instrucciones de Velázquez a Cortés le ordenaban en efecto de salvar a seis españoles caídos en manos de los mayas. [22] Sin embargo, Gómara, en su *Historia*, no menciona estas instrucciones. Según él, al ver las barbas y la tez de los españoles, los indios

> "hacían señas con las manos hacia Yucatán, donde hacía muchos soles que estaban allí cinco u seis hombres barbudos. Hernán Cortés, considerando cuánto le importaría tener bueno faraute para entender y ser entendido, rogó al Calachuni le diese alguien que llevase una carta a los barbudos que decían" [23].

---

[20] Graulich 1994: 268-72.
[21] Cortés 13.
[22] Documentos cortesianos 1:53.
[23] Martir 1: 417; Gómara 2: 28; Oviedo 2: 149 menciona la instrucción de salvar los náufragos.

Aquí también, en vez de rectificar, Díaz repite lo que dice Gómara. Además, ignorando la existencia de las instrucciones, cree que puede mentir impunemente. Si Cortés tiene la idea de informarse sobre la posible presencia de españoles al Yucatan, es gracias él y a un tal Martin Ramos:

> "Como Cortés en todo ponía gran diligencia, me mandó llamar á mí é á un vizcaíno que se llamaba Martin Ramos, é nos preguntó que qué sentíamos de aquellas palabras que nos hubieron dicho los indios de Campeche cuando venimos con Francisco Hernandez de Córdoba, que decían Castilan Castilan, segun lo he dicho en el capítulo que dello habla; y nosotros se lo tornamos á contar segun y de la manera que lo habíamos visto é oído, é dijo que ha pensado en ello muchas veces, é que por ventura estarían algunos españoles en aquellas tierra, é dijo : "Paréceme que será bien preguntar á estos caciques de Cozumel si sabian alguna nueva dellos." (cap. 27)

Cortés envía cartas a los españoles perdidos y espera. Finalmente, Aguilar, uno de los supervivientes de un naufragio ocurrido en 1511, llega a Cozumel en piragua. Andrés de Tapia lo lleva a Cortés. Se le dan prendas de vestir europeas y cuenta sus aventuras, mencionando uno de sus compañeros de infortunios:

> "y que él sintió del otro su compañero que no quería venir por otras veces que le había hablado diciendo que tenía horadadas las narices y orejas y pintado el rostro y las manos; y por esto no lo llamó cuando se vino." [24]

Inspirándose en Martir, Tapia y la obra perdida de Motolinía, Gómara agrega detalles nuevos y cambia un poco la versión de Tapia sobre los contactos entre Aguilar y Guerrero a la llegada de Cortés:

> "y no hay más que yo [Aguilar] y un tal Gonzalo Herrero, marinero, que está con Nachancan, señor de Chetemal, el cual se casó con una rica señora de aquella tierra, en quien tiene hijos, y es capitán de Nachancan, y muy estimado por las victorias que le gana en las guerras que tiene con sus comarcanos. Yo le envié la carta de vuestra merced, y a rogarle que se viniese, pues había tan buena coyuntura y aparejo. Mas él no quiso, creo que de vergüenza, por tener horadada la nariz, picadas las orejas, pintado el rostro y manos a estilo de aquella tierra y gente, o por vicio de la mujer y cariño de los hijos." [25]

Según Tapia, Aguilar no escribió a Guerrero, ya que éste ya le había afirmado que no quería regresarse con los suyos, arreglado como era. Gómara en cambio dice con o sin razón que a pesar de todo envió la carta, y que Guerrero le respondió de una manera no precisada. Por consiguiente, Bernal Díaz (cap. 27) se siente obligado de ir aún más lejos:

---

[24] Tapia 71.
[25] Gómara 2: 31-32.

> "Caminó el Aguilar adonde estaba su compañero, que se decía Gonzalo Guerrero, que le respondió: 'Hermano Aguilar, yo soy casado, tengo tres hijos, y tiénen me por cacique y capitán cuando hay guerras: íos vos con Dios; que yo tengo labrada la cara é horadadas las orejas ; ¿qué dirán de mí desque me vean los españoles ir desta manera? E ya veis estos mis tres hijitos cuan bonitos son. Por vida vuestra que me deis desas cuentas verdes que traeis, para ellos, y diré que mis hermanos me las envían de mi tierra'."

Luego la Sra. Guerrero interviene para expulsar a Aguilar, tratándolo de esclavo. Aguilar insiste en vano para que Guerrero no pierda su alma por una mujer.

En cuanto al fondo, Díaz no aporta mucho. Se limita a ampliar los datos recogidos en los autores precedentes, velando al mismo tiempo por dar a su relato más vida, tensión y movimiento, personalizando, haciendo viajar su héroe del momento, imaginándo pequeños diálogos y presentando nuevos personajes (la mujer de Guerrero). Su relato es más vivo que el de Gómara, pero menos probable. Cortés había concedido un tiempo limitado a los náufragos para que alcancen la flota española. Es difícil creer que recibiendo la carta y debiendo hacer un largo viaje hasta Cozumel, Aguilar habría perdido su tiempo para ir a buscar Guerrero en Chetumal y hacer a continuación por lo menos 350 km más, mientras que podía perfectamente enviarle la carta de Cortés. Por otra parte, si Bernal Díaz hubiera recibido informaciones suplementarias por parte del superviviente o de personas que lo tenían muy conocidos, habría hablado de las aventuras de Aguilar durante su cautiverio, como lo hace detenidamente Cervantes de Salazar.

Bernal Díaz miente, pero es consecuente. Hablando de Guerrero, afirma que es él que incitó los mayas a atacar la expedición de Córdoba en su llegada al Cabo Catoche. Una manera como otra de dar fuerza a su fábula sobre las hostilidades a partir del primer contacto. Y, de cualquier forma, una imposibilidad: según él, Córdoba descubre el Yucatán llegando al cabo Catoche el 4 de marzo. Se lo recibe bien. El día siguiente por la mañana, lo invitan en tierra y lo atacan. ¿Cómo podía Guerrero, que vivía por 350 km de allí en línea recta, recibir la noticia en 24 horas y hacer llevar al consejo de atacar? ¿Y también, por qué se lo habría escuchado, a tan larga distancia?

San Juan de Ulúa

Tras otras aventuras los españoles llegan a lo que llaman San Juan de Ulúa (Veracruz). Poco después de su llegada dos grandes canoas se dirigen hacia la nave de Cortés e indios suben a bordo. Y, continúa Bernal Díaz (cap.38),

> "preguntan quién era el Tlatoan, que en su lengua dicen el señor. Y doña Marina [una azteca regalada por los mayas], que bien lo entendió, porque sabía muy bien la lengua, e lo mostró. [...] Y nuestro Cortés respondió con las dos lenguas, Aguilar y doña Marina".

Ahora bien, según Gómara, es más tarde, el día de Pascua, en la tierra, viendo a la india hablar con el gobernador mexica Tentlilli y otro alto dignatario, que se dan cuenta de que habla náhuatl. Díaz corrige de nuevo Gómara pero ignora que este copia el conquistador Andrés de Tapia. Es pues probable que la "rectificación" de Bernal Díaz es inspirada sobre todo por su deseo de contradecir Gómara sobre un punto que creía inverificable.

Se mencionó al "gobernador" Tentlilli. Bernal Díaz cuenta a su propósito que

> "vino el Tendile una mañana con mas de cien indios cargados, y venia con ellos un gran cacique mejicano, y en el rostro, facciones y cuerpo se parecia al capitan Cortés, y adrede lo envio el gran Moctezuma; porque segun dijeron, cuando á Cortés le llevó Tendile dibujada su misma figura, todos los principales que estaban con Moctezuma dijeron que un principal que se decía Quintalbor se le parecia á lo propio á Cortés, que así se llamaba aquel gran cacique que venia con Tendile".

Inútil de decir cuanto es absurdo el detalle de los indios que habrían observado la semejanza entre un tal Quintalbor y Cortés gracias a un retrato efectuado por los aztecas, puesto que su arte ignoraba el retrato realista. El autor adorna aquí, como siempre.

Poco después, por orden de Moctezuma, millares de indios abastecen y sirven a los españoles que acampan en la costa. Pero, un día, todos desaparecen. Moctezuma se ha dado cuenta de que no llegaría a convencer a los intrusos a irse e inaugura ahora una nueva táctica que consiste en dejarlos morir de hambre.

Bernal Díaz explica la cosa como sigue (cap. 41):

> "porque parece ser cómo el Moctezuma era muy devoto de sus ídolos, que se decían Tezcatepuca y Huichilobos ; el uno decían que era dios de la guerra, y el Tezcatepuca el dios del infierno, y les sacrificaba cada día muchachos para que le diesen respuesta de lo que había de hacer de nosotros, porque ya el Moctezuma tenia pensamiento que si no nos tornábamos a ir en los navíos, de nos haber todos á las manos para que hiciésemos generación, y tambien para tener que sacrificar; segun después supimos, la respuesta que le dieron sus ídolos fué que no curase de oir a Cortés [...]".

"Segun después supimos". Nuestro amigo es el único de ser en la intimidad de Moctezuma en esta circunstancia: ninguna fuente habla de estos sacrificios. En cuanto a Tezcatlipoca y Huitzilopochtli, son las deidades aztecas preferidas de Díaz y no se les sacrificaba niños. Hablando propiamente, Tezcatlipoca es tampoco dios del inframundo. Las dos deidades son mencionadas juntas como dioses de la guerra por Gómara cuando habla de los sacrificios de guerreros vencidos por los mexicas, poco después de la interrupción del abastecimiento. Es este pasaje que debió inspirar a Bernal Díaz, permitiéndole de subrayar otra vez la crueldad de los sacrificios (¡de niños! y todos los días!) y las malas intenciones del soberano.

La insistencia sobre los sacrificios, que eran efectivamente muy frecuentes e iban por millares en algunas grandes ocasiones, es habitual en los escritos de los conquistadores. Bernal Díaz insiste también sobre la crueldad y la brutalidad azteca al hablar de la estancia de los españoles en Quiahuiztlan y sus altercados con los recaudadores imperiales. Éstos, furiosos de ver la buena recepción hecha a los españoles, habrían amenazado a los totonacas:

> "E que su señor Moctezuma no era servido de aquello, porque sin su licencia y mandado no nos habían de recoger en su pueblo ni dar joyas de oro. Y sobre ello el cacique gordo y á los demas principales les dijeron muchas amenazas, é que luego les diesen veinte indios é indias para aplacar a sus dioses por el mal oficio que había hecho." (cap. 46).

Los veinte indios en cuestión obviamente estaban destinados a ser inmolados. La intervención de Cortés, que hizo detener a los recaudadores, les salvó la vida. Este episodio, mencionado únicamente por Bernal Díaz, sirve para denunciar la tiranía azteca. Aborda este tema en sucesivas ocasiones, incluso en este mismo capítulo, cuando el rey de Cempoala se queja de que los recaudadores les toman sus mujeres e hijas si son hermosas, y las forzan, o más adelante, cuando los españoles pasan por Amaquemecan. De acuerdo con Gómara[26], uno de los gobernantes de la ciudad

> "secretamente se quejó a Cortés de Moctezuma por muchos agravios y tributos no debidos."

Con Bernal, los "agravios" se vuelven más sustanciales:

> " secretamente, que no lo sintieron los embajadores mejicanos, dieron tantas quejas de Moctezuma y de sus recaudadores, que les robaban cuanto tenían, é las mujeres é hijas s i e r a n hermosas las forzaban delante dellos y de sus maridos, y se las tomaban, é que les hacían trabajar como si fueran esclavos [...], é les tomaban sus tierras para servicio de ídolos, é otras muchas quejas, que como ha ya muchos años que pasó, no me acuerdo."

La última observacion debe hacer creer que el testimonio es auténtico y que Díaz estaba presente u oyó un testigo. No obstante, ninguna otra fuente informa sobre estas denuncias y si algunas son plausibles, es porque Díaz se documentó sobre los tributos y servicios en el imperio azteca. En cuanto a las violaciones, sobre las cuales Gómara es mudo, nuestro amigo ya había colocado la misma frase en la boca del cacique de Cempoala. Debió de asistir a tales escenas después, pero con los conquistadores o los colonos como autores.

Si Bernal hace hincapié en la iniquidad de la tiranía azteca, es por supuesto para oponerle la acción humanitaria de los libertadores españoles. En Cempoala, Bernal Díaz hace decir por Cortés que los españoles vienen para deshacer agravios y derribar los tiranos, prohibir la sodomía, la idolatría y los sacrificios humanos, y ofrecer su fraternidad y su alianza (cap. 51). Eso le permite precisar que

---

[26] Gómara 2: 129.

> "cada dia sacrificaban delante de nosotros tres ó cuatro y cinco indios [...] y los comian como vaca que se trae de las carnicerías en nuestra tierra, y aun tengo creido que lo vendian por menudo en los tianges, que son mercados."

El conquistador no está seguro que se venda carne humana en el mercado, pero está bien de darlo a entender. Más tarde, se hará también eco de rumores según las cuales se servía carne humana – de niños – a la mesa de Moctezuma (cap. 91):

> "é como por pasatiempo, oí decir que le solían guisar carnes de muchachos de poca edad; y como tenia tantas diversidades de guisados y de tantas cosas, no lo echábamos de ver si mera de carne humana y de otras cosas".

Los dioses de Cempoala

Poco después, Cortés va a Cempoala, una ciudad totonaca tributaria de México y le ofrece su alianza. A su llegada, libera cinco esclavos prometidos al sacrificio. Pero el rey viene para reclamarlos, afirmando que al guardar sus víctimas, Cortés arruinaría su reino ya que los dioses irritados por la falta de sacrificios permitirían a los gusanos de devorar los campos sembrados, al granizo de destruirlos, a la sequía de afligirlos o a las lluvias torrenciales de inundarlos. Cortés capitula.[27] Pero más tarde, cuando los cempoaltecas se rebelan contra el imperio, los invita otra vez a abandonar sus falsas divinidades y sus prácticas detestables.

Bernal Díaz (cap. 51) narra que los dignatarios y los sacerdotes lanzaron altos gritos, protestando que sus dioses atendían a todas sus necesidades:

> "no les estaba bien de dejar sus ídolos y sacrificios, y que aquellos sus dioses les daban salud y buenas sementeras y todo lo que había menester".

Cortés, entonces, se enfureció, llamó a sus hombres y exhortó los indios a destruir ellos mismos sus ídolos. El rey de Cempoala llamó a las armas. Los señores juraron morir destrozando a los españoles más que de dejar deshonrar a sus dioses. Cortés los amenazó de muerte si no obedecieran. Marina tradujo todo eso haciendo hincapié en la situación difícil en donde se encontrarían los cempoaltecas sin la protección española. Desanimados, los totonacas creyeron salvarse confiando a sus dioses el cuidado de defenderse, lo que éstos no hicieron. Los ídolos fueron destruidos. Viendo eso, los guerreros avanzaron amenazadores y comenzaron a disparar flechas. Pero los españoles se apoderaron del rey y de dignatarios y sacerdotes, amenazando de matarlos si alguno moviera,

---

[27] Mártir 1: 427.

"y luego el cacique gordo mandó a sus gentes que se fuesen delante de nosotros y que no hiciesen guerra; y como Cortés los vió sosegados, les hizo un parlamento, lo cual diré adelante, y así se apaciguó todo."

Si estos acontecimientos se hubieran desarrollado de esta manera, si los españoles hubieran realmente tomado al rey en rehén, habría sido una seria advertencia para Moctezuma. Desgraciadamente, Díaz es otra vez solo en presentar esta versión. El mismo Cortés no habla de ello y según Mártir, Gómara y Cervantes de Salazar, los cempoaltecas accedieron sin problemas[27] a los deseos de Cortés. Todos estos autores no habrían omitido de informar de un hecho tan memorable, en donde, para propagar su Fe, Cortés puso en peligro a su vida y a toda su empresa.

Lo que pasa es que Díaz se inspira aquí en acontecimientos posteriores que tuvieron lugar en México. Un día, Cortés pidió a Moctezuma de acabar con los sacrificios. El monarca respondió que, si lo hacía, la población tomaría las armas para defender a sus dioses, ya que, reporta Gómara,

«les daban agua, pan, salud y claridad y todo lo necesario. Fueron, pues, Cortés y los españoles con Moctezuma la primera vez que después de preso salió al templo; y él por una parte y ellos por otra, comenzaron al entrar a derrocar los ídolos de las sillas y altares en que estaban, por las capillas y cámaras. Moctezuma se turbó grandemente, y se azoraron los suyos muchísimo, hasta el punto de querer tomar las armas y matarlos allí. Mas, sin embargo, Moctezuma les mandó estar quietos, y rogó a Cortés que se dejase de aquel atrevimiento. El lo dejo, pues le pareció que aún no era la sazón ni tenia el aparejo necesario para salir con bien del intento; pero les dijo así con los intérpretes[...] ».[28]

¿Cual es el motivo por qué Díaz juzga oportuno de desplazar a Cempoala la acción tan heroica que temeraria de Cortés? Para comprenderlo debemos saber, primero, que los eventos ocurrieron no al principio de la estancia de Cortés en México-Tenochtitlan, como lo deja entender Gómara, sino al final, y que fueron más dramáticos aún de lo que dice el capellán de Cortés (seguido por el mismo Bernal cap. 107). Disponemos a este respecto de dos testimonios de un protagonista del asunto, Andrés de Tapia.

A finales de abril de 1520, en la época de las siembras, mientras que los campos no irrigados esperaban las lluvias, Cortés se fue al Templo Mayor con algunos hombres y dijo a Tapia de examinar un santuario en la cumbre de una pirámide. Tapia subió, pronto seguido por Cortés y unos diez hombres. Por todas partes, en las paredes, había estatuas de deidades cubiertas con gruesas cortezas de sangre coagulada. Cortés se exclamó:

"¡Oh Dios! ¿Por qué consientes que tan grandemente el diablo sea honrado en esta tierra? Ha, Señor, por bien que en ella te servamos."

---

[28] Gómara 2: 164; detalla Cortés 74-75; Mártir 2: 481-483.

Hizo llamar a los intérpretes y dijo a los sacerdotes de sacar los ídolos y poner en su lugar imágenes de Cristo y de la Virgen. Los sacerdotes, poco convencidos, se pusieron a reír:

> "No solamente esta ciudad, pero la tierra junta tiene a éstos por sus dioses, y aquí está esto por Uchilobos, cuyos somos; y toda la gente no tiene en nada a sus padres y madres e hijos en comparación de éste, y determinarán de morir; y cata que de verte subir aquí se han puesto todos en armas, y quieren morir por sus dioses."

La situación era crítica. Apenas había más de ciento diez españoles en la ciudad. Furioso, Cortés hizo llamar unos treinta hombres al socorro,

> "Y antes que los españoles por quien había enviado viniesen, enojóse de [las] palabras que oía, y tomó con una barra de hierro que estaba allí, y comenzó a dar en los ídolos de pedrería; y yo prometo mi fe de gentilhombre, y juro por Dios que es verdad que me parece agora que el marqués saltaba sobrenatural, y se abalanzaba tomando la barra por en medio a dar en los más altos de los ojos del ídolo, y así le quitó las máscaras de oro con la barra, diciendo: "A algo nos hemos de poner por Dios."

Informado, Moctezuma intentó interponerse. Recibió el permiso de venir, apaciguó a la muchedumbre indignada y propuso colocar por una parte las imágenes cristianas y dejar a dioses del otro lado. Cortés lo negó. Moctezuma negoció y obtuvo el permiso de llevar los ídolos a otro lugar.[29]

El asunto fue pues mucho más serio que lo que dice Gómara. ¿Por qué atenúa éste episodio? ¿Por qué deja entender que tuvo lugar al principio de la estancia en México y no hacia el final?

Y, volviendo a nuestra primera cuestión, ¿cual es el motivo porqué Bernal Díaz desplaza los hechos a Cempoala? Parece que al dejarse llevar por su celo religioso, Cortés había cometido un error capita. Su posición en México era mucho menos segura de lo que creía: la destrucción de los ídolos la comprometió de manera decisiva. Poco después, Moctezuma le ordenó de salir de México. Fingió aceptar y ganó tiempo esperando refuerzos. Pero, en vez de refuerzos llegó Narváez mandado por Diego Velázquez para arrestarlo.[30] Paradójicamente esta llegada de Narváez le fue muy útil porque

---

[29] Tapia 110-112; esta versión difiere en varios puntos de su declaración en la acusación de Cortés: *Doc. cort.* 2: 359-360, donde dice que no fue Moctezuma, sino Cuitláhuac quien vino para apaciguar a Cortés. Ver también Cervantes de Salazar 1: 355-359, quien menciona también detalles que provienen de Ojeda y Motolinía; *Doc. cort.* 2: 107-108. Para la toma en rehén del rey, Díaz pudo inspirarse en eventos posteriores, como cuando Alvarado amenaza con apuñalar a Moctezuma si rehusaba de calmar los indios sublevados después de la matanza de la fiesta de *toxcatl* (proceso de Alvarado, Polavieja 261).

[30] Oviedo 4:224; Gómara 2: 176-178 sigue Oviedo; B. Díaz cap. 108 sigue Gómara pero ampliando. En Cervantes de Salazar 1: 381-383, Moctezuma menciona entre los motivos de la expulsión también la destrucción de los ídolos. Ver también *Doc. cort.* 2: 107-108.

le permitió atribuirle a él y a Diego Velázquez la responsabilidad de la degradación de la situación, de la revuelta de los mexicas y de las muchas víctimas españolas de la Noche Triste. Esta cuestión fue objeto de debate más tarde y los partidarios de Cortés y de Velázquez se afrentaron durante mucho tiempo sobre este asunto.

Entendemos ahora porqué Cortés, en su carta, minimiza el asunto, no precisa la época y omite el ultimátum. Gómara en cambio lo menciona – sigue los conquistadores anónimos recogidos en Oviedo – pero no establece vínculo con la destrucción de los ídolos que minimiza. Bernal Díaz (cap. 107), por su parte, atenúa aún la versión de Gómara – según él no hubo destrucción de los ídolos, aunque los capitanes la aconsejaron a Cortés – y, para poner de relieve el valor de Cortés, lavándolo al mismo tiempo de toda responsabilidad en la consecuencia trágica de los acontecimientos, desplaza a Cempoala la escena de la destrucción de los ídolos, aquí por unos cincuenta españoles.

A pesar de las instancias de embajadores de Moctezuma, que prometen a Cortés todo el oro que quiere si regresa de donde viene, el capitán marcha hacia Tlaxcala, una ciudad enemiga de los mexicas, esperando su apoyo. Pero los tlaxcaltecas le prohiben el paso. Cortés los vence en sucesivas batallas y por fin los tlaxcaltecas le ofrecen su alianza. Luego marcha hacia Cholula, menospreciando los avisos de sus nuevos amigos que le dicen que Moctezuma los hará exterminar en esta ciudad.

Las celadas de Cholula y Veracruz

Cholula era efectivamente una trampa que Moctezuma debía armar. Las batallas de los españoles contra los mayas y contra los temibles tlaxcaltcecas le habían enseñado que los invasores eran invencibles en campo raso. Había pues que atraerlos en una ciudad, donde no podrían maniobrar y utilizar su pequeña caballería y donde los indios, atrincherados sobre los techos de las casas, eran casi tan invulnerables como ellos. Pero debían morir todos, para que nadie pueda relatar lo que pasó y volver con otro ejército de invasores. Es por eso por lo que Moctezuma se esforzó de destruir a la vez Cortes y sus hombres en Cholula, y la guarnición dejada en Veracruz. Hubo trampa en los dos lugares al mismo tiempo, como lo indica claramente la carta de Cortés. Leemos en efecto[31] que

> "estando en la ciudad de Churaltecal [Cholula; itálicas mías] recibí las letras del capitán que yo en mi lugar dejé en la dicha villa [Veracruz]",

letras que le informaban de la trampa y sus resultados. Cortés narra eso después de su llegada a México y cuando busca algún pretexto para asegurarse la persona de Moctezuma. Escribe pues un poco más adelante que

---

[31] Cortés 60.

"me acordé de lo que el capitán que en la Vera Cruz había dejado, me había escrito, cerca de lo que había acaecido [... ...] y cómo se había sabido que todo lo allí sucedido había sido por mandado del dicho Mutezuma [...]."

Oviedo[32] sigue Cortés; los testimonios de otros conquistadores dicen nada al respecto. Pero Gómara evoca nuevamente las cartas de Veracruz y eso también cuando Cortés se prepara a tomar su huesped en rehén[33]. Sin embargo, Gómara no indica de golpe que Cortés recibe las cartas en Cholula:

"la ocasión o pretexto que tuvo para ello fue la muerte de nueve españoles que mató Cualpopoca [...]. Cogió, pues, las cartas de Pedro de Hircio, que contaban la culpa de Cualpopoca en la muerte de los nueve españoles, para enseñarlas a Moctezuma. Las leyó, y se las metió en la faltriquera..."

Las palabras "las leyó" y "para enseñarlas a Moctezuma" sugieren que fue sólo en México cuando el capitán general leyó las cartas, y que las recibió en esta ciudad. Por cierto, Gómara[34] precisa después:

«Esto escribió Pedro de Hircio a Cortés a Chololla, y por estas cartas entró Cortés para prender a Moctezuma según ya se dijo.»

Pero lo hace mucho más adelante, de suerte que la confusión es possible. Así Cervantes de Salazar[35] menciona la inquietud de Cortés en México y continúa:

"Estando, pues, Cortés en tan gran dubda, resicibó cartas de Francisco Alvares Chico, aunque otros dicen que de Pedro Dircio, Teniente suyo en la Veracruz [...].

Cortés recibe las cartas en México: el autor interpreta mal el primer pasaje, ambiguo, de Gómara. Un poco más adelante, al leer el secundo pasaje, rectifica:

"recibida Cortés esta carta y entendida por ella el subceso, del cual ya había tenido noticia en Cholula" (p.341).

Pero otros más tarde leerán Gómara con menos cuidado y ubicarán de veras la llegada de las noticias en México. Así lo hace, por supuesto, Bernal Díaz (cap. 93):

"Otro dia por la mañana vinieron dos indios de Tlascala muy secretamente con unas cartas de la Villa-Rica, y lo que se contenía en ello decía que Juan de Escalante, que quedó por *alguacil mayor,* era muerto, y seis soldados juntamente con él, en una batalla que le dieron los mejicanos."

---

[32] Oviedo 4: 33.
[33] Gómara 2: 159.
[34] Gómara 2: 168.
[35] Cervantes de Salazar 1: 340-34.

Se apreciarán los (falsos) detalles que dieron tanta credibilidad a Díaz: las noticias llegaron por la mañana, llevadas por dos tlaxcaltecas... Yerra, inventa, adorna y se hunde en sus errores... Más adelante (cap. 94), evocando la afirmación de ciertos soldados según los cuales la Virgen habría luchado a sus lados en una batalla de la guarnición de Veracruz, escribe:

"esto yo no lo vi, porque estaba en Méjico",

lo que es nada cierto. Dice que Moctezuma le hablaba con mucha amabilidad, pero cuando esboza un retrato del soberano, copia casi literalmente Gómara. De hecho, un estudio de Sabine Mund confirma una antigua hipótesis de H. Wagner según la cual, al principio de la conquista de México, Bernal Díaz se quedó con la guarnición de Villa Rica en la costa, lo que explica el hecho de que proporciona varios datos seguros y detalles interesantes sobre los eventos que ocurrieron en esta zona durante la conquista. Es con razón, por ejemplo, que hace de Juan de Escalante el capitán de la guarnición de Villa Rica y de Alonso Grado un traidor castigado por Cortés. Del mismo modo, la deserción de tres hombres que pasan al lado de Narváez, la mención de dos hombres de Sandoval que se introducen bajo un disfraz en el campo de Narváez, etc., son confirmados por otra parte.

Conclusión

Es pues cierto que a menudo nuestro autor inventa o miente. Su hilo conductor no es su memoria sino Gómara, e intenta camuflar esta dependencia completando por su imaginación, polemizando y fingiendo de rectificar. Las aclaraciones se refieren generalmente a detalles inverificables y probablemente imaginarios; cuando la comprobación es posible, es Gómara que está en lo cierto. En cambio, cuando debería realmente enmendar Gómara, nuestro conquistador no se da cuenta de ello y reproduce la mala información. Peor aún, a veces entiende mal o lee mal sus fuentes e introduce errores suplementarios (la trampa de Cholula).

Bernal Díaz contradice Gómara y amplifica para demarcarse de él, pero miente también para confirmar mentiras previas (la batalla de Gran Cairo, su presencia en la expedición de Grijalva). Su información en cuanto a la religión es poco fiable y estereotipada. Pero lo que resulta sobre todo, es que multiplica o inventa episodios o diálogos destinados a poner de relieve los defectos del adversario, defectos por lo demás reales (los indios son culpables de numerosos sacrificios humanos y de canibalismo; son idolatras; el gobierno de la Triple Alianza azteca es una tiranía que exige víctimas humanas que sacrificar y explota al pueblo sometido; las trampas de Cholula y México) o mán o menos imaginarios (el ataque pérfido desde el primer contacto en Gran Cairo; la sodomía; la violación de mujeres por los recaudadores del impuesto; la carne humana vendida en el mercado). Naturalmente los conquistadores no tienen ninguno de estos defectos. Rechazan las instrucciones de jefes que quieren cazar esclavos, forman un grupo democrático que impone sus voluntades a Cortés, jefe humano y capaz, vienen para deshacer injusticias y derrocar la tiranía, y el espectáculo de las crueldades indias choca su delicadeza. Su guerra es justa. El deseo de Bernal de glorificar a sus camaradas y descargar su jefe de toda responsabilidad en el drama de la Noche triste y sus consecuencias lo conduce incluso a desplazar la épica destrucción de los ídolos de México a Cempoala, dónde está sin consecuencia.

Estas observaciones confirman lo que sabemos bien: Bernal Díaz escribe para defender la acción de los conquistadores en una fecha en la que a menudo se cuestiona, y mostrar al mismo tiempo que sus compañeros y él mismo no robaron sus recompensas.

Bibliografía

BORAH, Woodrow, 1984, Some Problems of Sources, ver *Explorations in Ethnohistory.*

CERVANTES DE SALAZAR, Francisco, 1971, *Crónica de la Nueva España.* Madrid, Biblioteca de Autores Españoles, Ed. Atlas, 2 vol.

CIGES APARICIO, M., *Introducción*, en Bernal Díaz 1936.

CORTÉS, Hernán, 1963, *Cartas y documentos.* México, Porrúa.

DÍAZ, Juan, 1988, Itinerario de la armada del rey católico a la isla de Yucatan, en *La conquista...* : 29-57.

DÍAZ DEL CASTILLO, Bernal, 1936, *La conquista de Nueva España.* Paris, Ch. Bouret, 4 vol.

1947, *Verdadera Historia de los Sucesos de la Conquista de la Nueva España.* Madrid, Biblioteca de Autores Españoles, Atlas.

1984, *Historia verdadera de la conquista de la Nueva España.* Madrid, Ed. Historia 16, 2 vol.

Documentos cortesianos, 1990, ed. por J. L. Martínez, México, UNAM-FCE, 3 vol.

GILLESPIE, Susan D., 1989, *The Aztec Kings. The Construction of Ridership in México History.* Tucson, Univ. of Arizona Press.

GÓMARA, Francisco López de, 1985-86, *Historia General de las Indias.* Barcelona, *2 vol.*

GRAULICH, Michel, 1994, *Moctezuma ou l'apogée et la chute de l'empire aztèque.* Paris, Fayard.

1996 "La mera verdad resiste a mi rudeza": forgeries et mensonges dans l' Historia verdadera de la conquista de la Nueva España de Bernal Díaz del Castillo. *Journal de la Société des Américanistes de Paris,* 82 p. 63-95.

IGLESIA, Ramon, s.d., *Cronistas e historiadores de la conquista de México.* México, Consejo de la crónica de la ciudad de México, Ciudad de México Lib.

La conquista de Tenochtitlan. J. Díaz, A. Tapia, B. Vásquez y Fr. de Aguilar. Ed. G. Vázquez, Madrid: Historia 16, 1988

LANDA, Diego de, 1941, *Relación* de *las cosas de Yucatán.* Trad. y anotado por A. H. Tozzer, Cambridge, (Mass.), Peabody Museum of American Archaeology and Ethnology, Paper 18.

LAS CASAS, Fray Bartolomé de, 1957-1961, *Historia de las Indias.* Ed. por J. Pérez de Tudela y E. López Oto, Madrid, Biblioteca de Autores Españoles, 2 vol.

LEÓN-PORTILLA, Miguel, *Introducción*, ver Bernal Díaz, 1984.

MARTIR DE ANGLERIA, Pedro, 1964-1965, *Décadas del Nuevo Mundo.* México, J. Porrúa e hijos, 2 vol.

MUND, Sabine, *Les rapports complexes de l'Historia verdadera de Bernal Díaz avec la vérité.* Bruselas, Academie Royale des Sciences d'Outre-Mer, 2001.

Nueva colección de documentos para la historia de México, Pomar, Zurita, Relaciones Antiguas, 1941, Ed. por J. García Icazbalceta, México.

OVIEDO Y VALDES, Gonzalo FERNÁNDEZ de, 1959, *Historia general y natural de las Indias.* Madrid, Biblioteca de Autores Españoles , Ed. Atlas, 5 vol.

PADDEN, R. C., 1967, *The Hummingbird and the Hawk. Conquest and Sovereignty in the Valley of México, 1503-41.* Columbus, Ohio.

PASTOR Beatriz, 1988, *Discursos narrativos de la conquista de América.* Hanover, Ed. del Norte.

SÁENZ DE SANTA MARÍA, Carmelo, S. L, 1967, *Introducción critica a la "Historia verdadera" de Bernal Díaz del Castillo.* Madrid, Inst. "G. F. de Oviedo".

SOLÍS, Antonio de, 1990, *Historia de la conquista de* México. Prol. de E. O'Gorman, México, Porrúa.

TAPIA, Andrés de, 1988, Relación de algunas cosas de las que acaecieron al muy ilustre Señor Don Hernando Cortés..., en *La conquista... :* 67-123.

THOMAS, Hugh, 1993, *The Conquest of México.* Londres, Hutchinson.

VÁZQUEZ DE TAPIA, Bernardino, 1988, Relación de Méritos y servicios..., ver *La conquista... :* 131-154.

WAGNER, Henry R., 1945, Three Studies on the same subject. *The Hispanic American Historical Review* 25 : 155-211.

WILSON, Robert A., 1859, *A New History of the Conquest of México in Which Las Casas' Denunciations of the Popular Historians of that war are fully vindicated.* Filadelfía: James Challen.

LAS FALSIFICACIONES DE CÓDICES MESOAMERICANOS

JUAN JOSÉ BATALLA ROSADO
Universidad Complutense de Madrid

Introducción

Las altas culturas mesoamericanas prehispánicas desarrollaron un sistema de escritura jeroglífica o logosilábica que, unido a la información iconográfica, les permitía dejar constancia por escrito de diversos aspectos de su cultura. Uno de los soportes que utilizaban para ello eran el papel realizado con fibras vegetales y el pergamino confeccionado generalmente con piel de venado. Por ello estos documentos son denominados *códices*. Tras la llegada de la cultura occidental perduraron escasamente una veintena de los miles de códices que podría haber. No obstante, la propia administración colonial civil y religiosa demandó nuevos códices de estas características para comunicarse con los indígenas, introduciendo paulatinamente el soporte de papel europeo. En la actualidad estas obras son fuentes fundamentales para el conocimiento de las culturas indígenas mesoamericanas, pero hay que tener cuidado, pues los códices mesoamericanos han sido objeto de distintos tipos de falsificación debido a diversos intereses. Las primeras de las que tenemos constancia, los llamados *Códices Techialoyan*, fueron realizadas a finales del siglo XVII y principios del XVIII por los indígenas y no tuvieron un carácter económico en el sentido de engañar a posibles coleccionistas, sino que sus razones eran otras ya que trataban de límites de tierra de los pueblos. Pero a mediados del siglo XVIII creemos que se llevaron a cabo nuevas falsificaciones para venderlas como originales a coleccionistas privados. No obstante, la mayoría de falsificaciones surgirá desde principios del siglo XIX hasta la actualidad, buscando exclusivamente un beneficio económico, debido a su elevado precio en el mercado. En este estudio presentaremos algunas de las falsificaciones conocidas y el carácter de las mismas, junto con el problema de autenticación de los códices mesoamericanos y otras cuestiones relacionadas con los mismos, como es el caso de la validez de los documentos que se consideran copias "legales" de originales.

El *Diccionario de la Real Academia de la Lengua Española* define los términos "falsificación" como *acción y efecto de falsificar*, "falsificar" como *falsear o adulterar una cosa* y "falso" como *engañoso, fingido, simulado; falto de ley, de realidad o de veracidad* y también como *incierto y contrario a la verdad*.

Estas tres palabras son aplicables a la investigación de los códices mesoamericanos, tanto en cuanto a lo referente a su soporte material como a su contenido. De este modo, podemos afirmar que, aunque cuando se habla de "falsificaciones de códices mesoamericanos" los especialistas únicamente se refieren a aquellos documentos de los que consta que se realizaron para hacerlos pasar por originales de tiempos anteriores buscando un beneficio económico por su venta, nosotros pensamos que el término falso también puede ser aplicado a bastantes de los códices originales que conservamos en la actualidad.

La causa de ello la encontramos en que muchas de estas obras originales "falsean o adulteran" la verdad, aún cuando se trate de códices pintados y comentados en la época a la que corresponden. Ejemplos de este tipo de "falsificaciones" los encontramos ya desde época prehispánica, destacando aquellos códices que consideramos de contenido histórico. La falsificación de los acontecimientos históricos es común a cualquier sociedad humana y cuando estos se recogían por escrito es aplicable, por ejemplo, tanto a la cultura egipcia, como la maya, la azteca, la china, y cómo no, a nuestra más reciente actualidad.

Dentro de nuestra área de estudio nadie duda de la originalidad prehispánica de, por ejemplo, los códices históricos mixtecos, como el *Colombino-Becker I* o el *Nuttall*, que describen los hechos y grandes hazañas de uno de sus principales gobernantes: 8 venado-Garra de Jaguar. Ahora bien, ¿cuentan toda la verdad sobre el personaje o tergiversan todo lo que pueden ensalzando su vida? Todos los códices que conservamos sobre la historia de los aztecas o más concretamente los mexicas ¿recogen verazmente los acontecimientos históricos relativos a su llegada al Centro de México y la consecución posterior del poder en el área o mienten sobre lo ocurrido realmente? Los documentos pictóricos que conservamos sobre pleitos entre indígenas o de estos con occidentales ¿contienen la verdad o esta varía dependiendo de los intereses particulares de los contendientes?

Son demasiados los casos comprobados que tenemos de las "mentiras" que nos cuentan los códices mesoamericanos. Por ejemplo, podemos destacar la ocultación de la historia tepaneca por parte de los mexicas (Santamarina, en prensa), que incluyó la quema de los libros que se habían escrito hasta la llegada al poder del primer gobernante del Imperio de la Triple Alianza, Itzcoatl, hacia 1428. Ellos ya sabían que la plasmación de la información por escrito perduraba y que para modificar la historia era necesario eliminar aquellas fuentes en las que únicamente, según su propia versión, "se contenían mentiras".

Además, aunque se ha mantenido y se mantiene respecto de sus códices y relatos que plasman la "visión de los vencidos", personalmente no estamos de acuerdo con esta corriente historiográfica. Efectivamente los mexicas y los aztecas fueron "vencidos" por Hernán Cortés y a solicitud de conquistadores, frailes, funcionarios e intelectuales de la época nos describieron su historia y cómo vivían, pero ¿qué versión nos contaron? ¿La verdadera o la suya? ¿Acaso no sería lo normal que nos hablaran de su versión como "vencedores" del momento? O pensamos que eran tan legales o educados que nos iban a relatar toda la verdad y nada más que la verdad sobre su historia y modo de vida. Esto ha llevado a muchos investigadores a considerar que toda la información obtenida de los indígenas o expresada por estos es veraz, incluyendo a los mestizos. De hecho, pensamos que demasiados especialistas aplican la norma "palabra de indígena igual a palabra de Dios" dando a entender que el indígena no puede mentir. Por esta causa, nosotros mantenemos que los aztecas o los incas eran los "vencedores" en su área de influencia cuando fueron conquistados y por tanto la versión que nos dejaron como "vencidos" fue su "visión de vencedores".

A ello hay que añadir que en muchos casos la versión indígena no es sólo la de vencedores sino que además, todas las personas que recabaron información preguntaban siempre al mismo estamento: a las elites o la nobleza. Ello conlleva que la mayor parte de los conocimientos que tenemos sobre las culturas indígenas mesoamericanas se centran en los nobles y no en las clases bajas. Incluso otras ciencias, como es el caso de la Arqueología, generalmente se ocupa de estudiar y analizar los modos de vida de la nobleza y no de los plebeyos, ya que al fin y al cabo ¿qué atrae a más turistas, las ruinas del Palacio de Palenque o una choza de un campesino maya?

Debido a estas cuestiones somos conscientes de que en el campo concreto del estudio de los códices mesoamericanos debemos tener mucho cuidado sobre la información que se encuentra plasmada en los mismos, ya que en muchos casos se encuentra tergiversada y modificada conforme a múltiples intereses generales y particulares, que además se prolongan en el tiempo. Veamos un ejemplo. Otro de los gobernantes prehispánicos del Imperio Mexica fue Tizoc (1481-1486), pero su reinado fue breve, ya que parece ser que murió envenenado. Las razones para su "ejecución" se centran en que era un mal gobernante y sólo pudo llevar a cabo cuatro conquistas. Ahora bien, en el monolito que seguramente él mandó esculpir para que pasaran a la posteridad sus hazañas guerreras recoge catorce conquistas. Además, en los códices de época colonial en los que se describe su "reinado" ninguno plasma que muriera asesinado y el número de pueblos sometidos por él también aumenta. Es decir, se oculta la verdad tanto en vida del *tlatoani* como muchos años después, cuando incluso el sistema ha cambiado y se han asentado unos "nuevos señores".

Para dar por terminada esta introducción todavía nos resta hablar de otros tipos de "falsificación" de los códices mesoamericanos. Esta la consideramos muy especial y más que este sustantivo deberíamos utilizar el verbo "falsear". Nos referimos a que en el estudio de estos documentos en demasiadas ocasiones lo que se falsea es el análisis de los mismos por parte de los investigadores. Aunque somos conscientes de que este no es el lugar para tratar de ello y que en breve publicaremos un trabajo sobre este tema, no queremos dejar pasar la oportunidad de mencionar los métodos de estudio que los estudiosos usamos para "descifrar" el contenido de los códices. En nuestra opinión son tres los sistemas que se utilizan para estudiar la información contenida en los códices mesoamericanos, que exponemos de acuerdo al valor que les damos.

En primer lugar destaca el *método científico*. Consiste en utilizar todas las fuentes y ciencias disponibles para lograr interpretar la información que se encuentra plasmada en los códices. Es el más complicado y el que más "sinsabores" produce, ya que en muchos casos conlleva realizar afirmaciones como "no sé qué quiere decir esto, si otro investigador conoce otras fuentes, que continúe donde yo lo tengo que dejar". Es el sistema más honrado que existe y posibilita el trabajo encadenado y en muchos casos conjunto de investigadores especialistas incluso en disciplinas diferentes.

En segundo lugar debemos mencionar el *método galarziano*. Instaurado por el investigador mexicano D. Joaquín Galarza en la segunda mitad del siglo XX, actualmente tiene seguidores sobre todo en México y ciertos países europeos como Francia o Italia. Personalmente no estamos de acuerdo con el mismo. Resumiendo nuestra opinión al respecto podemos afirmar que mantenemos que este sistema de interpretación de los códices mesoamericanos tiene un grave defecto: confunde iconografía con escritura logosilábica y mantiene que todo es escritura. Ello conlleva una exhaustividad en el análisis del contenido de los documentos total y absolutamente innecesaria, con una enorme pérdida de tiempo y esfuerzos, y ofrece resultados más bien "pobres". Muchos son los ejemplos que podríamos poner sobre lo poco efectivo que resulta pero los dejamos para el trabajo que nos encontramos preparando, que será publicado en breve.

Finalmente, tenemos un tercer sistema de interpretación que consideramos el más peligroso y dañino para la ciencia y, desafortunadamente el más utilizado por muchos investigadores de códices. Ni tan siquiera nosotros tenemos el valor de afirmar con rotundidad que no lo hayamos utilizado en algún momento sin darnos cuenta, o incluso que alguna vez no hayamos "pecado" y lo utilizáramos de una manera más o menos consciente. Es lo que nosotros hemos acuñado bajo el término de *método tequila-marihuana*.

El método tequila-marihuana es el más fácil de utilizar y aparentemente el que mejores resultados ofrece. Ante un códice mesoamericano complejo, como por ejemplo el *Borgia*, el *Borbónico*, repleto de imágenes sin ningún texto explicativo que ayude a interpretarlas, o documentos glosados y con textos explicativos, como el *Tudela* o el *Mendoza*, lo mejor es tomar una botella de tequila y fumar "canutos de marihuana". De este modo no hay ningún problema. Todo se interpreta, todo se comprende, todo encaja, somos capaces incluso de entender y conectar con el pintor del códice. Lamentablemente no estamos contando ningún chiste y no se trata de ninguna broma, sino que estamos hablando de una parte importante de los estudios que se han llevado a cabo sobre los códices mesoamericanos. Tenemos cientos de ejemplos de ello. No se trata de mencionar ningún nombre, pues "aquel que este libre de pecado que tire la primera piedra". No obstante, veamos uno de ellos.

Toda persona que se dedica al estudio de los códices mesoamericanos una de las primeras normas de interpretación que aprende sobre la representación que aparece en los mismos es que cuando de la cabeza de un personaje sale una línea negra que lo conecta con un glifo, sin lugar a dudas se trata de su nombre (antropónimo) o bien puede estar indicando su oficio, cargo, etc. Es decir, lo que tiene conectado mediante la línea a su cabeza es un glifo de escritura logosilábica, que debe ser leído en el idioma en el que está escrito. Ahora bien, en la interpretación de un códice, la persona que lleva a cabo su estudio encuentra este elemento en una imagen que muestra a un juez indígena que tiene unido a su cabeza como glifo un recipiente que contiene una bebida alcohólica. Pero en lugar de intentar descifrar el glifo, se limita a interpretar que eso quiere decir que el personaje es un borracho. Desafortunadamente esto está publicado y además tanto en castellano como en inglés, en este último caso en una obra de prestigio incontestable, uno de los suplementos del *Handbook of Middle American Indians*. Sin lugar a dudas, se trata del método tequila-marihuana en "estado puro": no tengo ni idea de cómo se lee el glifo, así que me lo invento, se publica y punto. ¿Quién va tener el valor de contradecirme?

Una vez sentadas estas premisas que precisan de un más amplio desarrollo que ya estamos elaborando, queremos tratar no de los códices falsos en cuanto a contenido o interpretación del mismo, sino de los documentos que se conocen bajo el nombre de falsificaciones por haber sido realizados en épocas posteriores buscando el "engaño" de Instituciones o particulares haciéndolos pasar por originales, para de esta forma obtener un beneficio económico. Además, disertaremos sobre cómo afecta la existencia de estos documentos a la investigación.

1.- APARICIÓN DE LOS CÓDICES FALSOS

Realmente no sabemos cuándo comienzan a llevarse a cabo falsificaciones de códices con objeto de "engañar" a quien los adquiere. Los primeros de los que tenemos constancia parece que no buscaban un beneficio económico directo de venta del documento sino de otro tipo (relatos históricos, pleitos, denuncias, etc.) y su número aumenta con la llegada de la nueva Administración, es decir, a partir del segundo cuarto del siglo XVI.

Ahora bien, la mayor parte de los investigadores somos conscientes y mantenemos que una masiva falsificación de códices se produce a finales del siglo XVII o principios del XVIII. Son los que se denominan como *Códices Techialoyan*. No buscaban un ingreso monetario por su venta, sino que lo que pretendían era hacerlos pasar como originales pintados desde época prehispánica para legitimar los límites y tierras de diversos pueblos. Hoy sabemos que son códices falsos pintados en esas fechas, pero los consideramos como originales de esa misma época. Puede resultar difícil de entender, pero una vez conocido lo que ocurrió a finales del XVII o principios del XVIII, catalogamos a los *Techialoyan* como falsificaciones de códices prehispánicos, pues pretenden hacerse pasar como pintados desde esa época, pero originales, en cuanto a su consideración de documentos como tales, de finales del siglo XVII o inicios del XVIII. No es el momento de presentarlos con profundidad ya que los *Códices Techialoyan* no buscaban engañar a posibles compradores de códices.

Entonces ¿cuándo se pintan las primeras falsificaciones de códices que buscan el engaño poniéndolos a la venta como originales y a través de ella la obtención de un beneficio económico?

La opinión más generalizada es que a principios del siglo XIX ya "circulaban" varios documentos falsos supuestamente vendidos a eminentes investigadores de la época. Así, aunque se considera que no son tan antiguos como las falsificaciones de cerámica y otros objetos prehispánicos ya podríamos tener documentada la presencia de códices falsos en manos de Pichardo, quien murió en 1812 (Schávelzon 1991: 328-329). Es decir, que incluso es posible que a finales del XVIII o muy a principios del XIX ya circularan falsificaciones de códices. Pero ¿es posible retrasar la fecha en la que aparecen los códices falsos entendidos como objetos que pretenden venderse como documentos originales?

Llegados a este punto deberíamos tratar otra cuestión relativa a los códices mesoamericanos que no tiene cabida en este estudio: ¿cómo diferenciamos un códice falso de una copia? Conforme al *Diccionario de la Real Academia de la Lengua Española* tanto los términos "copia" como "copiar" tienen distintas acepciones. Para el tema que nos ocupa creemos más adecuadas las que definen "copia" como *obra de pintura, de escultura o de otro género, que se ejecuta procurando reproducir la obra original con entera igualdad* y "copiar" como *sacar copia de un dibujo o de una obra de pintura o escultura*. Otras definiciones mencionan el verbo *imitar*. En nuestro caso consideramos que una "copia" podría ser una falsificación cuando es vendida como un original. No obstante, la problemática de las copias que conservamos de los códices mesoamericanos va mucho más allá de la mera consideración de falsificación y merecen por sí solas un amplio estudio. Basta indicar que una parte importante de los documentos que aparecen en el catálogo de códices mesoamericanos (Glass y Robertson 1975) son copias y que en la mayor parte de los casos no tenemos ni idea de hasta qué punto "imitan" o reproducen "la obra original con entera igualdad" debido a que no conservamos esta. Desafortunadamente en muy pocas ocasiones son puestas en duda y se tratan como verdaderos originales. Basta con que se deje constancia de lo que se ha realizado:

> "*Nosotros llamamos falsificadores á todo aquel que hace una reproducción de lo antiguo ó trata de imitarlo, y hay que distinguir dos tipos cuya responsabilidad varía: el falsificador propiamente hablando es el que hace la pieza con el objeto de engañar, es decir, de hacer pasar lo nuevo por antiguo, y el imitador que declara desde luego que su obra es una copia recientemente hecha.*
> *El primero de estos tipos es el verdadero falsificador, y merece el grillete por los males incalculables que causa, no sólo al bolsillo de los incautos que caen en sus trampas, sino à la historia; no así el segundo, cuya industria en lugar de ser nociva es benéfica, porque sus reproducciones imitativas prestan grandes servicios, al propagar por medio de la copia piezas originales que no están al alcance de los sabios*" (Batres, n.d.: 13).

Pensamos que mantener esta opinión es otro de los graves riesgos a los que nos enfrentamos los que nos dedicamos a la investigación de los códices mesoamericanos, pues en muchos casos nos sirve que se haya declarado que la obra es una copia para confiar directamente en que no ha sido tergiversada de ningún modo. Como es lógico no todos los copistas tienen la misma calidad en su trabajo, sobre todo cuando no tienen conocimiento sobre lo que están copiando, e interpretan las imágenes de manera totalmente desviada de su original (véase un ejemplo claro con el conjunto de códices, copias unos de otros, denominado *Grupo Magliabechiano* en Batalla 2002). Contamos con cientos de ejemplos de ello, pero vamos a mostrar uno relativo a la denominada *Crónica X*, documento desaparecido pero que supuestamente fue utilizado por fray Diego Durán y el padre Juan de Tovar en el último cuarto del siglo XVI para escribir sus obras. En ambos documentos se incluyen ilustraciones semejantes, pero si comparamos las plasmadas en los libros de cada uno de ellos, entendemos las diferencias existentes entre un copista y otro. Así, analizando la imagen correspondiente a la *Guerra de Azcapotzalco* (Figura 1) es fácil entender las divergencias que se pueden dar entre las mismas reproducciones llevadas a cabo por personas distintas.

A simple vista ya se pueden observar multitud de discrepancias entre ambas imágenes, pues la pintada en la obra de Durán muestra un mayor número de combatientes con diferentes trajes militares y más personajes participando en la batalla. Además, llama poderosamente la atención que en el edificio pintado en la esquina superior derecha vemos en Durán dos parejas de soldados luchando, mientras que en la de Tovar parece más bien que lo representado es un soldado que está "rescatando" o "arrojando" al vacío a un niño, pues su tamaño así parece indicarlo.

Por ello, este tipo de problemática interviene directamente en los que hemos denominado con anterioridad el *método tequila-marihuana*, ya que al tratar con documentos de los que no conocemos hasta qué punto están tergiversados por tratarse de copias, nos puede llevar a interpretaciones que, realizadas conforme al *método científico*, derivan en *tequila-marihuana* sin tener culpa de ello. Ni tan siquiera podemos culpar al copista, pues este se limita a reproducir lo que ve y entiende de la escena que está trasladando.

Una vez planteada esta disquisición sobre las copias retomamos de nuevo el tema que nos ocupa. Así, nuestra opinión es que efectivamente la aparición de los códices falsos entendidos en el sentido de búsqueda de engaño para obtener exclusivamente un beneficio económico puede aparecer en México ya a mediados del siglo XVIII, con la figura de Lorenzo Boturini Benaduci.

El caballero Lorenzo Boturini Benaduci (1702-1755) llega a Nueva España en 1736 y permanece allí hasta su deportación a España en 1743. Durante este tiempo su labor personal principal fue la de recopilar la mayor cantidad posible de documentos pictóricos y manuscritos. Tras su detención toda su colección fue confiscada y en septiembre de 1743 se realizó por orden del virrey el primer inventario de la misma (Glass 1975a: 473). Gracias a este primer inventario, al segundo realizado en 1745 y al *Catálogo del Museo Indiano* escrito por el propio Boturini, hoy conocemos el número de obras que componían la colección que recopiló (véase Glass 1975a). Finalmente, y tras diversas vicisitudes terminaron repartidas por diversas instituciones, si bien la mayor parte se encuentran actualmente en Francia (Biblioteca Nacional) y en México (Museo Nacional de Antropología). Los códices recopilados por Boturini componen uno de los más importantes acervos de documentación de este tipo que conservamos. Ahora bien, nadie ha puesto nunca en duda la originalidad de estos documentos. Sin embargo, en nuestra opinión, caben muchas posibilidades de que la colección de Boturini esté compuesta en su mayor parte de copias tomadas por originales y de falsificaciones.

Situémonos en el México de mediados del siglo XVIII donde un caballero extranjero recorre su geografía adquiriendo documentos que le comportarán enormes gastos económicos: *"caminé largas tierras, y muchas veces sin encontrar albergue, hasta que con ocho años de incesante tesón y de crecidísimos gastos, tuve la dicha que ninguno puede contar, de haber conseguido un museo de cosas tan preciosas"* (Boturini 1986: 5). El propio Boturini declarará ante el Alcalde del Crimen que para conseguir la colección pasó muchas penalidades, destacando entre ellas que era *"muy difícil el tratar con los indios, que son en extremo desconfiados de todo español y esconden sus antiguas pinturas hasta enterrarlas* (Torre Revello 1936 en León-Portilla 1986: XVII). Incluso el comienzo de su obra es el siguiente: *CATÁLOGO DEL MUSEO HISTÓRICO INDIANO DEL CAVALLERO LORENZO BOTURINI, SEÑOR DE LA TORRE, Y DE HONO, QUIEN LLEGÓ A LA NUEVA ESPAÑA por Febrero del año 1736. y à porfiadas diligencias, é inmensos gastos de su bolsa juntó, en diferentes Provincias, el siguiente Tesoro Literario*. Es decir, una de las cuestiones que podemos destacar de la consecución de su colección son los *crecidísimos* e *inmensos gastos de su bolsa* que le costó. Además, comprobamos que se lamenta mucho de la desconfianza de los indígenas y de que escondían *sus antiguas pinturas hasta enterrarlas*. Debido a ello, podemos preguntarnos ¿cómo consiguió semejante colección? Obviamente la respuesta es clara pues él mismo la indica: comprándola. Por ello, suponemos que Boturini tuvo que invertir gran cantidad de dinero para la adquisición de estas obras. Y si hablamos de dinero también debemos tratar de la picardía de aquel que posee o puede poseer algo que otra persona desea.

Como ya hemos señalado, tenemos pruebas de que los indígenas falsifican todo tipo de objetos y documentos desde los inicios de los tiempos coloniales y que dentro de nuestro ámbito de estudio destaca el grupo de códices denominados *Techialoyan* por tratarse de falsificaciones realizadas en un soporte de papel realizado conforme a la tradición indígena para dar apariencia de antigüedad, pero con contenido verídico de finales del siglo XVII y principios del XVIII. Resumiendo, ¿qué impedía a los indígenas pintar documentos semejantes a los antiguos, con el mismo tipo de soporte físico y estilo escriturario e iconográfico, para vendérselos a Boturini como originales? Creemos que nada, pues estaban acostumbrados a ello. Es la ley de la oferta y la demanda, y los indígenas, de

México en este caso concreto, eran buenos conocedores de la lógicas y de las leyes del "mercado". Había un beneficio económico y pensamos que esta era una manera de obtenerlo. Supongamos por un momento que hoy en día acudimos a México y ponemos un anuncio en la prensa local indicando que estamos dispuestos a comprar todo tipo de códices y piezas relativas a las culturas mesoamericanas. Afirmamos que al día siguiente la fila de vendedores sería kilométrica y que podríamos volver con miles de piezas. Ahora bien, ¿cuántas de ellas serían originales y cuántas falsificaciones? Entonces ¿por qué no se ha planteado nunca la originalidad de las obras que reunió de Boturini? ¿Cómo certificaba Boturini que el documento que le entregaban era original? ¿Le bastaba con que el vendedor se lo jurase ante la Biblia? ¿Tenía que prometerle que el documento era original mediante la expresión "palabrita del Niño Jesús? Dejémonos de bromas.

En nuestra opinión sería necesario llevar a cabo un análisis profundo y a todos los niveles de los códices recopilados por Boturini. Máxime cuando en su *Catálogo* él ya indica que algunas obras son copias, con lo cual ¿qué valor hemos de darles a estas copias? ¿Eran exactas a su original o se introducían modificaciones? En otro amplio trabajo ya hemos comprobado lo que ocurre cuando unos códices se van copiando de otros (Batalla 2002): el resultado final es más de una aberración, entendida esta según el *Diccionario de la Real Academia de la Lengua Española* como "grave error del entendimiento". Además, también hemos tratado en otro lugar de las dudas que ofrece uno de los documentos más importantes recopilados por Boturini, el denominado *Manuscrito Aubin nº 20* (véase Batalla, en prensa). Ahora nos interesa resaltar un aspecto importante de lo ya indicado en ella, pues del *Manuscrito Aubin nº 20* conservamos el "supuesto" original comprado por Boturini y tres copias, de las cuales la primera fue realizada por León y Gama en la segunda mitad del siglo XVIII. En todas ellas encontramos claramente reproducida la parte central del códice, aunque el original la tiene totalmente borrada. Además, de la descripción que el propio Boturini hizo de su estado físico se deduce que cuando lo adquirió el punto cardinal central ya había desaparecido. Por ello, Maarten Jansen (1998: 154, nota 2) nos dice que: "*es curioso que Boturini no mencione 'ídolos' en la parte central, sino sólo en las cuatro esquinas: si en su época ya no se veía bien la escena en el centro del original, no se explica a base de cuáles datos se pintaron las copias*". Estamos totalmente de acuerdo con esta cuestión. ¿Cómo pudo León y Gama plasmar las deidades y el topónimo central en la copia que realizó si en el original ya no se veía nada? ¿Se inventó este punto cardinal a partir de otras fuentes? ¿Qué más partes tuvo que "reconstruir"? No se sabe nada al respecto pero hay que reconocer que resulta muy extraño. Salvo que mantengamos que realmente en época de Boturini sí se conservaba esta parte del documento, ya que él no señala expresamente que estuviera borrada: "*tengo una piel curada, con un círculo en el medio de cuentas coloradas, que forman los números de cuatro triadecatéridas, acompañadas de una cabeza de conejo, y se ven en los cuatro ángulos de este mapa diferentes figuras de ídolos muy feos, que eran como guardas y custodios del ciclo*" (Boturini 1986: 139). En cualquier caso sorprende que en las copias la deidad de la izquierda del punto cardinal central sea muy semejante a la que está representada en la página 21 del *Códice Nuttall*, documento prehispánico del área cultural mixteca. Como vemos esto es una prueba palpable del cuidado que debemos tener con las copias de códices.

Por ello, los "supuestos" originales de Boturini también precisan de un amplio análisis, puesto que resulta muy sospechoso que los indígenas pasaran de ser *en extremo desconfiados de todo español y esconden sus antiguas pinturas hasta enterrarlas* a vendérselas a Boturini. Algo huele a podrido. En ningún caso afirmamos que toda la colección de Boturini esté compuesta por falsificaciones, pero no dudamos que "haberlas las hay, pero el caso es dar con ellas", o más bien "querer" o "que te dejen" encontrarlas, ya que hay que tener en cuenta lo poco que le gusta a las Instituciones públicas y privadas reconocer que entre sus más valiosas y renombradas piezas cuentan con falsificaciones. Un ejemplo reciente de ello lo encontramos en el denominado *Códice Falso del Museo de América de Madrid* (compárese Batalla 1994 con la cartela que acompaña actualmente a la pieza en la exposición permanente del Museo).

Además, también resulta complicado que los grandes investigadores, que en muchos casos han basado gran parte de su vida intelectual en unos documentos muy concretos, de pronto apoyen a otra persona que les venga a demostrar que han estado estudiando una falsificación. Es mejor no pensar qué pasaría si finalmente se certificara sin lugar a dudas que algunas autoras que escriben en estas mismas páginas tienen razón en lo que plantean respecto de una de las principales fuentes que conservamos del área cultural andina. Más de uno se revolvería en su tumba.

Esta disquisición un tanto "filosófica", por suavizarla, pensamos que debe tenerse en cuenta en lo relativo a muchas piezas, de todo tipo, que poseemos no sólo de las culturas mesoamericanas, sino de todas. ¿Quién nos iba a decir que con toda probabilidad Bernal Díaz del Castillo era un "poquito" mentiroso? (véase Graulich, en estas mismas páginas) ¿Quién nos iba a decir que las tres calaveras aztecas prehispánicas realizadas en cristal de roca son falsificaciones realizadas por artesanos alemanes entre 1867 y 1886? (López y Fauvet-Berthelot 2005: 185, Walsh 1997). Mucho más doloroso es conocer el nombre del anticuario e investigador francés por quien pasaron al menos dos de ellas, pues es uno de los grandes precursores del estudio de los códices mesoamericanos y fue el que vendió la colección Aubin-Goupil de códices a la Biblioteca Nacional de París. Si fue capaz de llevar a cabo semejante acto de manera consciente cabe preguntarse si se trató de un hecho aislado o si realizó alguno más, sobre todo en lo relativo al tema que nos ocupa, con lo cual nos preguntamos si en el momento de la venta no introdujo algún que otro códice de más.

Bien, retomando nuestra disertación tenemos que la primera falsificación de códices mesoamericanos que buscaba directamente un beneficio económico engañando a su comprador pudo darse ya a mediados del siglo XVIII con la colección de Lorenzo Boturini. No obstante, hemos de reconocer que no puede afirmarse con total seguridad y que se encuentra pendiente de verificar mediante el análisis individual de cada una de las piezas que componían su colección.

Lo que sí podemos afirmar es que, aunque ya aparecen códices falsos a comienzos del siglo XIX en manos de reputados investigadores como Waldeck (Glass 1975b: 300-301), el gran "boom" de falsificación de códices se produce a finales del mismo. Además, en este caso sabemos el nombre de uno de sus autores principales y que posiblemente creó "escuela". Nos referimos a Genaro López. Pero ¿quién era Genaro López?

> *"Uno de los falsificadores más peligrosos que hay en la especulación con engaño es un dibujante que llevó á Europa un conocido arqueólogo mexicano, como empleado para copiar las láminas de la obra histórica de Sahagún, y digo que es muy peligroso, porque él conoce y han pasado por sus manos, para copiar dicha obra, multitud de piezas originales, y por lo tanto es de una habilidad extraordinaria para este género de trabajos, por lo que sus golpes son certeros"* (Batres, n.d.: 14).

Unos cuarenta años después de la publicación de la obra de Leopoldo Batres sobre *Antigüedades Mejicanas Falsificadas* encontramos más datos sobre esta persona tan "peligrosa".

> *"Mi erudito amigo el señor Federico Gómez de Orozco me puso en el secreto: Francisco del Paso y Troncoso fué a España en 1892, cuarto centenario del descubrimiento de América, para organizar la sección de México en el certamen o exposición que con ese motivo se verificaba en Madrid. Llevaba entre el personal que lo acompañó, a un dibujante que se llamaba Jenaro López, con objeto de que copiara los códices mexicanos existentes en Europa. La mucha práctica que adquirió este dibujante en la técnica de los códices lo animó, a su regreso a México, para hacer algunas falsificaciones de códices indígenas que vendió por trasmano a los aficionados en México, tanto nacionales como extranjeros, y algunos otros, que vendió en los Estados Unidos. (...). Posiblemente López creó una escuela de falsificadores. La característica de estos códices es su "papel" o "tejido" en el que se vierte una lechada de yeso con agua de cola, o cal, sobre la que se pinta. Esta primera materia es FIBRA DE COCO"* (Carcer 1948-49: 106-107).

Somos conscientes de que Genaro López precisa de un trabajo exclusivo para describir sus técnicas de falsificación y los códices que actualmente conservamos de su mano o de la "escuela" que pudo crear, por ello nos limitaremos a mencionar alguno de los documentos que realizó. Por otro lado, hemos de reconocer que gracias a su trabajo legal como litógrafo hoy en día tenemos acceso a documentos de los que únicamente conservamos la edición en la que él participó realizando las imágenes. Además, no era el único personaje "peligroso" de la época:

> *"En México la falsificación de antigüedades está muy subdividida: hay unos que se ocupan de hacer códices, otros de labrar obsidiana, otros de labrar hueso y piezas de barro, y otros el oro.*

(...). Casi todos esos hombres dedicados á tan innoble industria son alcohólicos y pasan su tiempo en las tabernas" (Batres, n.d.: 15).

A lo largo del siglo XX las falsificaciones de códices continuarán aumentando y apareciendo en los estantes de reputados libreros de antiguo que, en más de un caso, no dudarán en venderlos como originales. Con el cierre del siglo XX y comienzos del XXI se ha "evolucionado" en la consideración de estas obras y algunas Instituciones no dudan en aceptar como donación códices falsos de reciente factura, como el Museo de la Piel de Vic en Cataluña (Figura 2), sabedores de que estos documentos llegarán también a tener un alto valor no sólo económico sino cultural, pues los más antiguos ya lo poseen. Mariano Carcer (1948-49: 108-109) ya era consciente de ello cuando escribía:

> *"Estos códices falsificados han tomado ya carta de naturaleza en las colecciones de aficionados y centros oficiales, han dado origen a muchas equivocaciones de conocidos y respetados hombres de ciencia y constituyen una indiscutible realidad que debía aceptarse y admitirse como tal, sin prejuicios, formando un riguroso catálogo gráfico y descriptivo, con sus comentarios y conclusiones, porque, ciertamente, algunos de ellos son verdaderas obras de arte, en toda la extensión de la palabra: bellos, por su colorido; cautivadores, por su traza; admirables por su factura general; y, al correr de los años, es seguro que adquirirán, además del mérito que presta el tiempo, un valor intrínseco estimable y son una especialidad* única, *que corresponde, exclusivamente, al acervo artístico mexicano que sería antipatriótico e injusto, desdeñar".*

No podemos por menos que suscribir las palabras de este investigador de mediados del siglo XX y apoyar a aquellas Instituciones que compran, aceptan donaciones de este tipo de obras o reconocen las piezas falsas que poseen como tales, ya que como veremos algunas de ellas pueden contener información científica que nos sea útil para el conocimiento de las culturas mesoamericanas por diferentes motivos. Para empezar ya son imprescindibles para estudiar la creación de falsificaciones como tales.

2.- EL CENSO DE CÓDICES FALSOS

El único catálogo de falsificaciones de códices que se ha llevado a cabo hasta el momento es el publicado por John B. Glass en 1975 con un total de 63 documentos (Glass 1975b). En ellos encontramos documentos de contenido variado y realizados con soportes que se identifican desde los utilizados realmente por los grupos indígenas, como el papel de amate o el pergamino de piel de venado, hasta papeles confeccionados con fibra de coco y pieles curtidas de cerdo, que determinan claramente su falsificación, pues nunca fueron usados para hacer un códice original.

No obstante, el catálogo de Glass fue entregado a la editorial a finales de la década de los 60 del siglo XX, con lo cual en los más de 30 años transcurridos desde entonces han aparecido muchos otros códices de estas características y posiblemente superen ya el centenar. En breve se publicará una revisión del Catálogo de Códices Mesoamericanos de contenido "en general", pero nos consta que, lamentablemente, no se llevará a cabo con los relativos a los *Códices Techialoyan*, *Códices Testerianos* o *Catecismos en Pictogramas* y *Códices Falsos*. Además, tampoco se creará un apartado especial para aquellas obras de las que tenemos constancia segura de que se trata de copias. Pese a ello no queremos convertir este apartado en una adenda al publicado por John B. Glass (1975b), puesto que además no resulta nada fácil localizar y acceder a los poseedores de este tipo de documentación, ni permiten en muchos casos que se realicen análisis de obras sospechosas.

No obstante, sí podemos afirmar que a nivel artístico la mayoría de las falsificaciones que han aparecido desde entonces no son más que burdas imitaciones o copias, sobre todo aquellas que tenían cierta antigüedad, es decir códices falsos realizados a lo largo de la segunda mitad del siglo XIX y la primera mitad del XX que han intentado venderse por los herederos de las mismas. Esto se debe a que en ese tiempo los falsificadores no se molestaban tanto en crear obras únicas y basadas en contenidos creíbles, sino que simplemente hacían varias falsificaciones a partir de un mismo original. Este es el caso de las falsificaciones del *Lienzo de Tlaxcala* realizadas por Genaro López, de las que al menos hay documentadas cuatro (Figura 3). A este mismo autor también se atribuye otra falsificación denominada *Códice Hammaburgensis* (Carcer 1948-49: 109), aunque precisa de un amplio estudio para asignarlo a su mano o escuela, pero lo importante es que la mayor parte de sus figuras se encuentran repetidas en otro documento que se conserva en una colección pública de la ciudad de Washington (Figura 4). La variación que se introduce para diferenciar ambas falsificaciones y poder venderlas por separado sin levantar sospechas sobre la existencia de dos códices iguales la encontramos en el formato, puesto que el primero de ellos está realizado en forma de panel y el segundo plegado en biombo, con lo cual nos da varias páginas de un tamaño menor. Pese a ello, mantienen imágenes muy similares, con lo cual son falsificaciones relativamente fáciles de detectar, ya que además su estilo y contenido tiene varias imperfecciones.

Ahora bien, el problema se agudiza con las nuevas falsificaciones, las actuales. Así, conforme a la opinión de Claude-François Baudez (2002: 79):

> *"los falsificadores no son tan tontos como para copiar, pues saben que la demostración de plagio prueba la falsificación. (...). El falsificador debe crear, combinar, inventar, (...). El arte del falsificador es crear la excepción siempre y cuando permanezca dentro de los límites de lo probable. Entre más cercano esté de los límites, más se buscará su trabajo y será mejor pagado.*
> *Otra ilusión compartida con frecuencia por los coleccionistas, curadores y arqueólogos es que las falsificaciones son de reciente aparición en el mercado. Tienden a considerar a priori auténtico a un objeto que se encuentra desde hace tiempo en sus colecciones e ignoran que falsificaciones prehispánicas fueron fabricadas en abundancia desde finales del siglo XVIII. El único cambio se ha producido en el mercado del arte, en donde las piezas*

pueden alcanzar precios inconcebibles en otros tiempos, lo cual lleva a que las falsificaciones sean cada vez más sofisticadas y más difíciles de detectar".

En nuestra opinión este es uno de los grandes problemas que tenemos en la actualidad con las falsificaciones: el elevado precio de las obras de arte. Podemos pensar, por ejemplo, que llevar a cabo una buena falsificación utilizando todos los medios técnicos más avanzados y el tiempo necesario para aprender todo lo relacionado a su contenido puede suponer un coste de un millón de euros. Es posible que realizarla necesite la inversión de uno o dos años, pero si luego la obra se vende como original por diez millones de euros, ¿merece la pena la inversión? Claramente la respuesta tiene que ser afirmativa. El mercado de las obras de arte ha alcanzado niveles tan desorbitados que desde luego es rentable invertir el dinero necesario para hacer una buena falsificación. Además, en el caso concreto de los códices mesoamericanos, el conocimiento sobre las culturas que los produjeron ha avanzado tanto que se puede "inventar" un documento falso con gran apariencia de realidad y ya no es necesario copiar de otras obras y mezclar iconografía y escritura de diferentes códices para conformar una falsificación como, por ejemplo, hacía Genaro López. Este es el grave peligro de los "nuevos" códices falsos: son ejemplares únicos.

Quizá el ejemplo más claro que tenemos hoy en día se ha dado con un códice ya "un poco viejo", pues pudo realizarse en la década de los 60 del siglo XX. Nos referimos al *Códice Grolier*, considerado por algunos especialistas el cuarto códice maya prehispánico, mientras que para otros no es más que una falsificación. Su valor económico como original es imposible de establecer, millones de euros, pues depende de lo que cualquier Institución o coleccionista privado esté dispuesto a pagar por el mismo. Desde su publicación en 1973 hasta el día de la fecha ha pasado de ser original a falsificación (Baudez 2002), y estamos seguros de que el debate aún no ha terminado. El mayor problema que plantea respecto de su autenticación, radica en que no ha sido encontrada ninguna otra obra original que pudiera haber servido como modelo y en que su contenido se puede interpretar como veraz. Por ello, de tratarse finalmente de un códice falso, demostraría que efectivamente en la actualidad *los falsificadores no son tan tontos como para copiar, pues saben que la demostración de plagio prueba la falsificación*.

En época reciente se nos solicitó nuestra opinión como especialistas para determinar el valor de un códice mesoamericano supuestamente heredado por un coleccionista privado. La "suerte" que tuvimos para poder determinar su falsedad fue que se trataba de una traslación casi exacta de uno de los tres o cuatro códices mayas prehispánicos (depende del *Grolier*) que conservamos en la actualidad, el *Códice Tro-cortesiano*. No obstante, a la vista del documento (Figura 5) creemos que no cabe duda de que se trata de una verdadera obra de arte, pues incluso el soporte estucado del mismo da una apariencia de antigüedad y delicadeza impresionante. Otra cuestión aparte es que superara un análisis científico físico-químico, pues el contenido, al ser una copia de un original prehispánico, sería verdadero. Como vemos, en este caso, no resulta complicado determinar que no se trata de un original debido a que es una copia de otro códice original bien conocido y estudiado. Esta es la diferencia entre una falsificación como el *Grolier* y un documento de estas características.

Como vemos son muchas las razones que nos llevan a pensar que las falsificaciones de códices mesoamericanos no van a dejar de realizarse y que cada vez será más difícil determinar su no originalidad, pues el beneficio económico que se obtiene de ellos permite hacer una gran inversión para su confección. Además, el paso del tiempo nos va acercando cada vez más a conocer mejor a las culturas mesoamericanas a todos los niveles.

De hecho, antes había códices falsos que "hacían daño a la vista" por el tipo de iconografía que el falsificador había utilizado, pues se desviaba totalmente de lo que conocíamos de estas culturas. Sin embargo, el descubrimiento reciente de murales como los de San Bartolo (Saturno 2006) o Calakmul (Carrasco y Colón 2005) en el área maya y el de San Juan Ixcaquixtla en Puebla (Cervantes *et. al.* 2005) nos están demostrando que cualquier tipo de iconografía puede ser original, puesto que estos murales "rompen" con todo lo conocido sobre el arte de estas culturas. Por tanto, hemos de ser prudentes en nuestros análisis.

Y más de un investigador, incluyéndonos a nosotros, ante la vista de un simple detalle fotográfico de estos murales podría pensar que son falsificaciones. La sorpresa vendría al conocer el contexto de su descubrimiento, el lugar donde están ubicados, su datación, etc., es decir, la demostración de que se trata de originales.

Como resumen queremos indicar que para nosotros el término falsificación aplicado a los códices mesoamericanos incluye diversas acepciones. Por ello, aunque hemos intentado centrarnos en las falsificaciones de códices mesoamericanos entendidas como intentos de obtener un beneficio económico por su venta como originales, no hemos podido hacerlo totalmente. Así, también hemos mencionado la "falsedad" que se oculta no sólo en los códices originales, debido a multitud de intereses de sus "autores", sino también en los propios investigadores y en los métodos que utilizan para interpretar el contenido de estos documentos.

Somos conscientes de que es necesario llevar a cabo un nuevo censo de este tipo de documentación, pero realmente resulta dificultoso pues son muy pocos los datos que se tienen de muchos de ellos y, además, algunos de sus poseedores, sobre todo las Instituciones públicas, no son partidarios de dar a conocer que entre sus fondos se encuentran obras de estas características.

Por otro lado, no queremos terminar sin "romper una lanza" a favor de las falsificaciones de códices mesoamericanos. Sobre todo de las más antiguas, es decir, de aquellas en las que los falsificadores no necesitaban que el contenido del documento fuera totalmente novedoso y les bastaba con copiar de otro o de varios códices al mismo tiempo, refundiendo las imágenes en la falsificación. Las razones de ello las encontramos en que estamos seguros de que más de una de estas obras falsas reproducen partes de originales que hoy en día se han perdido, con lo cual pueden sernos útiles para conocerlos. Este es el caso de las falsificaciones del *Lienzo de Tlaxcala* realizadas por Genaro López, pues de los tres originales que se hicieron en el siglo XVI del mismo no conservamos ninguno. Por ello, pensamos que sus falsificaciones pueden ser válidas para reconstruirlo, sobre todo en lo referente al color, aunque él ya tuvo que trabajar con una copia supuestamente exacta a uno de los originales.

Finalmente, deseamos destacar lo tratado sobre el problema que plantean las copias "legales" de códices que se conservan, sobre todo cuando se da el caso de que sus originales están perdidos y sólo los conocemos a través de las mismas. Pese a que en ningún caso somos partidarios de considerarlas como falsificaciones, creemos que tampoco merecen el calificativo de originales, debiendo situarse, por múltiples razones, en una escala intermedia.

BIBLIOGRAFÍA

Batalla Rosado, Juan José.
(1994) "El Códice Falso del Museo de América". *Anales del Museo de América* nº 2: 131-148, Madrid.
(2002) *El Códice Tudela y el Grupo Magliabechiano: la tradición medieval europea de copia de códices en América*. Ministerio de Educación Cultura y Deportes, Agencia Española de Cooperación Internacional y Testimonio Compañía Editorial, Madrid.
(en prensa) "Un glifo de la tradición escrituraria mixteca: el signo 'cerro' con doble voluta". *Mixtec Writing: Historical Development and Social Context*. Royal Netherlands Academy of Arts and Sciencies, Amsterdam.

Batres, Leopoldo
(n.d.) *Antigüedades mejicanas falsificadas. Falsificación y falsificadores*. Imprenta de Fidencio S. Soria, México.

Baudez, Claude-François
(2002) "Venus y el *Códice Grolier*". *Arqueología Mexicana* nº 55: 70-79, México.

Boturini Benaduci, Lorenzo
(1986) *Idea de una Nueva Historia General de la América Septentrional*. Estudio preliminar por Miguel León-Portilla: IX-LXXII. Editorial Porrúa, México.

Carcer, Mariano
(1948-49) "Ejemplares del arte plumario mexicano y una falsificación del Lienzo de Tlaxcala descubiertos recientemente en España". *Revista Mexicana de Estudios Antropológicos* nº 10: 99-113, México.

Carasco Vargas, Ramón y Marinés Colón González
(2005) "El reino de Kaan y la antigua ciudad maya de Calakmul". *Arqueología Mexicana* nº 75: 40-47, México.

Cervantes Rosado, Juan *et. al.*
(2005) "La Tumba 1 de San Juan Ixcaquixtla, Puebla". *Arqueología Mexicana* nº 75: 64-69, México.

Danzel, Theodor-Wilhelm
(1926) "Codex Hammaburgensis, eine neuentdeckre altmexikanische Bilderhandschrift des Hamburgischen Museums für Völkerkunde". *Mitteilungen aus dem Museum für Völkerkunde in Hamburg* nº 11, Hamburgo.

Durán, fray Diego
(1991) *Historia de las Indias de Nueva España e Islas de la Tierra Firme*. Banco Santander, Madrid, 2 volúmenes.

Glass, John B.
(1975a) "The Boturini Collection". *Handbook of Middle American Indians* 15: 473-486. University of Texas Press.
(1975b) "A Catalog of Falsified Middle American Pictorial Manuscripts". *Handbook of Middle American Indians* 14: 297-309. University of Texas Press.

Glass, John B. y Donald Robertson
(1975) "A Census of Native Middle American Pictorial Manuscripts". *Handbook of Middle American Indians* 14: 81-252. University of Texas Press.

Jansen, Maarten
(1998) "La fuerza de los cuatro vientos. Los manuscritos 20 y 21 del *Fonds Mexicain*". *Journal de la Société des Américanistes* tomo 84-2: 125-161. París.

León-Portilla, Miguel
(1986) véase Boturini.

López Luján, Leonardo y Marie-France Fauvet-Berthelot
(2005) *Aztèques. La collection de sculptures du Musée du Quai Branly*. Musée du Quai Branly, París.

Los Códices Mayas
(1985) Introducción y bibliografía de Thomas A. Lee. Universidad Autónoma de Chiapas, México.

Manuscrit Tovar. Origines et Croyances des indiens du Mexique
(1972) Edition établie d'aprés le manuscrit de la John Carter Library par Jacques Lafaye. Akdemische Druck und Verlagsanstalt, Graz.

Santamarina Novillo, Carlos
(en prensa) *El sistema de dominación azteca: el Imperio Tepaneca*. Fundación Universitaria Española, Madrid.

Saturno, William
(2006) "El amanecer de los dioses y de los reyes mayas". *National Geographic España*, vol. 18, nº 1: 68-77, Madrid.

Schávelzon, Daniel
(1991) *"Un grupo de códices falsos atribuidos a José Mariano de Echevarría y Veytia"*. *Mesoamérica* nº 22: 323-330, México.

Walsh, Jane MacLaren
(1997) "Crystal skulls and other problems: Or, 'don't look it in the eye'". *Exhibiting Dilemmas: Issues of Representation at the Smithsonian*. A. Henderson y A.L. Kaeppler (editores): 116-139, Washington, D.C.

Las falsificaciones de códices mesoamericanos

Figura 1:

Ilustraciones del siglo XVI que describen la "Guerra de Azcapotzalco".
superior.- fray Diego Durán (1991 I).
inferior.- Juan de Tovar (*Manuscrit Tovar* 1972).

Figura 2:

Dos códices falsos donados al Museo de la Piel de Vic (fotografías del autor).

Las falsificaciones de códices mesoamericanos

Figura 3:

Falsificaciones del *Lienzo de Tlaxcala* de Genaro López.
superior.- *Códice de Comillas* (fotografía del autor).
inferior.- Lienzo de la Casa Museo de Colón en Valladolid (fotografía del autor).

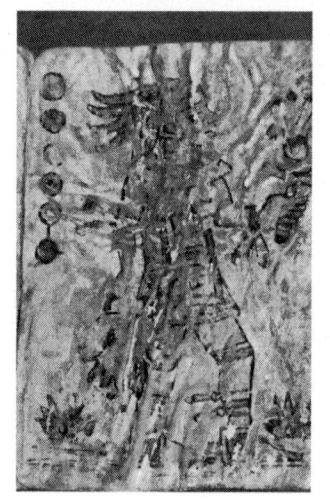

Figura 4:

superior: falsificación conocida como *Códice Hammaburgensis* (Danzel 1926).
inferior: dos páginas del códice falso conservado en Washington.

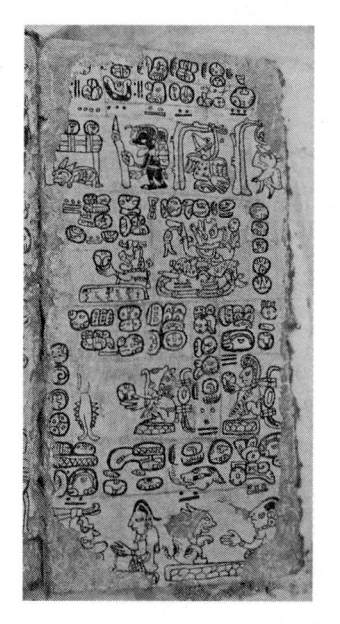

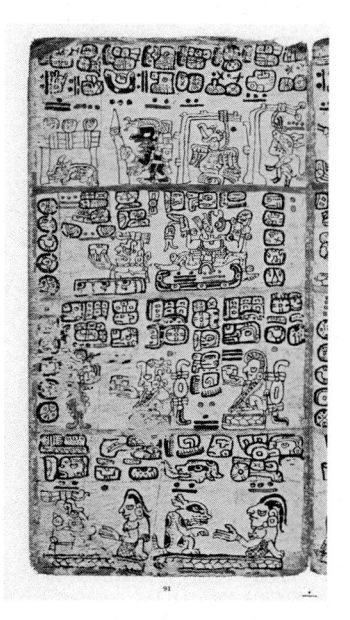

Figura 5:

superior.- Falsificación del *Códice Tro-cortesiano*
conservada en colección particular (fotografía del autor)
inferior izquierda.- página 91 del *Códice Tro-cortesiano*
en la falsificación (fotografía del autor)
inferior derecha.- página 91 del original (*Los Códices Mayas* 1985: 130).

"YA NO HAY MEMORIA DE LOS TEPANECAS". EL REGISTRO DE LA HISTORIA COMO ESTRATEGIA POLÍTICA ENTRE LOS AZTECAS[1]

CARLOS SANTAMARINA NOVILLO
Universidad Complutense de Madrid

Introducción

El presente estudio indaga sobre el papel reservado al registro de la Historia en la sociedad azteca prehispánica, y su influencia en las fuentes que manejamos para el conocimiento tanto de dicha sociedad como de la colonial novohispana. El punto de partida será la instauración del Imperio Tenochca con Itzcoatl, y la consiguiente reelaboración de la historia mexica, con especial interés por el tratamiento historiográfico reservado a los tepanecas de Azcapotzalco, antiguos dominadores del área central mesoamericana.

Hablar de un grupo humano extenso, jerárquicamente organizado y socialmente estratificado, que expande su dominio político sobre los grupos vecinos, absorbiéndolos por la fuerza potencial o efectiva de su ejército es hablar de un estado expansionista, que, en determinados contextos históricos se ha denominado *imperio*. Es el caso del área central mesoamericana en el último periodo prehispánico, el posclásico, donde se distinguen dos fases de un proceso de centralización que había alcanzado su máximo desarrollo a la llegada de los españoles de Cortés (fig. 1). En la primera fase, de hegemonía tepaneca y con centro en Azcapotzalco, se logrará unificar el área lacustre central y las principales regiones aledañas. Posteriormente, tras la que podemos considerar crisis de crecimiento de 1428 –la llamada *Guerra Tepaneca*-, el poder cambiará de manos, recayendo sobre la mexica Tenochtitlan, que expandirá el poderío azteca por mucho más amplias regiones de Mesoamérica.

POSCLÁSICO TARDÍO O AZTECA TARDÍO (1370-1520)	1428	IMPERIO TENOCHCA AZTECA TARDÍO B
		IMPERIO TEPANECA AZTECA TARDÍO A

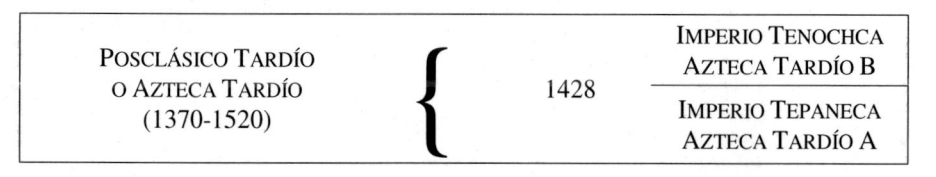

Figura 1. El último periodo prehispánico en el área central mesoamericana.

---

[1] La presente contribución se enmarca dentro de las investigaciones que llevaron al autor a presentar, para la obtención del grado de Doctor en la Universidad Complutense de Madrid, el trabajo titulado *El sistema de dominación azteca. El Imperio Tepaneca*, bajo dirección de José Luis de Rojas.

Pero hablar de un sistema de dominación de nivel estatal es hablar de una organización estable, que no puede sostenerse solamente mediante la fuerza de las armas, sino que, junto a la coerción, requerirá el desarrollo de un aparato ideológico que contribuya a su mantenimiento y cohesión. En este sentido, la cultura azteca no es una excepción, así que cabe preguntarse por los mecanismos ideológico-políticos desarrollados al calor de la expansión de los ejércitos aztecas. Además de en la educación, el ceremonial y el arte, la ideología generada y controlada por el estado impuso su peso sobre las tareas de conservación de la memoria, es decir, sobre la elaboración de registros históricos.

Sin embargo, escribir la Historia es seleccionar los hechos que se han de registrar, y tal tarea difícilmente está libre de influencias e intereses. En consecuencia, puede afirmarse que la principal función de un registro histórico controlado por un poder dominante se traduce en guardar recuerdo de ciertos personajes y hechos, mientras otros se dejan en el olvido.

1. La Historia como legitimación del Imperio Tenochca

Uno de los medios de conmemoración histórica más estrechamente asociado al poder estatal es el que proporcionan la arquitectura y el arte. Refiriéndonos ya a la cultura azteca, las sucesivas y acostumbradas ampliaciones del *Huey Teocalli* o Templo Mayor por cada uno de los *tlatoque* tenochas, constituyen la mejor muestra de tal práctica.

Pero la escultura nos brinda nuevos ejemplos. Así, siendo *tlatoani* Motecuzoma Ilhuicamina, el *cihuacoatl* Tlacaelel mandó construir un *temalacatl*, piedra o altar de sacrificios (fig. 2), con relieves conmemorativos de «la guerra que tuvieron los antepasados con los azcaputzalcas, cuando se libertaron, para que estuviese allí en perpetua memoria esculpida».[2]

Figura 2. Piedra de Motecuzoma I (Ilhuicamina): 1440-1469
(Museo Nacional de Antropología de México).

---

[2] Durán, Fray Diego: *Historia de las Indias de Nueva España e Islas de Tierra Firme*. Edición de Ángel María Garibay K., Porrúa 36 y 37 (2 vols.), México DF, 1984, tomo II, cap. XX, p. 171.

El siguiente texto puede leerse esculpido en la fachada del actual Museo de Antropología de la capital mexicana, en una especie de proclama de la herencia indígena prehispánica:

> «Nunca se perderá, nunca se olvidará, lo que vinieron a hacer, lo que vinieron a asentar en las pinturas: su renombre, su historia, su recuerdo... Siempre lo guardaremos nosotros, hijos de ellos... Lo vamos a decir, lo vamos a comunicar, a quienes todavía vivirán, habrán de nacer...»

Se trata de una cita de la *Crónica mexicayotl* de Fernando Alvarado Tezozómoc,[3] noble indígena novohispano descendiente de la casa real mexica-tenochca, que, como tal, reivindica la grandeza de la historia tenochca ligándola a sus propios ancestros. Posteriormente retomaremos el comentario de este famoso texto, pero antes repasaremos algunos de los temas que han nutrido las narraciones mexicas sobre su propia Historia.

Ancestros legitimadores

Los pueblos aztecas fundamentaron su versión de la historia en una legitimidad otorgada por sus ancestros. Si dejamos a un lado el tema de los mitos de origen de los pueblos aztecas, dos son las principales referencias histórico-legendarias utilizadas como fuentes de legitimidad: Xolotl y Tollan.

Tepanecas y acolhuas parecen haberse remontado al legendario señor chichimeca de Tenanyocan, mientras que los mexicas buscaron fundamento ideológico para su imperio en su supuesta condición de herederos del *toltecayotl*, de la mítica Tollan. El cronista tezcocano incluye los dos motivos al referirse a la Triple Alianza:

> «estas tres cabezas se fundaban ser señoríos e imperios sobre todas las demás, por el derecho que pretendían sobre toda la tierra, que había sido de los toltecas, cuyos sucesores y herederos eran ellos, y por la población y nueva posesión que de ella tuvo el gran chichimécatl Xólotl su antepasado».[4]

Aunque el cronista amalgame ambas tradiciones ideológicas, la dinastía colhua-mexica de Tenochtitlan afirmaba sus raíces toltecas a través de Acamapichtli, primer *tlatoani* tenochca, procedente de Colhuacan, *altepetl* heredero de la tradición tolteca, mientras el linaje gobernante en el Acolhuacan se proclamaba descendiente del emperador chichimeca Xolotl.

---

[3] La cita está tomada de León-Portilla, Miguel: *Los antiguos mexicanos a través de sus crónicas y cantares*, FCE, México D.F., 1989, pp. 7-8.

[4] Alva Ixtlilxóchitl, Fernando de: *Obras históricas* (2 vols.). Edición de Edmundo O'Gorman, UNAM, México, 1975-77, vol II, cap. XXXVIII, p. 103.

Así, los respectivos *huey tlatoque* de Tenochtitlan y Tezcoco se consideraban acreedores -respectivamente- a los títulos de *Colhuatecutli* y *Chichimecatecutli*.[5]

Se diría, por lo tanto, que en el mundo prehispánico, la búsqueda de la legitimidad de los gobernantes, más allá de la sanción divina, se enfoca sobre la gran antigüedad de la línea dinástica, en un rasgo que parece tener visos de universalidad.

Otro mito legitimador recurrente en los relatos históricos aztecas es el de la oposición antagónica entre el prestigio de la tradición tolteca y la humildad y foraneidad de la chichimeca. Se da la paradoja de que los mismos pueblos que proclamaban la grandeza de su alta cultura, simbolizada en los ilustres antecedentes citados, se vanagloriaban al tiempo de su origen chichimeca, en aplicación del mito mesoamericano del pueblo «hecho a sí mismo» a partir de humildes orígenes.[6]

Actualmente parece haber acuerdo entre los especialistas en cuanto a que se trata de una construcción ideológica carente de historicidad, y tanto los mexicas como otros pueblos que les precedieron eran ya de cultura plenamente mesoamericana a su llegada a la Cuenca de México.[7]

Ritualización política de la guerra

Otra de las instituciones famosas que expresan el culto ritual a la guerra entre los aztecas, y que fue también utilizada como elemento propagandístico, es la llamada guerra florida o *xochiyaoyotl*. Consistía en un combate ritualizado para el cual se citaban los nobles o *pipiltin* de dos *altepetl* enemigos, y del cual, manteniendo el conflicto en niveles limitados y estables, cada bando obtenía cautivos *macehualtin* para nutrir las ceremonias sacrificiales, al tiempo que se atendía a la necesidad de adiestrar, mantener y recompensar los méritos de la élite guerrera. En principio, los *pipiltin* capturados eran liberados, mientras a los plebeyos o *macehualtin* les esperaba la muerte sacrificial:[8]

---

[5] Alva Ixtlilxóchitl op. cit., cap. XXXII, p. 82.

[6] Davies, Nigel: *The Toltec Heritage. From the fall of Tula to the Rise of Tenochtitlan*, University of Oklahoma Press, Norman, 1980, pp. 78-89.

[7] López Austin, Alfredo y López Luján, Leonardo: *Mito y realidad de Zuyuá. Serpiente Emplumada y las transformaciones mesoamericanas del Clásico al Posclásico*, FCE y El Colegio de México, Fideicomiso Historia de las Américas, México D.F., 1999, p. 97. Se ha señalado que la condición de extranjero es un componente recurrente en los mitos de legitimación dinástica, probablemente para subrayar la diferencia entre el núcleo social legitimado y el resto de la población. En el caso azteca, tal componente está presente tanto en los mitos de migración y de origen (Christensen, Alexander F.: «History, Myth, and Migration in Mesoamerica.» *Aztlan* [e-journal], 1997, p. 3) como en el de la oposición entre *toltecayotl* y *chichimecayotl* (López Austin y López Luján op. cit., p. 97).

[8] El término *xochitl* -«flor»- evoca en náhuatl el arte, el ritual, mientras *yaoyotl*, que traducimos por «guerra», es la sustantivación de *yaotl* –«enemigo»-. Sobre la guerra florida véase Hassig, Ross: *Aztec*

i tecpatl xihuitl, 1376

[...] *Auh no yquac yn ipan in xihuitl in acito yaoyotl yn ompa Chalco atenco; auh chicuexiuitl yn çan oc xochiyaoyotl yn manca, yn quimacia yn mexicapipiltin çan oc quincahuaya yn chalca, auh no yhui, yn quimacia yn chalcapipiltin çan oc quincahuaya yn mexica; ca çan ic ynceltin yn macehualtin yn miquia.*

«Año 1 técpatl, 1376.

[...] Y también durante este año fue a llegar la guerra allá por Chalco *atenco*; pero en los ocho años que aún permaneció la *xochiyaóyotl*, a los *pipiltin* mexica que alcanzaban todavía los dejaban los chalca, y de la misma manera, a los pipiltin chalca que alcanzaban todavía los dejaban los mexica; por entonces únicamente los macehuales morían.».[9]

Sin embargo, el mismo Chimalpahin nos relata que, tiempo después, la *xochiyaoyotl* derivó en guerra abierta, lo cual nos sirve para establecer la diferenciación entre ambos tipos de guerra en cuanto a sus fines:

i acatl xihuitl, 1415

Nican ypan in in yequene cocoltic yn yaoyotl; yn aocmo yequene quincahuaya yn mexicapipiltin yn quimacia yn chalca, auh no yhui in yehuantin, yn chalcapipiltin yn quimacia yn mexica, aocmo quincahuaya. Oncan in yn ipan in xihuitl polliuh yn motenehua xochiyaoyotl, ynin manca onpohualxihuitl.

«Año 1 ácatl, 1415

[...] Aquí en éste finalmente se recrudeció la guerra; ya no soltaban más a los *pipiltin* mexica que alcanzaban los chalca, y de la misma manera a ellos, a los *pipiltin* chalca que alcanzaban los mexica, ya no los soltaban. Fue durante este año que desapareció la llamada *xochiyaóyotl*, misma que se mantuvo cuarenta años.»[10]

Por su parte, Durán[11] nos habla también de combates floridos entablados por los tenochcas con enemigos tradicionales como tlaxcaltecas, chololtecas y huexotzincas, aunque utilizándolos para ocultar el fracaso del Imperio Mexica a la hora de someterlos:

«...el pelear con tlaxcaltecas y cholultecas y huexotzincas era como pelear españoles contra españoles; porque, según sus historias, todos eran unos en generación, que sólo diferían en particular parcialidad.

[...] Y así las guerras que éstos tenían unos entre otros, los tlaxcaltecas y mexicanos, ya he dicho que fueron sólo por ejercicio y no por enemistad.»[12]

Warfare: Imperial Expansion and Political Control. University of Oklahoma Press, Norman, 1988, 10, pp. 128-130.

[9] Chimalpahin, Domingo Francisco: *Primer amoxtli libro. 3ª Relación de las différentes histoires originales,* edición de Víctor M. Castillo, UNAM, México D.F., 1997, pp. 102-105.

[10] Chimalpahin, op. cit., pp. 124-125.

[11] Durán, op. cit. tomo II, cap. XXIX, pp. 235-237; cap. LV, pp. 417; cap. LVIII, cap. 444-449.

[12] Durán, op. cit., tomo II, cap. LIX: 449.

Figura 3. Conquista de Acolhuacan Tezcoco
por Itzcoatl según el *Códice Mendoza*.

Otro suceso más muestra la mezcla de historia política y escenificación ritual que en ocasiones, y con el etnocentrismo que las caracteriza, presentan las fuentes aztecas. Nos referimos al relato de Durán según el cual los tenochcas, para certificar su alianza desigual con los acolhuas, solicitaron a Nezahualcoyotl una escenificación de vasallaje consistente en una fingida conquista mexica de Tezcoco, con representación de batalla entre ambos ejércitos e incluso conato de quema del templo Tezcocano.

Hay que advertir que el glifo de Acolhuacan Tezcoco (fig. 3) se incluye en la lista de conquistas tenochcas en el *Códice Mendoza*,[13] coincidiendo con el reinado de Itzcoatl.[14] Chimalpahin parece corroborar esta versión:

> *Auh ça no ypan in yn xihuitl yn pehualloque yn acolhuaque, yn tetzcoca. Auh macihui yn pehualloque, ca çan chicueoras yn onmanca yaoyotl, ynic ceuh çan tlaquallizpan, yn hualcallaque Mexico yn tetzcoca. Auh çan yehuatl, quichiuh yn Neçahualcoyotzin ynic pehualloque tetzcoca.*

> «Y durante este mismo año quedaron sometidos los acolhuaque, los tetzcoca. Pero no obstante que fueron sometidos, solamente ocho horas se mantuvo la guerra, puesto que se aplacó tan sólo al tiempo de comer, cuando vinieron a meterse a Mexico los tetzcoca. Y solamente él, Nezahualcoyotzin, hizo que fueran sometidos los tetzcoca.»[15]

---

[13] *Códice Mendocino*, edición de José Ignacio Echeagaray, San Ángel Ediciones, México, 1979, 5v, detalle: 13.

[14] Por su parte, Alva Ixtlilxóchitl (op. cit. Vol. II, cap. XXXIV, pp. 86-88) refiere otro episodio similar, pero, como era de esperar de su etnocentrismo, en su relato los vencedores resultan ser los de Tezcoco.

[15] Chimalpahin op. cit., pp. 144-145.

Según el relato de Durán, los tenochcas tenían claros sus objetivos...

> «quedará nuestra fama y honra sin mácula ninguna, y ellos sin lesión ni enojo, y los macehuales, sujetos a nos servir cuando los hubiéremos menester, y las demás provincias, y ciudades, temerosas y asombradas con la fama de haber destruido a Tezcuco y su provincia.»[16]

De la anterior cita merece subrayarse la mención de los espectadores-antagonistas a quienes va dirigida la representación y quienes deben entender el mensaje de la fortaleza de los *pipiltin* tenochcas: no sólo las otras provincias y ciudades, sino también los propios *macehualtin*. Este texto expresa pues de forma explícita que la dominación política de los *pipiltin* sobre las provincias del imperio no es cualitativamente diferente de la dominación social sobre los *macehualtin*, y ambas conforman un mismo sistema de dominación.

Por supuesto que tales narraciones, aderezadas con semejantes ingredientes, nos resultan de dudosa historicidad.[17] Sin embargo, al mismo tiempo nos hablan del uso propagandístico que de la historia hicieron los aztecas, y los tenochcas en particular. Todo ello ha dado argumentos a Smith para subrayar el sesgo propagandístico de las fuentes que manejamos:

> «Según la cosmovisión imperial, el imperio no necesitaba disposiciones especiales para contener a los enemigos del estado. Ello era porque los mexica "eran señores del mundo, su imperio era tan amplio y abundante que habían conquistado a todas las naciones y que todos eran sus vasallos" (Durán...). Otro ejemplo de propaganda mexica es la institución conocida como "guerra florida" (*xochiyaoyotl*). Los mexicas le contaron a los españoles que aquellas batallas con Tlaxcalla se hicieron para practicar y entrenarse, y que el imperio no tenía intención de conquistar Tlaxcalla. Cuando los soldados españoles preguntaron a los tlaxcaltecas sobre dichas guerras, sin embargo, les contestaron que en realidad el Imperio Mexica había estado intentando duramente conquistar su estado. Tlaxcalla fue rodeada y habían cortado su comercio exterior en sal y bienes de lujo, pero, sencillamente, el imperio no fue lo suficientemente fuerte como para completar la conquista.».[18]

Las palabras del investigador norteamericano ponen de manifiesto los peligros que nos acechan al utilizar versiones interesadas como fuente de nuestro conocimiento histórico, contra los que no podremos sino redoblar nuestra capacidad crítica.

---

[16] Durán, op. cit., vol. II, cap. XV, p. 128.

[17] Carrasco, Pedro: *Estructura político-territorial del Imperio tenochca. La Triple Alianza de Tenochtitlan, Tetzcoco y Tlacopan*, F.C.E., México D.F., 1996, p. 51.

[18] Smith, Michael E.: «The Aztec Empire and the Mesoamerican World System». En *Empires: Perspectives from Archaeology and History,* edición de S. E. Alcock, T. N. D'Altroy, K. D. Morrison y C. M. Sinopoli, Cambridge University Press, Nueva York, 2001, pp. 128-154 [traducción del autor].

2. La Historia mexica como negación del vencido

Hemos citado anteriormente la proclama de Fernando Alvarado Tezozómoc reivindicando la memoria histórica de su pueblo. Sin embargo, hemos de precisar ahora que tan solemne alegato no es *azteca* en un sentido global de la cultura indígena prehispánica, como sus usos modernos dan a entender, sino *tenochca*, y constituye una prevención contra los vecinos y eternos rivales de Mexico-Tlatelolco, tal y como queda de manifiesto si ampliamos un poco más la cita:

> «...Fue Tenochtitlan la que guardó esta relación de cuando reinaran todos los grandes, los amados ancianos, los señores y reyes de los tenochcas. Tlatelolco nunca nos lo quitará, porque no es en verdad legado suyo... ».[19]

Finalmente, el texto concluye con un llamamiento a favor de la nobleza y precoz conversión al cristianismo de aquellos que aquí transmiten su versión de la historia, es decir, de los *pipiltin* tenochcas novohispanos.[20]

El texto citado fue pues escrito ya en época colonial (*circa* 1610), y constituye una obra historiográfica que se esgrime como legitimación y respaldo ideológico de una de las facciones nobiliarias indígenas novohispanas, que pretendía ver confirmados sus privilegios en la nueva sociedad mediante la afirmación de su derecho históricos. Y al hacerlo entraba en pugna con otras facciones indígenas, más que con la autoridad española.[21] De hecho, en la llamada *Ordenanza del señor Cuauhtémoc*[22] encontramos una versión muy similar de la misma proclama, esta vez escrita desde el bando tlatelolca, con idénticos fines.

Pero el uso de la Historia como negación del enemigo tuvo entre los mexicas otras aplicaciones dignas de ser reseñadas.[23]

Destrucción de los registros históricos

Si regresamos a los tiempos en que se fundó la hegemonía mexica, en perjuicio de los hasta entonces dominantes tepanecas, hallamos otro episodio

---

[19] Alvarado Tezozómoc, Fernando: *Crónica mexicayotl*, Instituto de Investigaciones Históricas, UNAM, México D.F., 1992, p. 5.

[20] Alvarado Tezozómoc, op. cit., pp. 4-10.

21 La revisión de la historia prehispánica por facciones indígenas enfrentadas ante la autoridad española es una constante de la documentación novohispana. Véase, por ejemplo, la «Carta de don Hernando de Molina, de don Baltasar Hernández y de los alcaldes y regidores de Azcapotzalco al rey Felipe II: en latín, Azcapotzalco, 10 de febrero de 1561». En Pérez-Rocha, Emma y Rafael Tena: *La nobleza indígena del centro de México después de la conquista*, INAH, México D.F., 2000 (22), pp. 213-225.

[22] *Ordenanza del señor Cuauhtémoc*, con estudio de Perla Valle y paleografía y traducción del náhuatl de Rafael Tena, Gobierno del Distrito Federal, México, 2000, 149, lám. 10r.

23 La historia oficial mexica-tenochca tiende a hacer recaer sobre los enemigos de Tenochtitlan la responsabilidad de la guerra, para lo cual utiliza una serie de estereotipos narrativos como *casus belli*. Sobre dicho asunto, que aquí no podemos desarrollar, remitimos a otra publicación: Santamarina, Carlos: "Las fuentes aztecas como narración: los *casus belli*". *Anales del Museo de América 13*, Madrid (2005), pp. 125-138.

elocuente del uso político de la Historia por el poder dominante. En efecto, el afán autoproclamado por los tenochcas de conservar la propia memoria histórica contrasta con un hecho famoso. Nos referimos a una de las primeras medidas que tomó Itzcoatl al acceder al poder: una vez derrotado el Imperio de Azcapotzalco, el *tlatoani* tenochca ordenó quemar los libros pintados en los que se conservaba la historia de su propio pueblo. Sahagún nos hace llegar la justificación de tal acto en palabras del propio Itzcoatl:

> ...amo monequi mochi tlacatl quimatiz in tlilli, in tlapalli. In itconi, in tlamamaloni ahuilquizaz, auh inin zan nahualmaniz in tlalli. Ic miec mopic in iztlacayotl, ihuan miequintin neteutiloque

> «...no es necesario que todo el mundo conozca la tinta negra, la tinta roja [los libros]. El que es portado, el que es llevado a cuestas [el pueblo] saldrá mal, y sólo estará con intrigas la tierra. Porque se inventó mucha mentira y muchos han sido adorados por dioses.»[24]

Se trataba pues de apropiarse de la historia y de su registro, imponiendo la versión conveniente a la facción nobiliaria recién ascendida al poder y relegando a cualquiera que no perteneciese al aparato de poder estatal del acceso a tal información. Es significativo, en este caso, que el destinatario al que se le niega el acceso a la información es el propio pueblo mexica, dando así al hecho un sentido clasista: la fundamentación ideológica del poder en Tenochtitlan, una vez derrotado el enemigo de Azcapotzalco, había de empezar por la propia organización social tenochca.

En cuanto al posible contenido de los documentos entregados al fuego, sólo podemos especular. Una versión prudente podría contentarse con proponer como temas principales de lo destruido el poco glorioso pasado tenochca, inapropiado para un pueblo que se pretendía destinado a gobernar a todos sus vecinos; el origen de la dinastía que entonces se fundaba, para dotarla de ancestros legitimadores, o el papel protagonista que tuvieron en el pasado de la sociedad mexica y tenochca grupos diferentes al que se hacía en aquel momento con el poder, y que ahora convenía relegar.

Para López Austin,[25] el referido episodio de la hoguera de Itzcoatl esconde fundamentalmente la estrategia del estado mexica ante los liderazgos menores localizados en los *calpulli*. La fase de expansión que se abriría para los mexicas tras la derrota de Azcapotzalco requería de un proceso coordinado de centralización política, que debía comenzar con la eliminación de todo poder paralelo y de su ascendencia sobre el pueblo. Los libros sagrados, y sus intérpretes, debían ya responder tan sólo a los intereses del estado.

Más que proceder a la eliminación violenta de los líderes de los *calpulli*, posiblemente el estado tenochca procuró captar las personalidades emergentes del

---

[24] *Códice Matritense*, libro VIII, fol. 192v, según cita y traducción de López Austin, Alfredo: *Hombre-dios: religión y política en el mundo náhuatl*, UNAM, México, 1989, p. 175.

[25] Op. cit., p. 175.

pueblo -ya fueran guerreros destacados, adivinadores o religiosos- e integrarlos en su estructura administrativa.[26] Los *calmecac*, escuelas generalmente reservadas a hijos de *pipiltin*, podían, en casos excepcionales, recibir a chicos procedentes de las clases bajas, si demostraban capacidades extraordinarias. Tanto el templo como la carrera militar ofrecían al individuo de baja condición opciones de ascenso social, siempre moderado dentro de la escala jerárquica establecida por el estado. Con ello no sólo desactivaba una fuente potencial de conflicto social interno, sino que nutría su aparato burocrático, articulando su estructura social e imbricando el sistema de dominación con la sociedad tenochca.

En definitiva, el episodio de la hoguera de Itzcoatl puede interpretarse como el primer paso para la creación de una ideología estatal tenochca al servicio del Imperio Mexica recién creado. La reforma que comenzara Itzcoatl la continuarían luego sus sucesores, desarrollando las estructuras políticas e ideológicas coadyuvantes al engrandecimiento del Imperio.

La conclusión que nos deja el episodio de la hoguera de Itzcoatl es que el recuerdo, la reelaboración de la memoria, son sin duda derechos que se reserva el vencedor. Así, entre los aztecas, la peor de las derrotas era aquella que borraba incluso la memoria del infortunado vencido, sometido al ostracismo de los vencedores.

En el caso de la historia mexica, puede decirse que su más importante victoria fue la que les dio la independencia y acabó con la supremacía de Azcapotzalco, y que la derrota tepaneca condenó también al olvido en buena medida a la antigua grandeza del *tepanecayotl*. Así lo expresa el cronista Alvarado Tezozómoc poniéndolo en boca de los victoriosos tenochcas en la toma de la capital tepaneca:

«ya no ay memoria de los tepanecas ni serranos sus aliados».[27]

El contraste de este texto con el anteriormente citado del mismo autor es elocuente respecto a la intención de los mexica-tenochcas al elaborar su versión de la historia: ensalzar lo propio y opacar lo ajeno. La memoria y el olvido, que en principio pudieran entenderse como resultado más o menos accidental de los avatares de la historia, adquieren en este contexto intención y significado políticos, tornándose en propaganda y ostracismo: los vencedores no sólo reescriben la historia sino que destruyen la del vencido. La visión de los vencidos por los españoles que León-Portilla[28] difundiera a partir de fuentes indígenas se echa de

---

[26] J. Rounds («Lineage, class and power in the Aztec State». *American Ethnologist* 6,1 [1979] pp. 73-86) ha propuesto que la captación de los liderazgos tradicionales de los *calpulli* y su integración en la nobleza y administración de Tenochtitlan fue, ya desde Acamapichtli, la estrategia preferente de crecimiento del estado tenochca, que tuvo su más destacado capítulo en la reorganización sufrida con Itzcoatl, tras la liberación del yugo tepaneca.

[27] Alvarado Tezozómoc, Fernando: *Crónica mexicana*. Edición de Gonzalo Díaz Migoyo y Germán Vázquez Chamorro, Crónicas de América 25, Dastin, Madrid, 2001, cap. X, p. 78.

[28] León-Portilla, Miguel: *Visión de los vencidos: relaciones indígenas de la Conquista*, UNAM, México D.F., 1989.

menos en el caso de los vencidos por el Imperio Mexica, de quienes apenas nos han llegado testimonios.

Por otra parte, el símbolo principal de conquista de un *altepetl* es el glifo de su templo ardiendo (figs. 3 y 4). El hecho parece ser un estereotipo narrativo con un fundamento real, pues además de ser un poderoso símbolo, el templo estaba asociado al gobierno y a la élite guerrera del *tlatocayotl*.

Parece probable que los templos fueran también los depositarios de los libros históricos del *altepetl*. Cabe preguntarse entonces si, junto a la toma del *teocalli*, la destrucción de los libros pintados que guardaban memoria de la historia del *altepetl* vencido puede considerarse práctica habitual dentro de la política postconquista azteca.[29] Si hemos visto que en ocasiones las fuentes reflejan el empeño de los vencedores en borrar la memoria del vencido, parece probable en buena lógica que el hecho cobrase una dimensión material, y acabar con la memoria de los vencidos implicase también la destrucción de sus libros pintados, como en el caso ya citado de la hoguera de Itzcoatl. La sospecha de que tal episodio no debió de ser un caso único parece más que fundada,[30] y tal rasgo habría de contemplarse como una de las posibilidades de la política postconquista azteca.

No hemos encontrado otras menciones expresas de la destrucción de los libros pintados del vencido por los vencedores, pero sí parecen implícitas, por ejemplo, en las descripciones de Durán[31] o Alva Ixtlilxóchitl de la toma de Azcapotzalco:

> «...entrando por la ciudad, la destruyeron y asolaron, echando por el suelo todas las más principales casas de los señores y gente ilustre y los templos, pasando a todos a cuchillo».[32]

Incluso, el mismo autor nos relata su versión del sitio del Tezcoco protepaneca por parte de Nezahualcoyotl. Una noche, los sitiados huyeron, refugiándose en las sierras, y Nezahualcoyotl «mandó quemar y derribar algunos templos en memoria de esta batalla».[33] No deja de ser paradójica la mención a la «memoria» como motivación de un acto de destrucción que, en ausencia del enemigo, no puede ya considerarse acto de guerra, sino más bien propio de una política postconquista: la destrucción de los símbolos públicos -y de los registros históricos- de los vencidos.

---

[29] En nuestra tesis doctoral, entre otros trabajos, hemos propuesto la consideración de lo que denominamos *política postconquista* azteca, es decir, las estrategias utilizadas por los vencedores, tras la conquista, para perpetuar el estado de dominación sobre los vencidos, en sus múltiples aspectos, lo que también involucra una dimensión ideológico-cultural (Santamarina, op. cit.).

[30] Davies: op. cit., p. 67; Graulich, Michel: *Mitos y rituales del México Antiguo,* Istmo, Madrid, 1990, p. 28.

[31] Op. cit., cap. IX, p. 81.

[32] Alva Ixtlilxóchitl op. cit., vol. II, cap. XXXI: 80.

[33] Alva Ixtlilxóchitl op. cit., vol. I, p. 377.

Michel Graulich lo ha expresado con claridad:

> «Los manuscritos figurativos fueron a menudo víctimas de la destrucción intencional, antes y después de la conquista española. Antes, porque los reyes no dudaban en borrar el recuerdo de lo que no les convenía y en hacer reescribir la historia a su manera.»

> «Entre las causas prehispánicas de desaparición de libros, cabe mencionar también las guerras incesantes. El signo mismo de la toma de una ciudad era la quema del templo principal. Es probable que el templo resguardara, además de la divinidad tutelar, la memoria de la ciudad, bajo la forma de libros sagrados. Por ello, destruirlos era privar a los vencidos de su pasado.».[34]

Figura 4. *Códice Mendoza*, fol. 5v.
Conquista de Azcapotzalco por los mexicas.

Quema del templo y secuestro de reliquias

Puede decirse que en la cultura azteca se observa una estrecha identificación entre política y religión. Si la quema de su templo es el símbolo más directo de la derrota de un *altepetl,* las imágenes y reliquias identificadas con el dios patrono del *altepetl* a menudo se muestran como el símbolo máximo del grupo. En situaciones de conflicto, la entrega, destrucción o robo de dichas reliquias simboliza -y posiblemente precipita- la decisión del destino político de un *altepetl*:

> «La mejor manera de mostrar sumisión a los vencedores era perdiendo, aunque fuese en forma transitoria, la independencia, por medio de un acto de entrega de las reliquias».[35]

---

[34] Graulich, Michel: «Introducción» y notas al *Códice Azcatitlan,* Bibliothèque national de France, Société des Américanistes, París, 1995, p. 10.
[35] López Austin, op. cit., pp. 59-60.

Una ilustración de lo anterior la tenemos en la *Tira de Tepechpan*, cuando describe la derrota mexica en Chapultepec y cómo el grupo principal se entregó al *tlatoani* de Colhuacan.[36] Allí vemos a un mexica -procedente de un templo ardiendo que significa su derrota- haciendo entrega del bulto sagrado del dios patrono de su pueblo a Coxcox de Colhuacan.

Por otra parte, en un episodio previo a la Guerra Tepaneca que narran varias fuentes mexicas, la facción mexica que pretende rendirse al enemigo propone coger a su dios y presentarse en Azcapotzalco para que se disponga su suerte. Otro caso similar se nos ofrece durante la conquista española, cuando, en pleno asalto sobre Tenochtitlan, los mexicas toman la imagen de su dios Huitzilopochtli y la resguardan de los invasores:

> «Entonces llevaron en sus brazos (la estatua) del Uitzilopochtli. La pusieron a salvo en Tlatelolco, la colocaron y la encerraron en el *Telpochcalli* de Amáxac.»[37]

El simbolismo de la imagen del dios patrono de un *altepetl* capturado por los invasores parece también estar detrás de una curiosa práctica documentada en las fuentes. Sahagún, Durán y Torquemada reseñan que entre las dependencias del Templo Mayor de Tenochtitlan se encontraba un templo o estancia dedicada a acoger, a modo de prisión, las imágenes de los dioses de los *altepetl* sometidos:

> «El cuartodézimo edificio se llama Coacalco. Este era una sala enrexada, como cárcel; en ella tenían encerrados a todos los dioses de los pueblos que havían tomado por guerra; teníanlos allí como captivos.»[38]

> «Una de las quales era una pieça hecha a manera de jaula, toda de red, donde tenian encerrados todos los idolos, que avian traido de las Provincias, que avian conquistado, y reducido a su señorio los Mexicanos. Era este lugar, como a manera de carcel, en la qual parece, que los tenian presos, como a Dioses vencidos, y de poco poder; porque es cosa cierta, que a tenerle, supieran defenderse, y no dejarse rendir de Hombres mortales, los que eran tenidos, y estimados por inmortales, y Divinos.»[39]

---

[36] *Tira de Tepechpan. Códice colonial procedente del Valle de México*, edición y comentarios de Xavier Noguez (2 vols.), Instituto Mexiquense de Cultura, México D.F., 1996: lám. IV, detalle: 20; fig. 5.

[37] *Anales de Tlatelolco. Unos Annales Históricos de la Nación Mexicana y Códice de Tlatelolco*, Ediciones Rafael Porrúa, México D.F., 1980, [§317] p. 66.

[38] Sahagún, Bernardino de: *Historia General de las cosas de la Nueva España*, Edición de Juan Carlos Temprano, Crónicas de América 55 (dos tomos), Historia 16, Madrid, 1990 I, Libro 2°, apéndice: 188.

[39] Torquemada, Juan de: *Monarquía indiana*, Porrúa (3 vols.), México D.F., 1986 II, Libro 8°, cap. XIII, p. 149.

«Parecióle al rey Motecuhzoma que faltaba un templo que fuese conmemoración de todos los ídolos que en este tierra adoraban y, movido con celo de religión, mandó que se edificase. El cual edificó contenido con el de Huitzilopochtli, en el lugar que son ahora las casas de Acebedo. Llámanle coateocalli, que quiere decir "casa de diversos dioses", a causa de toda la diversidad de dioses que había en todos los pueblos y provincias.»[40]

Figura 5. *Tira de Tepechpan* (1996: lám. IV).
Sumisión mexica ante Coxcox, *tlatoani* de Colhuacan, tras la derrota de Chapultepec. El acto que la simboliza consiste en la entrega del *tlaquimilolli* o envoltorio con las reliquias sagradas del dios patrono del *altepetl*.

Como vemos, no hay coincidencia plena en cuanto al nombre asignado al referido edificio, aunque parece más adecuado el que proporciona Durán -*coateocalli*-, como sustantivo, que el locativo de Sahagún. Precisamente, el cronista dominico reseña el caso de la conquista mexica del país matlatzinca, asegurando que los mexicanos se hicieron con muchas riquezas y cautivos, «y que traían al dios de aquella provincia, que se decía Coltzin, con todos los sacerdotes del templo».[41]

Otro caso todavía más explícito lo tenemos en los *Anales de Cuauhtitlan*, cuando refieren la intervención mexica en Cuitlahuac con Motecuzoma Ilhuicamina. Una vez obtenida la victoria, los mexicas requieren al señor vencido -que al parecer no había ofrecido resistencia- para que les entregue la imagen del dios local:

«"Teçoçomoctli, ardió (el templo de) Mixcoatl el menor, puesto que ya no cogiste la flecha y la rodela. [...] ¿Dónde pusiste a Mixcoatl? Nos lo

---

[40] Durán, op. cit., II, cap. LVIII, p. 439.
[41] Durán op. cit., II, cap. XXXV, p. 273.

llevaremos: dánoslo." Luego dijo Teçoçomoctli, rey de Tíçic [parcialidad de Cuitlahuac]: "Si doy a Mixcoatl, ¡Cómo vencerán a mis hijos, cuando esté lejos!" Por esto los hicieron traer solamente la imagen del "diablo" Teúhcatl, que era dios de Tíçic [...]. Esta fue la que trajeron los mexicanos: ésta la que había en Tenochtitlan, en el lugar llamado Mixcoatépec. No es verdad que esa imagen fuera la que se decía Camaxtle Mixcóhuatl, sino la nombrada Teóhcatl. Su atavío era igual al de Mixcóhuatl; y los mexicanos lo tuvieron por el mismo: pensaron quizás que era verdad lo que sólo fue un embuste o ficción de aquéllos.»[42]

La astucia del *tlatoani* tizica parece motivada por algo más que simbolismo: se diría que otorga a la imagen de su dios poderes sobrenaturales sin los cuales nada podría hacer su *altepetl* en guerras futuras. Por otra parte, hay que reseñar que el destino citado del dios cautivo no coincide, al parecer, con los que antes nos han sido indicados.

El documento conocido como *Origen de los mexicanos* corrobora la costumbre postconquista del «secuestro» de los dioses del vencido y recoge otra estratagema de los derrotados para evitar tal destino:

«la imagen de su dios ó ídolo la enterraron y aun dice que en el lodo, que no la osaban tener en público: que esto tenían estas gentes, cuando vencían á alguna otra gente ó provincia derribábanle los templos é les destruían los ídolos é se los tomaban é los llevaban á poner en sus templos los vencedores.»[43]

3. El Imperio Tepaneca en las fuentes aztecas

Conquistas tepanecas como mexicas

Uno de los aspectos más documentado en nuestras fuentes, en cuanto a la historia política azteca, lo constituyen las listas de conquistas de los respectivos *tlatoque*. Sin embargo, el característico etnocentrismo de tales documentos, que suelen responder a los intereses del propio *altepetl*, hace que con frecuencia cada unidad política presente como propias conquistas que se llevaron a cabo en alianza de varios *tlatocayotl*, o al servicio de otra unidad política dominante.

En consecuencia, una consideración importante a la hora de estudiar el Imperio Tepaneca tiene que ver con el sesgo de las fuentes disponibles. La información que podamos obtener del periodo de hegemonía de Azcapotzalco la obtendremos en buena parte deduciéndola de las historias de otros pueblos, fundamentalmente de los mexicas. Concretamente, para determinar la expansión de Azcapotzalco ocupan un lugar muy importante aquellos testimonios que nos trasladan listas de conquistas de los primeros señores mexicas. Si examinamos las fuentes, con frecuencia se nos da a entender simplemente que se trata de victorias

---

[42] *Códice Chimalpopoca. Anales de Cuauhtitlan y Leyenda de los soles.* Traducción de Primo Feliciano Velázquez, Instituto de Investigaciones Históricas, UNAM, México, 1992 [§186], p. 51.

[43] *Origen de los mexicanos,* en *Documentos para la Historia de México,* tomo tercero, edición de J. García Icazbalceta, México D.F., 1891, p. 293.

militares de los de Tenochtitlan. El *Códice Mendoza* es el mejor ejemplo: nada en los folios 2v, 3v y 4v (fig. 6) nos hace saber que Tenochtitlan era vasallo de Azcapotzalco durante los reinados de Acamapichtli, Huitzilihuitl y Chimalpopoca que describen dichas láminas, y nada diferencia en el mismo documento dichas láminas de las que relacionan las conquistas de los posteriores *tlatoque*, que sabemos se hicieron ya en el marco de la hegemonía mexica. El investigador ha de interpretar entonces esos datos incorporándolos a lo conocido por otras fuentes: que las conquistas de dichos *tlatoque* tenochcas, así como de Cuacuapitzahuac y Tlacateotl en Tlatelolco, se llevaron a cabo bajo la hegemonía tepaneca, siendo Azcapotzalco el mando supremo y principal beneficiario de tales conquistas.

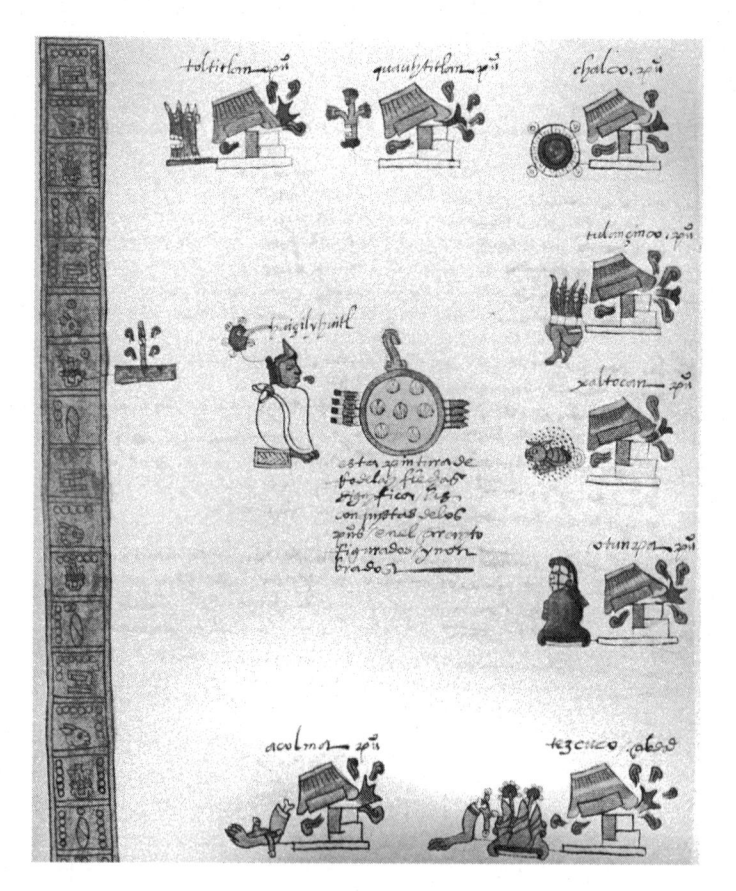

Figura 6. *Códice Mendoza*, fol. 3v.
Conquistas de Huitzilihuitl de Tenochtitlan.

Como ha escrito Barlow, pese a que «tenemos las listas de las que los mexicas reclaman como sus conquistas privadas bajo los gobernantes que precedieron a Itzcóatl», debemos concluir que «está claro que cualquier conquista realizada por Tlatelolco o Tenochtitlan en este periodo [de hegemonía tepaneca] se realizó en beneficio de sus dominadores».[44]

Otro autor que ha expresado explícitamente la misma idea ha sido Davies:

> «cuando los mexicas tomaron Azcapotzalco en 1428, muchos registros tepanecas fueron quemados, y las narraciones que quedaron del periodo anterior se concentran más en los mexicas que en los triunfos tepanecas. Es escasa la información sobre el sistema de gobierno en Azcapotzalco o en Tenochtitlan en aquella época. Sin embargo, cuando se habla de conquistas 'mexica-tepanecas', no deberíamos olvidar nunca que el cerebro de la estrategia era Tezozomoc, no Acamapichtli ni su sucesor Huitzilihuitl, y que el alto mando operaba desde Azcapotzalco, no desde Tenochtitlan.» [t.a.][45]

Hacia una recuperación crítica del Imperio Tepaneca en las fuentes

En definitiva, la instrumentalización política de la Historia llevada a cabo por los mexicas que hemos venido describiendo ayuda a comprender el hecho de que la estructura real del Imperio Tepaneca nos sea mal conocida. Los mexicas, como potencia dominante en el periodo que siguió al apogeo tepaneca, son los causantes de esta situación, por su empeño en rehacer la historia de acuerdo a una ideología militarista sancionadora y reproductora del expansionismo mexica, eliminando muchos detalles de su humilde pasado para sustituirlos por un prestigioso y supuesto parentesco con el antiguo *toltecayotl*. Comenzaba la hegemonía tenochca y la Historia había de ser adecuada a los nuevos requerimientos del poder dominante. En consecuencia, puede decirse que la proclama que hemos citado en el título de este artículo se cumplió en buena parte, y nos ha quedado una muy menguada memoria del Imperio Tepaneca.

José Luis de Rojas lo expresó con claridad:

> «...resulta que había un imperio cuando los aztecas llegan al valle de México: los tepanecas de Azcapotzalco. Estos tepanecas hablaban la misma lengua que los aztecas y se supone que era una de las ciudades herederas del antiguo Imperio Tolteca, de gran prestigio en Mesoamérica. Otras ciudades que habían recogido la herencia se encontraban en ese momento sometidas a Azcapotzalco. [...] Sin embargo, no tenemos una historia de Azcapotzalco y apenas algunos trabajos sobre el imperio tepaneca. Texcoco y Tlacopan tenían la suficiente entidad como para formar una Triple Alianza tras la caída de Azcapotzalco, pero poco nos cuentan de lo anterior. Y en la historia que cuentan los mexicas su papel se fue difuminando hasta convertirse en personajes secundarios. Claro, que los mismos aztecas [léase *mexicas*] no se

---

[44] Barlow, Robert: «Conquistas 'mexicanas' en el periodo tepaneca» en *Obras de Robert H. Barlow vol. 3: Los mexicas y la Triple Alianza*, edición de J. Monjarás-Ruiz, E. Limón y M. Paillés, INAH-UDLA, México D.F. y Puebla, 1990, p. 47; y «La expansión final del Imperio Tepaneca,» op. cit., p. 43.

[45] Davies, op. cit., p. 220.

recataron de afirmar que habían reescrito la historia cuando comenzaron a ser poderosos. Lo extraño es que nosotros les guardemos fidelidad.»[46]

Coincidimos pues en que cualquier investigación sobre el Imperio Tepaneca habrá de partir del cuestionamiento de la historia oficial mexica, a través de la crítica de fuentes. Pero eso no es todo.

La hegemonía de Tenochtitlan, en combinación con la mayor lejanía en el tiempo, nos ha privado casi completamente de información sobre el Imperio Tepaneca, dado el empeño consciente de los tenochcas en oscurecer el recuerdo de sus enemigos. Al referirnos al uso propagandístico que de la historia hicieron los tenochcas imperiales, hemos citado pasajes explícitos en las fuentes que expresan el afán de los victoriosos tenochcas en borrar el registro histórico del periodo hegemónico de Azcapotzalco.

Las mismas circunstancias afectan sin duda a Tlatelolco,[47] e incluso también a Tlacopan, pese a haber sido admitido este *altepetl* tepaneca -aunque en una posición subordinada- como tercer miembro de la Triple Alianza tras haber colaborado en la derrota de Azcapotzalco. El propio fray Diego Durán señala su extrañeza ante la manera en que la historia mexica ignora su aportación:

«Hace esta historia tan poca mención del rey de Tacuba, ni de sus grandezas, ni de cosa notable de aquel reino tepaneca, que yo mismo me espanto de ver cuán sin mención pasa por sus cosas.»[48]

Otro factor de gran importancia historiográfica que contribuye a agravar la situación descrita viene dado por el hecho de que los españoles basaron en parte su organización política, administrativa y económica en regímenes e instituciones prehispánicas, y que desde los primeros tiempos del periodo colonial hicieron numerosos esfuerzos para obtener datos de la cultura que pretendían dominar, para, conociéndola, someterla e incluso reutilizarla en diferentes aspectos. En este sentido, el antecedente que les interesaba, y que primó en los tiempos de la Nueva España, fue el de la época de hegemonía tenochca, y han sido pocos los datos que se han conservado de épocas anteriores.

En consecuencia, son muy escasas las fuentes de las que podemos servirnos para el estudio del Imperio Tepaneca, y la mayoría son historias de otros pueblos -mexicas y acolhuas, fundamentalmente- que informan indirecta, sesgada, e interesadamente, de los que fueron sus enemigos y por mucho tiempo odiados

---

[46] Rojas, José Luis de: «Los aztecas y sus vecinos: amores y odios.» *Los pueblos del sol: civilizaciones del México Antiguo*, Instituto de México en España, Madrid, 1995, pp. 67-76.

[47] Como muestra del ostracismo al cual someten las fuentes tenochcas a Tlatelolco, López Austin -según comunicación personal citada por Ana Garduño (*Conflictos y alianzas entre Tlatelolco y Tenochtitlan. Siglos XII a XV*, INAH, México D.F., 1997, p. 51)- ha señalado cómo la dominante historia oficial tenochca se apropia del gentilicio *mexica*, asimilándolo a *tenochca*, en contraposición a los tlatelolcas: «el nombre de mexicanos se da únicamente a los tenochcas, y a los otros se les dice simplemente tlatelolcas...» de modo que «les escamotearon el nombre de mexicanos a los tlatelolcas.»

[48] Durán, op. cit. vol. I, cap. LXIV, p. 473.

dominadores. De esas fuentes se obtiene una idea confusa, contradictoria y parcial del Imperio Tepaneca.

La tarea de recuperar la información disponible sobre el periodo de hegemonía de Azcapotzalco ha de partir pues de una evaluación crítica de nuestras fuentes que tenga en cuenta los mecanismos ideológicos y de propaganda utilizados por los tenochcas para reescribir la Historia al servicio de sus intereses como potencia hegemónica en la última fase del periodo prehispánico mesoamericano.

LA IMPORTANCIA DE LA DOCUMENTACIÓN PRESENTE EN LAS COLECCIONES PRIVADAS: "EL PLEITO ENTRE ISABEL EÇITZIN Y MATEO CHIMALTECUHTLI", CHOLULA (MÉXICO) SIGLO XVI[1]

MIGUEL ÁNGEL RUZ BARRIO
Universidad Complutense de Madrid

Introducción

El objetivo de este estudio es presentar de forma preliminar un documento que se enmarca dentro de lo que se conoce como *códices mesoamericanos* y que se encuentra en una colección privada. Ante todo, pretendemos concentrarnos en cómo se produjo el hallazgo y los pasos que hemos dado hasta el momento respecto de su estudio. Con ello, pretendemos ilustrar el camino por el que muchas veces los documentos "silenciados" vuelven a tener voz a través de una convergencia entre diversas situaciones. Antes de continuar con la exposición, es necesario que realicemos una matización relativa al título del mismo. Lo hemos puesto tomando como referencia el primer momento en el que tuvimos noticia del documento, cuando no conocíamos mucho más que la información de una página web. Basándonos en ello, como veremos después, pensamos que sólo se trataba de un pleito entre estas dos personas frente al gobierno colonial español. Aun así, el título lo hemos ajustado para que sea más fiel a la realidad, ya que en un primer momento tampoco parecía ser un pleito diferente. La primera noticia que tuvimos se refería a un litigio de Isabel y Mateo. Pero ahora sabemos que se trata de uno entre ambos y de algo mucho más amplio. Hemos hallado un legajo que contiene diversos documentos de carácter jurídico (testamentos, pleitos y títulos de tierras). Además según nuestra opinión posiblemente sea un expediente completo relativo a la venta de ciertas tierras, compuesto por diversos documentos relacionados que pertenecen a una misma familia de principales de Cholula durante los siglos XVI y XVII. Una vez aclarado esto debemos señalar que, por tanto, nuestra descripción va más allá del pleito, aunque al final nos detendremos un poco más en él.

---

[1] Queremos expresar nuestro agradecimiento en primer lugar al Dr. Juan José Batalla Rosado, profesor del departamento de Historia de América II (Antropología Americana) y director de la tesis doctoral en la que estamos trabajando, ya que fue él quien realizó el hallazgo de este documento y decidió cedernos la información, para que intentásemos establecer el contacto con su poseedor. En segundo lugar, queremos dar las gracias al propietario y a la persona que fue nuestro intermediario por todas las facilidades y ayuda que nos han brindado para poder estudiarlo, aunque por razones de confidencialidad no podemos dar sus nombres. Reconocemos que sin estas personas no podríamos encontrarnos en este punto y esperamos que la investigación que apenas comenzamos pueda satisfacer sus deseos de conocimiento sobre el documento.

Creemos que es necesario realizar como punto de partida una breve reflexión sobre la documentación que se conserva en ciertas colecciones privadas, sobre todo en relación con los *códices mesoamericanos*. Este tema para muchos investigadores es bastante conocido, ya que más de una vez se han tenido que enfrentar a algún tipo de colección o archivo de estas características. Ya sea aquel investigador que busca estudiar a los escritores españoles de la Generación del 27 o los beatos de la Edad Media o la cerámica de los mayas, todos han debido afrontar la decisión de seguir o no adelante. En todas estas ocasiones se depende sobre todo de la predisposición a colaborar de aquella persona que controla la colección. Muchas veces, como en nuestro caso, se encuentra que existe un deseo de hacerlo y que además se facilita mucho la labor del investigador. Por ello, creemos que no hay que desechar la posibilidad de analizar los depósitos que existen en estos lugares.

Dentro del conjunto de los códices mesoamericanos, existen muchos documentos que por distintos motivos han ido a parar a colecciones privadas y que han quedado velados para los investigadores. Muchos se conocen a través de referencias y de algunos existen algunas reproducciones. La vida de estos documentos en la mayoría de los casos ha sido tortuosa, compleja y a veces casi imposible de rastrear. Algunos de ellos han aparecido en lugares de lo más sorprendente. Esto provoca que todavía hoy en día surjan nuevos documentos que han dormido en el anonimato durante siglos. Por tanto, cualquiera de ellos que aparece dentro de estas colecciones debe ser tenido en cuenta y estudiado cuando la ocasión lo permite, para dejar constancia de su existencia para futuras investigaciones, ya que en algunos casos vuelven a desaparecer por diversos motivos.

Como ya hemos dicho, vamos a presentar uno de estos documentos y nuestro camino a la hora de investigarlo. En adelante nos referiremos a él utilizando el término "legajo", ya que, como hemos dicho, contiene diversos documentos con fechas entre mediados del siglo XVI y la segunda mitad del siglo XVII. Por tanto, el *Pleito entre Isabel Eçitzin y Mateo Chimaltecuhtli* es sólo uno de ellos y no es adecuado como título para el conjunto. Este será en el que nos vamos a centrar al final, pero, como ya hemos indicado, sobre todo queremos relatar como se produjo el descubrimiento y los pasos que hemos dado desde entonces.

El hallazgo del legajo

Fue el Dr. Juan José Batalla Rosado quien realizó el "descubrimiento" a través de Internet de una forma casual. Él se encontraba buscando publicaciones relativas a los *códices mesoamericanos* en diversas páginas web, igual que en muchas otras ocasiones. En una de ellas, encontró algo que resultaba sorprendente. Se trataba de un libro que se definía como un códice original del siglo XVI procedente de Cholula. Lo más llamativo era que estuviese a la venta un documento de estas características a través de este medio. El precio era de ochenta y cinco mil dólares. Ésta era la información que se aportaba sobre el documento:

> Original 16th Century (1565) Mexican [Cholula, Mexico]. Pictorial Codex [códice] with Accompanying Text. Unknown priest?
>
> **Book Description**: N/A, Cholula, 1565. Book Condition: Good. Not Stated. Apparently a "demanda" by a former Cholulan indigenous noble woman (Ysabel Hectitzin) and man (Matheo Chimalteuhctle) against the Spanish colonial government. Most likely executed by a local priest. Two-sided pictorial genealogical and matricula de tributos on spanish paper made from a folded double sheet of spanish sized paper. One side shows several genealogical branches dating back to pre-columbian times. Genealogical figures are head only drawn fairly crudely in black with some red placed on the heads to mean different things. Paper has a few small wormholes, some dampstaining and small loss of genealogical around edges. Paper is delicate. The other side is a pictorial matricula de tributos. Names and quantities are noted in nahuatl. Also accompanying the demanda (but physically separate) is a large fragment of a pictorial map of Cholula, showing the indian man Mateo, a priest, a church and a hill. All these figures are labelled in nahuatl. The map made of two sheets of paper stitched together. The demanda intro page has scar of a wax seal. Following the pictorial pages are 60 pp of castillian text (including one page in nahuatl) dated 1565, and properly signed at the end. This codex document is unregistered and untranslated. Mexican pictorial documents have fascinated people from all walks of life for centuries. This parcticular example carries additional significance in that the demanda was made in part by a woman, and that mexican demandas from this time period represent history's first agrarian lawsuits. Although many (<500?) Mexican colonial pictorial documents exist in various libraries and collections, they rarely are found complete with the castillian text, and very rarely put up for sale.

La descripción del documento era bastante atractiva por varios elementos. Por un lado, estaba la posibilidad de que realmente se tratase de un *códice mesoamericano*, debido a la existencia de pinturas (un mapa, una genealogía y una "similar a la *Matrícula de Tributos*"). Por otro, estaba su propio contenido. Se hablaba de un pleito de indígenas contra el gobierno colonial español y además procedente de Cholula, uno de los lugares más importantes del Centro de México durante la época prehispánica y de los que se conserva muy poca documentación del siglo XVI. Un elemento llamativo era que se señalaba que el autor podía ser un "sacerdote desconocido". El Dr. Batalla decidió comunicarnos esta información, ya que la tesis doctoral que estamos realizando, bajo su dirección, se centra en el conocido como *Códice de Cholula* y también en la historia de este lugar durante la época colonial. Él consideró que los datos que podría contener este documento, de ser auténtico, tal vez nos serían de utilidad para dicha investigación.

Casualmente, mientras el Dr. Batalla realizaba este hallazgo, nos encontrábamos en México realizando diversas visitas relacionadas con la tesis doctoral. Fue a nuestro regreso a mediados del mes de septiembre del presente año (2005), cuando el Dr. Batalla nos habló sobre el documento. La conversación acabó llegando a la siguiente conclusión: era obvio que podía tener algún contenido interesante en relación con Cholula y que, de ser auténtico, se trataba de un códice inédito hasta el momento. Por tanto, era necesario intentar obtener algo más de información. El Dr. Batalla nos dejó tomar nuestra propia decisión, ya que consideraba que era algo que formaba parte de nuestra investigación sobre Cholula. Ante nosotros se presentaban dos opciones: podíamos presentarnos como un comprador que se interesaba por saber más sobre el documento o directamente exponer que estábamos realizando una investigación para la que sería importante conocer el documento. Junto con el Dr. Batalla, consideramos que lo más oportuno sería presentar nuestras verdaderas intenciones.

De este modo, indagamos en Internet para localizar alguna dirección de correo electrónico y establecer el contacto con la persona que controlaba la venta el códice. Escribimos explicando cuáles eran nuestros deseos respecto al documento y nuestras motivaciones. Ante todo le garantizamos la confidencialidad respecto a sus personas y le aseguramos que nuestros intereses se limitaban al conocimiento del códice y su contenido. De manera casi sorprendente, al menos para nosotros, no tardamos en recibir una respuesta. Con ella, venían cuatro imágenes del documento. Por un lado, teníamos unas pinturas y por otro una imagen de un texto en náhuatl. En dos de las primeras, aparecían representados diversos objetos (joyas y tierras entre otros) y en la otra teníamos una genealogía. En el correo, también nos agradecían el interés que habíamos mostrado y se nos preguntaba si podíamos traducir el texto. Este material nos permitía comenzar a investigar algo más sobre el documento y así lo hicimos.

Por un lado, las pinturas por su estilo y contenido parecían apuntar a que el documento era auténtico, al menos analizando las fotografías. Por otro, el texto en náhuatl también indicaba lo mismo. En seguida comenzamos la traducción del documento, con la intención de enviársela al propietario como agradecimiento por las imágenes y para conocer nosotros algo más sobre el códice. De nuevo éste nos guardaba una sorpresa, ya que el texto en náhuatl reflejaba un matiz distinto al que esperábamos encontrar. Se trataba una carta de Mateo Chimaltecuhtli al corregidor de Cholula, Francisco Velázquez de Lara, donde parecía exponer sus argumentos contra las acusaciones que le estaba haciendo su madrastra Isabel Eçi(tzin). Por tanto, esto hacía pensar que no se trata de un pleito de ambos contra el gobierno colonial español, sino un litigio entre ellos.

Estos avances se los transmitimos a la persona con la que manteníamos el contacto, junto a la solicitud de más imágenes. Él se mostró de nuevo interesado, en parte por la nueva información que le estábamos aportando sobre el documento, y afirmó que nos facilitaría nuevas fotografías. Llegados a este punto, nos ofrecimos para estudiarlo, pero que para ello necesitábamos todo el códice completo. Nuestro intermediario contactó con el dueño y gracias a la amabilidad de ambos pudimos tener acceso a todo el pleito completo. Pocas semanas más tarde de nuestra petición recibimos a través del correo un cd-rom con las fotografías de todas las páginas del pleito. Pero por enésima vez tuvimos otra sorpresa. Por un lado, al pleito le acompañaban fotografías de otros folios con una grafía diferente y se nos informaba que estaban cosidos al documento. Por otro lado, vimos como en una de las páginas de pinturas aparecía un sello que debía estar en unos folios anteriores. En este caso, solicitamos mayor información a la persona con la que manteníamos el contacto. Él nos informó que delante del pleito se encontraban otros documentos, todos ellos del siglo XVII, pero que no tenían nada que ver con éste. También nos señalaba que el otro que teníamos en el cd-rom era el que cerraba el conjunto.

Ante esta nueva situación, tuvimos que recurrir, como en otras ocasiones de este proceso, al consejo del Dr. Batalla. Junto a él consideramos que nos encontrábamos ante un legajo, en el que, como en muchos otros similares, se habían cosido juntos diversos documentos. Estaba claro que teníamos un conjunto documental bastante amplio, ya que en ese momento conocíamos al menos cuarenta y cuatro folios y sabíamos que el número podía ser mayor. Por otro lado, teníamos que todo apuntaba hacia la autenticidad del códice. Ante esta situación, debíamos plantearnos en este momento la posibilidad de hacer un viaje para consultar directamente el documento y tomar datos de primera mano, sobre todo en lo relativo al estudio codicológico. Esta petición se la enviamos al intermediario, para que consultase al propietario. La respuesta fue afirmativa, pero debido a las fechas de ambos el viaje debía ser inmediato o postergarse demasiado en el tiempo, deteniendo la investigación del documento. La opción que tomamos fue la de hacerlo cuanto antes. Todo ello desembocó en una frenética preparación del viaje, con apenas un par de semanas de antelación. Finalmente nos encontramos en camino hacia el lugar de encuentro en EE.UU. y pudimos trabajar con el documento directamente.

Codicología de urgencia

Existe entre los que ejercen como arqueólogos el concepto de "rescate arqueológico". Se trata de excavaciones de urgencia que se realizan en yacimientos que se han descubierto de manera accidental, en la mayoría de los casos con motivo de alguna obra de construcción. El objetivo es en primer lugar determinar el valor del yacimiento. En caso de no considerarse muy importante, lo que se intenta es "rescatar" todos aquellos materiales e informaciones útiles, para permitir que continúe la construcción. El análisis de los datos apenas se lleva a cabo hasta que se ha terminado de excavar y el tiempo de reflexión sobre el material que se va hallando es escaso. Creemos oportuno, atendiendo a lo que hemos dicho, efectuar un paralelismo con la labor que realizamos sobre el legajo durante el escaso fin de semana que tuvimos para trabajar con él. Por ello, nos gusta definir esta labor como "codicología de urgencia" o "rescate codicológico".

Durante los escasos días para preparar el viaje, además entre otras cosas, nos preocupamos por tener claras las ideas sobre que es lo que debíamos hacer y cómo podíamos sistematizarlo para que no se nos escapase nada. En esto, de nuevo, volvimos a tener el apoyo del Dr. Batalla, que, gracias a su experiencia en el análisis de los *códices mesoamericanos*, supo orientarnos sobre el camino a seguir. En primer lugar, teníamos claro que el objetivo inmediato era el estudio codicológico del documento, ya que otros análisis podrían realizarse a través de fotografías y no necesariamente sobre el documento físico. En segundo lugar, debíamos pensar de qué modo realizaríamos mejor el análisis. Consideramos oportuno llevar una ficha para cada folio donde anotar la información que más nos interesase. Ésta era:

FICHA ANÁLISIS FOLIOS

Nº Folio	Sección	Cuadernillo
Dimensiones	**Filigrana**	**Numeración**

Estado general

Roturas

    - Cortes

    - Gusanos

Manchas

Anverso   Reverso

Tintas

Grafía

Pinturas

Con estas fichas, pretendíamos obtener todos los datos que nos interesaban de cada folio. Ante todo, necesitábamos saber por ejemplo cuántos documentos componían el legajo, el número de folios, cuántos cuadernillos y cuántas filigranas. Otros datos, como por ejemplo las roturas, podríamos analizarlos con posterioridad con las fotografías, aunque también era conveniente tomar algunas notas para prevenir ciertas dudas en el futuro.

Cuando por fin llegamos al lugar de encuentro, tras presentarnos a la persona con la que habíamos mantenido el contacto, le expusimos que nuestro tiempo era limitado y que por ello queríamos aprovecharlo al máximo, para poder obtener la mayor cantidad de información posible. Esta persona se ofreció a facilitarnos el documento mientras estuvimos allí, lo cuál significaba estar él también y por tanto dedicarnos su atención. El estudio del documento lo tuvimos que realizar en la habitación del hotel donde estuvimos alojados, ya que consideramos que era lo más adecuado. Debido a que no pudimos contar con ciertos elementos, sobre todo una mesa de luz fría, tuvimos que adaptarnos al material que teníamos a mano. Con una linterna y una hoja de papel blanco, como pantalla, por ejemplo, intentamos sustituir la mesa de luz fría para poder examinar las filigranas. Esto supuso ciertos impedimentos, como la imposibilidad de calcar las filigranas. Sin embargo, sí conseguimos tomar fotografías. Por tanto, en poco tiempo nos enfrentamos ante ciertas dificultades que apenas habíamos podido imaginar y que nos vimos obligados a resolver al instante. A pesar de todo podemos afirmar que el viaje fue un éxito, ya que obtuvimos información suficiente para seguir adelante con la investigación. Si bien algunos aspectos como la conformación de los cuadernillos, aún mantendrá ciertas dudas, en este caso debido al estado actual del papel. Estos datos tal vez los podamos obtener si en algún momento se le somete a una labor de conservación adecuada y a la vez se pueden examinar los pliegos de papel por separado. Pero, teniendo en cuenta estos vacíos, consideramos que hemos recopilado toda la información posible, valorando la situación actual del documento y el darle el mejor trato posible.

El legajo: descripción general

Está compuesto por un total de ochenta y cuatro folios de papel europeo, con unas medidas aproximadas de 31,5 x 21,5 cm, es decir formato *in folio*. El grosor aproximado del conjunto es de 1 cm. La mayoría de sus páginas contiene texto en ambas caras, aunque hay algunas en blanco. También se observa a simple vista como faltan varios folios. Entre ellos hay además un mapa suelto, también en papel europeo. Los documentos que lo componen son de carácter jurídico y sus fechas están entre 1561 y mediados del siglo XVII. Los cuadernillos están unidos entre si, pero no existe ningún tipo de encuadernación. En la Figura 1, se puede apreciar cual es la situación del documento y como está compuesto.

Podemos afirmar que el estado actual es malo. Algunas hojas se encuentran sueltas y la mayoría muestra cortes, agujeros y manchas de humedad. En algunos de los cuadernillos, la situación del papel es peor, debido en parte a su antigüedad y a la distinta calidad del soporte. Respecto a otros elementos relativos al soporte, debemos indicar que aparece papel sellado de mediados del siglo XVII y que existen diversas filigranas. Estos elementos nos permiten datar el papel y afirmar que se trata de un soporte auténtico. En la Figura 2, hemos incluido algunos ejemplos de marcas de agua y sellos. Por otro lado, debemos señalar que tenemos distintas tintas y grafías, todo ello, sin un análisis profundo, nos lleva a afirmar que presumiblemente el documento es auténtico. Por tanto, es necesario abordar una investigación que lo estudie con detenimiento, para poder datarlo con exactitud.

Figura 1: Vistas generales del legajo.

Figura 2: Ejemplos del papel sellado y las filigranas
que aparecen en el legajo.

Respecto al "mapa" (Fig. 3), este tiene unas medidas de 26,8 x 74 cm aproximadamente, ya que no pudimos estirar totalmente el papel que se encuentra muy arrugado. Se trata de dos bifolios unidos a los que les falta un fragmento, pero no podemos definir si tuvo algún pliego más. También aparecen filigranas en este papel que facilitarán su datación.

Figura 3: Mapa suelto que se encuentra entre los folios del legajo.

El pleito entre Isabel Eçitzin y Mateo Chimaltecuhtli

Como ya dijimos anteriormente, de entre todos los documentos que se recogen en el legajo éste fue el primero conocimos y por ello hemos querido cerrar esta presentación con un breve resumen sobre el mismo. Este pleito se encuentra en un mismo cuadernillo que abarca desde el folio 39 hasta el 66. El primero es lo que denominamos como "cubierta" del proceso y tiene su compañero en el 66 que cierra el cuadernillo. Los folios 40 y 41 contienen en su anverso y reverso las pinturas que se mencionaban en aquella descripción que se encontraba en la página web. En nuestro análisis del original, hemos podido comprobar como ambos corresponden a un mismo pliego de papel que se insertó al comienzo del documento. Entre los folios 42 y 65 se encuentra el texto del pleito. Como se indica en el f.65, no es el documento original, sino un traslado efectuado un año más tarde. El folio 66 es el que cierra el cuadernillo y contiene lo que podríamos definir como un poder notarial, que se encuentra clausurado. Esto nos indica que el pliego que cubre el proceso es un papel reutilizado para servir de "cubierta" al mismo. Todos los folios a partir del 41 están numerados en el anverso desde el número 2 hasta el 27, continuando esta secuencia en el siguiente cuadernillo. Suponemos que el 40, debía contener el número 1, pero en esta zona ha perdido un fragmento.

Siguiendo la terminología utilizada por el Dr. Batalla[2], vamos a dividir su contenido en dos secciones. Por un lado, está el Libro Indígena, pintado por el

---

[2] Batalla Rosado, Juan José: *El Códice de Tudela y el Grupo Magliabechiano: La tradición medieval europea de copia de códices en América.* Testimonio; AECI y Ministerio de Cultura (Colección Thesaurus Americae), Madrid, 2002.

tlacuilo. Por otro, tenemos el Libro Escrito Europeo, elaborado por el escribano. Respecto al Libro Indígena, lo encontramos principalmente en los folios 40 y 41, aunque también aparece alguna pintura en el f. 39. Las principales se encuentran en el pliego, que como hemos dicho, forman el 40 y 41. Si lo tuviésemos estirado fuera del cuadernillo, tendríamos dos pinturas (Fig. 4), una en el anverso y la otra en el reverso, que por el momento denominamos como: *Pintura de las posesiones* y *Pintura de la genealogía*. La primera de ellas es la que en la página web se describía como similar a la matrícula de tributos. En ella, aparecen las tierras y objetos cuya propiedad se discute en el pleito. En la *Pintura de la Genealogía*, se representan distintos linajes de principales de Cholula.

Respecto al Libro Escrito Europeo, tenemos que el cuadernillo contiene veintiocho folios con texto, contando desde la cubierta hasta el "poder notarial" del f. 65 e incluyendo las glosas que aparecen en los folios de pinturas. No vamos a tratar en este momento todo el contenido del documento, pero sí queremos ilustrar brevemente su contenido.

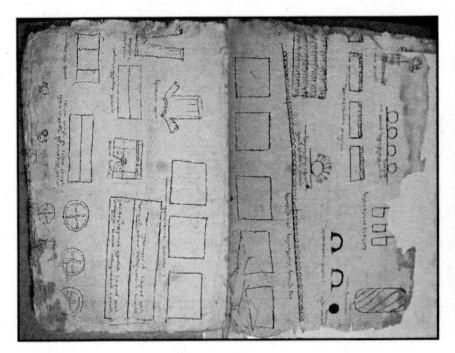

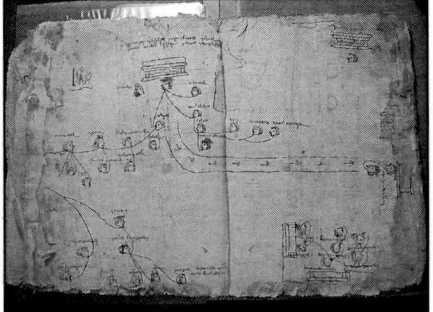

Figura 4: *Pintura de las posesiones* (izquierda) y *Pintura de la Genealogía* (derecha) del *Pleito entre Isabel Eçitzin y Mateo Chimaltecuhtli*

El documento que tenemos es un traslado del original que se efectuó a petición de Mateo Chimaltecuhtli, para poder presentarlo en su apelación contra la sentencia que le había sido desfavorable. El pleito comenzó cuando Isabel Eçitzin le puso una demanda a su hijastro, Mateo Chimaltecuhtli, acusándole de haberse quedado con ciertas tierras y joyas tras la muerte de su padre, sin que le perteneciesen. El argumento que ella esgrimió era la condición de Mateo como hijo bastardo, ya que su padre lo tuvo con su madre estando amancebados. Según Isabel, la propiedad le correspondía a su hijo tenido con el padre de Mateo, llamado Cristóbal o Pablo. Con esta petición de justicia, se inicia el proceso de indagaciones del corregidor para tomar una decisión sobre el asunto. Ante él testificaron Mateo Chimaltecuhtli y después los testigos presentados por ambas partes. Mateo siempre defendió que sus padres sí se casaron por la Iglesia, poco después de la conquista española. En todo el pleito no parece plantearse que Mateo era hijo natural y no

La importancia de la documentación presente en las colecciones privadas:
"El pleito entre Isabel Eçitzin y Mateo Chimaltecuhtli", Cholula (México) siglo XVI

bastardo, debido a que tal vez el matrimonio católico de sus padres nunca se hubiese celebrado. Finalmente el corregidor dio una sentencia favorable a Isabel y su hijo, pero Mateo no se conformó con ella y decidió iniciar los trámites para apelar ante otra autoridad. Para ello, solicitó el permiso para sacar un traslado del proceso y finalmente lo consiguió. El documento que tenemos es la copia que tomó un escribano en 1565, al año siguiente de que se iniciase el proceso. Por el momento no sabemos como terminó todo, pero por las acusaciones que le hace el corregidor a Mateo, podemos entender que éste buscaba dilatar la resolución definitiva del pleito y de este modo mantener la propiedad. En todo el documento, se concentra una valiosa información relativa no sólo a pleitos entre indígenas, sino también referida a otras cuestiones como la propiedad, el matrimonio o la herencia dentro del contexto del nuevo sistema administrativo español.

Conclusión

En este momento, apenas podemos añadir algo más a lo que aquí se ha expuesto sobre el documento. Lo que sí podemos afirmar es que se trata de un legajo auténtico y que contiene varios documentos posiblemente inéditos. Tal vez guarden alguna relación entre ellos, pero aún no podemos afirmarlo. Por tanto, ahora lo que nos disponemos es a efectuar un trabajo de investigación sobre el documento, que abarque aquellos elementos que consideramos necesarios para un análisis completo: codicológicos, de contenido y del contexto. Debido a ello también hemos llegado a un punto en el que se nos plantea una decisión bastante difícil, ya que dicha investigación es digna de una tesis doctoral. Esto nos coloca en la encrucijada de tal vez abandonar el estudio del *Códice de Cholula* y emprender el de este documento inédito como tema de tesis.

Queremos concluir esta presentación con una breve reflexión sobre el camino que ha recorrido el legajo hasta llegar hasta nosotros. Es una historia llena de lagunas y basada en la versión que nos dio el intermediario. Este documento se encontraba en México, no sabemos en qué lugar ni en qué condiciones. En algún momento salió desde allí y fue a parar al sótano de una familia emigrante mexicana. Años más tarde la madre del actual propietario, lo encontró y se lo compró a la entonces propietaria. Entonces recibió la historia de aquella mujer. Ella afirmó que varios de sus antepasados habían sido escribanos en Puebla y que estos papeles formaban parte de una colección familiar.

Quién sabe cuánta verdad haya habido en este relato. Después el documento pasó a otra familia y ahora descansa en una caja de seguridad de un banco. De allí lo han sacado a la luz a través de Internet no con el objetivo de venderlo, sino para encontrar a alguien que lo estudie, según la información que nos han facilitado. No queremos juzgar por tanto el camino, sino valorar el punto en el que se encuentra. Ahora los investigadores tenemos la oportunidad de conocer este documento y tal vez sea nuestro deber estudiarlo.

LOS APODOS ENTRE CRIOLLOS Y PENINSULARES DURANTE LOS SIGLOS COLONIALES: EJEMPLO DE OSTENSIBLE DIVISIÓN ENTRE CUBANOS Y ESPAÑOLES

Ismael Sarmiento Ramírez
Université Michel de Montaigne, Bordeaux[1]

Con paciencia, –y no siempre entre líneas– se puede leer en la documentación existente en los archivos cubanos y españoles los muchos nombres que solía darse en la mayor de las Antillas a las personas, tomados de sus defectos corporales o de algunas otras circunstancias. De esto último, por ejemplo, entre los negros esclavos, además del apelativo que se asignaban por la procedencia étnica dentro de las fincas y en las ciudades (tal es el caso de Ceferino mandinga[2], Fermín lucumí[3], Dominga gangá[4], Ildefonso carabalí[5], Manuel congo[6], Francisco (Pancho) mina[7], entre muchos otros), también se les identificaba por los *orishas* o santos protectores, en ocasiones por el nombre y apellidos de sus dueños y hasta por sus apodos. Entramado que resulta ser bastante complejo a la hora de estudiarse pero que sin duda puede contribuir a un mejor conocimiento de la realidad diaria de la vida del esclavo en Cuba y dentro de ese contexto a su incidencia en la forja de la

---

[1] Este trabajo se enmarca dentro del Proyecto "El Caribe hispanohablante: historia e identidad", del Centre de Recherche CARHISP, Institut d'Etudes Ibériques et Ibéro Américaines, Université Michel de Montaigne, Bordeaux 3, Francia.

[2] Archivo Nacional de Cuba (ANC): fdo. *Miscelánea de Expedientes*, nº. 1198/O. Ajuste de cuenta. Ceferino mandiga da muerte a Pantaleón carabalí; según declaración de Sabino gangá: "la causa fue porque Pantaleón vino primero a la vuelta donde estaba Ceferino mandinga a cobrarle un real y medio que dice debía". Guanabacoa, 25 de noviembre de 1823.

[3] *Ibidem*, fdo. *Miscelánea de Expedientes*, nº. 235/E. Declaración que da cuenta de la muerte dada por Fermín lucumí al mayoral del ingenio Balear. Rancho Veloz, 31 de julio de 1840.

[4] *Ibidem*, fdo. *Gobierno Superior Civil*, Exp. 948, nº. 33490. Dominga gangá, esclava de don Pedro Macías, solicita permiso para poder ver a sus hijos en el pueblo de Casa Blanca. La Habana, 14 de abril de 1853.

[5] *Ibidem*, fdo. *Miscelánea de Expedientes*, nº. 224/Z. En, proceso contra Ildefonso carabalí, 30 años, soltero, esclavo de don Diego Francisco de Unzaga, por intento de suicidio. La Habana, 11 de septiembre de 1807.

[6] *Ibidem*, fdo. *Gobierno Superior Civil*, Exp. 954, nº. 33745. Protesta de Manuel congo por el Síndico disponer de su dinero. La Habana, 13 de febrero de 1862.

[7] *Ibidem*, Exp. 616, nº. 19688. Declaración del capitán de cimarrones, Pancho mina. Cayajabos, 31 de agosto de 1835.

posterior psicología del cubano. Además, otros individuos no menos prestos a apodarse entre ellos mismos son los campesinos y los habitantes más humildes que habitan en los pueblos y ciudades; personajes que han inspirado a los costumbristas cubanos del siglo XIX, convirtiéndose en motivo de crónicas en periódicos, revistas, folletos y libros, donde lo más que se expresa son los modos de vida del pueblo cubano, desde una literatura casi exclusivamente satírica y social[8].

Sin embargo, será en los apodos entre criollos y peninsulares donde he encontrado la forma de ejemplificar la ostensible división entre cubanos y españoles durante los siglos coloniales, concretamente en el ochocientos. Una arista más, entre otras ya investigadas por quien escribe[9], para demostrar que entre una parte considerable de los habitantes de la Isla de Cuba tal sentimiento de cubanidad (nacionalidad) –con inicio seminal en la segunda mitad del siglo XVI– comienza a germinarse a finales del siglo XVIII y cobra fisonomía a principio del siglo XIX; siendo entre los años 1868-1878 (periodo de la Guerra de los Diez Años) y muy fundamentalmente a partir de 1886 –con la abolición definitiva de la esclavitud– cuando se crean las bases de la futura nación cubana, y logra su plena consolidación jurídica después de 1902.

Manuel Moreno Fraginals ha afirmado que "en el terreno de los signos y los símbolos la división [criollo/peninsular] no era tan tajante"[10]; apreciación de uno de los más destacados historiadores cubanos en los últimos tiempos que no logro entender y, menos aún, concatenar con otros criterios por él vertidos en lo que fue su larga y prolífica trayectoria como investigador.

Ahora bien, de todo lo expresado por Moreno en el periódico *El País*, en aquellos días de 1998, en que –no olvidemos– se celebraba el fin de más de cuatro siglos del dominio colonialista español en la Isla de Cuba, sólo aquí subrayo que en el habla popular criolla jamás se acuñó un término despectivo a los españoles, como *cachupín* o *gachupín* en Honduras y México, y *chapetón* en Colombia; observación que no quita que éstos existieran, además de otros motes como *iberos* y *godos*, empleados dentro de un contexto despreciativo, y *uñas sucias*, todavía más desdeñoso para los peninsulares. Este último dado por los cubanos principalmente a los dependientes del comercio en La Habana, para indicar que

---

[8] *Vid.* BUENO, Salvador (comp.): *Costumbristas cubanos del siglo XIX*, Selección, prólogo, cronología y bibliografía de Salvador Bueno, Caracas, Biblioteca Ayacucho, 1985.

[9] *Vid.* SARMIENTO RAMÍREZ, Ismael: "Ajiaco o cocido/aguardiente o vino. La diferenciación cubano-español vista a través de la alimentación (siglos coloniales)", en *Del Caribe*, Revista de la Casa del Caribe, Santiago de Cuba, N°. 45, 2005, pp. 32-49; "Los usos del vestido y el calzado en las distintas clases, estamentos y grupos que componen la sociedad colonial cubana", en *ISLEHNA*, Madeira, n°. 27, 2000, pp. 75-96; y, "Los orígenes de la independencia cubana y la formación de una conciencia de identidad, (1800-1868)", en *Africana*, Centro de Estudos Africanos e Orientais, Univerdade Portucalense, Oporto, n.° 23, 2001, pp. 65-96.

[10] MORENO FRAGINALS, Manuel: "La Guerra de los Diez Años", en *El País*, [*Memorial del 98. De la guerra de Cuba a la Semana Trágica*], 1998, cap. 1, p. 7.

tenían las uñas sucias por su ejercicio de almacenistas, bodegueros, etcétera[11]. A lo que agrego, con relación a los apodos que pusieron los españoles a los cubanos, que en ambos lados del atlántico sólo ha trascendido el de *mambí*, convertido en el apelativo de mayor orgullo para los miembros del Ejército Libertador de Cuba.

En "Itinerario histórico de la identidad cultural y la nacionalidad cubana"[12] expliqué que la expresión «criollo» en Cuba, sin ninguna connotación racial y presente desde muy temprano en el proceso de identificación del nativo consigo mismo y con su tierra, lo más que diferenciaba era al «español peninsular» del «español americano»; y sucede que hubo momentos en que los peninsulares decían criollo sólo como ofensa.

Dependiendo del contexto, llamarles criollos a los cubanos también constituía un agravio; sobre todo cuando se explica que éstos eran *"tan sólo diferentes de los peninsulares por gozar de menores derechos civiles y políticos, menor intervención en el gobierno de los asuntos públicos, nula presencia en las instituciones metropolitanas y difícil defensa de sus propios intereses"*. Definición que circula desde mediados del siglo XIX y que Antonio Elorza y Elena Hernández Sandoica la incluyen en su libro *La guerra de Cuba (1895-1898)*.[13]

Entre 1821 y 1823, las elecciones de diputados a las Cortes exasperaron aún más los enfrentamientos de criollos y peninsulares; y muy pronto afloraron, dentro de tan convulsa situación, los apodos y los insultos entre los seguidores del partido liberal, integrado por criollos –la mayoría de la población– y representado por Pedro Pablo O'Reilly y de las Casas, II Conde de O'Reilly, y el partido peninsular –agresiva minoría– liderado por el Dr. Tomás Gutiérrez de Piñeres, sacerdote[14].

"En medio de este ambiente enrarecido –expresión de Leví Marrero Artiles– irían a votar los *godos* o *serviles*, como apodaban a las huestes de Piñeres los habaneros, llamados en respuesta *criollos*, lo que consideraban un insulto, y *mulatos*".[15]

---

[11] *Vid.* MARRERO ARTILES, Leví: *Cuba: Economía y sociedad*, t. XV, Madrid, Ed. Playor, 1992, p. 356, nota nº. 147; y, PORTUONDO del PRADO, Fernando: *Historia de Cuba*, La Habana, Ed. del Consejo Nacional de Universidades, 1965, pp. 280-281.

[12] SARMIENTO RAMÍREZ, Ismael: "Itinerario histórico de la identidad cultural y la nacionalidad cubana", en *Caravelle*, Institut Pluridisciplinaire pour les etudes sus l'Amerique Latina a Toulouse, Université de Toulouse-Le Mirail, Nº. 84, 2005, pp. 193-223.

[13] ELORZA, Antonio y HERNÁNDEZ SANDOICA, Elena: *La guerra de Cuba (1895-1898)*, Madrid, Alianza Editorial, 1998, p. 58.

[14] *Vid.* PEZUELA y LOBO, Jacobo de la: *Historia de la isla Cuba*, t. IV, Madrid, Impresión de Carlos Bailly-Bailliere, 1878, pp. 140-145.

[15] MARRERO ARTILES, Leví: *op. cit.*, t. XV, pp. 55-56.

A juzgar por el testimonio del agente norteamericano Joel R. Poinssett, quien visitó La Habana después de estos graves sucesos, sin abstraerse de las permanentes confrontaciones entre criollos y peninsulares:

> En esta ocasión triunfaron los criollos sobre la soldadesca, al obtener la mayoría de los votos.
> Los peninsulares de la clase baja se exasperaron ante el resultado de la elección y los jóvenes criollos se exaltaron tanto que unos cuantos de ellos, incautamente, desarmaron a un piquete enviado a mantener el orden. Los mosquetes fueron devueltos después a los soldados, pero la acción desafiante había sido acompañada por gritos de *abajo los godos y viva la independencia*.
> Los milicianos peninsulares corrieron hacia los cuarteles y en breve tiempo unos 3.000 hombres estaban sobre las armas. Dos regimientos de unos 1.000 hombres cada uno, llegados recientemente de España, se unieron a los anteriores y los criollos se vieron en la necesidad de preparar su defensa. Fueron enviados emisarios a los suburbios y al campo, y la milicia marchó desde todas direcciones a apoyarlos. Dos regimientos de milicias formados por libertos, constituidos por unos 1.500 hombres, ofrecieron su apoyo, mientras una fuerza abrumadora se concentraba fuera de la ciudad.
> Ignorantes de tales movimientos, los peninsulares y la soldadesca reclamaban el castigo de 46 criollos que decían les habían insultado y provocado el motín. El Capitán general [Nicolás Mahy y Romo (1821-7-1822)] estaba alarmado y a punto de ceder ante las insolentes exigencias, pero un criollo respetable le informó sobre la importante fuerza reunida fuera de las murallas y de las inevitables consecuencias de ceder a las demandas de los peninsulares para el arresto de los individuos señalados. La información le indujo a resistir el motín, y cuando la milicia y la tropa que habían estado sobre las armas 48 horas conocieron los medios de resistencia en posesión de los criollos, accedieron a llegar a un compromiso que incluyó se declarase sedicioso el oprobioso epíteto de *godos*.[16]

En la prensa pro-española del período independentista cubano (1868-1898) es rara la vez que no se escriba algún epíteto dirigido a los insurrectos, se les caricaturice al máximo y se hable en forma burlesca del modo de vida que llevaban. En enero de 1870 aparece en *El Diario de Cuba*, y organizado en forma alfabética, muchos de estos nombres ofensivos dados por los españoles a los patriotas cubanos. Desde *asesinos*, sin excluir ningunos de sus sinónimos, pasando por *aprendices de revolucionarios, aura tiñosa, ave de rapiña, badulaques, bandoleros, bribones, caballeros de tea y puñal, cimarrones opulentos, comunistas de manigua, chacales, devastadores, descamisados, fanfarrones, faranduleros, filibusteros, galgos, hambrientos, haraposos, hijos de auras, hijos de espurios, hijos de monos, insurrectos, infames, incendiarios, ilusos, insurgentes, insulares torcidos, jactanciosos, judas, ku-kuses, ladrones, laborantes, libelistas, malhechores, manigüeros, patrioteros, patriotas de manigua, pájaros de mal agüero, rastreros, ratones de manigua, rebeldes, salteadores, saqueadores,*

---

[16] *Publications of the Southern Historical Association* (1906), X, 4, pp. 207-210, *apud* MARRERO ARTILES, Levi: *op. cit.*, t. XV, p. 56.

sublevados, traidores, ultrajadores, vandálicos libertadores, vilipendiosos, zarrapastrosos, hasta MAMBÍ, entre otros epítetos que suman hasta ochenta y nueve[17].

Otra cuestión a tener en cuenta es que los propios mambises se apodaban entre ellos mismos y que no pocos líderes insurrectos se conocían más por sus motes que por sus nombres propios. Tales fueron los casos de *Bembeta*, el general Bernabé Varona Borrego; *Mayía*, José María Rodríguez Rodríguez; *Pajarito*, José Acosta Carvajal; y, *Rabí*, Jesús Sablón Moreno, entre otros. De los soldados destaco a *Mangoché*, José Isabel Herrera. Los músicos de la banda del Primer Cuerpo de Ejército: *Cadete*, Sotero Sánchez; *Pajarito*, Miguel Chacón; y, *Solito*, Alejandro Rosell. Y no dejo de mencionar a *Grillo*, Javier Ordóñez, un niño de color incorporado al Cuartel General de Máximo Gómez, especie de asistente o ayudante de José Morón Zapata, el cocinero principal; *El Cabito*, Manuel Benítez González (La Habana); y, *Mamuchito*, Arturo Agramonte (Camagüey), niños convertidos en mambises.

También se sabe, por el *Diario* de Carlos Manuel de Céspedes, que a los miembros de la Cámara de Representas, los legisladores del Gobierno creado en los campos de Cuba Libre, les dicen *camarones*[18]. Francisco Camps y Feliú, en su obra *Españoles e insurrectos. Recuerdos de la guerra de Cuba*, es uno de los primeros autores en señalar que los rebeldes llamaban *majá*[19], como apodo desdeñoso, a los rancheros que no prestan servicios de armas[20]; aunque, dicen así igualmente a los que en el campo de la insurrección quieren estar siempre en las retiradas y, en el argot campesino, son *majáes* las personas holgazanas.

Fernando Figueredo Socarrás, en *La Revolución de Yara 1868-1878*[21], y Antonio Rosal y Vázquez de Mondragón, en *Los mambises. Memorias de un prisionero*[22], hablan de los *jolongueros*, mote dado a los negros y asiáticos,

---

[17] *El Diario de Cuba*, enero de 1870, *apud* BACARDÍ MOREAU, Emilio: *Crónicas de Santiago de Cuba*, t. IV, Santiago de Cuba, Tipografía Arroyo Hermanos, 1923, pp.372-376. En las páginas 379 a 382 de las *Crónicas...* se relacionan noventa y cuatro nombres con que los españoles se han calificado a sí mismos.

[18] CÉSPEDES y QUESADA, Carlos Manuel de: *Diario*, [25 de julio de 1873 – 27 de febrero de 1874], en LEAL SPENGLER, Eusebio: *Carlos Manuel de Céspedes. El Diario perdido*, La Habana, Ed. de Ciencias Sociales, 1992, p. 133.

[19] Majá: En Cuba, culebra de color amarillento, con manchas y pintas de color pardo rojizo, simétricamente dispuestas, que crece hasta 4 m de longitud y 25 cm de diámetro por el medio del cuerpo. No es venenosa.

[20] CAMPS y FELIÚ, Francisco: *Españoles e insurrectos. Recuerdos de la guerra de Cuba*, La Habana, Establecimiento Tipográfico A. Álvarez y Cía., 1890, p. 316.

[21] FIGUEREDO SOCARRÁS, Fernando: *La Revolución de Yara*, La Habana, Instituto del Libro, 1968, pp. 153-154.

[22] ROSAL y VÁZQUEZ de MONDRAGÓN, Antonio: *Los mambises. Memorias de un prisionero*, Madrid, Impr. de Pedro Abienzo, 1874, p. 39.

asistentes y convoyeros; y, en un parte del Ejército español en operaciones, firmado por el Teniente Coronel D. Juan López de Campillo y correspondiente a las jurisdicciones de Jiguaní, Río Cauto y Bayamo (Departamento Oriental), se expresa que los *pacíficos*, los habitantes del campo no incorporados al Ejército Libertador, llamaban *blancos* a los soldados españoles y *negros* a los insurrectos[23]. Lo mismo que manifiesta Céspedes en su *Diario*: "los libertos de esta zona [San Lorenzo] llaman a los españoles los blancos, y á los cubanos los negros"[24]. Denominación que se comprende al referirse el Coronel López de Campillo y Céspedes a los patriotas orientales, que en su mayoría eran de piel negra.

Con todo, tanto en el Ejército Libertador como en el Ejército español, muchos de los motes tenían un sentido racista; principalmente, los que eran dados a los negros libertos. Algo muy difícil de erradicar en una sociedad con un pasado tan reciente de esclavitud.

Casi siempre, antecedía al nombre del individuo de piel oscura *negro*; ejemplo: negro Alfredo, negro Antonio, negro Arcadio, negro Eusebio, negro Julián, etcétera. Del mismo modo que existieron casos en que, aún haciéndose uso del mote, no se dejaba de decir *negro*; ejemplo: negro jolonguero y negro convoyero. Situación que en cierta medida afectó y dilató la confección del *Índice alfabético y defunciones del Ejército Libertador de Cuba*, datos compilados y ordenados por Carlos Roloff y Mialofsky, con la ayuda de Gerardo Ferrest, en 1901.[25]

Como se lee más arriba, han sido muchos los sobrenombres que por instantes improvisaron los españoles al cubano entregado a la causa libertadora, del mismo modo fue recíproco el número de apodos y denominaciones despectivas, resultantes de la mentalidad del cubano, que dieron a los soldados españoles. Además de *iberos*, *godos* y *uñas sucias*, entre los epítetos más antiguos puestos principalmente a los voluntarios dependientes del comercio, les decían: *patones*, *quijotes*, *gorriones*, *azulitos*, *palomos*, *periqueros*, *torquemadas*, *austriacantes* y *gusanos de Lavapiés*.

Manifiesta Luis Otero Pimentel, Oficial Primero de la Sección de Archivo de la Capitanía de Cuba, en su *Memoria sobre los voluntarios de la Isla de Cuba...*,

---

[23] Servicio Histórico Militar de Madrid, (SHM): sec. *Ponencia de Ultramar*, fdo. *Cuba* 164, ser. *Insurrección*, leg. 4. arm. 23, tab. 1ª., micr. nº. 9, doc. [s/n]. Parte de Operaciones de la Columna mandada por el Teniente Coronel D. Juan López de Campillo. Jurisdicción de Jiguaní, Río Cauto y Bayamo (Departamento Oriental), de fecha 11 de octubre de 1869.

[24] CÉSPEDES y QUESADA, Carlos Manuel de: *op. cit.*, en LEAL SPENGLER, Eusebio: *op. cit.*, p. 252.

[25] CUBA. Ejército Libertador: *Índice alfabético y defunciones del Ejército Libertador de Cuba*. Guerra de Independencia iniciada el 24 de febrero de 1895 y terminada oficialmente el 24 de agosto de 1898. Datos compilados y ordenados por Carlos Roloff y Mialofsky, con la ayuda de Gerardo Ferrest, Editado oficialmente por disposición del general Leonard Wood, Habana, Impr. de Rambla y Bouza, 1901.

que tal vez fueron los soldados españoles, entre los demás leales a España, los que más provocaciones e insultos recibieron del pueblo de Cuba[26]. A los radicados en La Habana les nombraban *soldados de papel*[27], a los vascongados generalmente se les conocía como *chapelgorris*[28] y, en las columnas, a la sección de a pie de los guerrilleros les llamaban *jíbaros*.[29]

También, he leído en *La Historia de Cuba* de la Dirección Política de las FAR que los libertadores apodaban a Blas Villate y de la Hera (conde de Valmaseda), Capitán General de la Isla, del 13 de diciembre de 1870 al 11 de julio de 1872: "Su excelencia esférica", a causa de su obesidad[30]; y dice José Miró Argenter en sus *Crónicas de la guerra* que al general Álvaro Suárez Valdés: "Los mambises le llamaban general cachazudo, amigo de hacer sonar los cañones a largas distancias, y viajero de ferrocarril con boleto de ida y vuelta".[31]

Eleuterio Llofriu y Sagrera manifiesta, en *Historia de la insurrección y guerra de la isla de Cuba*, que cerca de Las Tunas los soldados españoles hallaron, en la casa donde Céspedes acampaba, un grandísimo letrero que decía: "Odio eterno a los patones"[32]. Calificativo que principalmente daban los insulares a los catalanes.

Teodorico Feijoo Mendoza, en su *Diario de un testigo de las operaciones sobre los insurrectos de la Isla de Cuba...*, asegura que, al paso del Río Cauto, el 9 de enero de 1869, "los enemigos estaban al habla con nuestros soldados y les prodigaban groseros e insultantes epítetos a la par que les enviaban frecuentes descargas, a las que los nuestros cometían la descortesía de contestar"[33]; e incluye una anécdota al respecto:

---

[26] *Vid.* OTERO PIMENTEL, Luis: *Memoria sobre los voluntarios de la Isla de Cuba: consideraciones relativas a su pasado, presente y su porvenir*, Habana, Impr. La Propaganda Literaria, 1876, p. XII.

[27] *Ibidem*.

[28] *Vid.* GUERRA, Ramiro: *Guerra de los Diez Años*, t. I, La Habana, Ed. Pueblo y Educación, 1986, p. 143 y 264; y, MARRERO ARTILES, Leví, *op. cit.*, t. XV, p. 286.

[29] FRANCO, José Luciano: *Antonio Maceo; apuntes para una historia de su vida*, La Habana, Ed. de Ciencias Sociales, 1973, t. I, p. 77.

[30] CUBA. Dirección Política de las FAR: *Historia de Cuba*, La Habana, Serie Pueblo y Educación, Instituto Cubano del Libro, 1967, p. 236.

[31] MIRÓ ARGENTER, José: *Crónicas de la guerra: Las Campañas de Invasión y de Occidente 1895-1896*, La Habana, Ed. de Ciencias Sociales, 1968, p.329.

[32] LLOFRIU y SAGRERA, Eleuterio: *Historia de la insurrección y guerra de la isla de Cuba*, Madrid, Impr. de la Galería Literaria, t. II, 1870, p. 749.

[33] FEIJOO MENDOZA, Teodorico: *Diario de un testigo de las operaciones sobre los insurrectos de la Isla de Cuba, llevadas a cabo por la columna a las órdenes del Excmo. Sr. General Conde de Valmaseda*, Habana, Impr. de la V. e Hs. de Soler, 1869, p. 40.

Un soldado de mi compañía me contaba que le habían estado gritando los enemigos de la orilla opuesta mil insultos de los que ellos acostumbran, y que por último le dijeron:
—Pasar el río *patones* que aquí los esperamos 6.000 defensores de la libertad.[34]

Asimismo, en los partes del Ejército español en operaciones se hace alusión a los *patones* como uno de los apodos más usados por los insurrectos cubanos; por ejemplo, el escrito en la Comandancia Militar de Morón, de fecha 19 de enero de 1870, dice así:

> En el día de hoy habiendo salido el teniente de Voluntarios D. Isidro Robledo con doce individuos de dicha fuerza a conducir un oficio al pueblo de Guadalupe en el sitio llamado «Loma de los Barrios», distante una legua de este Departamento fue atacada esta fuerza desde la manigua por el enemigo, en número de 50 hombres y a la voz de «Primer Batallón: fuego», y a los gritos de «Cuba Libre mueran los *patones*» hicieron una descarga cerrada empeñándose combate.[35]

Y en la comunicación de la Capitanía del Partido de Neiba al Señor Gobernador de esa jurisdicción, con fecha 22 de enero de 1870, se expresa que los soldados españoles en reconocimiento por la zona encontraron y destruyeron un campamento insurrecto, y al prender fuego de las casas, "se oyó del monte y a larga distancia un ronroneo que dijo PATONES. [...] ...y después de haber trascurrido dos o tres horas que duró el reconocimiento, se tocó corneta para la marcha y muy lejos [los rebeldes] contestaron con fotutos en son de burla"[36].

También se sabe por los relatos de Camps y Feliú que, cuando comenzó el Sitio de Holguín, los insurrectos llamaban *palomar* a la casa fuerte y *palomos* a sus defensores, y que poco después los palomos se volvieron *periqueros*; cambio de mote que él explica así:

> los insurrectos dieron por broma en llamar *Periquera* a la casa fuerte[37], propiedad de D. Francisco Rondán y Rodríguez, más conocido por *el manco de Auras*, por la grave herida que recibió en combate marítimo, siendo capitán de buque mercante; y *periqueros*, sin duda, porque estaban encerrados en una sola casa, a los defensores del improvisado baluarte de la integridad nacional.[38]

---

[34] *Ibidem*, p. 42.

[35] SHM, sec. *Ponencia de Ultramar*, fdo. *Cuba* 26, ser. *Insurrección*, leg. 4. arm. 3, tab. 1ª., micr. nº. 6, doc. [s/n]. Parte de Operaciones de la Comandancia Militar de Morón, 19 de enero de 1870.

[36] *Ibidem*, fdo. *Cuba* 57, ser. *Insurrección*, leg. 2. arm. 5, tab. 1ª., micr. nº. 14, doc. [s/n]. De la Comunicación de la Capitanía de Neiva (Cabaiguán) al Sr. Gobernador de la Jurisdicción, de fecha 22 de enero de 1870.

[37] Nombre que en la actualidad se mantiene.

[38] Y prosigue la explicación de este militar español: Periquera puede considerarse una jaula para Periquitos, ave trepadora, diminuta y de pluma verde de la casta de los Loros. Los

Sin embargo, coincido con Paul Estrade en que José Martí cuidó extraordinariamente su lenguaje al referirse a los españoles:

> Mientras puede verse a los patriotas cubanos tratar peyorativamente a los españoles de «godos», «austriacantes», «torquemadas», Martí se cuida de ser hiriente respecto a ellos. Como mucho se permite, en la reunión de octubre de 1890[39], un tono festivo para ridiculizar al «gusano del Lavapiés», símbolo de la lombriz española que succiona las energías cubanas. Esta es la única excepción que encontramos entre los miles de páginas consagradas a extirpar de Cuba el poder español, y de las cabezas cubanas la mentalidad de colonizado.[40]

Ahora bien, entre todos los motes dados a los soldados españoles por los insurrectos cubanos, GORRIÓN ha sido el más generalizado; tanto que se convirtió en apelativo honroso para los colonialistas. Cuenta Eleuterio Llofriu Sagrera que este pájaro de origen peninsular lo introdujo en Cuba un andaluz; que al llegar al puerto de La Habana con una jaula de gorriones le exigieron pagase los derechos y él, resistiéndose a satisfacer lo que se le pedía, abrió la puerta de la jaula y las aves emprendieron el vuelo, desde cuyo momento comenzaron a verse gorriones en la Isla de Cuba. Diálogo del andaluz con el empleado en las puertas de La Habana que inspiró a Manuel de Palacios a escribir en versos la historia que había oído narrar; de los que aquí sólo copio el final:

> - Yo me resisto a pagar.
> - Yo a la fuerza haré acudir.
> - Ni un cuarto me han de costar.
> - Pues no entrarán.
> - ¿No han de entrar
> si los dejo yo salir?

---

entusiastas defensores admitieron gustosamente el apodo como título honorífico para pechos esforzados, y desde entonces la casa del ya difunto Sr. Rondán, se llama y llamará perpetuamente la Periquera y sus defensores Periqueros. Tan popular y patriótico se ha considerado este calificativo, lanzado por burla y con bélico orgullo aceptado, que en toda la antigua jurisdicción de Holguín, casi tan grande como la isla de Puerto Rico, no se le da a la celebérrima casa otro nombre, y con el mismo se la designa en conversaciones privadas, en oficiales documentos y periódicos políticos, habiendo contribuido, en gran parte, contra la idea de sus autores burlescos, nuestros ocurrentes enemigos, a perpetuar y engrandecer el glorioso nombre de una modesta casa, que simboliza uno de los rasgos más brillantes que la fidelidad española ha grabado con indelebles caracteres de sangre, en la historia de la guerra separatista de la isla de Cuba. CAMPS y FELIÚ, Francisco: *op. cit.*, p. 289. *El periquero*, semanario satírico que cita este autor, se fundó en Holguín en 1884.

[39] MARTÍ, José: *Obras Completas*, t. 4, La Habana, Ed. Nacional, 1963-1965, pp. 253 y 255. Discurso en conmemoración del 10 de octubre de 1890.

[40] ESTRADE, Paul: "José Martí: Las ideas y la acción", en *Estudios de Historia Social*, n[os.] 44-47, Madrid, enero-diciembre de 1988, p. 34.

> Y de la jaula la puerta,
> vióse por encanto abierta,
> y en distintas direcciones,
> presurosos los gorriones,
> salieron de descubierta.
>
> Todo el pueblo aplaudió,
> con la mejor buena fe;
> el andaluz sonrió,
> dio a la jaula un puntapié,
> y en la Habana penetró.
>
> De los gorriones la cría,
> subir los hizo a millones,
> por que en Cuba hay cada día,
> menos trigo y más gorriones.
>
> Y es desde aquella ocasión,
> que el vulgo sin ton ni son,
> bien por burla, bien por saña,
> bautice al que va de España,
> con el nombre de *gorrión*.[41]

Desde entonces, en torno a la figura del gorrión, circuló esta y otras leyendas con que apodaban los cubanos a los españoles. Todo lo que ayudó a enaltecer la moral patriótica de los partidarios del gobierno colonialista, principalmente la de los voluntarios; ya que, en definitiva, se trataba de un símbolo nacional.

A un gorrión que encontró muerto un voluntario de la Compañía de Tiradores del Séptimo Batallón de Ligeros en la Plaza de Armas de La Habana, la tarde del Jueves Santo de 1869, le hicieron un verdadero homenaje: un funeral con todos los honores militares; ofrendas florales, entre las que destacaron las puestas por la esposa de Domingo Dulce y Garay (marqués de Castell Florite), Gobernador General de la Isla del 4 de enero al 2 de junio de 1869; contribuciones en metálico para levantarle un monumento, las que luego se destinaron a la casa de beneficencia; recorrido del ave ya embalsamada por Matanzas, Cárdenas y otras ciudades del país; y, por supuesto, el suceso ocupó las primeras páginas de la prensa pro-española, principalmente de *El Moro Muza* y el *Boletín del Eco de los Voluntarios*, con dedicaciones y composiciones poéticas.

La extensa narración que de "El entierro del gorrión" incluye Llofriu Sagrera en su libro no tiene desperdicio alguno, por lo que transcribo algunos de sus párrafos:

---

[41] LLOFRIU y SAGRERA, Eleuterio: *op. cit.*, 531.

Llevada la avecilla al cuartel de los voluntarios, los cabos y sargentos colocándola sobre andas paseándola por el cuerpo de guardia; embalsamada después, se la trasladó con la posible pompa al cuartel de la Fuerza, haciéndose entrega al segundo batallón que estaba de retén: éste a su vez lo entregó al quinto. Preparóse una habitación acomodada al efecto y allí fue objeto de manifestaciones tiernas y patrióticas. La esposa del general Dulce ofreció a la memoria del muerto dos magníficos ramos de flores; la señora del gobernador López Roberts envió una preciosa corona tejida de sus manos y todos los señores coroneles y jefes de voluntarios y otros varios, ofrecieron también sus regalos. Los poetas [Francisco] Camprodón [1816-1870] y Estrella improvisaron sonetos y después se publicó un álbum dedicado al gorrión con el título de Corona fúnebre, en cuya colección de composiciones se leía el siguiente soneto de [Juan de] Ariza [m. 1876]:

RETRATO DEL GORRIÓN

Soy pájaro de paz y de campaña,
adversario leal y fiel amigo,
sostengo hasta la muerte lo que digo,
lo mismo en tierra propia, que en la extraña.
Combato con valor, más no con saña;
aplaudo al bueno, al criminal castigo,
el que mal quiera a mi gloriosa España.
No detuvo mi vuelo el Oceano,
que atravesé veloz en son de guerra,
por la fuerza jamás soltaré el grano
que para España el duro pico aferra;
y en fin, soy compatriota de Trajano,
ante quien muda se postró la tierra.

La idea que representaba aquel gorrión era la de España: el retrato bosquejado por Ariza era el de los españoles. Los laborantes y los simpatizadores, los enemigos de la causa española, ridiculizaban aquel acto, que no era más que la fórmula de una manifestación patriótica, y diósele tal importancia, que en la Habana, como en Matanzas adonde fueron trasladados los restos del gorrión, tuvo resultados muy favorables para la causa de España; aquel acto que parecía en un principio tan poco significativo acabó por interesar a cuantos en la Isla de Cuba sentían hervir la sangre española en sus venas. Hasta el teatro, en composiciones dramáticas, pasó la muerte del gorrión, representándose con extraordinario aplauso algunas piezas.

El entierro del gorrión fue un acontecimiento que solo puede comprender un pueblo de la índole y las condiciones del español en Cuba, bajo aquel clima ardiente que parece infundir mayor sensibilidad y en donde el amor a la patria es una fibra que se conmueve al más leve soplo. Bastase que el nombre que distinguía a la avecilla, fuese el que servía a los enemigos de España al mofarse de los españoles, para que exaltado el espíritu, y herida la fibra del sentimiento patriótico, tomase aquel episodio las proporciones de un acontecimiento de importancia. No sabiendo apreciar lo que en sí valían aquellas manifestaciones entusiastas, cosa trivial y ligera parecería el suceso que acabamos de referir por su significación patriótica.[42] Estos sucesos del entierro del gorrión, sin perderse alguno de sus pormenores, tampoco pasaron inadvertidos a la pluma de dos grandes historiadores integristas: Justo Zaragoza y Culeta[43] y Antonio Pirala y Criado[44]; ambos, coincidentes en que fue una "extravagante puerilidad". Asimismo, en 1873 inició su publicación en Puerto Príncipe un periódico titulado *El gorrión*.

Y, ante tanta muestra de exaltación de españolidad, no se hizo esperar la respuesta de los cubanos. Primero, se dieron en llamar los *bijiritas*, un pájaro

---

[42] Y en Matanzas, el periódico *La Aurora*, describía así el suceso: La demostración pública que los buenos y patrióticos corazones hicieron en la tarde de ayer, excedió afortunadamente en mucho a lo que el deseo general aspiraba. Jamás ha presenciado Matanzas un cuadro tan sublime; jamás ha latido con más fuerza el corazón de los leales en la bien llamada ciudad de los dos ríos. La gentil Yucayo vistió ayer sus mejores galas, ciñó la gloriosa corona de laurel que da la patria a sus cariñosos y fieles hijos. ¡Bien haya el que se hace acreedor a tal recompensa! A las cuatro de la indicada tarde, después del himno a la patria, que con tanta armonía cantaron los coros del casino matancero, emprendió la marcha la procesión cívica, saliendo del mencionado instituto al compás de los gratos sonidos de la banda de música y del alegre clamoreo que multitud de seres entusiasmados producían. Una pequeña escolta de batidores, montados en magníficos caballos, iba a la vanguardia, precediendo al estandarte de España y a la escuadra de gastadores de voluntarios de esta ciudad, que custodiaban las preciosas enseñas de los Cides y Pelayos. Seguían por turno los estandartes siguientes, rodeados de individuos de las provincias a que pertenecen o corporaciones que representaban, tanto de militares como de paisanos. Regimiento de Nápoles, Cuba, Puerto Rico, Murcia, Navarra, Islas Baleares, Castilla, Santander, Isla Canarias, Cádiz, Málaga, Valencia, Aragón, las tres provincias Vascongadas, Galicia, Asturias, Cataluña, el comercio y sección lírica del casino matancero. Detrás del último estandarte iba un hermoso carro triunfal, conduciendo entre banderas, flores y guirnaldas, la estatua de Iberia, esto es, la imagen de la invicta España. Detrás de esta majestuosa y espléndida carroza, seguían diferentes comisiones civiles y militares, formando una brillante y numerosa comitiva. Tres bien dirigidas bandas de música regalaban a los oídos las más patrióticas y bellas tocatas, entre ellas el entusiasmado himno de Riego, el de Bilbao y otras marchas no menos arrebatadoras. La escuadra de gastadores de voluntarios de Cárdenas, con su respectiva banda de música, iba colocada en el centro de los estandartes, llevando, como custodia que encierra una reliquia preciada, la pequeña y bonita urna que guarda el tan celebrado gorrioncito. Una sección de voluntarios de la Habana, en unión de los que en gran número vinieron de Cárdenas, contribuyó con su presencia y aire marcial al lucimiento de tan brillante procesión. Todo era júbilo, todo era pura expansión del alma, que se elevaba como la fantasía del poeta en una de sus más ricas inspiraciones. *Ibidem*, p. 532-537.

[43] ZARAGOZA y CULETA, Justo: *Las Insurrecciones en Cuba. Apuntes para la historia política de esta isla en el presente siglo*, t. II, Madrid, Impr. de Manuel G. Hernández, 1873, pp. 338-339.

[44] PIRALA y CRIADO, Antonio: *Anales de la Guerra de Cuba*, t. II, Madrid, Ed. Felipe González Rojas, 1895-98, p. 469.

silvestre de la Isla, en oposición al *gorrión* peninsular[45]; y, segundo, se publicó en el periódico *El insurrecto*, el 14 de enero de 1869, la siguiente fábula:

EL GORRIÓN Y EL FÓSFORO

Volaba un gorrión airado
por una fértil ciudad,
haciendo a la vecindad
alarde de su valor.
Y a las *bijiritas*, tanto
su heroísmo les pintaba,
que de todas se burlaba
infundiéndoles temor.

Más cuando de sus hazañas
el vencedor se contaba,
no advirtió que le acechaba
otro más fuerte que él.
Era un fósforo, rasgada
se encontraba su cabeza,
porque alguno con fiereza
la agitó sobre el papel.[46]

Sin embargo, por lo general los insurrectos llamaban a los españoles «el soldado» y estos a la fuerza cubana «el mambí»; aunque, a juzgar por los partes del Ejército español en operaciones, todavía en los años 1868 y 1869, el vocablo mambí no aparece difundido. Se dice que esta denominación burlesca los partidarios del gobierno colonialista comenzaron a usarla en México y Santo Domingo contra los nativos que no se sometieron a su gobierno, y que luego en Cuba continuaron utilizándola como ofensa aplicable a los combatientes del Ejército Libertador.

Antonio Rosal y Vázquez de Mondragón, fue uno de los oficiales españoles que estuvo como prisionero entre los insurrectos cubanos, entre septiembre y octubre de 1874 (Guerra de los Diez Años), y su testimonio reviste gran importancia para el estudio de la vida del mambí en la manigua. Él recoge varias de las etimologías de la palabra mambí, escuchadas entre los mismos insurrectos cubanos, de las cuales, a su modo de ver:

> la que más se aproxima a la verdad, es la emitida por un teniente coronel de ellos llamado Saladriga: dice, que es la palabra india con que en antiguos tiempos se designaban a los que se rebelaban contra sus caciques. Aquellos

---

[45] *Vid.* RODRÍGUEZ, Rolando: *Bajo la piel de la manigua. "Rasgos de la guerra de Cuba" de Fernando Fornaris*, La Habana, Ed. de Ciencias Sociales, 1996, p. 95.

[46] *El insurrecto*, 14 de enero de 1869, en Biblioteca Servicio Histórico Militar de Madrid.

insurrectos a la manera de los actuales se refugiaban en lo más espeso de los bosques, donde permanecían constantemente ocultos, sin dejarse ver más que cuando intentaban alguna fechoría; de aquí el que, comparándoles con él, les diesen el mismo nombre de *mambís* [*malvís*[47]], con el cual se designa un pájaro que jamás sale del bosque. [...] Otro insurrecto que no carece de agudeza, el diputado Trujillo, quiere que el nombre de *mambís* sea un compuesto de la palabra latina *bis* (dos) y de la voz inglesa *man* (hombre), de donde resulta que *mambís* quiere decir dos hombres, o lo que es lo mismo, según el raciocinio del citado cabecilla, que cada insurrecto vale por dos hombres.[48]

Aunque, lo que más pudo molestar a los independentistas cubanos del significado de esta frase ha sido expresado por Esteban Montejo en *Biografía de un Cimarrón*, testimonios ordenados por Miguel Barnet. A juzgar por las palabras de este esclavo, también convertido en insurrecto, para los españoles: "Mambí quiere decir hijo de mono y de aura"[49]. Una expresión que todavía hoy en Cuba sigue constituyendo gran agravio para los cubanos. El aura es un ave rapaz americana, que se agrupa entre las más feas, tiene la cabeza desprovista de pluma, de color rojizo, plumaje negro y se alimenta de animales muertos, podridos y corrompidos. Como se vio antes, *aura tiñosa* y *ave de rapiña* fueron otros de los apodos que pusieron los soldados españoles a los insurrectos cubanos. El chileno Carlos Dublé, capitán del Ejército Libertador y ayudante de campo del mayor general Pedro Betancourt durante la Guerra de 1895, ha manifestado al respecto:

cuando la furia de los españoles llegaba al bemol y al do; les gritaban a los cubanos:
–C..., salgan a cancha, hijos de monos y aura!
Los cubanos que emplean un vocabulario popular, pariente muy cercano del nuestro, les contestaban a su vez:
–Pa' su madre!
Y como los españoles son los hombres que más respetan y quieren a la madre, contestaban entonces más furiosos que nuca:
–C..., no mentéis a la madre![50]

No obstante, fue el célebre etnólogo cubano Fernando Ortiz quien resumió, en su *Glosario de Afronegrismos* (1924)[51], la etimología y evolución del término

---

[47] En las clasificaciones ornitológicas no existe la palabra *mambí*; por lo que, Rosal y Vázquez de Mondragón hubo de referirse a *malvís*, ave que pasa a Cuba del continente americano y, que como bien manifiesta, poco sale del bosque.

[48] ROSAL y VÁZQUEZ de MONDRAGÓN, Antonio: *op. cit.*, p. 6.

[49] BARNET, Miguel: *Biografía de un Cimarrón*, La Habana, Editorial Ciencias Sociales, 1972, p.159.

[50] RODRÍGUEZ MENDOZA, Emilio: *En la manigua. Carlos Dublé*, Valparaíso, Impr. del Universo de G. Helfmann, 1900, p. 104.

[51] ORTIZ, Fernando: *Glosario de Afronegrismos*, Pról. de Juan M. Dihigo, La Habana, Impr. El Siglo XX, 1924. Utilizo la edición prologada por Sergio Valdés Bernal, La Habana, Ed. de Ciencias Sociales, 1991.

mambí, concreción que también él incluyó en el prólogo de *La tierra del mambí* (1930), la citada obra testimonial del periodista norteamericano James J. O'Kelly[52]. De acuerdo con sus estudios, esta "es una palabra africanoide, concretamente bantú, construida sobre una raíz, mbí, que tiene numerosas acepciones despectivas [...] Mambí quería decir insurrecto, bandido, criminal, revoltoso, infame, malo, lo mismo allá por el Congo y tierras africanas ultracongoleñas que por las levantiscas sabanas y serranías de la antigua isla Española"[53].

Para sustentar esta definición, Ortiz relaciona, en el *Glosario de Afronegrismos*, la palabra mambí con otros vocablos homónimos, parónimos y homófonos en los lenguajes de África y de los indios de Perú:

Mamby es el título de jefe en una región de la Senegambia [Binguer, *Du Niger au Golfe de Guinée par le Pays de Kong et le Mossi*, t. I, 1894, p. 147], Mambí es una región del Congo francés, cerca de Mayumba [Paul Barret, *Afrique Occidentale*, Paris, 1888, p. II] vocablo que en Cuba significa una especie de brujería. Mambí [W. Holman Benthley, *Dictionary and Grammar of the Kongo Language*, London, 1887, p. 342] en congo significa «hombre malo», «abominable», «injurioso», «pernicioso», «repulsivo», «vil», «sucio», «cruel», «dañino», «vicioso», «malvado», etcétera]. La última de estas tres palabras parece la más fácil de adoptar como origen de los mambises cimarrones, o rebeldes dominicanos. Los esclavos congos llamaron mambí a los rebeldes, en su lengua, con la palabra más despreciativa, traduciendo así el odio de sus amos hacia aquéllos y las palabras injuriosas con que los denominaban. No intentamos esta opinión como segura; pero creemos que de África nos vino la palabreja, que después ha sido título de gloria para nuestros libertadores heroicos.

Observe también el vocablo entre los malemba y emboma, según el vocabulario de J. K. Tuckey [*Narrative of an Expedition to explore the river Laide, usually called the Congo in South Africa*, London, 1818, p. 391]. Y la propia palabra ha determinado el vocablo mombo, con que los congos bangala quieren decir «esclavos» [Cyr Van Oberbergh, *Les Bengala*, Bruselas, 1907, p. 321].

De esta raíz conga, los congoleños formaron mambisu «verde», «inmaduro», «crudo» [H. Chaven, *English-Congo and Congo-English Dictionary*, London, 1883; Germán Latorre, *Relaciones geográficas de Indias*, Sevilla, 1919; W. Holman Benthley, *Dictionary and Grammar of the Kongo Language*, London, 1887; y, Frederick W. Hugh Migeod, *The Mende Language*, London, 1908]; mambumambí «malas palabras», «calumniador» [H. Chaven, *op. cit.*, 1883; y, Germán Latorre, *op. cit.*, 1919], y otros sentidos igualmente despectivos. Obsérvese como la variante mambisu puede haber contaminado el significado de

---

[52] O'KELLY, James J.: *La tierra del mambí*, Introducción Biográfica por Fernando Ortiz (1930), La Habana, Instituto del Libro, 1968.

[53] *Ibidem*, p. 8.

mambí, convirtiéndolo en MAMBISA (y no mambía, como sería normal) para el femenino, y, aunque con menor frecuencia, en la forma singular mambís.

Según Vergara [Gabriel M. Vergara Martín, *Diccionario etnográfico americano*, Madrid, 1922, p. 96], en las márgenes de los ríos Santiago y Morona, en el Perú, habitaban los indios guambisas o bambisas, que eran jíbaros. Dada la frecuencia del intercambio fonético de las sílabas iniciales Gua y Ba por la Ma [Ellisée Reclus, *The Universal Geography*, Londres, III, p. 440], así entre los indoamericanos como entre los africanos del Congo, pudiera suponerse que de ahí pudo venirnos la honrosa apelación. No obstante esta conjetura, la oriundez africana parece evidente, por los argumentos que la abonan.[54]

Y, después de leerse lo anotado, no puede quedar ninguna duda de que MAMBI fue el apelativo de mayor orgullo para los cubanos insurrectos, como así lo fue GORRIÓN para los soldados españoles. La fuerza moral que estos hombres y mujeres integrados en el Ejército Libertador ganaron en el curso de la guerra hizo que cambiara el matiz despreciativo y significara exactamente lo contrario de lo que el colonizador pretendió. Tal denominación despectiva pasó a ser honrosa, y desde entonces no hay mayor orgullo para el cubano que el vocablo mambí.

En la extensa bibliografía relacionada con la gesta independentista cubana, Ejército Libertador es sinónimo de Ejército mambí, como también lo es insurrecto. Tres periódicos, entre los tantos que surgieron en los campos de Cuba libre, y otro que crearon los laborantes habaneros, dedicado al sostenimiento del Ejército Libertador, se llamaron *El mambí*: el de Guáimaro (1869), dirigido por Ignacio Mora, el de Puerto Príncipe (1869), el de Baracoa (1898) y el de La Habana (1898)[55]. Asimismo, la vida del mambí en la manigua ha dejado un rico legado material y espiritual que hoy se manifiesta, principalmente, en la poesía, la música y la artesanía.

Con lo dicho hasta aquí puede resumirse que en los siglos coloniales cubanos, y más en el ochocientos, los motes entre criollos y españoles formaron parte importante de la vida cotidiana de la Isla. Realidad que originó no pocas de las reyertas que en la actualidad se tienen como ejemplos de manifestación de una ostensible división entre cubanos y españoles. Un fenómeno que si bien se da en todos los campos de la cultura material y espiritual es la propia figura existencial del nacido en Cuba donde adquiere su mayor importancia.

---

[54] ORTIZ, Fernando: *op. cit.*, 1991, pp. 301-302.

[55] Otros dos periódicos con el nombre *El mambí* circularon en Cuba en el siglo XX: Güines (1900) y Los Pinos (1927), ambos en La Habana.

CUARTA PARTE

LOS "DEFENSORES DE INDIOS" EN EL PERÚ DEL SIGLO XVI. ESCRITURAS MARGINADAS EN FAVOR DE LA POBLACIÓN INDÍGENA

Antonino Colajanni
Universidad de Roma "La Sapienza"

1. Entre Las Casas, Sepúlveda y Vitoria: en defensa y en contra de los indios americanos en la segunda mitad del siglo XVI

Casi todo el siglo XVI, en España como en las tierras americanas recién descubiertas y conquistadas, se caracteriza por la compresencia de brutalidades, violaciones de las leyes morales y jurídicas de la Iglesia y de la Corona, pero al mismo tiempo por debates, discusiones ásperas, con críticas más o menos radicales a la entera empresa de los Españoles en América. Estas discusiones, estos debates de alto nivel teológico-moral y político rescatan por si mismos en buena parte la violencia y la ilegalidad de la presencia ibérica en las tierras americanas. No es sólo Bartolomé de Las Casas el representante de la conciencia moral española frente a la destrucción de las Indias. Hay un sinnúmero de teólogos, misioneros, funcionarios de los virreinatos, intelectuales, que se cuestionan hasta el fondo y ponen en dudas las actuaciones de España en América, llegando hasta poner en discusión los fundamentos mismos de las actuaciones de la Corona. El menosprecio hacia los indígenas y sus instituciones no era raro en los documentos de la época. Pero frecuentemente aparecía, al mismo tiempo, en otros documentos, en formas diversas, una apreciación por las constituciones sociales y jurídicas de las unidades políticas más amplias y organizadas, como fueron los Aztecas y los Incas. Frecuentemente se les atribuía a los indígenas la definición de "República de los Indios", que se contraponía a la "República de los Españoles", las que tenían que ser reunificadas por la misma Iglesia e la misma Monarquía. Es interesante reportar la opinión del augustino Fray Jerónimo Román y Zamora que, en la segunda mitad del siglo XVI, observa: "Mirando la buena gobernación de esta gente, me parece que no se diferenciaba nada de una buena República, pues en todas las cosas tenían orden natural y en todo mostraban tener gran policía, principalmente en lo que toca a permitir algunos vicios, los cuales no eran en daño de la República en común, aunque lo eran en particular de aquél o de mi" (Levaggi 2001).

La Real Cédula de 1553 ponía en gran evidencia el interés y la preocupación de la Corona por el mundo indígena y su evangelización. Pero al mismo tiempo dejaba entender la conciencia de la importancia que los indígenas tenían, a razón de su aporte económico para las cajas reales. En consecuencia la

Corona promovió entre sus funcionarios una encuesta acerca del funcionamiento del sistema tributario de los Incas y acerca de la situación actual del sistema de las encomiendas y de las condiciones de la población indígena. Como respuesta el Consejo de Indias recogió en muy poco tiempo una cantidad de Memoriales y Pareceres. Pero la abundancia de opiniones contrastantes en cierto sentido paralizó la búsqueda de soluciones y frenó el proceso decisional (Merluzzi 2002, 134-35).

Claro que Las Casas está en el centro de este proceso de revisión y crítica, por la larga trayectoria de su trabajo incansable de escritor y político, consejero del Príncipe. La influencia directa del gran Dominico sobre las decisiones de la Corona es indudable. No sólo sobre la promulgación de las Leyes Nuevas en 1542 (destinada en muy pocos años a un fracaso sin antecedentes en la historia de España), sino también sobre la decisión crucial del Emperador Carlos V, del 16 de Abril de 1550, de suspender todas las conquistas en el Nuevo Mundo hasta que la Junta de Valladolid, por él convocada y compuesta por teólogos y juristas, dictaminase sobre la justicia ò injusticia de la colonización americana. En la primera parte de su vida el Dominico es también un "político" experto y atento, que propone soluciones viables a los problemas sociales y económicos de la Colonia, diseña posibles estrategias de colonización, y no aparece simplemente un "utopista" como frecuentemente se le presenta (Abellán 1976; García 1993).

La conocidísima controversia, en la junta mencionada, entre Las Casas y Sepúlveda, es uno de los momentos más exaltantes del gran debate sobre los indígenas americanos y su tratamiento por parte de los Españoles. También si los resultados concretos de la Junta fueron modestos, y los pareceres de los expertos demoraron mucho en llegar a la Corona, de hecho el evento es uno de los más importantes y significativos en la historia de todo el Occidente. Como ha notado Lewis Hanke en uno de los mejores libros que tenemos sobre el tema:

> Por primera vez y plausiblemente última, una nación colonialista emprendió una investigación genuina, para determinar de ese modo la justicia de los métodos empleados en la expansión de su imperio (Hanke, *La humanidad es una*, 1974 [2° ed. 1985]).

Son bien conocidos y estudiados los temas centrales de la controversia entre Las Casas y Sepúlveda :

- La servidumbre natural de los Indios y su incapacidad de gobernarse por si mismos (Aristóteles) ;

- La obligación de eliminar las costumbres barbáricas (sacrificios humanos y antropofagia) y por consiguiente la necesidad de liberar a los inocentes destinados a ser sacrificados ;

- Por consiguiente, la "guerra justa" en contra de los indios, por las razones antes mencionadas ;

- Por fin, la justificación de la evangelización constrictiva, puesto que los bárbaros tienden a resistir a la predicación.

Los argumentos de Las Casas en favor de los indígenas de América, y en contra de las posiciones apenas mencionadas, son de una modernidad impresionante y de una lógica admirable:

- "Sería imposible que, en cualquier parte del mundo, se puedan encontrar toda una raza, nación ò región ò provincia, necia e insensata, que carezcan de la suficiente ciencia ò habilidad natural para regirse o gobernarse a si misma. De hecho, los indios son muy peritos en las artes liberales, en las que hasta ahora han sido instruidos….Durante treinta años que estuve entre ellos pude observar sus maravillosas e ingeniosas obras en toda clase de artificio" (*Apología*).

- En cuanto a la guerra, ésta es injusta, porqué "el Papa y los Príncipes cristianos que la mueven no tienen jurisdicción sobre tales pueblos paganos". Sólo se puede admitir la guerra a título defensivo. Y sobre los sacrificios humanos y la antropofagia, "no vaya a ser que para impedir la muerte de unos cuantos inocentes sacrifiquemos una innumerable multitud de hombres, sin que estos lo merezcan, destruyamos reinos enteros e inculquemos en las almas de aquellos el odio a la Religión Cristiana de manera que para siempre se nieguen a oír el nombre de Cristo y su doctrina". Hay que observar los elementos de sabia oportunidad política en los que se lanza el Dominico con su consideración.

- En cuanto a la cristianización, el único modo de llevarla a cabo es con la predicación pacífica, con el buen ejemplo, con las fuerzas de la argumentación: "No deben ser obligados, sino que deben ser mansamente atraídos y ganados con caridad a adoptar las mejores costumbres".

- En lo que se refiere a los sacrificios humanos, el Dominico presenta una observación sorprendente por su relativismo cultural temprano. Él habla en favor de una legitimación posible de los sacrificios humanos en los indios desde la perspectiva de ser ritos religiosos de más alto valor. Porqué la razón y la ley natural inducen al hombre a ofrecer a su Dios, tenido por verdadero, "lo que más tiene de valor, es decir, la vida de los hombres; al fin y al cabo, esta fue la conducta seguida por los mártires del cristianismo". Y cita el mismo sacrificio de Abraham. "En consecuencia, si los Españoles utilizan medios violentos para imponer su religión a los indios, más vale que estos se mantengan en su religión ancestral; en tal caso son los indios los que están en buen camino y más cerca de Dios que los mismos cristianos que los atacan. Los indígenas están obligados, por derecho natural, a defender su religión y sus ídolos por la guerra, y hasta con pérdida de sus vidas, como los cristianos están obligados a la defensa de su religión" (*Disputa, Apología*).

Por todo el argumento podemos referirnos a Urdanoz 1974, 159-60.

- Otro tema decisivo es él de la institución de la encomienda y de su "restitución". En el *Confesionario* el gran Dominico lanza una norma para los sacerdotes que fue destinada a tener un largo éxito en las décadas sucesivas. La norma imponía a los sacerdotes de no absolver a los encomenderos antes de que restituyan los robos de las tierras y de los bienes ilegítimamente sustraídos a los indígenas.

El tema últimamente mencionado tuvo una importancia fundamental en las argumentaciones críticas de Las Casas. La lucha en contra de las encomiendas fue continua y tenaz. En la Carta a Carlos V, de 1542 (*Entre los remedios*), Las Casas propone que todos los indios se pongan bajo la autoridad directa, se reduzcan e incorporen a la Corona Real…. "como súbditos y vasallos libres que son, y ningunos estén encomendados a cristianos españoles….y ni ahora ni ningún tiempo jamás perpetuamente puedan ser sacados ni enajenados de la dicha Corona Real….Si no desaparecen las encomiendas todos los indios perecerán en breves días y el Nuevo Mundo quedará vado y yerno".

El otro tema novedoso, de carácter general, es introducido por el Dominico en el tratado de 1549, publicado en 1552, *Treinta proposiciones muy jurídicas*, en el que el autor se propone el elemento nuevo de reflexión constituido por la limitación del poder real. Se sostiene que en los pueblos infieles hay verdaderos Reyes y Príncipes, de cuya jurisdicción no han sido privados por la venida de Cristo, lo mismo que no han sido privados los particulares del dominio o posesión de sus bienes, ya que el derecho Divino evangélico no destruye el derecho Natural y de gentes. Por ningún pecado ni de idolatría, ni de otros vicios nefandos, pueden ser privados de estos poderes y dominios, a no ser que directamente impidan la predicación de la fe... Una vez recibida la fe y bautizados son obligados a reconocer las leyes de Castilla, pero antes de convertirse, si no los quieren recibir, no pueden ser punidos.

Las Casas reconoce una especie de "Protectorado" de la Corona sobre los indios, más que una autoridad directa. El Rey de España entonces aparece como un Emperador que manda arriba de una serie di Reyes y Príncipes, los que todos y uno tienen su autonomía de mando al interior del sistema general del cual el Rey Católico es la cumbre.

Volviendo a la disputa contra Sepúlveda, se puede decir que, a pesar de que no fue efectivamente el gran humanista a ganar la pelea en contra del Dominico, en realidad algunas de sus tesis, muy lentamente, llegaron a ganarse una posición importante en el debate ibérico sobre América, y en las políticas concreta de los virreinatos. Francisco de Vitoria no hay duda de que se colocó más a lado de Sepúlveda, que muy oportunamente lo citó en una de sus argumentaciones, con sus elaboraciones acerca del *Jus communicationis* y del *bellum justum*, y insistiendo en muchas ocasiones sobre la "incapacidad de gobierno de los indios". Ha sido observada una cierta contradicción entre la primera parte y la segunda de la *Relectio de Indis* (1538) de Vitoria. En la primera parte reconoce el *dominium* a los pueblos indígenas, sin que su infidelidad pueda afectarlo, declara que los mismos presentan indicios muy claros del uso de la razón, y presenta una crítica muy seria a las posiciones que insisten en el poder no limitado del Rey y del Papa, sustentando la tesis que el desconocimiento de la autoridad papal y el rechazo a la fé católica, así como los pecados en contra de la naturaleza, no pueden constituir justa causa para una guerra. Argumenta también acerca de una especie de "reciprocidad" y de "reversibilidad de los conceptos" entre Españoles e indios. En la segunda parte de la obra aparecen consideraciones más generales sobre los derechos de los pueblos a la libre circulación y al comercio, así como a la predicación de los cristianos, y el autor llega por este camino a proponer un concepto de guerra justa. Esta guerra justa (de los Españoles en contra de los indígenas) puede ser aceptada en el caso en que los bárbaros quieran impedir a los Españoles el derecho de circulación, de comercio, y de predicación del Evangelio. Si los Españoles han mostrado toda su diligencia, con palabras y acciones, en actuar sin molestar la vida pacífica de los bárbaros, sin aportar ningún daño, y los bárbaros reaccionaran con armas rechazando a los visitantes, en este caso los Españoles tendrían derecho a hacer guerra, quitarles los bienes y sustituir sus señores. A pesar de la invitación a la moderación que acompaña este punto de vista, estas consideraciones y la tesis propuesta por Vitoria aparecen sin lugar a dudas utópicas y alineadas al mismo tiempo con una visión pragmática y realista que comprende una justificación general de los hechos acaecidos en América en las últimas décadas. Con base en lo anteriormente dicho, aparece evidente la diferencia substancial entre Las Casas y Vitoria (Tosi, 2002; Goti Ordeñana 1999; Urdanoz 1974).

Es interesante anotar que ni Las Casas ni Vitoria consideran importante la idea del derecho que tendría una "civilización superior" como la de los Españoles a conquistar y someter las poblaciones "inferiores" de América. Tal idea, que desde finales del siglo XVIII será fundamental en su calidad de justificación principal de las empresas coloniales europeas, aparece a ratos y muy prudentemente sólo en Sepúlveda (Tosi 2002, 100-101).

Lo cierto es que en 1566, año de la muerte del gran Dominico, el Rey envió de nuevo órdenes permitiendo a sus virreyes en América de dar licencia para nuevos descubrimientos. Desde este momento, entonces, empieza a prevalecer la interpretación de la necesidad de una conquista que es de todas formas justificada, pero que tiene que ser realizada con "limitaciones", con "correcciones" de los errores del pasado (Maestre Sánchez 2004).

Hay que reconocer que Las Casas nunca fue sólo y único en la defensa de los pueblos indígenas de América. Una larga tradición de "Defensores de Indígenas", y de críticos de las actuaciones de la conquista se desarrolló antes de él y siguió siendo importante, en forma frecuentemente autónoma, después de su muerte.

Desde el sermón de Montesinos (1511) hasta las Cartas de Fray Juan de Garcés (1537) y de Fray Bernardino de Minaya (1562) en defensa de los indígenas y de su capacidad racional de recibir y aceptar la fe católica, hay todo un extenso grupo de defensores de indios. La Carta de Garcés y las presiones contemporáneas de Minaya (en su importante viaje a Roma) han determinado, entre otras cosas, la Bula *Sublimis Deus* del Papa Pablo III (1537). Este documento fundamental, fruto de una larga elaboración y de varias presiones internas a la iglesia misionera, y destinado a provocar una reacción significativa sea por parte de las instituciones del gobierno español sea por parte de la Corona, establece sin lugar a dudas que: 1) Los indios, no sólo son capaces de la fe, sino que la reciben con presteza; 2) No pueden ser privados de su libertad ni de la posesión de sus bienes; 3) No pueden ser sometidos a servidumbre (De La Hera 1956). Pero también entre los teólogos, filósofos y grandes intelectuales de la primera mitad del siglo XVI, había defensores de indios y críticos de las teorías autocráticas y absolutistas sobre la autoridad del Rey y de la Iglesia. Como decir que Las Casas nace en un terreno ya en parte bien preparado. Quiero recordar aquí sólo los nombres de Alfonso de Castro, Diego de Covarrubias y Layva, Domingo de Soto, Sebastián Fox Morcillo, Francisco Suárez, y por fin el Cardenal Cayetano, General de la Orden Dominica. La institución que más favoreció la idea difundida en la mitad del siglo sobre la oportunidad y importancia de la "defensa de los indios", fue la creación de la figura oficial y medio-burocrática del *Protector de Indios*. Las Casas fue nombrado en este rol por el regente Cisneros en 1516.

2. La institución del "Protector de Indios": figuras oficiales, funcionarios, religiosos, intelectuales.

La necesidad de que los habitantes originarios de América fueran "protegidos" y "amparados" de las vejaciones provenientes de los conquistadores y de los encomenderos fue evidente desde los primeros años de la Conquista. En una cantidad de fuentes de la época se insiste en las características de los indios de América de ser "menores de edad" o "miserables" (estos eran todos los que no se podían gobernar por si y necesitaban de otros que los dirigieran y asistieran). Por las mencionadas razones los indígenas necesitaban entonces de protección, de una tutoría, y por consiguiente se les reconocía de ser titulares de ciertos privilegios y favores. La insistencia sobre sus "incapacidades" es propia de toda una literatura extensa y repetida. La mencionada actitud se cruza continuamente con la de los teólogos y prelados que, en cambio, subrayan la necesidad de la "defensa", sin insistir demasiado en la "incapacidad". De hecho, desde los Reyes Católicos hasta Carlos V y Felipe II, siempre se ha considerado tarea básica y fundamental de los monarcas de España la de defender a los indios, para "descargar su conciencia", con cédulas, provisiones, normas de diferente nivel. En un sinnúmero de documentos aparecen continuamente las palabras clave que se refieren al asunto: "amparo", defensa de los "agravios", "buen tratamiento", "protección de los abusos y de los maltratos", "conservación y aumento", hacer que "vivan sin molestia ni vejación", y cosas por el estilo. La cantidad impresionante de normas y de declaraciones explícitas de los reyes demuestra sin lugar a dudas que se trataba de normas de muy escasa eficacia. Entre las varias normas específicas me parece de gran importancia la Real Cédula de 9 de octubre de 1549, de acuerdo a la cual los indios podían escoger sus propios jueces, regidores, alguaciles, escribanos, que trataran directamente sus pleitos. Desde las primeras décadas de la Conquista se consideró que los Obispos fueran, en virtud de su ministerio pastoral, los naturales defensores y protectores de los indios. Cuando la figura de Protector empezó a ser formalizada como cargo de nombramiento regio, se revelaron una cantidad de conflictos de jurisdicciones, entre autoridades civiles y religiosas. En Nueva España los primeros Protectores fueron Garcés y Zumárraga, en Perú el primer Obispo y Protector fue Fray Vicente de Valverde (en 1536), al que le tocó de hacer todos los esfuerzos para "defender esta gente de la boca de tantos lobos" y el segundo Obispo Fray Jerónimo de Loaysa (1543). Las funciones eran esencialmente de carácter jurisdiccional, de justicia; pero no había muchos instrumentos de actuación, puesto que sus poderes venían rodeados de vaguedades y nieblas; las facultades eran amplísimas y sin límites en lo territorial y en lo personal. Lo importante era que los protectores podían actuar sin una previa petición o instancia de parte; actuaban de oficio. De hecho, el Protector podía sostener y apoyar las causas de los indios, en denuncias y apelaciones judiciales, y además realizar visitas y/o mover a ellas los Oidores. Terminaba por ser un informador y difusor de noticias sobre violaciones y agravios. Las multas que muchas veces podía imponer, eran muy ligeras. Los sectores de experiencia social y política en los cuales más frecuentemente se producían quejas y necesidades de defensa eran los siguientes: la propiedad de la tierra, los abusos en ocasión del trabajo, en la cobranza de los tributos, y por fin en las dinámicas procesales.

Las primeras Cédulas de nombramiento de los Protectores (Diego Alvares de Osorio, Obispo de Nicaragua, 1527 y Fray Tomás de Ortiz, Protector de Indios de Santa Marta, 1528), tenían una amplitud muy notable de poderes. En estos casos se daba autorización para expedir todas las leyes y ordenanzas que juzgasen convenientes para lograr la protección de los indios, remetiéndolas después al Consejo de Indias para su aprobación. En estos casos las autorizaciones regias ponían a los protectores por encima de los gobernadores. Los Protectores podían legislar y los gobernadores y oficiales tenían que actuar para que se cumplieran las disposiciones de aquellos. Pero esta innovación en materia de protección de los indios era un reto demasiado evidente a la jurisdicción de las autoridades civiles de América y a los intereses de los colonos para que no se produjesen unos enfrentamientos políticos y jurídicos entre las autoridades civiles y eclesiásticas. De hecho, a partir de 1531, la Corona cambió bruscamente su actitud y recortó muy sensiblemente las prerrogativas concedidas a los protectores eclesiásticos (Olmedo Jiménez 1990, 128-131).

Muy progresivamente, en el curso de la segunda mitad del siglo XVI (desde los años sesenta) las responsabilidades formales de Protectores fueron sustraídas a los Obispos y en una cierta época se encargaron clérigos y frailes; en finales del siglo aparecieron los primeros protectores seglares, que ocuparon en forma inestable unos nuevos cargos civiles con este nombre, retribuidos por el Gobierno. Los conflictos de atribuciones y de poderes, y la sobreposición con cargos como los de los corregidores y otras autoridades mayores, puso en crisis la figura. Así que en 1582 una real Cédula ordenó que desapareciera la figura de Protector, aduciendo que provocaban daños a los indios. Pero en 1589 fueron reintroducidos. Se discutió muy largo tiempo acerca de la oportunidad de crear un Protector de la Corte, un Defensor General, un Fiscal Protector. Las reformas del Virrey Toledo, y sus acusaciones muy severas en contra de los "tantos letrados, procuradores y solicitadores y personas que le ayudaban a los naturales no con otro fin más que robarles sus haciendas", así como las críticas a "los pleitos de los indios que son tan costosos que, si les duran algunos días, los destruyen y empobrecen", le dieron a la institución una virada muy consistente. Es conocida la firme opinión del Quinto Virrey que: "Muchos son los que en este reino tienen nombre de protectores de indios, que se sustentan con la profesión que hacen de defenderlos de otros, pero no los defienden de si". Su nombramiento de Baltazar de la Cruz en 1575 como "Defensor General de los Indios" le dio a la figura un relieve gubernamental y centralizado. De todas formas, Toledo se ocupó muy atentamente del tema, dictando 22 ordenanzas sobre el asunto. Su Defensor General de los Indios tenía poderes de juez de los naturales, abogado y procurador; tenía que recibir los negocios más importantes de indios, informaba al fiscal de la real audiencia, los presentaba al Virrey y vigilaba sobre la ejecución y cumplimiento de las sentencias; tenía que existir un protector en cada ciudad del reino; nadie podía presentar las peticiones de los indios, sino los protectores, y los mismos indígenas no podían presentar las peticiones directamente, sólo por medio de su funcionario especializado; y además los indios no podían salir de sus tierras para acompañar los pleitos. Y por fin, los protectores podían presentar propuestas de legislación específica, ante el Rey y/o ante el Virrey, acogiendo las quejas que venían de los indios (Bayle 1945; Ruigómez Gómez 1988).

La literatura que se ha acumulado sobre los "Protectores de Indios", oficiales y no oficiales, es ingente. Son estudios históricos bien documentados que ponen en relieve la actitud de muchos eclesiásticos de producir memoriales y documentos en favor de los nativos americanos, organizar obras concretas en favor de ellos, y muchas veces promover visiones de futuras sociedades adonde los indígenas tendrían una posición social equilibrada y diferente de la que prevalecía en la época de la Conquista. Uno de estos destacados protectores de indios es el juez español y después Obispo de Michoacán Don Vasco de Quiroga, autor de unos escritos muy interesantes recientemente editados (Quiroga 1992). Quiroga es un fundador de pueblos de Indios, de "pueblos-hospitales", hace intervenciones críticas sobre la encomienda, sobre el Requerimiento, sobre la dignidad humana de los indios, el humanismo cristiano, la guerra y la esclavitud de los indios, la "utopía indiana" (Martín Hernández 1993; Serrano Gassent 2001). El estudio de J. Friede sobre Don Juán del Valle, Obispo de Popayán, y la monografía de Cutter sobre México, demuestran que el tema de los Protectores se puede considerar central en la dinámica social y política de los dos virreinatos.

Los documentos que demuestran la existencia de un sinnúmero de defensores, formales e informales, oficiales y no oficiales, de los indios, a lado de las figuras oficiales y gubernamentales de los "Protectores", son muchos. No son todos de las mismas características, ni en todos ellos las críticas abiertas y sutiles al gobierno de los virreinatos son fuertes y detalladas. Pero es indudable que existe una especie de "continuidad" entre los "Protectores" oficiales y los "Defensores" de Indios. Hay que considerar como parte de esta categoría personajes como el franciscano Fray Alonso Maldonado, que pasó experiencias muy duras como disidente y crítico de la Corona y de la Iglesia, y el otro franciscano Fray Juan de Silva, misionero en la Nueva España durante de veinte años, al cual se deben tres importantes memoriales enviados a los Reyes de España entre 1613 y 1634 (Castañeda Delgado 1983). El caso de Fray Alfonso Maldonado es muy importante, porqué representa una de las posiciones más radicales y rígidas. Luchó con energía y con espíritu lascasiano hasta su muerte, que con toda probabilidad ocurrió en las cárceles secretas de la Inquisición. Una de las opiniones más contundentes de este fraile es que S.M. no tenía justo título sobre los indios, sólo un derecho inicial y no de confirmación. El dominio otorgado por las bulas pontificias no lesionaba el derecho de los indios a su hacienda y a sus señores. Este contemporáneo de Las Casas soportó un proceso ante la Inquisición y todas las formas de marginación que las instituciones del tiempo no tuvieron el coraje de imponer al gran Dominico. Se convenció de la fundamentación de la doctrina de la "restitución" y en 1566 exhortó a Felipe II° a no traicionar la memoria de su padre, a no abandonar por las ansias de la plata el cristiano celo del emperador hacia los indios. Sus cinco memoriales constituyen los ejemplos más límpidos de un lenguaje no cauto ante el poder y que revelan la profunda tribulación que sentían algunos padres apostólicos ante una política real codiciosa del oro y de la plata de las Indias. Su opinión de que el Rey de España y todos sus consejeros corrían el riesgo de estar en un estado de damnación suscitaron las más fuertes reacciones en las instituciones españolas y de la Colonia (Sempat Assadourian 1989, 623-24, 628, 633, 647).

Un caso seguramente a parte, muy particular e interesante, es el del Oidor de la Audiencia de Guatemala Tomas López Medel. No puede ser considerado un "defensor" ni un "detractor" de indios. Su posición queda entre las extremas de Sepúlveda y de los partidarios de la servidumbre de los indios y de sus incapacidades racionales por una parte, y las de Las Casas, que es considerado el representante máximo de la categoría de los "defensores", por la otra. López Medel es un juez renombrado por su honestidad y rectitud; no tiene ninguna vinculación con los intereses económicos y políticos de los encomenderos y de las autoridades de la Colonia. Pero su posición más relevante es de "defensor de los Españoles", en un momento en que la Corona y todo un movimiento de opiniones estaba tratando de contrarrestar el poder del grupo de los encomenderos, definidos en una cantidad de documentos como "destruidores de las Indias", y que estaba en aquellos tiempos cayendo en desgracia en los medios oficiales.

El oidor opina que esta importante clase social, descendiente de los primeros conquistadores, está por ser relegada, maltratada y perjudicada económica y socialmente en favor de unos recién llegados. Medel sostuvo que en la Colonia "al igual que en España, hay un poco de todo: buenos y malos, gente de verdad y de no verdad, algunos son codiciosos, descomedidos y malos cristianos, otros son hombres de honra, que tienen en cuenta con Dios y con sus conciencias....Si se hicieron hurtos e si se mataron indios, en un tiempo fue, ya pasó......Agora ya todos son comedidos y son cristianos y leales vasallos de V. A.". En un gran número de cartas dirigidas al Rey y al Consejo de Indias, entre 1556 y 1560, López Medel denuncia el trato que los indios reciben de algunos Españoles, pero hace resaltar que los beneficios de índole cultural que recibirán los indios son más importantes que los perjuicios materiales que puedan ocasionarles algunos Españoles. Su visión del indio no es positiva: son "gentes tan bruta, tan bestial y apartada de la buena razón, que para imprimir en ellos las cosas de nuestra fe y cristiandad, es menester traerlos muchos años a la escuela de la ley natural".

Por otro lado, nuestro Oidor propone un programa muy detallado y complejo de integración y asimilación cultural, que mira a una "remodelación" de la vida indígena hacia una forma más semejante a la europea. Para que tengan "policía" hay que congregarlos en pueblos, montarles escuelas bien organizadas e informarles detenidamente de cuales son las leyes existentes. Hay que favorecer, también el mestizaje a través del matrimonio entre los indígenas de más alto estatus y los miembros de la sociedad campesina de origen europeo. En pocas palabras, de acuerdo a Medel los indios no son inexorablemente condenados a su "barbarie"; son "reformables", depende del tiempo y de una formación intensa y adecuada (Ares Queija 1992, 151-55, 161-63, 171-72). Este caso nos puede servir para notar la variedad de las posiciones que presenta el tema del "tratamiento de los indios" en los dos virreinatos.

Los ejemplos hasta aquí presentados forman parte de una clase muy extensa de documentos de defensa y de evaluación de las condiciones de la población indígena, que convendría estudiar detenidamente y comparativamente. Los temas tratados y las soluciones propuestas en favor de los indígenas aparecen frecuentemente las mismas.

Es interesante anotar que la figura del Protector de Indios se transforma lentamente en figura siempre más oficial, pública y de funcionario civil, generando una extensa literatura de carácter jurídico que recupera y profundiza las raizes de origen romanístico y del derecho común de la institución, frecuentemente en equilibrio muy incierto entre la figura del *Defensor Civitatis* y la del *Tutor*. Dos documentos del siglo XVII muestran muy bien este aspecto jurídico y civil de la transformación de la institución y al mismo tiempo la existencia de una larga tradición casi "familiar" que llega desde el Arzobispo Loaysa hasta Juán de la Rynaga Salazar (*Memorial discursivo sobre el oficio de Protector General de los Indios del Pirú*, 1626) y Nicolás Matías del Campo y de la Rynaga (*Memorial histórico y jurídico que refiere el origen del oficio de Protector General de los Indios de Perú en su gentilidad...*, 1671). La tradición del derecho romano y del derecho común europeo, en la época de la gran compilación de Solórzano y Pereyra, llega a ser un punto de referencia fundamental para el diseño y la configuración de esta importante figura del mundo colonial español (Cuena Boy 1998).

3. El lascasismo peruano, los Protectores y los Defensores de Indios en el Perú.

La difusión de las ideas de Las Casas y de su problemática en Perú se debe obviamente a la penetración de sus obras, las ya publicadas pero sobre todo las manuscritas, en aquel virreinato. Pero también se debe a la acción incesante de los que fueron sus representantes y colaboradores y que trabajaron largo tiempo en Perú.

Antes de todos Fray Tomás de San Martín, primer obispo de Los Charcas, colaborador y cooperador del gran Dominico en La Española. Después de él Fray Domingo de Santo Tomás, segundo obispo de Los Charcas. Otro dominico muy importante, Fray Jerónimo de Loaysa, Arzobispo de Lima, que en 1560 aplicó directamente, en unas disposiciones, la doctrina penitencial en tema de "restitución" de los bienes sustraídos a los indígenas; estas normas fueron aceptadas por el Segundo Concilio Limense en 1567-68. El caso de Fray Domingo de Santo Tomás, misionero, experto lingüista y autor de la primera gramática del quechua, consejero del Rey de España y autor de cartas muy ricas de propuestas sobre la situación de los indígenas, es muy importante. Sin ser protector oficial él es sin duda alguna uno de los mejores defensores de indios. Luchador y capaz de argumentar con mucha atención en favor de la población nativa, intervino en temas como el tributo justo, el trabajo forzoso en las minas, las vejaciones de los encomenderos, la cuestión de los diezmos. Fue atacado por algunos encomenderos y se defendió con energía de las acusaciones y criticó abiertamente el incumplimiento de las leyes regias en la Colonia. Como muchos otros defensores de indios y críticos de la situación del Perú, Fray Domingo anotaba repetidamente la manifiesta contradicción entre la política normativa de la Corona y su política ejecutiva. Las Leyes de Indias promulgadas en 1551, 1558 y 1563 coinciden con cartas que a este respecto escribió Fray Domingo al Rey y al Consejo de Indias. Fue decisiva una visita que él hizo junto con el Licenciado Polo de Ondegardo a las minas de oro y de plata de Guamanga y Potosí. Como la mayor parte de los Defensores de Indios, Fray Domingo expresa explícitamente su aprecio hacia la organización tradicional de los Incas: "...cuán pérdida está de las buenas costumbres que acerca del gobierno y execución de justicia tenían los yncas, señores que fueron destos dichos Reynos". La mencionada opinión se encuentra en uno de los documentos más importante producidos por Fray Domingo: la *Relación hecha al Obispo Fray Bartolomé de Las Casas por el Padre Fray Domingo de Santo Tomás, de lo que conviene proveer para el mejor aumento y conservación de los naturales de Perú*, que es del 1562 (reproducida en Vargas 1937, 87 ss.). Es fundamental la iniciativa de Fray Domingo junto con Las Casas, de acuerdo a la cual en 1560 se proponía a la Corona, en nombre y por cuenta de un grupo consistente de caciques indígenas y señores étnicos reunidos en Mama, de aceptar un consistente servicio en dinero en cambio de la puesta de todas las encomiendas bajo el control directo de la Corona. La devolución de las tierras usurpadas, la reconstitución de las organizaciones étnicas, y la conservación de lo privilegios de los *señores naturales* constituían los ulteriores requerimientos de los dominicos. Es bien conocida la reacción que la mencionada propuesta determinó en la sociedad española del Perú. En la famosa carta del Virrey Nieva y los comisarios de la perpetuidad se señalaba el "peligro que entrañaba el movimiento de frailes y de curacas" (véase, entre otros, Sempat Assadourian 1985, 79-83). En los años siguientes, después de la mencionada visita a las minas, hecha con Polo, y en acuerdo con las ordenanzas del mismo, Fray Domingo atenúa su posición, aceptando que se pueda admitir el trabajo en las minas siempre y cuando los indios "no sean forçados y vayan de su voluntad, se les suba el jornal, se les imponga un trabajo moderado y se instale un depósito permanente de maíz" (Sempat Assadourian 1985, 84; Vargas 1937, 56-62).

Una posición bastante diferente la tiene el Arzobispo de Lima, Jerónimo de Loaysa, más orientado hacia la reformación radical de las estructuras organizativas indígenas (la reducción y "concentración" que facilitaría el proceso de evangelización y la posibilidad de "darles de vivir en comunidad y policía"). La oposición del Arzobispo a los corregidores de indios es absoluta y radical, así como su actitud frente a las innovaciones del Gobernador Castro. Ha sido notado que Loaysa era más cercano a Vitoria, del cual había sido alumno en España, que a Las Casas. Efectivamente, la opinión que los indios eran "incapaces y no idóneos para constituir y administrar una república legítima", él la aceptaba sin dificultad. Y al mismo tiempo la idea que no le pertenecía a los juristas, sino a la Iglesia, la tarea de operar con ellos de acuerdo a la ley divina y no exclusivamente al derecho positivo. Como aparece claro de este caso, las posiciones de estos "defensores de indios" no está exenta de ambigüedades, en esa difícil época de arreglo de las diferentes fuerzas políticas y ideales en la Colonia. La relación con los débiles poderes locales y con la lejana legislación de la Corona no era fácil. En las palabras de Sempat Assadourian (1985, 97), "La 'nueva iglesia del Perú' cobijaba hombres diferentes: los del partido de los indios, los extirpadores de *wacas*, los servidores de los encomenderos, los allegados a esos gobernantes recién venidos sin piedad cristiana". Para añadir algo más sobre Loaysa, vale la pena recordar su posición polémica sobre el hecho de los diezmos y sus reclamos que llegaron a procurarle la titularidad de encomiendas para compensar la inferioridad de sus ingresos con respecto a los del Cuzco. La posición del Arzobispo era, entonces, reveladora de una actitud bastante difundida en la Iglesia, que intentaba procurarse beneficios directos en el juego colonial (Acosta-Carmona Vergara 1999). Es impresionante la involucración que ha tenido Loaysa en los procesos políticos y económicos de la Colonia, en difícil equilibrio entre los poderes regios y los intereses locales, en la época de las guerras civiles y de la revuelta local en contra de las Leyes Nuevas. Nuevas investigaciones que apuntan a descubrir los aspectos y los intereses económicos de la Iglesia, afuera de las versiones idealizadas y quizás ingenuas, están generando importantes perspectivas históricas sobre la segunda mitad del siglo XVI (Acosta 1996). Una enérgica insistencia en la posición de Loaysa como pacificador, mediador prudente y sabio, así como defensor de tiempo completo de los indios, aparece -en cambio- en el libro muy documentado pero substancialmente apologético de Olmedo Jiménez (1990). Pero desde la comparación con otros defensores de la época, queda clara la "diferencia", la prudencia y la diplomacia del Arzobispo, que considera a los indios como seres que deben obviamente ser protegidos de las vejaciones de los encomenderos, pero que frente a ellos las autoridades "deben poner justicias en los pueblos de indios de ellos mismos, declarándoles la orden y leyes que han de tener y las penas de cada delito, u mandándoles que ayuden a los sacerdotes para hacer venir los indios a la misa y a la doctrina y a las demás cosas espirituales que son de su cargo" (Olmedo Jiménez 1990, 235). Ninguna referencia a las normas indígenas, a las estructuras sociales y políticas en ellos existentes. Y la conocida oposición a los Corregidores de Indios, introducidos por el Gobernador Castro, muestra toda su fundamentación no tanto en una defensa de las autoridades locales indígenas, sino en la competencia de poderes entre autoridades civiles y eclesiásticas: "La primera plática que estos Corregidores han hecho a los indios en los pueblos donde llegan es que ya no han de obedecer ni temer a los sacerdotes ni hacer lo que les mandaren......estos corregidores quitan a los clérigos la poca autoridad que tenían" (Olmedo Jiménez 1990, 258).

Otro importante ejemplo de defensor de indios, uno de los clérigos que más tenazmente batallaron en favor de la población nativa, es el de Fray Francisco de Morales, que trabajó en Perú dos décadas, entre 1543 y 1563. Este franciscano desarrolló una militancia muy apasionada en favor del buen tratamiento y conservación de los naturales, buscando formas ligeras y eficaces, sin violencia ni constricción de alumbramiento y conversión a la fe católica. En un memorial de 1565 sobre la situación del Perú, producido a requerimiento del Consejo de Indias, y que fue muy leído y considerado en España, Fray Francisco propuso una serie de enmiendas a los aparatos coloniales estatales y al comportamiento de sus hombres, presentó muchos argumentos y críticas en contra de los abusos más graves que padecían los indios peruanos, echados a las minas, cargados como bestias, obligados a los servicios y alquileres, sometidos al cultivo y consumo de la coca y al injusto tributo de los encomenderos, expropiados de sus tierras, reducidos a extranjeros sin más dominio y señorío sobre sus haciendas. El resultado de todo eso era "un odio perpetuo a los españoles que siempre los tenían entre los dientes". Pero Fray Francisco de Morales se lanza más adelante, cuando pide restablecer las líneas legítimas de los señores étnicos en los casos donde fueron despojados del mando por los encomenderos, y sugiere la "reconstitución de los aparados del poder étnico". Y por fin reclama trasladar el Consejo de Indias a las propias Indias, para que pudiera *indianizarse*. El *Parecer respecto de la reformación de las Indias* (1568), de Fray Francisco de Morales, ha sido reproducido por C. Sempat Assadourian en su ensayo sobre las rentas reales, el buen gobierno y la hacienda de Dios (Sempat Assadourian 1985).

En términos más generales, la influencia lascasiana en el Perú ha generado una extensa literatura de calidad. A parte del conocido libro de I. Pérez Fernández y de sus varios ensayos dedicados al tema mencionado, es Guillermo Lohmann Villena el autor que ha dedicado tres ensayos magistrales a este tema (en 1966, 1970 y 1971). Entre los argumentos tratados el más importante y original es el tema de la "restitución de las encomiendas", que sorpresivamente se muestra como uno de los temas principales que han penetrado profundamente en la cultura religiosa y jurídica de la clase dirigente peruana, a partir de la lejana sugestión y amenaza lascasiana tratada en forma más sistemática y completa en el *Confesionario*. En realidad el tema mencionado es presente, en formas antes ligeras y después siempre más contundentes, en toda la producción lascasiana, como problema teológico, moral y político; y pasa de la jurisdicción civil a la eclesiástica, siendo administrado por los confesores, los cuales tenían que obtener de los penitentes una declaración de restitución confirmada mediante acto público, firmado por una notaría (Cantù 1975). Un sinnúmero de testamentos presentados y analizados por Lohmann Villena en su ensayo de 1966, demuestra la preocupación moral de los encomenderos y conquistadores peruanos que hasta los años ochenta del siglo XVI se empeñan, en finales de su vida, a restituir, devolver, entregar sus bienes directa o indirectamente a los indígenas que habían sido despojados algunas décadas antes. Es interesante leer estos numerosos ejemplos de arrepentimiento tardío de tantos individuos que en punto de muerte se acuerdan de las amenazas del Dominico y reconocen, con sus declaraciones jurídicas, las perversidades sobre las cuales se basó la Conquista.

Este es el ejemplo principal de la influencia directa de Las Casas, a través de sus colaboradores y continuadores. En otros campos y temas, Lohmann Villena expresa su inconformidad con las opiniones corrientes que amontonan todas las voces críticas en favor de los indígenas en una categoría única de "lascasismo". La realidad es que las décadas de los Cincuenta y Sesenta del siglo XVI son llenas del espíritu crítico y reformador, que viene de muchas y diferentes fuentes. Muchas de ellas son eclesiásticas, pero hay también una cantidad de voces civiles, de funcionarios, jueces, oidores, juristas.

El Licenciado Francisco Falcón es uno de los más ilustres lascasistas peruanos a los que se dedica Lohmann Villena. La *Representación hecha por el Licenciado Falcón en Concilio Provincial, sobre los daños y molestias que se hacen a los indios* (1567) es uno de los mejores ejemplos de documentos de un "Defensor de Indios" no oficial. Los temas afrontados son casi todos de origen lascasiana, también si los acentos y las argumentaciones no son las mismas del gran Dominico: 1. Los títulos de España sobre América; 2. Las autoridades autóctonas como instituciones eficientes y legítimas; 3. El régimen tributario y sus injusticias; 4. El despojo de las tierras indígenas; 5. El correspondiente y discutible enriquecimiento de España que se basa en la explotación y el traslado a Europa de las riquezas peruanas; 6. Una interesante y en parte original comparación entre el gobierno del Inca y el gobierno español, tema que en Las Casas no había tenido una especial elaboración; 7. La coerción de la mano de obra de los indígenas peruanos en las minas y en los obrajes de los españoles. Falcón argumenta con mucha atención en contra de estas prácticas y propone también soluciones alternativas, como potenciar la agricultura de subsistencia hasta la autosuficiencia alimentaria y también la producción para el mercado; el oro y los metales del Perú no sirven, de acuerdo a su opinión, para la importación de bienes fundamentales y de utilidad para los indígenas, sino para la adquisición de bienes suntuarios y de lujo para la clase dirigente española.

Hay que recordar que el Gobernador García de Castro había convocado en el mismo año una Junta de religiosos, presidida por el Arzobispo Loaysa, para estudiar el tema. La posición crítica de Falcón responde a esta inquietud institucional difundida en el virreinato. Algunas de las propuestas de Falcón encontraron eco en las Constituciones aprobadas a la conclusión del Segundo Concilio Limense. Sobre el tema del trabajo forzado regresó en 1570 el Virrey Toledo, nombrando otra Junta de prelados, pero las conclusiones esta vez fueron más desfavorables a los indios.

Vale la pena anotar que este "Defensor de Indios", Francisco Falcón, pasó toda su vida como procurador, abogado y defensor jurídico operativo de jefes indígenas y de grupos como tales. Actuó como consultor de varias autoridades virreinales y vio muchos de sus conceptos aceptados por las autoridades. Sus escritos y sus actuaciones no recibieron perjuicios y su actividad no fue obstaculizada ni "silenciada". En su caso estamos frente a un defensor de indios de tipo "profesional", bastante integrado en el contexto social, político y económico de la clase dirigente del virreinato.

Creo que hay que considerar adentro de la categoría de los "Defensores de Indios" también a algunas fuentes documentales que hacen parte de los conocidos "Memoriales", "Informes", sobre el "asiento del Perú", sobre los "agravios y daños" que reciben los indios, y cosas por el estilo. En estas fuentes aparecen a veces unos temas de inspiración lascasiana, pero en su conjunto son propuestas de "remedios" a la difícil situación social del virreinato. Proponen correcciones y manifiestan críticas a lo existente que frecuentemente suenan como críticas "políticas" al sistema de gobierno, pero es muy raro que muestren acentos sepulvedianos, ni referencia a la "guerra justa" de Vitoria.

Un buen ejemplo de esta categoría de fuentes es la *Relación del origen, descendencia, política y gobierno de los Incas* (1563) de Fernando de Santillán, que responde parte por parte a la Cédula Real de 20 de Diciembre de 1553 sobre los tributos y situación de los indios. Por lo general, Santillán sostiene que en la época de los Ingas el sistema de las penas "redundaba en buen gobierno y policía suya, y mediante ello (los indios) eran aumentados". En lo que se refiere a la encomienda él dice que "Se ha pervertido la dicha orden de los Ingas, con haberse entrometido los encomenderos en el hacer curacas en sus repartimientos, á quien quieren y no á quien vienen conforme a sus fueros y costumbres, teniendo atención á sus intereses y no á que sean personas bastantes; de lo cual resultan muchos daños, porqué como no son personas á quien venía el señorío directamente sino por favor del encomendero, roban a los pobres y fatíganlos demasiadamente". Y sigue: "Parece que sin comparaciones más lo que agora llevan los caciques y se aprovechan de sus indios, que no en tiempo del Inga, porqué en el dicho tiempo todos tributaban en órden y regla que ninguno exedía, y con más cuidado vivían en esto, los señores, de la conservación de su gente y de no agraviar á ninguno". Y más adelante: "Estos encomenderos se hicieron cada uno de ellos un Inga, y así usaron por virtud de las dichas encomiendas de todos los derechos, tributos y servicios que aquella tierra hacía al Inga, y más los que ellos añadieron.....Hubo muchos señores viéndose afligidos al tiempo que habían de parecer con el tributo ante el encomendero, viendo que era imposible poderlo cumplir, se mataban, porqué tenían por mejor morir que pasar aquella tiranía". La conclusión de Santillán es muy clara: "Por lo que está dicho se ve y entiende estar los naturales el día de hoy en gran necesidad de ser desagraviados, y la tierra de persona que con recta intención quiera entenderla y dar el asiento que para su buen gobierno es necesario, y esta necesidad es extrema". Siguiendo en su tratamiento del tema del Perú prehispánico comparado con el Perú de su tiempo, Santillán produce un elogio de los Ingas, en cuanto gobernantes y gente de razón. Insiste él también sobre la actividad de los Españoles que es dirigida simplemente a sacar oro y plata y a importar bienes de lujo para ellos mismos, y presenta algunas interesantes reflexiones sobre el hecho de que el sistema de producción del tiempo de los Ingas era caracterizado por pocos intercambios con otras gentes y autoconsumo. Su tratado termina con un largo listado de costumbres de los Ingas que convendría mantener en vigencia, entre las otras la costumbre de desplazar un gran número de gente de un lugar al otro, de acuerdo a las necesidades económicas y políticas del momento.

Sería muy interesante comparar, punto por punto, la *Relación* de Santillán con el *Memorial para el buen asiento y gobierno del Perú* de Polo de Ondegardo, que es del mismo año 1563. Dos visiones diferentes, dos puntos de vista sobre los remedios necesarios para reorganizar en forma eficiente el virreinato. Polo no concede nada, o muy poco, a los Ingas y a su sistema político y económico, ni a sus leyes. Y es muy prudente en atribuir responsabilidades y culpas a los Españoles encomenderos.

Otros memoriales del mismo estilo de Santillán son los siguientes: Bartolomé de Vega (1562), Diego de Robles (1570), Rodrigo de Loayza (1586), Bartolomé Álvarez (1588).

Pero me parecen especialmente importantes tres memoriales de finales del siglo-principio del siglo XVII, que muestran una actitud muy equilibrada y crítica al mismo tiempo, que ha metabolizado plenamente la tradición lascasiana y ofrece soluciones y correcciones políticas, así como "remedios" coherentes con la larga tradición del siglo, a la situación del Perú, sin tomar el punto de vista y la postura oficial de los consultores, oidores, funcionarios del virreinato, y considerando al mismo tiempo los intereses y la causa de los indígenas como parte importante y principal de un contexto social económico y político mucho más amplio y complejo. Se trata de documentos de ámbito jesuítico, que entre otras cosas toman en cuentas en toda su importancia la difícil situación que se había constituido desde los años ochenta del siglo XVI entre las autoridades del virreinato y de la iglesia por una parte, y los ignacianos por la otra.

Los documentos aludidos son los siguientes: la *Relación de los agravios que reciben los indios del Perú* (1596), atribuida por Vargas Ugarte al Padre Antonio de Ayanz, pero con toda probabilidad fruto de las opiniones y del punto de vista del Padre Diego de Torres; y los dos documentos del mismo Diego de Torres, *Primer memorial sobre la perpetuidad de las encomiendas* (1603), y *Segundo Memorial sobre el recto gobierno de las Indias* (1603-04). Este segundo documento es dirigido al Conde de Lemos, Presidente del Consejo de Indias, gran mecenas de Cervantes. Los temas centrales de estos documentos son la crisis en la cual se encuentran las minas de Potosí, y la necesidad de reformar la mita y el trabajo indígena, que es mal pagado, lo que está produciendo un fenómeno gravísimo de disminución demográfica, sobre todo por las muertes muy frecuentes en las hondas galerías de la montaña. Esta situación es crítica y peligrosa, porqué existe el riesgo de que la difícil condición social pueda generar una sublevación de indios y unas revueltas. El hecho de que los indios abandonan periódicamente sus pueblos, sus mujeres y sus familias y lejos de sus casas no pueden ser doctrinados, aparece en estos documentos como una de las fallas más grandes en la organización del virreinato. Y además, se critican los engaños de los corregidores y de los Españoles en general, en lo que se refiere a la compra de ropa, al cuidado de los animales, y a los servicios personales. La conclusión del Padre Ayanz es muy severa: "El Virrey y el Rey y todo el mundo esté satisfecho que, si no hay mucho rigor y gran puntualidad en las justicias en no faltar ni torcer un punto a su obligación, se perderá el Perú" (en Aldea Vaquero 1993, 304).

En su memorial sobre la perpetuidad de las encomiendas el Padre Diego de Torres vuelve, a los setenta años del comienzo de la gran polémica sobre el tema, a considerar la encomienda el "mal menor" en la organización del virreinato. Siempre partiendo de la disminución demográfica y del riesgo de alborotos y de que "emprenda tal fuego que o no se pueda apagar o sea tarde y con mucha costa", Torres observa que hasta ahora no hay quien verdaderamente defienda y ampare a los indios, ni los corregidores, ni los caciques, ni los curas. La única estrategia viable sería la de reactivar y responsabilizar plenamente a los encomenderos, puesto que "la primera razón y fundamento de la perpetuidad es la conservación de los indios...los malos tratamientos y agravios que los indios cristianos reciben de los españoles..., este inconveniente cesará en gran parte con la perpetuidad". Torres ataca a los corregidores diciendo que "sólo el corregidor hace más daño a los indios que todos los pasajeros y los encomenderos, viviendo en sus pueblos". La solución, entonces, está en que "Los encomenderos deberán vivir en sus pueblos con autoridad y mano para poder prender delincuentes y remitir a las ciudades con los informes y para poder enviar cartas de justicia contra delincuentes cuando conviniese, y para que los alcaldes de indios hagan justicia entre ellos". Moderando la tasa de los tributos de los indios y sacando del tributo y tasas una cuota para que en cada cabeza de obispado se fundase un Colegio seminario de hijos de caciques, se podría facilitar la solución del problema indígena. Como se ve, son remedios de los cuales, en una forma u otra, se ha discutido en el Perú desde setenta años. Y es sorprendente que el Padre Torres -que es seguramente persona muy experta y profundo conocedor del virreinato: fue Superior de Juli, Rector del Cuzco, de Quito, de Potosí, y hizo una larga visita a Salta- repita los viejos remedios sin dedicar mucho espacio a un "estudio de factibilidad" y no aluda a alguna reforma radical del entero sistema social, político y económico de la colonia (en Aldea Vaquero 1993, 425-26, 428-30). Giuseppe Piras ha discutido extensamente sobre la actividad de Torres en defensa de los indios, en el cuadro de polémicas muy fuertes al interior de su Orden, y ha citado algunos pasos importantes de otro trabajo del autor, como la *Relatione breve* de 1603 (Piras 2004).

El segundo memorial tiene un carácter mucho más general y insiste sobre la priorización necesaria de la salvación de los indios entre las preocupaciones fundamentales de la colonia, sugiere que se de espacio a los curas nacidos o criados allá, "que por lo menos hazen ventaja en saber la lengua y costumbres de los Indios y no tener codicia de venir a España". Entre otras cosas propone que no sea más el Fiscal del Real Consejo él que se encargue de la protección y del bien espiritual y temporal de los indios, sino "una persona de gran experiencia de las Indias y de gran aprovación y se apartasse de otros cuidados, incompatibles al parecer, y que sólo attendiesse el tal protector a la defensa y amparo de los Indios, en que estaría justa y santamente ocupado un hombre muy grave, de gran experiencia y zelo".

Los remedios para la conservación de los Indios que propone el Padre Torres son, antes de todo, "quitarles las immensas cargas y vejaciones que tienen con los corregidores y administradores de communidades, quitándolos o reduziéndolos a mucho menos y que estos sean de la gente antigua y rica de allá.....puédese suplir la falta con poner en cada pueblo por governador un Indio principal y de entendimiento, que hay muchos capaces de semejantes oficios...y hacer que en cada distrito ande un oidor visitando perpetuamente". Los otros remedios son: reducir el trabajo forzado y pagar más el salario, reducir las tasas y eliminar los servicios personales. A la coca y a las borracheras Torres dedica cierta atención, así como a Potosí. Y termina repitiendo el remedio de la perpetuidad de las encomiendas, aludiendo a la posibilidad de organizar el trabajo en base a la voluntad de los indios y haciendo concertaciones con sus dueños (en Aldea Vaquero 1993, 444-47, 455).

Un carácter totalmente especial revisten una serie de documentos jesuíticos que presentan un tipo muy especial de "defensor de indios", de porte muy radical, donde la crítica política al Rey de España y a su Virrey se une con un aprecio evidente y claro hacia las instituciones indígenas y el pasado Inca en particular. Estos personajes se asemejan más que todo a un tipo como Fray Alonso de Maldonado, que fue una víctima de sus interpretaciones lascasianas de la conquista y del proceso económico-social de las acciones de catequesis por parte de la Iglesia. Estamos haciendo referencia a los Padres Luís López y Blas Valera, ambos desterrados en España al interior mismo de su orden, pero el primero después de un proceso ante la Inquisición.

El Memorial de Luís López, que la Inquisición encontró entre sus papeles, contiene unas críticas radicales y bien articuladas, muy severas e inapelables, al

Rey de España. A parte de los consuetos temas de crítica política (excesivos tributos, justicia insuficiente, trabajo forzado en las minas), aparece en el texto de Luís López mucho más: el Rey es acusado de estar acabando con la sucesión legítima de los señores naturales de los indígenas, y se les está quitando la sujeción a sus curacas y señores naturales, pervirtiéndoles para esto su gobierno.

Además, está permitiendo "que no se gobierne de acuerdo a las leyes destas provincias, sino por las de España, siendo diversa la república y gobierno, de donde nacen mil inconvenientes y males", y "ha consentido repartir las tierras de los naturales á los españoles; usúrpanles los pastos y aguas". No falta una apreciación del antiguo gobierno de los Incas: "En los lugares de los indios, aunque es verdad que las tierras están pro indivisas, pero hacía el Inga distribución cada año, á pobres y ricos para que todos comieses; agora no se hace sino á los tributarios solamente, y así los pobres mueren de hambre" (López [1580] 1889, 473-75, 478-79). Bien se entiende la severidad de la Inquisición y el destierro a España de este severo crítico Jesuita que con toda probabilidad ha tenido otras responsabilidades en el nacimiento de movimientos de disidencia indígena y eclesiástica en el virreinato (Armas Asin, 1999, 2002; Numhauser 2004).

Discurso muy similar se puede hacer por el otro respetado Jesuita Blas Valera, gran conocedor del mundo indígena andino, defensor de una forma de cristianismo muy radicada en la cultura andina y crítico del sistema de la colonia. En Valera la valoración del sistema político y jurídico de los Incas llega a un aprecio muy explícito y detallado, así como de la lengua quechua en su calidad de vehículo de expresión cultural y de comprensión recíproca, incluyendo la difícil tarea de la evangelización.

Este autor declara que los Incas fueron reyes muy amados. Liberales y dedicados como ningún otro soberano del mundo antiguo. Sus leyes eran sabias y eficaces y en el tiempo en que él vivía los indígenas tenían una mayor barbaridad, mayor falta y carestía de las cosas necesarias para la vida, con respecto a lo que tuvieron en los tiempos de los Incas.

Desterrado él también a España en circunstancias muy poco claras y con toda evidencia injustamente, Valera ha conocido en los últimos años una nueva popularidad en base a unos documentos de un archivo privado napolitano (los "Documentos Miccinelli") en los cuales su actitud de "defensor de Indios" aparece todavía más clara de lo que se puede hallar en dos de los documentos atribuibles al mismo jesuita: el manuscrito anónimo *Relación de las costumbres antiguas de los naturales del Pirú*, y los numerosos pasos extraídos de una obra perdida, incluidos por Garcilaso en sus *Comentarios reales* (Hyland 2003; Colajanni 2005). Sobre una significativa concordancia entre las observaciones de Valera y algunos pasos del Memorial del Licenciado Falcón y de algunas cartas del mismo, en lo que se refiere a los derechos de los indios y a la oportunidad que se les otorgue mayores poderes a los líderes nativos locales, ha argumentado eficazmente Sabine Hyland (Hyland 2004).

4. La "Defensa de los indios" como actividad intelectual sui generis. Algunas conclusiones.

Los documentos presentados muestran toda la complejidad de la categoría "Defensores de Indios". Muestran muchas oscilaciones en cuanto a los contenidos de las actividades desarrolladas y las funciones, que aparecen más o menos vinculadas a la visión oficial del virreinato y con opciones más o menos críticas y explícitas. El cuadro de las variaciones en la categoría es muy amplio. La mayoría de los defensores pertenecen a la iglesia, al clero regular misionero y a posiciones formales de la Iglesia de la Colonia (Obispos), pero hay también frailes comunes y misioneros individuales. Existen posiciones muy críticas y que muestran un gran coraje en contra de las instituciones, como es la de Las Casas (que por su inmenso prestigio y su acceso directo al Rey se salvó, en vida, de las persecuciones directas, pero sus obras fueron bloqueadas y prohibidas apenas después de su muerte), o la de Fray Maldonado o los Jesuitas López y Valera.

Algunos de ellos han pagado con su vida o con su libertad la capacidad de presentar críticas abiertas y radicales. Hay también defensores "profesionales", como es el caso del Licenciado Francisco Falcón. Pero aparece claro que ha existido una cierta "continuidad" entre los diferentes tipos de defensores, desde un extremo al otro. Es también evidente que el tema de la "Defensa de los Indios" llega temprano a ser como un "tema obligado" para las autoridades y las personas con responsabilidad de la Colonia. Así que las "cosas dichas" no siempre corresponden a las "cosas hechas".

Existe toda una retórica de la defensa de los indios, que constituye, por así decir, una obligación ritual en los discursos públicos sobre el Perú y sus necesarios "remedios". Y cualquier propuesta de "reforma" del virreinato tiene que pasar, casi necesariamente, por una alusión – más o menos fundamentada – a la "solución del problema indígena". Puede parecer paradójico, pero en el Perú del siglo XVI son más numerosas las fuentes que argumentan en favor de los indígenas y de la necesidad de una reforma radical de su tratamiento, que las fuentes contrarias, negativas y llenas de menosprecio hacia la población indígena. Los argumentos explicito de Sepúlveda aparecen en algunos cronistas y – muy moderadamente – en algunos juristas. Y estas opiniones son circundadas de un sinnúmero de textos críticos, y en favor de una fuerte corrección de las actitudes violentas y opresoras, o simplemente orientadas hacia la satisfacción de los meros intereses económicos, de los Españoles.

En cuanto a la difusión de los documentos de los Defensores de Indios, a su impacto y generación de reacciones de parte del gobierno y de los poderes de la Colonia, aparecen también muchas variaciones. Algunos de estos documentos han recibido diferentes formas de censura, de represión, de cancelación, y han costado a sus autores discriminaciones abiertas. Pero en general se puede decir que la categoría, no homogénea, ha podido producir y frecuentemente hacer circular, sus documentos sin demasiadas dificultades. En algunos casos los documentos críticos han beneficiado de una "confutación" formal de parte de las máximas autoridades del virreinato. Es el caso, bastante raro como tal, del documento citado del Jesuita Luís López, que ha recibido una minuciosa y severa confutación, pero que contiene a veces algunas aceptaciones de las críticas y algunas concesiones, por parte del Virrey Don Francisco de Toledo (Colajanni 2004, 83-84).

Los elementos recurrentes en esta forma muy particular de literatura de defensa social son los siguientes:

- Una forma de crítica, más o menos radical, de carácter sistémico y no individual y ocasional, a las instituciones del virreinato (encomienda como tal, comportamiento de los encomenderos, funcionamiento de las instituciones y de la justicia, minería, comercio exterior, etc.). Este elemento se hace siempre más débil en el siglo XVII.

- Un reconocimiento de que los indígenas constituyen una "parte social diferenciada" al interior de los virreinatos, y como sujetos sociales especiales necesitan de un tratamiento especial, sea en lo jurídico como en lo social.

- Una admisión de que han ocurrido violaciones graves de los derechos fundamentales (normas de la Corona y de la Iglesia) por parte de las instituciones como tales y de los individuos, en el proceso de Conquista y gestión de los territorios americanos.

- Una valoración abierta y explícita de las instituciones y costumbres indígenas, que a veces se acompaña con una forma de moderado "relativismo". Una disposición abierta hacia la posible recuperación de costumbres antiguas que puedan ser re-adaptadas a la situación contemporánea.

- Una atribución de importancia política fundamental a las autoridades indígenas, como regentes autónomos, dotados de su legitimidad y funcionalidad, y/o coordinados por los Españoles.

- Una reivindicación constante de la libertad de conciencia como condición necesaria para la actuación de procesos de conversión al cristianismo. La evangelización no sea forzada sino caracterizada por la argumentación, el ejemplo, la paciencia y el respecto.

Claro que no todos estos elementos aparecen en la totalidad de los representantes de esta categoría de defensores sociales y su relieve es muy diferenciado. Pero se puede concluir que se ha formado lentamente, a lo largo de todo el siglo XVI, y continua en las primeras décadas del siglo XVII, un modelo de "defensa de los indios" que atrae los espíritus más libres e independientes, que diseña un cuadro posible de justicia, equilibrio y compatibilidad con los "otros", y rescata en forma muy laudable la mayor parte de las perversidades de los proceso de conquista de los territorios americanos.

Ya en el siglo XVI empiezan a vislumbrarse en forma muy ligera, en España y en América, las actitudes fundamentales, en buena medida incompatibles, que dominarán en la Europa de dos siglos más tarde frente a la alteridad cultural: 1.

El rechazo a la diversidad acompañado a la concepción de la inferioridad que justifica la dominación y la discriminación (racismo); 2. La consideración de los grupos indígenas como ciudadanos iguales a todos los otros, que pero han sido discriminados y marginados, y que es obligación del Estado de tutelar simplemente a la par de los otros (teorías de la igualdad social); 3. La consideración de los grupos indígenas como sujetos especiales, titulares de derechos sociales y culturales sui generis, que necesitan de un tratamiento especial en términos de un *jus particulare*, y merecen formas de autonomía específica de acuerdo a sus histórias y culturas diferenciales (posición diferencialista).

El debate acerca de los indios del Perú en el siglo XVI, sobre el cual hemos presentado en estas páginas algunos datos y algunos estudios de caso, constituye una significativa e importante anticipación del tema del tratamiento de las diversidades que se desarrollará en Europa en los últimos dos siglos. Así que resulta casi imposible afrontar seriamente el tema mencionado, que es dominante en los estudios sobre las actividades coloniales europeas de los siglos XIX y XX, sin tomar en cuenta muy atentamente el antecedente del tratamiento de los indígenas de América, que caracterizó muy profundamente casi todo el siglo XVI.

Referencias bibliográficas:

J. L. Abellán, Los orígenes españoles del mito del "Buen Salvaje". Fray Bartolomé de Las Casas y su antropología utópica, *Revista de Indias*, XXXVI (1976), n. 145-146, pp. 157-179.

A. Acosta Rodríguez, La Iglesia en el Perú colonial temprano. Fray Jerónimo de Loayza, primer Obispo de Lima, *Revista Andina*, a. 14, 27 (1996), pp. 53-71.

A. Acosta y V. Carmona Vergara, La lenta estructuración de la Iglesia 1551-1582, en: F. Armas Asín (Compilador), *La construcción de la Iglesia en los Andes (siglos XVI-XX)*, Lima 1999, pp. 33-70.

Q. Aldea Vaquero, *El indio peruano y la defensa de sus derechos*, Lima 1993.

B. Ares Queija, El Oidor Tomas López Medel y sus discursos sobre el indio y la civilización, en: B. Ares, J. Bustamante, F. Castilla, F. Del Pino, *Humanismo y visión del otro en la España moderna: cuatro estudios*, Madrid 1992, pp. 137-242.

F. Armas Asin, Los comienzos de la Compañía de Jesús en el Perú y su contexto político y religioso: la figura de Luís López, *Hispania Sacra*, 51 (1999), pp. 573-609.

F. Armas Asin, Criticismo teológico, poder temporal y lucha indiana: Luís López SJ (1568-1582), *Studium Veritatis* [Lima], n. 4-5 (2002), pp. 67-94.

C. Bayle, *El Protector de Indios*, Sevilla 1945.

F. Cantù, Evoluzione e significato della dottrina della restituzione in Bartolomé de Las Casas, con il contributo di un documento inedito, *Critica Storica*, 2-3-4 (1975), pp. 231-319.

A. Colajanni, El Virrey Francisco de Toledo como "primer antropólogo aplicado" de la edad moderna. Conocimiento social y planes de transformación del mundo indígena peruano en la segunda mitad del siglo XVI, en: L. Laurencich Minelli, P. Numhauser Bar-Magen (Editoras), *El silencio protagonista. El primer siglo Jesuita en el Virreinato del Perú 1567-1667*, Quito 2004, pp. 51-93.

A. Colajanni, Blas Valera. Un gesuita meticcio, missionario e antropologo, nel Perù del secolo XVI°. Le opere a lui attribuite, *Archivio per l'Antropologia e l'Etnologia*, CXXXV (2005), pp. 1-18.

F. Cuena Boy, Utilización pragmática del derecho romano en dos memoriales indianos del siglo XVII sobre el Protector de Indios, *Revista de Estudios Histórico-Jurídicos* [Valparaiso], n. 20 (1998), pp. 107-142.

C. R. Cutter, *The protector de indios in colonial New México, 1659-1821*, Albuquerque 1986.

A. De La Hera, El derecho de los indios a la libertad y a la fe. La bula "Sublimis Deus" y los problemas indianos que la motivaron, *Anuario de Historia del Derecho Español*, XXVI (1956), pp. 89-181.

J. Dumont, *El amanecer de los derechos del hombre. La controversia de Valladolid*, Madrid 1997.

J. Friede, *Los orígenes de la protectoría de indios en el nuevo reino de Granada*, La Habana 1956.

J. Friede, *Vida y luchas de Don Juán del Valle, primer Obispo de Popayán y Protector de los Indios*, Popayán 1961.

J. Friede, *Bartolomé de Las Casas: precursor del anticolonialismo. Su lucha y su derrota*, México 1974.

R. García, La utopía democrática del Padre Las Casas y la defensa de los indios, en: M. de las Nieves Muñiz M. (Ed. de), *Espacio geográfico/espacio imaginario. El descubrimiento del Nuevo Mundo en las culturas italianas y españolas*, Cáceres 1993, pp. 187-200.

J. Goti Ordeñana, *Del Tratado de Tordesillas a la doctrina de los derechos fundamentales en Francisco de Vitoria*, Valladolid 1999.

L. Hanke, *La humanidad es una. Estudio acerca de la querella que sobre la capacidad intelectual y religiosa de los indígenas americanos sostuvieron en 1550 Bartolomé de Las Casas y Juán Ginés de Sepúlveda*, México 1985 [1a ed. 1974].

S. Hyland, *The Jesuit and the Incas. The extraordinary life of Padre Blas Valera, S. J.*, Ann Arbor 2003.

S. Hyland, Valera, Falcón y los mestizos del Perú: nuevo testimonio sobre los derechos de los nativos, en: L. Laurencich Minelli, P. Numhauser Bar-Magen (Editoras), *El silencio protagonista. El primer siglo Jesuita en el Virreinato del Perú. 1567-1667*, Quito 2004, pp. 127-136.

A. Levaggi, República de Indios y república de los Españoles en los reinos de Indias, *Revista de Estudios Histórico-Jurídicos* [Valparaiso], n. 23 (2001), pp. 419-428.

G. Lohmann Villena, La restitución por conquistadores y encomenderos : un aspecto de la incidencia lascasiana en el Perú, *Anuario de Estudios Americanos*, XXIII (1966), pp. 21-69.

G. Lohmann Villena, El Licenciado Francisco Falcón (1521-1587). Vida, escritos y actuación en el Perú de un procurador de los indios, *Anuario de Estudios Americanos*, XXVII (1970), pp. 131-194.

G. Lohmann Villena, Notas sobre la estela de la influencia lascasiana en el Perú. El Licenciado Falcón y las corrientes criticistas, *Anuario de Historia del Derecho Español*, XLI (1971), pp. 373-423.

L. López, *Capítulos hechos por el Maestro Luis López, de la Compañía del nombre de Jesús, en deservicio de S.M. y del gobierno del Virey y Audiencias*, en: "Colección de Documentos Inéditos para la Historia de España", Vol. XCIV, Madrid 1889, pp. 472-486.

A. Maestre Sánchez, "Todas las gentes del mundo son hombres". El gran debate entre fray Bartolomé de Las Casas (1474-1566) y Juán Ginés de Sepúlveda (1490-1573), *Anales del Seminario de Historia de la Filosofía*, XXI (2004), pp. 91-134.

F. Martín Hernández, *Don Vasco de Quiroga (Protector de los indios)*, Salamanca 1993.

M. Merluzzi, Tra l' "acreçentamiento del reino" e la "conservación de los naturales". La politica indigena della *Monarquía Católica* in Perú negli anni 1560-70, *Dimensioni e Problemi della Ricerca Storica*, II (2002), pp. 133-152.

P. Numhauser Bar-Magen, El silencio protagonista, Luis López y sus discípulos. Antecedentes y misterios de una crónica jesuita: Nueva Corónica y Buen Gobierno, en: L. Laurencich Minelli – P. Numhauser Bar-Magen (Eds.), *El silencio protagonista. El primer siglo Jesuita en el Virreinato del Perú 1567-1667*, Quito 2004, pp. 95-113.

M. Olmedo Jiménez, *Jerónimo de Loayza O.P., Pacificador de españoles y protector de indios*, Salamanca 1990.

I. Pérez Fernández, *Bartolomé de Las Casas en el Perú. El espíritu lascasiano en la primera evangelización del imperio incaico (1531-1573)*, Cuzco 1988.

G. Piras, El conflicto interno de la Compañía de Jesús sobre las doctrinas de indios en los años 1568-1608 y el papel de Diego de Torres y Martín de Funes en su solución, en: L. Laurencich Minelli, P. Numhauser Bar-Magen (Editoras), *El silencio protagonista. El primer siglo Jesuita en el Virreinato del Perú. 1567-1667*, Quito 2004, pp. 115-125.

C. Ruigómez Gómez, *Una política indigenista de los Habsburgo: el Protector de Indios en el Perú*, Madrid 1988.

C. Sempat Assadourian, Las rentas reales, el buen gobierno y la hacienda de Dios: el parecer de 1568 de Fray Francisco de Morales sobre la reformación de las Indias temporal y espiritual, *Histórica*, IX, 1 (1985), pp. 75-130.

C. Sempat Assadourian, Fray Alonso de Maldonado: la política indiana, el estado de damnación del Rey Católico y la Inquisición, *História Mexicana*, XXXVIII, 4 (1989), pp. 623-661.

P. Serrano Gassent, *Vasco de Quiroga. Utopía y derecho en la conquista de América*, Madrid 2001.

H. Someda, *Apología e Historia. Estudios sobre fray Bartolomé de Las Casas*, Lima 2005.

G. Tosi, La teoria della schiavitù naturale nel dibattito sul Nuovo Mondo (1510-1573). "veri domini" o "servi a natura"?, *Divus Thomas*, 33, n. 3 (2002), pp. 3-264.

T. Urdanoz, Las Casas y Francisco de Vitoria, *Revista de Estudios Políticos*, 198 (1974), 115-222.

J. M. Vargas, *Fr. Domingo de Santo Tomás defensor y apóstolo de los indios del Perú. Su vida y sus escritos*, Quito 1937.

Vasco de Quiroga, *La utopía en América*. Edición de Paz Serrano Gassent, Madrid 1992.

S. Zavala, Aspectos formales de la controversia entre Sepúlveda y Las Casas, en Valladolid, a mediados del siglo XVI, *Cuadernos Americanos*, a. 36, CCXII, 3 (1977), pp. 137-162.

PRAGMATISMO Y EVANGELIZACIÓN EN AMÉRICA: UN *"MEMORIAL"* A PROPÓSITO DE LOS INTERESES "FRONTERIZOS"

Manuel Casado Arboniés
Universidad de Alcalá, UNED, ACISAL

Vamos a ocuparnos de una interesante etapa en la trayectoria como funcionario, en la mitad del siglo XVII, de un antiguo colegial y rector de la Universidad de Alcalá, el Dr. Dionisio Pérez Manrique[1], quien tras culminar su carrera universitaria, viajó al Perú con el nombramiento de alcalde del crimen de la ciudad de Lima, para en el desempeño de éste y otros cargos como el de oidor, atravesar por significativas dificultades personales y de gobierno, como en el caso de su desempeño como presidente interino de la Audiencia de La Plata de los Charcas.

El Dr. Pérez Manrique se mueve en un contexto de enfrentamiento entre peninsulares y criollos por el control de los distintos resortes del poder, con la participación cada vez más activa de la Compañía de Jesús[2] tras su llegada al ámbito virreinal americano, incluida la región de los *moxos*. Este funcionario se verá implicado en el desarrollo de su actividad desde apropiaciones ilegales de bienes, hasta matrimonios prohibidos, pasando por la visita a una persona santa para obtener nuevos destinos profesionales. Diversos recursos que son manejados sin prevención para conseguir una promoción cada vez más difícil. Y auque nos vamos a centrar en su actuación en la Audiencia de La Plata de los Charcas, están presentes otro tipo de cuestiones económicas, sociales, educativas o religiosas, desde la propia implantación de la Unión de Armas a la conversión de los indios *moxos*, problemas con el Arzobispo de Charcas, la cuestión de los mitayos de Potosí, la reactivación de la lucha vascongados-vicuñas o la visita de Juan de Palacios. Nos movemos en una cronología concreta en Charcas[3], 1641-1647, que ocupa un significativo periodo de tiempo desde

---

[1] CASADO ARBONIÉS, Manuel: *La carrera americana de un antiguo Colegial Mayor y Rector de la Universidad de Alcalá de Henares. Don Dionisio Pérez Manrique en el Virreinato del Perú (1629-1678)*. Alcalá de Henares, 1993.

[2] Ver al respecto MEDINA ROJAS, F. de B.: "¿Exploradores o evangelizadores? La misión de los Mojos: cambio y continuidad (1667-1676)". En HERNÁNDEZ PALOMO, José Jesús y MORENO JERIA, Rodrigo (Editores): *La misión y los jesuitas en la América española, 1566-1767: Cambios y permanencias*. CSIC. Madrid. 2005.

[3] CASADO ARBONIÉS, Manuel: "Matrimonio y poder. Un turiasonense en el gobierno interino de la Audiencia de Charcas (1641-1647)". En MARTÍNEZ DÍEZ, Gonzalo y RUIZ RODRÍGUEZ, Ignacio (Editores): *Universitarios y personajes ilustres de la Corona de Aragón y su papel en la construcción de España y el Nuevo Mundo*. Madrid, 2000, p. 161-211.

la perspectiva vital del Dr. Pérez Manrique, nacido en 1599[4] y fallecido en 1678, esta etapa será una más hasta su definitiva provisión para la presidencia del Nuevo Reino de Granada, donde acabó sus días sin regresar a España.

En una rápida biografía del personaje sobre el que versa el *"Memorial"* objeto de análisis, vemos que se trata de un aragonés de nacimiento, hijo legítimo y primogénito de Lucas Pérez Manrique, Justicia Mayor de Aragón de 1622 a 1632[5], continuador de un linaje aragonés[6] que también echará sus raíces en el Virreinato del Perú, y sus descendientes se localizarán en Quito[7] y en el Nuevo Reino de Granada, manteniendo un "título de Indias" como es el de Marqués de Santiago, señalado por el genealogista Juan Flórez de Ocáriz[8], su coetáneo, quien le conoció en Santafé de Bogotá y le dedicó algunas páginas en su obra. Vivió y estudió en Tarazona, su ciudad natal, y en Zaragoza, hasta tener edad para comenzar su carrera universitaria en Huesca[9] y Alcalá de Henares. Por esos mismos años otro aragonés, Juan de Palafox y Mendoza inicia también una carrera similar, estudiando en Huesca, Salamanca y Sigüenza, pero con una trayectoria religiosa más acusada que le llevará a ocupar el puesto de tesorero de la Iglesia de Tarazona antes de iniciar su carrera americana y de protagonizar un sonado enfrentamiento con los jesuitas. La promoción del Dr. Pérez Manrique será hacia puestos civiles, por lo que una cierta frustración religiosa estará presente a lo largo de su vida, y el respeto y amistad hacia las autoridades religiosas le ocasionará no pocas dificultades.

En el Colegio Mayor de San Ildefonso de la Universidad de Alcalá completó su formación universitaria, alcanzando el grado de doctor en Derecho Civil[10] y

---

[4] LOHMANN VILLENA, Guillermo: *Los ministros de la Audiencia de Lima en el reinado de los Borbones (1700-1821). Esquema de un estudio sobre un núcleo dirigente*. Sevilla, 1974, p. 185. Apéndice con las cédulas personales de los ministros criollos y peninsulares casados con criollas que integraron la Audiencia de Lima en los siglos XVI y XVII.

[5] ARCHIVO DE LA CORONA DE ARAGÓN (ACA). Barcelona. *Consejo de Aragón*. Legajo 32. Documento 272. Con fecha 22 de Abril de 1622, provisión del oficio de Justicia de Aragón en la persona del Doctor Lucas Pérez Manrique, por fallecimiento del Doctor Martín Batista de Lanuza. El oficio vale 20.000 reales de salario, más lo que vale el sello, lo que llega a poco más de 30.000 reales. Documento 281. Con fecha 30 de Agosto de 1632 vaca el oficio de Justicia por muerte de Lucas Pérez Manrique.

[6] GARCÍA CARRAFFA, Alberto y Arturo: *Diccionario Heráldico y Genealógico de apellidos españoles y americanos*. Madrid. 1953. T. LI, pp. 76-78.

[7] CASADO ARBONIÉS, Manuel: "Quito, un destino fantasma en la promoción de un letrado corrupto". En ARMILLAS VICENTE, José Antonio (Editor): *La Corona de Aragón y el Nuevo Mundo: del Mediterráneo a las Indias*. Tomo I. Zaragoza, 1998, p. 141-155.

[8] FLOREZ DE OCARIZ, Juan: *Genealogías del Nuevo Reino de Granada*. Bogotá. 1943. T. I, pp. 278.

[9] GIL PUJOL, Javier: "La proyección extrarregional de la clase dirigente aragonesa". En *Historia social de la administración española. Estudios sobre los siglos XVII y XVIII*. Barcelona. 1980, p. 50. GIL PUJOL, Javier: "Olivares y Aragón". En *La España del Conde Duque de Olivares*. Valladolid. 1990, pp. 582-583. JARQUE MARTINEZ, Encarna; SALAS AUSENS, José Antonio: "El «cursus honorum» de los letrados aragoneses en los siglos XVI y XVII". *Studia Histórica. Historia Moderna*, VI (1988), p. 417.

[10] Ver RUIZ RODRÍGUEZ, Ignacio: *Los estudios civilistas en la historia de la Universidad de Alcalá*. Madrid, 1999.

regentando cátedras de Leyes. Su condición de colegial mayor[11] será también un importante aval para el acceso a los puestos más relevantes de la administración, si bien no disponemos de los datos genealógicos, personales y familiares que facilitan los expedientes de limpieza de sangre de los colegiales mayores[12]. Dentro del grupo de gobierno del Colegio, que lo era también de toda la Universidad de Alcalá, fue rector[13] durante los años 1624 y 1625, interviniendo en algunos pleitos propios de conflictividad universitaria de la época[14]. Su etapa universitaria había culminado, y el Dr. Pérez Manrique estaba ya en condiciones de reintegrarse en sociedad e intentar acceder a puestos en la administración de la Corona para ejercer su profesión de jurista, obteniendo muy pronto su primer destino en Lima, lo que pone de manifiesto una vez más, que una de las vías de acceso más rápida hacia las audiencias americanas, era haber sido colegial mayor o catedrático en universidades como Alcalá, Salamanca o Valladolid. Ser colegial mayor y catedrático de una universidad como la de Alcalá, -también de Salamanca o de Valladolid-, era un buen respaldo para recibir cargos en la administración peninsular, americana[15], o en otros territorios dependientes de la Corona española[16], pero la conexión con personajes influyentes

---

[11] ARCHIVO HISTÓRICO NACIONAL (AHN). Madrid. *Universidades*. Libro 1076 F. Fol. 8 r. Colegio Mayor de San Ildefonso. Registro de oposiciones a colegiaturas de 1621 a 1642. Oposiciones mayores. Capilla plena. Libro 707 F. Fol. 191 r. Poder para levantar su información como colegial de fecha 23 de Febrero de 1622. Libro 1233 F. fol. 64 r-v. Colegio de San Ildefonso. Libro de Recepciones de Colegiales y Capellanes Mayores de este Mayor de San Ildefonso de la ciudad de Alcalá de Henares, fechado y certificado en 31 de Agosto de 1792. Figura inscrito con el número 556. Cfr. GUTIÉRREZ TORRECILLA, Luis Miguel: *Catálogo biográfico de colegiales y capellanes del Colegio Mayor de San Ildefonso de la Universidad de Alcalá de Henares (1508-1786)*. Alcalá de Henares. 1992, p. 84. GUTIERREZ TORRECILLA, Luis Miguel: "La Universidad de Alcalá: apuntes para una historia". En *La Universidad de Alcalá*. Madrid. 1990. T. II, pp. 56-57.

[12] GUTIÉRREZ TORRECILLA, Luis Miguel: "Los expedientes de limpieza de sangre de los colegiales mayores de San Ildefonso de la Universidad de Alcalá". En *Actas del II Encuentro de Historiadores del Valle del Henares*. Alcalá de Henares. 1990, p. 292. No se encuentra entre los 22 expedientes que contienen las tres cajas del legajo 532 de la sección de *Universidades* del AHN, que corresponde a la letra P.

[13] Ver *Annales Complutenses. Sucesión de tiempos desde los primeros fundadores griegos hasta estos nuestros que corren*. Edición de Carlos SÁEZ SÁNCHEZ. Alcalá de Henares. 1990, p. 417. Figura dentro del número 754 en la lista de ilustres varones del Colegio Mayor de San Ildefonso y rectores de la Universidad de Alcalá de Henares.

[14] RUIZ RODRÍGUEZ, Ignacio; UROSA SÁNCHEZ, Jorge: *Pleitos y pleiteantes ante la corte de justicia de la Universidad Complutense (1598-1700)*. Madrid. 1998, p. 145-146.

[15] KONETZKE, Richard: *Colección de Documentos para la Historia de la Formación Social de Hispanoamérica 1493-1810*. Madrid. 1958. Volumen II. Segundo Tomo (1660-1690), p. 630-636. Documento 436. 1676, mayo, 11, Madrid. Consulta de la Cámara de Indias que propone el medio que se le ofrece para que las plazas de las Audiencias de Indias se provean en sujetos de letras y partes que se requieren para la buena administración de justicia: "...pues es cierto que con el presupuesto de volver a ocupar puesto en las Chancillerías y Audiencias de España pasarían a servir a las de Indias los colegiales mayores y catedráticos de las Universidades y letrados de mayor grado y opinión como lo han insinuado en diferentes ocasiones, con que los sujetos serían de calidad que muy dignamente podrían volver a servir a los tribunales de estos reinos, viniendo a parar después de algunos años al Consejo de Indias...".

[16] MOLAS RIBALTA, Pere: "Colegiales Mayores de Castilla en la Italia española". *Studia Histórica. Historia Moderna*, VIII (1990), pp. 163-182.

será decisiva, y así ocurre también en este caso, cuando además la política de integración[17] mediante la "reserva" de plazas llegó en las Cortes aragonesas de 1626, como contrapartida de la presión fiscal solicitada por el Conde-Duque de Olivares al servicio de su proyecto de Unión de Armas. Precisamente, el Conde de Chinchón, virrey del Perú, -verdadero valedor del Dr. Pérez Manrique-, fue el encargado de recaudar la Unión de Armasen las distintas audiencias de Lima, Charcas y Quito, de las que formó parte el Dr. Pérez Manrique antes de culminar su carrera con la presidencia del Nuevo Reino de Granada, interviniendo además en la recaudación del nuevo ramo fiscal, mediante el cual la alcabala pasó a ser cobrada a razón del cuatro por ciento, en lugar del dos por ciento; la avería pasó del uno al dos por ciento; y el almojarifazgo supondría dos reales por cada botija de vino de cada cosecha. Los presidentes de Panamá, Nuevo Reino de Granada y Chile recibieron la misma recomendación respecto a la recaudación de la Unión de Armas, y lo mismo ocurrió en el Virreinato de la Nueva España[18].

Pero el Dr. Pérez Manrique además había recibido de Felipe IV el hábito de caballero de la orden militar de Santiago[19] en 1626, cuando contaba con 27 años, recibiendo los distintivos de la orden cuando ya se encontraba en su primer destino americano, que obtiene en 1628 con un nombramiento de alcalde del crimen de la ciudad de Lima, en consideración a sus letras y suficiencia, avalado por una carta de

---

[17] GIL PUJOL, Javier: "«Conservación» y «defensa» como factores de estabilidad en tiempos de crisis: Aragón y Valencia en la década de 1640". En *1640: la monarquía hispánica en crisis*. Barcelona. 1992, pp. 80-81. LALINDE ABADIA, Jesús: "La reserva de magistraturas indianas al Reino de Aragón". En *Estructuras, gobierno y agentes de la Administración en la América española (siglos XVI, XVII y XVIII)*. Valladolid. 1984, p. 289. ELLIOTT, John H.; PEÑA GUTIÉRREZ, José Francisco de la: *Memoriales y cartas del Conde-Duque de Olivares. Política interior: 1621-1645*. Tomo I: Política interior: 1621-1627. Madrid, 1978, p. 35-100. SÁNCHEZ BELLA, Ismael: "Reserva a aragoneses de plazas de justicia y gobierno en Indias (siglo XVII)". En *Actas del IV Symposium de Historia de la administración*. Madrid. 1983, pp. 700-701.

[18] GIL PUJOL, Javier: *De las alteraciones a la estabilidad. Corona, fueros y política en el reino de Aragón, 1585-1648*. Barcelona. 1989, p. 541-640. ELLIOTT, John H.: *El Conde-Duque de Olivares. El político en una época de decadencia*. Barcelona. 1990, p. 251-283. SOLANO CAMÓN, Enrique: *Poder monárquico y estado pactista (1626-1652): los aragoneses ante la Unión de Armas*. Zaragoza. 1987, pp. 39-107. BRONNER, Fred: "La unión de las armas en el Perú. Aspectos político-legales". *Anuario de Estudios Americanos*, 24 (1967), p. 1133-1176. ESCOBEDO MANSILLA, Ronald: "La alcabala en el Perú bajo los Austrias". *Anuario de Estudios Americanos*, 33 (1976), pp. 259-260. CASADO ARBONIÉS, Francisco Javier: "Los retrasos en la imposición de la Unión de las Armas en México (1629-1634)". *Estudios de Historia Social y Económica de América*, 2 (1986), 121-130.

[19] ARCHIVO HISTÓRICO NACIONAL (AHN). Madrid. *Ordenes Militares*. Santiago. Expediente 6382. Decisorias de la hidalguía de los Pérez Manrique. Se conserva la documentación presentada, que ocupa 84 folios, y las resultas que ocupan 30 folios. Expediente 6.383. Corresponde a Don Dionisio Pérez Manrique y Ciria. Expedientillo 1239. Año 1626. Sobre el ingreso en la orden de Santiago de don Pedro Pérez Manrique. Expedientillo 1244. Con fecha 31 de Octubre de 1626 el jurista Dionisio Pérez Manrique deposita una fianza de 200 ducados en las arcas del Consejo de Ordenes para los gastos de las informaciones oportunas para su ingreso en la orden de Santiago, iniciando así los trámites para obtener el hábito de dicha orden. Cfr. VIGNAU, Vicente; UHAGON, Francisco R. de: *Indice de pruebas de los caballeros que han vestido el hábito de Santiago, desde el año 1501 hasta la fecha*. Madrid. 1901, p. 271. Pruebas de Pedro Pérez Manrique y Ciria, 1629, Tarazona (Zaragoza).

recomendación del Rey[20], dirigida al Conde de Chinchón, para ser empleado en la administración americana. Es así como resulta beneficiado por pertenecer a uno de los más importantes clanes familiares favorecidos por la política integracionista del Conde-Duque de Olivares en la administración aragonesa, aunque al margen de la reserva y más al amparo de su condición de colegial mayor, cuando los colegiales mayores alcalaínos aceptaban con más facilidad cargos en América.

Si la condición de colegial mayor mantenía un férreo control sobre el sistema de promoción para las plazas de justicia que resultaba escandaloso y en el que destacaba Salamanca[21] más que Alcalá o Valladolid. Sin embargo, en el caso del Dr. Pérez Manrique asistimos a un nombramiento al margen de la "reserva", cuando fue una realidad que la mayoría de los juristas que ocuparon plazas en las audiencias, gobernaciones y corregimientos americanos fueron castellanos[22], -recibiendo navarros

---

[20] ARCHIVO DE LA CORONA DE ARAGÓN (ACA). Barcelona. *Consejo de Aragón*. Legajo 22. Carta del Rey al Conde de Chinchón recomendando a Dionisio Pérez Manrique para puestos y plazas. Madrid, 11 de Octubre de 1626.

[21] Para este tema ver los trabajos de CARABIAS TORRES, Ana María: "Excolegiales mayores en la administración española y americana durante el reinado de Felipe V". *Estudios de Historia Social y Económica de América*, 7 (1991), p. 55-93. CARABIAS TORRES, Ana María: "El ocaso político de los colegiales mayores en Indias (1746-1830)". *Estudios de Historia Social y Económica de América*, 9 (1992), p. 303-316. CARABIAS TORRES, Ana María: *El Colegio Mayor de Cuenca en el siglo XVI: estudio institucional*. Salamanca. 1983. CARABIAS TORRES, Ana María: "Evolución Histórica del Colegio Trilingüe de Salamanca: 1550-1812". *Studia Historica. Historia Moderna*, I:3 (1983), p. 143-168. CARABIAS TORRES, Ana María: "Colegiales mayores salmantinos en el gobierno de las Indias. Siglo XVI". *Res Gesta*, 13 (1983), p. 23-30. CARABIAS TORRES, Ana María: "Catálogo de colegiales del Colegio Mayor de Oviedo, siglo XVI". *Studia Historica. Historia Moderna*, III:3 (1985), p. 63-105. CARABIAS TORRES, Ana María: "Catálogo de colegiales del Colegio Mayor de San Bartolomé, siglo XVI". *Salamanca. Revista Provincial de Estudios* (1985-1986), p. 223-282. CARABIAS TORRES, Ana María: "La legislación universitaria en la España del siglo XVI". *Revista Española de Derecho Canónico*, 43:120 (1986), p. 101-120. CARABIAS TORRES, Ana María: *Colegios Mayores: centros de poder. Los Colegios Mayores de Salamanca durante el siglo XVI*. 3 volúmenes. Salamanca. 1986. CARABIAS TORRES, Ana María y JIMÉNEZ EGUIZÁBAL, Juan Alfredo: "La Ilustración como un nuevo contexto para la política educativa: la reforma de los Colegios Mayores a la luz de su estructura y su evolución institucional". En *Educación e Ilustración en España. Actas del III Coloquio de Historia de la Educación*. Barcelona. 1984, p. 214-225.

[22] LOHMANN VILLENA, Guillermo: *Los ministros de la Audiencia de Lima en el reinado de los Borbones (1700-1821). Esquema de un estudio sobre un núcleo dirigente*. Sevilla. 1974, p. CV-CVI. Resultan bien significativos los datos aportados para la Audiencia de Lima, siendo muy verosímil que la situación fuese similar en las restantes audiencias americanas. Cfr. BURKHOLDER, Mark A.; CHANDLER, Dewitt S.: *De la impotencia a la autoridad. La Corona española y las Audiencias en América, 1687-1808*. México, 1984. Lla primera edición en inglés data de 1977. BURKHOLDER, Mark A.; CHANDLER, Dewitt S.: *Biographical Dictionary of Audiencia Ministers in the Americas, 1687-1821*. Westport. 1982; aportan los datos de nacimiento de los integrantes de las Audiencias americanas. Para el tema del beneficio de los cargos, MURO ROMERO, Fernando: "El beneficio de oficios públicos con jurisdicción en Indias. Notas sobre sus orígenes", *Anuario de Estudios Americanos*, 35 (1978); SANZ TAPIA, Ángel; VALERIO MERINO, Fernando: "El beneficio de oficios públicos en Hispanoamérica bajo Carlos II (1680-1700)". En *El Reino de Granada y el Nuevo Mundo*. Actas del V Congreso Internacional de Americanistas Españoles. Granada. 1994. SANZ TAPIA, Ángel: "Vascos en el beneficio de cargos americanos (1680-1700). En *Euskal Herria y el Nuevo Mundo. La contribución de los vascos a la formación de las Américas*. Vitoria. 1996; SANZ TAPIA, Ángel: "Provisión y beneficio

y vascos la misma consideración-, aunque ello no impidió que algunos aragoneses[23] accediesen a determinados cargos fuera de los límites territoriales de su reino.

El paso a América se produce en 1629[24], año en que se fecha el preceptivo "inventario de bienes", antes de entrar al desempeño de su primer oficio[25], que obtiene con fecha 27 de Marzo de 1628, con el título de alcalde del crimen de la ciudad de Lima, en consideración a sus letras y suficiencia[26]. Llegaba a Lima para sustituir como alcalde del crimen al también doctor Juan de la Celda[27], promovido a oidor de la Audiencia, presidida entonces por el licenciado Blas de Torres Altamirano[28], y su toma de posesión tuvo lugar el día 4 de marzo de 1630[29] en el Real Acuerdo. Tenemos "noticia"[30] de la intervención del nuevo alcalde del crimen el día 12 de Junio de 1630, en el caso del mulato Gregorio, quien herido se había refugiado en casa del Dr. Pérez Manrique, pidiendo confesión. La razón del apuñalamiento era no haber aceptado dinero por asesinar al capitán Bernardo de Villegas. El herido fue llevado al Hospital de San Andrés y detenido el principal implicado. Al día siguiente el nuevo alcalde del crimen informó al Real Acuerdo, pasando el pleito a la Sala del Crimen. Poco tiempo después, el día 18 de Agosto de 1630, el Dr. Pérez Manrique vistió por primera vez el

---

de cargos políticos en Hispanoamérica (1682-1698)", *Estudios de Historia Social y Económica de América*, 15 (1997), 107-121; SANZ TAPIA, Ángel: "Provisión y beneficio de cargos políticos en la Audiencia de Quito (1682-1698)". En FISHER, John R. (editor): *Actas del XI Congreso Internacional de la Asociación de Historiadores Latinoamericanistas Europeos (A.H.I.L.A.)*. Volumen I. Liverpool. 1998, p. 400-412; SANZ TAPIA, Ángel: "Aragoneses en cargos políticos americanos (1682-1698)". En ARMILLAS VICENTE, José Antonio (Editor): *La Corona de Aragón y el Nuevo Mundo: del Mediterráneo a las Indias. Actas del VII Congreso Internacional de Historia de América*. Zaragoza. 1998, p. 665-684.

[23] GIL PUJOL, Javier: "La proyección extrarregional de la clase dirigente aragonesa". En *Historia social de la administración española. Estudios sobre los siglos XVII y XVIII*. Barcelona. 1980, p. 53-64.

[24] ARCHIVO GENERAL DE INDIAS (AGI). Sevilla. Sección III: *Contratación. "Pasajeros a Indias"*. Serie: Libros de Asientos de pasajeros a Indias. Legajo 5539. Libro III (20-Marzo-1621 a 30-Junio-1670). Fols. 129r-129v. Nº 42. Dionisio Pérez Manrique. Nº 43. Pedro Pérez Manrique. Cádiz, 18 de Julio de 1629.

[25] ARCHIVO GENERAL DE INDIAS (AGI). Sevilla. *Indiferente General*, Legajo 1848, folios 1093-1094. "Inventario de bienes de Don Dionisio Pérez Manrique, alcalde del crimen de la Real Audiencia de Lima".

[26] ARCHIVO GENERAL DE SIMANCAS (AGS). Simancas, Valladolid. Sección XXII: *Dirección General del Tesoro* (DGT). Inventario 1. Legajo 3. Fol. 75.

[27] ARCHIVO GENERAL DE INDIAS (AGI). Sevilla. *Gobierno*. Charcas, 2. Figura entre los propuestos en la Consulta del Consejo de Indias sobre el nombramiento de presidente de Charcas. Madrid, 30-7-1631. Cfr. CARRETERO EGIDO, Bernardina: "Los oficios en Indias de los colegiales del Colegio de San Pelayo de Salamanca". *Estudios de Historia Social y Económica de América*, 7 (1991), p. 230 y 235. Había realizado sus estudios en Salamanca, donde durante seis años fue regente del Colegio de San Pelayo y maestro de los colegiales juristas, pasando después a ser colegial del Mayor del Arzobispo.

[28] SCHÄFER, Ernesto: *El Consejo Real y Supremo de las Indias. Su historia, organización y labor administrativa hasta la terminación de la Casa de Austria*. Sevilla. 1947. Tomo II, p. 482 y 487.

[29] SUARDO, Juan Antonio: *Diario de Lima (1629-1634)*. Lima. 1936, p. 12 y 48-49.

[30] SUARDO, Juan Antonio: *Diario de Lima (1629-1634)*. Lima. 1936, p. 65-66.

hábito de Santiago, en la Iglesia del Convento de San Agustín de Lima, de manos de su Prior, actuando como su padrino el también caballero de Santiago don Diego de Carvajal. Una vez cumplido el protocolo ceremonial, y en el mismo acto, el propio alcalde del crimen actuó como padrino de su hermano don Pedro[31]. A la ceremonia asistieron el arzobispo criollo Hernando Arias Ugarte, que antes lo había sido de Santafé de Bogotá y de Charcas[32], el propio virrey Conde de Chinchón, los miembros de la Real Audiencia y una representación de caballeros de diferentes hábitos y el Cabildo y Regimiento de la ciudad de Lima. Y ese mismo mes, el 30 de agosto de 1630[33] fue nombrado consultor por la Junta de Consultores del Tribunal de la Inquisición de Lima. La misma Inquisición que acabaría procesándole años después.

En su condición de alcalde del crimen de Lima estuvo bajo órdenes directas del virrey Conde de Chinchón[34] en el tema del apresamiento del contador Hernando de Valencia y del alcalde ordinario Luis de Mendoza[35], para que fuesen restituidos en sus empleos y salarios, por haber habido informaciones falsas en el procedimiento por parte del escribano de la provincia Cristóbal de Arauz. El alcalde del crimen también escribirá desde Cajamarca[36] a Su Excelencia el virrey para reiterar que él no había dictado ningún auto, ni dado orden alguna para que Cristóbal de Arauz hiciese información alguna referente al contador Hernando de Valencia, y que, por tanto, era falsa cualquier actuación que con tal pretexto se hubiese hecho. En el fondo del asunto estaba desde luego la problemática de la nueva tramitación impositiva que estaba desarrollando el contador Hernando de Valencia.

El Dr. Pérez Manrique inició así una larga carrera como funcionario al servicio de la Corona, en la que desempeñó sucesivamente los cargos de alcalde del crimen (1628-1636) y oidor (1636-1642) en Lima; presidente electo de la Audiencia de Quito (1642), plaza en la que no llegó a entrar; presidente de La Plata de los

---

[31] SUARDO, Juan Antonio: *Diario de Lima (1629-1634)*. Lima. 1936, p. 230. Pocos años después, el 27 de julio de 1633, el virrey Chinchón haría merced a Pedro Pérez Manrique del corregimiento de Cochabamba.

[32] CASADO ARBONIÉS, Manuel: "Universitarios al frente del arzobispado de Santafé de Bogotá. Época colonial". *Estudios de Historia Social y Económica de América*, 9 (1992), p. 173.

33 SUARDO, Juan Antonio: *Diario de Lima (1629-1634)*. Lima. 1936, p. 79.

[34] ARCHIVO GENERAL DE INDIAS (AGI). Sevilla. *Indiferente General*. Legajo 2690. Nos. 8 a 11 a.i. Ordenes de 23, 8, 6 y 5 de Agosto de 1633 del virrey del Perú, Conde de Chinchón al alcalde del crimen Dionisio Pérez Manrique (1633-1635), sobre el caso del contador Hernando de Valencia.

[35] ARCHIVO GENERAL DE INDIAS (AGI). Sevilla. *Indiferente General*. Legajo 2690. Carta del Conde de Chinchón a Su Majestad. Lima, 23 de Junio de 1635. Sobre el daño recibido por el contador Hernando de Valencia. Cfr. SUARDO, Juan Antonio: *Diario de Lima (1629-1634)*. Lima. 1936, p. 229. Nos cuenta como el 14 de julio de 1633, "... en el convento de la iglesia seráfica de esta ciudad hubo un disgusto muy pesado entre don Luis de Mendoza, alcalde ordinario de esta ciudad y el contador Hernando de Valencia, de manera que sacaron las espadas, y por orden de Su Excelencia, el Sr. Dr. D. Dionisio Pérez Manrique, Presidente de la Real Sala del Crimen, prendió al dicho contador y le dio por cárcel las casas de don Francisco Gutiérrez y Flórez, y al alcalde ordinario las de don Francisco de las Cuentas".

[36] ARCHIVO GENERAL DE INDIAS (AGI). Sevilla. *Indiferente General*. Legajo 2690. Documento Nº 5.

Charcas (1642); y por último presidente del Nuevo Reino de Granada (1654-1662), territorio en el que permaneció hasta su muerte en 1678, tras haber obtenido en 1660 el título de Marqués de Santiago[37]. Las dificultades derivadas de sus matrimonios con criollas en el territorio donde ejercía su cargo, y la causa criminal incoada contra él por la Inquisición a raíz de la apropiación de los bienes de un reo judío, mantuvieron al Dr. Pérez Manrique durante largos años en el oficio de oidor de Lima, sin promoción y suspendido en su ejercicio, aunque como tal oidor de Lima primero resultará electo presidente de Quito, -sin entrar en el cargo-, para acabar ejerciendo el gobierno interino de la Audiencia de Charcas.

El día 5 de septiembre de 1632 se pregonaron por orden del virrey tres reales cédulas que había traído a su cargo el contador Hernando de Valencia[38], referidas a la imposición del estanco de la pimienta en el Perú; al un dos por ciento que se imponía sobre las botijas de vino de cada cosecha, que deberían satisfacer los dueños de viñas; y una tercera disposición sobre que cada nueva pulpería que se admitiese debería pagar al gobierno del Perú de 30 a 35 pesos anuales, siendo el número de pulperías que debe haber en cada ciudad y villa de 15 en Lima, 16 en Quito, 16 en La Plata y 20 en Potosí[39]. Se despachó además una orden directa del Conde de Chinchón al Dr. Pérez Manrique, que estaba en la villa de Yca, para que acudiese a Lima argumentando la falta de jueces que había en la Real Audiencia. Los problemas venían sobre todo por la composición de pulperías y por la Unión de Armas -que suponía el incremento de las alcabalas del dos al cuatro por ciento-, junto al resto de arbitrios aplicados. Medidas que no fueron bien recibidas y que hicieron cundir el descontento, sin que llegasen a producirse altercados violentos[40] en Potosí, Cuzco o Abancay, como en otras ocasiones. Eran cuestiones difíciles de afrontar, pero el Dr. Pérez Manrique ya se desenvolvía con habilidad y había entrado en contacto con las clases dirigentes de la ciudad hasta integrarse en la oligarquía limeña[41], máxime

---

[37] ARCHIVO GENERAL DE SIMANCAS (AGS). Simancas, Valladolid. Sección XXII: *Dirección General del Tesoro*. Inventario 24. Legajo 168. Fol. 130. Traslado de la concesión del título de Marques de Santiago para don Dionisio Pérez Manrique y sus sucesores, de fecha 14 de Julio de 1660. Cfr. GUZMAN, José Alejandro: *Títulos nobiliarios en el Ecuador*. Madrid. 1957, pp. 182-183. *Guía de fuentes para la historia iberoamericana conservadas en España*. Madrid. 1966. T. I, p. 244. Título de Marqués de Santiago; concesionario, Dionisio Pérez Manrique; año, 1660. Se trata de uno de los expedientes formados con motivo de la concesión de títulos nobiliarios hispanoamericanos, que se conserva en entre la documentación relativa a América y Filipinas de Archivo General del Ministerio de Justicia, en Madrid.

[38] SUARDO, Juan Antonio: *Diario de Lima (1629-1634)*. Lima. 1936, p. 195.

[39] ESCALONA AGÜERO, Gaspar de: *Gazofilacio Real del Perú. Tratado financiero del Coloniaje*. La Paz. 1941, p. 289. Esta edición suprime en el Libro II de la Parte II el Capítulo 24, sobre provisión, acuerdos y distribución de pulperías, -ver primera edición, Madrid, 1647, o posteriores de 1675, 1775, 1879 o 1896-, en distintos lugares de las provincias del Perú, incluyendo la Real Cédula que portaba el contador Hernando de Valencia sobre el tema.

[40] Así lo hace notar Rubén Vargas Ugarte en su introducción a la obra de SUARDO, Juan Antonio: *Diario de Lima (1629-1634)*. Lima. 1936, p. V y VI.

[41] RODRÍGUEZ CRESPO, Pedro: "Sobre parentescos de los oidores con los grupos superiores de la sociedad limeña (A comienzos del siglo XVII)". *Mercurio Peruano*, 447-450 (1964), p. 3-15.

cuando en 1634[42], ya con 37 años de edad, realizó un matrimonio ventajoso con una elegante "tapada" limeña, Teresa de Ulloa y Contreras, hija de un rico feudatario criollo de La Paz, lo que le supuso incorporar a sus bienes, en concepto de dote[43], la propiedad de una encomienda en la provincia de Charcas[44] y la de los repartimientos de Mohosa y Caracollo[45]. Con ella tendría al menos siete hijos, pero este matrimonio del funcionario, concertado y consumado sin el oportuno real permiso[46], acabaría ocasionándole problemas para en el desempeño de su oficio, llegándose a la suspensión siendo ya oidor[47]. De hecho, la solución matrimonial[48] adoptada por el Dr. Pérez Manrique había sido la de intentar obtener licencia, a título oneroso[49], pidiendo gracia real para ello, sin éxito[50], y estando ya doña Teresa María de parto. Pero éste era sólo el comienzo de los muchos y diversos problemas que encontraría en el

---

[42] LOHMANN VILLENA, Guillermo: *Los ministros de la Audiencia de Lima en el reinado de los Borbones (1700-1821). Esquema de un estudio sobre un núcleo dirigente*. Sevilla. 1974, p. 186. El matrimonio se celebró en Lima el 25 de agosto de 1634.

[43] Para el tema ver LAVALLÉ, Bernard: "Divorcio y nulidad de matrimonio en Lima (1650-1700). La desavenencia conyugal como indicador social". *Revista Andina*, 2 (1986), p. 427-464; en el que a propósito de las dotes, herencias, etc, se hace la pregunta de si se trata de ¿casamiento o negocio?, p. 442-446. DESCOLA, Jean: *La vida cotidiana en el Perú en tiempos de los españoles. 1710-1820*. Buenos Aires. 1962, pp. 147-157.

[44] ARCHIVO GENERAL DE INDIAS (AGI). Sevilla. *Indiferente General*, 81. Dionisio Pérez Manrique poseía un repartimiento en la provincia de Charcas como esposo de María Teresa de Ulloa y Contreras; tuvo, por tanto, encomienda en Charcas provincia de la que fue Presidente interino. Cfr. PUENTE BRUNKE, José de la: *Encomienda y encomenderos en el Perú. Estudio social y político de una institución colonial*. Sevilla. 1992, p. 248 (nota 64) y 250.

[45] QUEREJAZU CALVO, Roberto: *Chuquisaca, 1538-1825*. Sucre, Bolivia. 1990, p. 223.

[46] RIPODAS ARDANAZ, Daisy: *El matrimonio en Indias. Realidad social y regulación jurídica*. Buenos Aires. 1977, pp. 19-24 y 317-360.

[47] Ver BRONNER, Fred: "Perfiles humanos y políticos del Conde de Chinchón". *Revista de Indias*, 149-150 (1977), p. 673. SANCHEZ BELLA, Ismael: "Eficacia de la visita en Indias". En *Derecho Indiano: Estudios*. Pamplona. 1991. Tomo I: Las visitas generales en la América española (siglos XVI-XVII), p. 147; cita el caso de otro alcalde del crimen de Lima, ya en tiempos del Marqués de Esquilache, al que no se ha podido castigar por no haberse podido probar su matrimonio con mujer natural del distrito de la Audiencia.

[48] GARCÍA CARRAFFA, Alberto y Arturo: *Diccionario Heráldico y Genealógico de apellidos españoles y americanos*. Madrid. 1953. Tomo 51, p. 78. Un solución era ignorar a su primera esposa. GUZMÁN, José Alejandro: *Títulos nobiliarios en el Ecuador*. Madrid, 1957, p. 182. Otra solución era la de atribuir a la esposa una procedencia inocente, y en el caso del Dr. Pérez Manrique, la procedencia de su esposa doña Teresa María de Contreras y Zúñiga no aparece en las genealogías o lo hace como natural de Segovia, subterfugio menos aparatoso que intentar mantener en secreto el matrimonio o el de fingir otra residencia.

[49] QUEREJAZU CALVO, Roberto: *Chuquisaca, 1538-1825*. Sucre, Bolivia. 1990, p. 223. Utilizó como argumento depositar en la Caja Real una fuerte suma en concepto de "donativo gracioso".

[50] KONETZKE, Richard: *Colección de documentos para la historia de la formación social de Hispanoamérica, 1493-1810*. Madrid. 1953. Volumen II: Tomo 1, p. 403. KONETZKE, Richard: "La prohibición de casarse los oidores o sus hijos e hijas con naturales del distrito de la Audiencia". En *Homenaje a Don José María de la Peña y Cámara*. Madrid. 1969, p. 105-109. LOHMANN VILLENA, Guillermo: *Los ministros de la Audiencia de Lima en el reinado de los Borbones (1700-1821). Esquema de un estudio sobre un núcleo dirigente*. Sevilla. 1974, p. LXIII y 186.

desempeño de su carrera administrativa, junto a su mala salud, de la que tenemos la primera noticia en 1633, cuando fue llevado a la Chacarilla del Colegio de la Compañía de Jesús de la ciudad de Lima[51].

El Dr. Pérez Manrique fue promovido a oidor de la Audiencia de Lima en 1636[52], nueve años después de haber sido nombrado alcalde del crimen[53] y a pesar de estar casado con mujer limeña en contra de lo dispuesto en la legislación. En su nuevo cargo permanecerá hasta su definitivo traslado a Santafé de Bogotá en 1651, sin haber llegado a entrar a ejercer la presidencia de Quito en 1642, y después de actuar interinamente en el gobierno de Charcas. Pero durante su mandato, poco después de haber sido emitido su nombramiento de oidor, el Dr. Pérez Manrique todavía alcalde del crimen de la Audiencia de Lima, fue acusado de apropiarse los bienes de un reo judaizante, por lo que tendrá que hacer frente a un proceso inquisitorial, cuando se buscaba la expulsión de los territorios americanos de personas ajenas a la monarquía española, como el caso de los portugueses[54], prefacio del gran auto de la Inquisición del 23 de enero de 1639 en Lima[55].

---

[51] SUARDO, Juan Antonio: *Diario de Lima (1629-1634)*. Lima. 1936, p. 222.

[52] ARCHIVO GENERAL DE SIMANCAS (AGS). Simancas, Valladolid. Sección XXII: *Dirección General del Tesoro*. Inventario 1. Legajo 10. Fol. 213. Merced de oficio. "Por otra real carta fechada en Madrid a 13 de marzo de 1636, hizo Su Majestad merced al doctor don Dionisio Pérez Manrique, alcalde del crimen que al presente es de la Audiencia de la ciudad de los Reyes, de título de oidor de la misma Audiencia, en lugar y por fallecimiento del licenciado Francisco de Herrera Campuzano, según parece de la dicha real carta que se despachó por el Consejo de las Indias de que se sacó esta razón dicho día".

[53] ARCHIVO GENERAL DE SIMANCAS (AGS). Simancas, Valladolid. Sección XXII: *Dirección General del Tesoro*. Inventario 1. Legajo 3. Fol. 75. Asiento de 3 de abril de 1628. "Por otra carta de provisión dada en Madrid a 27 de marzo pasado de este presente año de 1628, hizo Su Majestad merced al doctor don Dionisio Pérez Manrique de título de alcalde del crimen de la ciudad de los Reyes de las provincias del Perú, en lugar y por promoción del doctor Juan de la Celda a plaza de oidor de la misma Audiencia, esto en consideración a sus letras y suficiencia, según parece de la dicha carta que se despachó por el Consejo de las Indias de la que se sacó esta razón dicho día".

[54] Sobre los grupos de extranjeros en el virreinato peruano y su papel dentro de la sociedad colonial ver LOHMANN VILLENA, Guillermo: "Algunas notas documentales sobre la presencia de alemanes en el Perú virreinal". *Jahrbuch für Geschichte von Staat, Wirtschaft und Gesellschaft Lateinamerikas*, 19 (1982), p. 110-111; RODRIGUEZ VICENTE, María Encarnación: "Los extranjeros en el reino del Perú a finales del siglo XVI". En *Economía, sociedad y Real Hacienda en las Indias españolas*. Madrid. 1987, p. 284-299; RODRIGUEZ VICENTE, María Encarnación: "Los extranjeros y el mar en Perú a fines del siglo XVI y comienzos del XVII". *Anuario de Estudios Americanos*, 25 (1968), p. 619-629. BROENS, Nicolás: *Monarquía y capital mercantil: Felipe IV y las redes comerciales portuguesas*. Madrid. 1989, p. 67. SUÁREZ, Margarita: "Monopolio, comercio directo y fraude: la élite mercantil de Lima en la primera mitad del siglo XVII". *Revista Andina*, 2 (1993), p. 487-502. DOMÍNGUEZ ORTÍZ, Antonio: *Los judeoconversos en España y América*. Madrid. 1978, pp. 139-141. LAVALLÉ, Bernard: "Les étrangers dans les régions de Tucuman et Potosi (1607-1610)". *Bulletin Hispanique*, 76:1-2 (1974), p. 125-141. LAVALLÉ, Bernard: "De la difficulté d'être portugais à Panama (1640-1645)". [1979], p. 465-488. PACHECO, Juan Manuel: "Sublevación portuguesa en Cartagena". *Boletín de Historia y Antigüedades*, 491-492 (1955), pp. 557-560.

[55] Una extensa relación de este auto de fe puede verse en MEDINA, José Toribio: *Historia del Tribunal de la Inquisición de Lima (1569-1820)*. Santiago de Chile. 1956. Tomo II, pp. 45-146.

La expropiación de los bienes de estos comerciantes extranjeros; el aumento de la presión fiscal a partir de los viejos impuestos sobre los oficios, -media anata, mesada eclesiástica, venta-, o nuevos como la propia Unión de Armas que, en definitiva, era la elevación de la alcabala de dos al cuatro por ciento; incautaciones forzosas de metales preciosos; incrementos sobre artículos de consumo general; etc; fueron las fórmulas arbitradas sin reparo por la Corona para obtener ingresos, pero eran medidas que perjudicaban seriamente el comercio. Esta depredación por parte de la Corona había generado un gran recelo entre los comerciantes y una inestabilidad económica que culminó con la prohibición de toda comunicación entre Perú y Nueva España y la consiguiente quiebra de muchos comerciantes y banqueros[56].

Es en este ambiente[57] habían comenzado en Lima los apresamientos de portugueses por la Inquisición[58], acusados de judaizantes y considerados enemigos potenciales, para encubrir el negocio que se denominó como "la complicidad grande", hechos en los que participó de forma muy directa el Dr. Pérez Manrique, alcalde del crimen de la Audiencia y consultor del Santo Oficio, al apropiarse de bienes de Melchor de los Reyes[59], -hijo de judíos portugueses acusado de judaizante-, cuando a éste le fueron confiscados sus bienes. Por esa apropiación indebida fue procesado en mayo de 1636 por el Tribunal de la Inquisición, relacionándose los bienes de Melchor de los Reyes que estaban en poder del Dr. Pérez Manrique, y siendo acusado de la *"ocultación de cuatro barras y nueve piezas de damasquillos de China que valdrán sobre más de 6.000 pesos corrientes"*. Se hicieron diligencias a través de algunos "religiosos graves" para tratar de que recapacitase el alcalde del crimen sobre lo que se le imputaba, y restituyese los bienes para ser subastados. Como negó que fuese verdad lo que se le imputaba, los inquisidores del proceso siguieron adelante con las diligencias y se acordó recluir al encausado en un convento de la ciudad.

Por esa apropiación indebida, el Dr. Pérez Manrique es procesado en mayo de 1636. La Inquisición de Lima levanta información y le incoa proceso en relación con el traslado por un negro de dos cajones conteniendo barras de plata y un envoltorio de

---

[56] RODRIGUEZ VICENTE, María Encarnación: "Una quiebra bancaria en el Perú del siglo XVII". En *Economía, sociedad y Real Hacienda en las Indias españolas.* Madrid, 1987, p. 149-167. Se ocupa del sonado caso del banquero Juan de la Cueva, entre cuyos acreedores estaban personas tan destacadas como los oidores Blas de Torres Altamirano y Alonso Pérez de Salazar, el presidente de Quito Antonio de Morga, el obispo-visitador Pedro de Villagómez o el propio autor del *Diario de Lima*, Juan Antonio Suardo.

[57] GARCIA DE PROODIAN, Lucía: *Los judíos en América. Sus actividades en los Virreinatos de Nueva Castilla y Nueva Granada, s. XVII*. Madrid. 1966, p. 63, nota 32.

[58] Hacia 1635 serán particularmente interesantes los testimonios sobre el papel de los portugueses como asentistas. Ver CASTAÑEDA DELGADO, Paulino; HERNANDEZ APARICIO, Pilar: *La Inquisición de Lima*. Madrid. 1989. Tomo I (1570-1635), p. 430.

[59] ARCHIVO HISTÓRICO NACIONAL (AHN). Madrid. *Inquisición*. Libro 1031, fol. 64v; libro 1041, fol. 56v. Cfr. GARCIA DE PROODIAN, Lucía: *Los judíos en América. Sus actividades en los Virreinatos de Nueva Castilla y Nueva Granada, s. XVII*. Madrid. 1966, p. 526. Nº 168. Proceso contra Melchor de los Reyes, acusado de judaizante: 10 de enero de 1636. Sentenciado al auto de fe público del 23 de enero de 1639 por el Tribunal de Lima. Reconciliado.

piezas de damasquillos de China, pertenecientes a Melchor de los Reyes, preso del Santo Tribunal, desde la casa de la viuda doña Ana de Vega a la suya, entregados para que los guardara, según la declaración del propio alcalde del crimen reflejada en el correspondiente auto[60]. Al respecto, había presentado a la Audiencia una petición, -de la que se hizo traslado y se mandó suelta por estar ya los pliegos encajonados para su remisión-, haciendo constar sus recelos sobre la causa que se seguía contra él, para que fuese remitida a Su Majestad. La petición la formulaba *"recelándose del suceso de su causa, en que diversas veces fue advertido por personas graves por orden de este Tribuna"*[61]. Los inquisidores Mañosca, Gaitán y Castro, por su parte, remitieron una declaración del reo judaizante preso en las cárceles secretas consistente en una relación de los bienes de Melchor de los Reyes que están en poder del Dr. Pérez Manrique, sobre quien se que está advertido y buscando los bienes de Melchor de los Reyes, *"pero en este Tribunal está probado que él le trajo a su casa cuatro barras en dos cajones y un envoltorio de piezas de damasquillo de China, y que se las entregó para que se las guardara y que así las exhiba por que de lo contrario de sigue detrimento irreparable de su reputación y honra (...)"*[62].

Por lo tanto, a raíz del encarcelamiento de Melchor de los Reyes, *"que dice ser nacido en Madrid, hijo de portugueses, de 31 años, judío judaizante, que quedó el año pasado sentenciado, en 4 de mayo de 1638, a que salga al auto de reconciliación sanbenito, cárcel perpetua, confiscación de bienes, 200 azotes, galeras por 10 años y destierro perpetuo de las Indias"*[63], resultó también culpado Pérez Manrique de *"ocultación de cuatro barras y nueve piezas de damasquillos de China que valdrán sobre más de 6.000 pesos corrientes"*[64]. Se hicieron diligencias a través de algunos "religiosos graves" para tratar de que recapacitase el alcalde del crimen sobre lo que se le imputaba, y restituyese los bienes para ser subastados. Como negó que fuese verdad lo que se le imputaba, los tres inquisidores del proceso siguieron adelante con las diligencias y ello se puso en consulta de parecer de todos los inquisidores, ordinario y consultores, con acuerdo de recluir en un convento de la ciudad a Pérez Manrique. Así continuaba la causa por la desaparición de los bienes de Melchor de los Reyes, remitiéndose, antes de cualquier ejecución sobre la misma, un traslado de los autos para someterlo a los señores del Supremo Consejo de la Suprema y General Inquisición.

---

[60] ARCHIVO HISTÓRICO NACIONAL (AHN). Madrid. *Inquisición*. Legajo 1648². Lima. N° 8. Proceso de Dionisio Pérez Manrique. Fol. 30.

[61] ARCHIVO HISTÓRICO NACIONAL (AHN). Madrid. *Inquisición*. Legajo 1648². Lima. N° 8. Proceso de Dionisio Pérez Manrique. Fol. 29r. Lima 20 de mayo de 1636.

[62] ARCHIVO HISTÓRICO NACIONAL (AHN). Madrid. *Inquisición*. Legajo 1648². Lima. N° 8. Proceso de Dionisio Pérez Manrique. Fols. 30r-35r. Lima, 20 de mayo, 14 de junio y 16 de diciembre de 1636.

[63] ARCHIVO HISTÓRICO NACIONAL (AHN). Madrid. *Inquisición*. Libro 1031. Fol. 57v. Figura en este libro con el n° 7 en la relación de las causas de fe habidas en los años 1639 a 1666.

[64] ARCHIVO HISTÓRICO NACIONAL (AHN). Madrid. *Inquisición*. Legajo 1648². Lima. N° 8. Proceso de Dionisio Pérez Manrique. Fol. 40. Lima, 9 de mayo de 1636.

Del proceso se había remitido relación al Inquisidor General pero, finalmente, se acordó que se procediese civilmente contra el Dr. Pérez Manrique en el tribunal de juzgado, en la forma ordinaria[65]. De todo ello resultó que el acusado no fue apresado ya que aparece entre las personas que están testificadas, pero fuera de las cárceles del Santo Oficio de Lima, al estar recogido su caso en 1641 en una relación de las causas que quedan pendientes en el Tribunal del Santo Oficio de Cartagena de Indias en el Nuevo Reino de Granada[66]. El tema se saldó con el pago de una multa de más de 6.000 pesos gracias a los bienes de la "crecida" dote de su mujer, aunque como se desprende de la carta, el Tribunal de Cartagena de Indias no tenía constancia de dicho pago, comunicado por los inquisidores de Lima. Lo cierto es que el Dr. Pérez Manrique nunca fue apresado, ya que aparece entre las personas que han testificado[67], pero que se encuentra fuera de las cárceles del Santo Oficio de Lima, figurando en una relación de las causas que quedan pendientes en el Tribunal del Santo Oficio de Cartagena de Indias en el Nuevo Reino de Granada. Al parecer el tema se saldó con el

---

[65] ARCHIVO HISTÓRICO NACIONAL (AHN). Madrid. *Inquisición*. Legajo 1648². Lima. Nº 8. Proceso de Dionisio Pérez Manrique. Fol. 41. Madrid, 20 de junio de 1638.

[66] ARCHIVO HISTÓRICO NACIONAL (AHN). Madrid. *Inquisición*. Libro 1042. Fol. 43r-v. Carta de los inquisidores Gaitán y Castro, fechada en Lima a 15 de Mayo de 1641. Donde puede leerse: *"Por carta de 10 de junio del año pasado de 1638, recibida en esta Inquisición a 6 de febrero pasado, duplicado de otra que en el aviso habíamos servido mandar a V.A. que habiendo hecho confiscación de los bienes de Melchor de los Reyes, preso por judaizante, procediésemos civilmente contra el doctor don Dionisio Pérez Manrique, oidor de esta Real Audiencia y del hábito de Santiago, por las cuatro barras de plata y piezas de damasquillo de China que puso en su poder Melchor de los Reyes y que la causa pasara ante el juez de bienes, oficio que ejerce al presente el inquisidor licenciado Andrés Juan Gaitán. Hízose la confiscación de bienes de este reo como [...] consta y por acuerdo justo que la autoridad de la persona del oidor, usar de los medios suaves antes de llegar a los pregones, se le advirtió por dos religiosos graves de la Compañía, calificadores de este Santo Oficio, lo que convenía ajustar esta cuenta y pagar lo que se le alcanzara de ello. Lo hizo con puntualidad [...] todo con 6.077 pesos corrientes de a 8 reales, entregando de contado los 1.600 [2.600], y por el resto se obligaron a plazos por escritura pública el que su mujer, que tiene crecida dote en raíces y rentas de indios [...] pase la paga de contado. Administróse en la forma referida en consideración a que don Dionisio estaba de camino para la Audiencia de los Charcas por mandado de Vuestra Real persona y necesitado de plata para jornada tan larga [...] cobrando el resto [...] el cual debe algunas cantidades a diferentes personas [...] Dios guarde a V.M. Reyes, 15 de mayo de 1641. Gaitán. Castro".*

[67] ARCHIVO HISTÓRICO NACIONAL (AHN). Madrid. *Inquisición*. Legajo 1648. Nº 8; un cuaderno de 41 folios, copia excepto los folios 30-34 que son originales; libro 1041, fol. 55r; libro 1042, fol. 43r-v. GARCIA DE PROODIAN, Lucía: *Los judíos en América. Sus actividades en los Virreinatos de Nueva Castilla y Nueva Granada, s. XVII*. Madrid. 1966, p. 512 y 533. Nº 110. Abecedario de las personas que están testificadas fuera de las cárceles del Santo Oficio de la Inquisición de la Ciudad de los Reyes en las provincias del Perú, por los reos que están presos en ella de la complicidad que empezó por abril del año de 1635. Nº 110 ter. Proceso contra don Dionisio Pérez Manrique, del hábito de Santiago, alcalde de corte en la Real Audiencia de los Reyes, y consultor del Santo Oficio, acusado de ocultar bienes de un reo judaizante: mayo de 1636. Dos años después, en el mes de mayo de 1638 se remitieron los autos de la causa a S.A. el Inquisidor General, para que él juzgara el caso. Tribunal de Lima. Nº 196 bis. Relación de los presos y causas de fe que el año de 1641 quedan pendientes en el Tribunal del Santo Oficio de la Inquisición de Cartagena de Indias, hecha por su fiscal don Bernardo de Eizagurre. Nº 196 ter. Carta de los inquisidores Andrés Juan Gaitán y Antonio de Castro y del Castillo al Consejo, fechada en Los Reyes a 15 de mayo de 1641, y en la que dan cuenta de que don Dionisio Pérez Manrique ha pagado la multa que se le impuso.

pago de una multa de más de 6.000 pesos gracias a los bienes de la "crecida" dote de su mujer, si bien, como decimos, el Tribunal de Cartagena de Indias no tenía constancia de dicho pago asunto comunicado por los inquisidores de Lima.

Pero a pesar de este hecho claramente delictivo, la presidencia de Charcas se puso al alcance de la mano del Dr. Pérez Manrique, y es aquí donde entramos al contenido del *"Memorial"* al que aludimos a propósito de los intereses "fronterizos". En este enorme territorio bajo gobierno de la presidencia de Charcas están ciudades como Potosí, pero también un Tucumán, que dependía de la Audiencia de Charcas para los asuntos jurídicos, -para el resto lo hará de Lima, la capital del virreinato-, que se había convertido en un verdadero espacio para el contrabando gracias a las riquezas derivadas de la minería y al tráfico provincial con el Río de la Plata. En definitiva, un espacio de frontera en el que se va a mover durante varios años el Dr. Pérez Manrique, y que está estrechamente relacionado con los principales ejes comerciales, Panamá-Lima y Potosí-Buenos Aires, en los que la implantación de los comerciantes portugueses era significativa.

Charcas, en el Alto Perú, estaba situada en una zona sólo accesible geográficamente remontando la cordillera de los Andes, siendo una de las denominadas "provincias de arriba"[68] perteneciente al Virreinato del Perú y bajo la jurisdicción de la Audiencia del mismo nombre[69]. La presidencia de Charcas, una de las más importantes de América, tenía un distrito muy grande y extenso hacia el oriente, tras Cuzco, que además comprendía la villa rica y cerro de Potosí, con una población cercana a los 150.000 habitantes[70], siendo difícil hacerse a la idea de una ciudad de esas dimensiones, con unos precios siempre altos[71], dependiendo de la cantidad de mercancías con que era abastecida desde el exterior y de las fluctuaciones

---

[68] ESCOBARI DE QUEREJAZU, Laura: *Producción y comercio en el espacio sur andino en el siglo XVII. Cuzco-Potosí, 1650-1700*. La Paz, Bolivia. 1985, p. 94-95, 100 y 134.

[69] VAZQUEZ MACHICADO, José: *Catálogo de documentos referentes a Potosí en el Archivo de Indias de Sevilla*. Potosí. 1964. MESA, José de; GISBERT, Teresa: "Las ciudades de Charcas y sus barrios de indios". *La ciudad iberoamericana. Actas del Seminario de Buenos Aires 1985*. Madrid. S/F, p. 45-53. Tras la fundación de Chuquisaca, luego llamada La Plata (actual Sucre), pasaron algunos años hasta la creación en ella de la Real Audiencia de Charcas, en 1561, cuando ya se había convertido en el gran corazón minero de América del Sur, con importantes ciudades mineras como La Paz, Oruro, Potosí o Cuzco, en las que existían barrios indígenas separados del resto de la población.

[70] VILLALPANDO R., Abelardo: "Fundación, grandeza y desventura de la Villa Imperial de Potosí". *Acta Historica. Universitatis Szegediensis*, 63 (1978), p. 15. ESCOBARI DE QUEREJAZU, Laura: *Producción y comercio en el espacio sur andino en el siglo XVII. Cuzco-Potosí, 1650-1700*. La Paz, Bolivia. 1985, p. 39. Cifra la población del Potosí del siglo XVII en torno a las 160.000 personas, repartidas de la siguiente forma: Indios de otras provincias y naturales de la villa, incluidos los 5.000 de la mita: 76.000. Españoles de los reinos de España y extranjeros: 40.000. Españoles criollos procedentes de todas las provincias occidentales: 35.000. Negros, mulatos y zambos: 6.000. Españoles, nacidos en la villa: 3.000.

[71] Los precios en Potosí desde 1587 a 1649 en BAKEWELL, Peter: *Mineros de la Montaña Roja. El trabajo de los indios en Potosí, 1545-1650*. Madrid. 1989, p. 199.

en la producción de plata[72]. No son de extrañar las tensiones[73], desde el mismo momento de la fundación de la ciudad, que consolidaron su fama de rebelde, siempre agitada por luchas privadas motivadas por la ambición de poder económico y político, fundamental en un emporio minero de tales dimensiones. Además, Tucumán dependía de la Audiencia de Charcas para los asuntos jurídicos, -para el resto lo hará de Lima, la capital del virreinato-, que a lo largo del siglo XVII se había convertido en un verdadero paraíso para el contrabando[74] gracias al auge de Potosí y al tráfico provincial con el Río de la Plata[75]. Este será el espacio geoeconómico y político de frontera en el que actuará el Dr. Pérez Manrique.

En consulta del año 1631[76] sobre la provisión de la presidencia, -el hasta entonces presidente Diego de Portugal era de capa y espada, por lo que se había elevado a cinco el número de oidores-, el Consejo de Indias ve más necesario un presidente letrado, y cuatro oidores con 4.800 pesos de salario. A pesar de que Juan de Lizarazu, estudiante de la Universidad de Salamanca y del Consejo del Reino de Navarra, iba propuesto en primer lugar y obtuvo todos los votos, el Rey nombró a don Francisco de Alfaro, oidor de Lima[77] que obtuvo licencia para volver a España.

Juan de Lizarazu entraría finalmente a la presidencia de Charcas en 1633[78], y en ella permanecería hasta 1642. Atraído por la fama del sacerdote Alvaro Alonso Barba, -quien compaginaba sus labores eclesiásticas con la exploración de yacimientos en la provincia de Charcas-, le llamó a Potosí[79], donde residiría durante más de treinta años, para "poder comunicar con él sobre el beneficio de los metales", tras su descubrimiento del beneficio por "cazo y cocimiento", encargándole el presidente reiteradamente que "sacase a la luz un libro en que enseñase científicamente lo que en el beneficio de los metales practicaba [...] sin ninguna regla

---

[72] TANDETER, Enrique: *Coacción y mercado. La minería de la plata en el Potosí colonial (1692-1826)*. Cusco. 1992, p. 19-29.

[73] RUIZ RIVERA, Julián Bautista: "Potosí: tensiones en un emporio minero". *Anuario de Estudios Americanos*, 40 (1983), p. 103-137.

[74] ESCOBARI DE QUEREJAZU, Laura: *Producción y comercio en el espacio sur andino en el siglo XVII. Cuzco-Potosí, 1650-1700*. La Paz, Bolivia. 1985, p. 129-140.

[75] CÉSPEDES DEL CASTILLO, Guillermo: "Lima y Buenos Aires. Repercusiones económicas y políticas de la creación del Virreinato del Plata". *Anuario de Estudios Americanos*, 3 (1946), pp. 669-702.

[76] ARCHIVO GENERAL DE INDIAS (AGI). Sevilla. *Gobierno*. Charcas 2. N° 161. Madrid, 30 de julio de 1631. Propuesta del Consejo de personas de letras y de capa y espada para la presidencia de la Audiencia de Charcas. Es nombrado don Francisco de Alfaro.

[77] SCHÄFER, Ernesto: *El Consejo Real y Supremo de las Indias. Su historia, organización y labor administrativa hasta la terminación de la Casa de Austria*. Sevilla. 1947. Tomo II, p. 482. RODRIGUEZ CRESPO, Pedro: "Sobre parentescos de los oidores con los grupos superiores de la sociedad limeña a comienzos del siglo XVII". *Mercurio Peruano*, 447-450 (1964), p. 7.

[78] SCHÄFER, Ernesto: *El Consejo Real y Supremo de las Indias. Su historia, organización y labor administrativa hasta la terminación de la Casa de Austria*. Sevilla. 1947. Tomo II, p. 505.

[79] LOPEZ PIÑERO, José María: *Ciencia y técnica en la sociedad española de los siglos XVI y XVII*. Barcelona. 1979, p. 265-268.

cierta". El resultado sería la publicación del *Arte de los metales*[80] por los diputados de Potosí en 1637, remitido al Rey por el propio presidente Lizarazu e impreso por primera vez en Madrid en 1640, tras las oportunas aprobaciones.

También tuvo que acometer Juan de Lizarazu[81] la implantación de la Unión de Armas a partir de 1639[82], para lo cual había recibido órdenes directas del Virrey Conde de Chinchón no sólo de trasladarse a Potosí, sino también relativas al modo de proceder con la nueva imposición. El Dr. Pérez Manrique hubo de continuar con la aplicación de la Unión de Armas a partir del incremento de las alcabalas[83], al igual que lo había hecho en Lima[84], tema espinoso que se arrastrará hasta finales de siglo[85]. De hecho, el presidente Lizarazu recibió aviso de traslado a la presidencia de Quito, posiblemente a causa de su escasa efectividad en el cobro de la misma, pero se resistía a aceptarlo por considerar que era de menor categoría y salario.

La situación era absolutamente irregular, ya que el presidente Lizarazu no quería pasar a ocupar la plaza de Quito, al tiempo que quedaba desprovista la de Charcas. Es en esta coyuntura en la que el Dr. Pérez Manrique, quien ya era sustituto eventual de Juan de Lizarazu en Charcas, fue promovido también a la presidencia de Quito, para la que estaba nombrado en segundo lugar. Sin embargo nunca llegó a ir a

---

[80] Ver ALONSO BARBA, Alvaro: *Arte de los metales*. Madrid. 1992. Edición facsímil de la de Madrid de 1640.

[81] LOHMANN VILLENA, Guillermo: *Los americanos en las Ordenes Nobiliarias (1529-1900)*. Madrid. 1947. Tomo I, p. 232-233. Su hijo, Carlos Victorino de Lizarazu y Beaumont, que había nacido en La Plata, sería también caballero de la orden de Santiago.

[82] ARCHIVO GENERAL DE INDIAS (AGI). Sevilla. *Gobierno*. Charcas 21. Potosí 12 de Junio de 1639. El presidente de La Plata, Juan de Lizarazu da cuenta a Su Majestad de cómo en la Villa Imperial de Potosí queda impuesto un dos por ciento, por tiempo de quince años, sobre la alcabala, -que ya era del dos por ciento-, para los gastos de la Unión de Armas, tras haber recibido la correspondiente orden del Virrey del Perú, el Conde de Chinchón, para ir a personalmente a Potosí.

[83] ESCOBEDO MANSILLA, Ronald: "La alcabala en el Perú bajo los Austrias". *Anuario de Estudios Americanos*, 33 (1976), p. 259-260 y 267.

[84] BRONNER, Fred: "La unión de las armas en el Perú. Aspectos político-legales". *Anuario de Estudios Americanos*, 24 (1967), p. 1176. Tabla con el cobro de la Unión de las Armas en las Audiencias de Lima y La Plata de 1638 a 1664, de la que tomamos las cifras hasta agosto de 1651, fecha en la que Pérez Manrique cesa en su condición de oidor de Lima, promovido a la presidencia del Nuevo Reino de Granada, después de haber intervenido en su recaudación no sólo como oidor de Lima, sino también como presidente sustituto eventual en Charcas a partir de 1642. El importe total de lo recaudado en dichos años asciende a la cantidad de 19.464.110 reales. Unión de Armas: Audiencias de Lima y Charcas (1638-1651); p. 1161-1162, datos referidos a las tres Audiencias bajo control del virrey Conde de Chinchón, Lima, Charcas y Quito, cuando las de Santafé de Bogotá, Panamá y Chile también habían entrado en el correspondiente reparto para la recaudación de la Unión de Armas, tras la reunión de los Oficiales Reales de la Audiencia de Lima celebrada el 30 de julio del año 1638, con un importe total de 350.000 ducados y 481.000 pesos. Reparto por audiencias del cobro de la Unión de Armas (1638).

[85] ARCHIVO GENERAL DE INDIAS (AGI). Sevilla. *Gobierno*. Charcas 128. Expediente promovido por el maestre de campo don Antonio López Quiroga, minero y azoguero de Potosí, sobre que se le eximiese de pagar las alcabalas y unión de armas en sus haciendas (1674-1697). De este minero se ha ocupado monográficamente BAKEWELL, Peter: *Plata y empresa en el Potosí del siglo XVII. La vida y época de Antonio López de Quiroga*. Pontevedra. 1988.

Quito siendo mantenido en su plaza de oidor de Lima, y en esa condición de oidor siguió al frente del gobierno de la Audiencia de Charcas, como sustituto eventual del presidente Lizarazu. La suspensión en su plaza de oidor por haberse casado en su distrito teóricamente le inhabilitaría también para el gobierno interino de la audiencia de Charcas, y sólo en 1651, cuando definitivamente se convierta en presidente del Nuevo Reino de Granada, quedaría cerrada su cuestión matrimonial.

A todos estos elementos alude el *"Memorial"*, que deja claro que desde 1641 el Dr. Pérez Manrique ocupa en *interin* la presidencia de Charcas[86], y actúa en Potosí con instrucciones secretas del virrey Marqués de Mancera, para intervenir en las actividades del visitador de Charcas, Juan de Palacios[87]. Se trataba de evitar que se reprodujese la situación creada por la visita de Juan de Carvajal y Sande, cuando parecían haberse refrescado *"las llagas de lo sucedido en el tiempo en que se levantaron los sucesos de lo que llamamos vicuñas"* [88], cuando desde 1635 se vivía una cierta tranquilidad tras años de lucha[89]. Y es precisamente en este momento cuando el Dr. Pérez Manrique viaja a Chuquisaca comisionado para entregar una carta del virrey sobre el tema, detener la visita[90] de Juan de Palacios y llevar los papeles de la misma[91], custodiados bajo tres llaves, una depositada en el convento de Santo Domingo, otra en manos del superior de la Compañía de Jesús y la tercera en poder del propio visitador[92]. Sin embargo, este grave conflicto no le impidió intervenir en asuntos religiosos denunciando las injusticias del arzobispo con las órdenes religiosas

---

[86] ARCHIVO GENERAL DE INDIAS (AGI). Sevilla. *Gobierno.* Lima 50. Nº 4. El Callao, 11 de junio de 1641. Nombramiento interino de la presidencia de Chuquisaca (Charcas) de don Dionisio [Pérez] Manrique.

[87] Ver LÓPEZ BELTRÁN, Clara: *Estructura económica de una sociedad colonial. Charcas en el siglo XVII.* La Paz, Bolivia. 1988, p. 92-93, 124 y 204-210.

[88] ARCHIVO GENERAL DE INDIAS (AGI). Sevilla. *Gobierno.* Lima 51. Fol. 35r-v. (Copia). Lima, 26 de agosto de 1641. Instrucción (secreta) del Virrey Marqués de Mancera para don Dionisio Pérez Manrique, presidente de la Real Audiencia de la Plata de los Charcas.- Potosí, 26 de octubre de 1641. (Copia). Carta de don Dionisio Pérez Manrique al Marqués de Mancera dándole cuenta de la ejecución del despacho secreto y explicando su ida a Chuquisaca para entregar la carta al visitador sobre el tema de haber reactivado las viejas luchas entre vascongados y vicuñas.- Nº 36. Lima, 16 de junio de 1642. Despacho del Marqués de Mancera remitido a S.M. sobre el servicio de don Dionisio Pérez Manrique (oidor de Lima y en interin gobernador de la presidencia de Chuquisaca de la Plata) en Potosí.

[89] HELMER, Marie: "Luchas entre vascongados y vicuñas en Potosí". *Revista de Indias*, 81 (1960), pp. 185-195.

[90] ARCHIVO GENERAL DE INDIAS (AGI). Sevilla. *Gobierno.* Lima 51. El Callao, 24 de junio de 1642: Nº 3. Sobre los motivos de la suspensión de la visita.- Nº 4. A propósito de los excesos de los ministros de la Audiencia de Charcas.- Nº 7. Sobre las diferencias entre el Arzobispo y el Presidente de Charcas.- Nº 58. Sobre los excesos del visitador don Juan de Palacios en Chuquisaca y Potosí, y la suspensión de la visita.

[91] ARCHIVO GENERAL DE INDIAS (AGI). Sevilla. *Gobierno.* Lima 50. Nº 45. El Callao, 2 de junio de 1640. Sobre la suspensión del cargo de presidente de Potosí por el visitador.

[92] ARCHIVO GENERAL DE INDIAS (AGI). Sevilla. *Gobierno.* Lima 51. Documento 23. (Incompleto). S/F. Sobre la custodia de los papeles de la visita de Juan de Palacios.

y con el clero[93], posibles gracias a la actuación del fiscal de la Audiencia, Fabián de Valdés, en connivencia con el arzobispo[94].

Pero quizá el aspecto de su actuación que ahora más nos interesa sea el de cómo afrontó un problema capital de la región de Charcas, el del abastecimiento de *mitayos* para Potosí[95] y la cercana Huancavelica[96]. Y él interviene de manera muy directa en las riquísimas minas del territorio, -sobre todo en Potosí[97]-, y en las cuestiones de azogue y azogueros de la cercana Huancavelica, ya que hubo de responder de la administración de la Caja de Potosí, primero ante el virrey Marqués de Mancera, quien le agradeció la importante cuantía remitida merced al aumento de los quintos, de las cobranzas de azogues y de otras deudas. Más adelante también deberá justificar su actuación como responsable de la Caja de Potosí ante el nuevo virrey, el Conde de Salvatierra[98].

---

[93] ARCHIVO GENERAL DE INDIAS (AGI). Sevilla. *Gobierno*. Lima 51. Lima, 22 de abril de 1643. Don Dionisio Pérez Manrique, gobernador de la Real Audiencia de la Plata, escribe al virrey Marqués de Mancera, sobre las injusticias del Arzobispo y del fiscal con las órdenes religiosas y el clero.

[94] La Iglesia también seguía una línea definida de presión económica, ver BARRAGÁN, Rossana; THOMSON, Sinclair: "Los lobos hambrientos y el tributo a dios: conflictos sociales en torno a los diezmos en Charcas colonial". *Revista Andina*, 2 (1993), p. 305-348. Sobre la composición en Charcas del juzgado general de censos ver DÍAZ REMENTERÍA, Carlos J.: "La administración de los bienes de comunidades indígenas en Charcas, Tucumán y Río de la Plata". En *Actas y estudios. IX Congreso del Instituto Internacional de Historia del Derecho Indiano*. Madrid. 1991. Tomo II, p. 77. Sobre la composición en Charcas del juzgado general de censos.

[95] TANDETER, Enrique: *Trabajo forzado y trabajo libre en el Potosí colonial tardío*. Buenos Aires. 1980. TANDETER, Enrique: *Coacción y mercado. La minería de la plata en el Potosí colonial (1692-1826)*. Cusco. 1992, p. 37-100. ABECIA BALDIVIESO, Valentín: *Mitayos de Potosí. En una economía sumergida*. Barcelona. 1988, p. 115.

[96] Ver LOHMANN VILLENA, Guillermo: *Las minas de Huancavélica en los siglos XVI y XVII*. Sevilla. 1949. El primer estudio monográfico sobre la producción de azogue en Huancavélica.

[97] De la producción minera de Potosí se ha ocupado BAKEWELL, Peter: *Antonio López de Quiroga (Industrial minero de Potosí)*. Potosí. 1973. BAKEWELL, Peter: "Registered silver production in the Potosí district, 1550-1735". *Jahrbuch für Geschichte von Staat, Wirtschaft und Gesellschaft Lateinamerikas*, 12 (1975), p. 67-103. BAKEWELL, Peter: "Technological change in Potosí: the silver boom of the 1570s". *Jahrbuch für Geschichte von Staat, Wirtschaft und Gesellschaft Lateinamerikas*, 14 (1977), p. 60-77. BAKEWELL, Peter: *Plata y empresa en el Potosí del siglo XVII. La vida y época de Antonio López de Quiroga*. Pontevedra. 1988. BAKEWELL, Peter: *Mineros de la Montaña Roja. El trabajo de los indios en Potosí, 1545-1650*. Madrid. 1989.

[98] HANKE, Lewis; RODRÍGUEZ, Celso: *Los Virreyes españoles en América durante el gobierno de la Casa de Austria. Perú*. Madrid. 1979. Tomo IV, pp. 51-55. Puede leerse en su relación de gobierno: *"Pidiendo razón a los oficiales de esta caja [Potosí] del estado que tenía el azogue que en ella se distribuye me escribieron en carta del 10 de diciembre de 1649 que no entraban ni salían en ella por estar a orden de los señores presidentes [Charcas] en virtud de cédula de 6 de abril de 1636, y que no les tocaba más que cobrar el procedido y a los señores presidentes hacer los repartimientos y fiarle para armada a los azogueros que habían resultado antes de mi venida diferentes quiebras en esta deuda. Porque algunos estaban muertos y otros que habían faltado a sus créditos cuya cantidad montaba 41.600 pesos ensayados, de que me enviaron certificación. Considerando que no era justo que esto se continuase les respondí que a pesar de no correr por su mano como decían, me habían de enviar ajustada la cobranza de esta cantidad, y de todo el que se repartiese para el año 1650, pues era de su obligación hacerlo. No tuvo efecto ni lo ajustaron sino que me remitieron tres*

En un despacho del virrey Marqués de Mancera del año 1642 da cuenta de los buenos servicios y especialmente en la remisión de la Caja de Potosí de ese año, prestando por su cuenta 30.000 pesos a Su Majestad, aviando a los azogueros con 100.000 pesos y obligándose su propia mujer por otros 200.000 pesos, por *"lo que es digno de cualquier merced, que V.M. fuere servido hacerle, honrándole la de los dos hábitos para su hijos (...)"*[99]. El Dr. Pérez Manrique obtendría buenos resultados en el abastecimiento de mitayos para el laboreo de las minas de azogue de Huancavélica, una de las actuaciones económicas más destacadas de su mandato. De hecho es la época en la que se produjo el primer plante de azogueros, que paralizaron las labores en 1643 ante la notoria disminución de la mano de obra y el bajón en la producción minera, por eso hubo de intervenir en la adjudicación de *mitayos*[100], quitando a unos azogueros los indios de *mita*[101] que tenían asignados[102], y traspasándoselos de forma completamente ilegal a otros. La controversia fue llevada ante el virrey, exponiendo los azogueros que la reducción de la mita de ese año había sido del 50%, con una asignación de tan sólo 2.600 indios de mita. Con ello no respetaba el repartimiento hecho en 1636 por el visitador de las Audiencias de Lima y Charcas, Juan de Carvajal y Sande[103], quien había hecho el repartimiento de indios a Potosí a partir de las mismas áreas asignadas por Francisco de Toledo en 1578[104]. Y así las cosas, a lo largo de los años 1640 el principal objetivo de los azogueros de Potosí respecto a la *mita*

---

certificaciones por donde constó que de lo distribuido desde 1637 que dio principio a fiarlo el Sr. Presidente Don Juan de Lizarazu, hasta la fecha de dichas certificaciones se estaban debiendo 417.225 pesos ensayados de a doce reales y medio, 357.649 de azogues distribuidos por el Sr. Presidente Don Francisco de Nestares Marín, y los 59.575 restantes que quedaron rezagados del que se dio por mano a los señores Don Dionisio Pérez Manrique y Don Francisco de Sosa, sus antecesores, que en vacantes de presidentes usaron este oficio, y en que también tuvo mucha parte dicho Sr. Don Francisco de Nestares Marín".

[99] ARCHIVO GENERAL DE INDIAS (AGI). Sevilla. *Gobierno*. Lima 51. Nº 36. Lima, 16 de junio de 1642. Despacho del Marqués de Mancera remitido a S.M. sobre el servicio de don Dionisio Pérez Manrique (oidor de Lima y en *interin* gobernador de la presidencia de Chuquisaca de la Plata) en Potosí.

[100] ARCHIVO GENERAL DE INDIAS (AGI). Sevilla. *Gobierno*. Charcas 270. Expedientes sobre la mita de Potosí. Año 1643: Don Dionisio Pérez Manrique, presidente de la Audiencia de Charcas, al virrey Marqués de Mancera sobre el servicio de indios en Potosí.

[101] LOHMANN VILLENA, Guillermo: *Las minas de Huancavélica en los siglos XVI y XVII*. Sevilla. 1949, p. 386-390. ABECIA BALDIVIESO, Valentín: *Mitayos de Potosí. En una economía sumergida*. Barcelona. 1988, p. 50.

[102] ABECIA BALDIVIESO, Valentín: *Mitayos de Potosí. En una economía sumergida*. Barcelona. 1988, p. 115. QUEREJAZU CALVO, Roberto: *Chuquisaca, 1538-1825*. Sucre, Bolivia. 1990, p. 224.

[103] SAIGNES, Thierry: "Las etnias de Charcas frente al sistema colonial. Ausentismo y fugas en el debate sobre la mano de obra (1595-1665)". *Jahrbuch für Geschichte von Staat, Wirtschaft und Gesellschaft Lateinamerikas*, 21 (1984), p. 27-76.

[104] BAKEWELL, Peter: *Mineros de la Montaña Roja. El trabajo de los indios en Potosí, 1545-1650*. Madrid. 1989, p. 94-95.

sería precisamente tratar de revisar[105] el repartimiento hecho por Juan de Carvajal y Sande en 1636, antes de ser suspendido y sustituido por Juan de Palacios[106].

Para terminar con el contenido del *"Memorial"*, sólo vamos a señalar que se refiere muy particularmente a la reducción y evangelización de indios *moxos*[107], empleando en ello recursos económicos propios, disponibles gracias una vez más a los cuantiosos bienes de su mujer[108]. Desde principios del siglo XVII, -don Francisco de Alfaro ya lo había denunciado en 1604[109]-, partían expediciones guerreras para capturar indígenas desde Santa Cruz de la Sierra, que habían ocasionado la desaparición de los indígenas en una amplia zona. Y en esta época los cruceños siguen queriendo llegar hasta los *moxos* y establecerse entre ellos sin demasiado éxito. Se plantea el empleo de la fuerza cómo la única fórmula para la expansión hacia el territorio de los *moxos*, idea de la que también eran partícipes los jesuitas[110], con unos planteamientos de empresa para "entrar" a los *moxos*. Una política muy similar será la que siga el Dr. Pérez Manrique años después, también en colaboración con los jesuitas, desde la Presidencia del Nuevo Reino de Granada[111] para el caso de los llanos

---

[105] LÓPEZ BELTRÁN, Clara: *Estructura económica de una sociedad colonial. Charcas en el siglo XVII*. La Paz, Bolivia. 1988, p. 209-210.

[106] Todavía en 1678, el recién nombrado virrey del Perú, Melchor de Liñán y Cisneros, trataría de corregir sin éxito un sistema ya completamente viciado, en el que los azogueros de un Potosí en decadencia, ven en la *mita* una forma de conseguir dinero y no indios, a los que a cambio de plata para redimirse convertían en sus siervos de por vida. Ver CASADO ARBONIES, Francisco Javier; GIL BLANCO, Emiliano; CASADO ARBONIES, Manuel: "Melchor de Liñán y Cisneros, estudiante de Alcalá, prelado, presidente y virrey en el Perú (1629-1708)". En *Actas del I Congreso de jóvenes historiadores y geógrafos*. Madrid. 1990. Tomo I, p. 863-877.

[107] TORMO SANZ, Leandro: "Algunos datos demográficos de Moxos". En *Estudios sobre política indigenista española en América*. Valladolid. 1976. Tomo II, pp. 191-202. PALAU, Mercedes; SÁIZ, Blanca (Edición): *Moxos. Descripciones exactas e historia fiel de los indios, animales y plantas de la provincia de Moxos en el virreinato del Perú por Lázaro de Ribera, 1786-1794*. Madrid. 1989, p. 42-43. Se ocupan de la historiografía sobre Moxos. MONTENEGRO MELGAR, Orlando: *Pueblos de Moxos. Mamore. Pampas. Baures. Yuracares*. La Paz, Bolivia. 1990. ROMERO ROMERO, Catalina: "Tres bibliotecas jesuitas en pueblos de misión: Buenavista, Paila y Santa Rosa, en la región de Moxos". *Revista de Indias*, 195-196 (1992), p. 889-921.

[108] TOVAR ARIZA, Rafael: "Don Dionisio Pérez Manrique de Lara, undécimo presidente del Nuevo Reino de Granada (1654-1660)". En *Curso Superior de Historia de Colombia (1601-1700)*. Bogotá. 1951. Tomo 6: Volumen 7, p. 121. ORTIZ, Sergio Elías: "Presidentes de capa y espada (1654-1719)". En *Historia Extensa de Colombia*. Bogotá. 1966. Volumen 3: Tomo 3, p. 32.

[109] GARCIA RECIO, José María: "Los jesuitas en Santa Cruz de la Sierra hasta los inicios de las reducciones de Moxos y Chiquitos. Posibilidades y limitaciones de la tarea misional". *Quinto Centenario*, 14 (1988), p. 76-77.

[110] GARCIA RECIO, José María: "Los jesuitas en Santa Cruz de la Sierra hasta los inicios de las reducciones de Moxos y Chiquitos. Posibilidades y limitaciones de la tarea misional". *Quinto Centenario*, 14 (1988), p. 81.

[111] CASADO ARBONIÉS, Manuel: "La Visita General de Don Juan Cornejo al Nuevo Reino de Granada. Siglo XVII: Gobierno (I)". *Boletín de Historia y Antigüedades*, 80:782 (1993), 763-794; CASADO ARBONIÉS, Manuel: "La visita general de don Juan Cornejo al Nuevo Reino de Granada a mediados del siglo XVII: Real Hacienda (II)". *Boletín de Historia y Antigüedades*, 81:784 (1994), 213-264.

del Casanare y Meta[112]. El *"Memorial"* que nos ocupa hace alusión expresa a una de esas expediciones de conquista a los *moxos*.

El documento que traemos a colación es un *"Memorial"* [113] impreso sobre distintas actuaciones del Dr. Pérez Manrique, dirigido al Rey, -compuesto por once páginas sin fechar-, se conserva en el Fondo Reservado, formando parte de la Colección Lafragua, de la Biblioteca Nacional de México. Sus ocho primeras páginas están redactadas con toda serie de argumentaciones y citas legales para razonar la propuesta de entrada en el territorio de los *moxos*, destacando como el *"entonces presidente de la Real Audiencia de Charcas (...)"*, Dr. Pérez Manrique, sabiendo *"cuan exhausta y ocupada se halla la Real Hacienda, y consumido su patrimonio (...)"*, ofreció *"con la ayuda de la dote de su mujer, y amigos, poner prontos 250.000 pesos para la conducción de soldados, bastimentos y ministros evangélicos"* [114].

Más adelante prosigue el *"Memorial"* diciendo: *"Con fines tan superiores, y conformes a la Real voluntad en tantos órdenes declarada, se movió D. Dionisio Pérez Manrique a la propuesta de esta conquista y conversión de los Moxos, deseando emplearse con su persona, y hacienda en el mayor, y más aceptable servicio que V. Majestad tiene declarado que le pueden hacer sus ministros"* [115].

Pasando a referirse, en las tres páginas finales, a un tema bien distinto, como el de la suspensión en el cargo de presidente de Charcas a causa de su matrimonio[116], expresando en los siguientes términos la súplica de restitución en nombre del funcionario, -con las oportunas citas legales-, concretada en varios puntos, y fundamentada en *"(...) la verdad del hecho, que tuvo, para creer que la mujer con quien se casaba no estaba prohibida, por ser de diverso distrito(...)"*[117].

A continuación se solicita clemencia al Rey al amparo en anteriores servicios prestados, no sólo por el ministro, sino por su padre como Justicia de Aragón[118]. Vemos pues una clara continuidad en la carrera administrativa del Dr. Pérez Manrique, a quien el evidente incumplimiento de la legislación matrimonial no había privado de sus cargos, como en tantos casos[119], y que además no duda en poner parte

---

[112] CASADO ARBONIÉS, Manuel: *Las misiones como empresas económico-administrativas en los Llanos: los jesuitas en el Casanare y Meta (siglos XVII-XVIII)*. San Fernando de Apure, Venezuela. 1990. Inédito.

[113] BIBLIOTECA NACIONAL (BN). México. *Fondo Reservado*. Ref. 850 LAF. PEREZ MANRIQUE, Dionisio. "Por Don Dionisio Pérez Manrique, sobre la conversión de los indios Moxos en la provincia de los Charcas". 11 páginas; s.a. Reproducimos una transcripción del texto del *"Memorial"* como Apéndice.

[114] BIBLIOTECA NACIONAL (BN). México. *Fondo Reservado*. Ref. 850 LAF, fol. 4r.

[115] BIBLIOTECA NACIONAL (BN). México. *Fondo Reservado*. Ref. 850 LAF, fol. 8v.

[116] LÓPEZ BELTRÁN, Clara: "El círculo del poder: matrimonio y parentesco en la élite colonial: La Paz". *Revista Complutense de Historia de América*, 22 (1996), p. 161-181.

[117] BIBLIOTECA NACIONAL (BN). México. *Fondo Reservado*. Ref. 850 LAF, fol. 9r-9v.

[118] BIBLIOTECA NACIONAL (BN). México. *Fondo Reservado*. Ref. 850 LAF, fol. 10r.

[119] Como por ejemplo la Real Cédula siguiente, referida al caso de un oidor de la Audiencia de Quito. ARCHIVO NACIONAL DE HISTORIA (ANH). Quito. *Cedularios*. Caja 2 (1601-1660). Fol. 266r. *"El*

de su hacienda a disposición de la Corona, y al afirmar que *"el primer encomendero de los indios es vuestra majestad"* [120], decide acometer la conquista de los *moxos*.

Podemos afirmar que la única presidencia realmente efectiva que ocupe el Dr. Pérez Manrique será la del Nuevo Reino de Granada, en la que no vamos a entrar, pero que resultó también extremadamente conflictiva, y ello a pesar de que en el *"Memorial"* se insiste en destacar como uno de sus méritos el hecho de haber estado empleado en las tres presidencias principales, la de Quito, la de Charcas y la del Nuevo Reino de Granada.

La exageración del escrito no desmerece a la realidad, ya que antes de partir a su nuevo destino, viudo de su primera esposa, el Dr. Pérez Manrique no dudó en contraer nuevo matrimonio en 1653[121], con Juana Camberos y Hurtado de Sotomayor, nacida en Cuzco, hija de uno de los regidores perpetuos de la ciudad. De la nueva unión, igualmente ilegal, tendría al menos cinco hijos más que sumar a la prole de los habidos de su primer matrimonio. El evidente incumplimiento de la legislación matrimonial, -a pesar de los frecuentes los recordatorios sobre la prohibición de los ministros de casarse con personas de su distrito sin haber sido visto el caso por el Consejo de Indias-, no había privado de sus cargos. No había dejado de ejercer su oficio de alcalde del crimen de Lima; además fue promovido al de oidor de dicha Audiencia, ocupar como tal en *interin* la presidencia de Charcas y resultar electo para la de Quito en 1642[122], y para la del Nuevo Reino de Granada en 1651[123], a pesar

---

Rey. Por don Alonso Pérez de Salazar, presidente de mi Real Audiencia de la Ciudad de San Francisco de la Provincia de Quito, en carta que me escribió en 30 de mayo del año pasado de 1639, decía como el licenciado don Juan de Valdés y Llano, mi oidor de esa Audiencia, os había pedido licencia para poderse casar con doña Gabriela Bravo de Olmedo, viuda del licenciado don Alonso del Castillo y Serrera, que fue también oidor de la dicha Audiencia, y le remitísteis a mi virrey de las provincias del Perú. Aunque era de parecer que no incurría en la prohibición por lo que se ha estilado en casos semejantes y visto por los de mi Consejo de Indias, como quiera que este caso no es de los comprendidos en las Cédulas y Leyes que prohiben el no poderse casar los oidores y otros ministros en el distrito de sus audiencias, estaréis advertido para lo de adelante, que el declararlo sólo toca al dicho mi Consejo y no al virrey ni a vos, y así lo tendréis entendido. Madrid, 4 de mayo de 1641. Yo el Rey".

[120] BIBLIOTECA NACIONAL (BN). México. *Fondo Reservado*. Ref. 850 LAF, fol. 5v.

[121] LOHMANN VILLENA, Guillermo: *Los americanos en las Ordenes Nobiliarias (1529-1900)*. Madrid. 1947. Tomo I, p. 247-248.

[122] ARCHIVO GENERAL DE INDIAS (AGI). Sevilla. *Gobierno*. Quito 2. Nos. 112-113. Fols. 289-292. Madrid, 19 de mayo de 1642. Consulta del Consejo de Indias para provisión de la presidencia de Quito. El Rey nombra a don Dionisio Pérez Manrique, con un salario de 4.000 pesos. ARCHIVO GENERAL DE SIMANCAS (AGS). Simancas, Valladolid. Sección XXII: *Dirección General del Tesoro*. Inventario 1. Legajo 15. Fol. 284. Merced del oficio de presidente de Quito. *"Por otra real carta dada en Cuenca a 10 de junio de 1642, hizo Su Majestad merced al doctor don Dionisio Pérez Manrique, oidor de la Audiencia de Lima para en caso que no la entre a servir el licenciado don Juan de Lizarazu de que se sacó esta razón dicho día".*

[123] ARCHIVO GENERAL DE SIMANCAS (AGS). Simancas, Valladolid. Sección XXII: *Dirección General del Tesoro*. Inventario 24. Legajo 167. Fol. 109. Traslado del nombramiento de don Dionisio Pérez Manrique como presidente del Nuevo Reino de Granada. Madrid, 31 de agosto de 1651.

incluso de estar procesado por la Inquisición. Sin embargo su caso era conocido por el Consejo de Indias y citado como ejemplo de situación matrimonial irregular[124].

El nombramiento de Pérez Manrique como Gobernador y Capitán General del Nuevo Reino de Granada, y Presidente de la Audiencia de Santafé de Bogotá, con un salario de 3.000 pesos ensayados, tres meses después de ajustada por el Consejo de Indias la composición de la multa por los cargos que se le hicieron en la visita a los ministros de la Audiencia de Lima, -fundamentalmente por su irregular matrimonio-, que después de siete años seguía sin pagar, cuando la cantidad ajustada había quedado reducida a 4.500 pesos de a ocho reales, en moneda corriente de buena calidad, por la condena de 10.000 ducados y privación de puesto, que no había sido satisfecha por haberse opuesto esta vez su mujer a emplear su dote en pagarla[125]. Además, a esos 4.500 pesos se habían añadido otros 250 pesos de plata en moneda corriente, pagaderos al contado, para remitir y perdonar también otros 1.100 ducados de otros cargos en los que fue condenado por la visita[126], después de haber sido depuesto y repuesto por la intervención del visitador de Juan Cornejo. La multa, por vía de composición se había quedado reducida a 4.750 pesos, del total de 11.100 ducados que había acumulado por condenaciones de diferentes cargos derivados de la visita a los ministros de la Audiencia de Lima.

Y todavía cabe un mejor colofón a esta ponencia, de la mano del delirante argumento de una intervención "milagrosa", -en los momentos en que el Dr. Pérez Manrique estaba aquejado de una grave enfermedad, suspendido en su plaza de oidor, pendiente de su destino en Santafé de Bogotá y con la negativa de su mujer a hacerse cargo del pago de la citada multa-, que vendría de la mano del padre Fray Pedro de Urraca[127], a quien nuestro funcionario decidió visitar en Lima.

El relato de este fraile mercedario, autor de varios libros espirituales "para el aprovechamiento de las almas", a propósito de su encuentro con el funcionario, ha sido considerado como uno de los ejemplos de su espíritu profético[128]: *"Sea el*

---

[124] KONETZKE, Richard: *Colección de Documentos para la Historia de la Formación Social de Hispanoamérica 1493-1810*. Madrid. 1958. Volumen II. Tomo 1 (1593-16590), p. 402-403. Consulta de la Cámara de Indias de 2 de julio de 1646 en la que se cita a Pérez Manrique por haberse casado en el distrito donde ejercía su oficio. *"(...) y esto es en tanto grado, que obligó a privar de la plaza de oidor de Lima y de otra de las del Perú a don Dionisio Pérez Manrique, por haberse casado en el distrito (...)".*

[125] ARCHIVO GENERAL DE INDIAS (AGI). Sevilla. *Gobierno*. Quito 2. N° 182. Fol. 497r. Consulta del Consejo de Indias, fechada en Madrid a 17 de abril de 1651.

[126] ARCHIVO GENERAL DE INDIAS (AGI). Sevilla. *Gobierno*. Quito 2. N° 182. Fol. 500r. Consulta del Consejo de Indias, fechada en Madrid a 27 de abril de 1651.

[127] FERRER TEVAR, Celia: *Un alcarreño en América: Fray Pedro de Urraca*. Guadalajara. 1988, pp. 46 y 207, nota 41. FERRER TEVAR, Celia; HERRERA CASADO, Antonio: "Vida y obra de un historiador mercedario: Fray Felipe Colombo (Análisis cuantitativo y tipológico de una bibliografía)". *Wad-Al-Hayara*, 15 (1988), pp. 225-244.

[128] BIBLIOTECA NACIONAL DE COLOMBIA (BNC). Santafé de Bogotá. *Raros y Curiosos*. Tomo 40. *"Breve epítome de la prodigiosa vida, muerte y raras maravillas del penitente y siervo de Dios, el venerable padre fray Pedro de Urraca de la Santísima Trinidad, hijo del Convento de Quito y de esta provincia de Lima, del Orden de Nuestra Señora de la Merced Redención de Cautivos"*, escrito por fray

primero el que le sucedió con el señor don Dionisio Pérez Manrique. Estaba su señoría en esta ciudad suspenso de la plaza de oidor de ella por su casamiento, y díjome un día que viniésemos a ver al padre fray Pedro de Urraca porque quería encomendarse a Dios por medio de sus oraciones. Entramos en la enfermería y pidiéndole dicho señor don Dionisio que le encomendase a Dios y pidiese se doliese de él, porque según veía las cosas le parecía que había de morir sin que Su Majestad le restituyese la plaza. Preguntóle el padre fray Pedro que era lo que deseaba, a lo que le respondió: padre, sólo que me devuelvan mi plaza, para sustentarme, y remediar a mis hijos. A lo que le respondió, pues para que veas hijo lo mucho que debes a Dios, no sólo te han de devolver el puesto de tu plaza, sino que Su Majestad (que Dios guarde) te tiene hecha una merced mayor que la que tú puedes desear. Y así fue que luego, en el aviso, le llegó la nueva de que Su Majestad le había devuelto la plaza, y juntamente le envió la Presidencia del Nuevo Reino de Granada, confesando a voces dicho señor don Dionisio que había sido profecía de este venerable varón".

Son los biógrafos de fray Pedro de Urraca, -quien tras su larga vida en el convento mercedario de Quito murió en Lima en 1657, intentándose después su beatificación sin éxito-, los que destacan el hecho y lo trasladan a sus textos, tanto su confesor fray Francisco de Messia en 1657, como fray Felipe Colombo en su obra *El Job de la Ley de Gracia retratado en la admirable vida del siervo de Dios venerable padre fray Pedro de Urraca*, aparecida en Madrid el año 1672, y en la que puede leerse un relato muy similar sobre el espíritu de profecía de fray Pedro de Urraca[129].

Francisco de Messia. Lima, 1657. Incluye a partir de la página 60, un *"Breve compendio de modos suaves y fuertes para andar el alma amorosamente importunando a Dios"*, Lima, 1616, obra del propio fray Pedro de Urraca y dedicado a doña Ana de Borja, Princesa de Esquilache, Virreina del Perú. En este "tratado compendioso y provechos a las almas", el capítulo 23, pág. 85, hace referencia a algunos casos en que fray Pedro de Urraca mostró el espíritu profético de que le dotó Dios, uno de ellos en la persona del Dr. Pérez Manrique.

[129] La obra de fray Felipe Colombo puede verse en FERRER TEVAR, Celia: *Un alcarreño en América: Fray Pedro de Urraca*. Guadalajara. 1988, p.133-294. Libro Tercero. Capítulo Segundo, p. 207. *"En este Capítulo, y los dos siguientes, que son de la mesma materia, no hay mas que copiar, lo que escribió el Confessor del Venerable Padre Fray Pedro, que aviendo sido testigo de algunos casos, les dará más autoridad su relación. Estava (dize) el señor Don Dionisio Perez Manrique, que oy es Presidente del Nuevo Reyno de Granada, suspenso de la plaza de Oydor de la Audiencia de Lima. Dixome un dia, fuessemos a ver al Padre Fray Pedro, que quería encomendarse a Dios, por medio de sus oraciones. Entramos en la enfermeria, pidiole este Cavallero intercediesse con Dios, para que se apiadasse de él, y bolviesse por su credito, que segun veía las cosas, le parecia avia de morir antes que le restituyessen su plaza. Preguntóle el P. Fr. Pedro, que era lo que deseava? A que le respondió: Padre, solo que me buelvan mi plaza, para sustentarme, y remediar a mis hijos. El P. Fr. Pedro le dixo: Pues hijo, para que vea lo mucho que debe a Dios N.S. no solo le bolverán muy presto la plaza que desea; pero su Magestad le tiene hecha merced tan grande, que no puede caber en sus deseos. Assi sucedió, porque luego en el Navio de aviso, llegó nueva de que el Rey le avia mandado bolver la plaza, y juntamente le embiava la Presidencia del Nuevo Reyno, con que a vozes publicava este Cavallero, que avia sido profecia del P. Fr. Pedro".*

APÉNDICE DOCUMENTAL

(Los subrayados son nuestros).

BIBLIOTECA NACIONAL (B.N.). México.
Fondo Reservado. Q-I-6-14 Sub-Dir. Referencia 850 LAF, s.a.; f. 1r-11r [7r].
"POR DON DIONISIO PÉREZ MANRIQUE, SOBRE LA CONVERSIÓN DE LOS INDIOS MOXOS EN LA PROVINCIA DE LOS CHARCAS".
SEÑOR.
Noticiosos nuestros Católicos Reyes, y Señores don Fernando, y doña Isabel, del nuevo mundo que Colón había descubierto, hicieron embajador a la Santidad de Alejandro VI, el año 1493. Y congregados los Cardenales, con sumo aplauso de que tan espacioso campo se le descubriese a la Iglesia, en que se propagase la Fe Católica, oyeron la embajada, en que se les propuso el descubrimiento de las islas, y tierra firme, e infinito número de gentes idólatras [...] Y como el ánimo verdaderamente Católico, y Real, y oferta de nuestros Reyes fuese tan ajustado al que tuvo, y debe tener el Sumo Pontífice, y cabeza de la Iglesia, de que el rebaño de sus ovejas sea todo uno, y el perdido se reduzca a la obediencia de su Pastor: aceptando el universal //**1r**
versal de la Iglesia, la dicha oferta la concedió en esta manera [...]
Fueron tan lucidos los efectos que mediante la misericordia divina resultaron de esta concesión apostólica, que desde el año 1493, que se hizo, al de 1530, se hallaba España señora de los dos poderosísimos Imperios de Perú, y Mexicano, fuera de otros extendidísimos Reinos, y su misma grandeza notoria al resto del Orbe, en todo él concitó la envidia, y emulación a la felicidad de España, y de manera la pretendieron ofuscar, no con armas, que reconocieron invencibles las de España, sino con plumas que volaron tan atrevidamente, //**1v**
mente que negaron la potestad soberana del Papa, y aclamaron el título de su concesión ninguno, en que escrupulearon mucho no pocos de nuestros teólogos, de que avalentados los herejes de nuestro tiempo, se desenfrenan con demasía contra la potestad del Papa. Pero estos escrúpulos que la emulación en muchos, y la vana curiosidad en otros levantaron, concordó la mejor, y más sana sentencia de teólogos y juristas, considerando bien la súplica de nuestros Reyes Católicos a Alejandro VI y el tenor de su concesión, que reducida a proposiciones contiene.
Que los dichos Señores Reyes tenían ánimo de buscar unas islas, y tierras firmes incógnitas, y no halladas, para reducirlas al culto de nuestro Redentor, y Fe Católica, siguiendo la huella de sus gloriosos antecesores, y que las habían descubierto, y hallado con grandísimo trabajo de sus vasallos, gastos, y expensas suyas, y en ellas innumerables idólatras, que pretendían reducir a la Fe Católica.
Su Santidad calificando tan loable y santo propósito, y deseando su cumplimiento, y que el nombre de nuestro Redentor se publique en aquellas partes, acepta la oferta de los Reyes nuestros Señores, y les amonesta en el Señor, cuanto en sí es, y les requiere por la obediencia que deben a los mandatos apostólicos, mediante el santo bautismo que recibieron, y por las entrañas de la misericordia divina: que prosigan con las dichas expediciones, con celo de la Fe Católica, y reducción de aquellos pueblos a la Fe Católica, sin perdonar trabajos ni expensas, con la confianza de que Dios les prosperará los sucesos.
Y porque con mayor ánimo, y libertad se encarguen de negocio tan grande, *Motu proprio, ex certa* //**2r**

certa scientia [...] les concede a ellos, y a sus sucesores en la Corona de Castilla y León, las islas y tierra firme, hallada y por hallar, descubierta y por descubrir.

Y os mandamos en virtud de santa obediencia en conformidad de lo que prometéis, y confiamos que cumpliréis por vuestra devoción y grandeza, debáis enviar varones aprobados, temerosos de Dios, doctos y experimentados, para instruir los naturales, y que viven en las dichas tierras, poniendo de vuestra parte toda la diligencia debida.

Vista por los escrupulosos esta concesión apostólica, depusieron los escrúpulos, y entre ellos el Cardenal Bellarmino, viendo que de su tenor se convence que no es gratuita, sino onerosa, con pacto ofrecido por los Reyes nuestros Señores, y aceptado del Santo Pontífice, no del dominio temporal de las tierras de los infieles, absoluto y sin condición, sino con gravamen de conquistar y reducir a la Fe Católica las tierras de Gentiles descubiertas, y que se descubriesen, y de enviar sustentar Ministros para su instrucción, y educación: y en orden a este fin sobrenatural y espiritual, concordaron que la concesión apostólica fue legítima, y consiguientemente el dominio Real, supuesto el gravamen.

Pero con esta distinción, que aunque a todo Rey cristiano, en cuanto tal, compete por obligación común, como dijo Lactancio Lib. I cap. 20 [...] Y procurar con todos medios, que los infieles lo dejen de ser: ésta no es obligación de justicia //**2v**

ticia en los demás Reyes, sino de caridad. Sólo la Majestad Católica de los Señores Reyes de Castilla y de León, sucesores de los Católicos Don Fernando y Doña Isabel les incumbe [...] D. Solórzano tom. 1 de Iur. Ind. lib.2 cap.19 num. 17. melius codem tom. lib. cap. núm 24 ibi. [...]

Esta obligación de justicia a la conversión de los indios en los Reyes nuestros Señores, de manera la tienen reconocida con sus hechos, que sin exageración se ajusta con demostración matemática, que tiene de su Patronato en las Indias setenta mil Iglesias, en que alimenta otros tantos Curas, y Ministros con sustentación, 5 Iglesias Arzobispales, 32 Obispados, 200 Dignidades, 180 Canongías y otras tantas Raciones y demás ministros inferiores y necesarios en todas.

Y siendo tan exuberante la satisfacción, reconoce la Majestad Real de nuestros Señores Reyes la obligación de darla por la conversión de cada uno de los indios no convertidos, que refiere Luis de Cabrera en la historia del Rey nuestro Señor Filipo Segundo, lib. 7 cap. 8 cap. 419 y 424, que habiéndose descubierto las islas Filipinas, y convertidos algunos de sus idólatras, y ocupado la tierra los españoles, informaron a su Majestad, que el sustentarlas sería de muy gran gasto, y poco útil, por la esterilidad de la tierra. A que respondió el magnánimo //**3r**

nimo y católico Filipo Segundo, Salomón de España, que no se desamparasen, porque por la conservación, y conversión de un sólo idólatra, estaba aparejado a consumir, no sólo todos los tesoros de las Indias, sino los que tenía de España, y que no se dejase de descubrir Provincia alguna de las Indias, por más miserable y pobre que fuese, porque él había sucedido en las obligaciones al Sumo Pontífice y no las había de desamparar.

Conquistado el Perú, fundó el Marqués D. Francisco Pizarro la Ciudad de la Plata, o Charcas, el año de 1538, de cuyas grandezas todos dicen mucho y ninguno cabalmente. El año 1607 se erigió en Arzobispal y se puso Audiencia Real, con Presidente y Oidores. <u>Y a 36 leguas de esta insigne ciudad hacia el Polo Antártico, hay una loma admirable que atraviesa toda la tierra del Perú de Oriente a Poniente, desde ésta tiene principio la extendida tierra de los Moxos, su distrito contiene 170 Provincias, la tierra que ocupan de más de cuatro mil leguas,</u> su tiempo suave y apacible, con muy poca distinción del invierno al verano, sus campos muy fértiles, sus aguas abundantísimas, cercadas de todo genero de árboles y muchos de los preciosos, los mantenimientos connaturales, de miel y cera, como la seda y algodón silvestre, de que no cuida

aquélla gente caza y pesca sobrada en todo género de animales y peces; toda esta tierra está cerca de preciosos minerales de oro y plata, y la Cordillera tanto, que por fundición y por siseles sacan grandísima riqueza, mayor que la que gozó el Perú por el beneficio del azogue. La gente de natural doméstico y suave y que con las pocas noticias de nuestro negocio pide la fe y predicadores que se la enseñen, y quien después de recibida les asista //**3v**
ta a la defensa contra sus émulos y conservación.

Considerada materia tan íntimamente dispuesta a recibir el Santo Evangelio y tan innumerable, tan segura, cercana y sin riesgo, la Audiencia Real de los Charcas, en descargo de la Real conciencia gravada de sesenta años, casi hacen la falta del ministerio y conversión de tantas almas, dio a Vuestra Majestad en su Real Consejo de Indias un largo memorial con los motivos y medios de la conversión de los infieles, concluyendo que es importantísimo al servicio de Vuestra Majestad, por acrecentamiento de la Fe Católica y su propagación como por el aumento de su Real Patrimonio y tesoros.

Y hallándose en ocasión de semejantes propuestas y consultas, Don Dionisio Pérez Manrique, entonces Presidente de la Real Audiencia de los Charcas, donde especialmente se han tratado, como a quien especialmente toca, se trató de las dificultades que tan importante facción podría estorbar y propúsose cuan exhausta y ocupada se halla la real hacienda y consumido su patrimonio por defensa de la Fe Católica y contra los tiranos y émulos de su monarquía.

A que D. Dionisio satisfizo, ofreciendo con la ayuda de la dote de su mujer y amigos poner prontos 250 mil pesos para la conducción de soldados, bastimentos y Ministros Evangélicos.

Agravan por segundo inconveniente, el que no lo es, sino sacrilegio, según derecho, dicen falta persona, cuando ofrece la suya D. Dionisio, de tan conocido valor y celo en el servicio de Vuestra Majestad y calificada con los honores recibidos de Vuestra Majestad que hemos referido.

Oponen falta de gente, habiendo de ser la que se conduzca de la misma tierra, de donde no hay saca //**4r**
ca para España ni otra parte; y cuando este servicio no tuviera más parte que ocupar la gente ociosa, y tan belicosa como la de aquella tierra en servicio de Dios y Vuestra Majestad, sin otro útil ni esperanza de él, era bastantísimo servicio.

Dicen que bastan las conversiones y conquistas hechas en las Indias; y es objeción indigna de poner en nombre de Vuestra Majestad, como Rey, y más indigna como católico. Señor, si su Majestad se contentara con sus Españas, y no fuera como defensor y protector de la fe, su propugnáculo, para que tanto desperdicio de millones en Alemania, que no le toca para que contra Venecia, por reducirla a la obediencia de su Santidad. En Flandes, por no conceder libertad de conciencia, debiendo esforzar su ánimo verdaderamente católico y real, como el de Teodorico, de quien refiere Evodio, que pensaba que perdía de su imperio, todo lo que dejaba de dilatarle [...] que es verdaderamente lo que sucede en este caso.

Y tiene mucha impiedad e ignorancia esta objeción: impiedad, pues se reduce a que Vuestra Majestad debía cuidar de la conversión de los indios, cuanto le bastó para sus útiles, y que los deje en su idolatría, porque ya no los ha menester para el aumento de su Imperios, y la ignorancia está más convencida, pues decir que Vuestra Majestad se contente con el dilatado imperio de los indios que ya tiene, pues no necesita su Monarquía de mayor aumento, es afirmar que Vuestra Majestad se contente con ser Rey temporal, sin orden al fin Soberano de Católico y de dilatar y conservar la fe; Y es lo mismo que decir al Sumo Pontífice, que descuide de la conversión de los indios y propagación de la fe entre ellos //**4v**
ellos, pues ya tiene bastante número de cristianos en que ejerza la potestad de San Pedro: impiedad que no cupo en Maquiavelo; y como el Sumo Pontífice pecara gravísimamente

aceptando esta doctrina, Vuestra Majestad, en quien está subrogada la autoridad, y obligación del Sumo Pontífice , en cuanto a cuidar de la conversión de los indios, no está en segura conciencia, si un solo indio se puede convertir, y no cuida de él, empleando para ello toda su diligencia y poder, como reconoció el señor Filipo Segundo [...]

Este es el fundamento mayor del insigne Patronato que Vuestra Majestad goza en las Indias, de Comisario, y Legado del Sumo Pontífice, con facultad plenaria de disponer en ella de lo espiritual, y temporal, que reconoció Camillo Borrell. De Praestancia Reg. Cathol. cap. 50 [...]

Débese, dice, de justicia el Patronato de Indias al Rey Católico, porque en lo adquirido, y que está adquiriendo, consume sus riquezas, y la sangre de los suyos, por aumentar el patrimonio de la Iglesia, en cuyo nombre obra, y propagarlo en más Provincias, donde edificar templos y dotarlos, de manera, que cesando la continuación de la propagación de la fe en tierras de infieles, y dilatación de ellas, se enflaquece el título legítimo del imperio temporal de las Indias concedido del Pontífice y del Patronato, porque falta el fin espiritual, en //**5r**

en cuya orden se concedió: esta obligación que Vuestra Majestad tiene, en la ejecutoriada con la que encarga a los que con merced suya participan de la concesión apostólica.

Hablando Vuestra Majestad con la Real Audiencia de Lima en cédula de siete de junio de 1551 de los Encomenderos, a quienes en las Indias han encargado a algunos indios, que está 2 tomo de las impresas, fol 258., los grava con esta obligación, diciendo: *Porque ya sabéis, que el origen de estas Encomiendas fue respetando siempre al bien de los indios, para que fuesen adoctrinados en las cosas de nuestra Santa Fe Católica, y para que los tales Encomenderos tuviesen cargo de la tal doctrina, y defensa de los indios, que les están encomendados. (Y concluye) Y es cargo anexo a la Encomienda, de tal manera, que no cumpliendo, serían obligados a restituir lo que llevan, y es legítima causa para los privar de las Encomiendas.*

El primer Encomendero de los indios es Vuestra Majestad, a quien subrogó su Santidad la instrucción espiritual que le compete de estos indios, sin abdicar la propiedad, reconocido, y confesado por sí, y por sus gloriosos antecesores, como parece de las Bulas referidas, Cédulas Reales que hemos visto, y veremos, y por participación y merced de Vuestra Majestad, los Encomenderos sentenciados con su Católico y Decreto de Justicia, a que si faltan a la instrucción de los indios en la Fe Católica y su defensa, como carga anexa a la misma Encomienda, estén obligados a restituir lo que llevan, y a que es legítima causa para privarlos de las Encomiendas. Este sentimiento es el de la conciencia de Vuestra Majestad para con sus Encomenderos, y para sí mismo, no la ponderamos, sino representamos. Con //**5v**

Con el mismo reconocimiento que V. Majestad tiene de su obligación, y la encargó a los Encomenderos, procede con los Curas, y Doctrineros Regulares, los cuales hasta el año de 1587 administraban los Sacramentos, no ex praecepto iustiae [...] Pero como se ajustó, que el cargo de V. Majestad era ex debito [...], por la subrogación que de su obligación hizo en Vuestra Majestad el Sumo Pontífice, con esta misma carga declaró que debía pasar a los Doctrineros Regulares, como parece de la Cédula tomo I de las impresas, fol 100 ibi: *Y porque lo que tanto importa como es la cura de las almas, y más de las de estos tan nuevos en la fe, no conviene que quede a voluntad de los Religiosos, los que estuvieron en las dichas Doctrinas, Curados, y Beneficiados han de entender en el oficio de Curas, non ex voto Charitatis, como ellos dicen, sino de justicia, y obligación, administrando los Sacramentos.* Transfiriendo Vuestra Majestad la misma obligación que por débito de justicia tiene de la conversión, y conservación de los Indios, en los Ministros Religiosos que de presentación de sus Prelados nombran sus Virreyes con su autoridad.

De esta obligación de justicia dejó herederos a sus sucesores la Reina Católica nuestra Señora en su testamento, que refiere Antonio de Herrera lib. 7. decad. 1 cap. 12 donde dice: *Item por cuanto el tiempo que nos fueron concedidas por la Santa Sede Apostólicas las Islas, y Tierra firme del mar Océano, descubiertas y por descubrir, nuestra principal intención fue de procurar atraer e inducir a los pueblos de ellas a nuestra Santa Fe Católica, y enviar a las dichas Islas, y tierra firme, Prelados, y Religiosos, y Clérigos, y otras personas doctas y temerosas de Dios, para instruir los vecinos, y moradores de ellas en la Fe Católica, y enseñarlos,* //**6r**

enseñarlos a dotar de buenas costumbres, y poner en ello la diligencia debida. Por ende suplico al Rey mi Señor muy afectuosamente, y encargo. y mando a la dicha Princesa mi hija, y al dicho Príncipe su marido, que así lo hagan y cumplan, y que este es su principal fin, y que en ello pongan mucha diligencia.

Todos los Reyes nuestros Señores, sucesores de los Católicos, han ido repitiendo esta misma obligación, y encargado su cumplimiento, como parece de muchas cédulas Reales, impresas tom. 1, pág 164 & 307; tom. 4, pág 247 & 263. cum seq. en que todas concluyen y mandan lo siguiente.

Primeramente, por cuanto en reconocimiento de tanta merced como nuestro Señor nos ha hecho en hacernos Rey de tantas, y tan grandes Provincias como son las de las nuestra Indias, nos tenemos siempre por obligados a dar orden, como los naturales de las dichas Provincias le reconozcan, y sirvan, y dejen la infidelidad y error en que han estado, para que su Santo nombre sea en todo el mundo conocido, y ensalzado, y los dichos naturales puedan conseguir el fruto de su santísima redención: pues es el principal, y final deseo que tenemos: conforme a la obligación con que las dichas Indias se nos han dado, y conseguido.

El cumplimiento de esta obligación, es de los capítulos primeros de instrucción al Real Consejero de Indias, y mas encargado, como parece de las cédulas impresas tom. 1, pág. 13, ibi: *Según la obligación, y cargo con que somos Señor de las Indias, y Estados del mar Océano, ninguna cosa deseamos más, que la publicación, y ampliación de la ley Evangélica, y la conversión de los indios a nuestra Santa Fe Católica: y porque a este cono a principal intento que tenemos, enderezamos nuestros pensamientos, y cuidados:* //**6v**

dos: Mandamos, y cuanto podemos encargamos a los del nuestro Consejo de Indias, que pospuesto todo otro respeto de aprovechamiento, e intereses nuestros, tengan por principal cuidado las cosas de la conversión, y doctrina, y sobre todo se desvelen, y ocupen con todas sus fuerzas, y entendimiento en proveer Ministros suficientes para ellas, poniendo todos los otros medios necesarios, y convenientes, para que los Indios, y naturales de aquella partes se conviertan, y conserven en el conocimiento de Dios nuestro Señor, a honra, y alabanza de su Santo nombre: de manera, que cumpliendo nos con esta parte, que tanto nos obliga, y a que tanto deseamos satisfacer, los del dicho Consejo descarguen sus conciencias, pues con ellos descargamos nos las nuestras.

No pretende, Señor, Don Dionisio, representando a Vuestra Majestad esta obligación, sino que exonere su Real conciencia, gravada con los mayores honores, y aumentos que ha recibido Monarca Católico de la Iglesia desde su fundación condicionalmente, esto es con pacto que deba cuidar de la conversión de los indios a la fe, y propagación de ella en las Indias, y no exonerada, por más que la aclamen los Pontífices, se la encarguen a Vuestra Majestad sus gloriosos Progenitores, y a sus Ministros, y Consejo <u>en la tierra de Moxos, que ha 60 años que se le está convidando con solas 37 leguas de distancia, concurriendo par que se efectúe esta conquista, los más eficaces, y fáciles medios que en otra alguna de cuantas en las Indias se han hecho desde que se descubrieron; pues se halla Vuestra Majestad la cosa hecha, la gente conducida, y el que la toma en sí, Ministro en todas maneras calificado de sangre heredada,</u> y obligaciones de sus mayores, que siempre se emplearon en su Real servicio, //**7r** cio, de letras, y administración recta de justicia, de substancia, y crédito para dar debida satisfacción.

Todos los títulos obligatorios de conciencia, justicia, y deuda que Vuestra Majestad se tiene a sí mismo, y a su dignidad y grandeza, concurren para acelerar la resolución que suplica Don Dionisio en esta conquista, y en la aceptación de los medios que propone, contra lo cual se replica, habiéndose visto la propuesta por el Consejo, que está mandado *informe el Virrey lo que le parece sobre esta conquista.*

Y antes de excluir la réplica, se debe advertir, que no se pide informe de la calidad, méritos, y suficiencia de Don Dionisio, de que el Consejo, y sus Ministros no dudan.

Y en cuanto al informe que se pide del Virrey, parece no es necesario. Lo primero, porque aunque al Virrey le competa la superintendencia en todas las Audiencias de las Indias en las materias de gobierno, en las mismas Reales Cédulas que se les concede la comisión, se les manda que consulte a los Oidores, y se informe de ellos, ex D. Solórzano. tom. 2, lib. 4, cap. 3, num. 8 y los repite en el capítulo 9, num. 35.

Lo otro, porque este caso especial de la conversión, y administración de los indios, le tiene Vuestra Majestad por su Supremo Consejo de Indias delegado a cada una Audiencia en su distrito, cono santísimamente prueba D. Solórzano. ubi. supr. cap. 3, num. 25.

Lo otro, porque en todo caso si se reputa necesario el informe del Virrey, le tiene con todas las circunstancias de derecho, pues habiendo visto el que a Vuestra Majestad hace la Real Audiencia de los Charcas, y memorial de las conveniencias de esta conquista, y parecer que da de que debe ejecutarse, escribe abonando el parecer de la Audiencia, que es suma //7v

ma aprobación: arg. text. in sed quod Principi instit. de iur. nat ibi: *Quodeumque ergo Imperator per epistolam decreuit.*

Lo otro, porque el informe de la Audiencia de los Charcas es el precisamente necesario, por ser propiamente de su jurisdicción, y a quien compete por la autoridad que le está delegada del Consejo Supremo de Indias, y a mayor abundancia hay uno y otro, y así frustráneamente se pide: sirem aliena, inst. delegatis, Stephn Gratian, cap. 73 I, num. 27, lo que ya se tiene no sólo cumplida, sino sobradamente.

Señor, dándose lugar a la consulta del Virrey, no necesita se consuman dos años, y expresamente se salta a la Santa y debida providencia de Vuestra Majestad en el socorro, beneficio, y conversión de los indios, cuestión particular mueve D. D. Juan de Solórzano, 2, tom. de iur. Indiar. lib. 4, cap. 3 de los casos en que las Audiencias de Indias les está concedida mayor jurisdicción que a las de España [...] La distancia del lugar donde Vuestra Majestad, y su Real Consejo reside, el peligro en la tardanza de esperar consultados, la resolución movió la Santa, y debida providencia de Vuestra Majestad, y Consejo a conceder en muchas cosas a las Audiencias de Indias, veces, y autoridad de Consejo Supremo, y conocimiento de muchas causas que comúnmente le están reservadas.

Y especificando cuales, desde el num. 17, y en el 25 dize: [...] //8r

[...] Aunque el principal cuidado del Consejo Supremo de Indias dice esta autor consiste, y debe consistir, en que los indios tengan en lo espiritual, y temporal la debida asistencia, y con todo cuidado, y severísima corrección estén libres de toda opresión, como consta especialmente de la ordenación del año 1573. cap. 70. Ya ha encargado este cuidado a los Oidores, y determinado que será para nuestro piadosísimo Rey y Señor el servicio más grato.

Luego en todas maneras está convencido que es frustránea la consulta del Virrey por hecha, porque basta la de la Audiencia de los Charcas, a quien está delegado el cuidado de la conversión, y defensa de los indios, dispensando Vuestra Majestad con su benignidad, y clemencia, y por la instante, y urgente necesidad, distancia del lugar, y peligro en la tardanza,

para que en este caso goce las veces de Consejo Supremo la Audiencia, declarando, que el servicio que en esto le hicieren los Oidores, le será a Vuestra Majestad el más grato.
Con fines tan superiores, y conformes a la Real voluntad en tantos órdenes declarada, se movió D. Dionisio Pérez Manrique a la propuesta de esta conquista, y conversión de los Moxos, deseando emplearse con su persona, y hacienda en el mayor, y más aceptable servicio que Vuestra Majestad tiene declarado que le pueden hacer sus Ministros.
No //**8v**
No pienso que se duda de la justificación de la demanda, ni de la obligación precisa en Vuestra Majestad, de emplear su cuidado por medio de sus Ministros en descargo de su Real conciencia, y tan del servicio de nuestro Señor, y aumento de su Imperio. Pero creo que se le ha pegado la infelicidad a esta facción de la de D. Dionisio, que la proponen y dicen, que habiéndole privado de la Plaza de Presidente de los Charcas por el casamiento que hemos referido, no conviene que sea restituido en ella, y todas las reglas de derecho parece que militan en su favor.
La primera, que aunque pudiera ser oído de justicia sobre la privación de oficios, y condenación pecuniaria, por haberle hecho ausente, e indefenso, y con sola una sentencia: y en las Residencias es lícita la apelación de la sentencia del juez que la toma; y en caso que el Consejo sentencie en primera instancia, compete al reo la suplicación, ex Bobadill lib.1 cap.3 num. 123. Pero Don Dionisio sujeto a las órdenes de Vuestra Majestad, implora su Real clemencia.
Lo otro, porque aunque en este caso de casamientos, ipso facto, se incurre la privación de oficio, las mismas leyes que la imponen permiten, que después de ejecutada la pena, se admitan sus memoriales, prohibiendo que antes no se le admitan, ex lib. 2 tit. Recopil. I. 66. usque 71 [...] Y así Don Dionisio está en caso, y tiempo de ser oído, por tener purgada la pena.
Supongamos que pecó Don Dionisio en este casamiento; pero júntese a esta suposición la verdad del hecho tuvo, para creer, que la mujer con quien casaba //**9r**
casaba no estaba prohibida por ser de diverso distrito; dos sentencias de la Audiencia de Lima, dos decretos de la de los Charcas, una declaración expresa de Vuestra Majestad [...] Y Don Dionisio tuvo justísimas confianzas en tantos, y gravísimos fundamentos, para creer que no obraba contra Ley, sino en conformidad de la cosa juzgada, y por Vuestra Majestad declarada.
Lo otro, el delito de casarse, no lo es de su naturaleza, y sólo la prohibición le hizo delito, y así no lo es contra el oficio, y su libre, y recta administración de justicia, sino por ser contra la ley que le prohíbe; *Quia quis dicitur delinquere officio, ubicumque fauore, colore, calore, authoritate, praetextu, vel comtemplatione officii delinquit*, ex Farin. in prax. crim. tom. I, q. 19, num. 44.
Y en residencia, donde con conjuración formada se pretendió contra Don Dionisio privarle de oficio, no le resultó más cargo de que so color de declaración de Vuestra Majestad, y creyendo que le bastaba, se casó sin otro mayor ni menor en todo el tiempo de sus oficios, y comisiones, y constó que en causa alguna había sido recusado; con que estamos en caso de esperar mercedes de la Real clemencia de Vuestra Majestad; [...] //**9v**
[...] Sucedió ya la pesquisa tan escrupulosa, como parece de ella, y sentencia que Don Dionisio tiene purgada; Pero puede decir que recurre a los pies de Vuestra Majestad, implorando su Real clemencia, legitimado con todos los títulos que los Doctores ponderan, para que legítimamente el Príncipe conceda la remisión de las penas al delincuente.
La primera, si el que pide la remisión, o sus progenitores, *pro repub. plurium laboraueurunt*, ex late traditis a Luc. de Pena de cohartal. libr. 12. Ley 6. y Don Dionisio Pérez Manrique fue hijo de Don Lucas Pérez Manrique, Iusticia mayor de Aragón, y que en las Cortes de Calatayud del

año 1626 sirvió a Vuestra Majestad de manera, que le pegaron fuego a sus casas de Tarazona los mal contentos, y queriéndoselas reedificar, lo estorbó, preciándose que durasen en aquella forma, en memoria de haber sido la causa tan gloriosa, como haberlas quemado en servicio de Vuestra Majestad [...]

La segunda, *siplura, aut maiora officia, vel obsequia, quam maleficia videntur constare*, ex eodem ubi. supr. y en este y en otros muchos memoriales se ajustan servicios tan grandes, y útiles de D. Dionisio en el de Vuestra Majestad, que ningunos mayores en el tiempo que él los ha hecho.

La tercera, *si quaspes erit, visui futurasi sine suplicio discesserit*, I, ad bestias, ff. de poenis: y por este memorial se ajusta, que no sólo deben tenerse esperanzas, de que ocupado en ministerio de Juez, dará de sí la satisfacción que hasta aquí; Pero está suplicando a Vuestra Majestad le emplee con su persona, y hacienda en la mayor facción que del servicio de Dios, y de Vuestra Majestad puede ofrecerle en las Indias en esta ocasión.

La //**10r**

La cuarta causa, unitatis, esto es, si fue un sólo pecado, y en un sólo caso, d. I. licet 35, dict. c. libeter, de poen. d. I. y se ajusta de manera al caso de Don Dionisio, que como está ponderado, siendo la residencia general, le resultó sólo este cargo, en que estuvo persuadido que no pecaba con los valientes fundamentos que vimos.

La última, si del delito, y su remisión no resulta perjuicio a Vuestra Majestad, ni a tercero, ex code Luc. de Pen. ubi. supra. Y para ponderar el útil que resulta en servicio de Vuestra Majestad y excluir la presunción de perjuicio: advierto, que una de las causas que han obligado a Vuestra Majestad a aumentar el salario de los Oidores de Indias, es como ponderan los Auditores, para que descuidados de todo interés, sólo sea el suyo emplearle en servicio de Vuestra Majestad, y recta administración de justicia, ex D. Solórzano lib. 4 cap. 4 núm. 28. Y habiendo a Don Dionisio argüido de error en lo que creyó que acertaba, tan lejos está de haber causado perjuicio al Real Servicio, ni al común, que sólo trata de emplearle en el servicio de Dios y de Vuestra Majestad. Y en cuanto a tercero, la más evidencia del hecho convence, que a ninguno ha causado perjuicio, ni le resulta, pues en tan escrupulosa residencia, no hubo querella alguna contra él.

Y así, Señor, parece que mediante justicia, Vuestra Majestad, por lo que a sí mismo está obligado, se espera concederá súplica que tanto se ajusta al servicio de Dios, y Suyo, que ponderó D. Juan Solórzano, I, tom. de iur. indiar. lib. 2, cap. 25 a núm. 21. Donde ponderando, que las Indias estaban fuera del gremio, y jurisdicción de la Iglesia, y que no las podía reducir a su obediencia al Papa, por lo exhausto de su Patrimonio, estando obligado a procu //**10v**
curarlo: Su Santidad no se pudo negar a la súplica de los Reyes nuestros Señores que se encargaron de la conversión, y conquista de los indios, y ponerlos en la obediencia de la Iglesia [...] Y así, Señor, proporcionadamente parece, que la súplica de Don Dionisio no es negable por <u>Vuestra Majestad, mediante su Real clemencia, y que para ello autorizará Ministro de tan grandes servicios, y afectos, a emplear su vida, y hacienda, en los muy lucidos que promete</u>, con los honores que acostumbra la Real grandeza de V. Majestad, haciendo ejemplar con estos honores en la persona de Don Dionisio de sus dos más precisas obligaciones, que ponderó la ley Real, I.2, tit. 27 par. 2, ibi: *Ca la justicia no es tan solamente escarmentar los malos, sino en dar galardón por los bienes*, como se promete, y suplica, Saluo, & c. //**11r [7r]**

POR DON DIONISIO
Perez Manrique, Sobre la conuerſion de los Indios Moxos en la
Prouincia de los
Charcas.

Señor.

NOTICIOSOS nueſtros Catolicos Reyes, y ſeñores don Fernando, y doña Iſabel del nueuo mundo que Colon auia deſcubierto, hizieron Embaxador a la Santidad de Alexandro VI. el año 1493. y congregados los Cardenales, con ſumo aplauſo de que tan eſpacioſo campo ſe le deſcubrieſſe a la Igleſia, en q̃ ſe propagaſſe la Fè Catolica, oyerõ la Embaxada, en q ſe les propuſo el deſcubrimiento de las Iſlas, y Tierrafirme, y infinito numero de gentes idolatras. *Vnde omnibus diligenter, & præſertim Fidei Catholicæ exaltatione, & dilatione, conſideratis more progenitorum veſtrorum clara memoria Regum, terras firmas, & Inſulas præditas illarumque incolas, & habitatores, vobis diuina fauente clementia ſubijcere, & ad Fidem Catholicam reducere propoſuiſtis.* Y como el animo verdaderamente Catholico, y Real, y oferta de nueſtros Reyes fueſſe tã ajuſtado al q̃ tuuo, y deue tener el Sumo Põtifice, y cabeça de la Igleſia, de q el rebaño de ſus ouejas ſea todo vno, y el perdido ſe reduzga a la obediencia de ſu Paſtor, aceptando el vniuerſal

A

B.N. México. *Fondo Reservado*. 850 LAF, s.a.; "Por Don Dionisio Pérez Manrique, sobre la conversión de los indios *moxos* en la provincia de los Charcas"; f. 1r.

nimo y Catholico Filipo Segundo, Salomon de Españas que no se desamparassen, porque por la conseruacion, y conuersion de vn solo idolatra, estaua aparejado a consumir, no solo todos los tesoros de las Indias, sino los que tenia de España, y que no se dexasse de descubrir Prouincia alguna de las Indias, por mas miserable, y pobre que fuesse, porque esto auia sucedido en las obligaciones del Sumo Pontifice, y no las auia de desamparar.

2. Conquistado el Peru, fundò el Marques D. Francisco Pizarro la Ciudad de la Plata, ò Chafcas, el año de 1538, de cuyas grandezas todos dizen mucho, y ninguno cabalmente: el año 1607. se erigiò en Arçobispal, y se puso Audiencia Real, con Presidente y Oidores; y a 60. leguas desta insigne Ciudad hazia el polo Antartico, ay vna loma admirable, que termina toda la tierra del Peru de Oriente a Poniente, desde esta sierra principio la estendida tierra de los Moxos, su districto contiene 170. Prouincias, la tierra q̃ ocupan de mas de quatro mil leguas, su temple suaue, y apazible, con muy poca distinción del Inuierno al Verano, sus campos muy fertiles, sus aguas abundantissimas, cercadas de todo genero de arboles, y muchos de los preciosos, los mantenimientos con naturales, de miel, y cera, ebano, ãseda, y algodon siluestre, de que no cuida aquella gente, esta la caça, y pesca sobrada, en todo genero de animales, y peces, toda esta tierra esta cercada de preciosos minerales de oro y plata, y la Cordillera tanto, que por fundición, y con siseles sacan grandíssima riqueza, mayor que la gozò el Perú antes del beneficio del açogue. La gente de natural domestico y suaue, y que con las pocas noticias de nuestro Comercio, pide la Fè, y Predicadores q̃ se la enseñen, y quien despues de recebida les assis-

B.N. México. *Fondo Reservado*. 850 LAF, s.a.; "Por Don Dionisio Pérez Manrique, sobre la conversión de los indios *moxos* en la provincia de los Charcas"; f. 3v.

ta a la defensa contra sus emulos, y conseruacion.
Considerada materia tan intimamente dispuesta a recebir el santo Euangelio, y tan Indumera-
ble, tan segura, cercana, y sin riesgo y la Audiencia
Real de los Charcas, en descargo de la Real concie-
cia, grauada sesenta años, casi hasta, de la falta del ministerio, y con ver que detantas almas, dio a V. Magestad en su Real Consejo de Indias vn largo memorial, con los motiuos, y medios de la conuersion
destos infieles: concluyendo, que es importantissi-
mo al seruicio de V. Magestad, por el acrecentamie-
to de la Fe Catolica, y su propagacion, y como por
el aumento de su Real Patrimonio y tesoros.
Y hallandose en ocasion de semejantes propuestas, y consultas, D. Dionisio Perez Manrique,
entonces Presidente de la Real Audiencia de los
Charcas, donde especialmente se han tratado, como a quien especialmente toca, se trato de las dificultades que con tan importante faccion podria esto-
uar, y propusose, quan exausta y ocupada se halla
la Real hazienda, y consumido su patrimonio, por
defensa de la Fe Catholica, y contra los tiranos, y
emulos de su Monarquia.
A que D. Dionisio satisfizo, ofreciendo con la
ayuda de la dote de su muger, y amigos poner pro-
tos 250. mil pesos para la conducion de soldados,
bastimentos, y Ministros Euangelicos.
Agrauan por segundo inconueniente, el que
no lo es, sino sacrilegio, segun derecho, dizen falta
persona, quando ofrece la suya D. Dionisio, de tan
conocido valor, y zelo en el seruicio de V. Magestad, y calificada con los honores recebidos de V.
Magestad, que hemos referido.
Oponen falta de gente, auiendo de ser la que
se conduzga de la misma tierra, de donde no ay fa-

B.N. México. *Fondo Reservado*. 850 LAF, s.a.; "Por Don Dionisio Pérez Manrique, sobre la conversión de los indios *moxos* en la provincia de los Charcas"; f. 4r.

7.

curarlo: fu Santidad no fe pudo negar a la fuplica de los Reyes nueftros feñores que fe encargaron de la conuerfion, y conquifta de los Indios, y ponerlos en la obediencia de la Iglefia: *Cum etiā nolentes inuitandi, imò, & compellendi essent.* Y afsi, feñor, proporcionadamente parece, que la fuplica de don Dionifio no es negable por V. Mageftad, mediante fu Real clemencia, y que para ello autorizarà Miniftro de tan grandes feruicios, y afectos, a emplear fu vida, y hazienda, en los muy luzidos que promete, con los honores que acoftumbra la Real grandeza de V. Mageftad, haziendo exēplar con eftos honores en la perfona de dō Dionifio de fus dos mas precifas obligaciones, que ponderò la ley Real, l. 2. tit. 27. par. 2. ibi: *Ca la jufticia no es tan folamēte en efcarmentar los malos, fino en dar galardon por los bienes,* como fe promete, y fuplica. Saluo, &c.

BIBLIOTECA NACIONAL
MEXICO

B.N. México. *Fondo Reservado*. 850 LAF, s.a.; "Por Don Dionisio Pérez Manrique, sobre la conversión de los indios *moxos* en la provincia de los Charcas"; f. 11r [7r].

CONCIENCIA HISTÓRICA A PROPÓSITO DEL BIBLIOCIDIO EN EL AÑO CUATRICENTENARIO DEL QUIJOTE

José Pascual Mora-García
Universidad de los Andes, Táchira

> "No es tolerable la sustitución de los sueños del Quijote por el ronquido de Sancho Panza."
>
> Mario Briceño-Iragorry, 1956

Introducción

En el presente trabajo queremos presentar una performatividad de cultura silenciada: el bibliocidio. Hay dos formas de contar la historia de un libro, en este caso nos referimos al Libro Becerro de La Grita, fuente documental perteneciente al Archivo Histórico de La Grita, en el Estado Táchira-Venezuela. La primera contendría los avatares, singularidades, formas y atributos de su condición física. La segunda estaría fundamentada, como diría Borges, en las distintas valoraciones que ha recibido el libro como tal. En nuestro caso intentamos abordarla en su doble dimensión para presentar el bibliocidio que ha sufrido esta joya de la memoria, en sus dos dimensiones, en la dimensión física pero también en la dimensión espiritual; pues, representa la compilación de la memoria histórica de un pueblo, y la única joya que conservábamos en la misma grafía que Cervantes escribió el Quijote. Hemos perdido una de las potencialidades que traspasa al libro, una memoria que se filtra a lo largo de todas las páginas. Aún deshaciéndose, su esplendor sigue emitiendo aquellos signos originarios transcritos con lentitud y silencio. Al mismo tiempo, queremos significar la importancia del cultivo de la conciencia histórica, en esta era súper-industrial, especialmente desmemoriada, en la que la historia pareciera que quedara relegada a un fetiche; porque como dijera el maestro Marc Bloch: "hay que estudiar la historia, el presente por el pasado y el pasado por el presente."

En Venezuela ha sido Mario Briceño Iragorry (1897-1958) uno de los historiadores que más nos recordara la falta de conciencia histórica. En Mensaje sin destino (1951) nos alertaba que "creo haber escrito en alguna oportunidad que Venezuela, pese a su historia portentosa, resulta desde ciertos ángulos un pueblo anti-histórico, por cuanto nuestra gente no ha logrado asimilar su propia historia en forma tal que pueda hablarse de vivencias nacionales, uniformes y creadoras." (Briceño-Iragorry, 1972: 32-33)

Esta advertencia quizá explique algunos de los acontecimientos que vive Venezuela en los últimos años. En particular, resulta una paradoja que en el año cuatricentenario de la publicación de la primera parte del Quijote sucediese el bibliocidio mayor, de la única pieza escrita en su lengua vernácula que conservábamos en la región andina tachirense desde el siglo XVII, el Libro Becerro de La Grita (1657-1829), que se encuentra formando parte del Archivo Histórico de La Grita, Tomo VII, legajo único.

El Libro Becerro de La Grita "es una reunión de manuscritos cosidos que suman aproximadamente 260 folios de papel y tinta, con cubierta de tela muy gastada por el tiempo (…) Este Libro Becerro que como material documental es de inestimable valor para la reconstrucción y comprensión histórico-social en general, y en particular, para la demarcación político-territorial y el estudio de la formación de la propiedad agraria -privada y pública –en la ciudad de La Grita, en el municipio Jáuregui y en toda la zona norte del estado Táchira." (Lugo, 1997: XXI-XXII) El Archivo Histórico de La Grita reposa desde 1947 en el Registro Civil de San Cristóbal, que fue el lugar donde se perpetró el bibliocidio.

Sin duda podemos decir que fue destruido, en parte, el libro arquetipal de la cultura gritense, y base documental fundamental para entender la evolución político territorial de la cultura tachirense; "todas las características sitúan al Libro Becerro en el estrato de las grandes representaciones colectivas, lo convierten en un monumento histórico: por eso es el Gran Libro de La Grita." (Lugo:1997:XXIII). Porque fue la Gobernación de La Grita y Cáceres el primer antecedente de dominio jurídico-administrativo, en la colonia, del espacio geohistórico creado como Provincia del Táchira en 1856.

Podemos identificar siete etapas antes de ser declarada la Provincia del Táchira:

1. Gobernación del Espíritu Santo de La Grita (1575-1608), con la Grita como capital.

2. Corregimiento de Mérida de La Grita (1608-1625), con Mérida como capital.

3. Gobernación de Mérida de La Grita (1625-1681), con capital Mérida.

4. Gobernación de Mérida, La Grita y Maracaibo o de Mérida de Maracaibo (1681-1810), con sede en Maracaibo.

5. Gobernación de Maracaibo (1810-1821), también con sede en la misma ciudad.

6. Gobernación de Mérida, con capital Mérida (1830).

7. Provincia del Táchira, con capital San Cristóbal (1856).

Para este estudio es fundamental el Libro Becerro de La Grita, porque los litigios por la "dinámica histórica y por las demarcaciones y divisiones político-territoriales a que ha sido sometido el espacio geográfico en referencia –la jurisdicción de la antigua ciudad de la Grita- forma parte del territorio político de varios estados (los pueblos de Guaraque y Bailadores pertenecen hoy al estado Mérida; parte de la zona sur del lago de Maracaibo pertenece al estado Zulia y toda la zona norte del estado Táchira está dividida hoy en varios municipios.)" (Lugo, 1997:LXXII)

I PARTE. EL BIBLIOCIDIO EN TIEMPO DEL QUIJOTE Y LA ANALOGÍA CON EL LIBRO BECERRO.

No son pocos los episodios que recuerdan la historia en donde se haya mancillado la majestuosidad de la obra impresa, en el siglo XX se recuerda en especial, la noche de la quema de los libros escritos por judíos (1933) y la llamada "Noche de los Cristales", conocida también como el Holocausto de los Libros (Munich,1938). Pero la narración pionera del bibliocidio en lengua castellana nos las proporcionó Miguel de Cervantes en el Quijote. La historia del mnemocidio cultural es narrada por Cervantes en el Capítulo V y VI, a propósito de "Donde se prosigue la narración de la desgracia de nuestro caballero", y el "escrutinio que el cura y el barbero hicieron en la librería de nuestro ingenioso hidalgo", en donde fue sacrificado un centenar de libros por ser considerados "descomulgados libros...que bien merecen ser abrazados como si fuesen herejes." (Cervantes, 2004: 59)

Durante algún tiempo se pensó que los libros contenían espíritus malignos y que infundían maldad, esa impronta medieval fue heredada y recreada por Cervantes magistralmente. La biblioteca de don Quijote tenía una cantidad de cien libros, que para la época era considerable, formada por tres núcleos principales: libros de caballerías, novelas pastoriles y poesía heroica. La obra de fecha más tardía es El Pastor de Iberia, publicada en 1591; y es posible que los primeros capítulos del Quijote se escribieran en ese año. La locura de don Quijote fue atribuida a los libros, por eso fueron incinerados, y clausurada la sala de los libros: "¿Qué aposento o qué nada busca vuestra merced? Ya no hay aposento ni libros en esta casa, porque todo se lo llevó el mismo diablo." (Cervantes, 71)

Hoy debemos confesar que el Santo Oficio de la Inquisición no ha muerto en el Estado Táchira, República Bolivariana de Venezuela, simplemente somos más certeros, y hemos especializado la pira; ahora no los quemamos sino que mancillamos su textura y aroma con revestimientos de polietileno. Esta precisamente ha sido la denuncia oficializada por la investigadora Yariesa Lugo Marmignon, (ULA-Táchira) quien ha dedicado más de 20 años de su vida a los estudios filológicos y diplomáticos sobre esta joya de la memoria de la humanidad. Referente al Bibliocidio cometido contra el Libro Becerro de La Grita es conveniente decir que contiene documentación histórica, de primera mano, desde el año 1657 hasta 1829. El bibliocidio puede evidenciarse en particular por los tres aspectos siguientes: " a) el descuadernado o privación de su cubierta original que estaba elaborada en yute (tejido muy sólido de materia textil suministrada por las fibras de una planta de la India) y que fue desprendida y desaparecida y sustituida por unos groseros cartones forrados en percalina azul petróleo; b) sus vetustos folios manuscritos, verdaderas obras de arte en papel, que formaban un Tomo (el Tomo VII, legajo único,1657-1829, del Archivo Histórico de La Grita) fueron descosidos, es decir, desagregados de su amarre original y retocados –maltrechos y abofeteados- con polietileno (material plástico incompatible con el papel artesanal); C) finalmente, fue escindido y reorganizado en tres carpetas de tamaño infolio" (Lugo, 2005)

El trabajo de Yariesa Lugo Marmignon nos anuncia la historia de un bibliocidio, para significar que no ha sido una casualidad, sino que la obra ha sido sometida "sobre un sumario de manipulaciones y contrahechuras y mutaciones intencionadas (falseamiento documental) del que ha sido objeto el Libro Becerro en umbrales de tiempo (temporalidad) desde finales del siglo XVIII y a todo lo largo de los siglos XIX y XX, cuando han buscado metamorfosear radicalmente el corpus documental en su contenido, su significación y su valor jurídico a través de a) transvaloraciones (la interpretación a mal hacer –intencionada- del documento público o Contrata de Poder firmado en 1657 como un título de propiedad territorial municipal), b) interpolaciones (inserción, en copia o compulsa del documento mencionado efectuada en 1878, de un pasaje que refiere unos supuestos límites de los términos y jurisdicción de la ciudad colonial, un título inventado y la omisión de la letra "l" en la palabra *traslado* para hacerla parecer como *trasado*), c) textualizaciones exitosas (o la difusión del documento falseado en impresiones manuscritas y editadas –seguramente para *legalizar* e institucionalizar la propiedad de un extenso territorio de tierras de propios-), y d) finalmente, cartografiando del pasaje interpolado? ¿enmascarar los originales u hojas sueltas." (Lugo, 2005)

Con el trabajo de la profesora Yariesa Lugo Marmignon (Profesora Titular de la ilustre Universidad de los Andes-Táchira) queremos puntualizar que no sólo necesitamos una historia erudita sino además una historia crítica.

II PARTE. LA PERFORMATIVIDAD DE LA CULTURA SILENCIADA.

Debo recordar que esta tendencia peligrosamente se generaliza, hace un año manifesté mi nota de protesta cuando se vulneró la estatua del admirante genovés Cristóbal Colón, en la Plaza Colón en Caracas-Venezuela. (Cfr. LA SEGUNDA MUERTE DE COLÓN O REGRESO AL TIEMPO DE LAS TRIBUS) en Diario La Nación y Diario Católico. Al efecto reproduzco mi nota por ser un testimonio también del mnemocidio, y porque allí se manifiesta la lucha permanente del oficio del investigador por la memoria historia. Veamos: "Un lector no avisado, pudiera pensar que estamos refiriéndonos al tiempo histórico del llamado "Descubrimiento." Pero no es así. El tiempo de las tribus al que nos referimos es al actual. Sí, justamente así lo bautizo el sociólogo francés Michel Maffesoli (1990) cuando escribió EL TIEMPO DE LAS TRIBUS, afirmando que "a diferencia del proletariado o de otras clases, la masa, o el pueblo, no responde a una lógica de identidad; sin objetivo preciso, no es el sujeto de una historia." Y eso fue lo que demostramos ser los venezolanos el pasado 12 de octubre al derribar la estatua del Admirante Cristóbal Colón. Que sea el símbolo del Descubrimiento o del Encuentro de Dos Mundos, es un problema de interpretaciones no siempre bendecidas por la neutralidad ideológica. Lo cierto es que Cristóbal Colón forma parte de nuestras representaciones como pueblo. Somos un pueblo mestizo, pluricultural, y cosmopolita. Por alguna razón, Venezuela es el país más cosmopolita de América Latina. Demostramos tener una cultura de ghettos, impregnada de fundamentalismos políticos y religiosos tan ajena a nuestra historia. Los venezolanos siempre fuimos solidarios, hospitalarios, y benevolentes con el extranjero. Siempre fuimos esa Tierra de Gracia que acogió al recién llegado, pero hemos dejado despertar en las oscuridades del inconsciente colectivo a TANATOS: el instinto de muerte y destrucción; y ahora nos la avemos con hordas desenfrenadas que claman sangre y revanchismos históricamente superados. Hemos confirmado una vez más la hipótesis que vaticinara sobre nuestro destino como pueblo el gran Mario Briceño Iragorry, cuando nos anunciaba como un pueblo anti-histórico, en el que no tenemos primer piso, una cultura montada al aire. Pareciera que sufrimos la SEGUNDA MUERTE DE COLÓN, esa muerte que asusta a todos, cual es, la muerte del símbolo. Una interpretación sesgada de la historia., no menos ideólogizada que la anterior que negó la herencia indígena, pretende despachar a Colón al lugar de la "chatarra". Pero resultaría irresponsable no levantar la palabra en este momento para recordar una vez más que somos hijos del mestizaje, y que no tiene sentido despertar luchas fundamentalistas. Que en todo caso, si debiéramos implorar alguna celebración sería el DIA DE LA RESISTENCIA MESTIZA. Esa sería nuestra lucha histórica de hoy frente al mundo GLOBALIZADO."

Igualmente he manifestado mi inconformidad cuando se manipula el imaginario social bolivariano, porque Bolívar no es el hombre que existió históricamente, sino que ha pasado a formar parte del cemento fundacional de la patria, y en ese sentido, es un imaginario colectivo que debe respetarse y no ser administrado políticamente para manipular a las masas. (Cfr. LA TERCERA MUERTE DE BOLÍVAR, en Diario La Nación.) En su momento expresaba mi descontento así: "Hace algunos años José Luis Cordeiro, publicó un libro intitulado La Segunda Muerte de Bolívar, para referirse a la depreciación paulatina de la moneda venezolana y sus implicaciones en lo social. Hoy nos atrevemos a señalar que si no utilizamos con racionalidad el símbolo de la venezolaneidad, nos convertiremos en los protagonistas de la Tercera Muerte de Bolívar. Quizá la más dolorosa, más fuerte que la física y más sentida que la económica. La muerte del símbolo es más profunda que la muerte física, pues ésta, al fin y al cabo, es una realidad que padece el existente; que como el agua para poder purificarse tiene que subir al cielo. El haber expuesto a Bolívar al "manoseo" público, y al utilizarlo para profanar la dignidad humana en su nombre, estamos destruyendo a Bolívar como el símbolo de la venezolaneidad. Bolívar es el símbolo de todos los venezolanos y no el de un sector de la población. Las Cruzadas y la Inquisición fueron movimientos de intolerancia religiosa que lamentamos; esperemos que en nuestro tiempo las organizaciones que se precien de llevar el nombre de Bolívar no lo utilicen como Cruzadas Bolivarianas, y menos, como Tribunales de Inquisición Bolivarianos. A menudo encuentro expresiones de venezolanos que me han manifestado: "me han matado mi Bolívar" para significar que, por haberse utilizado indiscriminadamente para otros fines, su nombre ya no significa lo mismo."

Este es otro de los testimonios que quisiera ofrecer a Congreso de Culturas Silenciadas para testimoniar la performatividad, matices y enfoques que adoptan las estructuras de dominación que pretenden silenciar la cultura venezolana. Unas veces, a través de la destrucción de los archivos y las obras escritas; y otras, a través de la destrucción y banalización de sus símbolos.

Permítaseme recordar un llamado moralizador realizado, en este mismo tenor, por don Guillermo Morón (Expresidente de la Academia de Historia de Venezuela) a propósito de la situación que vivió la Academia de Historia de Caracas hace un tiempo, al expresar que: "la Academia no es una reunión de teóricos y menos aún, como ocurrió en el oscuro y pernicioso periodo de 1995 a 2003, un cenáculo apagado y sin voz ni representación. La Academia tenía y vuelve a tener voz y voto en la cultura, en la historia, en la defensa de los intereses éticos de un pueblo." (Morón, 2004)

Quiero manifestar que me sumo al llamado del Dr. Morón, y me permito recordar nuestra responsabilidad a los ilustres académicos de la Historia del Táchira, porque la voz de los académicos no se ha dejado ni ver ni oír con la denuncia del bibliocidio. No nos olvidemos que deberíamos ser intelectuales orgánicos, y en ese sentido, tenemos la obligación de no pasar agachados en la historia.

Por eso tenemos que reconocer que en parte somos responsables por el BIBLIOCIDIO, porque nuestra actitud no ha sido precisamente la más idónea; incluso quienes hicieron el BIBLIOCIDIO han pasado por las universidades e instituciones culturales. Por eso una vez más la vida raspa a la escuela y a la universidad. Esta tragedia que hoy sufrimos nos la anunciaba Mario Briceño Iragorry, cuando escribió "Pueblo que no aspira a perpetuar sus signos a través de las generaciones futuras es pueblo todavía sin densidad histórica o colectividad ya en decadencia." (Briceño-Iragorry, 1972:79)

El BIBLIOCIDIO nos confirma como un pueblo sin densidad histórica, porque no hemos perpetuado los signos a través de las generaciones futuras; somos un pueblo sin densidad histórica porque no logramos preservar el único legado que nos quedaba. Ni siquiera el hombre de primitivo destruyó sus signos que deban fe su existencia, ahí están en las cuevas de Lascaux; y nosotros, en tan solo una generación hemos destruido las dos piezas más relevantes de la cultura gritense: una, la edificación del antiguo Seminario Kermaria, destruido en la década del ochenta del siglo pasado; y la otra, el BIBLIOCIDIO del Archivo Histórico de Las Grita, que evidenciamos hoy.

Quisiera finalizar con un texto de Samir Sánchez quien manifestaba en una oportunidad: "En este país, brutalmente mnemocida, en el cual si se intentara escrutar, no el rostro, sino tan sólo, algún rastro tangible de sus recuerdos, con seguridad nos perderíamos en una espesa niebla, en una desolación sin nombre. Monumentos, edificaciones históricas, valores humanos y culturales, historia, todo sucumbe cuales muros de Jericó ante el sonido de las trompetas de la incuria, la indiferencia y la desidia."(Sánchez, 2004:60)

BIBLIOGRAFÍA

Bloch, M. (1986) Apología de la Historia o el Oficio de Historiador. Caracas-Barquisimeto: Lola de Fuenmayor - Buría.

Briceño-Iragorry, M. (1990) Obras Completas. Caracas: Comisión Presidencial.

Briceño-Iragorry, M. (1972) Mensaje sin destino. Caracas: Monte Avila.

Brito Figueroa, F. (1993) La Comprensión de la Historia en Marc Bloch. Barquisimeto: Buría.

Cervantes, M. (2004) Don Quijote de la Mancha. Brasil: RAE

Chartier, R. (1999) El Mundo como Representación. Barcelona: Gedisa.

Le Goff, J. (1991) El Orden de la Memoria. Barcelona: Paidós.

Le Goff , J., Nora, P. (1980) Hacer la Historia. Barcelona: Laia.

Lugo Marmignon, Y. (1997) El Becerro de La Grita. San Cristóbal: BATT.

Lugo Marmignon, Y. (2005) "Bibliocidio contra el Libro Becerro de La Grita." En Conferencia de la Academia de Historia del Táchira, San Cristóbal, 7 de abril de 2005)

Sánchez, S. (2004) Urbs Quadrata. San Cristóbal: UCAT

ARQUEOLOGÍA
DE LA MEMORIA ESCRITA. RÉQUIEM POR UN BECERRO

YARIESA LUGO MARMIGNON
Universidad de los Andes, Táchira[1]

Conocer el *falseamiento-bibliocidio,* la impostura, desmantelamiento y destrucción material, 1878 y 2004, cometido contra el *Libro Becerro de La Grita* (creado en el Archivo colonial del antiguo Cabildo de la ciudad y hoy guardado en el Registro Civil de San Cristóbal, estado Táchira, Venezuela desde 1947 como el tomo VII, legajo único del Archivo Histórico de La Grita, 1657–1829, 260/fs.) motivó la escritura del opúsculo "Arqueología de la Memoria Escrita. Réquiem por un Becerro", una representación gráfica y *relación-relato* creada como transtexto-hipertexto desde la idea del *requiem* o liturgia de difuntos con seguimiento a la estructura musical monódica gregoriana, coimplicada, a su vez, con el *Réquiem en Re Menor (KV 626)* de Wolfgang Amadeus Mozart (1756-1791).

La intención manifiesta es la de hacer pública mi propuesta ante el derrumbamiento de la memoria y la reimplantación de la desmemoria y el olvido, divulgar y hacer inteligible las evidencias jurídicas e intelectuales de la destrucción secular de este Libro, además de celebrar un canto fúnebre o rito de despedida ante la ocurrencia de esta *tragedia cultural,* con la ilusión de posibilitar una polifonía donde múltiples voces reclamen el derecho a empoderarse de su *memoria colectiva*. También, dar a conocer —"recibir" (entregar)— y resguardar las nuevas formas del *Libro Becerro de La Grita,* de mi autoría y propiedd intelectual, creadas a partir de tres formatos: forma fotográfica (1984), forma de rollo (1984-2004) y formato digital (2005-2006).

La representación gráfica se objetiva en una *tira* plegada y doblada como biombo o acordeón de 2,34 mts., diseñada en 11 págs paralelas con sus reversos que incluyen las portadas (o *páginas de alfombra*), según la dimensiones originales del manuscrito (que fue elaborado papel artesanalo, tamaño folio, 21,29cms x 35,56cms o 8,5x14pulgs.) El contenido refiere al I. *Introito*, II. *Kyrie Elison*, III. *Gradual*, IV. *Ofertorio*, V. *Agnus Dei*, y VI. *Comunión*..

Este escrito corresponde, entonces, con algunas modificaciones debido al espacio donde va a ser presentado, a la parte I. *Introito* de dicho "Réquiem…", relación-relato sobre el bibliocidio cometido contra el *Libro Becerro de La Grita* (2004).

---

[1] Proyecto de Representación del *Bibliocidio-falseamiento* contra el *Libro Becerro de La Grita*. Universidad de Los Andes –Venezuela. Código NUTA-H-213-05-06-B

I. Introito

Requiem aeternam dona eis

(Dales el descanso eterno, Señor)

Réquiem aeternam dona eis, Domini	Dales el descanso eterno, Señor,
et lux perpetua luceat eis	y que la luz perpetua los ilumine.
Te decet hymnus, Deus, in Sion	Mereces un himno, Dios, en Sion
et tibi reddetur votum in Ierusalem.	y te ofrecerán votos en Jerusalén
exaudi orationem mean,	atiende mi oración
ad te omnis caro venit.	todos los cuerpos van a tí.

BIBLIOCIDIO CONTRA EL LIBRO BECERRO DE LA GRITA

1. *El sentido fragmentado*

> *Es que los árboles no nos dejan ver el bosque*
> Ortega y Gasset, *Meditaciones del Quijote*, 1914

Dos acontecimientos significativos urgen este escrito: en principio, la condena y fragmentación contra el *Libro Becerro de La Grita* —hecho ocurrido en el Registro Civil de San Cristóbal a mediados del año pasado de 2004— que, a la par del perjuicio ocasionado a la escultura de la diosa Maria Lionza, a la efigie de Cristóbal Colón, al incendio de la Torre Este de Parque Central y la destrucción del Mural de Cruz Diez, en Caracas, entre otros, marcan en el present, el derrumbamiento[2], a nivel nacional y local, de los ídolos-iconos de la *memoria*

---

[2] Según informaciones académicas y de los *mass media*, la destrucción del libro es un fenómeno planetario y de todos los tiempos: "El 12 de abril de 2003 se conoció en el mundo la noticia del saqueo del Museo Antropológico de Bagdad. Treinta objetos de gran valor fueron robados y las salas destruidas. El 14 de abril se quemaron un millón de libros de la Biblioteca Nacional. También ardió el Archivo Nacional, con más de diez millones de registros del período republicano y otomano, y en los días sucesivos esta situación se repitió con las bibliotecas de la Universidad de Bagdad, la biblioteca de Awqaf y decenas de bibliotecas universitarias en todo el país. En Basora, el Museo de Historia Natural fue incendiado, al igual que la Biblioteca Pública Central, la Biblioteca de la Universidad y la Biblioteca Islámica. En Mosul, la Biblioteca del Museo fue víctima de expertos en manuscritos, quienes seleccionaron ciertos textos y se los llevaron. En Tikrit, las bombas golpearon la estructura del museo y facilitaron los saques, al provocar la huida de los guardias de seguridad" (Báez, Fernando. *Historia universal de la destrucción de los libros*. Caracas, Editorial Debate, 2004).

colectiva[3]. Y de seguidas, la mostración de vientos que arrasan ¡tan cercanos que nos horadan!, anunciadores de la desorientación común en la cuestión *material*, *funcional* y *simbólica* de la historia (antropológica) nacional y mundial de la Tierra. Ambas, Memoria y Tierra, *arquetipo-símbolos* colectivos.

En los primeros días del mes octubre de 2004, David Jaimes, presidente del Rotary Club, San Cristóbal, me hizo una invitación para que hablara, ante los socios del Club, sobre la historia de los libros y en ella, la del *Libro Becerro de La Grita*. Encantada, como es mi costumbre en cuanto se me habla de la historia del libro y de los *becerros* en particular y con la ambición de recrear la experiencia de los rituales cotidianos que realizamos los memorifilios-bibliófilos, o amantes de la memoria y de los libros, fui de seguida al Registro Civil, lugar donde se guarda en custodia desde 1947 esa *joya de la memoria*, llamada *Libro Becerro de La Grita,* 1657-1829, que pertenece al Archivo Histórico de La Grita[4], tomo VII, legajo único, 260/fs. y que ha sido mi objeto de investigación desde el año de 1982.

Ambicioné de nuevo (apasionadamente) demorar la experiencia de recrearlo como un lugar fijado de memoria *natural* y de memoria *artificial*[5] y de contactar su exterioridad o *superficie*[6]. Quise, admirarme ante esta obra de creación colectiva que se corresponde e inserta en la historia universal del libro dada su naturaleza, su procedencia, su contenido y características materiales, es decir, extasiarme en su encuadernado, su textura, su color y la esencia de sus vetustos folios.

Quise verificar y restituir autenticidades en la riqueza de sus tintas, de sus sellos y de sus transparentes filigranas, en los signos y firmas de escribanos, de visitadores generales y alcaldes ordinarios, de testigos y de peticionarios y componedores (nuevos propietarios) de la tierra… para, finalmente, reencontrarme con el soporte vegetal artesano (el papel) donde se asientan los nombres de los pobladores originarios y la verdadera historia de la propiedad de la tierra en la antigua ciudad del Espíritu Santo de La Grita.

---

[3] La expresión *memoria colectiva* resulta una útil abreviatura para resumir el complejo proceso de selección e interpretación en una fórmula simple y pone de relieve el paralelismo entre las formas en que el pasado se registra y se recuerda. (Burke, Peter. *Formas de historia cultura*. Madrid, Alianza Editorial, 1999.

[4] Antiguo archivo público y de cabildo de la ciudad de La Grita y hoy Archivo Histórico de La Grita, 1600-1907. Lo conforman 75 tomos, 1.022 legajos y 26.709 folios. Registro Civil de San Cristóbal, estado Táchira, Venezuela.

[5] Le Goff, Jacques. *El orden de la memoria. El tiempo como imaginario*. Barcelona, Editorial Paidós, 1991.

[6] Ortega Y Gasset, José. *Meditaciones del Quijote*. En: *Obras Completas*, Madrid, *Revista de Occidente*, Talleres Gráficos Altamira, 1952, 3ra. ed. Tomo I.

Y quise también evidenciar los lugares-de-memoria-mentalidad[7], es decir, su *profundidad*[8] que no es otra cosa que el lugar de representación, acumulación y recordación de la imaginación creadora, donde el sentido originario de este libro se actualiza y se hace inteligible. Un espacio-lugar de significaciones arquetípicas y simbólicas[9] cuya razón fundamental es contener el tiempo, desbloquear el trabajo del olvido, materializar lo inmaterial y dar razón de la existencia humana, posibilitada en el develamiento de las estructuras mentales expresadas en códigos mentales "atravesados" del/en el *folklore jurídico*[10] o la tradición positiva de la tierra —también llamados "testimonios"—, que son una *dualógica*[11] manifestación de la *mentalidad colectiva* actuada como resonancia de creencias[12] en el *derecho natural* (*ius naturalis*) y en el *derecho de conquista* de la Tierra o derecho positivo.

Creencias que en los particulares *términos* y *jurisdicción* colonial de la ciudad del Espíritu Santo de La Grita, devienen trastocadas por la interrupción, en 1657, de los ritos de *posesión in situ* de la tierra o *ceremonias de entrega* debido al apresuramiento con el que el Lic. Diego de Baños y Sotomayor, Visitador general de la Real Audiencia de Santafé de Bogotá realizara la visita de composición de tierras que posibilitó la firma de la *Contrata o Trato de composición* de 13 de mayo de 1657, lo que promueve un imaginario colectivo manifiesto en las llamadas *estancias,* (entendidas como unidad de producción y como medida agraria de superficie -estancia de *pan coxer*, de *pan y ganado menor*, *pan y ganado mayor*, de *ganado mayor*-, y en donde cada vecino, cada institución, se representa y se siente propietario de pueblos enteros o de varias unidades de producción, muchas de ellas inmensurables por las características morfológicas del terreno, por la imprecisión en la aplicación de la medida o simplemente, porque los linderos no aparecen anotados en las actas protocolares.

---

[7] Lugo, Yariesa. "Historia de la propiedad territorial municipal en la antigua ciudad del Espíritu Santo de La Grita [Tierra, Memoria colectiva y mentalidad] 1578-1878. Caracas, USM, Tesis doctoral, 2002.

[8] Ortega y Gasset, *ob. cit.*

[9] Jung, C. G. *Arquetipos e inconsciente colectivo*. Barcelona, Editorial Paidós, Psicología Profunda, 1997.

[10] Delpech, François. "El terrón: símbolos jurídicos y leyendas de fundación". En: *La Tierra. Mitos, ritos y realidad.* Comp. José A. González Alcantud y Manuel González de Molina. Editorial Anthropos, Col. Autores y Textos de Antropología. N° 25, 1992. Nota a pie de página del autor: "Sobre la noción de *folklore jurídico*, véase a Pierre Saintyves (1932). "Le Folklore juridique", *Revue des Études de Sociologie et d'Ethnologie*, N° 12. "Esta 'antigua ciencia auxiliar de la historia' está hoy absorbida por lo que se ha dado en llamar 'antropología jurídica', cuyas perspectivas son a la vez más amplias y ambiciosas", p. 13.

[11] Ortiz-Osés, A. *Amor y sentido. Una hermenéutica simbólica*. Editorial Anthropos, N° 19, 2000.

[12] Bloch, Marc. *Los reyes taumaturgos*. México, Fondo de Cultura Económica, 1996 y Ortega y Gasset, *Ideas y Creencias* [*Y otros ensayos de filosofía*]. Madrid, Edición de la Revista de Occidente y Alianza Editorial. 1986.

Así, la colectividad griteña *desimboliza*, *desmitifica* y *desritualiza*[13] el arquetipo de la Gran Madre. Quiebra, entonces, la función del símbolo al crear desde el/lo imaginario colectivo y representarse -se inventa y se apropia apropia fraudulentamente- en la Memoria escrita, una propiedad territorial o las llamadas "tierras de La Grita" y su corolario "tierras de propios", lo que va a producir *a posteriori* un *desequilibrio antropológico*[14] en la colectividad que hunde sus raíces en el perdido poder colonial para recrear, así, *un pasado que se adecua al gusto de la mayoría.*[15]

Al pedirle a la encargada del archivo del Registro Civil el mencionado Libro su rostro palideció. Con cierta pena me dijo: Profesora, pasó algo con el Libro Becerro y se dirigió al estante donde se guarda. Mi asombro y afligimiento ya no tuvieron límites: ¡No sería posible realizar ritual alguno: El Libro Becerro de La Grita, había sido objeto de *bibliocidio*!

> Me sentí, entonces,
> como rosada
> flor-apamate
> extrañada de su árbol (desprendida)
> pisada por un caminante!

2. *Relación-relato del bibliocidio o la herida trágica*[16]

Contra el *Libro Becerro de La Grita* se cometió el pasado año de 2004, *bibliocidio*[17]. Un acto delincuencial, de consecuencias jurídicas, políticas, sociales y económicas de incalculables proporciones. Con anterioridad, en 1878, fue convertido por la Alcaldía —a través de una *Resolución*[18] que promueve el traslado o compulsa de los folios 1 al 10vto.— en una falsificación sofisticada, en un *testimonio- mentira* para adjudicarse una supuesta (extensa) propiedad territorial, en calidad de *tierras de propios*.

El último episodio de destrucción material producido contra *el becerro* se evidencia en tres aspectos:

a) El descuadernado o privación de su cubierta original, elaborada en yute (tejido muy sólido de materia textil suministrada por las fibras de una planta de la

---

[13] Mèlich, Joan-Carles. *Antropología simbólica y acción educativa*. Barcelona, Editorial Paidós, Papeles de Pedagogía, 1996.

[14] Durand, Gilbert. *La imaginación simbólica*. Buenos Aires, Editorial Amorrortu, 1967.

[15] Grafton, Anthony. *Falsarios y críticos*. Barcelona, Editorial Crítica, 2001.

[16] Enunciado construido desde las metáforas de A. Ortis-Osés y P. Lanceros. *Diccionario de Hermenéutica*, Bilbao, Universidad de Deusto, 1998, 2da. ed.

[17] Lugo, Yariesa. "Destruido el libro El becerro de La Grita". San Cristóbal. Entrevista del periodista Humberto Contreras, Diario *La Nación*, lunes 25 de abril de 2005.

[18] Concejo Municipal de La Grita. *Gran Título de propiedad de todo el terreno que encierra la antigua jurisdicción de La Grita, correspondiente al Ilustre Concejo Municipal y vecinos de esta misma ciudad*. "Resolución". La Grita, Tipografía El Trece, p. 3, 1933.

India) la cual fue desprendida y "desaparecida" y sustituida por unos groseros cartones forrados en percalina azul petróleo.

b) Sus vetustos folios manuscritos, verdaderas *obras de arte en papel*, que formaban una unidad de memoria o tomo (Tomo VII) fueron descosidos, es decir, desagregados de su amarre original y "retocados" —maltrechos y abofeteados— con polietileno, material plástico incompatible con el papel artesanal.

c) Finalmente, fue escindido y "reorganizado" en tres carpetas de tamaño infolio.

El *Becerro de La Grita* (1657-1829) es un lugar fijado de memoria, que ligado a los momentos cruciales de su propia historia, cristaliza la historia pasada-reciente de la histórica ciudad del Espíritu Santo de La Grita. Se identifica con el topónimo de la ciudad que lo produce y de la cual es originario: ella lo signa por ser la amanuense de su propia historia. Es que las comunidades, en su hacer cotidiano, construyen sus propias representaciones[19]. Libro-memoria constituido de antiguos manuscritos cosidos a mano (260/fs. aproximadamente, en papel artesanal) forma parte del antiguo archivo público y de cabildo de la ciudad, hoy Archivo Histórico de La Grita, trasladado en 1947 al Registro Civil de San Cristóbal, estado Táchira (es el tomo VII, legajo único). Su naturaleza jurídica, su contenido y su procedencia le conferían universalidad y un valor histórico único que lo elevaba a la categoría de *libro raro*, de joya de la memoria y de patrimonio histórico —a la altura de los *becerros* (de las centurias XIII y XIV), los *cartularios* y los *tumbos* (centurias VI al XIV) y del *Domesday Book*, de la Europa Medieval, creados en las behetrías, y monasterios españoles y comunidades laicas francesas e inglesas—.

Su contenido relaciona el *saber-hacer-imaginación* o la vidavivida de la ciudad y la historia-mentalidad colectiva de sus pobladores y de su apropiación de la tierra. Una historia actuada por las mujeres y los hombres, vecinos todos de los valles, ríos, montañas y páramos que fundaron los *términos y jurisdicción* colonial de la vetusta ciudad de La Grita. En su interior se encuentra un traslado de la Real Cédula Felipe II de 1° de Noviembre de 1591 sobre composiciones de tierra, los autos de comisión e instrucciones y diligencias dadas en Santafé de Bogotá y actuadas en la visita general hecha por Juan Modesto de Meler y el Lic. Diego de Baños y Soto Mayor (1657) en ocasión de la composición de indios y del arreglo de la situación jurídica de la tierra, la escritura pública *Contrata o Trato de Composición* (*Pedimento, Contrata y Obligación* de 13 de mayo de 1657) firmada entre el Visitador General y el Cabildo colonial, y los padrones, cartas de posesión y títulos originarios y títulos por composición de la propiedad territorial de los vecinos y las que se compusieron en 1657, y entre 1792-1829, y particularmente, los originales ("hojas sueltas" fs./253 al 260) de los folios que fueron mandados a trasladar en 1878.

---

[19] Lugo, Yariesa. *El Becerro de la Grita, Joya de la memoria*. San Cristóbal, BATT, N° 135, 1997.

Entonces, hay que preguntarse por las posibles intencionalidades del bibliocidio contra el Becerro de la Grita y su conexión con el falseamiento documental o la contrahechura ejecutada desde finales del siglo XVIII y a todo lo largo de los siglos XIX y XX. Dónde está la clave y el horizonte de sentido ¿en la *forma* (escrituraria) —como libro becerro— o en la *racionalidad representada*[20], es decir, en su *contenido,* definido por sus vínculos con la memoria colectiva, las *formas simbólicas* subyacentes y el pasado común con la historia de la propiedad territorial? ¿Es un acontecimiento vinculado con la temporalidad universal de las políticas del poder corrupto y fraudulento —en todas sus manifestaciones— que juega con la oposición de los principios de *creación/destrucción* de la *memoria colectiva* y la beneficiosa implantación de la desmemoria y el olvido —la *lotofagia*— para que no sean develadas las verdades históricas contenidas en el Libro Becerro y mantener así, el estado de mentira inastaurado con relación al verdadero pasado de la propiedad territorial municipal y privada? Con el desbaratamiento material de esta unidad de memoria ¿se busca sólo su destrucción y desaparición como libro y obra de arte en papel? o ¿significa el último episodio de la tragedia construida sobre un sumario de *manipulaciones,* intencionadas (léase falseamiento documental) del que ha sido objeto el becerro de La Grita, en umbrales de tiempo definidos desde finales del Siglo XVIII y a todo lo largo de los siglos XIX y XX.

Lo que se evidencia, luego del análisis paleográfico, diplomático, filológico, histórico, cartográfico y hermenéutico simbólico del "traslado" de 1878 y su presentación pública en el "Folleto" mandado y "ordenado" a publicar por el Concejo Municipal a través de un "Resuelto" 1933 , es que se ha pretendido metamorfosear radicalmente el *corpus* documental o *folklore jurídico* en su contenido, su significación y su valor jurídico.

Al aplicársele las técnicas de análisis de contenido y la crítica textual desde la *superficie*, es posible establecer las llamadas *fuentes de corrupción o variantes mixtas intencionadas* adoptadas para el falseamiento o contrahechura del manuscrito conocido como "Testimonio de la Real Cédula o sea el Título de los terrenos que pertenecen a la ciudad de La Grita y a sus vecinos...." (por *interpolaciones, errores, omisiones y mutaciones,* 1878, en textualizaciones, 1878, 1915, 1925, 1933, 1947, 1968, 2000, y en cartografiados, 1968).

Y desde la crítica textual aplicada desde la *profundidad* o las hermenéuticas simbólicas o instaurativas (me refiero a la hermenéutica lingüística, jurídica, histórica, filológica y antropológica-simbólica), a los lugares de significación o lugares-de-memoria-mentalidad en el texto, se infiere la transvaloración o inversión de significados o la interpretación a *mal hacer* —intencionada— manifiesta por el Cabildo de La Grita desde 1793-1838: esta institución al actuar la competencia hermenéutica que les propia interpreta a su

---

[20] "Yo sostengo que el libro no es destruido como objeto físico sino como vínculo de memoria. John Milton, en *Aeopagitica* (1644), sostenía que lo destruido en un libro era la racionalidad represetada "[…] quien destruye un libro mata la razón misma." (Baéz. *Ob. cit.*:IV)

conveniencia la escritura pública "Pedimento, Contrata o Trato de composición y Obligación" firmada en 1657 con el Visitador General Diego de Baños y Soto Mayor, como un título de propiedad territorial municipal.

El resultado es que cambia radical de sentido y el valor jurídico del texto auténtico el invertir los enunciados-clave *facultad de poder* y *composición* y evidencia la trasgresión de la *creencia-base*[21] o arquetipo-símbolo la "Gran Madre", es decir, las creencias en el *derecho natural* a la tierra (*ius naturalis*) y en el *derecho de conquista* (derecho positivo impuesto por el español colonizador. ¿Se busca enmascarar (camuflar) o hacer "desaparecer" los originales u "hojas sueltas"[22] que encontré en 1986 al final del Libro Becerro —minimizadas por la destrucción natural y hoy plastificadas— que remiten y evidencian *otro pasado* con relación a la propiedad territorial que se adjudica la Municipalidad o las llamadas *tierras de La Grita* y/o *tierras de propios* que estarían dentro de los *términos y jurisdicción* colonial de la Ciudad.?

> ¡Cae un pájaro herido
> de la rama más alta
> del último árbol…

3. ¿Dónde están los bibliocidas?

Los bibliocidas son los destructores de los libros.

La tragedia cultural que significa el bibliocidio y el recordatorio del falseamiento en 1878 del Libro Becerro de La Grita, fue develada y mostrada ante la opinión pública en los primeros meses de 2005 a través de conferencias que dicté en la Academia de la Historia del Táchira y la Sociedad Bolivariana, capítulo San Cristóbal[23], de ponencias en Congresos Internacionales[24] y nacionales[25] y de entrevistas por la prensa escrita[26], por la radio[27] y la televisión regional[28], con la

---

[21] Ortega y Gasset, *Ob. cit.*

[22] Folios 251, /251v., 253, /253v., 254, /254v., 256, /256v., 257, /257v., 258, /258v., 259, /259v., 260, /260v. del libro Becerro que se encontraban al final y que identifiqué en 1886 como "hojas sueltas", luego de tomar la película fotográfica del Libro en 1984.

[23] Lugo, Yariesa. Conferencia: "Bibliocidio contra el Libro Becerro de La Grita". Sede Sociedad Bolivariana del estado Táchira y Academia de Historia del Táchira. San Cristóbal, lunes, 14 de marzo, 7:30 pm.

[24] I Congreso Internacional de Ciencia Histórica. XI Jornada de Investigación y Docencia en la Ciencia de la Historia". Mesa 12: Redes Socailes, Cultura y Mentalidades. Ponencia: Lugo, Yariesa. "Arqueología de la memoria escrita. Bibliocido contra el el Libro Becerro de La Grita". *Resúmenes del Congreso*, Barquisimeto, julio de 2005.

[25] 1ª Jornadas Regionales en Geohistoria, Educación y Educomunicación. Universidad Pedagógica de Experimental Libertador y Instituto Pedagógico de Miranda "José Siso Martínez. Caracas, 28, 29 y 30 de abril de 2005.

[26] Entrevista de Humberto Contreras. San Cristóbal, Diario *La Nación*, lunes 25 de abril del 2005 y miércoles, 18 de mayo.

[27] Emisora 97.3 "Programa de la Mañana" con Isabelita Machado y Wilmer Muñoz.

determinación de difundir la historia del *becerro* como patrimonio de todos y de su destrucción como un hecho de incalculables consecuencias para la Nación y para la colectividad. Inmediatamente se oyen voces de respaldo de las comunidades implicadas y se publican algunos escritos en artículos de prensa como los firmados por el Dr. Pascual Mora: *El bibliocidio nos confirma como un pueblo sin densidad histórica, porque no hemos perpetuado los signos a través de las generaciones futuras, somos un pueblo sin densidad histórica porque no logramos preservar el único legado que nos quedaba.*[29], el Lic. Walter Márquez: *El cabildo de La Grita emplaza a la profesora Yarietza Lugo, con respecto a la información sobre el Libro Becerro de La Grita [...] Yo ratifico que esa municipalidad tienen que asumir de manera responsable la situación...*[30], el periodista y poeta Antonio Ruiz Sánchez: *En el Táchira: el pasado, ¡Al carajo! Es lo que se evidencia cuando se nota el desprecio que se tiene por lo pretérito, el cual reside en infolios amarillentos, revisados por los instruidos gorgojos y uno que otro investigador, como Yariesa Lugo Matmignon quien dolida por lo que han mal hecho sobre el "Becerro de La Grita" —no ternero sino libro— ha puesto de presente el grande padecimiento de este pueblo: aguda amnesia.*[31] y del Cronista de la ciudad Dr. J. J. Villamizar Molina, entre otros. También se presentan excusas inaceptables de parte de las autoridades del Registro Civil y amenazas de demanda ante la Fiscalía Pública de la Alcaldía de La Grita.

Así, el sábado 14 de mayo de 2005, la Registradora del Registro Civil de San Cristóbal, Dra. Carmen de Borrero, contesta mi denuncia en uno de los diarios locales de mayor circulación, a través de una entrevista que le hiciera el periodista Humberto Contreras: *No destruimos el Libro Becerro: lo protegimos para preservarlo*[32]. La Registradora se refiere únicamente al "retoque" o plastificado de los folios. Argumenta que *es un material muy especial, fabricado en México por 3M, y es lo más costoso que hay. Es un plastificado en frío, que no se "amarilla", y con seguridad protege al documento como tal.* También señaló que: *tengo en mente adquirir una caja fuerte para guardarlo allí, y sacar una copia certificada para que sirva de uso a los investigadores y al público que lo necesite. Nosotros no hemos destruido el Libro Becerro, sino que, por el contrario, hemos hecho un trabajo de preservación del valioso documento, que se estaba deteriorando ante su continuo uso y por el paso del tiempo, porque como usted puede ver, ese libro*

---

[28] Televisora Regional del Táchira (TRT): San Cristóbal. Programas: "Buenos días San Cristóbal", "Buenas noches, San Cristóbal" con los periodistas Kiko Rosales y Frank Mota y "Café con Azocar" con Gustavo Azocar (19-05-2005).

[29] Mora, Pascual. "Conciencia histórica a propósito del bibliocidio". San Cristóbal, *Diario Católico*, 09 de marzo de 2005. Especial.

[30] Márquez, Walter. "Municipalidad de La Grita debe asumir la verdad sobre fraude al Libro Becerro". San Cristóbal, Diario *La Nación*, 15 de mayo de 2005.

[31] Ruiz Sánchez, Antonio. "Crónica de hoy. Hacia la desmemoria". San Cristóbal, Diario *Los Andes*, 20 de mayo de 2005.

[32] Borrero, Carmen. "No destruimos el Libro Becerro: lo protegimos para preservarlo". San Cristóbal. Entrevista de Humberto Contreras, San Cristóbal, Diario *La Nación*, sábado 14 de mayo de 2005.

estaba en las condiciones de muchos otros libros que tenemos acá, y a los que nosotros no hemos tenido tiempo de dedicarnos a aplicarles las técnicas que le aplicamos al Libro Becerro, para protegerlo [...].

Objeta, además, el apremio de la "protección": *aquello era urgente. Tuvimos que abandonar algunas tareas diarias, para poder atender esta situación que nos requería atención pues al Libro Becerro, los historiadores vienen de todas partes a verlo, no solamente de aquí, sino de Bogotá, de Mérida, de Quito, y nosotros vemos que de tanto manipularlo, ya el papel se está deshaciendo, tanto por las condiciones del papel, como por los años que tiene —350—. Entonces, preocupados por ello, aplicamos esta técnica.* Asegura que *lo hecho fue un trabajo de preservación y mantenimiento [...] para tratar de salvar lo que existe [...] para protegerlo [...] que no puede decirse que hubo destrucción o mala fe,* pero reconoce que *preocupados con ello* (se refiere al deterioro del libro) *aplicamos esta técnicas, que, no ha sido tal vez la ideal, la idónea pero la intención, la buena fe con la que en todo caso actuamos, fue para salvar este patrimonio que es sagrado, pues esto es lo mas grande que tenemos acá."*

Lo más pronto, contesté los argumentos de la Registradora civil a través del artículo de prensa "Yariesa Lugo mantiene interpretación académica. Sí fue destruido el Libro Becerro"[33], donde aclaré: Por supuesto que era urgente su preservación dado el daño ocasionado por agentes biológicos y naturales, por el tiempo y su continuado uso, pero insisto en que los procedimientos y la técnica utilizada, a pesar de la "urgente protección", de ninguna manera "protegían" al Libro Becerro. No puede ser este un trabajo de preservación, y dada la calidad, la condición jurídica y el valor histórico del Libro, no merecía ser sometido a las "buenas intenciones", a "la buena fe" y a técnicas de restauración cuya eficacia no estuviera comprobada.

Cuidar y proteger significa conservar, es decir, detener el deterioro y restaurar equivale a devolverle a la obra de arte o al manuscrito, su estado original. Como se evidencia, este no el caso. Añadí que la vergüenza nos debe arropar el rostro cuando esos historiadores de Bogotá, Mérida y Quito o de cualesquier otra parte del mundo, vengan a conocer o a estudiar ese *documento/monumento* escriturario y se encuentren con semejante desmantelamiento.

Señalé también que "cuidar y proteger" significa "conservar", es decir, detener el deterioro y "restaurar" es devolverle a la obra del arte o al manuscrito, su estado original. El funcionario público de mi país —pienso que de cualquier parte del mundo— o quien vaya a manipular una obra de arte o de patrimonio histórico o a intervenir un documento o libro de características y tipología documental, debe tomar ciertas previsiones obligatorias contenidas en las leyes venezolanas,

---

[33] Lugo, Yariesa. "Yariesa Lugo Mantiene interpretación académica: Si fue destruido el Libro Becerro". Entrevista de Humberto Contreras, San Cristóbal, Diario *La Nación,* San Cristóbal, 25 de abril de 2005.

particularmente en la *Ley de Registro Público y del Notario*,[34] además de recurrir a instancias superiores como la Dirección Nacional de Registro y Notaría, ente al cual le corresponde coordinar este tipo de trabajo.

Igualmente asomé que es obligatorio asegurar una inspección judicial que levante un acta donde detalladamente se deje constancia oficial de la labor de restauración a fin de que no se pierda la *garantía de fe pública* y conveniencia de llamar la atención y colaboración de especialistas, historiadores, archivólogos y restauradores de manuscritos conocedores de la materia.

Concluí la entrevista reafirmando que esas condiciones no se cumplieron en el caso de la "protección" y "preservación" del Libro Becerro de La Grita e hice un llamado, que afortunadamente dio resultado, ya que tuve noticias que el Archivo Histórico de La Grita, 1600 y 1907 (1.022 legajos y 26.000/fs. aproximadamente), ante la urgencia de su restauración y preservación iba a ser "retocado" en su totalidad: ¡Imaginemos por un instante esos 26 mil folios restaurados con plástico! (¿sería inocente su manipulación, si en su interior, además de otros documentos como Libros de protocolo y Testamentos, hay 127 legajos (2.206 fs.) que contienen actas, expedientes, pedimentos, litigios, justificativos, juicios, quejas, escrituras, reclamos, manifestaciones, reales ordenes, protestas, diligencias, etc. todos referidos a la cuestión de la propiedad territorial?[35]

También hubo amenazas por parte de la Cámara Municipal de La Grita, cuyos miembros (el artículo de prensa no especifica quienes) "presumen" que las conclusiones a las que digo *llegar resultan sospechosas y contradictorias...*, y que la *línea de Investigación* ("Arqueología de la Memoria Escrita o del imaginario social de la ciudad de La Grita") *fue premeditada desde un principio por la señora Marmignon* [y que] *desde siempre ha respondido como se evidencia, en coincidir con todos aquellos que desde hace años han estado buscando la manera de descalificar aquel acto heroico de un pueblo y su gobierno local que al igual que Barinas tuvo la capacidad negociadora de comprarle al reino español esa extensión de territorio sin disparar ni un tiro de arcabuz.*

Finalmente anuncia, a través de un Boletín de prensa[36] que se adelanta un petitorio de publicación donde establece:

> ...la *posibilidad de asumir las difamatorias declaraciones públicas* —mis declaraciones— *como "noticia criminis"* [sic] *ante la Fiscalía Pública.* También señala que *las investigaciones de la Investigadora de la ULA* (se

---

[34] Ley de Registro Público y del Notario. Caracas, EDUVEN, Gaceta Oficial de la República Bolivariana de Venezuela, N° 37.333, 27 de noviembre de 2001.

[35] Lugo, Yariesa. *Arqueología de la memoria escrita. El Archivo Histórico de La Grita. [Textos para fragmentar el olvido]. 1600-1907.* San Cristóbal, Universidad de Los Andes, Trabajo de Ascenso a la categoría de Profesora Titular (en Imprenta).

[36] Cámara del Municipio Jáuregui. "La asumirá como noticia críminis. Cámara Jaureguina considera una infamia las declaraciones sobre el Libro Becerro". Diario *La Nación*, San Cristóbal, 13 de mayo de 2005.

refiere a mis investigaciones) *malpone y difama el gentilicio jaureguino* y (que yo he) *injuriado y difamado al pueblo y al gobierno local* cuando señalo que la *Alcaldía de La Grita, a través del falseamiento* (ha) *convertido este documento* (léase Libro Becerro) *en un testimonio mentira*[37].

El escrito expresa, además, que yo *debo demostrar cuándo, cómo y dónde el alcalde, los concejales o funcionarios alguno del gobierno local, tuvo acceso a ese libro del que ella acusa al municipio de alterar o desbaratar.* […][38]. Dos hechos puntuales se evidencian en la lectura de la nota de la Cámara Jaureguina: a. el cuestionamiento de la naturaleza académica tanto de la producción intelectual como de los resultados de mi Línea de Investigación y su anclaje en las Políticas de Investigación de la Universidad de los Andes, Venezuela, y, b. la conveniencia de no reconocer las evidencias del *falseamiento* ejecutado en 1878 cuando se trasladan y *compulsan*, por orden de esta Cámara, los primeros folios del Libro Becerro, lo que le ha permitido a esta Corporación detentar, es decir, apropiarse ilegalmente, por mas de cien años, de una propiedad territorial (latifundista) sustentada jurídicamente en una escritura pública que no es un título de tierra, sino una *Contrata o Trato de Composición,* cuya hermenéutica jurídica remite a una transferencia de *facultades de poder* y no a un título de propiedad de tierra, como la Cámara quiere que se interprete y se acepte.[39]

> Mirada retorcida de un pájaro multicolor
> que ritualmente llora su piel llagada
> de tanta ceniza!

---

[37] *Idem.*

[38] *Idem.*

[39] Lugo, Yariesa. "Historia de la propiedad territorial municipal… *Ob. cit.*

TRANSFIGURACIONES -LA CREACIÓN DEL *QUIJOTE*-

Ignacio Gómez de Liaño
Universidad Complutense de Madrid

Es difícil decir algo original sobre el *Quijote*. Y, sin embargo, a pesar de todo lo que se ha escrito, uno tiene la impresión de que se suele pasar por alto lo esencial. Por esencial tengo yo todo lo que pueda contribuir a determinar cómo se formó tan singular novela en la mente del autor. Eso es lo que me he propuesto aclarar ante ustedes o, al menos, intentar aclarar. Para ello me ha parecido que lo mejor es ir a lo más obvio, incluso a lo perogrullesco, pues, aunque parezca mentira, eso lo olvidan a menudo los filólogos, interesados como están en parecer originales.

Dejemos a un lado obviedades demasiado trilladas, como la de que el *Quijote* es una obra en la que el autor vierte los vastos conocimientos del mundo, la gente y la literatura que ha ido acumulando a lo largo de toda una vida, o la de que el *Quijote* retrata la Humanidad mediante la pareja del fantástico caballero idealista Don Quijote y su prosaico y realista escudero Sancho, o la de que Cervantes acierta a emplear un estilo a la vez llano y sutil, en el que se hermanan lo coloquial del refrán popular y lo clásico de la referencia literaria. Dejemos a un lado estas y otras especies semejantes de hermenéutica, ya que, además de sabidas, no van al fondo.

Lo que más me importa, repito, es averiguar cómo se le ocurrió a Cervantes la idea de hacer un relato con las aventuras de un caballero en el que lo solemne linda con lo ridículo, y lo serio con lo grotesco; de un caballero al que, aunque todo le sale mal, ahí sigue como si nada; de un caballero al que enloquecen los libros hasta el punto de querer vivir como hechura y encarnación de una biblioteca entera de libros de caballerías; de un caballero, en fin, del que nadie sabe, empezando por él mismo, si es auténtico o sólo apócrifo, y si su «verdadera historia» ha de ser incluida en el renglón de «falsos cronicones» que eran tan populares en la época.

La lectura del *Quijote* demuestra algo obvio: que es una obra en la que el autor transfiguró su vida, su experiencia, sus preocupaciones. En este sentido, el *Quijote* es un espacio de transfiguraciones.

Primera transfiguración. El comisario caballero.

La primera que voy a tratar es la obviedad de que Miguel de Cervantes tuvo que verse a sí mismo alguna vez como Don Quijote. Lo extraño sería que no fuese así. Según esto, en los años en los que empezó a gestar su fábula, debió de llevar un género de vida que le permitiese verse como una especie de caballero andante que va de acá para allá consagrado a las más altas empresas, y que comprueba una y otra vez que las cosas se le tuercen de tal forma que ese papel suyo honrosísimo acaba no pocas veces resultando ridículo, además de doloroso.

Y esto es precisamente lo que encontramos. En 1587 Cervantes, con unos cuarenta años de edad, empieza a trabajar como comisario general de la provisión de las galeras reales. Durante quince años va a estar al servicio de Felipe II desempeñando la tarea de requisar aceite, grano y otros alimentos para abastecer los buques de la Armada. En tan honrosa y sobre todo ingrata tarea sufrió no pocos disgustos, como es bien sabido. A causa de su celo recaudador el clero de Écija y Castro del Río lo excomulgó en dos ocasiones. Por si eso fuera poco, ciertos errores contables y el celo esta vez de los auditores reales que revisaron sus cuentas lo llevaron a la cárcel en 1592, 1594 y 1597. En esta última ocasión, estando en la cárcel de Sevilla, donde pasó unos siete meses es cuando empieza a rondarle la idea de su gran novela.

Los datos anteriores sugieren que el *Quijote* fue, de alguna manera, el modo empleado por Cervantes para transfigurar sus andanzas por tierras andaluzas como comisario real, en las que tantas veces fue por lana y volvió trasquilado, o sea, se enfrentó a labradores, regidores y clérigos, para luego caer en las manos, todavía más crueles, de los auditores reales.

El importante detalle de hacer salir a Don Quijote de un lugar de la Mancha del que el autor no quiere acordarse se ajusta también a este tramo de la vida de Cervantes y, en particular, a su relación con Esquivias, el pueblo manchego adonde se fue a vivir con su joven esposa en 1584 y de donde no tardaría en salir, pues el matrimonio, de conveniencia, fracasó en seguida. Justamente, es la salida de Esquivias lo que lleva a Cervantes a desempeñar el oficio de comisario general con las correspondientes e incesantes andanzas que el cargo exigía.

Y no hay que olvidar que en ese lugar de La Mancha conoció a Don Quijote o, a lo menos, su apellido precaballeresco, pues, entre los parientes de su esposa, algunos se llamaban Quijada y eran «hidalgos de ejecutoria», o sea, hidalgos que se veían obligados a sacar ejecutoria, pues sus paisanos les negaban esa codiciada condición.

En conclusión, sin sus experiencias manchegas y andaluzas, difícilmente se le habría ocurrido a Cervantes el *Quijote*, ni se habría puesto a traducir su ocurrencia en escritura. A lo que cabe añadir que, en medio de sus ocios manchegos y sus andanzas andaluzas, sobre todo cuando paraba en ventas y mesones, Cervantes seguramente se entretenía leyendo libros de caballería, como vemos que ocurre en las ventas del propio *Quijote*. Tanto por lo uno -su vida laboral-, como por lo otro -sus ocios y lecturas-, Cervantes debió de verse a menudo transfigurado en caballero andante, sobre todo cuando se abandonaba a los brazos de la lectura para olvidar las fatigas y sinsabores de sus caballerías andaluzas. Y esto sin contar que debió de toparse con más de un sujeto atacado por algún tipo de locura o fantasía que, al ser rememorado, prendió en la inflamable yesca de su imaginación creadora.

Segunda transfiguración. Las santas escrituras.

Si en los meses que pasó en la cárcel de Sevilla, entre 1597 y 1598, inicia la redacción del Quijote, será dos años después, a finales del verano de 1600, cuando la reanude tras toparse «en el Alcana de Toledo» con un muchacho que iba a vender «unos cartapacios y papeles viejos a un sedero» (DQ I, IX). En ellos, dice Cervantes que encontró, escrita en caracteres arábigos, la *Historia de Don Quijote de la Mancha, escrita por Cide Hamete Benengeli, historiador arábigo,* que tradujo con la ayuda de un morisco, al que llevó primero al claustro de la catedral y luego a su casa «por facilitar más el negocio y por no dejar de la mano tan buen hallazgo».

Como ya apuntó Américo Castro en el estudio preliminar a su edición del *Quijote,* de 1971, y yo mismo desarrollé en *Los Juegos del Sacromonte,* de 1975, los sucesos que inspiraron a Cervantes la invención de la «crónica» de Cide Hamete Benengeli, con su característico entrometimiento de los libros en la vida, su transfiguración de Quijadas o Quijanas en Quijotes, y su mezcla de lo auténtico y lo apócrifo, fueron dos hallazgos producidos en Granada, el primero en 1588 y el segundo a lo largo de 1595. El de 1588 aconteció cuando se derribaba la torre Turpiana, o Torre Vieja, que había sido alminar de la mezquita de la ciudad y que impedía la construcción de la tercera nave de la catedral.

Este hallazgo consistió en una caja de plomo que, entre otras reliquias, contenía un manuscrito escrito en árabe, latín y castellano del siglo I (!!!), que, según aseveraba el propio escrito, se remontaba al apóstol Santiago, que según la tradición empezó la evangelización de España. Esta «santa escritura» era en verdad extraña, pues, además, de su carácter pseudohistórico y su aspecto pseudocabalístico, pretendía ser una profecía en el que se pintaba el futuro con rasgos marcadamente apocalípticos.

Lo que más contribuyó a dar relieve al contenido de la caja de plomo fue el hallazgo, siete años después, de unos libros arábigos escritos con letras llamadas «salomónicas» en láminas de plomo. Algunas de estas nuevas escrituras se presentaban como estrechamente relacionadas con Santiago y la Virgen. Ni que decir tiene que, al igual que el manuscrito de la caja de plomo, ha de incluírselas en el capítulo de «escrituras apócrifas».

Desde un punto de vista religioso, estas escrituras eran inquietantes, pues el cristianismo que enseñaban estaba impregnado de elementos mahometanos, y, por ello, en seguida fueron objeto de la atención de la curia de Roma, que exigió su envío a la Ciudad Eterna. Pero también eran entusiasmantes, pues el crédulo arzobispo de Granada, don Pedro de Castro, las recibió como preciosas muestras del favor divino, ya que iban acompañadas de reliquias de los discípulos árabes del apóstol Santiago que habían empezado la evangelización de España por Granada.

La invención de la caja de plomo y de los libros de plomo se prestaban a consideraciones no sólo diferentes, sino incluso contrapuestas. Para unos era, simple y llanamente, una burda fabulación; para otros, era algo maravilloso y sagrado: para unos era una indicación, venida de lo alto, para reformar el cristianismo de forma que fuera aceptable para los musulmanes que, después de la guerra de las Alpujarras, veían su situación muy deteriorada: para otros era también una indicación, venida de lo alto, para atraer a los musulmanes al cristianismo y colocar al viejo reino moro en la vanguardia del cristianismo.

El hallazgo de los libros de plomo, que se produjo en unas cuevas situadas a las afueras de la antigua capital del reino nazarita, fue relacionado con el de la caja de plomo que le había precedido en unos años y produjo tal conmoción que surgieron de forma espontánea procesiones multitudinarias, se produjeron milagros y, a la postre, se elevaron importantes construcciones religiosas, que aún subsisten, sobre el lugar donde se verificó el hallazgo. Por su carácter maravilloso, ese lugar fue visto como un monte sagrado y en seguida fue llamado Sacromonte.

El asunto del manuscrito de la caja y los libros de plomo adquirió tanta difusión que a menudo debió de encender la imaginación de Cervantes en sus andanzas de esos años por las tierras del reino de Granada. Y debió de atraer especialmente su atención en 1600, cuando ya había iniciado la redacción del *Quijote*, pues ese año, tras celebrarse en la ciudad de la Alhambra un concilio de eclesiásticos llegados de toda España, se calificó de auténticas las reliquias martiriales que acompañaban a las escrituras y, en la primavera, se celebraron grandes fiestas y espectáculos que tuvieron como escenario la plaza de Bibarrambla. Tanta importancia otorgó Cervantes a la singular invención granadina que a ella hace referencia en la última página de la primera parte del *Quijote,* donde sugiere, con su proverbial sentido del humor, que en ella está la fuente de su genial invención narrativa. El sentido del párrafo resulta claro cuando se conoce la clave histórica de las alusiones:

> «Pero el autor de esta historia, puesto que con curiosidad y diligencia ha buscado los hechos que Don Quijote hizo en su tercera salida, no ha podido hallar noticia dellos, al menos por *escrituras auténticas* [4] [...] Ni de su fin pudo alcanzar cosa alguna ni la alcanzara ni supiera si la buena suerte no le deparara un *antiguo médico* [5] que tenía en su poder una *caja de plomo* [1], que, según él dijo, se había hallado en los cimientos derribados de una *antigua ermita que se renovaba* [2], en la cual caja se habían hallado unos *pergaminos escritos con letras góticas, pero en versos castellanos* [3], que contenía muchas de las hazañas» de Don Quijote, Sancho, etcétera.

Transfiguraciones -la creación del Quijote-

He puesto en letra cursiva el encadenamiento de temas que remite a la caja de plomo [1] descubierta cuando se derribaba [2] la torre, o alminar, de la antigua mezquita de Granada para construir la nueva catedral, el manuscrito escrito en caracteres «salomónicos» en castellano del siglo I [3], escritura evidentemente apócrifa [4], que estaba dentro de la caja de plomo, y cuya autoría, al menos parcial, han atribuido los investigadores modernos al médico morisco [5] Alonso del Castillo.

Cervantes no sólo hizo una transfiguración de los libros de caballerías y sus propias andanzas caballerescas, sino también de los falsos cronicones a los que tan aficionada era la época y entre los que se ha de incluir a los libros plúmbeos y el manuscrito de la caja de plomo. Esta transfiguración podemos calificarla de metaliteraria, pues le indujo a hacer del protagonista del relato un ser-de-ficción que se propone vivir encarnando y haciendo reales los seres-de-ficción que figuran en los libros de caballerías. Don Quijote fue algo así como el Libro Encarnado. De ahí la importancia que Cervantes otorga a la pluma, como se ve en el famoso discurso dirigido a la pluma que se lee al final de la segunda parte:

> «Para mí sola nació don Quijote, y yo para él; él supo obrar, y yo escribir; solos los dos somos para en uno».

Así es Don Quijote, un ser-para-la-pluma, coma la pluma, un instrumento que aguardaba a un ser como Don Quijote para su más cabal realización. Porque Don Quijote es un ser metaliterario, trata por todos los medios, en la segunda parte de la novela, de ajustar cuentas con el falso Don Quijote que andaba ya impreso en la segunda parte apócrifa de Avellaneda. De hecho, en el discurso de la pluma, o péñola, después de la frase que hemos transcrito, Cervantes arremete contra el «escritor fingido y tordesillesco que se atrevió ... a escribir con pluma de avestruz grosera y mal deliñada». Uno de los capítulos más singulares del *Quijote* es el LXXII, «De cómo Don Quijote y Sancho llegaron a su aldea». Ya a punta de terminar sus andanzas caballerescas, a causa de la derrota que le ha infligido el caballero de la Blanca Luna, el hidalgo manchego ve la forma de derrotar al falso Don Quijote que circulaba bajo el fingido nombre de Avellaneda. En el momento en que llega a la posada, donde el caballero se encuentra, un tal Álvaro Tarfe, aquél dice a su escudero:

> «Mira, Sancho: cuando yo hojeé aquel libro de la segunda parte de mi historia, me parece que de pasada topé allí este nombre de don Álvaro Tarfe».
>
> Un poco después, el derrotado manchego pregunta a don Álvaro si es el personaje que figura en la segunda parte apócrifa de su historia. Don Álvaro responde que si y que Don Quijote era un grandísimo amigo suyo.
>
> «-Y dígame vuesa merced, señor don Álvaro, ¿parezco yo en algo a ese tal don Quijote que vuesa merced dice?
>
> - No, por cierto -respondió el huésped-: en ninguna manera».

Y, seguidamente, después de que Don Quijote se da a conocer, ruega a don Álvaro que declare ante el alcalde del lugar de que no le ha visto en todos los días de su vida, a lo que el perplejo don Álvaro accede. Don Quijote se ha introducido en la fábula de su autor apócrifo para socavarla por dentro. La rareza del encuentro está en el carácter metaliterario del mismo, en el salto que se produce de la realidad narrada a la condición literaria de la narración.

Por todos estos saltos de la realidad a la ficción y de lo literario a lo metaliterario, se ha de reconocer que la crónica de la vida de Don Quijote relatada por Cide Hamete Benengeli posee algo del milagroso carácter de las revolucionarias escrituras descubiertas en Granada.

En el capítulo «Estancia del Caballero de los Libros» de mi citado libro Los *juegos del Sacromonte* desarrollé las implicaciones que supone la invención de la caja de plomo y de los libros de plomo del Sacromonte, pues, a su luz, y eso era lo fascinante, los términos de lo sagrado y lo ridículo, de lo auténtico y lo apócrifo, de lo histórico y lo mítico se combinan de una forma tan original y moderna que el *Quijote* viene a ser así una nueva vuelta de tuerca al *Encomium Moriae*, o *Elogio de la locura,* la genial obra de Erasmo, en cuya estela también se debe ver la invención cervantina.

Tercera transfiguración. La melancolía de los tiempos.

Pero Cervantes no sólo transfiguró su asendereada vida de comisario real, sus sueños de hidalguía y nobleza, la literatura caballeresca de la época y las escrituras apócrifas que en la Granada de finales del siglo XVI removieron (nunca mejor dicho) Roma con Santiago.

También transfiguró, a través de la efigie profundamente melancólica del hidalgo manchego, la mutación que experimenta el talante general de Castilla en esos años. Pues de las alegrías de 1577 y las animosas y gloriosas ilusiones de 1588, que Cervantes había alimentado como tantos otros, se pasó a un estado de decepción y abatimiento que trató de remediarse con un talante senequista, a tacitista, que se fue generalizando hasta cubrir con su sombra lo más del siglo XVII.

El *Quijote* sirvió así para transfigurar, mediante una ficción en la que se mezclan prodigiosamente el humor, la crítica mordaz y la fábula, las frustraciones y los anhelos del país, de la época y del propio Cervantes. Y hasta de la Humanidad en su conjunto, se debería añadir, pues la milenaria historia del hombre sobre la tierra casi podría definirse por un continuo ir y venir de la exaltación a la depresión, y de la depresión a la exaltación o, si se prefiere, del engaño al desengaño y del desengaño engaño en una historia sin fin. El *Quijote* es el relato también de esta danza inmortal.

Cuarta transfiguración. El espejo y el lugar.

Las transfiguraciones anteriores afectan a Cervantes en su concretísima biografía de esos años, pero también, de forma especial, a la novela como género literario. Por primera vez, este género, poco apreciado hasta entonces, se revela como el espejo puesto en el camino del que hablará Stendhal y, sobre todo, como un espejo poblado de fantasmales presencias, análogo tal vez al que al fondo de la estancia de *Las Meninas* refleja a la real pareja de Felipe IV e Isabel de Borbón. El *Quijote* es un libro-espejo en varios sentidos.

En primer lugar, porque el autor se sirve de él para reflejar la sociedad de su tiempo según le fue dado conocerla en sus andanzas. En segundo lugar, porque en él se miran los personajes que circulan por los libros de caballerías a los que Cervantes era tan aficionado. Y es espejo, en tercer lugar, porque el propio hidalgo de La Mancha es un espejo tan consumado de caballeros que, con rara alquimia, todo lo metamorfosea en andantes caballerías. Más, el ser de Don Quijote es ser-espejo en el sentido de ser-lugar. Por eso, en el capítulo V de la primera parte un labrador, al que Don Quijote ha encontrado en su camino, le dice en tono increpatorio:

> «Mire vuesa merced, señor, pecador de mí, que yo no soy don Rodrigo de Narváez ni el marqués de Mantua, sino Pedro Alonso, su vecino; ni vuesa merced es Valdovinos y Abindárraez, sino el honrado hidalgo del señor Quijana.»

Como Don Quijote sólo puede ver la realidad a cambio de transfigurarla, ahora a su paisano Pedro Alonso lo ve brillar como un Rodrigo de Narváez o como el marqués de Mantua. Pero, sobre todo, es a sí mismo a quien Don Quijote ve transfigurado. Esa transfiguración consiste en la identidad especular y locativa que se pone de manifiesto en la respuesta que da a su asombrado paisano:

> «Yo sé quién soy, y sé que puedo ser no sólo los que he dicho, sino todos los doce pares de Francia, aun todos los nueve de la Fama, pues a todas las hazañas que ellos juntos y cada uno por sí hicieron se aventajarán las mías».

Así es Don Quijote. Un espejo que se convierte en todo aquello a lo que se vuelve, un espejo en el que pueden mirarse todos los caballeros andantes que en el mundo han sido, seguros de que, al mirar a Don Quijote, se verán siendo-y-no-siendo ellos mismos; siendo, a la vez, historia y leyenda, escritura apócrifa y auténtica; siendo concreciones de una esencia «meta-caballeresca».

Cervantes habría podido definir a Don Quijote como un lugar que, capaz de contenerlo todo, se transforma en aquello que aloja. Pero esa definición a quien expresamente la aplica Cervantes es al héroe de *Los trabajos de Persiles y Sigismunda,* aunque con más razón se le podría haber adjudicado a Don Quijote, pues se ajusta como anillo al dedo a su especial identidad. En efecto, Persiles-Periandro se identifica así ante el rey de Dinamarca Arnaldo:

> «Yo, señor Arnaldo, soy hecho como esto que se llama lugar, que es donde todas las cosas caben, y no hay ninguna fuera de su lugar, y en mí la tienen todas...».

No otra cosa fue Don Quijote para la caterva de los andantes caballeros y, sobre todo, para la caterva de las imaginaciones que acerca de sí mismo, y del Hombre, llevaba Cervantes en el arzón de su cabalgadura cuando pasaba y repasaba los caminos polvorientos de Andalucía y, también, cuando, al atardecer, tras las fatigas de la jornada, se sentaba, algo melancólico, delante de la puerta de una venta a tomar el fresco y, para distraerse, pegaba hebra con los viajeros que le deparaba la ocasión o, si ese día prefería un poco de soledad, se entretenía siguiendo con los ojos el vuelo bullicioso de los vencejos antes de retirarse a dormir.

¿UNA PROFECÍA SILENCIADA DE TERESA DE JESÚS?

Mª DE LA CONCEPCIÓN PIÑERO VALVERDE
Universidade de São Paulo

Alguien, al morir, le deja a un amigo un manuscrito con el registro de un peligroso secreto político. El heredero del texto se lo entrega a otro amigo como reliquia que hay que mantener oculta. Éste, a su vez, permite que un tercer amigo lo vea, pues el secreto está relacionado con su nación. Pero le impone el juramento de no revelar lo que había leído mientras viviera el guardián del manuscrito. Después de la muerte de éste, el último lector del texto divulga el secreto, mas no en el original sino en traducción a su lengua nacional.

La trama que acabamos de exponer parece repetir la de algunas novelas. No es necesario pensar en una obra maestra, como el *Quijote*: basta recordar *El Nombre de la Rosa*, de Umberto Eco. Sin embargo, no es un novelista el que nos transmite ese relato, sino un escritor espiritual portugués de finales del siglo XVII, el padre Manuel Bernardes (1644-1710). La historia del manuscrito se encuentra en su *Nova Floresta*. Publicada ya a principios del siglo XVIII, esta obra, como se sabe, procura ofrecer horas de entretenimiento a los lectores devotos, reuniendo sentencias y ejemplos morales de varios personajes y añadiéndoles extensos y eruditos comentarios. Una de las digresiones del escritor lo lleva a tratar del período en que habían estado unidas las coronas de Portugal y Castilla bajo la dinastía de los Austrias. Al escribir la *Nova Floresta*, casi cuarenta años después del final de aquella unión, Bernardes procura mostrar que la separación de los dos reinos correspondía a la voluntad divina, y que, por otra parte, realizaba una antigua profecía. Para comprobarlo reproduce el texto de un misterioso manuscrito, atribuido nada menos que a Teresa de Jesús[1].

El original del documento parece haber recorrido caminos tortuosos. Las noticias que se recogen en Bernardes dicen que Teresa lo habría escrito en 1578, por solicitación de Jerónimo Gracián, entonces provincial de los Descalzos. Éste lo habría legado a un amigo, también descalzo, Felipe de Jesús. Felipe, a su vez, lo habría mostrado en 1629 a otro amigo de la misma Orden, Belchior de Sant'Ana, nacido en Portugal y, por tanto, merecedor de conocer un texto que profetizaba el futuro de su país. Pero al visitante portugués se le impuso la condición de no revelar lo que había leído mientras viviera el guardián del manuscrito teresiano. Después de la muerte de Felipe de Jesús, el depositario del secreto habría transcrito el texto en una crónica sobre los Carmelitas Descalzos de Portugal. Reproducido o, mejor, traducido, ya que el cronista pasa para su lengua lo que afirma haber leído

---

[1] Padre Manuel Bernardes, *Nova Floresta*, tomo II, título II, parte III. La edición aquí citada es la de 1949 (Porto, Lello & Irmão Editores), p. 368-372.

en el original. Esta es la traducción que vuelve a ser presentada y es comentada por Bernardes.

El manuscrito teresiano, por consiguiente, habría quedado durante más de medio siglo sin divulgación y, al final, cuando sale a la luz, eso ocurre en Portugal y en una traducción. La razón de tan insólito recorrido habría sido el contenido político de su mensaje.

El año 1578, en que se supone escrita la profecía teresiana, es justo el año del desastre de Alcazarquivir, en que –como es conocido de todos- los moros de Marruecos derrotan al ejército de Portugal bajo las órdenes del propio rey, Don Sebastián. Desaparecía el joven monarca, cuyo cuerpo nunca se encontró, y nacía así la leyenda de que habería de retornar un día. Se trata, como se sabe, del llamado 'sebastianismo', que desde entonces pasó a prever un futuro glorioso para la monarquía portuguesa, con un Sebastián redivivo. Por centrarnos en el tema, recordamos, que al trono portugués subió el último varón de la dinastía, el cardenal Henrique. Mas, la edad avanzada del eclesiástico, sin descendientes, hacía prever lo que dos años después vino efectivamente a ocurrir: la corona portuguesa pasó al tío materno de Don Sebastián, el rey Felipe II.

Pues bien, el supuesto manuscrito teresiano habría surgido en los años de ocaso de la antigua dinastía portuguesa, en las vísperas de la unión entre Portugal y Castilla. Aunque el texto contenga consideraciones religiosas, su tema es claramente político: reconoce que, a pesar del momentáneo declinio, Portugal volvería a la antigua grandeza y, más aún, que llegaría a superarla. Un documento, como se ve, en sintonía con las esperanzas sebastianistas, a las que daban un apoyo precioso la autoridad espiritual de Santa Teresa.

¿En qué circunstancias habría redactado Teresa el supuesto texto? En cuanto a esto Bernardes se limita a transcribir las palabras del cronista Belchior de Sant'Ana. En un primer momento, Teresa habría recibido la revelación divina del desastre de Alcazarquivir el mismo día en que éste ocurrió, el 4 de agosto de 1578. "Descobriu Deus logo à sua mimosa Esposa o sucesso, que a fez prorromper em copiosas lágrimas", dice el cronista[2]. Pero también le habría sido revelado a Teresa que todos los caídos en aquella batalla estaban en paz con su conciencia. Esto no sólo la consoló sino que la llenó de admiración por la nación portuguesa y de deseo de ir a fundar carmelos en Portugal. Aún en las palabras del cronista:

> "Formou conceito dos portugueses avantajado ao bom que já tinha deles, por lhe dizer Deus que achara dispostos para a bem-aventurança os soldados, que de ordinário, nas mais nações, costumam ser estragados em costumes. Ao bom conceito se seguiu um grande desejo de vir fundar a este reino Casas da sua Reforma, parecendo-lhe que teria grandes aumentos com os sujeitos portugueses, tão bem inclinados que nem as liberdades que traz consigo a guerra os estragam"[3].

---

[2] Ibidem, p. 369.
[3] Ibidem, p. 370.

La idea de difundir su Carmelo por Portugal habría llevado a Teresa a hacer insistentes preces, respondidas con otra revelación. Y ésta es la que habría dado origen inmediato al texto que ahora nos ocupa. Pocos días después, el 15 de agosto, en otra revelación se le habría transmitido que no sería ella, Teresa, la que llevaría sus conventos al reino vecino, sino otros descalzos y descalzas. Esto, según la misteriosa comunicación, sería una de las señales de que el castigo divino que se había abatido sobre los portugueses quedaría suspendido. La otra señal favorable sería la misma mano de Teresa que, después de su muerte, se veneraría en Portugal. Así se indicaría el final del castigo al país y el reinicio de una prosperidad que excedería la anterior.

Estas son las palabras finales del texto, que reproducirían el mismo mensaje divino transcrito por Teresa:

> "Tu, filha, não irás a Portugal fundar Casas da tua Reforma; mas irão tuas filhas e teus filhos, porque quero, aumentando o número dos bons religiosos que há naquele reino com os teus, que cresça o motivo de eu suspender o castigo que lhe dei e usar de misericórdia com ele. Também será levada tua mão esquerda, QUE LHE QUERO DAR A MÃO DE UMA TÃO AMADA ESPOSA, PARA O LEVANTAR DA MISÉRIA EM QUE ESTARÁ CAÍDO E RESTITUÍ-LO ÀS FELICIDADES ANTIGAS E DAR-LHE UM PENHOR DE OUTRAS AVANTAJADAS"[4].

Toda la parte conclusiva del texto – como aquí queda registrado –, la que se refiere a la restauración portuguesa, se reproduce en letras mayúsculas en la *Nova Floresta*. Y Bernardes, gran admirador de Teresa de Jesús, añade en nota su testimonio personal: él mismo había prestado culto a la reliquia de la mano, expuesta en el monasterio de San Alberto de Lisboa.

Estaríamos, por tanto, ante un texto profético, cargado de implicaciones políticas, motivo por el cual permaneció silenciado. Gracián, el primer poseedor del manuscrito, "não o quis publicar por tocar matéria odiosa a Castela, qual é a restauração deste reino" –dice el cronista[5]. En el mismo silencio lo habría conservado el siguiente guardian, Felipe de Jesús, que, como vimos, sólo lo habría mostrado al cronista Belchior de Sant'Ana "por ser português e muito seu afeiçoado"[6]. El cronista, a su vez, divulgó después lo que había leído, mas en traducción. Hecho que no pasa sin los comentarios de Bernardes, que deplora el cambio de idioma: "Ao dito cronista pareceu melhor traduzir este papel na nossa língua materna; e mais nos consolariam as mesmas palavras originais da Santa"[7].

No cabe ahora extendernos sobre los motivos que llevan a la *Nova Floresta* de Bernardes a incluir esta supuesta y oscura revelación teresiana. Basta decir que el texto le sirve para valorizar la virtud de la castidad, de la que venía tratando

---

[4] Ibidem, p. 371.
[5] Ibidem.
[6] Ibidem.
[7] Ibidem, p. 370, nota.

(recuérdese que los soldados portugueses se presentan como dignos de aprobación divina por su vida honrada) y, al mismo tiempo -y esto es lo que importa-. para resaltar lo que considera proyecto divino de un Portugal fiel, independiente y destinado a un futuro aún más glorioso, pues "confiemos no cumprimento daquelas últimas palavras do Senhor"[8].

Pero lo que ahora más nos interesa no son los motivos sino el largo silencio al que habría sido sometido un manuscrito teresiano. Silencio cuyas razones serían políticas, como se ha visto. Y no se olvide que el sebastianismo, además de su carácter político, llegó a ser reprimido también con argumentos religiosos, que lo aproximaban a las profecías heterodoxas de *alumbrados* y al mesianismo de cristianos nuevos.

Habría caído entonces sobre el manuscrito un silencio que, a pesar de momentáneamente roto por los dos escritores portugueses - el cronista carmelitano y el escritor de la *Nova Floresta* - parece haber perdurado hasta nuestros días. Ninguna mención al texto que venimos comentando hace, por ejemplo, la publicación de los "Apócrifos y Postizos" de Santa Teresa, incluidos en sus *Obras Completas*, en la edición organizada por Efrén de la Madre de Dios y Otger Steggink[9]. Se debe, no obstante, notar que las siguientes palabras de los organizadores advierten de la proliferación de textos falsamente atribuidos a la escritora:

> "Bajo el nombre de Santa Teresa se han escurrido varios escritos apócrifos que, por desgracia, no siempre fueron conocidos como tales.
> Unas veces han salido a luz pública, ocultos los originales. Otras han sido presentados los mismos originales diestra o fachosamente remedados"[10].

Parece, pues, que estaríamos ante un ejemplo de la primera categoría de apócrifos, o sea, divulgados sin exhibición del original y, en nuestro caso, en una traducción. De cualquier forma, continuamos rodeados de dudas. Entre ellas la de saber si hubo, efectivamente, algún manuscrito castellano que diera origen a la traducción, o si todo fue obra, en primer lugar, del cronista carmelita.

Es posible que el cronista portugués, Belchior de Sant'Ana, haya tenido realmente acceso a algún manuscrito castellano atribuido a Teresa. Parece menos probable que inventara un texto favorable a la monarquía de su país para incluirlo en la crónica de la provincia portuguesa de la Orden de los Descalzos. No parece fácilmente creíble que se arriesgara a caer en desgracia en la Orden y, particularmente, a desagradar a las vecinas e importantes provincias españolas de los descalzos, con una falsificación forjada en Portugal y sujeta sin dificultad a

---

[8] Ibidem, p. 372.

[9] Teresa de Jesús, *Obras Completas*, edición preparada por Efrén de la Madre de Dios y Otger Steggink, Madrid, Biblioteca de Autores Cristianos, 1959, III vols. Los "Apócrifos y Postizos" se encuentran en el vol. III, p. 851-866.

[10] Ibidem, p. 851.

desmentido. Pero aún admitiendo que Belchior de Sant'Ana haya leído algún manuscrito atribuido a Teresa, no queda claro si lo copió o tradujo inmediatamente, o si lo guardó en la memoria. La hipótesis de la copia o traducción inmediata no se explicita en su crónica, aunque no sea incompatible con sus términos. La otra hipótesis nos llevaría a reconocer un esfuerzo de memoria por guardar el texto y un intervalo más o menos largo de tiempo entre la lectura y la traducción. En este caso no es difícil suponer, también, que más que simple traductor el cronista haya sido en parte recreador del texto, al menos de su organización expresiva (y es por ello por lo que Bernardes, aun no dudando de la veracidad del mensaje, lamenta no poder leerlo en el original).

Por otro lado, si admitimos como probable, o al menos como posible, la existencia del manuscrito castellano atribuido a Teresa, formular hipótesis sobre cómo y en qué ambientes habría surgido nos llevaría más allá del objetivo presente, que es solamente recordar un texto poco o nada conocido de uno de los grandes escritores portugueses, resaltar su carácter silenciado y su momentánea emergencia a inicios del siglo XVIII.

En todo caso, lo que parece menos dudoso es que el manuscrito que habría dado base a la traducción sería un apócrifo, no un original teresiano. Sin entrar en consideraciones que dejo a los especialistas, recuerdo solamente ésta. Sabemos, que, según el cronista, el texto habría sido escrito por Teresa "à instância de seu confessor, o p. fr. Jerónimo Graciano da Madre de Deus" y "ficou nas mãos dele"[11]. Pues bien: existe carta auténtica de Teresa, dirigida a Gracián, y fechada el 19 de agosto de 1578. La carta, a cierta altura, hace breve referencia al reciente desastre de Alcazarquivir. Sus palabras son éstas:

> "Mucho me ha lastimado la muerte de tan católico rey como era el de Portugal y enojado de los que le dejaron ir a meter en tan gran peligro. Por todas partes nos da a entender el mundo la poca siguridad que hemos de tener de ningún contento si no le buscamos en el padecer"[12].

En una carta de autenticidad reconocida, por tanto, y en una carta en la que escribe a Gracián dos semanas después de la muerte de Don Sebastián, Teresa en ningún momento alude a revelación divina en la que se le hubiera dado conocimiento inmediato del desastre. Tampoco alude a una segunda revelación. Y ésta, de carácter profético, habría ocurrido, nótese, solamente cuatro días antes de esta carta dirigida a Gracián, o sea, el 15 de agosto que, como ya vimos, se señala como fecha del mensaje sobre los destinos de Portugal. Nótese también que la carta auténtica de Teresa tampoco hace referencia a la vida santa de los soldados portugueses muertos, punto que, según el texto profético, tanto le habría impresionado. Obsérvese, por fin, que en la carta auténtica, Teresa sí saca de la muerte del rey portugués lecciones espirituales, pero son lecciones sobre lo efímero de las alegrías de la vida y sobre lo inevitable del sufrimiento y no las lecciones

---

[11] Padre Manuel Bernardes, *Nova Floresta*, op. cit., p. 371.

[12] Teresa de Jesús, *Obras Completas*, op. cit., p. 460 (carta 78-8M).

que resalta el manuscrito misterioso (virtud cristiana de los soldados portugueses, futuro de la fe en un Portugal más glorioso). Como se percibe, pues, sería de esperar alguna de esas alusiones (si no todas ellas) en una carta escrita poco después del supuesto mensaje y destinada, justamente, a Gracián.

Dejemos que otras investigaciones especializadas resuelvan la cuestión de la autoría de este curioso texto. Lo que importa notar, en nuestro caso, es que la censura vigente en los tiempos teresianos acabó por dar credibilidad a este supuesto manuscrito. Más aún: el ambiente de silencio vino a tornarse elemento constituyente del mismo manuscrito. De hecho, el notorio peligro de incurrir en el destino reservado a los rebeldes al rey, o a los disidentes religiosos, hacía plausible que una supuesta profecía de contenido político desfavorable a la monarquía castellana, aun escrita por Teresa de Jesús, hubiera quedado tanto tiempo silenciada. Nadie extrañaría la tardanza en la revelación del texto, dadas las circunstancias en que habría surgido. Todo ello habrá contribuido a que el cronista presentase su traducción como fundada en texto auténtico. La inclusión de la traducción en un texto de carácter histórico (una crónica, y crónica de Orden religiosa, lo que le añade seriedad) contribuyó aún más a hacer creíble la profecía. Se llega así a Bernardes que, a princípios del siglo XVIII, aunque lamente la falta del original teresiano, acepta sin reservas la sustancial fidelidad de la traducción que transcribe en su *Nova Floresta*.

Si es así, estaríamos, en conclusión, ante un texto intrincadamente silenciado. Más precisamente, estaríamos ante un texto que, para ser aceptado como auténtico, necesitó afirmarse silenciado. Con esto habrá adquirido credibilidad, acrescentada, en seguida, por la traducción incluida en una obra de tipo histórico. Recorrido complejo y tortuoso, como se ve. Mas justamente esto es lo que hace original y fascinante el caso de esta supuesta profecía contenida en un presunto manuscrito teresiano.

UN EJEMPLO DE CORRUPCIÓN UNIVERSITARIA EN EL SIGLO XVI: LA FALSIFICACIÓN DE DOS TITULOS DE BACHILLER

Ramón González Navarro
Universidad de Alcalá

Poco o nada sabíamos de las falsificaciones de títulos en las universidades de Castilla. Imaginábamos que esos documentos por su especificidad no se utilizarían más que ante otras instancias para garantizar que el interesado hubiera adquirido los conocimientos científicos necesarios para optar a estudios superiores. En una de estas falsificaciones, esa es la intención. Sin embargo, la segunda de ellas nos permite penetrar en un mundo de posibilidades absolutamente novedoso, como era la de captar estudiantes inhábiles para hacerles votantes hábiles en las elecciones de cátedras. La falsedad consistía en crear por medio de la falsificación de un título la idoneidad del estudiante para poder votar, lo que conseguía perturbar las votaciones a favor de un candidato determinado.

Con respecto a las Constituciones del Colegio1, máximo texto legislativo, podemos asegurar que de un modo ambiguo en la forma y el método, pero claro en sus intenciones, se establece que todos aquellos que intenten sobornar, engañar o subvertir el orden institucional del Colegio y Universidad sean expulsados del Colegio, si habitan en él, o de la Universidad si están matriculados en ella. Aún más, si el infractor no tuviera vinculación alguna con el Colegio-Universidad el Rector tenía la potestad de excomulgarle, lo que no podría salvarse si no se producía la absolución del propio rector, previa satisfacción. Específicamente se trata de ello en varios apartados pero muy especialmente en el capítulo VI que trata de la vacación de las prebendas y elección de colegiales.

A través de estos ejemplos suficientemente explícitos que presento en este trabajo se pone de manifiesto cómo algunos seres humanos en todos los tiempos han querido alcanzar lo imposible por medios ilegales, sin importarles que su actitud representase la conculcación del orden establecido por la sociedad. El egoísmo individual o colectivo ha servido a la historia como excusa para establecer las crisis en la sociedad sin que se haya parado a pensar que ese comportamiento es algo innato y permanente en él. De tal modo que aún en los momentos más álgidos de nuestra civilización siempre ha existido un sector que ha polarizado sobre sus personas toda suerte de actitudes encaminadas a apropiarse de lo que no era suyo, de extorsionar a los demás y de adquirir de modo ilegal lo que otros habían hecho

---

[1] González Navarro, Ramón. *Universidad Complutense, constituciones originales cisnerianas*. Alcalá de Henares, 1984.

con su esfuerzo y trabajo. El mayor o menor número de personas que atentasen contra los principios de la convivencia en la sociedad era un exponente de lo que se ha dado en llamar "crisis de conciencia" de la sociedad en todo tiempo.

En lo que nos atañe en este caso, lo que se trataba era alcanzar lo imposible, modificar el resultado de una confrontación académica por medios espurios, alterar el cauce ordenado con la introducción de elementos ilegales. Estos son los mimbres con los que escribo estas líneas objeto de la presentación de mi trabajo al Congreso de Escrituras Silenciadas que se celebró en Alcalá de Henares.

Se trata de dos falsificaciones de títulos universitarios con la intención de conseguir un beneficio académico determinado. La falsificación consistía en alterar el texto por medios mecánicos, el borrado o raspado del pergamino, para sustituirlo por otro que conviniese más al autor del fraude. Cada uno de los dos persigue mediante prácticas delictivas distintas alcanzar el fin deseado, que finalmente no conseguirán, cayendo sobre ellos todo el peso de la justicia, que como veremos tuvo aspectos duros y ejemplarizantes.

La primera de las falsificaciones se produce en 1586 con motivo de la vacante de la cátedra de prima de medicina. Hay dos doctores en medicina candidatos a ella: Cámara Aguiar y Pedro García. Como se sabe en aquellos tiempos eran los alumnos los que con sus votos elegían al catedrático. Nada nuevo es confesar que aquellas elecciones eran casi todas ellas conflictivas y venero de pleitos interminables, porque siempre sobrevolaba sobre la decisión final la sospecha de sobornos a los electores. La autorización del alumno para ejercer el derecho a votar pasaba por la exhibición de determinados documentos que no estaban al alcance de todos, más bien de unos pocos. La mecánica de esta selección de votantes pasaba por la tramitación de presentarse en la cámara rectoral ante el Rector y la Junta de Facultades y hacer valer sus derechos a ser candidato a voto exhibiendo el título de bachiller, la cédula que demostrase que estaba matriculado en esa asignatura y la que le extendía el regente de turno que también demostrase que acudía con normalidad a las clases. Cualquier carencia de estas "aptitudes" le impedía ejercer el derecho a voto, con lo que se pretendía que la elección caminase por los cauces más legales posibles, lo que eso no quiere decir que la invectiva humana no tuviera caminos expeditos para vulnerar y burlar todo el aparato de control administrativo.

La narración de la historia que nos ocupa comienza con la reunión en la cámara rectoral del Rector, doctor Juan Talavera y la junta de la Universidad compuesta por este y los representantes de las distintas facultades: doctor Valera, consiliario de la universidad por la facultad de teología; doctor Cetina, por la facultad de Cánones, doctor Camino por la facultad de Artes, doctor Correa [se supone aunque no lo dice el documento que sería el representante de Medicina] y el maestro San Martín que era consiliario del Colegio Mayor de San Ildefonso y que actuaba como representante de este.

En el instante de entrar a votar Pedro de Escobar, estudiante nacido en Sahagún, diócesis de León, el doctor Cámara, uno de los tres candidatos, no le admite a votar porque le consta que no es bachiller en Artes, y por lo tanto solicita del rector le exija la presentación de la certificación del citado título. Lo cual hace presentando al notario y secretario de la Universidad Luis de la Serna un título de bachiller por la universidad de Salamanca en pergamino y "en lengua latina".

Es tan burda la falsificación de ese documento que todos se aperciben de inmediato de tal circunstancia y por ello el rector ordena que ingrese en la cárcel de la universidad "para que esté a buen recaudo", y para que los delitos que ha cometido no queden impunes. Ordena también a Luis de la Serna, secretario de la universidad, que inicie el proceso judicial que les lleve a averiguar la verdad.

El Rector delegó en el doctor Portes para que sometiese a un interrogatorio al infractor con objeto de que se obtuviese de ello una confesión. Realizado de inmediato dijo ser Pedro de Escobar, natural de Sahagún, diócesis "nullius", que oía medicina en la facultad y que tenía 25 años. Que, además, era bachiller en Artes por la universidad de Salamanca y que el doctor que le graduó fue Pedro Enríquez, en agosto de 1581, de la que sacó en su día título original en la citada universidad.

En una de las preguntas que le hizo el doctor Portes se le pedía que dijese si la carta que presentó era la que él había obtenido en Salamanca, a lo que respondió que él había presentado otro título distinto porque el suyo lo había perdido. Que la que presentó era de Valladolid y que quien falsificó el título fue un estudiante de Segovia llamado Francisco Hernández que le dijo que "no tuviese pena" por haberla perdido ya que él le daría otra hasta que Pedro de Escobar pudiera encontrar la suya. Que ese estudiante de Segovia borró la firma original para poner en su lugar el nombre del secretario de la universidad de Salamanca, Andrés de Guadalajara. También le preguntó el doctor Portes cuando le había dado la carta y él respondió "que hacía tres meses que la tenía en su poder" y que se la había dado para que pudiera votar en aquella elección. Igualmente declaraba que el estudiante segoviano cuando supo lo que había ocurrido desapareció de Alcalá.

La siguiente decisión del rector una vez informado de la confesión de Pedro de Escobar fue la de nombrar con fecha 28 del mes de marzo de 1586 a Diego García, alguacil de la universidad, como fiscal de la causa para que "los delitos no quedasen sin castigo", dándole poder cumplido para ello.

El once de abril, sigue adelante el proceso y Diego García, el fiscal, presenta un escrito al Rector en el que hace una descripción de los hechos. Alega que "premisas las solemnidades del derecho" acusó criminalmente a Pedro de Escobar el cual había sustituido el nombre del secretario de la universidad de Valladolid y en su lugar había escrito en el pergamino el del secretario de la universidad de Salamanca. De igual manera como quiera que el nombre que estaba escrito en el original era otro se eliminó por raspado para poner en su lugar "pedro escopacius" que era el suyo. Veamos en concreto lo que dice el fiscal Pedro García:

"con poco temor de Dios y en gran cargo de su conciencia y en menosprecio de la justicia…entró a botar y para ello exivio y mostró publicamente una carta de bachiller en Artes en su favor con la cual pretendio dar a Vmd. A entender y a los señores consiliarios que era legítimo bachiller en Artes siendo como era la dicha carta falsa porque della consta lo primero porque en el nombre propio donde dize escopacius y civitate salmantice esta sobre raido y escrito de otra letra y el signo con que esta signada la dicha carta y rubrica. confiesa ser del bachiller antonio sobrino secretario de la Universidad de Balladolid y donde decia en la subscricion y firma el nombre y firma del dicho antonio sobrino esta puesto y sobre raido falsamente el nombre de andres de guadalaxara secretario de la universidad de salamanca como todo ello consta y pareze por la dicha carta a que me refiero y la confesion del dicho Pedro de Escobar en quanto es en mi favor hago presentación y de la dicha carta en todo lo qual el susodicho cometió grave delicto digno de punición y castigo según leyes y prematicas destos reinos atento a lo qual pido y suplico a Vmd. le mande condenar y le condene en las mayores y mas graves penas establecidas por fueros y por derechos y por las dichas premáticas reales executandolas en su persona y bienes como perpetrador de semexantes delictos y para que a él sea castigo y a otros exemplo y para ellos le pido justicia y costas y para ello firmo.

Firmado y rubricado Diego García

Insertamos a continuación la trascripción del título que presentó Pedro de Escobar con las acotaciones en negrita de las modificaciones en el texto original hechas por mi:

IN DEI NOMINE AMEN

Noverint universi praesentis publici instrumenti seriem inspecturi, quod anno a Nativitate Domini millessimo quingentesimo octuagesimo tertio die vero mercuriy tertia mensis augusti hora sexta ante meridiem in civitate Salmantice Facundine dioecesis (sic) in mei notarii publici universitatis studii generalis eiusdem cibitatis secretariy testiumque infrascriptorum praesentia personaliter constitutus discretus vir Petrus Escopacius oppidi de facundine de Don Juan Delgadillo, burguensis diocesis in Artibus el Phi[losofi]a studens cupiens et affectans post multa temporum curricula, quibus in eadem scientia indefesse insudavit , cursibus suis peractis lectionibusque lectis ac baccalaureatus gradum merito sublimari in scholis maioribus disti studio obtinetis, prius questione ventilata, conclusionibus fundatis argumentisque et obiectionibus solutis ac petitione facta dicto domino doctori pariterque magistro per dictum baccalaureandum, ut moris est in dicto studio, coram mul.tis huiusmodi actus decorantibus gradum baccalaureatus in dictis Artibus et Phi[losofi]a a praedicto domino doctore et magistro recepit et assumpsit. Et de eius licentia reverenter cathedram ascendit, actusque baccalaureatus publice fecit atque laudabiliter exercuit. In quorum fidem praefatus baccalaureus Petrus Escopacius petyt et requisivit, per me infrascriptum notarium et secretarium sibi dari praesens publicum instrumentum praesentibus ibidem testibus discretis viris Philippo Vaca de Santiago baccalaureo, el baccalaureo Alvaro Nuñez, et Ferdinando Paez ac aliys pluribus scholaribus necnon Francisco Dorantes bedello.

> Y ego Andreas de Guadalajara in decretis baccalaureus publicis apostolica et regia atque ordinaria abbatrali dicti cibitatis Salmantice auctoritatibus notarius [destruido] non praefati study et universitatis secretarius quia premysis interfui, ideo praesens publicum instrumentum scripsi et signavi rogatus et requisitus
> Firmado: Basccalaureatus Andreas de Guadalajara
> Signo: A.S.; Lema: Prestit fides sub plena

A continuación se procedió a la declaración de los testigos nombrados por el fiscal para que corroborasen su acusación. El primero de ellos, el doctor Gutierre de Cetina, quien dijo que como graduado en cánones por la universidad de Salamanca conocía la firma y la letra del secretario de aquella universidad y estando presente en el acto de la toma de votos y a la vista del documento estimó que le "parecía sospechosa" y cotejándola con otras cartas que había en los registros de la secretaría de la Universidad comprobó que está sobre raida en muchas partes y escrita de diferente mano, que el secretario de la Universidad de Salamanca no firmaba poniéndose bachiller y que el signo del secretario que aparecía en la carta falsificada pertenecía al del secretario de la Universidad de Valladolid.

Aún dijo más cosas. Refiriéndose a lo que ellos llamaban "subscripción" que nosotros denominamos, signo, Gutierre de Cetina encuentra una "particularidad" que consiste en los títulos del secretario en los que hace constar "atque hordinaria abbatiali" lo cual- dice Cetina- "no conbiene a la universidad de Salamanca porque es la audiencia episcopal y no de abbad como lo es la de Valladolid y no tiene este título".

Como estas réplicas eran demasiado elocuentes, parece ser que Pedro de Escobar, según dice la declaración de Cetina, "se puso muy descolorido y se hechó (sic) claramente de ber que ussava de letras falsas". Sigue diciendo que se le mostró la carta sobre la que se trata y dijo "que le parece ser la misma y por tal la reconoce lo qual es la verdad". Y lo firmó de su puño y letra como bien se ve en el documento.

Vistas las piezas del sumario en el pleito criminal, de una parte el fiscal acusante y de la otra Pedro de Escobar, el reo acusado, el rector de la Universidad por la autoridad que le concedía el Papa, otorgó la siguiente sentencia:

> Fallamos por la culpa que del proceso resulta contra el dicho Pedro de Escobar que le de[be]mos condenar y condenamos a que de la cárcel de esta sea sacado cavallero en una "bestia de alvarda" sin capa y caperuça, atados pies y manos con una soga en forma de justicia y con boz de pregonero que manyfieste su delito, sea traido a la verguença por los patios de este insigne colegio y las calles acostumbradas y sino se supieren quales son, sean y se entienda las que nos señalaremos. Condenamosle más, en destierro perpetuo desta villa y universidad de Alcalá lo qual salga a cumplir luego que saliere de la prisión do esta y no lo quebrante so pena que le sean dados cien azotes y lo lleve a cumplir de nuevo. Condenamosle más, a que sea quitado y borrado del

libro de la matricula de estudiante para que de aquí delante no goce de los previlexios de tal estudiante. Condenámosle más, en la costa del proceso cuia tas[ac]ión nos reservamos. E por esta nuestra sentencia definitiva ansí lo pronunciamos y mandamos.
Firmado: Dr. Juan Talavera, Rector
      Dr. Cortés, asesor

Dos aspectos a considerar. El uno la dureza del fallo y el otro el valor inmenso del delito para una sociedad como aquella en la que el honor era patrimonio del alma. Por eso, el castigo debía ser público y notorio mediante la visualización pública de su persona despojada de todos los atributos que la sociedad le había concedido como estudiante. Nada más fácil que imaginar las escenas que se producirían a su paso por la ciudad universitaria: voces, insultos, lanzamiento de piedras y tal vez "escupitajos".

* * * * * *

La segunda de las falsificaciones, en razón a la cronología de los hechos, se refiere a noviembre de 1596, siendo rector el doctor don Antonio de Lizarazu e interviniendo Luis de la Serna como secretario de la Universidad.

Los hechos se inician el 20 de noviembre de 1596, cuando el estudiante Juan González, natural de la localidad de El Prado (actualmente Villa del Prado, en la Comunidad de Madrid) pidió al rector de la Universidad de Alcalá día y hora para celebrar lo que se llamaba "la repetición en Cánones" y la dispensación de cursos que él ya había cursado en la Universidad de Salamanca. Para ello era obligatorio la presentación del título de bachiller que se supone había obtenido en la universidad de la que procedía, lo que facilita de inmediato. El problema surge cuando el secretario de la Universidad, hombre avezado en el manejo de títulos de todas las universidades españolas, percibe que el texto se ha manipulado deliberadamente. Que aquella carta de bachiller pertenecía a la facultad de leyes y no a la de derecho canónico. El secretario manifiesta al rector que se ha raspado la palabra iure cesario que consta en el texto dos veces, sustituyéndola por canónico, por lo que reunido el claustro se tomó la determinación de que el rector "le tomase su confesión" y de lo que resultare "haga justicia el señor rector".

Efectivamente así se hace y Juan González antes de ser preguntado prometió "decir verdad". Acto seguido se pasó al interrogatorio en el que declara ser natural de la villa de el Prado, diócesis de Toledo, tener veintisiete años de edad. Contestó afirmativamente a la pregunta de si la carta de bachiller era suya. Como del mismo modo dijo que se graduó en la Universidad de Salamanca en la facultad de leyes o derecho civil[2] y no en la de Cánones, como así pretendía con la

---

[2] Es increíble la ignorancia del estudiante al no darse cuenta de que en el texto del título ponía la asignatura de Digesto Viejo y el nombre del catedrático, lo que le iba a delatar. Es más, debía haber sabido que existía una relación muy fluida entre las tres universidades mayores por lo que era perfectamente sabido el dato de que el catedrático Gabriel Enriquez pertenecía a la facultad de Derecho Civil y no a la de Derecho Canónico.

falsificación hacer ver a los examinadores de Alcalá, aunque en su descargo declaró que tenía ganados algunos cursos de esta facultad. En respuesta a la pregunta que se le hizo de, quién había enmendado el texto, dijo que en Madrid por orden de un fraile lo había hecho un librero, pero que no sabía ni quien era el fraile ni el librero.

Vista la declaración el rector ordenó que ingresase el estudiante en la cárcel y transmitió a Juan González de Olarte, alguacil de la Universidad y fiscal del caso, la orden de "dar la voz" de este suceso, ante la presencia de dos testigos, Melchor Ruiz Bravo y el doctor Gutierre de Cetina, catedrático de la facultad de Artes de esa Universidad.

El fiscal "ipso facto" hizo la demanda de acusación criminal contra Juan González con los cargos de haber obrado "con poco temor de Dios y en gran cargo de su conciencia" presentando ese documento falsificado que ya hemos citado anteriormente. El fiscal continuó en su exposición acusando al reo de cometer grave delito "digno de punición y castigo" por haber hecho grave falsedad de la carta e instrumento público firmada por un secretario "tan auténtico y fidedigno como era el de la Universidad de Salamanca". Le increpó también diciéndole que si hubiera conseguido su propósito "su Majestad el Rey Nuestro Señor sería defraudado por gozar luego de privilegios de hijosdalgo".

Finalmente el fiscal solicitó del rector que como constaba de la carta falsificada y de su propia confesión se le "mande condenar y condene", sin que se pueda saber que tipo de condena fue ya que en el expediente no aparece el detalle, aunque mucho nos tememos que sería más o menos como en el caso anterior.

GRADO DE BACHILLER DE JUAN GÓNZALEZ EN LA UNIVERSIDAD DE SALAMANCA.
1591.

IN DEI NOMINE AMEN. Per hoc publicum instrumetum cunctis pateat et sit notum que anno a Nativitate Domini millesimo quingentesimo primo die vero decima maii hora octava ante meridiem SALMANTICAE in mei notarii publici testiumque infrascriptorum praesentia personaliter constitutus (tinta roja) IOANNES GONZALEZ, oppidi del Prado, dioccesis toleti luri Canonico incumbens cupiens et affectans post multa temporum curricula quibus in eodem iure indefesse insudavit cursibus suis per actis lectionibus que lectis et a Rectore huius almae academiae Salmanticensis approbatis ad Baccalaureatus gradum merito sublimari in Scholis maioribus dicti studii sub disciplina doctoris (tinta roja) Gabrielis Henrriquez, Cathedram Digesti Veteris actu REGENTIS prius petitione facta doctori per dictum baccalaureandum ut mos sert dicti studii coram multis huiusmodi viris actum decorantibus praedictum gradum baccalaureatus in dicto iure canonico praedicto doctore recepit et assumpsit ac de eius licentia reverenter cathedram ascendit actus que baccalaureatus publice fecit et laudabiliter exercuit. In quorum fidem praefatus (tinta roja) loannes Gonzalez Baccalaurus petiit sibi publicum instrumentum dari per me infrascriptum notarium et fieri praesentibus ibidem testibus doctoribus Didaco Henriquez, Alfonso de Gallegos et Ioanne Maldonado bedello dictae universitatis cum aliis quam plurimis actum exornantibus dictum, 1591.

Ego Bartholomeus Sanctius notarius publicus auctoritate appostolica in Salmanticensis studii secretarius qui a premistis omnibus interfui deo hoc instrumentum manu aliena fideliter scriptum signo meo solito signari et subscripsi in fidem premissorum rogatus et requisitus.

Rasum est ubi dicit. Primo. Valet.

Signo. Rubrica : Bartholomeus Sanctius, secretario.

TRADUCCIÓN

En el nombre de Dios Amén. Quede patente a todos los que vieren el presente documento público que en el año 1591 de la Natividad del Señor, el día 10 de Mayo a las ocho de la mañana, en Salamanca, puesto de pie en presencia de mí, Notario público, y de los testigos infraescritos, (tinta roja) JUAN GONZALEZ, de la ciudad de Prado, de la diócesis de Toledo, estudiante de derecho canónico, deseando y aspirando a ser elevado por sus méritos al grado de Bachiller, tras múltiples circunstancias a lo largo del tiempo en el que se esforzó infatigablemente en este derecho, una vez terminados sus cursos y aprobados por el Rector de esta nutricia Universidad, a la hora citada más arriba, en las Escuelas Mayores de dicho Estudio, bajo la presidencia del doctor (tinta roja) Gabriel Enriquez, regente de la Cátedra de Digesto Viejo en dicho Estudio, una vez hecha la solicitud al doctor por quien tenía que ser investido Bachiller, como es costumbre, ante otros varones que honraban el acto, recibió del citado doctor el grado de Bachiller en dicho derecho canónico y lo tomó y con su venia subió reverentemente a la cátedra, acto que el Bachiller hizo públicamente y desarrolló de manera honrosa. En fe de lo cual el citado Bachiller (tinta roja) Juan González pidió que le fuera dado para sí el documento público a través de mi, el notario infraescrito, y fuera hecho por los testigos doctores Diego Enríquez, Alfonso de Gallegos y Juan Maldonado bedel de dicha universidad allí presentes

Junto a muchísimos otros que adornaban dicho acto (1591).

Yo, Bartolomé Sancho, notario público, secretario por la autoridad apostólica en el estudio de Salamanca, que estuve presente en todos y cada uno de los hechos relatados, he suscrito este documento escrito fielmente por mano ajena, invitado y requerido, firmo con mi nombre y mis acostumbrados signos de fe y testimonio de todo lo anteriormente dicho.

Se ha raspado donde dice primo. Es válido.

Bartolomé Sancho, secretario.

Ramón González Navarro

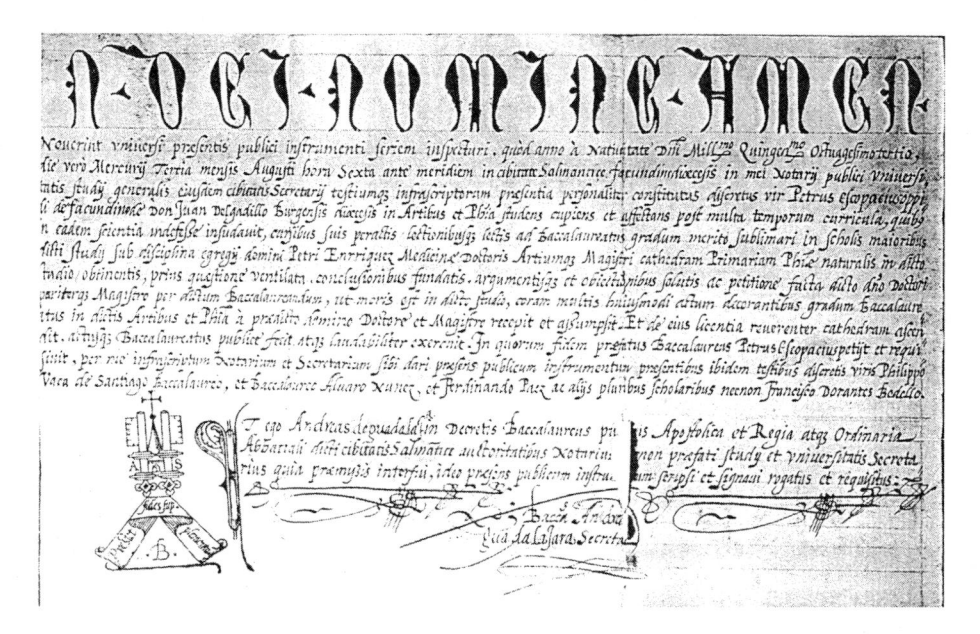

Figura 1.- Título falsificado de Pedro de Escobar.

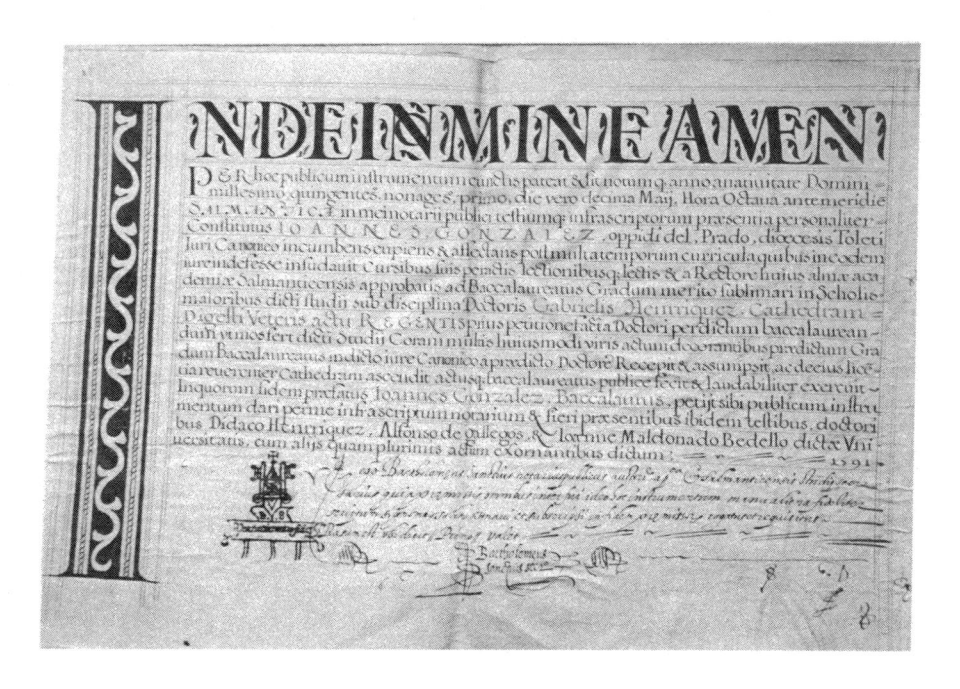

Figura 2.- Título falsificado de Juan González.

LA ESCRITURA CARNAVALESCA COMO ESCRITURA CIFRADA EN EL QUIJOTE

AITANA MARTOS GARCÍA
Universidad de Extremadura

Diversos cervantistas han defendido la vinculación entre el personaje de Don Quijote y la vida de Ignacio de Loyola, en base a los paralelismos existentes entre los primeros capítulos del Quijote y los primeros capítulos de la vida de P. Ignacio de Loyola de 1583. Dado que el equívoco y la ambigüedad es un recurso omnipresente en el Quijote, tratamos de documentar en la obra las oscilaciones entre ambos modelos, desde el Quijote como caballero andante a lo divino, siguiendo el modelo jesuítico, a la lectura erótica y material que sugieren autores como Alfredo Baras.

De este modo, la escritura carnavalesca sería una escritura cifrada que superpone ambos modelos desde la ambigüedad y que se puede analizar a la luz de los presupuestos de M. Bajtin. Es, pues, una escritura alegórica que exige la participación del lector como "interpretante" (cf. el episodio de la *Cueva de Montesinos* y la apelación final al lector), del mismo modo que ya otros textos carnavalescos clásicos, como el episodio de D. Carnal y Dª Cuaresma de *El Libro de Buen Amor*, introducían este mismo carácter burlesco-alegórico. Trataremos de demostrar la superposición de códigos y el rastro de estos signos ambivalentes no sólo en la escritura sino en los *paratextos* y en la recepción de la obra.

1. LA COSMOVISIÓN CARNAVALESCA.

En este artículo se tratará la influencia de la cultura popular en el Quijote, y en concreto de las **tradiciones carnavalescas** como claves de una *posible escritura cifrada* del Quijote. Hay que matizar que cuando hablemos de la **cosmovisión carnavalesca** (que sería la clave de esta escritura cifrada del Quijote) no nos referimos sólo a lo que hoy en sentido estricto entendemos hoy por carnaval, sino a la descripción más amplia que realiza el profesor M. Bajtin.

En efecto, dicho autor, en su estudio ya clásico sobre *La cultura popular en la Edad Media y el Renacimiento*, documentó en Cervantes, Rabelais o en El Bosco que la **risa** no era sólo un elemento festivo o de regocijo sino una aproximación **satírica** y a menudo **heterodoxa, subversiva**, a las grandes cuestiones del pensamiento y también sobre la forma de novelar o el discurso oficial[1]. Si, como suele decirse, la novela de Cervantes está llena de una visión irónica y de sucesivas caricaturas, puede y debe entenderse que la caricatura es también una forma de *mascarada carnavalesca*.

En todo caso, cuatrocientos años después, el texto del Quijote se nos sigue mostrando **ambivalente** y lleno de matices y posibilidades interpretativas. No pretendemos sin embargo, agotar todas ellas en el marco de este artículo, sino que nos centraremos en este enfoque de la cultura carnavalesca como clave del Quijote.

2. LECTURAS CIFRADAS: LECTURAS EN CLAVE EN EL QUIJOTE.

Es verdad que el Quijote admite una pluralidad de lecturas, es decir, es una obra abierta[2], que responde a una forma de escritura y de novelar igualmente abierta. Sabemos además que el Quijote es un caso de escritura enciclopédica: la obra mezcla narradores, puntos de vista, géneros... e incluye todo tipo de referencias y misceláneas, en especial al mundo de la cultura escrita, por eso se ha dicho que es un "libro de libros"[3], y es en el marco de estas múltiples referencias a la vida, la literatura o las creencias reflejadas en la obra donde se ha pretendido encontrar escrituras cifradas o crípticas.

En todo caso, el propio personaje de Don Quijote se nos presenta como un experto en lecturas en clave, al descifrar el universo como un mundo lleno de signos que sólo el entiende, en clave caballeresca, ya que, gracias a la transmutación que los magos o encantamientos operan, lo que es un gigante adopta la apariencia de un molino o su amada Dulcinea se torna en una tosca aldeana que le sale al paso. Por tanto, Don Quijote se nos presenta desde el principio como un descifrador de signos, un poseedor de un saber hermenéutico que precede y guía la acción o reacción, tomadas por los otros –los no entendidos- como locuras o insensateces.

Sea como sea, la **escritura cifrada** no es algo original del Quijote. Por ejemplo, los críticos citan el caso de la **literatura pastoril** como ejemplo de escritura cifrada, donde los galanes, ninfas, pastores, etc. encubrían a menudo personalidades históricas, por ejemplo, las églogas de Garcilaso, donde el personaje de Elisa encubra a Dª Isabel Freyre, la amada de Garcilaso. Otro ejemplo de escritura/lectura cifrada era la llamada **literatura a lo divino**, donde todo lo que se contaba en un plano profano remitía a un plano sagrado o bien se usaban fuentes profanas o populares para hablar del amor de Dios, por ejemplo, la poesía de San Juan de la Cruz.

---

[1] Bajtin, Mijail. *La cultura popular en la Edad Media y en el Renacimiento: El contexto de Francois Rabelais*. Trad. Julio Forcat y César Conroy. Madrid: Alianza Editorial, 1989.

[2] Eco, Umberto. *Obra abierta*. Barcelona: Planeta-Agostini, 1985.

[3] Brito Díaz, Carlos. "Cervantes al pie de la letra: Don Quijote a lomos del "Libro del Mundo", *Cervantes: Bulletin of the Cervantes Society of America* 19.2 (1999): pp. 37-54.

De hecho, diversos cervantistas (Mayans, Cejador, Cautelar y Ripio, Unamuno, Marco Corradini, F. Ortés, etc) han defendido la vinculación entre el personaje de Don Quijote y la vida de Ignacio de Loyola, en base a los paralelismos existentes entre los primeros capítulos del Quijote y los primeros capítulos de la vida de P. Ignacio de Loyola de 1583, ya comentaremos esto un poco más adelante.

Lo original del Quijote no es que aparezca esta lectura entre líneas o escritura cifrada, sino la **co-presencia de códigos** o lecturas contrapuestas, gracias al recurso continuo de la **ironía**, la **ambigüedad** y el **pluriperspectivismo**. Dicho de otro modo, lo material y lo espiritual, por ejemplo aparecen de forma **dialógica** (cf. Bajtin), en interacción continua. Así, junto a esta dimensión espiritualizante del personaje de Don Quijote, otros críticos, como Alfredo Baras[4], documentan una dimensión mucho más erótica y materialista, y ambas son reales, una no anula la otra, igual que veremos en el episodio de la cueva de Montesinos, **lo visionario y lo realista se solapan continuamente.**

Por tanto, en Don Quijote habría una **superposición dialéctica de planos**, de la cultura folklórica al refinamiento caballeresco; decimos dialéctica porque identidad y alteridad se construyen una a la otra: Don Quijote y su lectura artúrica y Sancho Panza y su interpretación "a ras de suelo" van intercambiando sus papeles, o sea, uno no anula al otro sino que se complementan.

¿De dónde le viene al Quijote esta forma de construir el discurso sobre la risa y la ambigüedad como códigos omnipresentes? Según Bajtin, la Edad Media y el Renacimiento desarrollan una forma de cultura popular que él llama cultura cómica-popular, y que personifica en las formas carnavalescas como máxima expresión de la misma[5].

El Quijote y Gargantúa y Pantagruel son dos obras, según él, que dan forma literaria a esta visión. Por ejemplo, en la propia recepción de la obra en el s. XVII, en España y en toda Europa se leyó Don Quijote como una **parodia de las novelas de caballerías**, así, la comicidad de las situaciones interesaba más que la sensatez de muchos parlamentos.

La explicación sería la interpenetración entre la cultura popular y la cultura letrada, como ha documentado M. Chevalier, y en concreto, la actitud respetuosa de humanistas como Cervantes hacia la cultura popular, precedente de la admiración de los románticos, de los cuales muchas obras están inspiradas en la cultura popular. Comenta Chevalier: «*Resulta evidente, pues, que la actitud de los españoles cultos hacia estas humildes producciones del ingenio ha cambiado radicalmente con el Renacimiento. En las primeras décadas del siglo XVI los españoles cultos se aficionan a los refranes, a los romances viejos, a la lírica*

---

[4] Baras Escolá, Alfredo. "Una lectura erótica del *Quijote*". *Cervantes: Bulletin of the Cervantes Society of America* 12.2 (1992): 79-89.

[5] Bajtin, Mijail (op. cit).

tradicional, a los cuales dan sus títulos de nobleza. Paralelamente se apasionan por el cuento tradicional. Le dan una dignidad que antes no tenía. Lo admiten sin vacilar en sus libros, unos libros que proponen a la meditación de su público, público reducido de "intelectuales," clérigos y caballeros»[6]. Según Chevalier, cultos y plebeyos poseen una cultura oral común, túnica sin costuras que ha de rasgar el s. XVIII.

Entre las manifestaciones que se incluyen dentro del carnaval o lo carnavalesco, y que han aparecido constantemente en la literatura, incluye Bajtin la presencia de la locura (locos y tontos), la incomprensión, las predicciones y augurios paródicos, el uso de la parodia, el mundo al revés, los juegos (cartas, ajedrez, deportivos, etc.), los golpes, caídas, las máscaras y disfraces. Tenemos, entre los géneros cómicos, la risa festiva, parodias, sátiras…; rituales como farsas, fiestas, mascaradas, burlas y otras formas de espectáculo, como las bodas en clave burlesca, por ejemplo esta batalla de Don Quijote que arremete contra los cueros de vino, que emula las batallas épicas no sólo en la mente de Don Quijote sino para los lectores.

También el **discurso carnavalesco** se caracteriza por el uso de imprecaciones, anfibologías, juramentos, groserías, gritos, insultos, despropósitos, publicación de hechos escandalosos, uso de apodos y blasones, dialectos, incorrecciones, imprecaciones, deformaciones, etc[7].

Es importante destacar las **inversiones y subversiones de los principios y valores establecidos socialmente**: lo inferior y lo material frente a lo superior y lo espiritual (*D. Carnal vs. Dª Cuaresma*). Por ejemplo, se pueden permutar los contrarios, lo abajo está arriba y lo arriba abajo, como en las festejos carnavalescos del Papa burro o de la mujer como alcaldesa, que vemos reflejados en el episodio de convertir a Sancho, un analfabeto, gobernador[8]… además de la comentada "sanchificación" de Don Quijote y "quijotización" de Sancho que se va produciendo a medida que transcurre la historia. Esta inversión produce un efecto de ambigüedad en los elementos. Una de las posibles explicaciones estaría basada en que Cervantes, como humanista, y por tanto tolerante, ve con simpatía a otras culturas, a las mujeres, al pueblo…

En resumen, observamos la **expresión dialéctica de los contrarios** y la **naturaleza dual de la realidad** (según los psicoanalistas, la base Eros / Tánatos, el principio del placer frente al principio de la realidad, las constricciones sociales e ideológicas de los poderes establecidos frente a la libertad y la utopía)… en definitiva: ambivalencia.

---

[6] Chevalier, Maxime. *Cuento folklórico, cuentecillo tradicional y literatura del Siglo de Oro*. AIH, VI (Centro Virtual Cervantes), p. 7.

[7] Bajtin, Mijail (op. cit).

[8] Cervantes, Miguel de. *Don Quijote de la Mancha. Ed. IV Centenario*. Prólogo y notas de Francisco Rico. Madrid: Alfaguara, 2005, pp 887-894.

3. INTERPRETACIONES DE LA INTENCIONALIDAD DE CERVANTES DE LA ESCRITURA CIFRADA.

Admitiendo, pues, que Don Quijote no plantea sin más una burla del género de caballerías sino que hay una *intención subyacente más o menos oculta* que se manifestaría en una **escritura críptica**, los siglos siguientes al s. XVII han especulado sobre toda clase de teorías.

Una de las más interesantes y aun poco estudiada es la que afirma, por ejemplo, que Don Quijote es una parodia de la Autobiografía escrita por San Ignacio de Loyola, que circulaba manuscrita y que los jesuitas intentaron ocultar[9]. Ese parecido no se le escapó, entre otros, a Miguel de Unamuno[10], quien no trató sin embargo de documentarlo.

Otros ejemplos contrapuestos se han sucedido al respecto. Así, la interpretación racionalista: en 1675, el jesuita francés René Rapin[11] consideró que Don Quijote encerraba una invectiva contra el poderoso duque de Lerma (el acometimiento contra los molinos y las ovejas por parte del protagonista sería, según esta lectura, una crítica a la medida del Duque de rebajar, añadiendo cobre, el valor de la moneda de plata y de oro, que desde entonces se conoció como moneda de molino y de vellón), y, por extensión, sería una sátira de la nación española.

Esta lectura que hace de Cervantes desde un antipatriota hasta un crítico del idealismo, del empeño militar o del mero entusiasmo, resurgirá a finales del siglo XVIII en los juicios de Voltaire, D'Alembert, Horace Walpole y el intrépido Lord Byron[12]. Para éste, Don Quijote había asestado un golpe mortal a la caballería en España.

La interpretación ocultista o interpretación judío-cabalística, desde 1967: Don Quijote como expresión del paralelismo entre la caballería y la cábala, obra pues encriptada en claves hebreas. En 1967, la cabalista Dominique Aubier afirma que Don Quijote es un libro que puede leerse a la vez en castellano y en hebreo[13]. Según ella, Don Quijote (*Q'jot* en arameo significa verdad) se escribió en el marco de una preocupación ecuménica. En recuerdo de una España tierra de encuentro de las tres religiones reveladas, Cervantes propone al futuro un vasto proyecto cultural colocando en su centro el poder del verbo.

Sin llegar a estos excesos, sí hay aproximaciones interesantes, como la que identifica Dulcinea, el impulso de Don Quijote, con la shekinah de los cabalistas, el don, la dama, la presencia, el lado femenino de la idea de Dios (lo que hace que el

---

[9] Eisenberg, Daniel. *La interpretación cervantina del Quijote*. Compañía Literaria, 1995.

[10] Unamuno, Miguel de. *Vida de don Quijote y Sancho*. Madrid: Alianza Editorial, 1987.

[11] Rapin, Rene. *Reflexiones sobre la poética de este tiempo*.

[12] Eisenberg, Daniel (op. cit.). "Apéndice: La influencia de *Don Quijote* en el Romanticismo."

[13] Aubier, Dominique. *Don Quijote, profeta y cabalista*. Ediciones Obelisco, 1981.

hombre se ponga bajo sus alas y se haga perfecto, según un comentario del Zohar, véase el paralelismo con Don Quijote).

Pero, al final vemos que, como hemos comentado, Cervantes concibió su obra para que se pudiesen hacer varias lecturas. Evidentemente, la novela Don Quijote es parte central de la historia de la risa, esa otra catarsis corporal dejada de lado por las teorizaciones literarias.

Por ello la *lectura aparente* sería la de puro humor mientras que la *lectura profunda* ya entraría en la crítica latente que subyace dentro de la primera. Igual que ocurre en las fiestas de Carnaval, donde se busca el humor ácido, incluso *negro* (muestra de ello son las chirigotas y murgas donde el pueblo satiriza la injusticia y critica a los poderosos a través de agudos chistes); el **humor**, la risa carnavalesca que impregna la obra de El Quijote, *no es inocente, sino que es subversivo, heterodoxo, disidente... y por tanto, Cervantes se ve obligado a cifrarlo*, teatralizándolo, recurriendo al cuento y a la exageración. Por ello, vemos que es una lectura de gran calidad, caracterizada por la **plurisignificación**. Como dijimos al inicio, la **caricatura es una forma de mascarada carnavalesca**.

Todo esto convierte a Cervantes en un artista en pugna, con una obra donde dialogan dos culturas, dos tiempos históricos, dos visiones de la vida. Dadas las limitaciones del discurso serio, la risa le permite a Cervantes pues el surgimiento de otra verdad, convirtiéndose la novela en un vocabulario transcultural. No podía ser de otra manera, en una época de una gran transformación de sistemas políticos, económicos, religiosos, culturales y artísticos.

4. RASTROS DE LA ESCRITURA CIFRADA EN EL QUIJOTE.

Siguiendo, por tanto, los rasgos de la escritura cifrada en el *Quijote*, encontramos algunos trazos inequívocos:

- Continuos préstamos o incorporaciones de lo oral, en especial estructuras dialogadas con intención de obtener efectos como **multiplicidad de voces, polifonía, perspectivismo**. También tenemos indicios sonoro-auditivos.

- El espíritu carnavalesco invade toda la obra, mediante la **teatralidad y elementos festivos y burlescos** en fiestas, mascaradas, disfraces[14] (en el Carnaval es importante la representación de papeles, cosa que ocurre en toda la obra: Dorotea se disfraza, primero de muchacho[15], y más tarde de princesa Micomicona[16], así como otros personajes como el barbero o Sansón Carrasco de Caballero de los Espejos o de Caballero de la Blanca Luna), manteos y otras burlas y bromas; en batallas burlescas como la de los pellejos de vino que se ha

---

[14] Macías Rodríguez, Claudia. "Vestidos y disfraces en las transformaciones de Don Quijote". Espéculo, nº 27. Julio - octubre 2004 Año IX.

[15] Cervantes, Miguel de (op. cit.), p. 275.

[16] Cervantes, Miguel de (op. cit.), p. 291.

comentado; escenificaciones y simulaciones y otros indicios visuales[17]. También es parte del carnaval la adopción de una nueva identidad, de una máscara. Esto acontece con ambos personajes principales. Los dos adoptan una máscara (tema carnavalesco por excelencia). Sancho, el campesino, llega a ser escudero, y don Quijote, dueño de una pequeña hacienda, llega a ser caballero.

- El equívoco y la ambigüedad son recursos omnipresentes en el Quijote, como veremos más adelante.

5. UN EJEMPLO: EL EPISODIO DE LA CUEVA DE MONTESINOS.

El episodio de la Cueva de Montesinos es un ejemplo muy completo de la interpenetración entre cultura popular y cultura libresca, analfabetos y letrados, y de la forma en que Cervantes construye la ambigüedad para sean posibles varios puntos de vista, dando lugar a interpretaciones lo mismo cómicas que ocultistas.

Para ello utiliza dos mecanismos: transformar una leyenda popular típica (de simas o cuevas donde hay monstruos, todavía en Loja las cuevas se llaman las cuevas Infiernos de Loja) en una versión más compleja, que incluye el ciclo caballeresco de Durandarte y Montesinos (la leyenda de Montesinos sobre cómo le quitó el corazón a su primo Durandarte para entregárselo a su amada Belerma como prueba suprema de amor, y cómo el sabio Merlín convirtió a su escudero Guadiana en río y a la dueña Ruidera y a sus sobrinas, que lloraban por ello, las convirtió a cada una en una laguna, por lo que se las llamó las lagunas de Ruidera), personajes todos que viven encantados en la cueva de Montesinos, transformados, pues, por encantamientos de los magos, como le pasa al propio Don Quijote, de ahí el interés del episodio, que es un continuo **juego entre ilusión y realidad**[18].

Las transformaciones de Durandarte y Belerma, Dulcinea, Montesinos, Merlín y todos los caballeros andantes que habitan la cueva de Montesino responden al modelo clásico de las Metamorfosis de Ovidio, pero pasadas en seguida por la visión carnavalesca, como en este magistral e irónico diálogo:

> «-¿Y los encantados comen?- dijo el Primo-. "No comen -respondió don Quijote-, ni tienen excrementos mayores; aunque es opinión que les crecen las uñas, las barbas y los cabellos. "¿Y duermen por ventura los encantados, señor?" -preguntó Sancho-. No por cierto -respondió don Quijote; a lo menos en estos tres días que yo he estado con ellos ninguno ha pegado el ojo; ni yo tampoco.»[19]

---

[17] Redondo, Agustín. *Tradición carnavalesca y creación literaria. Del personaje de Sancho Panza al episodio de la Ínsula Barataria en el Quijote.* BH, 80 (1978), 39-70.

[18] Redondo, Agustín. "La cueva de Montesinos", en Redondo, Agustín. *Otra manera de leer el "Quijote". Historia, tradiciones culturales y literatura.* Madrid: Editorial Castalia, 1997, pp. 403-420.

[19] Cervantes, Miguel de (op. cit.), pp. 729-730.

6. SINCRETISMO: COPRESENCIA DE ELEMENTOS POPULARES Y LIBRESCOS.

Hay continuos elementos folklóricos e iniciáticos como, por poner un ejemplo, la alusión al "cristalino palacio" o Palacio de Oro[20] (similar al Palacio de Nunca Jamás de los cuentos), del cual Montesinos es su alcalde o guardián. Igualmente hay alusiones a los personajes encantados como estantigua o la procesión de difuntos[21] (la Santa Compaña del folklore), al tiempo mágico[22], o a prados y geografía fantástica[23].

Por ello, el episodio de la Cueva de Montesinos se puede ver como un manual de iniciación, dando claves ocultas iniciáticas dentro de los pasos que ve Don Quijote.

Igualmente vemos una **literaturización del folklore** gracias a introducir distintos puntos de vista: mientras que Don Quijote adorna y amplia su "visión", Sancho la cuestiona de algún modo[24].

Se produce por tanto un **juego continuo entre ilusión y realidad**.

En todo caso, tenemos que reseñar el **valor transversal de la ironía**, desde el propio título (*CAPÍTULO XXIII. De las admirables cosas que el estremado don Quijote contó que había visto en la profunda cueva de Montesinos, cuya imposibilidad y grandeza hace que se tenga esta aventura por apócrifa*[25]) hasta los propios parlamentos, llenos de agudeza y humor (en la cueva viven más de 500 encantados, parece se narra la leyenda etiológica del río Guadiana con un cierto "retintín" o regodeo, es decir, combinando lo serio y lo cómico):

> «*Oyendo lo cual el venerable Montesinos, se puso de rodillas ante el lastimado caballero, y, con lágrimas en los ojos, le dijo: "Ya, señor Durandarte, carísimo primo mío, ya hice lo que me mandastes en el aciago día de nuestra pérdida: yo os saqué el corazón lo mejor que pude, sin que os dejase una mínima parte en el pecho; yo le limpié con un pañizuelo de puntas; yo partí con él de carrera para Francia, habiéndoos primero puesto en el seno de la tierra, con tantas lágrimas, que fueron bastantes a lavarme las manos y limpiarme con ellas la sangre que tenían, de haberos andado en las entrañas; y, por más señas, primo de mi alma, en el primero lugar que topé, saliendo de Roncesvalles, eché un poco de sal en vuestro corazón, porque no oliese mal, y fuese, si no fresco, a lo menos amojamado, a la presencia de la señora Belerma; la cual, con vos, y conmigo, y con Guadiana, vuestro escudero, y con la dueña Ruidera y sus siete hijas y dos sobrinas, y con otros muchos de vuestros conocidos y amigos, nos tiene aquí encantados*

---

[20] Cervantes, Miguel de (op. cit.), p. 725.

[21] Cervantes, Miguel de (op. cit.), p. 727-728.

[22] Cervantes, Miguel de (op. cit.), p. 729.

[23] Cervantes, Miguel de (op. cit.), p. 730-731.

[24] Cervantes, Miguel de (op. cit.), p. 729-733.

[25] Cervantes, Miguel de (op. cit.), p. 723.

> *el sabio Merlín ha muchos años; y, aunque pasan de quinientos, no se ha muerto ninguno de nosotros: solamente faltan Ruidera y sus hijas y sobrinas, las cuales llorando, por compasión que debió de tener Merlín dellas, las convirtió en otras tantas lagunas, que ahora, en el mundo de los vivos y en la provincia de la Mancha, las llaman las lagunas de Ruidera; las siete son de los reyes de España, y las dos sobrinas, de los caballeros de una orden santísima, que llaman de San Juan. Guadiana, vuestro escudero, plañendo asimesmo vuestra desgracia, fue convertido en un río llamado de su mesmo nombre; el cual, cuando llegó a la superficie de la tierra y vio el sol del otro cielo, fue tanto el pesar que sintió de ver que os dejaba, que se sumergió en las entrañas de la tierra; pero, como no es posible dejar de acudir a su natural corriente, de cuando en cuando sale y se muestra donde el sol y las gentes le vean. Vanle administrando de sus aguas las referidas lagunas, con las cuales y con otras muchas que se llegan, entra pomposo y grande en Portugal. Pero, con todo esto, por dondequiera que va muestra su tristeza y melancolía, y no se precia de criar en sus aguas peces regalados y de estima, sino burdos y desabridos, bien diferentes de los del Tajo dorado; y esto que agora os digo, ¡oh primo mío!, os lo he dicho muchas veces...»* [26]

7. PLURISPERSPECTIVIMO Y SUSPENSIÓN DE CREDIBILIDAD.

Uno de los rasgos principales en este punto sería el **pluriperspectivismo**: las visiones de Don Quijote son puestas en duda, la credibilidad queda en suspenso, unos se pronuncian a favor, otros en contra. Aunque Don Quijote, sagazmente, se reivindicará luego: en efecto, en el episodio del vuelo del caballo de palo Clavileño, en la mansión de los duques, contado en el capítulo XLI, dice con lucidez Don Quijote, una vez que Sancho Panza con regocijo, ha contado lo que vio en los diferentes niveles del cielo durante este vuelo inmóvil. Don Quijote se acerca a Sancho y le dice al oído: «*Sancho, pues vos queréis que se os crea lo que habéis visto en el cielo, yo quiero que vos me creáis a mí lo que vi en la cueva de Montesinos. Y no os digo más.*» [27]

Igualmente, se apela al lector como árbitro: una vez que Don Quijote ha terminado de narrar su visión, el narrador hace una serie de disquisiciones para terminar dando la palabra al lector, que él juzgue:

> *«No me puedo dar a entender ni me puedo persuadir que al valeroso don Quijote le pasase puntualmente todo lo que en el antecedente capítulo queda escrito. La razón es que todas las aventuras hasta aquí sucedidas han sido contingibles y verisímiles, pero esta de esta cueva no le hallo entrada alguna para tenerla por verdadera, por ir tan fuera de los términos razonables. Pues **pensar yo que don Quijote mintiese**, siendo el más verdadero hidalgo y el más noble caballero de sus tiempos, no es posible, que no dijera él una mentira si le asaetearan. Por otra parte, considero que él la contó y la dijo con todas las circunstancias dichas, y que no pudo fabricar en*

---

[26] Cervantes, Miguel de (op. cit.), pp. 726-727.
[27] Cervantes, Miguel de (op. cit.), p. 865.

*tan breve espacio de tiempo tan **gran máquina de disparates**; y si esta aventura te parece apócrifa, yo no tengo la culpa, y, así, sin afirmarla por falsa o verdadera, la escribo. **Tú, lector, pues eres prudente, juzga lo que te pareciere, que yo no debo ni puedo más**, puesto que se tiene por cierto que al tiempo de su fin y muerte dicen que se retractó de ella y dijo que él la había inventado, por parecerle que convenía y cuadraba bien con las aventuras que había leído en sus historias».*

Por tanto, vemos aquí una lectura y escritura abiertas combinadas con fantasía desatada, que permite una lectura y una reescritura alternativas. Por ello, se proyecta un **mito literaturizado** a la vez de **sueños o visiones iniciáticas**, en forma de la **anécdota cómica** de un loco que explora una cueva... Todo es posible a la vez, gracias a la risa carnavalesca.

La clave es el pacto de credibilidad entre el lector y el texto, que el lector gradúa según su entender: puede dejar en suspenso la credibilidad de lo que se cuenta, aceptarlo o rechazarlo. O sea, da **libertad y participación al lector** para que interprete las claves de esta escritura cifrada, para que se quede con se quede con un punto de vista (el de Quijote y sus visiones) u otro (el de quienes le escuchan y no le creen una palabra).

8. CONCLUSIONES.

Todo esto nos lleva a concluir que la escritura cifrada sería, de acuerdo con la interpretación de Bajtin, no sólo una genialidad de Cervantes sino fruto de la cultura carnavalesca. En efecto, **la escritura carnavalesca sería una escritura cifrada que superpone diversos códigos, convenciones y géneros**, por ejemplo, lo serio y lo cómico, lo sagrado y lo profano, con una intención de ambigüedad que se puede analizar a la luz de los presupuestos de M. Bajtin.

Es, pues, una **escritura alegórica que exige la participación del lector como "interpretante"** (como hemos visto en la Cueva de Montesinos y la apelación final al lector), del mismo modo que ya otros textos carnavalescos clásicos, como el episodio de D. Carnal y Dª Cuaresma de *El Libro de Buen Amor*, introducían este mismo carácter burlesco-alegórico.

Hemos tratado de demostrar la superposición de códigos y el rastro de estos signos ambivalentes no sólo en la escritura sino en los *paratextos* y en la recepción de la obra.

Lo que a nuestro juicio es más acertado es acercar esta escritura cifrada a las prácticas de la cultura carnavalesca, o sea que fue más acertada la lectura satírica de los siglos siguientes a la aparición de la obra que la lectura puramente simbólica de los románticos[28].

---

[28] Eisenberg, Daniel (op. cit.). "Apéndice: La influencia de *Don Quijote* en el Romanticismo."

Los románticos divorciaron realidad e ideal, Sancho Panza y Don Quijote porque no tuvieron en cuenta esa dimensión dialéctica que explica Bajtin, o de interpenetración entre cultura popular y cultura letrada, que documenta Maxime Chevalier[29]. ¿Por qué juega continuamente Cervantes entre estos polos de la ilusión y la realidad, lo popular y lo libresco, el mundo real y el mundo de la ficción?

Llegamos entonces a la conclusión de que El Quijote es un homenaje al mundo de la cultura escrita, constituyendo un libro de libros, una ficción de ficciones, lo que destaca su carácter enciclopédico e intertextual. También hemos comentado la importancia de las manifestaciones de la cultura escrita dentro de El Quijote, ya que es un compendio de las prácticas, usos y elementos de la cultura escrita, pues ya se han visto gran cantidad de testimonios al respecto.

Por ello, constituye un interesante campo de investigación examinar las posibilidades de uso de esta obra como fuente de información para estudiar dicha cultura escrita, a través de herramientas documentales como un Sistema de Información Histórica, sobre el que ya se está trabajando.

La novela es producto de una lectura hecha escritura pero también a la inversa: don Quijote es el **hombre-libro** que, estimulado por su sed de letra impresa, materializa su "libro de la memoria" en una vida-cuaderno, desenmascarado en una doble y sarcástica identidad textual: "el libro que don Quijote imagina se está escribiendo sobre él y el que realmente se ha escrito"[30]. No hay oposición entre esas esferas tradicionalmente contrapuestas, siendo la clave su interacción y complementariedad.

Don Quijote es una gran novela porque lo solemne y lo festivo cohabitan en un mismo plano, en un diálogo impactante, en una cohabitación de lo superior y lo inferior, que afecta a géneros discursivos, clases sociales, etc.[31].

Hay una **carnavalización de lo topográfico**, de lo alto y lo bajo, lo superior y lo inferior, de forma que la escritura se hace ambivalente, y como en el símbolo del suelo ajedrezado, con sus mosaicos blancos y negros, nos lleva a una visión dual del mundo; por ejemplo, en relación a la cueva de Montesinos, existiría, en un mismo plano, la cueva visionaria "fabulada" de D. Quijote y, a la vez, la otra cueva que se alude en el propio discurso, a partir de los "reparos de la sensatez".

En últimas instancia, la ambigüedad de la novela abierta nos abre a diferentes planos o concepciones de la verdad.

Lo **carnavalesco** emerge con elementos provenientes de la cultura pagana, tal como algunos de los títulos de los capítulos, donde deidades clásicas hacen su

---

[29] Chevalier, Maxime. *Lectura y lectores en la España del siglo XVI y XVII*. Madrid. Ediciones Turner.1976.

[30] Riley, Edward C. *Teoría de la novela en Cervantes*. Trad. C. Sahagún. Madrid: Taurus, 1989.

[31] Jofré, Manuel. "Don Quijote de la Mancha: dialogismo y carnavalización, diálogo socrático y mentira menipea". En: *Revista Chilena de Literatura,* Noviembre 2005, Número 67, pp. 113-129.

reaparición, pero en realidad remite a una cosmovisión profunda, donde, como venimos insistiendo, la ambigüedad no es la puerta del relativismo nihilista sino de la tolerancia y la omnicomprensión, porque Cervantes demuestra respeto y aprecio por esos dos planos, simbolizados por la figura del caballero letrado que es D. Quijote y la del analfabeto rústico que es Sancho Panza, y que, no en vano, van intercambiando sus conductas y creencias a lo largo de la obra, en un proceso de síntesis que plasma muy bien la *coincidencia oppositorum*[32], que es en esencia el carnaval y su cosmovisión.

---

[32] Entendida como unión de contrarios y forma de superar el dualismo, a través de subrayar los complementarios de una realidad superior, menos fragmentaria y más enriquecedora en todos los sentidos, como el la propia interacción que establecen D. Quijote y Sancho, o, a nivel más general, la ficción caballeresca con la que se identifica D. Quijote y las distintas formas en que es percibida por los demás (creyéndola, siguiéndole la corriente, negándola...).